Herbert Renz-Polster

Kinder verstehen

Born to be wild:
Wie die Evolution unsere Kinder prägt

Mit einem Vorwort von
Remo Largo

Kösel

Weitere Informationen unter
www.kinder-verstehen.de

FSC
Mix
Produktgruppe aus vorbildlich bewirtschafteten Wäldern und anderen kontrollierten Herkünften
Zert.-Nr. SGS-COC-1425
www.fsc.org
© 1996 Forest Stewardship Council

Verlagsgruppe Random House FSC-DEU-0100
Das für dieses Buch verwendete FSC-zertifizierte Papier *PraxiMatt* liefert die »Deutsche Papier Vertriebs GmbH«.

Umschlag: Griesbeck Design, München
Umschlagmotiv/groß: Roger Wright, Getty Images
Umschlagmotiv/klein: Voon Nam Fook, BigStockPhoto
Bildnachweis: siehe S. 502
Layout und Herstellung: Armin Köhler, Vaterstetten
Druck und Bindung: Mohn media Mohndruck, Gütersloh
Printed in Germany
ISBN 978-3-466-30824-8

www.koesel.de

Inhalt

Für unsere Kinder

Von deinen Kindern
lernst du mehr als sie von dir:
Sie lernen eine Welt von dir, die nicht mehr ist.
Du lernst von ihnen eine, die nun wird und gilt.

(Friedrich Rückert, 1788–1866)

Und für das Kind in uns

Vorwort

200 Jahre Charles Darwin und 150 Jahre seines Buches »Über die Entstehung der Arten«: Das inspiriert natürlich auch Autoren. Tatsächlich sind bereits zahlreiche Publikationen erschienen und viele weitere werden noch folgen, die Charles Darwin und die Evolution thematisieren. Und so ist es nur nahe liegend, dass sich ein Buch auch der kindlichen Entwicklung und der Erziehung aus evolutionsbiologischer Sicht annimmt. Doch unabhängig von diesem Jubiläum gibt es gewichtige Gründe, unser Verständnis der kindlichen Entwicklung und unseren Umgang mit Kindern im Lichte der Evolution zu überdenken.

Unsere Kinder betrachten wir als das Resultat einer aufgeklärten Erziehung, wie wir sie in den letzten 200 Jahren seit Jean Jacques Rousseau anstreben. Wir erziehen die Kinder immer noch nach Erziehungsgrundsätzen, die ihre Wurzeln in der 2000 Jahre alten christlichen Kultur haben. Die Entwicklung und das Verhalten der Kinder sind aber auch Ausdruck der Lebensumstände, wie sie in den vergangenen 100.000 Jahren vorgeherrscht haben. Kurz, die Kinder sind dem Steinzeitalter in ihrer Anlage noch nicht entwachsen. Und so kommt es, dass sie nicht so ganz in unsere moderne Zeit passen. Drei Beispiele:

Nahrung war in den vergangenen 100.000 Jahren Mangelware. Hunger war eine Erfahrung, die praktisch alle Menschen im Verlaufe ihres Lebens irgendwann machen mussten. Wenn sie Gelegenheit hatten, sich ein Fettpolster anzuessen, haben sie es getan – als Reserve für zukünftige schlechte Zeiten. Unsere Kinder futtern wie im Schlaraffenland, was ihnen nicht sonderlich gut bekommt. Manche leiden an Übergewicht und als Erwachsene werden sie davon die vielfältigen negativen Auswirkungen zu spüren bekommen. Mit der Unterstützung von Präventionsprogrammen bemühen wir uns seit Kurzem, in Familie und Schule die Kinder zu einer gesunden Kost zu erziehen.

Bis in die Neuzeit sind die Kinder mehrheitlich in der Natur aufgewachsen. Ihre Entwicklung ist daher an die Erfahrungen angepasst, die sie auf Wiesen, im Wald und in Savannen machen konnten. Nun werden sie in Räume eingesperrt und sollen gefälligst stundenlang ruhig sitzen. Eltern und Lehrer beklagen sich über eine unerträgliche Hyperaktivität und wollen die lebhaften Kinder mit Medikamenten ruhigstellen.

Die Schrift wurde vor etwa 5000 Jahren erfunden. Wenn man das sehr späte Auftreten der Schrift in der Menschheitsgeschichte berücksichtigt, erstaunt es nicht, dass die Lesekompetenz bei den Kindern unterschiedlich ausgebildet ist. Kinder mit einer Leseschwäche sind in ihrer Schulkarriere behindert. Und so schicken wir sie in eine Legasthenietherapie, wo die Schwäche behoben werden soll.

Die Kinder sind nicht genau so, wie wir sie haben möchten. Es gibt daher dringenden Aufklärungsbedarf, den dieses Buch leisten will und auch kann. Ausgangspunkt sind für Herbert Renz-Polster die »Warum«-Fragen. Warum schreien junge Säuglinge? Warum wollen sie nicht alleine schlafen? Warum trotzen sie? Aus seiner evolutionsbiologischen Sicht müssen diese Verhaltensweisen in der Vergangenheit sinnvoll gewesen sein und den Kindern einen Überlebensvorteil gebracht haben. Worin bestand dieser Überlebensvorteil? Und: Besteht er immer noch?

Als Nächstes wendet sich Herbert Renz-Polster den Eltern zu. Er spricht ihre Befürchtungen und Erwartungen an. Viele Eltern sind zutiefst verunsichert. Warum haben sie solche Angst, ihr Kind durch Nähe zu verwöhnen und unselbstständig zu machen? Weshalb löst der Trotzanfall eines Kindes bei manchen Eltern geradezu Panikgefühle aus? Wieso eigentlich sollen Gemüse und Spinat im Besonderen gesund sein?

Schließlich geht es Herbert Renz-Polster um das Auffinden einer Erziehungshaltung, die den Kindern möglichst gerecht wird, aber für die Eltern auch lebbar ist. Wir können nicht mehr zurück in die Steinzeitkultur der Jäger und Sammler. Den Lebens- und Erziehungsstil der letzten Naturvölker können und wollen wir uns auch nicht mehr zu eigen machen. Die Kinder sind andererseits nun einmal so, wie sie die Natur in den vergangenen 100.000 Jahren geschaffen hat. Kompromisse sind daher angesagt. Lösungen zu finden, welche die Bedürfnisse der Kinder und Eltern gleichermaßen berücksichtigen, ist eine gesellschaftliche Herausforderung. Dieses Buch kann die Eltern unterstützen, indem es ihnen einen erhellenden Blick zurück in vergangene Zeiten eröffnet und ihnen damit zu einem vertieften Verständnis für die Herkunft des Menschen und die Natur des Kindes verhilft.

Remo H. Largo

Einleitung

Kinder verhalten sich oft nicht so, wie es ihre Eltern von ihnen erwarten und sich wünschen: Babys weinen ohne Angabe von Gründen, sie haben wochenlang Koliken, und sie wollen partout nicht im eigenen Bettchen schlafen. Kleinkinder essen kein Gemüse, dafür Süßigkeiten ohne Grenzen, sie schlafen schlecht ein und wachen nachts regelmäßig auf. Sie bekommen aus heiterem Himmel Wutanfälle und lassen sich beim Sauberwerden endlos Zeit.

Es hat sich eingebürgert, all das als ein *Defizit* der Kinder zu sehen: Sie sind eben noch nicht in der Lage, sich verständlich zu machen. Ihre Blasenfunktion ist noch »unreif«. Ihr Gehirn eine Baustelle. Oder sie tragen mit ihrem Verhalten irgendwelche Konflikte aus – mit sich, mit der Mutter oder ihrem Über-Ich. Oder sie sind schlicht und einfach »unerzogen«.

Diesem Buch liegt eine andere Sichtweise zugrunde. Statt nach dem zu suchen, was unseren Kindern *fehlt,* fragt es nach den *Vorteilen,* die ein bestimmtes Verhalten bietet. Was bringt es dem Kind, so zu sein, wie es ist – und nicht anders? Also: Was hat das Kind davon, *kein* Gemüse zu essen? Was hat es davon, den Teller *nicht* leer zu löffeln? Was hat es vom Trotzen, was von dem Geschrei, wenn es alleine einschlafen soll? Kurz, dieses Buch nimmt an, dass Kinder gute Gründe haben, wenn sie ihre Eltern vor Rätsel stellen.

Entwicklung als Erfolgsprogramm

Aber *welche* Gründe? Wo haben die Kinder ihr seltsames Verhalten aufgelesen? Die Antwort von »Kinder verstehen«: Sie haben diese Verhaltensweisen im Laufe der Evolution entwickelt, um besser mit ihrer Umwelt zurechtzukommen, in der sie über Hunderttausende von Jahren gelebt haben! Die von Charles Darwin begründete Evolutionstheorie geht ja davon aus, dass alle heutigen Lebewesen deshalb so aussehen, wie sie aussehen, und sich so verhalten, wie sie sich verhalten, weil sie mit diesen Eigenschaften in der Vergangenheit *Erfolg* hatten.

Und das gilt auch für unsere Kinder. Dass sie in ihrer Entwicklung auf das uns Eltern einschlägig bekannte und oft frustrierende Repertoire setzen, hat einen einfachen Grund: Es hat ihnen im Laufe der menschlichen Geschichte geholfen, für das Leben gerüstet zu sein und sich erfolgreich zu Erwachsenen zu entwickeln!

Dies ermöglicht eine radikal andere Sicht auf die Entwicklung des Kindes: Kindern fehlt es an nichts. Sie mögen unfertige Erwachsene sein – aber sie sind hundertprozentig dafür gerüstet, *Kinder* zu sein. Wir Eltern sollten ihr Rüstzeug endlich kennenlernen.

Was bringt der Blick zurück?

Man kann nun einwenden: Warum sollen wir in die Zeit vor der Sintflut zurückschauen, um die Erziehungsfragen von heute zu beantworten? Schließlich müssen unsere Kinder nicht mehr durch wilde Wälder ziehen, sondern sich im Internet zurechtfinden. Und überhaupt: Die Anlagen, die unsere Kinder mitbringen, sind doch längst nicht alles – schon ob der kleine Jakob heute mit dem linken oder dem rechten Fuß zuerst aus dem Bettchen steigt, kann ihn zu einem anderen Menschen machen.

Das stimmt. Unsere Anlagen sind nicht unser Schicksal. Für ihre Entwicklung brauchen Kinder weit mehr als nur ihre »natürlichen Anlagen«.

Aber das ändert nichts daran: Das Erbe der Vergangenheit wirkt weiter und gibt der Entwicklung unserer Kinder einen *Rahmen* vor – auch heute noch. Kinder sind wirklich »born to be wild«, wie der Untertitel dieses Buches besagt!

Wie mächtig dieser Rahmen ist, kann schon ein kurzer Blick auf die Liegewiese im Freibad verdeutlichen: Die ewig hungrige, auf Vorratsbildung bedachte Fettzelle war ein Erfolgsmodell, als wir Menschen als Jäger und Sammler von der Hand in den Mund leben mussten. In der heutigen Welt jedoch, wo Kinder praktisch neben dem Kühlschrank aufwachsen, ist der Segen zum Fluch geworden. Die Fettzelle hortet für schlechte Zeiten, die nie kommen werden. Ist es, so betrachtet, ein Wunder, wenn unsere Kinder immer dicker werden?

Auch auf anderen Verhaltensweisen lässt sich der Stempel der Vergangenheit leicht entdecken: Kleine Kinder erfüllt die Nacht mit Unbehagen, auch wenn ihre Bettchen längst hinter Sicherheitsglas stehen und die Eltern mit beiden Ohren am Babyphon kleben. Wir fürchten uns weiterhin schrecklich vor Schlangen, obwohl die Gefahr eines Schlangenbisses hierzulande geringer ist als das Risiko, von einem roten Ferrari überfahren zu werden (auf den die wenigsten von uns mit Panik reagieren). Und kleine Kinder schauen vor dem Einschlafen noch immer unter ihren Betten nach, weil dort »Monster« leben könnten – eine Praxis, die bestimmt einmal Sinn machte, als fieses Getier *wirklich* dazu neigte, sich ins warme Lager einzuschleichen.

Die Entwicklung unserer Kinder – das ist die Kernaussage dieses Buches – wird von Federn angetrieben, die in der Vergangenheit gespannt wurden. Sie richtet sich nicht primär nach den Anforderungen der heutigen Welt – und auch nicht unbedingt nach den Erwartungen, die wir Eltern haben. Kinder kommen vielmehr mit **eigenen Erwartungen** auf die Welt. Und Eltern und Erzieher tun gut daran, diese körperlichen und seelischen Erwartungen zu kennen. Denn so durchdacht unsere Erziehungsziele und -methoden auch sein mögen – wenn sie nicht zu unserer evolutionären Geschichte passen, können wir uns als Eltern daran nur die Zähne ausbeißen.

Ein neues Rezeptbuch?

Ist dieses Buch also der verloren gegangene Beipackzettel, der dem Paket »Kind« einmal beigelegen hat? Das sicher nicht. Dass es eine universelle Gebrauchsanleitung für Kinder nicht geben *kann*, auch davon handelt dieses Buch.

Die folgenden achtzehn Kapitel sind vielmehr aus der Überzeugung geschrieben worden, dass Eltern mehr brauchen als nur Rezepte. Wir brauchen ein tiefer greifendes Verständnis von der kindlichen Entwicklung, ein Verständnis der *Geschichte* unserer Kinder – und die reicht ganz bestimmt weiter zurück, als die tagesaktuellen Trends in der Erziehungsdebatte wahrhaben wollen.

Wer um diese Vergangenheit weiß, wird die Entwicklung seiner Kinder kompetenter und gelassener begleiten können. Wer erkennt, welchen natürlichen Zielen und Motiven Kinder folgen, wird vielleicht »natürlicher« auf sie eingehen können – und vielleicht auch die vielen pädagogischen Spekulationsblasen unserer Zeit kritischer betrachten. Und wer nicht immer gleich eine Störung oder ein Defizit vermutet, wird öfter auf Stärken stoßen. Genau das wünsche ich meinen Leserinnen und Lesern!

»Kinder verstehen« – ein kurzes Vorspiel

Eltern blicken in die Zukunft. Sie wollen schließlich ihren Kindern einen Weg weisen. Dabei vergessen sie leicht die Vergangenheit. Kinder treten aber mit einer *Geschichte* ins Leben – mit einer von der Evolution geschriebenen Geschichte. Wenn wir diese Geschichte kennen, können wir unsere Kinder besser verstehen: ein Wegweiser vorweg.

Gegen die pädagogischen Spekulationsblasen. Es gibt keine Theorie, die Erziehungsexperten nicht schon vollmundig verkündet hätten: dass Kinder durch Körperkontakt verzärtelt werden, dass das Schlafen im Elternbett die Entwicklung des Ichs behindere oder dass Kinder mit drei Jahren »sauber« sein sollten. Die evolutionäre Sicht stellt die Erziehung auf den Prüfstand der Menschheitsgeschichte: Warum sollen kindliche Verhaltensweisen, die jahrtausendelang das Überleben der Kinder gesichert haben, heute auf einmal eine »Störung« oder gar ein Entwicklungshemmnis sein?
Mehr dazu lesen Sie in **Kapitel 5, 5 Einblick & Ausblick, 12 E&A**

Die kindliche Entwicklung braucht artgerechte Bedingungen. Säuglinge hierzulande hinken in ihrer motorischen Entwicklung den Säuglingen in traditionellen Gesellschaften um etwa einen Monat hinterher. Vielleicht ist der Grund der: Moderne Babys liegen ausgiebig in ihrem Bettchen oder sie werden liegend durch die Landschaft geschoben. Sie werden damit vielleicht Experten im In-den-Himmel-Schauen, aber womöglich liegt ihnen eher das Leben in körperlicher Nähe zu Erwachsenen im Blut? **Kapitel 9, 12, 15**

Nicht die Eltern, sondern unsere Gesellschaft braucht einen Elternführerschein. Kinder haben ihre Spielflächen verloren. Zuerst den Wald, dann die Wiesen, die Höfe, dann die Hinterhöfe, nun auch die Straßen. Und damit haben sie auch Entwicklungsraum eingebüßt, den die besten Spielplätze nicht wettmachen können (auf denen die Elterndichte oft größer ist als die Kinderdichte). Und nach den verkürzten Spieljahren geht es ab in eine Schule, die nicht der Entwicklung der Kinder dient, sondern der Vermittlung eines Curriculums. Nur, was nutzen einem drei Fremdsprachen, wenn man mit sich selbst nicht klarkommt?

Kapitel 14, 15

Kinder brauchen Kinder – auch in der Erziehung. Betrachtet man die Kindheit aus evolutionärer Sicht, so spielen Eltern eine wichtige, aber keine bestimmende Rolle. Kinder müssen später einmal mit ihren gleichaltrigen Kameraden zurechtkommen, nicht mit Mama und Papa. Deshalb schauen sie sich so hartnäckig bei anderen Kindern um (vor allem im Jugendalter). Darin, dass sich Kinder einen *eigenen* Reim auf das Leben machen müssen, liegt aber auch eine Hoffnung. Denn evolutionär gedacht sind wir Erwachsenen derzeit nicht sonderlich erfolgreich – wenn nicht alle Zeichen trügen, sind wir dabei, unsere Lebensgrundlagen unwiderbringlich zu zerstören. Da wäre eigentlich nur zu hoffen, dass unsere Kinder eben *nicht* in unsere Fußstapfen treten, oder?

Kapitel 10, 13, 15 E&A, 17 E&A

Es ist an der Zeit, das Dorf für Kinder fit zu machen. Menschenkinder sind nach Einschätzung der Verhaltensforschung der »teuerste« Nachwuchs im Tierreich überhaupt. Zu allen Zeiten war es deshalb das »Dorf«, das mithelfen musste (und nebenbei den gestressten Eltern Asyl und Ausgleich bot). Da ist es heute höchste Zeit für eine kritische Dorfbesichtigung: Wo sind denn die guten Kinderkrippen, wo die vielen Paten (immerhin kommen heute auf jedes Kind von 3 bis 9 Jahren statistisch gesehen etwa 15 Erwachsene), wo die Geburtsvorbereitungskurse, in denen man nicht nur das Hecheln, sondern auch etwas über das Leben mit einem Baby lernt?

Kapitel 11 E&A, 14, 14 E&A

Ist Erziehung vielleicht eine Art kultureller Mode? Hierzulande bekommen die meisten Frauen ihre Kinder auf dem Rücken liegend. Kurze Frage: WARUM? Das lässt sich weiterführen: Warum das Beifüttern mit Karotten beginnen? Wenn es *wirklich* einen Gemüsefahrplan gäbe, wäre die Menschheit schon längst ausgestorben. Könnte vieles von dem, was wir als richtig für unsere Kinder sehen, vielleicht ähnlich gut begründbar sein wie die fast schon unumstößliche Überzeugung, dass bei Frauen die Achselhaare rasiert gehören?

Kapitel 2, 3, 17, 18

Eine kleine Bedienungsanleitung

Die hier behandelten Themen brennen sowohl Eltern als auch Erziehern unter den Nägeln. Ein Teil davon ist eher praktischer Natur – diese Themen begegnen uns Tag für Tag im Erziehungsalltag: das Stillen, das Beifüttern, das Schlafen, das Trotzen, usw. Diese, an einem unmittelbaren Brennpunkt der Entwicklung ansetzenden Themen bilden den **Anfangsteil** eines jeden Kapitels.

Davon abgesetzt enthält jedes Kapitel einen – meist kürzeren – zweiten Teil **Einblick und Ausblick**. Diese Abschnitte greifen einzelne Motive aus dem Anfangsteil des jeweiligen Kapitels auf und beleuchten deren Hintergrund. Diese eher erklärenden Teile geben einen Einblick in spannende Theorien oder führen durch kontroverse Diskussionen. Oder sie geben Anregungen zum Weiterdenken – einen Ausblick eben.

Dieses Buch verarbeitet Fakten aus Dutzenden von Büchern und Hunderten von wissenschaftlichen Artikeln – und soll sich trotzdem wie eine packende Geschichte über die Entwicklung unserer Kinder lesen. Damit der rote Faden nicht ausfranst, sind manche Details aus den Kapiteln ausgelagert:

- Auf *ergänzende Inhalte* wird in grünen Zahlen verwiesen (etwa so[1]). Diese Anmerkungen sind am Ende des Buches zu finden. Auch wenn ich Ihnen das Blättern gerne erspart hätte, es lohnt sich!
- Manche weiterführenden Inhalte sind eher für denjenigen interessant, der sich noch tiefer in das Thema einarbeiten will. Auf diese, oft eher *wissenschaftlich orientierten Inhalte* wird in grauen Zahlen verwiesen (etwa so[1]) – sie sind auf der das Buch begleitenden Internetseite www.kinder-verstehen.de zu finden.
- Auf dieser Webseite finden Sie auch die wichtigsten Literaturquellen, also Hinweise auf wissenschaftliche Fachartikel oder Buchbeiträge, auf die sich die jeweiligen Aussagen stützen.

Ein Wort zur begleitenden Webseite: Bücher stoßen Diskussionen an. Sie machen Appetit aufs Weiterlesen und sie geben dem Leser das Faktenwissen, um aktuelle Diskussionen zu verfolgen. Dies – und vieles mehr – will **www.kinder-verstehen.de** bieten. Besuchen Sie die Seite, verfolgen Sie, was sich rund um das Thema Entwicklung aus Sicht der Evolution tut. Und schicken Sie mir eine E-Mail, wenn Sie Anregungen, Fragen oder Kritik haben: Herbert.Renz-Polster@kinder-verstehen.de

Seltzer

Kapitel 1

Wie Kinder essen lernen

In einem sind sich Eltern einig: Wenn es ums Essen geht, sind kleine Kinder komplett unvernünftig. Sie bevorzugen ungesunde Nahrungsmittel, von Schokoriegel bis Pommes frites. Und um Gemüse und Obst, ja, selbst um die Soße zu den Spaghetti machen sie einen verdammt großen Bogen.

Vom Standpunkt der Evolution aus betrachtet ist das ein ziemlich auffälliges Verhalten. Denn Essen war über 99 Prozent der menschlichen Geschichte nicht gerade im Überfluss vorhanden. Kinder sollten eigentlich das essen, was ihnen vor den Mund gehalten wird, oder?

Dieses Kapitel gibt eine klare Antwort auf diese Frage, und sie heißt: Nein. Die geschmacklichen Eskapaden sind von der Natur vorgesehen! Aber was steckt dahinter? Warum mögen kleine Kinder keinen Brokkoli? Wie entwickeln sich die kindlichen Geschmacksvorlieben? Warum finden südamerikanische Eingeborenenkinder gebratene Vogelspinnen oder Erdmaden lecker, bayerische Kinder dafür Weißwürste und Knödel? Und wodurch lernen sie schließlich doch, dass Gemüse sie nicht umbringt und vielleicht sogar lecker schmeckt?

Warum kleine Kinder keinen Brokkoli mögen

Auf den Tierbildern in den Kinderzimmern sieht man den Panda immer mit dem gleichen Essen: Bambus. Das hat einen Grund – der Pandabär isst nämlich nur Bambus. Diese Vorliebe ist Teil seines angeborenen, instinktiven Verhaltens.

Ganz anders der Mensch. Er kann im Gegensatz zu allen anderen Säugetieren in praktisch allen Klimazonen (neuerdings sogar in einer kleinen Weltraumstation) leben. Egal ob in der gemüsefreien Arktis oder in den vitaminreichen Tropen, er kommt mit den vor Ort verfügbaren Nahrungsquellen zurecht. Von allen Tierarten kommt er damit einem »Allesfresser« am nächsten. Von Getreide, Früchten, Pilzen über Nüsse, Meeresfrüchte und Wurzelknollen, von Gemüse, Insekten, Fischen und anderem Getier bis hin zur abgepackten Suppe oder Formeldiät: Der Mensch isst alles – ja, sogar Bambussprossen!

Das macht ihn zwar weitaus unabhängiger als den Pandabären, der nicht ohne Grund am Aussterben ist. Doch *einen* Nachteil hat die Freiheit: Die Essensvorlieben können nicht als Instinkte fest in den Menschen einprogrammiert sein. Und damit stellt sich dem Menschen, im Gegensatz zum Panda, das Problem der *Auswahl.*

Denn eingestreut in das tausendfache Angebot sind viele unverträgliche oder sogar tödlich giftige »Nahrungs«mittel – und sie können sich so ähnlich sehen wie eine Heidelbeere und eine Tollkirsche.

Irgendwann am Anfang des Lebens muss Homo sapiens also lernen, sich einen Reim aus dem vorgefundenen Angebot zu machen. Er muss lernen, das zu mögen, was ihm bekommt – ob gegrillte Vogelspinnen oder Fruchtzwerge. Und er muss lernen, das zu meiden, was ihm schaden könnte.

Aber wie löst er dieses *Dilemma des Generalisten,* wie Ernährungswissenschaftler es nennen? Nach welchen Regeln lernt er, die »richtigen« Nahrungsmittel zu mögen und die anderen zielsicher abzulehnen? Nach welcher Formel entwickelt sich sein Geschmack?

Angeborene Vorlieben

Der Mensch hat zwar keine genaue Beschreibung der ihm bekömmlichen Fressalien mit auf den Weg bekommen wie etwa der Pandabär, einen groben Kompass aber hat er immerhin, mit dem er das Nahrungsangebot beurteilt – und der gilt für alle, ob Inuit oder Raumfahrer.

Da wäre als Erstes der *Geschmacksinn.* Über »Antennen« an den Geschmacksknospen der Zunge beurteilt der Mensch die Nahrung nach den Qualitäten süß, sauer, salzig, bitter und umami. (Die letztere Geschmacksqualität wurde erst im Jahr 2002 entdeckt und zeigt die Aminosäure Glutamat an, welche dem Körper besonders eiweißreiche Nahrung signalisiert – das japanische Wort steht in etwa für »fleischig«).

Während die Wahrnehmung von »süß« hilft, reife und damit möglichst kohlenhydratreiche Früchte zu erkennen,[1] steht »sauer« für unreif, d.h. kalorisch minderwertig oder auch für »möglicherweise verdorben«. »Bitter« weist ebenfalls auf potenziell ungünstige Nahrung hin, denn Bitterstoffe kommen besonders in verdorbenen oder sogar giftigen Nahrungsquellen vor. Pflanzen haben Bitterstoffe nämlich entwickelt, um sich und ihre Früchte gegen Fressfeinde zu schützen. Bitterstoffe wirken zum Beispiel lähmend auf Insekten und ziehen sie so aus dem Verkehr. Da wundert nicht, dass viele Gemüsearten erst durch Züchtung überhaupt genießbar geworden sind! Tatsächlich sind die süßen, saftigen Möhren und die leckeren Brokkoli, die wir unseren Kindern heute auf den Teller schaufeln, alles andere als ursprüngliche Gemüsesorten. Sie sind die Resultate jahrhundertelanger Züchtungen, die systematisch Gerb- und Bitterstoffe aus den Pflanzen entfernt haben.[1]

Und »fett«? Für Fett gibt es keine eigenen Geschmacksantennen auf der Zunge. Dennoch werden fettreiche Nahrungsmittel schon ab der Säuglingszeit bevorzugt. Fett verstärkt nämlich die positiven Geschmacksqualitäten – das Essen schmeckt süßer und würziger.

Fassen wir zusammen. Kinder bewerten das Nahrungsangebot nach dessen Sicherheit und nach dessen Überlebenswert: Süßes, Eiweißhaltiges und Fettes weist auf problemfreie, energiereiche »Überlebensnahrung« und wird deshalb bevorzugt. Bitteres und Saueres dagegen wird kritisch gewertet – schließlich steht es für wenig Nahrhaftes, möglicherweise Verdorbenes oder sogar Giftiges. Das führt uns zu einer erstaunlichen Erkenntnis: Dass Kinder Nutella und Pommes frites gegenüber Selleriestängeln und Spinat bevorzugen, hat einen *sinnvollen Hintergrund.* Wer Kalorienbomben bevorzugte, kam besser über die nächste Notzeit. Und auch der kritische Blick auf das Gemüse hat sich nicht aus Trotz gegen die Eltern entwickelt, sondern als Vorsichtsmaßnahme in einer mit giftigen Pflanzen beladenen Umwelt!

Der Garcia-Effekt

Neben dem Geschmacksinn gibt es noch weitere Leitplanken, die alle Menschen zu einem sicheren Essen führen. Etwa der sogenannte *Garcia-Effekt:* Hat ein Nahrungsmittel einmal Übelkeit oder Erbrechen ausgelöst – und sich so als potenziell giftig erwiesen –, so wird es langfristig abgelehnt. Eine einzige schlechte Erfahrung reicht dabei aus, um das jeweilige Nahrungsmittel jahrelang zu meiden – zumindest bei Kindern.

Die Angst vor Neuem

Und da ist ein dritter Einfluss, der die Nahrungsvorlieben aller Kinder rund um den Globus prägt – und der Eltern recht verlässlich zur Verzweiflung treibt: das Meiden bisher unbekannter Nahrungsmittel. Viele Eltern kennen dieses auch als *Neophobie* (Angst vor Neuem) bezeichnete Phänomen nur allzu gut. Solange Marie ein Baby war, ließ sich stolz berichten, wie viele Nahrungsmittel sie ausprobierte: Pesto, Olivenstückchen, Tomatensoße ... Als Kleinkind ist dasselbe Wesen kaum wiederzuerkennen: Wehe, man bringt auch nur ein Gemüsemolekül in die Nähe der Nudeln! Dass das Meiden neuer Nahrungsmittel tatsächlich einer Art Angst entspricht, zeigt auch die Tatsache, dass gerade ängstliche und schüchterne Kinder am stärksten betroffen sind![2]

Die Neophobie folgt einem bei allen Kindern in etwa gleichen zeitlichen Verlauf: Zwischen vier und sechs Monaten ist sie am geringsten ausgeprägt – die meisten Säuglinge probieren in diesem Alter praktisch alles, was ihnen angeboten wird.[3] Ab etwa dem 18. Monat verengt sich der Auswahlhorizont allmählich, der Blick wird immer kritischer, der Mund öffnet sich immer zögerlicher. Im späten Kleinkind- und Kindergartenalter hat die Skepsis gegenüber Neuem ihr Maximum erreicht: Kinder sind dann *wirklich* schlechte Esser und lehnen neue, geschmacklich komplexe oder eventuell bitter schmeckende Nahrungsmittel oft komplett ab. Erst zwischen acht und zwölf Jahren weitet sich der Wahlhorizont wieder, Kinder beginnen jetzt mit vorher undenkbaren Nahrungsmitteln wie Pilzen, stärkeren Käsesorten und auch Gemüse wie Brokkoli zu experimentieren.

Auf der Hitliste der kindlichen Ablehnung stehen Kohlgewächse wie Rosenkohl übrigens ganz oben – und das nicht ohne Grund. Diese Gemüsesorten sind schwefelhaltige Senfgewächse, die kleinen Kindern nicht selten Bauchweh machen.

Sinnvoller Verlauf

Der zeitliche Verlauf der Neophobie erklärt sich evolutionsbiologisch so: Während das Kind gestillt wird und in unmittelbarer Nähe der Mutter lebt, soll sein Geschmackshorizont noch breit sein – schließlich sorgt die Mutter (oder andere vernünftige Erwachsene) dafür, dass das, was das Kind zu essen bekommt, auch *sicher* ist. Ganz anders, wenn das Kind die Umwelt auf eigenen Beinen erforschen kann. Was ab jetzt in den Mund kommt, unterliegt nicht mehr der Kontrolle der Eltern. Anstelle der Eltern sichert nun die natürliche Verengung des Wahl- und Geschmackshorizonts das Überleben. Alles, was unbekannt ist, wird hartnäckig gemieden – insbesondere, wenn es dazu noch grün ist oder bitter schmeckt. Erst wenn die kindlichen Organe reifer (d.h. weniger anfällig gegenüber Giftstoffen) sind und wenn die Nahrungsauswahl durch soziales Lernen »abgesichert« ist, kann sich der Geschmacks- und Wahlhorizont wieder öffnen.[4]

Soziales Lernen

So viel zu dem Kompass, der unsere Kinder zumindest einmal in die richtige Richtung weist und ihnen hilft, »sichere« Nahrungsquellen zu bevorzugen. Aber was genau landet *langfristig* auf ihrem Speiseplan?

Die Antwort heißt: durch *Vorbilder* und durch *Gewöhnung*. So zeigen Experimente, dass kleine Kinder, die ein Nahrungsmittel zunächst ablehnen, dieses doch annehmen, wenn es ihnen an aufeinanderfolgenden Tagen noch etwa zehn weitere Male angeboten wird.[5] Kinder essen also bestimmte Nahrungsmittel nicht deshalb, weil sie ihnen schmecken, sondern sie schmecken ihnen, weil sie immer wieder davon essen!

Dabei nähern sich Kinder dem neuen Nahrungsmittel in vorsichtigen, kleinen Schritten. Wenn sie probieren, dann zuerst nur ganz wenig. (Dem Prinzip der vornehmen Zurückhaltung folgen übrigens auch andere Säugetiere: Ratten etwa nagen sich von ungewohnten Nahrungsquellen zuerst ganz kleine Stückchen ab. Erst wenn ihnen dann nicht schlecht wird, essen sie mehr.)

Auch hat sich gezeigt, wie wichtig *Vorbilder* bei der Entwicklung des kindlichen Geschmacks sind. Das Kind am Tisch greift oft spontan nach dem, was sich die Mutter in den Mund stecken will. Studien bestätigen das: Ein- bis Vierjährige probieren ein neues Nahrungsmittel doppelt so häufig, wenn ein freundlicher Erwachsener davon zuerst nimmt! Und auch wenn sie sehen, dass andere, vor allem Geschwister, das Essen *mögen*, greifen sie eher zu.[6]

Darüber hinaus beschleunigt lustvolles Spielen die Gewöhnung. Wie Experimente zeigen, wird Nahrung besser akzeptiert, wenn Kinder die nicht gerade geförderten Verhaltensweisen wie In-den-Mund-Stecken, Ablutschen und Wegwerfen zeigen dürfen – auch das taktile Erleben scheint zum »Kennenlernen« von Nahrungsmitteln zu gehören.[7]

Geschmacksprogrammierung

Aber auch frühe Geruchs- und Geschmackserfahrungen sind für das spätere Essverhalten entscheidend. Tierforscher wissen das schon lange: Werden trächtige Kaninchen mit Wacholderbeeren gefüttert, so ziehen die Kaninchen aus diesem Wurf später Wacholderwiesen vor![8]

Auch bei der Ausbildung von Nahrungsvorlieben beim Menschen spielt die vorgeburtliche Prägung eine wichtige Rolle. In Experimenten, in denen Spuren von Knoblauch, Vanille, Anis oder Karottensaft in das Fruchtwasser eingebracht wurden, bevorzugten die neugeborenen Babys nach der Geburt genau diese Geschmacksvarianten.[9]

Und auch die geschmackliche Zusammensetzung der Muttermilch – und damit das, was die stillende Mutter isst – prägt das Baby. Bei der Beifütterung bevorzugt es solche Geschmacksvarianten, die ihm von der Brusternährung bereits bekannt sind.[10] Stillen ist also tatsächlich ein »Probelauf durch die Regale des Supermarkts«, wie die Neurobiologin Lise Eliot einmal sagte.

Genauso wie Muttermilch kann auch Kunstmilch geschmacklich prägen. Kinder, die als Säuglinge die für ihren säuerlichen Geschmack bekannten hydrolysierten Säuglingsnahrungen (HA-Nahrung) bekamen, bevorzugen in Experimenten später die sauersten Fruchtsäfte; die mit Sojamilch Aufgewachsenen dagegen einen mit bitteren Geschmacksstoffen angereicherten Apfelsaft. Sojamilch-Trinker sind als Kleinkinder übrigens auch stärker an Brokkoli interessiert als die mit Formelmilch auf Kuhmilchbasis ernährten Gleichaltrigen.[11]

Dabei scheint es für die geschmackliche Prägung eine – womöglich je nach Nahrungsmittel unterschiedliche – sensible Phase zu geben. Hydrolisierte Säuglingsnahrungen etwa lassen sich in den ersten vier Monaten recht einfach einführen, danach werden Hydrolysatnahrungen von Kindern praktisch nicht mehr akzeptiert.

»Supertaster«

In welcher Geschmackswelt Kinder letzten Endes landen, folgt aber auch *erblichen Einflüssen:* Rund ein Viertel der Mitteleuropäer sind sogenannte *Supertaster* – sie haben besonders viele Geschmacksrezeptoren für Bitterstoffe auf der Zunge. Bitteres schmeckt für sie also noch bitterer! Manches Kind, das »besonders schlecht isst«, dürfte zu dieser Gruppe gehören. Andererseits können sie auch feinere Unterschiede in der Welt des Bitteren erkennen. Das könnte erklären, warum Supertaster im Erwachsenenalter häufiger unter den Starköchen zu finden sind. Supertaster verfügen zudem über ein sehr empfindliches Mundgefühl – sie empfinden etwa sehr fette Nahrung als unangenehm.[12] Kein Wunder, dass Supertaster (zu denen übrigens überdurchschnittlich viele Asiaten zählen) im Durchschnitt schlanker sind – ihr Body Mass Index liegt im Erwachsenenalter im Schnitt bei nur 23,5 (verglichen mit 25,3 bei der übrigen Bevölkerung).

Auch die Vorliebe für eiweißreiche Nahrung hat eine erbliche Komponente. Der »süße Zahn« dagegen scheint entgegen der Annahmen vieler Eltern kaum vererbt zu sein.[13]

Ekelhaft!

Um die Umwelt nach ihren Chancen und Risiken zu bewerten, braucht das Kind aber noch ein weiteres, recht eigensinniges Abneigungsprogramm – das Ekelgefühl.

Babys und Kleinkinder spielen interessiert mit Dingen, die einen Erwachsenen zum Würgen bringen: Rotz, Erbrochenes und Schleim jeder Art sind für Babys keinesfalls »igitt« – und Stuhlgang schon gar nicht. Erst mit dem vollendeten dritten Lebensjahr beginnen Kinder angenehme Gerüche von unangenehmen zu unterscheiden – das Ekelgefühl setzt ein. Etwa mit der Einschulung sind die Kleinen von den Geruchsvorlieben und -abneigungen mit Erwachsenen vergleichbar und beziehen Ekel auch auf Nahrungsmittel.[14] Rund um die Erde empfinden Kinder jetzt die gleichen Sachen als »ekelig«, egal ob sie von einem Feinkoch erzogen werden oder von einem Holzfäller.

Der evolutionäre »Sinn« von Ekel ist leicht zu verstehen: Ekelgefühle schützen vor der Aufnahme von verdorbener oder mit Krankheitserregern belasteter Nahrung. Aber warum empfinden Kinder dann in den ersten paar Lebensjahren keinen Ekel? Vielleicht deshalb, weil Ekelgefühle vorher gar keinen Sinn ergeben würden. Daran, dass sie noch »undicht« sind und immer wieder mit ihren Ausscheidungen in Berührung kommen, können kleine Kinder nun einmal nichts ändern. Auch dass beim Rülpsen immer wieder Land mitkommt, ist eine unabänderliche Tatsache des Babylebens – es wäre wenig hilfreich, da beständig Ekel zu empfinden. Kleine Kinder können dem Auslöser ja nicht entkommen.

Wie Kinder zu vernünftigen Essern werden

Was die Ernährung angeht, kommt das Kleinkindalter einer Revolution gleich: Das Kind wechselt von einem sicheren, von der Mutter hautnah überwachten Nahrungsumfeld in eine Welt voller Gefahren. War vorher die hygienisch einwandfreie und optimal auf die Bedürfnisse des Kindes zugeschnittene Muttermilch das Grundnahrungsmittel, so muss das Kind ab dem Kleinkindalter seinen Hunger in einer Welt stillen, in der Nahrhaftes und Ungenießbares oft direkt nebeneinander wächst. Um in dieser Welt zu überleben, hat die Evolution dem Kind folgende Regeln mitgegeben:

- Bevorzuge »Überlebensnahrung« – die süßen, energiedichten »Lieblingsspeisen« eben, die nicht nur sicher sind, sondern auch gut sättigen.
- Iss nur, was du kennst. Hüte dich vor allem vor bitteren Sachen. Darin könnten schließlich größere Mengen an Giftstoffen stecken.
- Wenn du was Neues essen musst, nimm zuerst einmal nur ganz wenig davon.
- Iss, was deine Eltern und Geschwister mögen – damit liegst du immer richtig.
- Iss nicht noch einmal, was dir einmal den Magen verdorben hat.

Diese Regeln bringen uns zu einer radikalen Erkenntnis. Dass Kinder so wählerisch und so auf süße und fette Nahrung versessen sind, Gemüse aber kritisch gegenüberstehen, ist *Teil der normalen Entwicklung* des Kleinkindes. Ein vorbehaltlos von Gemüse, Früchten und Beeren begeistertes Kleinkind wäre zu 99 Prozent unserer Geschichte bald ein totes Kind gewesen!

Natürlich sind diese Schutzprogramme heute, wo die Regale der Supermärkte garantiert tollkirschenfrei sind und wo wir in kleinen, abschließbaren Wohnungen über jeden Schritt unserer Kinder wachen, komplett überflüssig geworden – aber der Körper unserer Kinder folgt nun einmal dem sozusagen im Urwald entwickelten Erfolgsprogramm, auf das er sich über Hunderttausende von Jahren hat verlassen können.

Die schleckigen Kleinen – einmal positiv betrachtet

Vielleicht sollten wir die Essensvorlieben unserer Kinder einfach andersherum betrachten: Die beschriebenen Regeln, nach denen sich Kinder der essbaren Umwelt nähern, sind im Grunde eine ziemliche Erfolgsstory. Denn sie erreichen etwas, von dem wir sonst nur träumen – sie bringen Angebot und Nachfrage nämlich passgenau zur Deckung, und das an jedem Ort der Welt![2]

Sogar extreme Sonderbedingungen können mit diesen simplen Regeln abgedeckt werden. Scharf essen zum Beispiel ist dort sinnvoll, wo Nahrungsmittel schnell verderben, denn scharfe Gewürze können Keime und Parasiten abtöten – schon Kleinkinder in Asien essen scharfe Gewürze in Mengen, die einem erwachsenen Mitteleuropäer das Hemd ausziehen würden. Und auch kompliziertere Essregeln lernen Kinder en passant: Andenbewohner etwa essen wilde Kartoffeln zusammen mit Lehm – das hilft die giftigen Inhaltsstoffe dieser Sorten zu neutralisieren.

Licht am Ende des Tunnels

Das Beste an diesem übervorsichtigen Lernprogramm ist aber das: Es hat ein *Verfallsdatum* und setzt sich irgendwann selbst außer Kraft. Je mehr die Organe nämlich ausreifen und je mehr Kinder über ihre Welt gelernt haben, desto mehr lässt die Angst vor neuen Nahrungsmitteln nach. Der »schleckige« Zahn wird mutiger, und wenn die Kinder mit dem Wachsen fertig sind, essen sie schließlich doch ihr Gemüse.

Insofern ist das Essen ein Beispiel dafür (wir werden in diesem Buch noch auf viele andere stoßen), dass nicht alles, was Eltern an ihren Kindern stört, als »Störung« zu betrachten ist. Dass Kleinkinder schleckig sind, war einmal gut für ihr Überleben und ist damit *Teil einer normalen Kindheit.*

Was es Kindern heute zusätzlich schwer macht

»Schwierige Esser« gab es schon immer – sonst wären zum Beispiel Bücher wie »Der Suppenkasper« nicht geschrieben worden. Fragt man erfahrene Kinderärzte, so hat dieses Problem aber in den letzten 20 Jahren deutlich zugenommen. Und das ist eigentlich bemerkenswert. Während die Kühlschränke immer voller wurden und immer mehr Kinder mit Chipstüten, Milchschnitten, TV und iPod ins Schlaraffenland umgezogen sind, sind immer mehr Eltern händeringend damit beschäftigt, ihre Kleinen Löffelchen für Löffelchen vor dem sicheren Hungertod zu bewahren. Warum ist das Essen heute besonders schwer?

Die Decke der Vorbilder ist dünn. Wie wir gesehen haben, erleichtern Vorbilder das Essenlernen: Freundliche Erwachsene bringen Kinder dazu, mehr zu probieren. Wohlgemerkt: *freundliche* Erwachsene. In der Wirklichkeit sind Kinder aber eher mit einer Art wohlmeinender Einpeitscher konfrontiert oder mit stirnrunzelnden Eltern, die um ihre Kinder Todesängste ausstehen. Oder mit Schwiegermüttern, deren Selbstwertgefühl nur von einem abhängt: ob Hänschen das Löffelchen ausspuckt oder nicht. Kinder reagieren aber nicht auf Sorgen oder Druck, Essen muss ihnen *Spaß* machen.

Das Problem wird dadurch verstärkt, dass viele andere natürliche Vorbilder, die das Essenlernen erleichtern, heute fehlen – etwa ältere Geschwister oder überhaupt ältere Kinder. Jeder weiß, dass kleine Kinder den etwas älteren Kindern ins Meer folgen würden – sie werden auch das essen, was diese essen. Deshalb haben es Erstgeborene bzw. Kinder in kleinen Familien potenziell besonders schwer.

Das rasche Abstillen kann Säuglinge überfordern. Wir setzen unseren Kindern heute einen recht straffen Fahrplan vor, nach dem sie bitteschön essen lernen sollen: Wir haben klare Vorstellungen davon, ab wann Kinder beigefüttert werden. Und oft genug ist das dann auch der Zeitpunkt, an dem Kinder von der Brust entwöhnt werden – Beifüttern und Abstillen sind für nicht wenige Eltern sozusagen zwei Seiten der gleichen Medaille. Das Ziel ist dann häufig, möglichst bald schon ganze Mahlzeiten durch Gläschenkost zu ersetzen. Für manche Kinder ist das Doppelpaket Beifütterung und gleichzeitiges komplettes Abstillen aber möglicherweise problematisch. Nicht nur müssen sich Kinder bei einem solchen Crash-Programm gleichzeitig an Milchflasche und Gläschenkost gewöhnen – auch bei den Eltern entsteht nur allzu leicht die Erwartung, dass aus einer Milchmahlzeit im Handumdrehen eine komplette Gläschenmahlzeit wird. Das aber kann manchem Säugling die Möglichkeit nehmen, sich in *seinem* Tempo an die neue Nahrungs- und Geschmackswelt zu gewöhnen. Denn auch wenn Säuglinge geschmacklich mutiger sind als Kleinkinder, so müssen sie sich doch an die neue Art der Ernährung erst gewöhnen. Wenn ihnen Gläschen angeboten werden, muss also damit gerechnet werden, dass zunächst allenfalls Proben gezogen werden. Und diese Phase der Probiererei kann sich hinziehen. Zumindest für »langsamere« Kinder (die sich möglicherweise aus der Gruppe der weiter vorne beschriebenen *Supertaster* rekrutieren) kann deshalb ein langsames, ganz entspanntes Einführen von Beikost günstiger sein – die Kinder können sich dann unter Beibehaltung der Stillroutine in kleinen Häppchen an das neue Nahrungsangebot gewöhnen.

In der Tat zeigt ein Blick um den Globus, dass das Einführen der Beikost in solchen Kulturen weniger konflikthaft verläuft, wo sich Muttermilchernährung und Beikosteinführung längere Zeit überlappen. Dass Mütter zu einem bestimmten Termin an den Arbeitsplatz zurückkehren müssen, scheint die Natur einfach nicht berücksichtigt zu haben!

Das Beifüttern nach Schema lässt wenig Raum für Eigentempo. Individuelle Flexibilität geht aber auch durch das hierzulande übliche rigide Beikostschema verloren. Viele Eltern sind der Überzeugung, dass zu jedem Lebensmonat des Kindes ganz bestimmte Gemüsesorten gehören: im fünften Monat sind Karotten »erlaubt«, danach erst der Fenchel, dann der Blumenkohl und schließlich der Kohlrabi. Diese mangelnde Flexibilität kann aber Probleme schaffen: Was, wenn das Kind im fünften Monat eben *keine* Möhren mag?

Vorschläge für den Alltag

Versuchen wir zum Schluss dieses Kapitels, die von der Evolution vorgegebenen Regeln und Begrenzungen nicht als Last, sondern als eine Hilfe für eine gesunde Entwicklung zu sehen. Wie können wir unseren Kindern auch unter heutigen Bedingungen helfen, gesunde Essensvorlieben zu entwickeln?

In der Schwangerschaft

Fangen wir am Beginn des Lebens an. Eine schwangere Frau sollte essen, was ihr schmeckt, denn so sorgt sie auch bei ihrem Mitbewohner im Mutterleib für einen breiten Geschmackshorizont. Sie sollte sich dabei nicht von angeblichen Allergierisiken beirren lassen – es ist ein längst widerlegter Mythos, dass das Meiden bestimmter Nahrungsmittel in der Schwangerschaft beim Kind die Entwicklung von Allergien verhindern könne.[15] Die Sitten in vielen traditionellen Kulturen ergeben weitaus mehr Sinn – dort bekommen gerade die Schwangeren die vielfältigsten und am aufwändigsten zubereiteten Gerichte.[16]

Stillen

Stillen unterstützt die Entfaltung eines breiten Geschmackshorizonts. Im Gegensatz zu Fläschchenmilch enthält Muttermilch eine in 1001 Geschmacksnoten verpackte Botschaft: Hier kommt das in deinem späteren Leben vorherrschende Nahrungsangebot ... Bekannt ist, dass gestillte Kinder, deren Mütter sich abwechslungsreich ernähren, später häufiger Neues probieren als Flaschenkinder und auch beispielsweise Obst gegenüber aufgeschlossener sind.[17] Und auch in der Stillzeit spricht nichts für eine Einfaltsdiät: bis auf wenige Ausnahmen bringt eine Einschränkung der Nahrungsmittel in der Stillzeit überhaupt nichts. Dadurch kann weder eine Besserung der Säuglingskoliken noch eine Vorbeugung gegen Allergien erreicht werden.[3]

Beikost

Beikost sollte nicht zu spät, also möglichst noch im ersten Lebenshalbjahr eingeführt werden. Denn: Die Einführung in eine vielfältige Geschmackswelt klappt am besten, solange der Geschmackshorizont der Kleinen noch »offen« ist. Wird Beikost erst nach neun bis zwölf Monaten eingeführt, so ist eine geschmackliche Einengung zu befürchten.[19]

Es wird oft empfohlen, bei der Beifütterung nur wenige, bekannte Nahrungsmittel zu verwenden. Das mag für bestimmte Kinder mit Neurodermitis sinnvoll sein, für gesunde Kinder aber gilt generell: Es darf ruhig ein Streifzug durch die Küche sein. Und der muss nicht nach einem bestimmten »Schema« ablaufen (zuerst Karotten, dann Kartoffeln usw.). Gerade bei gestillten Kindern ist anzunehmen, dass sie die von der Muttermilch bekannten Geschmacksrichtungen wiedererkennen und bei der Beifütterung akzeptieren. Insofern spricht einiges dafür, dass das Selbst-Zubereiten der Beikost nach dem Geschmack der Mutter den 0815-Gläschen aus dem Regal überlegen ist.

»Zwingen«

Druck bei der Einführung von Beikost auszuüben verbietet sich. Der weiter vorne besprochene »Garcia-Effekt« sorgt sonst für eine nachhaltige Ablehnung. Es gibt sogar Hinweise, dass Kinder, deren Eltern beim Essen Druck machen, mit zwei Jahren weniger wiegen als die ohne Druck essenden Kinder![20] Glücklicherweise ist das moderne Angebot an vollwertiger Nahrung so breit, dass der rituelle Kampf um den Spinat heute nicht mehr geführt werden muss, um Kinder gesund zu erhalten. (Wohin es führt, wenn man Kinder »zwingt«, zeigt der ehemals mächtigste Mann der Erde, George W. Bush, der kurz nach seiner Amtseinführung nichts Besseres zu tun hatte als sich trotzig zu beklagen: »Ich hasse Brokkoli. Das habe ich schon als kleines Kind getan, als meine Mutter mich zwang, ihn zu essen. Jetzt bin ich Präsident der Vereinigten Staaten von Amerika, und ich denke nicht daran, in meinem Leben noch einen einzigen Bissen Brokkoli zu essen!«)

Auch das Zwingen durch Sorgenfalten bringt nichts. Denn wie wir gesehen haben, lernen Kinder durch *freundliche Gewöhnung*. Für sie gilt auch beim Essen: Positive Emotionen sind Lernverstärker.

Gegen die Ablehnung von Gesundem hilft nur Hartnäckigkeit. Konkret heißt das: Neue Nahrungsmittel, Obst und Gemüse sollten zunächst nur in ganz kleinen Häppchen angeboten werden, aber auch bei anfänglicher Ablehnung mindestens ein bis zwei Wochen lang immer wieder auf den Tisch gebracht werden.

Was die Mahlzeiten angeht

Selbst-Kochen ist nicht nur für die Geschmacksentwicklung, sondern auch für die Gesundheit günstiger als Fertigmahlzeiten. Kommerzielles Essen ist nicht nur süßer und salzhaltiger, sondern auch um einiges energiedichter. Evolutionär ist der Mensch nach Schätzung von Evolutionsbiologen auf eine durchschnittliche Energiedichte von 107 Kilokalorien pro 100 Gramm Nahrung eingestellt – ein Hamburger hat 287.

Aber wie mit dem doch sehr konservativen Geschmacksprogramm der Kleinkinder umgehen? Sollen Eltern ihre Dreijährigen nur Nudeln essen lassen? Schließlich scheint der Verzicht auf die Soße ja einen evolutionsbiologischen Sinn zu haben ...

Keineswegs. Das Programm der Neophobie zielt auf *Vorsicht,* nicht auf *Verzicht* auf alles, was nicht gleich auf den ersten Anhieb rutscht! Es kann deshalb nicht oft genug wiederholt werden: Das Kind ist evolutionär zur Zurückhaltung angehalten – aber es hat auch ein Gewöhnungsprogramm an Bord, das ihm den Weg zu den »schwierigeren« Nahrungsmitteln dann doch ebnet. Das auf geschmackliche Enge zielende Programm der Neophobie wird von dem auf geschmackliche Erweiterung zielenden Programm der Gewöhnung austariert.

Dieses Gewöhnungsprogramm läuft jedoch nicht automatisch ab, sondern braucht einen Motor. Und das ist der Hunger: Hunger macht mutig und sorgt dafür, dass der Geschmacksspielraum immer wieder ein bisschen weiter gedehnt wird. Hungrige Kinder probieren eine breitere Auswahl an Nahrungsmitteln als halbsatte Kinder – wer hungrig einkaufen geht, kommt ja auch mit einem volleren Wagen an der Kasse an.

Wie aber kann erreicht werden, dass Kinder mit Hunger an den Tisch kommen? Indem weniger *vor* dem Essen gegessen wird! Schon etwa 20 Prozent der bei einer durchschnittlichen Hauptmahlzeit verzehrten Kalorien reichen aus, um den Appetit von Kindern stark zu dämpfen. Wer halbsatte Kinder an den Familientisch setzt, darf keine große Experimentierfreude erwarten. Also: Kinder sollten 40 bis 60 Minuten vor dem Essen nur noch kalorienneutrale Getränke (am besten Wasser) oder kalorienarme Zwischenmahlzeiten bekommen, etwa Gemüse oder Obstschnitze. Gerade die sättigende Wirkung von Säften und gesüßtem Tee wird oft unterschätzt!

Aus evolutionsbiologischer Sicht wäre also die Antwort auf die »Spaghetti-ohne-Soße-Frage« die: Ja, die Kinder sollen wählerisch sein dürfen, aber *unter realen Bedingungen.* Extra zubereitete »Kindermahlzeiten« sind evolutionär sicher nicht vorgesehen, und auch das Ausweichen auf Süßspeisen (»Damit mein Sohn überhaupt etwas isst«) scheiterte bis vor wenigen Generationen an den Beschränkungen der Realität. Kinder sind darauf eingestellt, dass auf den Tisch kommt, was Eltern für gesund und schmackhaft halten – kein dreijähriges Kind ist darauf vorbereitet, den Einkaufszettel selbst zu schreiben. Das Schlaraffenland gab es in unserer evolutionären Vergangenheit nicht.

Den Teller leer essen? Auch wenn es für die Großeltern nur schwer zu akzeptieren ist: »Den Teller leer essen« passt als Lernziel weder zum evolutionsbiologischen Verhaltensrepertoire von Kleinkindern noch stellt es ein gesundheitsförderliches Lernziel in einer Umwelt dar, in der die Essensportionen – vom Schokoriegel bis zur Mahlzeit im Restaurant – selbst für Schwerarbeiter zu groß sind.[21] (Mehr zum Thema »Teller leer essen« in Kapitel 3 *Einblick und Ausblick.*)

Besser ist es, wenn das Essen nach vorsichtigen Schätzwerten auf den Teller portioniert wird. Ein Nachschlag ist dann immer möglich. Hat sich ein Kind überschätzt, so darf es das Essen zurücklegen oder für später zurückstellen lassen.

Das Essen nett herrichten? Wenn das Essen nett und kindgerecht serviert wird, kann das durchaus zum Spaß beim Essen beitragen. Und auf wirklich unattraktiv aussehende Nahrungsmittel (wie gekochter Spinat) zu verzichten ist nach allem, was wir über die Entwicklung von Ekel gesehen haben, ebenfalls sinnvoll. Allerdings braucht die kindgerechte Dekoration auch nicht übertrieben zu werden: »Ein hungriges Kind isst auch«, so die Ratgeber-Autorin Anna Wahlgren, »wenn die Serviette nicht zum Tischtuch passt.«

Dürfen Kinder »schlingen«? Alle Menschen neigen zum hastigen Essen, wenn sie hungrig sind. Das ist evolutionär sinnvoll: Je hungriger wir sind, desto wichtiger ist es, sich vom Angebot möglichst rasch möglichst viel zu sichern – wer weiß, wann wieder eine günstige Gelegenheit kommt und wie lange man noch ungestört bleibt? Aber ist es nicht »gesünder«, wenn wir langsam essen, oder sogar, wie manchmal geraten wird, das Essen vor dem Schlucken 11-mal (wahlweise 22-mal oder 33-mal) kauen? Evolutionär betrachtet ist das blanker Unsinn – wenn Essen wirklich nur verträglich wäre, wenn wir es ganz langsam einnehmen oder gar jeden Bissen 22-mal kauen, wären wir längst ausgestorben. Und was das Argument angeht, wer »schlinge«, würde sich überessen, so geben Experimente Entwarnung: Jugendliche, die in Versuchen zum langsamen Essen angehalten werden, essen nicht weniger Kalorien, als wenn sie das Essen in einem Satz hinunterschlingen dürfen.[22] (Natürlich spricht dieser Befund nicht dagegen, bei Tisch auf das entspannende Ritual eines achtsam eingenommenen Mahls zu setzen – hier können Eltern durchaus auf ihre langfristige Vorbildfunktion vertrauen.)

Trinken

Beim Trinken sollte berücksichtigt werden, dass Kleinkinder wegen des noch hohen Wasserumsatzes im Vergleich zu Erwachsenen relativ viel trinken. In vielen Familien hat es sich eingebürgert, den Durst nicht mit Wasser zu stillen, sondern mit Softdrinks oder Säften. Besonders der Fruchtsaftkonsum ist bei Kleinkindern in den letzten 20 Jahren stark angestiegen, und auch die nach dem Abstillen gerne als »Übergangsgetränk« genommenen Tees sind oft gesüßt. Dies könnte zum einen die Geschmacksentwicklung auf »süße Erwartungen« polen. Zum anderen sorgen kalorienhaltige Getränke für eine recht üppige kalorische Beladung – Kinderärzte gehen davon aus, dass energiereiche Getränke mit für das zunehmende Übergewichtsproblem bei Kindern verantwortlich sind. Zudem mehren sich die Hinweise, dass die in Fruchtsäften (v.a. Apfelsaft) reichlich vorhandene Fruktose für eine ungünstige Einstellung des Stoffwechsels bei Kindern sorgen kann – die Saftpulle, die aus vielen Kinderwägen nicht mehr wegzudenken ist, wird von Kinderärzten zunehmend als Einfallstor für Übergewicht, Diabetes und Co. gesehen.[4]

Evolutionsbiologisch betrachtet gab es nach dem Abstillen nur einen Durstlöscher: Wasser. »Flüssige Nahrung« kommt im Repertoire des Menschen eigentlich nur in Form von Muttermilch vor. Ausnahme sind da nur die wenigen menschlichen Populationen, die seit wenigen tausend Jahren auch Tiermilch vertragen (mehr dazu in Kapitel 3). Und gegen das eine oder andere Glas Milch ist in der Tat auch nichts einzuwenden – als Zwischenmahlzeit, aber nicht als zusätzliche Flüssigkeit gegen den Durst.

Müssen Kinder ständig an das Trinken erinnert werden, weil sie sonst »austrocknen« oder sonstwie Schaden nehmen? Diese Furcht hat sich in den letzten 30 Jahren klammheimlich ins Repertoire der elterlichen Sorgen eingeschlichen, sie ist evolutionsbiologisch aber wenig plausibel. Denn schon von klein auf sorgt das Durstgefühl dafür, dass Kinder ausreichend Wasser trinken – und das funktioniert zumindest bei gesunden Kindern absolut zuverlässig. Auch Nierenspezialisten geben Entwarnung: Mehr zu trinken, als der Durst verlangt, bringt ansonsten gesunden Menschen rein gar nichts.[5]

Richtig ist, dass kleine Kinder und insbesondere Säuglinge Wasser noch nicht so gut »aufsparen« können wie ältere Kinder. Das liegt daran, dass ihre Nieren den Urin noch nicht so gut konzentrieren können. Säuglinge müssen deshalb häufiger trinken. Dem hat die Natur auch

Rechnung getragen – schließlich haben kleine Kinder unter natürlichen Bedingungen in den ersten zwei bis vier Lebensjahren freien Zugang zur Brust und können sich damit regelmäßig mit Flüssigkeit versorgen. Kein Wunder also, dass sich Säuglinge im Sommer häufiger an der Brust bedienen als im Winter und dass die Stillhäufigkeit in den verschiedenen Klimazonen der Erde stark schwankt. Kleinkinder ab etwa drei Jahren können aber ihren Wasserhaushalt schon viel besser an ein zeitweilig schwankendes »Angebot« anpassen. Ihr Körper ist darauf vorbereitet, es sozusagen von Wasserloch zu Wasserloch schaffen. Gesunde Kinder müssen also nicht rund um die Uhr mit Flüssigkeit versorgt werden und auch nicht dauernd ans Trinken erinnert werden! Wenn die Pulle auf einem Spaziergang mal nicht dabei ist, gleichen sie das bei der nächsten Gelegenheit aus. Entsprechend pinkeln Kleinkinder im Tagesverlauf einmal mehr und einmal weniger, und eine »Pinkelpause« auch von mehreren Stunden ist absolut normal.

Die Einstellung der Eltern

Mit manchen Überzeugungen stehen sich Eltern selbst im Weg. Gerade was den Appetit angeht, so erwarten sie oft mehr, als Kinder »leisten« können (Details begegnen uns im Kapitel 3 E&A). Evolutionär betrachtet kann Eltern deshalb nur geraten werden, den Appetit oder den Gemüsekonsum ihrer Kinder *nicht* als Maß dafür zu nehmen, wie gut sie als Eltern sind.

Einen Trost für Eltern von wählerischen Kindern hält die Forschung parat: »Schlechte Esser« konsumieren zwar weniger Früchte und weniger Gemüse – aber auch weniger Fett und weniger Süßigkeiten.[26] Und auch wenn ihnen die Vitamine vielleicht nicht aus den Ohren quellen: Wählerische Kinder sind nicht weniger gesund als andere Kinder,[27] und sie wachsen auch nicht langsamer.[28] Aber sie sind, das dürfte einleuchten, seltener übergewichtig.

Und zum Schluss noch ein Wort zu den Rippen. Es mag hierzulande an vielem mangeln, an hochwertiger Nahrung mangelt es nicht. Es ist normal, wenn im Kleinkind- und Vorschulalter die Fettreserven abschmelzen. Die Fettmasse des Kindes erreicht mit fünf bis sechs Jahren ihren Tiefpunkt (den sogenannten *Fettnadir*). Dass sich jetzt die Rippen zeigen ist evolutionär vorgesehen und kein Zeichen von Unterernährung.

Einblick und Ausblick

Unreife als Vorteil

In diesem ersten Kapitel haben wir eines gesehen: Dass Kinder ihre Eltern manchmal an den Rand der Verzweiflung bringen, hat einen guten Grund. Ja, sie verziehen den Mund, wenn das Löffelchen mit dem Grünzeug kommt. Ja, sie essen lieber Süßes, auch wenn es noch so ungesund ist. Ja, sie »schlingen«, wenn sie Hunger haben. All das war unter früheren Bedingungen einmal ihr Erfolgsrezept. Es hat den Kindern geholfen zu überleben. Dass Kinder einmal in gefliesten Wohnungen leben würden, wo keine giftigen Sträucher oder Pilze wachsen, dass sie einmal im Schlaraffenland aufwachsen würden, wo sich die Regale vor Leckereien nur so biegen, konnte die Natur ja nun wirklich nicht wissen.

In den folgenden Kapiteln dieses Buches werden wir den Blick auf andere Bereiche der kindlichen Entwicklung richten – etwa auf das Schlafen, das Schreien oder die – völlig überflüssigen? – Zornanfälle. Und auch da werden wir »gute Gründe« für das oft erstaunlich »unvernünftige« Verhalten finden.

Vorher jedoch wäre es an der Zeit, die kleinen Helden dieses Buches einmal genauer vorzustellen und ihre Entwicklung aus der Vogelperspektive zu betrachten.

Kinder sind keine defekten Erwachsenen

Seit Anfang des letzten Jahrhunderts ist der Grund bekannt, warum Babys nicht sprechen: Weil sie absolut nichts zu sagen haben! Das jedenfalls meinte der einflussreiche niederländische Pädagoge Frater Rombouts und befand sich damit ganz im Einklang mit seiner Zeit, die Kinder vor allem als eines sah: als inkompetente Mängelwesen.[6]

Erst in den letzten Jahrzehnten wurde dieses Bild zurechtgerückt. Da wurde klar, dass selbst Babys so manche Fähigkeit besitzen, von der Erwachsene nur träumen können ...

Gesichter erkennen beispielsweise. Zeigt man Babys Bilder von Affengesichtern, so können sie die haarigen Gesichtchen bald schon ohne Weiteres auseinanderhalten – Erwachsene müssen da passen: Affe ist für sie Affe.[29] Auch Gesichter von Menschen aus anderen Kulturen können Babys leichter unterscheiden – für Erwachsene dagegen sieht ein Chinese nicht viel anders aus als ein anderer Chinese (jedenfalls solange sie wenig Umgang mit Chinesen haben). Und selbst mäßig intelligente Kinder lernen eine komplizierte Sprache – wie etwa Russisch, Deutsch oder Kiswahili – weitaus schneller als jeder erwachsene Nobelpreisträger!

Ja, sie können Sprachen sogar neu erfinden: Würfelt man kleine Kinder aus verschiedenen Sprachwelten zusammen, so endet das keineswegs im babylonischen Sprachwirrwarr – es entsteht vielmehr eine neue Sprache. Viele Gegenden der Karibik, in denen Einwanderer aus den verschiedensten Ländern aufeinandertrafen, verdanken ihre heutigen Kreol-Sprachen niemand anderem als den Kindern. Die bauten beim gemeinsamen Spielen aus den unterschiedlichen Sprachfetzen nämlich eine ganz eigene Sprache mit voll funktionierender Grammatik zusammen, die nach und nach auch von den Erwachsenen übernommen wurde. Nur Kinder sind nach Meinung der Sprachwissenschaftler in der Lage, Regelmäßigkeiten in der gesprochenen Sprache intuitiv zu erkennen und daraus neue, regelhafte Satz- und Wortstrukturen, eben eine neue Sprache, zu bilden!

Es ist also an der Zeit, die *Stärken* der Kinder in den Vordergrund zu rücken. Zumindest was die eingangs beklagte Sprachlosigkeit der Babys angeht, hat sich auch schon ein Experte gefunden, der sich auf die Seite der Kinder schlägt. Kurz nach der Geburt, so sagt der Biologe Midas Dekkers, ist ein Kind zum Reden zwar zu dumm – »aber schlau genug, es aus diesem Grund zu unterlassen.«

Unreife: ein ungeheures Potenzial

Dekkers fasst das neue Bild vom Kind so zusammen: »Ein Baby kann alles, was es können muss. Als Mensch ist es ein Rohrkrepierer, aber als Baby ist es perfekt.« Tatsächlich: Wären Kinder unzulänglich, um die Lebens- und Entwicklungsaufgaben ihrer jeweiligen Entwicklungsstufe zu lösen, wäre die Menschheit längst auf der Strecke geblieben. Kinder sind keine viertelfertigen, halb fertigen oder dreiviertel fertigen Erwachsenen – sie sind 100 Prozent fertige Säuglinge, 100 Prozent fertige Kleinkinder, ja sogar 100 Prozent entwickelte Jugendliche!

Das beginnt schon mit der Anatomie. So steht beispielsweise der Kehlkopf bei Säuglingen weitaus höher als beim Erwachsenen (er steht in den ersten zwei bis drei Lebensjahren nicht weit unterhalb des Gaumensegels). Dadurch gelangt der durch die Nase eingeatmete Luftstrom auf direktem Wege in den Kehlkopf und von dort in die Luftröhre. Der Säugling kann dadurch gleichzeitig atmen und schlucken, ohne dass ihm die Nahrung »in den falschen Hals« kommt – eine beim Tanken an der Brust eindeutig vorteilhafte Einrichtung.

Unreife als Voraussetzung des Lernens?

Statt nach dem Defekt zu suchen, blicken wir deshalb in diesem Buch auf die Potenziale der Kinder – was bringen sie mit, um ihre Entwicklung zu meistern? Und diese Perspektive ist auch aus Sicht der Hirnforschung topaktuell. Hirnforscher singen neuerdings nämlich ein regelrechtes Loblied auf die Unreife des Kindes.

Der Ulmer Neurowissenschaftler Manfred Spitzer etwa versteht das reifende Gehirn als eine Art »didaktischen Filter«: Das kindliche Gehirn kann zunächst nur einfache Zusammenhänge erlernen. Erst nach und nach erweitert es seine Möglichkeiten und wendet sich dem Komplizierteren zu. Das heißt, eben *weil* es reift, lernt das Gehirn zuerst die Grundlagen, die Prinzipien, und erst anschließend die Feinheiten. Es lernt damit manche Dinge weitaus effektiver als ein Erwachsenengehirn, das vor lauter Bäumen schnell den Wald aus den Augen verliert. Spitzer dazu: »Hätten Sie das Gehirn, das Sie jetzt haben, bereits bei der Geburt gehabt, hätten Sie wahrscheinlich nie sprechen gelernt.«[30] Also: Kinder mögen aus Erwachsenensicht unzulänglich sein, aber sie haben das, was sie für ihr tägliches Weiterkommen brauchen. Sie sind verdammt gut darin, Kinder zu sein.

Doppelgleisige Entwicklung

Das heißt nicht, dass Kinder *in allem,* was sie tun, gleich Meister sind. Ein Teil des kindlichen Entwicklungsprogramms dient tatsächlich dem Zweck, die Kinder auf ihr zukünftiges Leben als Erwachsene *vorzubereiten* – und da fangen die Kleinen wirklich ganz klein an. Geschicklichkeit ist nicht einfach da, sie muss geübt werden. Schreiben muss erlernt werden, Rechnen, Spuren lesen, jagen, Fahrrad fahren – all das setzt Übung voraus.[31]

Andere Fertigkeiten aber sind einfach da und helfen dem Kind mit seiner *gegenwärtigen* Umwelt zurechtzukommen – sie sichern sozusagen das Überleben im Hier und Jetzt. Man muss einem Kind das Sprechen nicht beibringen. Auch Sauberkeit »lernen« sie von alleine.[32] Kinder sind in ihrer Entwicklung also sowohl Meister als auch Lehrlinge!

Ein befreiendes Bild

Das Bild, nach dem Kinder nicht nur »kleine Menschen sind, die es noch nicht gelernt haben, erwachsen zu sein« (wie Midas Dekkers diese überholte Perspektive karikiert), kann Eltern auch in der Erziehungspraxis helfen, ihre Kinder besser zu verstehen.

Nicht jedes die Erwachsenen störende Verhalten ist gleich eine Störung. Natürlich liegt es nahe, Kleinkindern eine Schlaf*störung* zu bescheinigen, wenn sie nicht alleine einschlafen, und eine Ess*störung,* wenn sie unserer Meinung nach nicht genug Gemüse essen. Evolutionär gedacht ist genau dieses »störende« Verhalten vollkommen sinnvoll und rational – Kinder sind damit nun einmal in der evolutionären Vergangenheit gut gefahren (allein schon dieses erste Kapitel hat eine Fülle von Beispielen geliefert).

Auch eine weitere Erkenntnis dürfte zur Entkrampfung der Erziehungspraxis beitragen: Eben weil sie die Entwicklung im Hier und Jetzt absichern, sind viele kindliche Verhaltensweisen an eine bestimmte Entwicklungsstufe gebunden und damit *vorübergehende Erscheinungen.* Sie vergehen also durch hartnäckiges Zuwarten von alleine! Dass Kinder nicht scharf auf Gemüse sind, ist – wie wir gesehen haben – in der frühen und mittleren Kindheit absolut normal. Später sieht das ganz anders aus. Viele der »störenden« Verhaltensweisen verschwinden also von selbst, ganz ohne erzieherische Großoffensive. Man muss als Eltern auch nicht gleich verzweifeln, wenn ein Zweijähriger ein anderes Kind schlägt oder gar beißt, und man muss daraus auch nicht ableiten, dass das Kind später einmal zu Aggressionen neigt oder die Genfer Konvention geringschätzt. Das Schlagen mag auf der jetzigen Stufe der Entwicklung zum gängigen Repertoire gehören, aber auf der nächsten Entwicklungsstufe ist es bald schon wieder »unmöglich«. Wären wir Erwachsene nicht manchmal froh, auch *unsere* Lebensmuster würden von Zeit zu Zeit so leicht »überschrieben« werden?

Kapitel 2

Stillen – die natürlichste Sache der Welt?

Wer genug gegessen hat, ist pappsatt. Das Wort geht auf einen im Mittelalter vielerorts als Babynahrung verwendeten Brei zurück, den »Pap«. Dieser zähe Brei entstand, indem Brot oder Mehl mit Wasser oder Milch verkocht wurde (manchmal wurde auch etwas Bier oder Honig dazugegeben). In manchen Gegenden Mittel- und Nordeuropas ersetzte der Pap oft schon in den ersten Lebenswochen die Muttermilch.

Da stellt sich die Frage: Sind solche Abkürzungen denn »natürlich«? Ist nicht Muttermilch von Natur aus die einzige artgerechte Nahrung eines jungen Menschenkindes? Aber warum enthält sie dann ausgerechnet Amylase, also einen Hilfsstoff, der für die Verdauung von *Stärke* wichtig ist, die in der Muttermilch ja gar nicht vorkommt? Und wenn Stillen so lebensentscheidend wichtig ist, warum klappt diese natürlichste aller Einrichtungen dann nicht immer?

Ein längerer Abschnitt ist einem einschneidenden Ereignis in der Ernährungskarriere des Kindes gewidmet: dem Abstillen. Gibt es einen »richtigen« Zeitpunkt für den Entzug der Brust? Muss es da immer Zoff geben? Oder existiert vielleicht ein Rezept, mit dem sich ein Säugling von selbst abstillt?

Eine geniale Erfindung

Stellt man sich die Zeitspanne, seit der es Leben auf der Erde gibt, als einen Tag vor, so wurde Stillen erst in der 24. Stunde »erfunden«, genauer gesagt: vor 65 Millionen Jahren. Das entscheidende und namensgebende Kennzeichen der etwa 4000 bekannten Säugetierarten entstammt der Zeit, als es mit den großen Reptilien wie den Dinosauriern zu Ende ging. Die Möglichkeit, den Nachwuchs direkt am Körper mit einer nährstoffreichen Spezialnahrung zu versorgen, ersparte den Eltern so manchen Weg – schließlich müssen die frisch gebackenen Eltern nicht mehr im Minuten- oder Stundentakt Futter für ihre Kleinen herbeifliegen oder herbeischleppen!

Die geniale Lösung hat aber auch Nachteile. Alles hängt nämlich nun an der säugenden Mutter – sie allein trägt jetzt die »Kosten« für die Ernährung der Kleinen.

Dabei kommen Menschenmütter noch relativ glimpflich davon. Denn auch wenn so manche Mutter am Anfang mit dem Wechseln der Stilleinlagen kaum nachkommt – bezogen auf das Körpergewicht produzieren Menschenmütter weniger als ein Zehntel der Milchmenge, die etwa kleine Nagetiere ihrem Nachwuchs anbieten.[7] Und auch im Bezug auf den Kaloriengehalt findet sich Muttermilch auf der sparsamen Seite. Die Milch des Seehundes etwa ist mit einem Fettgehalt von 60 Prozent etwa 15-mal fetthaltiger als die Muttermilch.

Ein Idiotenjob?

Die Ratgeber-Folklore mit ihren samtweichen Bildern stillender Mütter suggeriert, dass die Milch immer problemlos läuft. Und auch nicht wenige Kinderärzte sind der Meinung, Stillen sei eine »intuitive Angelegenheit«, die automatisch klappt.

Die Natur scheint da etwas skeptischer zu sein und durchaus mit Hindernissen zu rechnen: Das für das Einsetzen der Milchproduktion nach der Geburt mit verantwortliche Hormon Prolaktin wird immerhin vier Tage lang in sehr hohen Konzentrationen vorgehalten – erst dann sinken die Hormonspiegel ab.

Der Mensch nutzt diese lange Leine der Natur reichlich aus. Nicht wenige Kulturen halten die an Immunstoffen reiche Vormilch (Kolostrum) für nicht geeignet und legen das Baby deshalb in den ersten Tagen nicht an. Die Quetcha in Peru geben stattdessen kurz nach der Geburt

Tee und Gemüsebrühe. In Indien benutzen Mütter noch heute eine Mischung aus Butterfett (Ghee) und Honig, um das Kolostrum zu ersetzen. Mütter auf Bali nehmen Reismilchbrei als Ersatz. Bei den Efe in Zentralafrika wird das Neugeborene so lange von einer anderen Frau des Stammes gestillt, bis bei der Mutter die Milch einschießt. Die steinzeitlich lebenden Kung in der afrikanischen Kalahari schreiben der Vormilch schädigende Wirkungen zu und drücken zunächst die Brust sogar aus – mit schlimmen Folgen: Die Säuglingssterblichkeit ist deutlich erhöht, wenn Kinder ohne Kolostrum auskommen müssen.[33]

Intuitives Grundmuster

Die »natürliche« Kompetenz in Sachen Stillen scheint also nur lose in uns Menschen eingekabelt zu sein. Andererseits sind gewisse intuitive Grundmuster aber durchaus angelegt: Das Neugeborene arbeitet sich nach der Geburt systematisch an die Mutterbrust heran – wird es auf den Bauch der Mutter gelegt und nicht gestört, so findet es fast immer die Brust und beginnt daran zu saugen.[34]

Interessanterweise steuert das Baby dabei häufiger die linke als die rechte Brustwarze an. Das könnte mit dem Herzschlag zu tun haben, an den das Baby vom Mutterleib her gewohnt ist (eine detaillierte Diskussion wird uns in Kapitel 14 begegnen). Dieser Vorliebe tragen die Mütter übrigens Rechnung: 83 Prozent der rechtshändigen und 78 Prozent der linkshändigen Mütter halten ihr Kind intuitiv so, dass es in der bevorzugten Linksposition zu liegen kommt. (Kein Wunder, dass auch auf den meisten Madonnenbildern der Renaissance das Baby »links« liegt. Selbst von Kindern werden Puppen nach links getragen, andere Gegenstände dagegen ohne Vorzugsrichtung.[35])

Aber verglichen mit der zentralen Bedeutung, die die Muttermilchernährung für das Überleben hat, erscheint die intuitive Absicherung des Stillens doch recht bescheiden. Selbst aus traditionellen afrikanischen Gesellschaften werden Stillprobleme berichtet: »Wenn die Mutter selbst nicht stillen kann«, berichtet etwa der Völkerkundler Kidd im Jahr 1906, »so fertigt sie ein Fläschchen aus einem Ledersäckchen mit Öffnung und hält dieses so vor ihre Brust, als stille sie.«[36]

Ganz schön schwierig!

Im Vergleich zu den anderen Säugetieren ist Stillen beim Menschen eine komplizierte Sache. Im Tierreich bedient sich der Nachwuchs selbst an den Zitzen, und auch bei den meisten Affenarten kraulen sich die Babys einfach ins Fell der Mutter und saugen drauflos – die Affenmama kann dabei sogar von Ast zu Ast springen.

Anders beim Menschen. Die Menschenmutter muss die Signale ihres Babys deuten, den richtigen Moment erkennen, es hochnehmen, das Baby in geeigneter Weise »anlegen«, das Kind immer wieder umlagern, ihm die Brust von der Nase weghalten und und und ... Kurz: Stillen ist ein vielschichtiges, kompliziertes Wechselspiel mit allen Verwicklungen und Missverständnissen, die dabei entstehen können.

Dazu kommt, dass die menschliche Brust im Vergleich zu den übrigen Säugetieren recht »unhandlich« ist – sie ist weitaus größer als bei allen anderen Arten, und in vielen Fällen auch weniger »saugbar« als die sonst üblichen, mundgerechten Zitzen der restlichen Säuger.[8]

Aber selbst im Tierreich läuft Stillen nicht zu 100 Prozent instinktiv ab, sondern beruht teilweise auf Imitation oder sozialem Lernen. Bei »unnatürlich« – etwa getrennt von ihrer Gruppe – aufgezogenen Affen lassen sich durchaus Stillprobleme beobachten. Eine Gorillamutter beispielsweise, die ohne Kontakt mit stillenden Müttern aufwuchs, hielt ihr erstgeborenes Baby falsch herum an die Brust – also mit dem Hinterkopf zur Brustwarze. Das Kind musste ihr weggenommen werden. Bei der nächsten Schwangerschaft wurden stillende Menschenmütter vor dem Käfig aufgereiht, und die Gorillafrau durfte beobachten, wie frau es richtig macht – dieses Mal konnte sie problemlos stillen. Teilweise wurden den Gorillamüttern auch Videoaufnahmen von stillenden Gorillamüttern in der Wildnis gezeigt.[37]

Vorbereitet, aber nicht automatisch

Alles spricht also dafür: Stillen ist kein automatisch ablaufender Reflex und auch nichts, was man mit links erledigt. Manche intuitive Zutaten sind vorhanden, aber es braucht mehr als nur Intuition. Stillen muss von Menschenmüttern zu einem guten Teil *erlernt* werden – und das erklärt, warum es zwischen Babymund und Mutterbrust nicht immer klappt. Biologen nennen ein solches Verhalten »kanalisiert«: Das Verhalten ist relativ leicht zu lernen, aber es klappt nicht automatisch.

Dass Lernen eine Rolle spielt, zeigt nicht zuletzt die Tatsache, dass Stillen mit jedem Kind leichter wird – und auch die Anleitung durch andere Mütter, Hebammen oder Stillberaterinnen kann beim Lernen helfen.

Stillhindernisse

Zum anderen braucht es zum Stillen auch die »situative Bereitschaft«. Erschöpfung, Anspannung, Angst und Überforderung torpedieren das Stillen: Sowohl das für die Milchbildung verantwortliche Hormon Prolaktin als auch das für den Milchfluss verantwortliche Oxytozin können durch psychische Anspannung gehemmt werden: Bei Stress bleibt im wahrsten Sinne des Wortes die Milch weg.

Und dann sind da weitere, handfeste Hindernisse, von denen manche so alt sind wie die Menschheit: die wunden Brustwarzen, die Hohlwarzen, der Milchstau. Andere Hindernisse sind neu ins Spiel gekommen, vor allem das Übergewicht. Mütterliches Übergewicht geht mit insgesamt niedrigeren Prolaktinspiegeln nach der Geburt einher, dadurch kann die Milchbildung in manchen Fällen unzureichend sein.[38] Dazu kommt, dass das Stillen durch die größeren Brüste und den größeren Abstand zum Kind auch »mechanisch« schwieriger ist.[39] Auch die Sorge über die zukünftige Form der Brust gehört zu den Hindernissen, die heutige Frauen bei ihrer Entscheidung für oder gegen das Stillen mental zu übersteigen haben.

Nicht zu unterschätzen sind aber auch *soziale Hindernisse:* Die Ernährung des gestillten Kindes kann unter den Eltern nur schwer geteilt werden, die stillende Mutter ist also stark »angebunden«. Tatsächlich ist Stillen auch heute noch an vielen Arbeitsplätzen eine echte Behinderung. Auch trinken gestillte Kinder insgesamt häufiger als mit Kunstmilch gefütterte Kinder, und das leider auch nachts – eine zusätzliche Belastung.

Kulturelle Einflüsse

Ein in den USA beliebtes Stillbuch heißt »The Womanly Art of Breastfeeding« (die weibliche Kunst des Stillens). Nach dem bereits Gesagten haben die Autorinnen den Titel vielleicht ganz gut ausgewählt: Das, was uns so »natürlich« erscheint, ist ein Stück weit wirklich eine Kunst. Und wie bei jeder Kunst gibt es auch beim Stillen nichts, über das Einigkeit bestünde. Wie oft Kinder zu stillen sind, wie lange sie trinken sollen, ob nur eine Brust oder zwei zu reichen sind, ob Kinder nachts freien Zugang zum Busen haben sollen – all diese Fragen werden von Land zu Land, von Zeit zu Zeit, von Schicht zu Schicht, von Familie zu Familie und von Frau zu Frau unterschiedlich beantwortet.

Und auch die Männer wollen mitreden. Im Mittelalter waren es die Priester, sie warnten Mütter davor, »mit Wollust« zu stillen (was immer sie damit meinten). Brouzet, der Arzt von Ludwig XV von Frankreich, sprach sich sogar für ein Gesetz aus, um Müttern von zweifelhaftem Ruf das Stillen zu verbieten – über die Milch könnte schließlich deren schlechter Charakter auf das Baby übergehen![40] Im »Allgemeinen Preussischen Landrecht« von 1794 wurde die Nutzung des Busens dann endgültig gesetzlich geregelt – es war der Ehemann, der entscheiden konnte, wie lange seine Frau stillt. Und bei den Fulani in Zentralafrika kann sich ein Mann von seiner Frau sogar scheiden lassen, wenn sie ihr Kind nicht mit genügend Hingabe stillt.[41] Wer darüber schmunzelt, mag bedenken, dass noch heute die Meinung des Vaters am stärksten darüber entscheidet, ob und wie lange eine Mutter ihr Kind stillt – wir kommen darauf noch zu sprechen.

Überall anders

Die Unterschiede gehen gleich nach der Geburt los. In manchen Kulturen wird das Kind als Erstes an den Busen der Mutter gelegt. Hierzulande dagegen geht in vielen Kliniken noch immer das Säuglingsbad vor, und auch die medizinischen Untersuchungen haben Vorrang – den Bräuchen bei den traditionellen Bavenda Bantu in Südafrika nicht unähnlich, bei denen nach der Geburt der Medizinmann gerufen wird: » ... er macht am ganzen Säuglingskörper, auch an den Fontanellen und am übrigen Kopf, Einschnitte und reibt ein medizinisches Pulver aus Pavian-Schädelknochen ein (...). Nach dieser Prozedur darf die Mutter erstmals stillen.«[42]

Da wundert nicht, dass sogar das Stillen selbst immer wieder hinterfragt wurde – und das nicht erst in den Industrieländern der 1970er Jahre, wo stillende Mütter eine Zeit lang fast schon als Wilde betrachtet wurden. In manchen Gegenden Nordeuropas war es bereits im 15. Jahrhundert weit verbreitet, Babys schon ab der Geburt Tiermilch oder Brei zu geben. Im 18. Jahrhundert ersetzten die besser gestellten Schichten die Muttermilch auch gerne mit Zuckerwasser – die Babys fanden das zwar lecker, starben letzten Endes aber an Mangelernährung (wie etwa in der Familie Wolfgang Amadeus Mozarts). Und mit der industriellen Revolution wurde zumindest in den Städten auf breiter Front abgestillt, was auch damit zu tun hatte, dass viele Mütter jetzt eine bezahlte Arbeit annahmen und ihre Kinder bei anderen Frauen ließen, die die Kleinen mit Flaschenmilch oder Beikost versorgten. Die UNICEF schätzt, dass auch heute noch jedes Jahr weltweit 1,3 Millionen Kinder sterben, weil sie nicht gestillt werden. Und selbst für die USA werden pro Jahr immerhin 750 Todesfälle bei Säuglingen auf Nicht-Stillen zurückgeführt.[43]

Der Streit um die Brust: Wie, wie oft, wie lange?

Warum wird das Stillen so unterschiedlich gehandhabt? Hat nicht das Kind von Natur aus bestimmte Erwartungen? Müsste es nicht so etwas geben wie eine »natürliche Gebrauchsanleitung« für die mütterliche Brust? Machen wir uns auf die Suche.

Wie oft?

Vergleicht man die Kulturen dieser Erde, so schwankt die Häufigkeit, wie oft Kinder gestillt werden, durchschnittlich zwischen alle 15 Minuten und alle sechs Stunden. Selbst in Europa sind die Unterschiede deutlich: Eine Mutter in Kopenhagen stillt im Schnitt 10,5-mal am Tag (das entspricht einer Pause zwischen den Stillmahlzeiten von 2,3 Stunden). Eine Rostockerin dagegen stillt nur 5,7-mal am Tag (was einer Pause von 4,2 Stunden entspricht).

Aber auch innerhalb einzelner Gesellschaften sind die Differenzen enorm. Manche deutsche Mutter legt ihr Kind alle Stunde oder sogar öfter an, während andere in bis zu vier- bis sechsstündigen Intervallen stillen. Die Empfehlung der Kinderärzte liegt irgendwo dazwischen. Sie empfehlen für gestillte Kinder acht bis zwölf Mahlzeiten in 24 Stunden.

Wie oft Menschenkinder im Einzelfall ihre Milch tanken, hängt aber nicht nur von den herrschenden Konventionen ab:

Da ist zum einen der von Kind zu Kind erheblich schwankende Nahrungsbedarf. Der eine Säugling ist ein immer hungriges »Schweinchen«, der andere kommt mit Feinschmeckerportionen aus (wir kommen in Kapitel 3 E&A darauf zurück).

Eine große Rolle scheint auch zu spielen, wie »nahe« das Baby zu seiner Mutter lebt. Kinder, die viel getragen werden und die bei der Mutter im Bett schlafen, trinken insgesamt häufiger.[44] Es erstaunt daher nicht, dass die Stillhäufigkeit auch in traditionellen Kulturen stark von der *Art der Beschäftigung* der Mutter abhängt und saisonal schwankt: Sind die Mütter öfter von zuhause weg (etwa bei der Feldarbeit), stillen sie seltener.[45]

Zum Dritten scheinen *klimatische Einflüsse* eine Rolle zu spielen. Bei den Kung in der extrem heißen und trockenen Kalahari etwa werden Babys im Durchschnitt tagsüber alle 15 Minuten angelegt. Milch liefert dem Kind ja nicht nur Kalorien, sondern auch Wasser – und der Wassergehalt der Muttermilch schwankt je nach Stilldauer (je länger ein Kind an der Brust saugt, desto mehr Fett enthält die Milch). Wenn Kinder also nur kurz, aber dafür häufig trinken, bekommen sie anteilig weitaus mehr Wasser und können so ihren Durst besser stillen. Tatsächlich ist anzunehmen, dass die Milchaufnahme in heißen Ländern eher über den Durst gesteuert ist und die Kinder dort entsprechend häufiger trinken – während Babys in den nördlichen Breiten vor allem aus Hunger auf die Brust losgehen und mit weniger Mahlzeiten auskommen.

Zum Vierten ist die *Art der Milchernährung* entscheidend: Gestillte Kinder melden sich etwa ab dem dritten Lebensmonat im Durchschnitt öfter als mit der Flasche ernährte Kinder – leider gerade nachts.[9]

Diese Zusammenhänge zeigen, dass sich die Frage nach dem »besten« Trinkabstand nicht allgemeingültig beantworten lässt – zumindest in unseren Breitengraden gedeihen Säuglinge mit sehr unterschiedlichen Trinkabständen insgesamt gut. Es gibt jedoch Hinweise, dass kleinere, häufigere Mengen auch hierzulande Vorteile haben. So zeigen wissenschaftliche Beobachtungen, dass Säuglinge seltener unter Koliken leiden, wenn sie insgesamt öfter gestillt werden.[48] Ein weiterer Vorteil kürzerer Stillintervalle könnte sein, dass die Mütter weniger Probleme mit wunden Brustwarzen haben – dieses sehr häufige Problem könnte nämlich damit zusammenhängen, dass Kinder nach langen Stillpausen gieriger trinken.[49]

Nach Bedarf?

Stillen wurde lange Zeit als Unterabteilung der Erziehung angesehen. So empfahlen die Ärzte in Deutschland ab etwa 1920 das genau reglementierte Stillen nach der Uhr – und zwar vor allem als pädagogische Maßnahme: »Bei der Durchführung der Nahrungspausen handelt es sich nicht bloß um eine für die Ernährung wichtige Maßregel, sondern tatsächlich um die erste Erziehung zur Beherrschung der Triebe«, schreibt der Vordenker der Kinderärzte, Professor Czerny, 1922 in seinem Lehrbuch.[50] Wenig später, im Jahr 1934, empfahl das »Amt für Volkswohlfahrt« sogar, dass immer um 6, 10, 14, 18 und 22 Uhr zu stillen sei, und zwar »stets pünktlich«. Heute empfehlen Kinderärzte wieder generell, Säuglinge immer dann zu stillen, wenn Babys sich mit Hungersignalen melden.[51]

Wer deshalb meint, Stillen nach der Uhr sei ein alter Hut, soll in die Elternzeitschriften schauen. Hier werden solch praktische Hilfsmittel wie die Stilluhr »feedy« vorgestellt, die in einem modernen Design anzeigt, wann das Kind zuletzt getrunken hat und aus welcher Brust. Und noch immer ist zu hören, regelmäßiges Stillen mache das Baby »regelmäßig« und verhindere, dass es »verwöhnt« werde.

In dem Streit zwischen den Alternativen »nach Bedarf«[52] oder »nach der Uhr« wird leicht eine dritte Kategorie vergessen, nach der schon immer Stillentscheidungen getroffen wurden: nach Möglichkeit. »In allen Kulturen«, sagt die große alte Dame der Verhaltensforschung, Sarah Blaffer Hrdy, »passen Frauen ihr Leben an die Bedürfnisse ihrer Säuglinge an – und muten ihren Säuglingen das umgekehrte zu.« So stillen etwa Frauen im Hochland Nepals je nach saisonaler Arbeitsbelastung mehr oder weniger häufig – der modernen Mutter in Gelsenkirchen nicht unähnlich, die mit der Rückkehr an den Arbeitsplatz auch nur noch so oft stillt, wie es unter den gegebenen Umständen eben möglich ist.[53]

Welches Modell ist die »beste« Lösung? Das hängt vom Blickwinkel und vom Alter des Kindes ab. Während längere Stillintervalle der Mutter erlauben, die »Anbindung« durch das Stillen wenigstens ein bisschen zu lockern, hat sich gezeigt, dass für das Gedeihen von Säuglingen das Stillen nach Bedarf zumindest in den ersten Lebenswochen besser ist – danach scheinen die Kinder gleich gut zu wachsen, egal ob sie nach der Uhr oder nach Bedarf gestillt werden.[54] Manche Untersuchungen sprechen außerdem dafür, dass nach Bedarf gestillte Kinder besser lernen, ihre Nahrungsaufnahme selbst zu regulieren. Dadurch sind sie möglicherweise weniger anfällig gegenüber der Entwicklung von Übergewicht.[55]

Nächtliches Stillen?

Stillen ist ein Servicepaket, in dem einige nette Dinge enthalten sind, wie etwa die intensive körperliche Nähe, die so manche Überstunde beim Kochen, Putzen und Windelwechseln wieder wettmacht. Aber es enthält auch eine Gemeinheit: nämlich die, dass sich Säuglinge gerne auch nachts zur Speisung melden – und damit dann, wenn die erschöpfte Mutter eigentlich gerne Kraft sammeln würde zum Kochen, Putzen, Windelwechseln und so weiter ...

Aus dem mitleidlosen Blickwinkel der Evolution betrachtet, ist es aber durchaus sinnvoll, dass Säuglinge auch nachts Appetit haben. Das menschliche Kind muss schließlich sein extrem schnell wachsendes Gehirn beständig mit Energie beliefern, und da gilt es möglichst keine Gelegenheit auszulassen. Tatsächlich versorgen sich praktisch alle gestillten Säuglinge, die im Nahbereich ihrer Mutter schlafen, auch nachts mit dem wachstumsfördernden Manna. Säuglinge, die bei ihrer Mutter schlafen, nehmen immerhin ein Drittel mehr Kalorien zu sich als die, die im eigenen Bett schlafen![56] Und wie wir noch sehen werden, spiegelt sich diese Vorliebe auch in der Schlafarchitektur, d.h. in der Tiefe des Kinderschlafs wider: Der Schlaf ist gerade in den ersten drei Lebensmonaten sehr leicht und wird immer wieder von wachen Phasen unterbrochen, in denen der Säugling dann zur Tat schreiten kann. Dass Babys im Alter von drei Monaten durchschlafen (wie manche Ratgeber verkünden), stimmt für Stillkinder jedenfalls definitiv *nicht*. Systematische Beobachtungen zeigen vielmehr: Bei voll gestillten Säuglingen nimmt die Häufigkeit des nächtlichen Aufwachens in den ersten sechs Monaten praktisch nicht ab. Auch ein anderer Befund deutet auf eine eingekabelte nächtliche »Stillbereitschaft« hin: Kinder, die mit einem Schnuller schlafen, also nachts etwas zu »nuckeln« haben, schlafen weniger tief.[57]

Die Mutter scheint jedoch ebenso auf nächtliche Partys eingestellt zu sein. Ihre Milch ist nachts besonders fett- und kalorienreich. Und Videoaufnahmen zeigen, dass auch sie ihren Schlaf intuitiv auf das Stillen ausrichtet: Kind und Mutter liegen sich im Schlaf die allermeiste Zeit Gesicht zu Gesicht gegenüber![58] Auch sind die mütterlichen Schlafstadien zu einem großen Teil mit denen des Kindes synchronisiert – Mutter und Baby schlafen also immer ähnlich »tief« oder »leicht«.

Die Frage, die sich schlafentwöhnte Mütter nun stellen, ist die: Wie lange soll das weitergehen? Fragen wir zunächst einmal nicht die Evolution, sondern die Ratgeber. Hier hören wir eine (scheinbar) frohe Botschaft: Mit sechs Monaten sei der Stoffwechsel des Babys so stabil, dass das Kind »ohne nächtliche Nahrungszufuhr auskomme«. Als Begründung wird angeführt: Der Blutzucker sinke jetzt nicht mehr wie beim ganz jungen Säugling zwischen den Mahlzeiten ab, das Kind bleibe nun auch ohne regelmäßige Kalorienzufuhr im »grünen Bereich«.

So einleuchtend die Begründung erscheint, das Einzige, was sie wirklich aussagt, ist, dass nächtliche Nahrungspausen jetzt keine gesundheitlichen Probleme mehr verursachen. Aber das beantwortet die Frage nicht: Könnten nächtliche Mahlzeiten auch noch über das erste halbe Jahr hinaus *für den Säugling vorteilhaft* sein? Erwartet er vielleicht weiterhin auch nachts seinen »Stoff«?

Vom evolutionären Blickwinkel spricht tatsächlich Einiges dafür – etwa der weiterhin sehr leichte Schlaf. Auch wenn man das Hirnwachstum betrachtet, scheint eher Pessimismus geboten. Denn das Gehirn wächst nach den ersten drei Lebensmonaten zwar langsamer, braucht aber in den ersten zwei bis drei Jahren immer noch ein erkleckliches Kalorienplus, um sein Wachstum zu »finanzieren«. Unter den knappen Bedingungen, die früher die Regel waren, war da ein nächtlicher Zuschlag sicherlich willkommen – auch nach dem ersten Lebenshalbjahr.

Abkürzungen?

Wenn schon die Natur den Gebrauch der Brust nicht unbedingt schlaffreundlich regelt, liegt die Suche nach modernen Abkürzungen und Schleichwegen nahe. Manche Eltern bauen darauf, dass die Sättigung bei Flaschenernährung etwas länger vorhält als bei der Brusternährung. Und das stimmt durchaus.[59] Auch scheinen Flaschenkinder nicht ganz so leicht zu schlafen wie gestillte Kinder. Zumindest geben nicht wenige Mütter nach dem Abstillen an, besser zu schlafen. (Allerdings ist die abendliche Flasche nicht selten der erste Schritt zum Abstillen – die scheinbare Abkürzung bringt Eltern dann vielleicht dahin, wo sie gar nicht sein wollen: bei der Flaschennahrung ...).

Ein Schnuller kann den Nachtschlaf möglicherweise ebenfalls etwas »strecken«. Kinder befriedigen dann ihr Nuckelbedürfnis ohne die Brust – unter den heutigen Überflussbedingungen eine vertretbare Strategie, zumal sich das eine Zeit lang heftig diskutierte Thema der »Saugerverwirrung« in Wohlgefallen aufgelöst hat: Schnullerkinder gedeihen genauso gut wie ohne Schnuller aufwachsene Stillkinder.[10]

Auch ein möglichst üppiges abendliches Volltanken (Stillen, Wickeln, noch einmal Stillen) kann manchen Kindern zu einem längeren Nachtschlaf verhelfen – wir gehen darauf in Kapitel 4 detaillierter ein.

Wie lange stillen?

Bei den allseits bekannten Vorteilen, die Stillen hat, darf nicht vergessen werden, dass auch diese geniale Einrichtung der Natur mit einem Preisschild versehen ist: Stillen kostet eine Menge Kraft.[11] Und es kostet Zeit. Praktisch jede stillende Mutter klagt irgendwann darüber: dass man zu *gar nichts* mehr kommt.

Auch die indirekten Kosten des Stillens können erheblich sein. Denn mit dem Stillen lässt sich die Mutter zwangsläufig auf einen Lebensstil ein, der nur allzu leicht ihren anderen Interessen zuwiderläuft: Sie kann in der Stillzeit weniger arbeiten (und das galt schon zu der Zeit, als sie noch als Sammlerin zum Familienunterhalt beitrug), weniger für ihre anderen Kinder sorgen und auch ihr soziales Netz oder persönliche Beziehungen weniger pflegen. Zudem setzt sie ihren Körper durch das Stillen einer ganz schönen Belastung aus, und die geht nicht spurlos vorüber – nicht umsonst geht der Volksmund davon aus, dass jedes gestillte Kind die Mutter einen Zahn kostet.

Und wenn es vielleicht gar nicht als Nachteil erscheint, so muss schließlich auch das auf der möglichen Kostenseite verbucht werden: die Mutter kann jetzt – zumindest eine Zeit lang – nicht mehr schwanger werden. Das Stillen sorgt dafür, dass ihre Regel ausbleibt und sie kein weiteres Kind empfangen kann.

Betrachtet man den Preis, so wundert nicht, dass die Dauer des Stillens bei Menschen ebenso wie bei Tieren einen *Konflikt* zwischen Mutter und Kind darstellt. Und die Fronten verlaufen bei den meisten Arten ähnlich: Das Kind will die Vorteile des Stillens länger genießen als die Mutter bereit ist, dessen Nachteile zu tragen. Welch harsche Formen der »Abstillkonflikt« annehmen kann, werden wir später noch sehen.

Arttypische Stilldauer?

»Das Säugegeschäft wird von den Müttern meist sehr lange fortgesetzt, da es ihnen an Milch nicht zu fehlen scheint«, berichtet der Völkerkundler Irle um die Jahrhundertwende von den afrikanischen Herero.[61] Auch wenn die Begründung etwas seltsam klingt, so passt die Beobachtung durchaus zu den Befunden, die die Ethnologie zusammengetragen hat: In den allermeisten Kulturen wird lange gestillt – weit länger als wir dies in den westlichen Ländern gewohnt sind.

Im Durchschnitt aller dokumentierten Kulturen liegt die Stilldauer beim Menschen etwa bei 30 Monaten.[62] Auch die Befunde der Archäologie weisen auf eine lange Stilldauer hin (das Abstillalter kann an Knochenfunden von Kindern abgeschätzt werden): Mehrere tausend Jahre alte Funde bei Indianerstämmen in South Dakota zeigen, dass die Kinder dort etwa mit 20 Monaten abgestillt wurden.[63] Die geschriebene Geschichte, wie etwa die Bibel, gibt vergleichbare Hinweise – danach wurden etwa die Kinder der Hebräer mit zwei bis drei Jahren entwöhnt. Der Koran empfiehlt eine Stilldauer von zwei Jahren.[64] Noch weit bis in die Neuzeit war das Stillen von Kleinkindern ganz normal.

Im Vergleich mit anderen Primaten ist selbst diese Spanne eher kurz. Je nach Körpergröße stillen Affen zwischen einem und sieben Jahren, die Menschenaffen im Schnitt etwa fünf bis sieben Jahre. Dabei ist – zumindest in der Wildnis – die Stilldauer innerhalb einer Art recht vorhersehbar. Beim Menschen dagegen bestehen selbst zwischen traditionellen Kulturen teils deutliche Unterschiede in der Stilldauer. So stillen die als Sammler lebenden Bofi in Zentralafrika ihre Kinder zwischen 36 und 53 Monaten ab, die in unmittelbarer Nachbarschaft sesshaft gewordenen Stammesmitglieder dagegen zwischen 18 und 27 Monaten.[65]

Längere Leine des Menschen

Warum ist beim Menschen die Stilldauer so variabel? Eines der wichtigsten Werkzeuge der Evolutionsbiologie, die Konflikttheorie, kann bei der Antwort helfen. Ihre Grundannahme: Die Mittel und Möglichkeiten (»Ressourcen«) einer Mutter sind begrenzt, und sie muss bei deren Verteilung nicht nur die Interessen des *jetzigen* Kindes, sondern auch die Interessen potenzieller weiterer Kinder und natürlich auch ihr eigenes Überlebensinteresse berücksichtigen. Nur wenn sie ihre Kräfte gut einteilt, kann sie die evolutionäre Belohnung einfahren, auf die alle

Lebewesen gepolt sind – unter den gegebenen Umständen möglichst viele gesunde Nachkommen zu hinterlassen.

Dies gilt grundsätzlich für alle Arten – ob Maus oder Mensch. Dennoch ergeben sich für die Stilldauer unterschiedliche Antworten: Stillt eine Tiermutter ab, bevor ihr Kind reif genug ist, um ausreichend Nahrung für sich selbst zu finden, so ist das Kind dem Tod geweiht.[66] Eine Menschenmutter hat bei der Entscheidung zum Abstillen dagegen eine längere Leine: Ein Menschenjunges kann eben nicht nur dank der Muttermilch überleben, sondern ab einem bestimmten Alter auch mit Kleinkindkost versorgt werden – Knochenmark oder vorgekautes Essen war da eine ursprüngliche Wahl, Tiermilchen und alle möglichen Getreidebreis kamen mit der agrarischen Revolution vor etwa 8000 Jahren hinzu, und neuerdings stehen ganze Batterien von Gläschenkost bereit.[12] [67]

Bewusstes Kalkül?

Wovon hängt es nun ab, wann eine Mutter die scharfen Zähnchen an ihren Brustwarzen loswerden will?

Zum einen scheint da die Tradition ein gewichtiges Wort mitzureden – auch wenn wir uns dessen oft kaum bewusst sind. Je nach Gesellschaft, in der Menschen leben, empfinden sie es nun einmal als »normal«, ein Kind nur vier Wochen lang oder aber vier Jahre lang zu stillen (also immerhin etwa 50-mal länger). Den meisten Menschen in Deutschland etwa geht es »gegen den Strich«, wenn ein Kindergartenkind noch an der Brust trinkt; in vielen anderen Kulturen wird das nicht einmal wahrgenommen.

Sicher ist auch: Die persönliche Entscheidung zum Abstillen beruht oft mehr auf Gefühlen als auf einer bewussten, rationalen Abwägung. Ab einem bestimmten Zeitpunkt wird das Stillen einfach als lästig oder nicht mehr passend empfunden. Die Nachteile wiegen auf einmal schwerer, oder das Gras erscheint plötzlich auf der anderen Straßenseite grüner. Oder die Mutter hat den Eindruck, dass ihre Milch nicht mehr ausreicht, eine Annahme, die gerade im städtischen Westeuropa recht häufig ist.

»Milchmangel«

Solche Angebote bei Ebay überraschen nicht: »Sie bieten auf einen kaum gebrauchten Still-BH der Größe 75 C. Habe nicht allzu lange gestillt, weil mein Sohn ein kleiner Fresser war und die Milch nicht reichte.« Tatsächlich gibt die Mehrheit der Frauen, die vor dem vierten Monat das Stillen aufgeben, an, sie hätten »zu wenig Milch«. Die Abstillentscheidung in den westlichen Ländern spielt sich heute also ganz stark auf der Ebene der *Wahrnehmung kindlicher Bedürfnisse* ab. In den meisten Fällen steht hinter dem wahrgenommenen Mangel aber kein biologisches »Problem«. Vielmehr scheint die vermutete Flaute auf dem Boden einer grundsätzlichen Ambivalenz dem Stillen gegenüber und auch durch Zweifel an der eigenen Kompetenz als Mutter zu entstehen. So werten manche Mütter die Erfahrung, dass ihr gestilltes Kind im Vergleich zu einem »Flaschenkind« häufiger trinkt, als Hinweis, dass ihre Milch nicht ausreicht. Und auch das Schreien im Rahmen von Dreimonatskoliken wird von stillenden Müttern nicht selten als Hungergeschrei aufgefasst – Zufüttern mit Kunstmilch ist die Folge.[68]

Was Mütter zum Abstillen bringt

Und dennoch: Auch emotionale Annahmen kommen nicht unabhängig von den realen Bedingungen zustande. Dass Stillen auf einmal »zu stressig« erscheint, mag mit der neuen Arbeit zu tun haben, die eine Mutter anstrebt, oder damit, dass sie ihr Baby endlich auch einmal abgeben können will, und sei es nur, weil sonst niemand das Auto zum TÜV bringt oder die Altpapierstapel entsorgt.

Aber schauen wir uns die »Formel«, nach der Abstillentscheidungen getroffen werden, noch einmal genauer an. Was liegt da näher, als unterschiedliche Kulturen zu beobachten und die jeweils typische Stilldauer mit den dort vorgefundenen Lebensbedingungen in Bezug zu setzen?

Als Ethnologen genau dieses taten, erlebten sie gleich eine Überraschung. Sie waren nämlich davon ausgegangen, dass Mütter in traditionellen Zusammenhängen dann früher abstillen, wenn sie auf für Kleinkinder geeignete Nahrung zurückgreifen können – wie etwa leckeres Armadillo-Fett. Die systematische Auswertung der Abstillzeiten bei sehr verschiedenen traditionellen Völkern zeigte aber: Der Einfluss des »Nahrungsumfeldes« ist überraschend gering.[69] Kleinkinder scheinen nicht auf spezielle »Abstillnahrung« angewiesen zu sein, sondern auch mit zerkleinerter Erwachsenennahrung ganz gut klarzukommen.

Dagegen erwiesen sich die *Arbeitsbedingungen der Frauen* als die weit wichtigere Einflussgröße. Können Frauen ihr Baby etwa nicht mit aufs Feld nehmen, so wird früher abgestillt.[70] Auch Mütter in Jäger- und Sammlergruppen, die ihre Kinder in der Obhut von Pflegepersonen in einem Lager zurücklassen können, stillen »nur« ein bis zwei Jahre. Hochmobile Jäger- und Sammlergruppen unter rauen Umweltbedingungen (wie etwa die Kung in der Kalahari) dagegen stillen volle drei bis vier Jahre lang.[13]

Bringt soziale Absicherung und Unterstützung Mütter dazu, länger zu stillen? Ja und nein. Es scheint ganz darauf anzukommen, von *wem* die Unterstützung kommt![71] So stillen in traditionellen Gesellschaften Frauen mit besserer materieller Absicherung eher kürzer, und auch Frauen, die Unterstützung durch andere Frauen – ob Freundinnen oder Großmütter – bekommen, stillen früher ab. Die Erklärung für diesen vielleicht unerwarteten Befund: Wenn eine Frau einer Mutter hilft, dann vor allem dadurch, dass sie die Kinder hütet – und was liegt dann für die Mutter näher, als die gewonnene Freiheit dazu zu nutzen, den Familienunterhalt durch Sammeln oder sonstige Arbeiten aufzubessern?

Wird die Mutter dagegen vom *Vater des Kindes* unterstützt, so schlägt sich das in der Regel in einer längeren Stilldauer nieder. Der Vater, so scheint es, sichert den Lebensunterhalt ab, und dadurch kann sich die Mutter stärker um ihr Kind kümmern. Auch die modernen Statistiken zeigen Ähnliches: Sowohl erwerbstätige als auch alleinerziehende Mütter stillen früher ab als solche, die zuhause sind bzw. sich auf den Vater des Kindes als Mitversorger stützen können.

Wenn es bei Stillentscheidungen darum geht, die Kräfte möglichst gut einzuteilen, dann wundert auch das nicht: Später geborene Kinder und in besonderem Maße »Nesthäkchen« bekommen länger die Brust. Wo kein weiteres Kind mehr zu erwarten ist, wird offensichtlich großzügiger ausgeteilt.[14 73]

Kulturelle und »private« Einflüsse

Die Entscheidung für oder gegen das Stillen ist letzten Endes immer eine Frage des »Gefühls«: Wie wohl fühle ich mich als stillende Frau? Wie sehen mich die anderen? Kein Wunder, dass der Lebenspartner eine ganz entscheidende Rolle spielt. Sieht er das Stillen positiv, so wird das Kind deutlich länger gestillt.[74]

Auch wie die Gesellschaft insgesamt zum Stillen steht, hat messbare Effekte. Und da scheint einige Verwirrung zu herrschen: Einerseits wird in den »modernen« Gesellschaften Muttermilch als das Beste für das Kind angesehen, und Kinderärzte werden nicht müde, ihre Vorteile herauszustreichen. Andererseits wird das Stillen teilweise mit Argwohn betrachtet – das Baby könnte durch den freien Zugang zum Busen vielleicht verwöhnt werden oder sich daran gewöhnen, dass es auch sonst seinen Willen bekommt.

Zudem gilt gerade in den angelsächsischen Ländern das Stillen fast schon als sexueller Akt, sodass das Stillen in der Öffentlichkeit in manchen dieser »modernen« Länder weitgehend tabuisiert ist – nicht gerade förderlich für die Brusternährung. Noch im Jahr 2008 wurde ein Foto der stillenden »Lara Croft«-Darstellerin Angelina Jolie von wichtigen US-Medien als »sexuell aufreizend« verdammt – zu sehen war ein kleiner Teil ihrer linken Brust. Und auf der Webseite Facebook, auf der immerhin 120 Millionen Menschen miteinander kommunizieren, werden Bilder stillender Mütter entfernt, sobald auch nur der Vorhof einer Brustwarze zu sehen ist.

Wie lange? Die evolutionäre Sicht

Aus dem Gesagten wird klar: Eine universelle Antwort auf die Frage nach der optimalen Stilldauer kann es nicht geben. Wie lange sich Stillen für eine Mutter »rechnet«, hing schon immer auch von ihren Lebensumständen ab – diese entscheiden nun einmal mit, wie schwer die mit dem Stillen verbundenen Nachteile im Einzelfall wiegen.

Allerdings ist eines klar: Evolutionär betrachtet war Stillen eine Lösung, die dem Kind bis ins Kleinkindalter hinein Vorteile verschafft hat. Für Kleinkinder verwertbare Eiweißquellen waren in der menschlichen Geschichte fast durchgehend rar, und in der Phase des extrem raschen Hirnwachstums, also den ersten drei Lebensjahren, war jeder Zuschlag zur Nahrung willkommen – der »Milchsockel« half zudem, etwa saisonal bedingte Versorgungsengpässe in dieser prekären Wachstumsphase abzupuffern.

Beobachtungen bei Kindern in weniger abgesicherten Gesellschaften zeigen zudem, dass auch Kleinkinder, die ihren Nährstoffbedarf zum großen Teil schon durch Beifütterung decken, noch von dem immunologischen Schutz der Muttermilch profitieren – der mit der Beifütterung beginnende Vorstoß zu den Nahrungsquellen der Erwachsenen ist schließlich immer auch ein Vorstoß in eine neue Keimwelt.[75] Noch heute ist für das Überleben von Kleinkindern unter marginalen Bedingungen ganz entscheidend, wie lange sie (zusätzlich zur Beifütterung) gestillt werden.[76]

Ob langes Stillen unter den hiesigen Überflussbedingungen noch gesundheitliche Vorteile bringt, lässt sich allerdings nur schwer sagen (auf den Betrag zur emotionalen Bindung kommen wir in Kapitel 10 zu sprechen). Sichere und für Kleinkinder gut verwertbare Eiweißquellen liegen in allen Supermarktregalen bereit, und durch die gute Hygiene sind auch die immunologischen Vorteile der Muttermilch (vor allem der Schutz vor Durchfallserkrankungen) längst nicht mehr so entscheidend. Dennoch gibt es Hinweise, dass sich das Abwehrsystem länger gestillter Kinder möglicherweise günstiger entwickelt. So ist bekannt, dass Kinder seltener eine Zöliakie, also eine Unverträglichkeit gegen das in vielen Getreidearten enthaltene Gluten entwickeln, wenn sie während der Beifütterung gestillt werden (vgl. Kapitel 3). Vielleicht stellt das Stillen also auch unter heutigen Bedingungen eine Art »immunologisches Schutzschild« bereit, unter dem sich das Kind besser auf die neue Nährstoffwelt im Kleinkindalter einstellen kann. Dass Stillen auch vor Allergien schützen kann, ist zwar plausibel, jedoch wissenschaftlich nicht eindeutig zu beantworten.[77]

Stillen und Selbstständigkeit

Zumindest bei der Einschätzung der »Kosten« des Stillens hat sich in den letzten Jahrzehnten ein tief greifender Wandel vollzogen. Viele Mütter sind darüber besorgt, ob langes Stillen nicht der psychischen Entwicklung ihres Kindes schaden könnte – langes Stillen könnte das Kind »verwöhnen« oder in seiner Entwicklung hin zu mehr Selbstständigkeit behindern. Manche Eltern fürchten auch die Macht der Gewohnheit – wer sein Kind noch als Kleinkind stille, kriege es vielleicht

»nie mehr« weg vom Busen ... Der Berufsverband der amerikanischen Kinderärzte fühlte sich jedenfalls zu einer beruhigenden Stellungnahme aufgefordert: »Es gibt (...) keine Hinweise auf schädliche Effekte auf die Psyche oder die Entwicklung des Kindes, wenn ins dritte Lebensjahr hinein oder länger gestillt wird.«[78]

Die Fragen zur Selbstständigkeit und zum »Verwöhnen« bekommen in Kapitel 5 E&A und 12 E&A einigen Raum. Hier sei nur kurz vermerkt: Dass Kinder selbstständig werden, war unter den evolutionären Bedingungen der Vergangenheit nicht weniger vorteilhaft als heute, und es ist nicht anzunehmen, dass die in allen ursprünglichen Gesellschaften zu beobachtende lange Stilldauer dieses Ziel torpediert. Studien, die die Selbstständigkeit lange gestillter Kinder aus traditionellen Gesellschaften mit der sozialen Kompetenz und Selbstständigkeit nur kurz oder gar nicht gestillter westlicher Kinder verglichen, zeigten jedenfalls eine *höhere* Selbstständigkeit bei den Kindern aus traditionellen Gesellschaften.[79]

Und die Sorge, das Kind nicht mehr vom Busen zu bekommen? Hier wären wir bei einem weiteren »Still-Thema« – dem Abstillkonflikt.

Der Abstillkonflikt

Welche Mutter würde sich das nicht wünschen: dass der Entzug des Busens für das Kind keine allzu harte Landung wird und das Abstillen ohne Schmerz und Tränen über die Bühne geht. Unmöglich!, scheint einem da die Evolutionsbiologie entgegenzurufen. Denn nach der evolutionären Konflikttheorie (die uns in Kapitel 2 E&A begegnen wird) entzünden sich an der Abstillentscheidung geradezu zwangsläufig Konflikte. Kinder, so eine Grundannahme dieser Theorie, sind von der Evolution nun einmal so eingestellt, dass sie mehr fordern, als die Eltern bereit sind zu geben!

Kein Wunder, wenn auch die Ansichten über den »besten« Zeitpunkt des Abstillens weit auseinandergehen. Nehmen wir einmal an, eine Mutter wolle abstillen, weil sie sich für ein neues Geschwisterkind »entschieden« hat. Aus ihrer Sicht scheint es absolut vernünftig, die Ruhe vor dem Sturm zu nutzen, um nach den vielen durchstillten Nächten etwas Kraft zu sammeln. Das Kind aber hat eine andere Perspektive:

Es sieht nur seine eigenen Interessen und will auf den Busen nicht verzichten.[80] Manche Wissenschaftler gehen sogar so weit, dass sie die praktisch bei allen Kindern im Alter von zwei bis vier Jahren auftretenden Zornanfälle als Begleiterscheinung des evolutionär angelegten Abstillkonflikts ansehen (wir werden diese Diskussion in Kapitel 7 verfolgen).

Aber hat die Konflikttheorie mit ihren pessimistischen Annahmen recht? Stimmt es wirklich, dass es für das Abstillen keine für beide Parteien gleich gute Lösung gibt? Berichten nicht sogar manche Eltern, dass sich ihre Säuglinge von alleine abgestillt haben?

Die Tricks der Schimpansenbabys

Schauen wir uns bei unseren Verwandten um. Bei praktisch allen Affenarten ist das Abstillen ein heißes Eisen, und da wird mit harten Bandagen um die mütterliche Brust gekämpft.

Wichtigstes Kampfmittel in dem über viele Monate ausgetragenen Abstillkonflikt sind häufige Wutanfälle. Schimpansenjungen scheuen in ihrer Frustration nicht einmal davor zurück, die Paarungen der Mutter gezielt zu stören.[81] Auch echte Trauer ist im Verhalten der Verstoßenen abzulesen. Gerade Orang-Utan-Kinder weinen nach dem Abstillen oft nächtelang.

Die Regressions-Masche ist ebenso beliebt. Die kleinen Brustliebhaber geben sich jetzt als besonders schutz- und trostbedürftig und lassen sich wieder huckepack von der Mutter tragen – was sonst eigentlich nur ganz kleine Affenkinder machen. Auch »lausen« sie jetzt ihre Mütter oft – vielleicht um gutes Wetter zu machen.[82] Und immer wieder bringen sie auch clevere Nummern: Schimpansenkinder etwa tun so, als ob sie von größeren Schimpansenkindern angegriffen werden, um ihre Mutter dazu zu bringen, ihre schützenden Arme und die tröstende Brust anzubieten.[83] Beobachtet wurde auch ein Schimpansenjunges, das hinkend zu seiner Mutter lief – nach einer ausgiebigen Rast an der Brust lief es ohne Hinken davon.

Was steht auf dem Spiel?

Wir können uns heute nur schwer vorstellen, welch einschneidendes Ereignis das Abstillen für kleine Kinder zu früheren Zeiten war. Da gab es keine adaptierte Folgemilch, ja, bis vor wenigen tausend Jahren gab es noch nicht einmal Tiermilch. Abstillen bedeutete den Wechsel von einer verlässlich fließenden, energiereichen Nahrungsquelle zu einer weitaus unsichereren und wechselnd energiehaltigen Ernährung.

Dazu kam, dass mit der immer sprudelnden Nahrungsquelle häufig auch die Nähe zur Mutter verloren ging. Denn unter den Bedingungen des Lebensstils als Jäger und Sammler war die Mutter mit *einem* kleinen Kind oft genug voll und ganz ausgelastet: Wer bis zu 2000 km im Jahr läuft und dabei seinen Säugling tragen muss, ist froh, wenn sich nach dem Abstillen andere – und seien es ältere Kinder – um das Kleine kümmern. Entsprechend häufig bedeutete das Abstillen also nicht nur eine ernährungstechnische, sondern eine tief greifende *soziale* Veränderung für das Kind – mit dem Busen verlor der Säugling sozusagen seinen »way of life«. Dieses Erbe tragen unsere Kinder auch heute noch in sich.

Der große Bruch

Gehen wir hier etwas in die Tiefe. Wir sehen heute die Entwicklung oft als ein Kontinuum: Da ist zuerst der Säugling, daraus wird ein Kleinkind, dann folgt das Kindergartenkind, dann das Schulkind, das schließlich in die Pubertät kommt und zum Jugendlichen wird. Auf diesem Weg werden Kinder allmählich selbstständiger, die Leine zu den Eltern wird länger und länger, bis sie schließlich reißt. Die Realität in den ursprünglichen, durch Jagen und Sammeln gekennzeichneten Gesellschaften aber war eine andere. Es gab bis zum Eintritt in die Pubertät im Grunde nämlich nur zwei Lebensabschnitte: der des Säuglings (etwa die ersten drei Lebensjahre) und der des kleinen Kindes in der Kindergruppe (die Zeit nach dem Abstillen bis zur Initiation zum Erwachsenen). Und zwischen diesen Lebensstilen lag ein tiefer Graben. Die Leine zur Mutter war zunächst extrem kurz (kürzer als bei uns), um dann auf einmal extrem lang zu werden (weitaus länger als bei uns). Entsprechend stark fallen uns Europäern bei Kindern in Jäger- und Sammlergesellschaften die Kontraste auf: Heute liegen die kleinen Kinder noch am Busen, wenig später sind sie schon mit dem Giftpfeil in der Kindergruppe im Urwald unterwegs ...

Von den afrikanischen Bofi etwa ist beschrieben, dass die Säuglinge nach dem Abstillen praktisch nicht mehr auf den Arm genommen werden – weder von der Mutter noch von anderen. Bei den Kipsigis in Kenia werden abgestillte Kinder jetzt im Bett nicht mehr auf der Bauchseite, sondern auf die rückwärtige Seite der Mutter gelagert – vorne liegt jetzt das neue Baby. In anderen Kulturen bedeutet Abstillen sogar, dass die Kinder gar nicht mehr bei der Mutter schlafen, sondern mit Geschwistern oder der Großmutter – mit dem Busen verlieren die Säuglinge auch die körperliche Nähe zur Mutter.[84] Nicht umsonst bezeichnen manche Kulturen die Zeit des Abstillens als »Scheidung«.[85] Keine Umweltänderung, Emigration oder selbst Heirat in ein fremdes Dorf war einschneidender als die Entwöhnung von der Mutterbrust. Der Abstillkonflikt ist also im Grunde als *Loslösekonflikt* angelegt.

Also doch: ein Kampf?

Kein Wunder, dass sowohl Kinder als auch Mütter darauf eingestellt sind, in diesem Konflikt mit harten Bandagen zu kämpfen: Die Mütter der Kung in der Kalahari etwa tragen eine Paste aus bitteren Kräutern auf ihre Brüste auf. Die Zulu-Frauen verwenden zerriebene Fliegen. Bei anderen Völkern kommen salziges Tomatenmark, Kuhmist, Tabaksaft oder ein mit Zitronen angerührter Sirup zum Einsatz – oder gleich Chillipulver.[86] Von den heutigen Bofi wird berichtet, dass sie die Brustwarzen mit Nagellack rot anmalen, um die Brust wie eine offene Wunde erscheinen zu lassen, Ähnliches sollen Verbände bezwecken, die auf die Brustwarzen aufgebracht werden. Gerne wird dem Baby auch Angst eingejagt: Mütter lassen Raupen über ihre Brust krabbeln. Oder sie rufen ältere Kinder herbei, die das abzustillende Kleine verhöhnen, sobald es versucht, an die Brust zu gehen.[87] Das lässt sich auch noch steigern, etwa indem die Mütter maskierte Erwachsene auftreten lassen, die damit drohen, das Kind mitzunehmen, wenn es noch einmal an die Brust geht. Fast schon heilpädagogisch mutet sich da die Methode an, Muttermilch auf die Hand des Kindes auszudrücken und es zu zwingen, die Milch auf den Boden oder in den Mülleimer zu schütteln, als sei die Milch »schlecht«.

Wer meint, Gegenwehr sei da zwecklos, hat sich aber getäuscht. Wer noch einmal den Abschnitt weiter oben durchliest, wie sich Kinder von Menschenaffen in dem Konflikt verhalten, bekommt eine ziemlich gute Vorstellung von dem Arsenal, über das auch menschliche Säuglinge verfügen – insbesondere das Weinen, Schreien, die Regression und natürlich die Wutanfälle der Kinder, bei denen auch nicht selten auf die Mutter eingeschlagen wird.

Ein erleuchteter Konflikt

Und doch führt nichts an der Tatsache vorbei, dass Abstillen auch leise über die Bühne gehen kann. »Mutter und Kind nehmen beim Abstillen gar nicht so selten aufeinander Rücksicht – als handelten sie in einer Art erleuchtetem Selbstinteresse«, fasst es der Evolutionsbiologe Bateson zusammen.[88] Da stellt sich die Frage: Wann gibt es Zoff und wann Erleuchtung?

Die erste Voraussage der Ethnologen war: Der »Wert« des Gestilltwerdens sollte zuallererst mit dem *Alter* des Kindes zusammenhängen. Je jünger das Kind, desto wichtiger ist die Muttermilch nun einmal für seine Entwicklung. Kleine Kinder sollten deshalb am stärksten protestieren.

Beobachtet wird aber das glatte Gegenteil! Je älter Kinder sind, wenn sie abgestillt werden, desto *mehr* Protest legen sie gegen den Entzug des Busens ein![89] Stellt dies die Konflikttheorie der Evolutionsbiologen auf den Kopf?

Nein – das Paradox lässt sich erklären: Ältere Kinder sind mit ihrem Protest nicht nur lauter, sie können es sich im Gegensatz zu den kleineren Kindern auch leisten, »viel Lärm um Nichts« zu machen.

Tatsächlich ist lautstarker Protest für einen schutzlosen Säugling, der tagtäglich ein Drittel seiner Energie für sein Wachstum abzweigen muss, weitaus »teurer« als für ein Kleinkind, das nur noch fünf Prozent seiner Energie für das Wachsen braucht! Der Protest gegen den Entzug der Brust wird also umso »billiger«, je älter das Kind ist. Und damit steigt mit dem Alter auch die Wahrscheinlichkeit, dass maßlos übertrieben wird – und dass der Mutter vielleicht sogar etwas abgetrotzt wird, was das Kind eigentlich gar nicht mehr braucht.

Neben dem Alter entscheidet ein zweiter Faktor, wie schwer der Zoff ist, den sich Mutter und Kind liefern – nämlich wie »sozial einschneidend« das Abstillen ist. Wenn mit dem Abstillen auch der Verlust der Nähe zur Mutter droht, wird vehementer um den Zugang zur Brust gestritten. Die Ethnologin Hillary Fouts konnte das sehr schön an zwei Gruppen bei den afrikanischen Bofi zeigen: Eine Gruppe lebte den traditionellen Lebensstil als Sammler, die andere als sesshafte Bauern. Die beiden Gruppen gingen mit ihren Kindern nach dem Abstillen völlig unterschiedlich um: Bei den Sammlern sprangen mit dem Abstillen andere Stammesmitglieder in die Bresche und kümmerten sich anstatt der Mutter intensiv um die Kleinen. Auch nach dem Abstillen wurden die

Kinder viel getragen und auf dem Schoß gehalten. Die Bauernkinder dagegen wurden nach dem Abstillen nur noch wenig getragen. Im Gegenteil: Sie verloren ihren Kleinkindstatus komplett und mussten jetzt die meiste Zeit auf kleinere Geschwister aufpassen! Die Reaktionen in der Abstillphase waren entsprechend. Bei den Bauernkindern gab es herzzerreißende Konflikte um die Mutterbrust, während es in der Sammlergruppe weitaus weniger Tränen und Widerstand gab.

Zum Dritten dürfte auch die Persönlichkeit des Kindes eine wichtige Rolle spielen – bei manchen Kindern sind die Saiten stärker angezogen als bei anderen, und entsprechend schrillere Töne gibt es in Konfliktfällen.

Tipps aus evolutionärer Sicht

Während die Interessen von Mutter und Kind während langer Phasen des Stillens im Gleichklang gehen, kommt früher oder später der Zeitpunkt, wo die Interessen auseinanderdriften. *Wann* dieser Zeitpunkt da ist, hängt – wie wir im ersten Teil dieses Kapitels gesehen haben – vor allem von den Lebensumständen der Mutter ab.

Wie stark sich das Kind dann gegen das Abstillen wehrt, hat sicherlich einen individuellen Hintergrund, aber es ist *auch* davon abhängig, in welchem Maße das Kind seinen gewohnten Zugang zum mütterlichen »Nahbereich« verliert.

Daraus sind folgende Ratschläge für Eltern abzuleiten:

Der von den Verfechtern einer möglichst »natürlichen« Erziehung in bester Absicht gegebene Rat, Mütter sollten ihr Kind entscheiden lassen, wann es abgestillt werden will, überzeugt evolutionär betrachtet nicht. Das Kind richtet sich in seinen Erwartungen primär nach seinen eigenen Interessen, und die können, müssen aber nicht mit denen der Mutter, Geschwister und der Familie als Ganzes übereinstimmen. Der dem Projekt Familie innewohnende Bedarf nach beständigem Interessensausgleich kann nicht an das Kind delegiert werden!

Hilfreicher ist da schon ein anderes Argument. Wie stark Kinder beim Abstillen »dagegenhalten«, hängt, wie wir gesehen haben, auch davon ab, wie einschneidend sich ihr Lebensstil durch das Abstillen verändert. Denn Stillen – das wird oft vergessen – versorgt das Kind ja nicht nur mit Milch, vielmehr begegnen sich Mutter und Kind beim Stillen auf eine ganz intensive, sinnliche und »private« Art. Das spricht dafür, einem dem Säuglingsdasein entwachsenden Kind weiterhin regelmäßige Gelegenheiten zur emotionalen Rückversicherung und zum Schmusen anzubieten. Und es spricht dafür, ein Stillkind eher nach und nach zu »entwöhnen«, als es abrupt und komplett »abzustillen«. Hat das Kind Zeit, um neue Gewohnheiten und Näherituale zu bilden, sich an Übergangsobjekte wie etwa ein Schmusetuch zu gewöhnen und wird es zudem von einem sozialen Netz mit vertrauten Maschen »aufgefangen«, dürfte es weniger Konflikte geben. Das Abstillen kurz bevor die Mutter eine neue Arbeit anfängt, dürfte also stressiger sein, als in Ruhe davor abzustillen. Stillen ist nun einmal eine privilegierte Art der Kommunikation und der Beziehungspflege – dass da eine ganze Weile auf Ersatz gepocht wird, ist verständlich.

Einblick und Ausblick

Konflikte in der Familie – Fehler im Plan der Natur?

Das gängige Bild von der Familie ist ein Bild der Harmonie, und die Magazine lassen fast schon den Geigerzähler knacken: strahlende Mama, strahlender Papa, strahlendes Kind, statt Marmeladenflecken Bügelfalten auf den Kleidern ...

Mit diesem herzerwärmenden Bild starten nicht wenige Eltern ins Familienleben – und leiden schrecklich, wenn das Bild zu wackeln beginnt. Wenn sie merken, dass sie es manchmal eben nicht *allen* recht machen können. Soll ich lieber meine Ausbildung fertig machen oder bei meinem Kind zuhause bleiben? Soll ich abends beim Baby liegen, damit es sanft einschläft, oder dafür endlich das machen, was den ganzen Tag liegen geblieben ist (etwa die Marmeladeflecken aus den Hemden waschen)? Oder endlich einmal etwas *nur für mich* unternehmen?

Das ist eben das Dilemma der modernen Eltern, heißt es dann – man kann sich nicht »selbstverwirklichen« und gleichzeitig voll und ganz für die Kinder da sein! Aber wenn die Konflikte nur Erfindungen der Moderne sind, warum handelt dann der längste Abschnitt in dem vorangegangenen Kapitel von einem »natürlichen« Konflikt, dem Abstillkonflikt?

Die evolutionäre Sicht

Warum gehen die Interessen von Eltern und Kindern manchmal auseinander? Wo genau sind Konflikte angelegt, und wie können sie überwunden werden? Warum gibt es »Gewinn für alle« auch in der Familie nur so selten?

Sehen wir uns das Bild von der Familie noch einmal an, dieses Mal mit den Flecken auf den Kleidern. Wollen alle auf dem Bild dasselbe? Ja und nein. Klar wollen sie miteinander auskommen und »zusammen glücklich sein«. Andererseits hat auch jeder in dem Bild ein *Eigeninteresse:* Das eine Kind will jetzt, wo der Kameramann so furchterregend hin und her hüpft, auf den Arm der Mutter. Sein Geschwisterkind aber will genau dasselbe. Der Vater schaut auf die Uhr – er muss die Besprechung um 11 Uhr unbedingt schaffen. Dabei hätte es sich seine Frau doch so sehr gewünscht, dass er vorher noch kurz einen Blick auf das kaputte Kinderrad von Lars wirft!

Eine ziemlich verworrene Gemengelage. Kein Wunder, dass im echten Leben glückliche Gesichter neben nachdenklichen oder sogar enttäuschten zu sehen sind – auch in Familien.

Evolutionsbiologen nähern sich dem Dickicht der Interessen von einer anderen Seite. Sie halten sich strikt an eine biologische Theorie. Jedes Lebewesen, so ihre erste Annahme, startet mit einem biologisch begründeten Interesse ins Leben, seinem *genetischen* Interesse nämlich. Wer dieses Interesse kennt, der kann, so die Überzeugung vieler Evolutionsbiologen, Konflikte verstehen und voraussagen – auch in der Familie.

Dieser Ansatz ergibt sich aus der modernen Evolutionstheorie. Danach verfolgen alle Lebewesen dasselbe »ultimative« Lebensinteresse, nämlich ihre Gene so gut es geht zu verewigen, d.h. von Generation zu Generation weiterzubringen (die Feinheiten dieser Theorie sind Inhalt von Kapitel 9). Was liegt da näher, als die Gene als Träger eines eigenen »Interesses« anzusehen und die Konflikte sozusagen aus der Sicht der Gene zu betrachten?

Auf den Menschen übertragbar?

Damit stellt sich sofort die Frage: Kann eine »genetische« Konflikttheorie denn überhaupt auf den Menschen angewendet werden?

Manches mahnt zur Vorsicht. Konflikte haben viele Dimensionen – da spielt die Psyche mit hinein, die lebensgeschichtlichen Prägungen eines Menschen, seine Persönlichkeit und natürlich die berühmte Laus, die einem gerade über die Leber krabbelt oder auch nicht. Wenn sich die Kinder um Gummibärchen streiten, muss man nicht gleich ihr genetisches Interesse ins Feld führen! Die evolutionäre Konflikttheorie muss deshalb jämmerlich versagen, wenn damit konkrete Einzelfälle erklärt werden sollen. Oder wenn sie gar als Universalerklärung für kindliches Verhalten herhalten soll.

Andererseits hat gerade die Diskussion ums Abstillen gezeigt, dass bestimmte Verhaltensweisen durchaus ein im Kind angelegtes Konfliktrepertoire widerspiegeln können. Die evolutionäre Konflikttheorie kann deshalb womöglich eine Verständnishilfe sein, wo *immer wiederkehrende*, unter vielen Bedingungen auftretende oder rund um die Erde zu beobachtende Verhaltensmuster erklärt werden sollen. Schauen wir uns das Werkzeug also genauer an. Vielleicht lässt sich damit ja hier und da etwas Ordnung in die subjektive Welt der Interessen bringen.

Die Mathematik der Gene

Die Mitglieder einer Familie sind genetisch nicht identisch, aber sie sind sich ähnlich. Kinder sind mit jedem Elternteil zu 50 Prozent verwandt, denn die eine Hälfte ihrer Gene sind mütterlicher, die andere väterlicher Herkunft. Leibliche Geschwister sind ebenfalls zu 50 Prozent miteinander verwandt: Ihre Gene überlappen sich zur Hälfte mit denen ihres Bruders oder ihrer Schwester.

50 Prozent – ist das viel oder ist das wenig? Viel, wenn man es aus der Perspektive eines nicht zur Familie gehörenden Artgenossen sieht –, aber wenig aus der Sicht jedes einzelnen Familienmitgliedes, das nun einmal mit sich selbst zu 100 Prozent »verwandt« ist. In dieser unterschiedlichen Bewertung liegt gleich ein offensichtliches Konfliktpotenzial.

Beispielsweise im Verhältnis von Mutter und Kind: Während die Mutter unter normalen Bedingungen keines ihrer Kinder auf Kosten eines anderen bevorzugen sollte (schließlich ist sie mit jedem gleichermaßen verwandt), ist jedes Kind sich selbst das Nächste und fordert deshalb mehr, als die Mutter ihm zugestehen kann! Denn die Mutter hat schließlich ja auch den Rest der Familie (einschließlich möglicher zukünftiger Kinder) im Auge.

Allerdings: Vollkommen rücksichtslos gegenüber den Interessen seiner Geschwister sollte ein Kind auch nach der Logik der Gene nicht sein. Schließlich ist es mit seinen Geschwistern ja ebenfalls zu 50 Prozent verwandt und sollte deshalb zu einem Teil eben *auch* deren Wohl im Auge haben! – Vielleicht lässt sich die Gemengelage am besten mit einem Bild verstehen, das der Psychologe Steven Pinker verwendet: »Nehmen wir zwei Kinder und einen Kuchen. Jedes Kind sollte den Kuchen so aufteilen wollen, dass es selbst zwei Drittel, das Geschwister aber ein Drittel bekommt.« Würden die Eltern den Kuchen aufteilen, so würde dagegen jedes Kind die Hälfte bekommen.

Verwandte erkennen

Das klingt ziemlich abstrakt. Und doch scheinen zumindest die sozialen Tierarten ihr Verhalten sehr wohl auf die verwandtschaftlichen Beziehungen einzustellen. Das setzt eines voraus: dass sie »wissen«, wer mit wem verwandt ist.

Tatsächlich zeigt die Forschung, dass Tiere sehr gut über ihre Verwandtschaftsbeziehungen Buch führen können. Unterschiedliche Tierarten nutzen dabei unterschiedliche »Methoden«, um sich als Verwandte zu erkennen. Häufig spielen Gerüche eine Rolle – damit können etwa Eichhörnchen sogar Halbgeschwister von »echten« Geschwistern unterscheiden. Vögel erkennen Verwandte an der Art der Kontaktschreie – diese prägen sie sich als kleine Nestlinge ein, wenn die Eltern das Nest anfliegen. Bei Primaten spielen vor allem visuelle Eindrücke des Gesichts eine Rolle – viele Affenarten können dadurch sogar die Verwandtschaftsbeziehungen bei nicht zu ihrer Gruppe gehörenden Affen einschätzen.[90] Und der Mensch? Er lernt seine Verwandten über »soziale Hinweise« kennen – wer Onkel und wer Tante ist, liest er an den Reaktionen der anderen ab. Verwandtschaftsbeziehungen bei Fremden kann er aber auch einschätzen, indem er Ähnlichkeiten an den Gesichtern erkennt – dabei scheint er sich vor allem an der oberen Gesichtshälfte (jedoch interessanterweise nicht den Augen selbst) zu orientieren.[91]

Wer wird bevorzugt?

Bei den sozialen Tierarten ist die Sache klar – Konflikte und Koalitionen spiegeln den Verwandtschaftsgrad wider. Bei Eichhörnchen etwa, deren Wurf meist sowohl Halbgeschwister als auch »echte« Geschwister enthält, konnten Forscher zeigen, dass die Halbgeschwister häufiger

Konflikte miteinander austragen als die Vollgeschwister. Und obwohl sie dieselbe Mutter haben, im selben Mutterleib und im selben Nest heranwuchsen, setzen sich die Kleinen sehr unterschiedlich füreinander ein![92]

Und beim Menschen? Zumindest wenn man Eltern fragt, scheinen die Gesetze des Dschungels in der Familie nicht zu gelten. Die allermeisten Eltern geben in Befragungen an, sie behandelten ihre Kinder »gleich«. Dem steht allerdings die Meinung der Kinder gegenüber – die Mehrzahl der Jungen und Mädchen behauptet, sie wären im Vergleich zu ihren Geschwistern benachteiligt worden.[93] Diese unterschiedliche Sichtweise scheint zum evolutionären Konfliktmodell durchaus zu passen.

Und Stieffamilien? Weil leibliche und Halbgeschwister nur zu 25 Prozent miteinander verwandt sind, sollten sie ja jeweils für sich ein viermal größeres Stück des Kuchens fordern, als sie dem jeweiligen Geschwister-Pendant zugestehen würden. Und auch bei den »Kuchenausteilern« sollte jeder sein leibliches Kind bevorzugen. Zumindest in den Mythen und Märchen sind Konflikte zwischen Stiefkindern und Stiefeltern tatsächlich gang und gäbe – das Aschenputtel lässt grüßen.

Wie sieht das heute aus? Da gibt es viele Beispiele, dass das Kuchenausteilen auch in Stieffamilien gut und gerecht klappt. Aber es finden sich auch Hinweise darauf, dass Stiefkinder *im Durchschnitt* noch immer schlechter behandelt werden als biologische Kinder.[94] Genetische Konflikte müssen also kein Schicksal sein. Aber sie können unter bestimmten Bedingungen eine Rolle spielen.

Konflikte kennen Bedingungen

Doch unter welchen Bedingungen genau sind die evolutionär angelegten Konflikte für uns heute von Bedeutung? Das Beispiel des Abstillkonflikts hat ja gezeigt, wie unterschiedlich von Natur aus »vorgesehene« Konflikte ausgetragen werden – während das Abstillen für manche Kinder ein Tal der Tränen ist, entwöhnen sich andere Kinder ganz von selbst.

Immer wieder blitzt *ein* Motiv auf: die Größe des Kuchens. Wenn es nur wenig zu verteilen gibt, gibt es eher Streit. So hängt das Maß der Geschwisterrivalität im Kleinkindalter beispielsweise deutlich vom *Altersabstand der Kinder* ab. Je geringer der ist, desto knapper sind in der Regel die Ressourcen, um die die Geschwister konkurrieren (wie etwa der Schoß der Mutter). Auch die Geschichte ist voller Beispiele, dass Konflikte in den Familien in schlechten Zeiten weitaus stärker zutage treten – so war es früher gang und gäbe, manche Kinder ganz von der Verteilung des elterlichen Besitzes auszuschließen. Mädchen gingen oft auch in »reproduktiver« Hinsicht leer aus – sie wurden etwa ins Kloster gesteckt oder mussten sonstwie auf eine Ehe verzichten, um die Eltern zu versorgen.

Stellt man die Größe des Kuchens in Rechnung, so wird verständlich, dass »Verteilungskonflikte« auch mit dem *Alter der Mutter* zusammenhängen können. Für eine ältere Mutter etwa kann jedes Kind das letzte sein – nach der evolutionären Konflikttheorie dürfte sie in größeren Stücken austeilen, als wenn sie noch mehrere Schwangerschaften vor sich hat. Tatsächlich bekommen die Letztgeborenen in allen Kulturen (und übrigens auch bei den Primaten) mehr Aufmerksamkeit und Zuwendung.

Das letzte Beispiel zeigt gleichzeitig die Schwächen der Theorie: Es gibt genügend Beispiele, auf die die Voraussagen eben *nicht* zutreffen oder in denen sogar genau das Gegenteil zutrifft. In das Verhalten des Menschen fließen nun einmal viele Faktoren ein – Überzeugungen etwa, Traditionen und andere kulturelle Einflüsse. Die evolutionäre Konflikttheorie kann deshalb nicht mehr beschreiben als *mögliche* Konfliktfelder, Sollbruchstellen sozusagen, an denen Risse entstehen können. Ob sich die Risse ausdehnen oder gar zu einem Bruch führen, hängt von den Bedingungen ab. Die Konflikttheorie besagt also keinesfalls, dass Kinder nicht liebevolle Geschwister sein können![15]

Und das liegt auch an einem weiteren Umstand: Konflikte sind nur die eine Seite der Medaille. Der Mensch (und mit ihm andere sozial aufziehende Arten) verfügt nämlich gleichzeitig über Möglichkeiten und Anlagen, um Konflikte zu umgehen, zu dämpfen und zu lösen. Die Natur hat nicht nur für Konflikte gesorgt, sondern auch für die entsprechenden Lösungsstrategien! Wir werden darauf zurückkommen.

Mögliche Konfliktfelder

Gehen wir aber zuerst einmal durch das Leben eines Kindes und schauen uns an, wo aus evolutionsbiologischer Sicht Konflikte lauern könnten.

Im Mutterleib

Der erste Konflikt scheint schon mit der Befruchtung angelegt zu sein – die Einnistung des neuen Lebens ist schließlich ein folgenschweres Ereignis! Die Mutter muss in den nächsten neun Monaten locker mal 80.000 Kilokalorien aufbringen, um Fleisch und Blut an den kleinen Zellhaufen zu bringen. Und dann ist sie immerhin weitere 15 Jahre in der Pflicht, in denen sie ja auch von ihren anderen Kindern gefordert ist. Kein Zufall, dass es da zunächst ein ziemliches Hin und Her gibt. Der Fetus muss als Erstes dafür sorgen, dass er das Immunsystem der Mutter beschwichtigt – schließlich ist er, weil er ja auch väterliche Anteile enthält, für das Immunsystem der Mutter ein Fremdling. Für Ruhe sorgt er, indem er immunhemmende Stoffe abgibt, durch die um ihn herum eine Art immunologische Schutzzone entsteht. Als Nächstes muss der Eindringling rasch Anschluss an die mütterliche Blutversorgung finden und dabei versuchen, die Hähne möglichst weit aufzudrehen. Unter bestimmten Umständen – etwa wenn die werdende Mutter geschwächt ist oder ihr Stoffwechsel aus anderen Gründen auf Sparflamme läuft – dreht die Mutter dagegen: Der Fetus wächst dann langsamer.[95]

Nach der Geburt

Der nächste angelegte Konflikt wird gleich in den ersten Tagen nach der Geburt ausgetragen. In dieser Phase geht es für das Kind vor allem darum, sich Zugang zur wichtigsten Bonanza des nachgeburtlichen Lebens zu verschaffen, der Brust der Mutter. Kaum vorstellbar, dass der nicht gewährt wird. In Zeiten verzweifelter Armut aber war es, wie ein – durchaus beklemmender – Abschnitt in Kapitel 10 zeigen wird, sehr wohl eine menschenmögliche Entscheidung, ihn zu verweigern.

Die Säuglingszeit ist aus evolutionsbiologischer Sicht dagegen eine harmonische Zeit – die Mutter gibt viel, und sie gibt gern. Sie hat sich für ihr Kind entschieden, hat ihm ihre Ressourcen sozusagen freigegeben, und damit zählt jetzt nur eines: dass das kleine Bündel schnell wächst und seine Potenziale entfaltet.

Erst wenn das wichtigste Organ des Menschen, das Gehirn, einigermaßen gereift ist und das Kind allmählich mit fester Nahrung umgehen kann, geraten die Interessen wieder in Schieflage. Denn für die Mutter wird das Stillen jetzt von Monat zu Monat »teurer« – schließlich muss sie jetzt ihre Kräfte auch in Hinblick auf eine mögliche erneute Schwangerschaft neu bewerten. Gleichzeitig nimmt der Nutzen des Gestilltwerdens für das jetzt mit Zähnen bewaffnete Kind allmählich ab. Die Fronten werden dann im Abstillkonflikt bereinigt, der uns ja aus dem vorangegangenen Kapitel bestens bekannt ist.

Und der nächste »angelegte« Konflikt? Richtig, die Geburt des Geschwisterkindes – ja, überhaupt das Leben mit einem Geschwisterkind. Denn der Bruder oder die Schwester ist schließlich nicht nur ein guter Spielkamerad und Kumpel, sondern auch eine Art »Mitbewerber«. Beide Geschwister wollen gleich viel Aufmerksamkeit, Zuwendung und Nachtisch von der Mutter, und egal wie viel das ist – es ist meist mehr, als die Mutter zu verteilen hat. Was liegt da gerade für das ältere Kind näher, als sich ab und zu als bedürftiger darzustellen, als es eigentlich ist – eine vor allem nach der Geburt eines Geschwisterchens beliebte, auch als *Regression* bezeichnete Strategie. Tatsächlich zeigen Untersuchungen, dass Geschwister umso besser miteinander klarkommen, je mehr Unterstützung die Mutter selbst bekommt,[96] je wohler sie sich fühlt und je weniger eng die Geburten aufeinanderfolgen.[97] (Ein weiterer wichtiger Faktor scheint die Passung der Temperamente zu sein – so scheinen Geschwister mit einem ähnlichen Temperament weniger Konflikte zu haben, es sei denn, sie seien *beide* schwierig …)[98]

In der Pubertät

Ein besonders interessanter Konflikt ist der zwischen gegengeschlechtlichen Geschwistern. Kommen die nämlich in etwa zur gleichen Zeit in die Pubertät, so stellt sich sprichwörtlich die Frage, wie die Natur den Verkehr regelt – also wie sie dafür sorgt, dass die doch sehr eng aufeinander bezogenen, experimentierfreudigen, aber nicht unbedingt vernünftigen jugendlichen Menschen sich nicht gegenseitig attraktiv finden und gar Kinder miteinander zeugen. Ein erster Hinweis auf des Rätsels Lösung kam aus israelischen Kibuzzen der 1950er und 1960er Jahre. Die kleinen Kinder der damaligen Kibbuz-Bewegung wuchsen nicht bei den Eltern auf, sondern in eigenen »Kinderhäusern«, *kvutza* genannt, in denen jeweils sechs bis acht Kinder gemeinsam versorgt wurden. Unter den in einer Studie ausgewerteten 3000 Heiraten von Kibbuz-Angehörigen fand sich kein einziger Fall, in dem die Partner in den ersten sechs Lebensjahren gemeinsam in derselben *kvutza* aufgezogen worden waren!

Auch andere Befunde deuten darauf hin, dass tatsächlich eine unbewusste körperliche Abneigung zwischen gemeinsam aufgezogenen Kindern besteht. Und vieles spricht dafür, dass sie über den Geruch vermittelt wird.[99] Tatsächlich fällt vielen Eltern auf, dass Sohn und Tochter, je näher sie der Pubertät kommen, sich immer weniger »riechen« können. Die »Kontakthemmung« scheint sich dabei im Laufe des intensiven räumlichen Zusammenlebens in den ersten Lebensjahren zu entwickeln und nicht etwa genetisch festgelegt zu sein. Auch nicht-verwandte Geschwister, die gemeinsam aufwachsen, entwickeln nämlich eine Geruchs-Aversion! Außerdem lässt sich zeigen, dass die körperliche »Abneigung« zurückgeht oder sogar ganz verschwindet, wenn die Geschwister längere Zeit getrennt voneinander leben.[100]

Ein weiterer Konflikt in der Pubertät ist aus evolutionsbiologischer Sicht nennenswert: der Konflikt zwischen der Mutter und ihrer pubertierenden Tochter. Hinter dem »Zickenkampf«, zu dem die Väter manchmal nur den Kopf schütteln, könnte ein reales Motiv stehen: In dieser Lebensphase sind sowohl Tochter als auch Mutter für Männer attraktiv – und nicht nur in Romanen wie Doktor Schiwago kommt es vor, dass sich der Freund der Mutter vom jüngeren Geschöpf beeindrucken lässt (man denke daran, dass die »intakte Kernfamilie« nicht unbedingt das Standardmodell der menschlichen Geschichte war).

Und die Eltern?

Vater und Mutter eines Kindes werden gerne als ein natürliches Gespann gesehen, das seine gemeinsame Erfüllung im Großziehen der gemeinsamen Kinder findet. Aus evolutionärer Sicht ist dies eine grobe Idealisierung. Denn das »Projekt Elternschaft« hat für Vater und Mutter nicht unbedingt dieselbe Bedeutung. Für die Mutter ist die Mutterschaft *immer* eine teure Lebensentscheidung – schließlich ist die Mutter mit einem Kind auf eine belastende Schwangerschaft und eine mehrjährige Versorgerrolle festgelegt.

Wie »teuer« die Elternschaft dagegen den Vater kommt, ist weitaus variabler – ihm stehen ja weiterhin auch andere Lebensstrategien offen: Er kann sich voll und ganz für die gegründete Familie einsetzen, er kann aber auch weitere Partnerschaften eingehen oder eine andere Familie gründen. Kein Wunder, dass sich die elterlichen Konflikte häufig um den Grad des väterlichen Engagements in der Familie drehen.

Dass Elternschaft die Partner – entgegen der Folklore – nicht immer zusammenschweißt, zeigen auch die Statistiken: Nach der Geburt eines Kindes nimmt die Zufriedenheit mit der Partnerschaft meist ab,[101] und dies beginnt oft schon in der Schwangerschaft.[102] Und entgegen dem weit verbreiteten Bild von der von Natur aus erfüllten Mutter stellen sich psychische Probleme bei der Frau im ersten Jahr nach der Geburt eines Kindes häufiger ein als zu jeder anderen Zeit ihres Lebens.[103] Das Risiko steigt insbesondere dann an, wenn die Mutter rasch wieder an den Arbeitsplatz zurückkehren muss.[104] wenn sie wenig soziale Unterstützung hat[105] und wenn ihre Kinder eng hintereinander geboren werden.[106] Wir werden auf das Partnerschaftsdilemma in Kapitel 12 noch einmal zu sprechen kommen.

Lösungen

»Harmonie ist langweilig« scheint über der Eingangstür der menschlichen Familie zu stehen. Tatsächlich dreht sich ein großer Teil des Lebens in der Familie um *Konfliktlösungen.* Und auch im vorangegangenen Abschnitt waren die interessantesten Aspekte vielleicht weniger die Konflikte selbst als vielmehr die Ansätze zu deren Lösung (man denke etwa an die elegante Lösung bei der Inzestversuchung).

Denn dass Konflikte ihre Lösung finden, liegt im Interesse aller Beteiligten – auch wenn sie noch so gerne mehr haben wollen, als sie bekommen können. Schließlich ist es ja gar nicht im Sinn des Kindes, wirklich »alles« zu bekommen. Wenn sich etwa die Mutter über ihre Grenzen hinaus belastet, hat auch das Kind langfristig nur Nachteile.

Wo genau der Kompromiss liegt, hat aus evolutionärer Sicht viel mit der Größe des Kuchens zu tun, den es da zu verteilen gibt: Geht es den

Eltern gut und können sie sich auf ein reichhaltiges soziales Netz stützen, so krachen die Konflikte mit weit weniger Karacho aufeinander. Und dies bringt einen wichtigen Aspekt ins Spiel: Das Familienleben kann sich eben *nicht* nur darum drehen, den Kindern möglichst viel zu geben! Vielmehr tun Eltern gut daran, auch ihre *eigenen* Beziehungen und ihren *eigenen* Entwicklungsweg weiter im Blick zu haben. Wer nur die Entwicklungsschritte des Kindes feiert und sein eigenes Leben vernachlässigt, dem schrumpft sozusagen der »Kuchen« unter der Hand. Hier trifft sich die evolutionäre Sicht mit der Ansicht moderner Familientherapeuten. So weist etwa Jesper Juul in seinem Buch *Nein aus Liebe* eindringlich darauf hin, dass sich Grenzen in der Erziehung allein schon dadurch ergeben, dass die Eltern ihre eigenen Grenzen verteidigen. Und dies, das macht das Bild des »Kuchens« klar, tut auch den Kindern gut! Interessant ist, welche aktive Rolle die angeblich schwachen Kinder in diesem Tauziehen spielen. Nichts könnte in einem evolutionären Konfliktmodell unrealistischer sein als das Bild der Eltern als allmächtige Verteiler, die ihre guten Gaben aus Güte und in Weisheit unter ihren passiven Kindern verteilen. Denn die Kinder haben in der Evolution längst ihre Schwäche zur Stärke gemacht und an ihren Tricks gefeilt – sie sind süß, sie können weinen, dass Steine weich werden, sie können sich so wunderbar klein und hilflos machen, sie können ihre Eltern quälen, ja foltern, und sei es nur, indem sie ihnen ein schlechtes Gewissen machen.

Kinder bringen aber auch noch etwas Weiteres mit: ein Gespür dafür, welchen »Verhandlungsspielraum« sie in einem Konfliktfall haben. Tatsächlich fällt Eltern immer wieder auf, dass es Kindern leichter fällt, das zu akzeptieren, was für ihre Eltern *wirklich notwendig* ist. Kinder ziehen mit, wenn sie merken, dass es anders nicht geht.

Konflikte sind Teil des evolutionären »Plans«

Wir meinen oft, in einem so wichtigen Haus wie dem der Familie müssten alle Schlüssel zu den Schlössern passen. Wenn es unter dem Strich irgendwo aufgehen sollte, dann innerhalb der Familie – als sei sie ein Gegenpol zu der »echten«, rauen, von Konkurrenz geprägten Welt.

Sorry, die Familie *ist* Teil der Welt. Beziehungen in der Familie *können* aus evolutionsbiologischer Sicht gar nicht immer harmonisch sein, denn auf den elterlichen Ressourcen befindet sich ein Deckel – selbst die »Goldmine Mama« ist erschöpflich.

Kapitel 3

Beifüttern – die Sicht der Natur

So manche Mutter kapituliert schon nach zwei oder drei Monaten vor dem mitleidigen Blick der Schwiegermutter, der zu fragen scheint: Wann nur bekommt dieses arme Kind endlich einmal *etwas Richtiges* zu essen? Leider geben ihr auch die offiziellen Ratschläge der Kinderärzte wenig Rückhalt. Bei der weltweit führenden Fachgesellschaft von Kinderärzten etwa, der American Academy of Pediatrics, heißt es, »mit sechs Monaten« sei die richtige Zeit zum Zufüttern gekommen. Es folgt aber ein wachsweicher Nachsatz: »Bestimmte individuelle Verhaltensweisen können darauf hinweisen, dass ein Kind schon mit vier Monaten Beikost braucht, während andere Kinder erst mit acht Monaten für das Beifüttern bereit sind.«[107]

Es besteht ein einfacher Grund für solche schwammigen Aussagen: Es gibt keine solide Wissenschaft zum Thema Beikost. Um verlässliche Aussagen zur besten Strategie machen zu können, müssten schließlich Kinder per Los verschiedenen Gruppen mit unterschiedlichem Beikostbeginn zugeteilt werden und dann, sagen wir einmal, 20 oder 30 Jahre lang untersucht werden, welcher Gruppe es im Endeffekt besser ergeht …

Kein kultureller Konsens

Auch der Blick auf andere Kulturen trägt eher zur Verwirrung bei als zur Klärung. Zwar scheint es so, dass in allen Kulturen die Muttermilch im Lauf des ersten Lebensjahrs durch Beikost ergänzt wird – *wann genau* Mütter aber den richtigen Zeitpunkt für gekommen halten, schwankt enorm. Balinesische Mütter etwa finden, dass schon Neugeborene auch feste Nahrung brauchen. Auf Java wird mit drei Tagen zugefüttert, im Hochland Thailands mit zwei Wochen.[108] Und fragt man die Mütter auf Bali, Java oder in Thailand, warum sie so »früh« beifüttern, so klingt die Antwort vertraut: »Weil mein Baby das jetzt braucht« ...

Mythen und Folklore

Wenn der Zeitpunkt des Zufütterns schon Verwirrung stiftet, so wird es noch verwirrender, wenn Eltern sich nach dem »richtigen« Nahrungsmittel zum Beifüttern erkundigen. Zwar werden hierzulande immer wieder Karotten, Kartoffeln oder anderes Gemüse genannt, aber zu jedem Gemüse gibt es gleich wieder eine Gegenmeinung: Karotten seien allergiefördernd, Kartoffeln zu geschmacksneutral und bei Brokkoli sei es ja kein Wunder, wenn das Kind *nie* vom Busen wegkomme. Französische Mütter lassen Karotten, Kartoffeln und Brokkoli sowieso kalt, sie setzen auf das einzig »richtige« Gemüse: Artischocken. Aber warum überhaupt Gemüse? Unsere nicht weniger zivilisierten Freunde in anderen Ländern schütteln da den Kopf: Die italienischen Mütter beginnen mit süßem Milchbrei, in den USA ist nichts anderes vorstellbar als »cereals« (Reisflocken), die Spanier dagegen propagieren Apfelgläschen und die Asiaten gar Reis mit Fisch. Und während in Deutschland die allermeisten Mütter auf Gläschenkost aus dem Regal setzen, lassen es sich die meisten dänischen Mütter nicht nehmen, den Brei selbst zu kochen. Und betrachtet man einige traditionelle Kulturen, so bekommt man es fast mit der Angst zu tun. Die Quetcha in Peru etwa sind bald nach der Geburt mit Tee und Brühe zur Stelle. Bei den Zulus wird saure Milch gefüttert – mit recht rauen Methoden: »Da saure Milch zunächst vom Säugling abgelehnt wird, wird das Trinken durch Zuhalten der Nase erzwungen.«[16] [109]

Wenigstes von Seiten der Wissenschaft gibt es zum Thema Beikost eine klare Ansage: »Die beste Methode zum Beifüttern«, schreibt die American Academy of Pediatrics, ist »nicht bekannt.« Bei den Empfehlungen, so die Kinderärzte, spielten vor allem »Mythen und Folklore« eine Rolle.[110] Da scheint doch ein Blick durch die evolutionäre Linse geboten.

Beifüttern im evolutionären Rahmen

Arten, bei denen ausschließlich die Mutter für ihre Kinder sorgt (diesem Arrangement folgen immerhin 97 Prozent der Säugetierarten), kennen keine »Beikost« – da geht es von den Zitzen direkt auf die Jagd. Die wenigen »gemeinschaftlich aufziehenden« Arten (also Arten, bei denen sowohl Mama als auch Papa oder andere Helfer an der Aufzucht mitwirken, und zu denen bekanntlich auch der Mensch gehört), versorgen dagegen ihre Kleinen auch in der Stillzeit mit einem Beikost-Bonus. Kleine Wölfe etwa bekommen von rangniedrigeren Weibchen vorgekautes Fleisch ins Maul gewürgt. Bei den Marmoset-Affen (eine der sehr wenigen Primatenarten, die ihre Kinder gemeinschaftlich aufziehen) bekommen die Kleinen von helfenden Verwandten in der Stillzeit »Fingermahlzeiten« in Form von Grillen oder anderer leckerer Beute.

Auch der Mensch setzt auf die Ergänzung der Muttermilch. Gerade in traditionellen Kulturen kauen Mütter ihren Kindern ganz einfach das Essen vor, damit es bei den Kleinen gut »rutscht«.

Wann beifüttern?

Die Frage scheint recht einfach zu beantworten – schließlich kommen die ersten Zähnchen mit etwa sechs Monaten und das wahrscheinlich nicht, um der Mutter besser in den Busen beißen zu können, sondern um sich hier und da ein bisschen feste Kost einzuverleiben. Und die Backenzähne mit ihren breiten Mahlflächen kommen mit zehn Monaten – ab dann dürften kleine Kinder also auf das Kauen vorbereitet sein. Leider erklären diese groben Meilensteine aber nur, ab wann Kinder bereit sind, selbst für eine *Zerkleinerung der Nahrung* zu sorgen. Ab wann sie auf flüssige, halbflüssige oder vorgekaute Beikost eingestellt sind – darüber sagt die anatomische Ausstattung nicht viel aus.

Interessanter sind da schon andere Körperfunktionen. Vielen Eltern fällt auf, dass Babys ab zwei Monaten extrem viel »sabbern«. Dies wird manchmal als Begleiterscheinung des Zahnens gedeutet. Dass dies keine ausreichende Erklärung ist, zeigt der zahnärztliche Befund: Wenn das Speicheln beginnt, sitzen die Zähnchen noch tief im Kiefer, das Zahnfleisch zeigt nicht einmal eine Spur von Reizung oder Entzündung. Zudem kann niemand erklären, wie das Sabbern eigentlich das Zahnen unterstützen soll.

Schon interessanter wird es, wenn man die Inhaltsstoffe des Speichels betrachtet. Der Speichel enthält nämlich eine ganze Menge Amylase, also ein zum Abbau von Stärke notwendiges Enzym. Und auch die Muttermilch enthält interessanterweise Amylase, und sie wird nicht benötigt, um Muttermilch abzubauen – Muttermilch enthält gar keine Stärke. Die Amylase gelangt mit dem geschluckten Speichel und der Muttermilch in den Darm des Babys (die Passage durch den säurehaltigen Magen übersteht sie unbehelligt) und steht dort zur Verdauung von – jawohl: Stärke bereit!

Interessant erscheint dabei, dass die Amylase in der Muttermilch praktisch von Geburt an vorhanden ist, und zwar immerhin in so hoher Konzentration, dass damit pro 100 Milliliter Muttermilch 20 Gramm Stärke in einer Stunde verdaut werden können (das entspricht dem Stärkegehalt von etwa zwei Handvoll Heidelbeeren).

Das stärkt den Verdacht – nämlich dass die Amylase dazu dient, zugefütterte stärkehaltige Kost zu verdauen.[111] Dazu passt die Beobachtung von Kinderärzten, dass stärkehaltige Beikost von gestillten Kindern besser vertragen wird als von nicht gestillten.[112]

Nach den ersten Monaten geht die Amylasekonzentration in der Muttermilch etwas zurück. Gleichzeitig nimmt die kindliche Bauchspeicheldrüse die Produktion von Amylase allmählich auf. (Die Bauchspeicheldrüse ist ja dann für den ganzen Rest des Lebens für die Abgabe von Amylase zuständig.[113])

Vieles spricht also dafür, dass der gestillte Säugling »von Natur aus« auf eine stärkereiche Zusatzkost angelegt ist. Und tatsächlich wird die Praxis, einem Säugling etwa zerkaute Früchte oder Beeren zuzufüttern, rund um den Globus in vielen traditionellen Gesellschaften beobachtet. Und auch biologisch gesehen wäre die frühe Ergänzung sinnvoll: Die Nahrung war zu vielen Zeiten der menschlichen Geschichte knapp, und jeder Zuschlag, der die Mutter entlasten würde, war willkommen – besonders in der Phase des besonders raschen Wachstums, also in den ersten sechs Monaten. Wenn die stillende Mutter auf ein Heidelbeerfeld stieß – es wäre geradezu fahrlässig gewesen, davon nicht auch dem Baby etwas in den Mund zu schieben. Sein Verdauungsapparat jedenfalls scheint vorbereitet zu sein, und zwar von Anfang an.

Allerdings ist anzunehmen, dass die Beifütterung unter ursprünglichen Bedingungen sehr schwankend gewesen ist – schon die saisonale Verfügbarkeit von Beeren, Wurzeln und Obst spricht dafür. Dass Beifütterung benutzt wurde, um die Muttermilch rasch zu *ersetzen* (was heute die gängige Praxis ist), ist jedenfalls zumindest für das erste Lebensjahr des Kindes nicht anzunehmen – nur die Mutterbrust war unter den jahreszeitlich schwankenden Ernährungsbedingungen für kleine Kinder mit eingeschränkter Kauleistung eine zuverlässige Nahrungsquelle.

Evolutionär betrachtet ist also die gängige, beispielsweise von der WHO ausgesprochene Empfehlung, sechs Monate *ausschließlich* zu stillen, aller Wahrscheinlichkeit nach nicht haltbar – und erklärt vielleicht auch, warum sich nur 2 Prozent der Mütter an die Empfehlung halten. Ganz sicher jedenfalls scheint es keinen Grund zu geben, das ausschließliche Stillen im ersten halben Jahr als »traditionell« oder gar »natürlich« anzusehen. Selbst von medizinischer Seite gibt es keine Hinweise, dass die frühe Einführung von kleinen Mengen an Beikost *unter Beibehaltung des Stillens* nachteilig wäre (eine ganz andere Sache ist das frühe Abstillen, das auch heute noch – das vorige Kapitel handelt davon – mit gesundheitlichen Nachteilen verbunden ist).

So ist beispielsweise bekannt, dass das frühe Zufüttern von glutenhaltiger Nahrung bei manchen entsprechend vorbelasteten Kindern das Risiko für die Entwicklung einer Zöliakie erhöht.[114] Wird glutenhaltige Nahrung jedoch eingeführt, *solange das Kind noch gestillt wird,* ist das Risiko deutlich geringer.[115] Auch gehen Kinderärzte inzwischen davon aus, dass es für die Entwicklung von Allergien unerheblich ist, wann bestimmte Nahrungsmittel eingeführt werden.[116]

Auch andere Gründe sprechen dafür, dass eine frühzeitige Nahrungsergänzung im Register der Natur durchaus vorgesehen ist. Entgegen der folkloristischen Annahme, dass die Mutter bei steigendem Bedarf des Babys »einfach mehr Milch produziert«, zeigen Studien Folgendes: Die Milchproduktion der voll stillenden Mutter deckt nur eine Zeit lang den Bedarf des wachsenden Kindes – die »Milchleistung« der Mutter geht über eine Spitzenproduktion von etwa 750–800 Milliliter pro Tag nicht hinaus.[17] [119] Damit aber bekommen voll gestillte Säuglinge nach Messungen britischer Forscher mit sechs Monaten durch die Muttermilch nur etwa 550 Kilokalorien pro Tag, was gerade bei größeren, aktiveren Kindern den Bedarf möglicherweise nicht ganz abdeckt.[120] Zu diesen Daten passt auch die Beobachtung, dass Mütter größere Kinder (die insgesamt mehr Kalorien verbrauchen) im Durchschnitt früher beifüttern.[121]

Was heißt »Beifüttern«?

Ganz klar muss aber eines gesagt werden: Die Antwort auf die Frage, ab wann die »Beifütterung« für ein Kind vorteilhaft ist, hängt immer auch davon ab, was genau mit Beifüttern gemeint ist. In vielen Kulturen werden schon früh kleine Mengen an Beikost verfüttert, ohne dass dadurch die Stillhäufigkeit merklich absinkt. Hierzulande ist die Situation anders: Das Beifüttern ist oft das Präludium zum Abstillen. Das frühe Beifüttern, das aus evolutionärer Sicht möglicherweise Sinn ergibt, kann also nicht unbedingt eins zu eins auf die hiesigen Verhältnisse und Traditionen übertragen werden.

Und auch auf die Menge kommt es an: So plausibel es ist, dass Babys schon frühzeitig auf ein gewisses Maß an stärkehaltiger Beikost eingestellt sind, so richtig ist auch das: Wichtige körperliche Voraussetzungen, die dem Baby die Aufnahme von *größeren Mengen* an halb-fester oder fester Beikost erlauben, sind erst in der Mitte des ersten Lebensjahres gegeben, wie etwa das wirksame, koordinierte Schlucken halbfester Nahrung. Erst jetzt kann Beikost auch in nennenswertem Umfang die Milchnahrung ersetzen.

Was beifüttern?

Evolutionär betrachtet ist diese Frage nicht schwer zu beantworten – wenn etwas beigefüttert wurde, so bestand die Wahl nicht zwischen Stracciatella-Nachtisch oder Artischockenpüree, die Wahl fiel vielmehr mitten in den mütterlichen Speiseplan. Also: Als Beikost gab es das, was die Mutter aß – mundgerecht zerlegt oder vorgekaut. Das war nicht nur praktisch, sondern hatte auch den Vorteil, dass dem Kind diese Nahrungsmittel schon vertraut waren –, schließlich kannte es die entsprechenden geschmacklichen Spuren bereits vom Mutterleib und der Muttermilch. Auch dem reifenden Immunsystem des Babys waren die beigefütterten Lebensmittel aufs Innigste bekannt, Abwehrreaktionen waren also nicht zu erwarten.

Was die Auswahl der »geeignetsten« Beikost angeht, so ist also evolutionär weder das »beste« Nahrungsmittel noch ein genauer Fahrplan zu benennen. Viel wichtiger scheint zu sein, dass dem Baby die neu eingeführten Nahrungsmittel bereits von der im Fruchtwasser und der Muttermilch abgebildeten Speisekarte vertraut sind (vgl. Kapitel 1).

Aus Skelettfunden wurde abgeleitet, dass die evolutionäre Beikost gröber war als heute üblich – eine Fehlstellung der Kieferknochen (Fehlbisse bzw. Malokklusion) wird nämlich erst seit dem 17. Jahrhundert in nennenswerter Häufigkeit beobachtet. Dies könnte in der Tat mit der kleinkindlichen Kost zusammenhängen, schließlich ist es der Muskelzug beim Kauen, der den Kiefer formt und die Stellung von Ober- und Unterkiefer bestimmt.[122]

Und welche Beikost »wünscht« sich das Baby? Dies versuchte eine Kinderärztin vor 80 Jahren zu beantworten. Die Ärztin Frau Dr. Clara Davis wollte Folgendes wissen: Was passiert, wenn man Säuglinge nach dem Abstillen selbst entscheiden lässt, was sie essen wollen? Was sind ihre »natürlichen« Vorlieben? Wissen Säuglinge »instinktiv«, was gut für sie ist? Ist ihre Wahl so vielfältig, dass sie damit ihren Bedarf an Energie, Eiweiß, Vitaminen und allem stillen, was man für ein gesundes Wachstum braucht?

Die Kinderärztin beobachtete in ihrem gewagten und heute nicht mehr möglichen Experiment 14 voll gestillte Waisenkinder im Alter von sechs bis elf Monaten, und das bis zu sechs Jahre lang. Die Kinder bekamen ein Sortiment von 33 verzehrbereit aufbereiteten Nahrungsmitteln vorgesetzt (die Speisen waren grob zerkleinert, alle waren ungewürzt, ungezuckert und ungesalzen, Gemüse war in Dampf gegart, auf verarbeitete Nahrungsmittel wie Käse, Wurst, Brot oder Butter wurde komplett verzichtet). Zu jeder Mahlzeit bekamen die Kinder ein Tablett mit zehn Speisen und zwei Getränken aus einem Sortiment von 33 Nahrungsmitteln, darunter Äpfel, pürierte Ananas, Tomaten, gebackene Kartoffeln, gekochter gemahlener Vollkornweizen, Mais, Hafer, Roggen, gehacktes und gekochtes Rindfleisch, Knochenmark, Hirn, Leber, Nierchen, gehackter Fisch, Eier, Salz, Wasser, verschiedene Sorten Milch, Orangensaft ... Die Kinder durften essen, wie sie wollten, Kinderkrankenschwestern unterstützten sie dabei, reichten aber nur das, worauf die Babys zeigten.

Nach mehreren Jahren und 37.500 servierten Mahlzeiten ergab sich Überraschendes: Alle Kinder gediehen prächtig! Mangelerscheinungen waren nicht aufgetreten, die Blutwerte waren alle im normalen Bereich. Alle Kinder hatten eine normale Verdauung, und alle vertrugen die gewählte Kost problemlos.

Überraschend aber war, wie viele Wege zum Ziel führten (darunter einige, die bis heute den Alptraum jedes Ernährungswissenschaftlers darstellen):

- Zum einen hatten die Kinder sehr unterschiedliche Vorlieben. Trotzdem verzehrten sie im Schnitt in etwa die gleichen Mengen an Fett, Eiweiß und Kohlenhydraten!
- Die angebotene Nahrung wurde teilweise extrem eigenwillig kombiniert (so bestand das Frühstück bei einem Kind aus etwa einem halben Liter Orangensaft und etwas Leber).
- Die Vorlieben kamen oft in Wellen: Da verschlang ein Dreijähriger zum Abendessen ein Pfund Lammfleisch, andere Kinder aßen ein paar Tage lang fast nur Bananen, dann Hackfleisch, usw.
- Die bei den Mahlzeiten verspeisten Mengen waren extrem unterschiedlich: Zur einen Mahlzeit wurde viel gegessen, an anderen nur gepickt.
- Überraschend: Die Kinder aßen viele Früchte – dafür aber umso weniger Gemüse und auch nur wenig Getreide. Ein Mädchen aß während drei Jahren insgesamt nur etwas mehr als ein Kilogramm Gemüse! Kohl, Spinat und Kopfsalat wurden von praktisch allen Kindern abgelehnt. Die damals übliche, vor allem auf Milch und Getreide basierende Kleinkindkost wurde von keinem einzigen Kind längerfristig gewählt.

Was heißt das für die Eltern heute? Können sich Kinder ihren Speiseplan wirklich selbst zusammenstellen? Gemach. Die in dem Experiment angebotenen Nahrungsmittel waren allesamt für sich genommen »gesunde Bausteine«. Hätten die Kinder Schokoriegel, Chips und so weiter vorgesetzt bekommen, wäre das Experiment bestimmt ganz anders ausgegangen – die »Weisheit des Körpers« hätte womöglich versagt. Dennoch zeigt der Versuch, dass Kinder in Sachen Ernährung einige Kompetenz mit sich bringen – zumindest was »natürlich« vorkommende, in Vielfalt angebotene Nahrungsmittel angeht, ist ihre Wahl ausgeglichen, gesund und damit »weise«.

Problem Kuhmilch?

Manche Eltern sind sich nicht sicher, ob Kuhmilch eine »artgerechte« Milch für Kinder (oder auch Erwachsene) ist. Schließlich ist der Mensch das einzige Säugetier, das nach dem Abstillen weiterhin Milch verzehrt. Dies, so machen Kritiker geltend, bedeute, dass der Mensch von seiner »biologischen Ausstattung« her nicht auf den Genuss von Kuhmilch vorbereitet sei. Nicht umsonst seien Kuhmilchallergien so häufig!

Was das Argument »nicht artgerecht« angeht, so stimmt dies für weite Teile der menschlichen Geschichte tatsächlich. Ursprünglich ergab es für den Menschen tatsächlich keinen Sinn, den zur Verdauung von Milchzucker (Laktose) benötigten Hilfsstoff (also das Enzym Laktase) im Darm nach dem Abstillen weiter vorzuhalten – die einzige Quelle von Milchzucker war schließlich die Muttermilch. (Außer in der Muttermilch kommt Laktose in der Natur nur in Forsythien und einigen tropischen Sträuchern vor). Die Laktase wurde deshalb ursprünglich nach dem Abstillen nur noch in sehr geringen Mengen produziert – Milch löste also damals bei allen Menschen nach dem Kleinkindalter Blähungen und Durchfälle aus. Tatsächlich bestätigen Untersuchungen an Genmaterial von steinzeitlichen zentral- und osteuropäischen Skeletten, dass unsere Vorfahren noch vor 10.000 Jahren keine Gene für die Aufrechterhaltung der Laktasebildung nach der Kindheit hatten.[123]

Das änderte sich erst, als der Mensch die Viehhaltung »erfand« – jetzt war es von Vorteil, auch im späteren Leben Laktose verwerten zu können: Frauen, die die zusätzliche Eiweißquelle nutzen konnten, waren weitaus fruchtbarer, und Kinder, die Tiermilch vertrugen, gediehen nach dem Abstillen besser und waren weniger der Kindersterblichkeit ausgesetzt. Und so änderte sich bei den Viehhaltern durch natürliche Ausleseprozesse nach und nach die Verdauung. Das Resultat: Während Volksgruppen ohne Viehzuchttradition (wie etwa viele afrikanische Volksstämme, die asiatischen Völker sowie alle indigene Populationen, die noch bis zur Kolonisierung durch die Europäer als Jäger und Sammler gelebt haben) Tiermilch nicht vertragen, können die Nachfahren von Viehhaltern – die meisten Europäer und manche Afrikaner gehören dazu – Milch ihr Leben lang als Nahrungsquelle nutzen.

Und das umso eher, je weiter nördlich sie leben. Dafür gibt es einen interessanten Grund: Je weniger Sonnenlicht den Menschen zur Verfügung stand, desto entscheidender war der Vorteil der Milchnutzung. Schließlich ist Milch nicht nur eine zusätzliche Nahrungsquelle, sondern sorgt durch ihren Kalziumgehalt auch für stärkere Knochen und ein besseres Wachstum – ein riesiges Plus in den an Sonnenlicht armen Klimazonen, in denen die Gesundheit der Knochen immer von Rachitis bedroht ist. Kein Wunder also, dass praktisch alle Skandinavier Milch gut vertragen, während das im Süden Europas nur für zwei Drittel der Bevölkerung gilt (was aber immer noch weit über die Zahlen etwa in Asien hinausgeht, wo oft nur fünf Prozent der Bevölkerung Milch vertragen können).

Für die mittel- und nordeuropäischen Kinder ist Kuhmilch also durchaus eine »artgerechte« Ernährung und kann zumindest ab dem siebten Lebensmonat auf den Speiseplan kommen (für jüngere Säuglinge ist die Konzentration an Eiweiß und Mineralien in der Kuhmilch nicht optimal).

Was das Argument der »Allergien« angeht, so sind Allergien gegen Kuhmilch bzw. auf Kuhmilchbasis hergestellte Säuglingsnahrungen in der Tat ein den Kinderärzten vertrautes Problem: Etwa drei Prozent der Säuglinge entwickeln eine Allergie gegen Kuhmilch, die sich durch teils blutige Durchfälle und mangelndes Wachstum äußern kann. In diesem Fall hilft nur, auf Kuhmilch und Kuhmilchprodukte zumindest bis ins spätere Kleinkindalter zu verzichten (in diesem Alter bessert sich das Problem in aller Regel von selbst).

Der Verdacht dagegen, der Verzehr von Kuhmilch im Säuglings- und Kleinkindalter bereite generell Allergien den Weg, hat sich nicht bestätigt. Die anstelle der Kuhmilch propagierten »hypoallergenen« Nahrungen jedenfalls konnten den Beweis nicht erbringen, dass sie dem Kind die Entwicklung von Allergien wirklich ersparen.[124] Es scheint nicht die Kuhmilch zu sein, die Allergien »macht«, vielmehr scheint die Kuhmilch lediglich einer bereits bestehenden Allergieneigung ein »Spielfeld« zu geben – die Kuhmilch ist also Anlass, aber nicht Ursache der Allergie.

Alkohol in der Kleinkindnahrung – Anlass zur Sorge?

In den Eltern-Zeitschriften scheint Alkohol ein Dauerbrenner zu sein. Der Schwangeren hat man längst ihr Malzbier madig gemacht (schließlich besteht es zu 0,3 bis 1 Prozent aus Alkohol), und jetzt sind auch Kinder nicht mehr sicher: Traubensaft ist angeblich kein Kindergetränk – nicht wegen seines Spritzmittelgehalts, sondern wegen seines 0,4-prozentigen Alkoholgehalts. Auch vor Kefir (0,5 Prozent Alkoholgehalt), Traubenschokolade, Marzipan, Trüffel und Weingummi wird gewarnt. Selbst der Apfelsaft (bis 0,2 Prozent Alkoholgehalt) ist auf den Index geraten, und neuerdings soll auch Weißbrot mit seinem ähnlich hohen Alkoholgehalt gemieden werden. Der Alkohol reicht vielleicht nicht für einen Rausch am Frühstückstisch, aber es bestünde »durchaus die Gefahr, dass sich Ihr Kind an den Alkohol gewöhnt«.[125] Aber Trost wird auch gespendet: Promillefrei sind trockene, knusprige Kekse, Schnitten und Riegel. Und die sind ja auch ohne Konfitüre lecker, denn die enthält leider ebenfalls Alkohol ...

Evolutionsbiologisch ist die Furcht vor Alkohol in diesen Mengen Unsinn. Reife Früchte enthalten immer ein bisschen Alkohol, denn der enthaltene Zucker gärt eben schon mal an. Der dabei entstehende Alkohol war Teil dessen, was Kinder schon immer aßen, und es darf davon ausgegangen werden, dass die Entgiftungsleistung der kindlichen Leber auf diese Mengen durchaus vorbereitet ist.

Einblick und Ausblick

Warum Kinder den Teller nicht leer essen

Jeder Kinderarzt kann das bestätigen: Der Appetit kleiner Kinder bleibt oft meilenweit hinter den Erwartungen der Eltern zurück. Und gar Lichtjahre hinter den Erwartungen der Großeltern. Warum ist das so?

Ein Grund liegt im süßen Gewand des Säuglings – dem Babyspeck. Dieses Polster ist wahrscheinlich dazu da, das überaus rasche und energieaufwändige Hirnwachstum in den ersten zwei bis drei Lebensjahren gegen das schwankende Nahrungsangebot abzupuffern. Wenn Kinder anfangen, sich die Welt zu erkrabbeln und zu erlaufen, schmilzt das Fett dahin – schließlich wäre es eine ziemliche Energieverschwendung, einem Wesen Pfunde aufzupacken, bei dem es jetzt vor allem um eines geht: zu spielen, zu üben, den Körper und seine Sinne zu testen, die Welt probeweise auf den Kopf zu stellen ...

Vier Gründe für das schlechte Essen

Kleinkinder essen also im Vergleich zu Säuglingen auch deshalb so schlecht, weil sie ihre Vorräte jetzt aufbrauchen.

Ein weiterer Grund: Kleinkinder wachsen langsamer als Säuglinge, und zwar *deutlich langsamer.* Wenn ein Kind bis ins Schulalter im gleichen Tempo weiterwachsen würde wie ein Baby in den ersten Monaten, würde es zu Schulbeginn mehr wiegen als ein Elephant! Ein zwei Jahre altes Kind braucht deshalb im Schnitt nur etwa 25 Prozent mehr Nahrungsenergie als ein neun Monate alter Säugling.[126]

Manche Kinder aber scheinen *besonders schlecht* zu essen. Das könnte daran liegen, dass sie ihr Futter besser verwerten. Von Säuglingen ist bekannt, dass manche Kinder für ihr Wachstum mit weniger Nahrung auskommen als andere. Im ersten Lebensmonat etwa trinken manche Säuglinge 400 Milliliter Milch pro Tag, andere brauchen 800 Milliliter – bei gleichem Wachstum. Damit trinkt so mancher Säugling mit vier Wochen mehr Milch als ein Kind mit sechs Monaten![127] Diese Unterschiede bestehen auch im Kleinkindalter fort. Es ist daher nicht ratsam, von allen Kindern denselben Enthusiasmus am Tisch zu erwarten.

Gegen überzogene Erwartungen am Familientisch spricht auch ein weiterer Grund. Wie wir in Kapitel 1 gesehen haben, hat es ein Teil der Kinder nicht nur mit Gemüse, sondern auch mit fettiger Nahrung besonders schwer. Diese *Supertaster* treiben ihre Eltern vor allem im Kleinkindalter an den Rand des Wahnsinns.

Zu ihrem Ruf als abgebrühte Nahrungsverweigerer trägt aber auch bei, dass Kleinkinder sich im Gegensatz zu Säuglingen schon mal mit etwas Essen zwischendurch versorgen. Und welche Nahrung wählen sie da? Richtig: Entsprechend dem allseits bekannten Wahlprogramm bevorzugen sie kaloriendichte Nahrung – Schokokekse, Fruchtsäfte, Kaba oder eine Milchschnitte. Wenig überraschend, dass sie bei den Mahlzeiten dann wenig beeindruckend zuschlagen. Rechnet man alles zusammen, was bei angeblich schlecht essenden Kleinkindern so alles »nebenher« hinter die Zähnchen rutscht, dann liegt eine Schlussfolgerung nahe: »Schlecht essende« Kinder essen vor allem da schlechter, wo Eltern genau hingucken: bei den Tischmahlzeiten.

Das passt zu den Erfahrungen der Kinderärzte: Kinder, deren Eltern über »schlechtes Essen« klagen, unterscheiden sich im Körpergewicht nicht von denen, die wegen Husten, Schnupfen oder aufgeschrammten Knien in die Praxis kommen.

Die evolutionäre Sicht

Das Bild vom »schlecht essenden« Kleinkind rührt aber auch von einer anderen Eigenheit von Kindern her: dass sie den Teller oft nicht leer essen. Schauen wir uns dieses Phänomen einmal genauer an.

Wann hören wir Menschen auf zu essen? Wenn wir satt sind, lautet die gängige Antwort. Dass das nicht ganz stimmt, zeigt das folgende Experiment.[128] 54 Testesser bekommen eine Suppe vorgesetzt. Jeder zweite sitzt aber – ohne es zu wissen – vor einem Teller, der über ein unter dem Tisch angebrachtes Schlauchsystem beständig nachgefüllt wird. Das Resultat: Teilnehmer mit solchen selbstfüllenden Tellern essen 73 Prozent mehr Suppe! Erstaunlicherweise fühlten sich die Teilnehmer aus beiden Gruppen, nach ihrer Sättigung befragt, gleich »satt«.

Kleine Kinder verhalten sich noch anders: In ähnlichen Experimenten lassen sich zum Beispiel Dreijährige von großen Portionen nicht beeindrucken – sie essen gleich viel, egal was auf dem Teller angeboten wird. Schon Fünfjährige aber verzehren umso mehr, je mehr man ihnen auf den Teller packt.[129] Auch ein weiterer Befund ist in diesem Zusammenhang interessant: Bietet man Säuglingen Nahrungsmittel mit niedriger Energiedichte an, so essen sie entsprechend größere Portionen. Umgekehrt essen sie bei »reichhaltigem« Essen einfach weniger. Schon im Kleinkindalter verlieren Kinder jedoch diese unbestechliche Kalorieneinschätzung – ist das Essen kalorienreicher, so essen sie trotzdem nicht weniger davon – genauso wie die Erwachsenen.[130]

Evolutionär betrachtet liegt der »Sinn« dieser Voreinstellung nahe: Solange Kinder nicht für sich selbst sorgen können und als »Brustkinder« auf eine stets sprudelnde Nahrungsquelle zurückgreifen, braucht der Körper nicht über den aktuellen Bedarf hinaus zu essen, um Vorräte anzulegen. Kleine Kinder scheinen also über ein Programm zu verfügen, das ihnen einflüstert: Solange Mama noch vollständig für dich sorgt, brauchst du nicht auf Vorrat zu essen – wenn der Appetit nachlässt, hör einfach auf!

Das ändert sich erst, wenn Kinder auf sich selbst gestellt sind und nicht mehr komplett versorgt werden. Dann ist es sinnvoll, eine gute Gelegenheit auch voll auszuschlachten: Wenn unsere jagenden und sammelnden Vorfahren auf ein reifes Heidelbeerfeld stießen, war es gut, eben nicht nur hier und da ein paar Beerchen zu zupfen, sondern möglichst alles zu nutzen – eben »abzuessen«. Wer konnte schon wissen, wann die nächste Gelegenheit kommt?

Kapitel 4

Wie Kinder schlafen lernen

Das Leben mit Kindern mag tagsüber eine Wonne sein, aber nachts, da geht es für viele Eltern ins Tal der Tränen. *Da* spielen sich die Dramen ab, *da* wird gebrüllt, gebettelt und geweint, *da* zweifeln Eltern an sich selbst und streiten mit ihrem Partner über den besten Weg aus der Patsche. Dass sich Bücher wie »Jedes Kind kann schlafen lernen« millionenfach verkaufen, ist kein Wunder.

Moment mal: Schlafen *lernen?* Sollten wir nicht erwarten, dass Kinder so etwas Elementares und Lebenswichtiges schon von Natur aus können? Sollen Eltern, die längst verstanden haben, dass Kinder auch ohne »Training« sauber werden, jetzt beim Schlafen wieder den Lehrer spielen?

Es ist auffallend, dass Schlafprobleme vor allem in den westlichen Gesellschaften thematisiert werden – in anderen Kulturen scheint es um den Kinderschlaf weit weniger Ärger zu geben. Sind die Eltern hierzulande einfach anspruchsvoller geworden, weil schlafende Kinder auch *eines* bedeuten: dass die Großen endlich Zeit für sich selbst haben? Oder haben sie nur den »Dreh« verlernt, mit dem sich das Sandmännchen locken lässt? Oder richtet sich der massenhafte Protest der Kleinen womöglich gegen eine Errungenschaft des modernen Möbelbaus – das eigene Kinderbett?

Das Einschlafen

In den ersten zwei Wochen nach der Geburt scheint alles so einfach zu sein: Das Neugeborene findet in allen Lebenslagen in den Schlaf. Das ändert sich schon nach zwei, drei Wochen – ab jetzt müssen die *Bedingungen* stimmen:

Die erste Zutat ist Müdigkeit. Auch wenn es so manchen überraschen mag: Gerade an der Müdigkeit hapert es nicht selten. Schlafforscher am Züricher Kinderspital jedenfalls haben herausgefunden, dass viele »Schlafprobleme« von Kindern an einer ganz einfachen Sache liegen: Die Kinder sind nicht müde, wenn sie ins Bett gelegt werden!

Die zweite Zutat ist Entspannung. Auch die ist gar nicht so leicht zu bekommen, wie jeder Erwachsene weiß. Denn Entspannung kann nicht *geschaffen* werden, sie muss sich *ergeben*. Und wie ergibt sich Entspannung bei Kindern? Jawohl: Wenn ihre Bedürfnisse befriedigt sind. Sind sie müde, satt, warm und geborgen – schwupps, sind sie weg. Rhythmische Bewegungen – Tragen, Schaukeln, Wiegen – können dabei zusätzlich Wunder wirken.

Das erklärt, warum der Busen so magisch einschläfernd wirkt: Kinder spüren die Rhythmen der Mutter, ihre Atmung, ihren Herzschlag, ihre Bewegungen ... Außerdem sind sie warm und bald auch satt und ein bisschen k.o. vom Saugen sind sie dazu – ein ideales Entspannungsprogramm, nach dem die Kleinen eigentlich nur noch von der Brust gepflückt zu werden brauchen.

Die dritte Zutat ist Mitbestimmung. Wenn Kinder müde werden, so werden sie das in Wellen: Etwa alle 50 Minuten tritt ein kleines Kind tagsüber von einer aktiveren Phase in eine beruhigte Phase ein. Das Tor zum Einschlafen öffnet sich, die Händchen wandern zu den Augen, das Kind gähnt ... Bekommt es jetzt nicht die »Kurve« in den Schlaf, ist es nach wenigen Minuten schon wieder blitzmunter. Kann das Kind selbst bestimmen, wann es auf den Schlafzug aufspringen will, so sucht es sich in seiner »Tiefphase« vielleicht die Brust oder hängt sich sonstwie bequem bei einem Erwachsenen in die Seile.

Schlafbedingungen sind Schutzbedingungen

Das Dilemma bei diesem dreisäuligen kindlichen Einschlafprogramm: Die Erfüllung fast aller kindlicher Bedürfnisse setzt die Anwesenheit der Eltern voraus oder fordert gar ihr aktives Zutun – sei es in Form von Stillen, Tragen oder Schaukeln.

So unpraktisch dies ist, evolutionsbiologisch betrachtet ist es sinnvoll: Ohne den Schutz von Erwachsenen einzuschlafen war früher ein Rezept für den sicheren Tod. Die ungeschützten Winzlinge wären von Hyänen verschleppt, von Bären gefressen oder von Schlangen gebissen worden. Kein Wunder also, dass nicht der schöne blaue Himmel und auch nicht die oft besungenen Sternlein die Brücke zum Schlaf bilden, sondern *ein vertrauter Mensch* – und dass der Weg in den Schlaf über *menschliche* Merkmale führt: Hautkontakt, Schaukeln, Wärme, Rhythmen, die gewohnte Stimme ...

Der ernüchternde Befund der Evolutionsbiologie lautet also, dass kleine Kinder *nicht* auf selbstständiges Schlafen angelegt sind. Um den Schlaf zu meistern, brauchen sie – zumindest eine Zeit lang – *Hilfe*.

In diesem Zusammenhang sei an eine ähnlich unpraktische Schutzeinstellung erinnert, nämlich die Angst vor der Dunkelheit. Diese entsteht gerade in dem Alter, in dem die Kinder laufen lernen – auch sie wirkt wie eine unsichtbare Leine, die Kinder abends im Nahbereich vertrauter Erwachsener hält.

Auch die besonders im späten Kleinkindalter notorische Angst vor Monstern dürfte letzten Endes einem sicheren Schlaf gedient haben: Noch heute fürchten sich Kinder vor Monstern unter ihrem Bett oder in einer dunklen Ecke des Zimmers, und viele können erst nach einem »Monstercheck« schlafen. Interessanterweise sind Monster gerade in dem Alter ein Thema, in dem Kinder unter ursprünglichen Lebensbedingungen abgestillt wurden und damit nicht mehr im unmittelbaren Nahbereich der Mutter schliefen. Da war es ein kluger Schachzug, vor dem Einschlafen noch einmal unter der Lagerstatt zu schauen, ob sich dort vielleicht ein giftiges Kriechtier verbarg.

Abkürzungen

In den Gesellschaften, die den Lebensstil als Jäger und Sammler bis in die Neuzeit beibehalten haben, schlafen Kinder auch heute noch in der Urfassung, also in engem Körperkontakt mit den Eltern. Modernere

Kulturen dagegen haben Abkürzungen ersonnen, durch die Kinder mit weniger elterlichem Aufwand in den Schlaf finden: Die mütterlichen Rhythmen wurden durch Wiegen ersetzt, durch Babyschaukeln, neuerdings auch durch automatisch vibrierende Bettchen oder die Fahrt im Auto um den Block. Die Stimme der Mutter wird vom Spielbären und der Baby-CD gedoubelt, anstelle der Brust wird der Schnuller oder die mit dem Kissen aufgestellte Flasche gereicht. Geborgenheit vermittelt das Schmusetuch, der Teddybär und das Nachtlicht. Und für Entspannung sorgen Einschlafrituale, wie etwa das abendliche Bad in den 1960er Jahren, die vorgelesenen Geschichten oder auch Beruhigungströpfchen, die manche Kinderärzte noch immer in petto halten.[131]

Kulturelle Erwartungen

Dass kleine Kinder direkt neben der Mutter schlafen, ist für manche Kulturen so »natürlich«, wie uns das Schlafen der Eltern im gemeinsamen Ehebett erscheint (das andere Kulturen wiederum als »unnatürlich« empfinden). Hätte man unsere Ururgroßmütter gefragt, so hätten sie dagegen geantwortet: Kleine Kinder schlafen selbstverständlich in der Wiege ein, und wenn sie für die Wiege zu groß sind, schlafen sie bei ihrem älteren Geschwisterchen! Fragt man eine amerikanische Mutter in Boston, so wird sie höchstwahrscheinlich antworten: Natürlich sollte ein Baby in seinem eigenen Zimmer schlafen, das fördert seine Selbstständigkeit. Und es soll bloß nicht mit einem Erwachsenen einschlafen, das könnte sogar gefährlich sein!

Persönliche Überzeugungen

In der Tat spiegelt unsere Meinung, wie Kinder einschlafen sollen, auch Annahmen über die Natur des Kindes und seine bestmögliche Förderung wider. Hinter jedem »Schlafarrangement« blitzt also auch ein Stück Erziehung hervor. Die Mayas gehen davon aus, dass Kinder durch die nächtliche Nähe der Eltern am besten gedeihen. Eltern auf Bali meinen, dass allein schlafende Kinder dem Risiko unterliegen, dass ihnen die Seele gestohlen wird.[132] Für westliche Eltern dagegen schwingt bei der Wahl des Schlafarrangements die Angst vor dem »Verwöhnen« mit – eine moderne Art des Seelenverlustes. Selbst wenn manche Eltern es praktisch fänden, ihr Kind einfach in den Schlaf zu stillen (und damit durchaus auch positive Gefühle verbinden), hören sie immer auch gleich eine warnende innere Stimme: Ein Kind am Busen einschlummern zu lassen, das mag zwar natürlich sein, aber ist es nicht ein Rezept für spätere Probleme? Wir würden so gerne unserem Herzen folgen, aber ach, wo führt das hin?[133]

Schlafen als soziales Arrangement

Hinter dem, was wir gut finden und was unsere Kultur als »normal« betrachtet, stehen nicht zuletzt soziale und wirtschaftliche Entwicklungen: Die Frage, ob Babys besser in einem eigenen Zimmer schlafen, wurde erst aktuell, als es überhaupt mehrere Zimmer in den Häusern gab. Und schon viel früher hatte das Einschlafen der Kinder auch etwas damit zu tun, wie und wo die Mütter arbeiteten. Erst mit der Ausbreitung der sesshaften, bäuerlichen Lebensweise in den letzten 8000 Jahren standen sichere Behausungen zur Verfügung, in denen die Kinder in der Obhut von Verwandten oder von Mägden zurückgelassen werden konnten, während die Mütter in Gärten, Ställen oder auf Feldern arbeiteten. Die Kinder schliefen jetzt nicht mehr – wie in den jagenden und sammelnden Kulturen üblich – direkt bei der Mutter, sie wurden vielmehr in Wiegen oder Bettchen gelegt.[134]

Freistilschläfer und Ritualschläfer

Auch heute noch ist der Kinderschlaf ein Abbild unseres *Lebensstils* und seines kulturellen Unterfutters. Außerhalb des westlichen Kulturkreises, aber auch in unseren südlichen Nachbarländern nehmen Kinder selbstredend auch abends am sozialen Leben teil und haben dadurch keine festen Bettzeiten – sie schlafen bei ihrer Mutter oder später im Kreis vertrauter Menschen ein.[135] Sie folgen in ihren Schlafgewohnheiten also dem »Freistil« oder, wissenschaftlicher, dem *sozialen Gelegenheitsstil*. Dieser zeichnet sich weniger durch immer gleichbleibende Routinen als durch Flexibilität aus.

Im Gegensatz dazu sehen die meisten Eltern in Mittel- und Nordeuropa, und ganz bestimmt die Eltern in den USA, nur den *individualisierten Ritualstil* als richtig und gesund an: Kinder sollten demnach in ihrem eigenen Bett einschlafen und zwar immer mit den gleichen Routinen, am gleichen Ort und möglichst zur gleichen Zeit.

Welcher Stil ist der bessere? Das lässt sich pauschal nicht sagen. Denn Schlafstile sind je nach vorherrschender Lebensform mit bestimmten Vor- und Nachteilen verbunden. In Gesellschaften, in denen der regelmäßige abendliche soziale Austausch gepflegt wird, bei dem sich etwa ganze Familien treffen, sind Ritualschläfer ein schweres Handicap – spätestens wenn deren Bettzeit überschritten ist, werden die Kinder unausstehlich. Umgekehrt sind in Gesellschaften, die ihre abendliche Freizeit vor allem rund um die Paarbeziehung oder die private »Erholung« organisieren, soziale Schläfer beständige Störfaktoren – der Konzertbesuch am Abend zu zweit ist deutlich leichter zu organisieren, wenn ein Kind nicht gewohnt ist, mit den Eltern einzuschlafen!

Was es Eltern heute schwerer macht

Der Schlafbedarf einer stillenden Mutter weicht vom nächtlichen Schlafpensum ihres Säuglings gar nicht so weit ab. Dennoch scheidet die praktisch naheliegende Lösung – nämlich dass die Mutter und ihr Kind *zusammen* zu Bett gehen – für viele Eltern aus grundsätzlichen Erwägungen aus (wir kommen darauf zurück). Dazu kommt, dass der Druck im Familien-Kessel heute gerade in den Abendstunden enorm hoch ist: Da steht das Online-Banking an, der nächste Tag muss organisiert werden – und da sind kleine Kinder nicht unbedingt große Helfer. Und auch bei der Erholung kommen sich Kinder und Erwachsene nur allzu leicht in die Quere – manche Eltern können abends ihre Batterien aufladen, indem sie entspannt mit ihrem Baby spielen, für viele aber gilt: Nur ein schlafendes Kind ist ein gutes Kind.

Auch das Leben in immer kleiner werdenden Familien trägt nicht gerade zur Entschärfung des Schlafkonflikts bei. In den früheren Familienarrangements konnten die Kinder auch einmal von der Großmutter ins Bett gebracht werden. Und war ein Kind aus dem Gröbsten heraus, wanderte es samt Teddybär und Schmusetuch direkt ins Bett eines älteren Geschwisters. Dem Angstthema vieler heutiger Eltern: »Einmal im elterlichen Bett – immer im elterlichen Bett« war damit schon aus praktischen Gründen die Spitze genommen.

In der Falle

Damit sitzen Eltern heute sozusagen in einer evolutionären Falle. Ja, es gibt ein »Einschlafrezept« – aber die Zutaten, die da vorgesehen sind, sind kaum mehr im Angebot. Oder sie sind ziemlich »teuer« geworden: Das Tragen am Körper erleichtert den Kleinen zwar den Schlaf, aber es ist eben unter heutigen Wohn- und Arbeitsbedingungen oft nicht praktikabel – abgesehen davon, dass es ganz schön Kraft kostet. Stillen funktioniert zum Einschlafen kleiner Kinder so gut wie jede moderne Narkose, aber mit dem Abstillen nach wenigen Monaten ist das Schlafpulver verschossen – und so manche Mutter fragt sich, ob es da nicht besser ist, das Baby gleich gar nicht an das Einschlafen an ihrem Busen zu gewöhnen.[136] Kein Wunder also, dass Schlafen schon fast zu einer Wissenschaft geworden ist.

Sechs Wege aus der Falle: Tipps aus evolutionärer Sicht

Die Sichtweise der Evolution ist für heutige Eltern nicht gerade ermutigend: Kleine Kinder, die furchtlos und gerne allein schlafen, hätten unter evolutionären Bedingungen nicht lange gelebt! Die Natur hat es deshalb so angelegt, dass Babys und Kleinkinder zum Einschlafen den Nahbereich von vertrauten Erwachsenen suchen. Und damit ist eines klar: Dass Babys »von sich aus« selbstständig schlafen lernen (so wie sie von sich aus laufen lernen oder sauber werden) – gehört *nicht* zu ihrem »natürlichen« Repertoire. Reibungen sind also vorprogrammiert. Denn das Wegschlummern am Busen oder auf dem Arm haben kleine Kinder von Geburt aus drauf, das »selbstständige« Einschlafen nach der neuesten Ratgebermethode aber muss *erlernt* werden. Und je weiter weg der von den Eltern favorisierte Einschlafstil von der »Originalversion« ist, desto größer sind die dem Kind abverlangten Lernschritte – und umso vehementer möglicherweise der Protest.

Die heute grassierenden Schlafprobleme kleiner Kinder können also durchaus als Abwehrreaktion gegen unsere heutigen Schlaf-Arrangements betrachtet werden, die den Erwartungen der Kinder an eine – in ihren Augen – »sichere« Schlafumgebung nicht mehr entsprechen.

Zurück zum Original?

Aber heißt das, dass nur die Originalversion die richtige ist? Schließlich sind die Sicherheitsaspekte, die die Evolution beim kindlichen Schlafverhalten berücksichtigt hat, inzwischen ein alter Hut: Kinder werden heute nicht mehr von Raubtieren gefressen, egal ob sie im eigenen Bettchen oder am Busen der Mutter einschlafen.

Das Problem dabei: Die heutige Sicherheit ist für ein Baby nicht »fühlbar« – für dicke Mauern und sturm- und tigersichere Dreifachglasfenster haben kleine Kinder keinen Sinn. Die einzigen Sicherheitssignale, die sie verstehen können, sind »Nähesignale« vertrauter Erwachsener. So sicher sie also unter heutigen Bedingungen sein mögen, so wenig Trost haben sie davon.

Also doch die einschlafenden Kinder wieder auf den Arm der Eltern oder an die Brust der Mutter bringen? Und den Traum vom entspannten Opernabend noch mal ein oder zwei Jahre aufschieben?

Wer jetzt von Seiten der Evolutionsbiologie ein eindeutiges Ja erwartet, unterliegt möglicherweise einem Missverständnis. Denn so »recht« Kinder haben, wenn sie die Nähe der Eltern beim Zu-Bett-Gehen einfordern, so recht haben Eltern, wenn sie ihre eigenen Interessen geltend machen. Auch die Eltern müssen mit der gefundenen Schlaflösung leben können und das nicht nur zähneknirschend – im evolutionären Sinn ist ihre »Fitness« nicht verhandelbar. Was »richtig« ist, hängt also auch hier mit den *Kosten* zusammen und ob die Eltern sie tragen können oder nicht. Es hilft ja nicht, den idealen Weg für das Kind zu finden, wenn dabei die Beziehung zerbricht oder den Eltern sonstwie die Puste ausgeht.

Man darf auch nicht meinen, früher wäre alles immer ideal aufgegangen, und das Schlafen sei immer eine win-win-Situation gewesen. Das ursprüngliche Schlaf-Arrangement war für die Kinder stimmig, solange sie im Nahbereich der Mutter lebten und gestillt wurden. Spätestens mit dem Abstillen und der Geburt des nächsten Geschwisters waren aber auch damals Konflikte vorprogrammiert. Und wie wir schon gesehen haben, waren die nicht von Pappe.

Vielleicht ist eine andere Sicht eine praktischere: Jedes Schlaf-Arrangement bringt gewisse Zumutungen mit sich – für das Kind oder für seine Eltern. Und da ist selbst die evolutionär vorgesehene »Originalfassung« nicht ausgenommen. Sie mag ein erstrebenswertes Ziel für die Kinder sein, aber sie ist für viele heutige Eltern schlichtweg nicht machbar. Widerstand und Protest sind also keine *grundsätzlichen* Argumente dagegen, dass Eltern mit ihren Kindern neue Wege in den Schlaf ausprobieren. Eltern bürden ihren Kindern schließlich alle möglichen unangenehmen Dinge auf, wenn sie meinen, es sei gut für sie – wie etwa in die Schule zu gehen oder schwimmen zu lernen. »Unnatürliche« Zumutungen auf die Tagesordnung zu setzen ist Teil der menschlichen Natur und kein Widerspruch zu unserem evolutionären »Programm«. (Wir werden darauf in Kapitel 9 zurückkommen.)

Wichtig erscheint jedoch, dass Eltern die Vor- und Nachteile und damit die im Einzelfall anfallenden »Kosten« kennen und bedenken. Die folgenden Anregungen können helfen, einen jeweils tragfähigen Kompromiss zu finden.

Tipp 1: Entwicklungsgerecht denken

Der Entwicklungs«fortschritt« von Babys wird oft an ihrem Schlafverhalten gemessen. Wenn sich Eltern treffen, so berichten sie nun einmal liebend gerne, wenn ihr Kind alleine einschläft oder durchschläft, und nicht wenige Eltern nehmen bei ihrem Kind eine Störung an, wenn es eben das nicht schafft.

Dieses Kapitel legt eine andere Sichtweise nahe: Wenn Babys nicht alleine einschlafen, so steht dahinter kein Mangel oder Defekt des Babys, sondern eine im Grunde normale, zu erwartende Reaktion eines beständig vom Schutz der Erwachsenen abhängigen Wesens. »Selbstständiges« Einschlafen sollte deshalb nicht als Meilenstein der Entwicklung betrachtet werden – Babys, die nicht selbsttätig einschlafen, sind zwar anstrengender für die Eltern, aber genauso normal und nicht weniger weit entwickelt wie die mustergültigen Ein- und Durchschläfer!

Tipp 2: Vorurteile hinterfragen

Die Abendstunden und die Nacht sind die Zeit, die viele Eltern brauchen, um als Menschen und als Partner zu (über)leben. Dass es da leicht zu Konflikten mit dem Nachwuchs kommt, ist verständlich, und daher müssen Kompromisse gefunden werden. Dem stehen aber nicht selten *Vorurteile* im Weg. So sind nicht wenige Eltern davon überzeugt, ein Kind könne nicht selbstständig werden, wenn es sich daran gewöhne, mit Hilfe der Eltern einzuschlafen. Das aber kann weder durch wissenschaftliche Untersuchungen noch aus Sicht der Evolutionstheorie begründet werden. Am Busen oder auf dem Arm der Mutter einzuschlafen war seit jeher Teil der kindlichen Lebensbedingungen. Wenn dies die Entwicklung von Selbstständigkeit verhindern würde, wären wir Menschen ganz sicher schon vor vielen, vielen Generationen ausgestorben. (Die Sorge um die Selbstständigkeit schwingt in so vielen Erziehungsfragen mit, dass ihr ein eigenes Kapitel – Kapitel 5 E&A – gewidmet ist.)

Und auch die Meinung, dass Babys durch das Einschlafen bei der Mutter »verwöhnt« würden, muss kritisch hinterfragt werden: Es stimmt, dass sich Babys ganz schnell daran »gewöhnen«, am Busen oder beim Tragen einzuschlafen – im Grunde kommen sie mit dieser »Gewöhnung« schon auf die Welt. Aber können sie »verwöhnt« werden, indem sie bei der Mutter einschlafen? Nein. Denn sie bekommen dort das, was sie für die Reise in den Schlaf von Natur aus benötigen – nicht mehr und nicht weniger.

Tipp 3: Rhythmen des Kindes berücksichtigen

Kinder berücksichtigen bei ihrem Schlaf- und Wachrhythmus nicht nur Licht und Dunkel, sondern auch den »sozialen« Tagesverlauf: wann es Essen gibt, wann »was los« und wann tote Hose ist. Sollen kleine Kinder also am besten in ganz verlässlichen Rhythmen aufwachsen und auch immer zur gleichen Uhrzeit zum Schlafen gelegt werden?

Vieles lässt dies zweifelhaft erscheinen. Denn zum einen läuft das Leben auch in super organisierten Familien nicht wie eine Nähmaschine. Zum anderen haben auch die Kinder keinen 100 Prozent akkuraten Rhythmus: Je nach Tagesform und Tagesverlauf werden sie einmal früher und einmal später müde – wie wir gesehen haben, öffnet sich das Tor zum Schlaf in etwa 50-minütigen Abständen. Anstatt das Baby genau nach der Uhr hinzulegen, tun Eltern deshalb gut daran, sich *nach den Signalen des Kindes* zu richten. Denn sonst passiert nur allzu leicht, dass die Bettzeit vom Schlafbedürfnis abkoppelt ist – ein Rezept für Schlafprobleme.

So zeigen die Erfahrungen der Schlafexperten am Züricher Kinderspital, dass Kleinkinder oft zu früh ins Bett gesteckt werden.[137] Und auch eine praktische Erwägung sollte beim Thema »Rhythmus« berücksichtigt werden: Kinderschlaf ist letzten Endes ein Nullsummenspiel – Kinder, die abends später ins Bett gehen, schlafen dafür morgens länger.

Tipp 4: Präsent bleiben

Alleineschlafen war zu 99 Prozent der menschlichen Geschichte eine lebensgefährliche Sache. Nur zu verständlich also, dass Alleineschlafen mit Angst verbunden ist. Tatsächlich sehen Kinderpsychologen einen Zusammenhang zwischen Schlafschwierigkeiten und kindlicher Angst: Gerade Kinder, die tagsüber auf eine enge, verlässliche Bindung zu ihren Eltern zurückgreifen können, leiden am meisten unter der Angst vor nächtlicher Trennung und schlafen eher »schlecht«. Auch haben schüchterne Kinder häufiger Schlafprobleme als »Draufgängerkinder«.[138]

Das spricht dafür, Kinder auch beim Einschlafen nicht über einen Kamm zu scheren. Manche Kinder brauchen mehr Sicherheit beim Einschlafen als andere – und die Ration, die sie benötigen, sollte ihnen dann auch zugestanden werden. So sind manche der eher »sicherheitsbedürftigen« Kinder durch Methoden à la Ferber möglicherweise überfordert (hiervon wird weiter unten noch die Rede sein). Denn bei den Strategien des »kontrollierten Schreienlassens« verschwinden die Eltern für das Kind ja auf *allen Sinneskanälen:* Sie sind nicht mehr spürbar, nicht mehr sichtbar und auch nicht mehr hörbar – sie sind »einfach weg«. Wollen Eltern solchen Kindern das selbstständige Einschlafen beibringen, so sind »sanftere« Alternativen womöglich besser geeignet – Methoden also, bei denen die Mutter oder der Vater für das Kind weiterhin nachvollziehbar »da« sind. Das Kind kann bei diesen Alternativen die Eltern also zumindest sehen oder hören.[18]

Tipp 5: Abkürzungen nicht überstrapazieren

Kompromisse und Abkürzungen – vom Schnuller bis zum aufziehbaren Spielbären – sind akzeptable Hilfmittel, solange sie funktionieren und die Nachteile begrenzt werden können. Dies lässt sich am ehesten erzielen, wenn die Benutzung der Ersatz-Entspanner auf diejenigen Situationen begrenzt wird, in denen sie wirklich gebraucht werden.

So spricht nichts gegen die Verwendung eines Schnullers, solange er im gleichen »Rahmen« angewendet wird wie das Objekt, das er ersetzt, also die Brust der Mutter. Wenn der Schnuller nur in den ersten drei bis vier Jahren, zur Tröstung und zum Einschlafen, verwendet wird, ist das in Ordnung. (Gestillte Kinder sollten zudem in den ersten sechs Lebenswochen keinen Schnuller bekommen, damit sich das Stillen gut einspielen kann.) Dauernuckeln dagegen ist aus evolutionsbiologischer Sicht nicht »vorgesehen« (und auch nicht möglich). Dass dabei Zahnfehlstellungen entstehen können, verwundert nicht.

Eine evolutionsbiologisch interessante Form der Abkürzung ist die »T-Shirt Methode« – das Baby bekommt zum Ins-Bett-Gehen ein getragenes T-Shirt der Mutter übergezogen. Bekannt ist, dass der mütterliche Geruch beruhigend auf das Baby wirkt. (Ob dies allerdings noch jenseits der Neugeborenen-Periode gilt und wie gut der Trick in der Praxis funktioniert, ist nicht systematisch erforscht.)

Tipp 6: Die richtigen Einschlafbedingungen

Oft wird angenommen, Kinder schliefen in einer reizarmen Umgebung am besten: kein Lärm, kein Licht, kein Gefummele am Körper. Eine Bestandsaufnahme der evolutionären Schlafbedingungen deutet aber in eine andere Richtung. Danach sind Säuglinge auf ein Schlafumfeld mit »kontinuierlicher multisensorischer Stimulation«, also Anregung auf vielen Sinnesebenen gepolt.[139]

Schon dort, wo die kleinen Menschlein herkommen, ist es ja alles andere als reizarm: Der Fetus ist den Bewegungen der Mutter und den Kontraktionen der Gebärmutter ausgesetzt, die Körperschlagadern der Mutter zischen, ihr Herz pocht, die Verdauungsgeräusche feuern im Hintergrund. Kein Wunder, dass Studien an jungen Säuglingen zeigen, dass sie unter »sinnlicher Anregung« besser einschlafen, länger schlafen und insgesamt auch weniger weinen. So schlafen Babys hervorragend ein, wenn sie eng am Körper getragen werden, selbst wenn es dort turbulent zugeht. Auch zeigen Experimente mit »weißem Lärm«, also Rauschen in gemischten Frequenzbereichen, dass junge Babys dabei leichter in den Schlaf finden. Tatsächlich hat schon so manche Mutter die Erfahrung gemacht, dass ihr Baby besser schläft, wenn sie den Staubsauger oder Föhn anschaltet. Auch das langgezogene »Schhhhhhhh«, mit dem Eltern ihre unruhigen oder schreienden Babys beruhigen, imitiert letzten Endes die »Klangkulisse« im Mutterleib, die stark von Rauschen und an- und abschwellendem Zischen geprägt ist.

Das gilt auch für Berührungen. Kleine Säuglinge, die in Tücher eingeschlagen (»gepuckt«) werden, finden dadurch leichter in den Schlaf (wir kommen darauf zurück). Letzten Endes beruht auch die derzeit recht populäre Methode nach Dr. Harvey Karp auf multisensorischer

Stimulation – in seiner Methode spielt das Pucken, rhythmische Schaukeln und Saugen eine prominente Rolle (wir besprechen die von Karp propagierte Methode noch einmal in Kapitel 6).

Konkret heißt das: Während unerwartete Geräusche den Schlaf eindeutig stören (etwa das klingelnde Handy), sind gewohnte Geräusche keine Schlafkiller. Wenn das Baby müde wird, muss man nicht auf Zehenspitzen gehen!

Muss es dunkel sein? Zum Nachtschlaf sollte es in der Tat dunkel sein. Denn die Bildung des Körperhormons Melatonin in der Zirbeldrüse des Gehirns wird durch Lichteinstrahlung unterdrückt. Dieses Hormon aber ist es, das dem Baby den Schlaf-Wach-Rhythmus einflüstert. Schlafen Babys mit Licht, so zögert sich die natürliche, meist mit drei bis vier Monaten abgeschlossene »Rhythmisierung« der Schlafzeiten möglicherweise hinaus.

Das heißt aber nicht, dass das Licht immer aus sein muss – wenn die Mutter oder der Vater noch in der Nähe des Kindes lesen will oder Hausarbeit zu verrichten ist, dürfte das kein Problem sein. Auch unter evolutionären Bedingungen war Feuerschein ein häufiger Begleiter in den Schlaf (das Feuer wurde vor etwa 800.000 Jahren von den Vorfahren des Homo sapiens »gezähmt« und hat wegen seiner vielfältigen Vorteile die menschliche Geschichte eng begleitet). Auch kommt die Melatoninausschüttung erst nach Mitternacht richtig in Schwung, sodass auch von dieser Seite her nichts gegen eine moderate Einschlafbeleuchtung spricht. Schlaflichter dagegen, die die ganze Nacht über an sind, könnten problematisch sein (davon wird weiter unten noch einmal die Rede sein).

Die richtige Temperatur. Und auch ein weiterer Umgebungsreiz muss nicht gleich ausgeschaltet werden: Die Temperatur fällt in praktisch allen Klimazonen der Erde nachts ab – das sollte sich auch in der Zimmertemperatur widerspiegeln dürfen. Es ist ein gut gemeinter, aber schlecht begründbarer Mythos, dass Säuglinge ein mollig warmes Zimmer zum Schlafen brauchen. Eine aufgeheizte Raumluft trocknet die Schleimhäute des Babys aus, sorgt für eine verstopfte Nase und bereitet Erkältungen den Weg. Überhitzung durch übertriebenes »Einpacken« wird sogar als eine mögliche Ursache des Plötzlichen Kindstods diskutiert.

Voller Bauch? Gestillte Babys schlafen meist nach einer Mahlzeit ein, Babys sind also durchaus darauf vorbereitet, mit vollem Bauch zu schlafen. Können Eltern das nutzen? Zumindest eine Studie deutet das an: Wird die Abendmahlzeit möglichst weit hinausgezögert, geben Säuglinge in der Nacht länger Ruhe und können dann womöglich sogar daran gewöhnt werden, bald auch ohne nächtliche Speisung wieder einzuschlafen.[140]

Die Industrie fährt bei der »Bauch-voll«-Strategie mit Volldampf mit. Unter dem Slogan »Bitte nicht stören. Ich schlafe tief und fest heute Nacht« bietet etwa ein Babykost-Hersteller eine »Schlaf-gut-Trinkmahlzeit« an. Die Zutaten – »gesunde Folgemilch«, zartschmelzende Vollkornflocken und Kekse – lassen jedoch befürchten, dass der Weg in den guten Schlaf langfristig auch der Weg zu überzähligen Pfunden sein könnte.

Problem Stillen? Dass für gestillte Kinder mit dem Abstillen oft auch ihre gewohnte Brücke zum Schlaf zusammenbricht, wurde bereits erwähnt. Sollen deshalb Kinder gleich gar nicht daran gewöhnt werden, an der Brust einzuschlafen?

Dies scheint übertrieben vorsichtig zu sein. Die meisten Kinder bauen sich nach dem Abstillen rasch eine neue »Brücke« – und sei es, indem sie eine Weile mit der Hand an der Brust spielen oder sich mit einem Schmusetuch »begnügen«.

Ein Nachteil des Stillens steht jedoch außer Zweifel: Gestillte Kinder sind nur schwer davon zu überzeugen, dass sie auch mal von anderen Menschen ins Bett gebracht werden können, wie etwa dem Vater. Und das bringt uns zu einer Erkenntnis, die wir noch öfter diskutieren werden: Möglichst »natürlich« zu leben, macht es den Eltern nicht in jedem Fall leichter.

Zur Methode nach Ferber

Was den besten Weg in den Schlaf angeht, so gibt es im Grunde zwei Denkschulen: Entweder können Eltern versuchen, ihr Baby mit denjenigen Bedingungen zu versorgen, die es von Natur aus »erwartet«, insbesondere unmittelbare Nähe. Oder aber Eltern entziehen dem Kind ihre Anwesenheit und bemühen sich, die dann häufig folgende Protestreaktion »auszusitzen«. Alle anderen Wege in den Schlaf liegen irgendwo dazwischen und sind Versuche, dem Kind ein gewisses Maß an Nähe zu geben, ohne das volle »Entzugsprogramm« abzufahren.[141]

Der Prototyp des kontrollierten »Entzugs« ist die von dem amerikanischen Schlafforscher Ferber popularisierte und seither nach ihm benannte *Ferber-Methode.* Sie setzt auf einen eskalierenden Abbau der elterlichen »Brücke« in den Schlaf: Die Eltern sollen das Kind ins eigene Bett legen und sich dann für genau vorgegebene Zeitintervalle aus dem Zimmer entfernen. Die Zeiten der Abwesenheit werden nach und nach gesteigert – auch dann, wenn das Kind weint oder nach den Eltern ruft. Die Methode wird in weiten Kreisen der USA als normaler Teil der Kindererziehung angesehen, und das »kontrollierte Schreienlassen« ist auch in Europa in vielen Varianten populär geworden.

Aus evolutionsbiologischer Sicht ist zu den Entzugsmethoden Folgendes anzumerken:

Dass Eltern ihren Kindern Schweiß und Tränen zumuten, wenn Gefahr droht oder sie es einfach nicht mehr »packen«, ist Teil des evolutionären Pakets. Wenn Eltern also ihre Kinder »ferbern«, weil sie schlicht am Ende ihrer Kräfte sind und andere Methoden nicht richtig funktionieren, dann ist dagegen nichts einzuwenden – ein schlafendes Kind kann nun einmal für die Eltern den Unterschied zwischen Himmel und Hölle, ja, sogar zwischen Gesundheit und Krankheit bedeuten.[19]

Allerdings sollten sich Eltern gerade bei dieser Methode bewusst sein, dass sie ihren Kindern recht große, angstbesetzte Lernschritte abverlangen. Mit Tränen und auch mit echter Verzweiflung ist zu rechnen. Wie schwer diese emotionalen Nebenwirkungen langfristig wiegen, kann im Einzelfall niemand genau sagen und dürfte stark von der Persönlichkeit des Kindes und der Art der sonstigen Eltern-Kind-Beziehung abhängen. Sicher ist jedenfalls, dass das Ferber-Programm nicht für alle Kinder die richtige Wahl ist. Eltern kann deshalb nur geraten werden, das Programm trotz allem Druck im Kessel nicht absolut zu setzen und ein Gespür dafür zu entwickeln, wann die Reaktionen ihres Kindes das Maß des Zumutbaren überschreiten. Es ist sonst zu befürchten, dass die nicht schlafenden Kinder zu »verzweifelt schlafenden Kindern« werden.

Bedacht werden sollte aber auf jeden Fall: Die Ferbersche Methode und Stillen vertragen sich nicht. Die Methode des kontrollierten Schreienlassens wurde im Amerika der 1980er Jahre entwickelt, zu einer Zeit, als in dem fraglichen Alter (Ferber empfiehlt seine Methode ab sechs

Monaten) praktisch kein Kind mehr gestillt wurde. Die meisten gestillten Kinder sind gewohnt, die für den Schlaf nötige Entspannung an der Brust zu finden. Zudem trösten sie sich in beängstigenden Situationen vorzugsweise an der Brust. Die Ferbersche Einschlafmethode trifft das Stillkind somit mit drei Schlägen: Zum Einen wird ihm sein gewohnter Weg zur Entspannung entzogen, zum Zweiten sein gewohnter Weg zu Trost, und zum Dritten fehlt ihm die elterliche Präsenz, die es bei dieser Verunsicherung zu Recht erwartet – und in anderen Situationen auch fraglos bekommt. Bei gestillten Kindern sollte deshalb die Ferbersche Methode *nicht* zum Einsatz kommen – oder allenfalls dann, wenn das Baby nach und nach daran gewöhnt wurde, ohne den Busen (etwa mit einem Kuscheltuch) einzuschlafen.

Schlafen als Erziehungsfeld?

Auch gilt es kritisch zu fragen: Taugt der Schlaf wirklich zum Erziehungsfeld? Das kontrollierte Schreienlassen mag in einem *praktischen* Sinn erfolgreich sein: Der Familienablauf klappt wieder, die Eltern können aufatmen – und das allein ist in vielen Fällen Gold wert. Oft aber werden der Methode auch *pädagogische* Ziele zugeordnet, und hier ist Vorsicht geboten. Pädagogische Erfolge sind bei der Ferber-Methode weder zu erwarten noch nachzuweisen. Es gibt keinen Hinweis, dass das Einschlafen-»Lernen« nach Ferber für die Entwicklung der Kinder insgesamt einen Vorteil bringt. Der Weg, auf dem Kinder selbstständig werden, ist ein verschlungener, wenig direkter Weg, zu dem sowohl die Erfahrung elterlicher Nähe als auch die Erfahrung der »Selbstwirksamkeit« durch das Kind gehören (von diesem Weg handelt Kapitel 5 E&A). Die Hoffnung, dass sich die beim Einschlafen erreichte Selbstständigkeit auf andere Bereiche überträgt, ist weder entwicklungspsychologisch begründbar noch sprechen lerntheoretische Erwägungen dafür (im Grunde handelt es sich bei den meisten »Schlafprogrammen« um eine simple Konditionierung). Selbstständig einzuschlafen mag also ein Fortschritt für die Eltern oder für die Familie insgesamt sein, für das Kind bedeutet es jenseits des schnelleren Einschlafens *keinen Zugewinn an Kompetenz.*

Aus dem pädagogischen Blickwinkel ist zudem anzumerken, dass mit der Ferberschen Methode ein erzieherischer Zielkonflikt vorprogrammiert ist. Tagsüber sind viele Eltern darauf aus, ihren Kindern ein möglichst großes Maß an Selbstvertrauen zu vermitteln, indem die kindlichen Äußerungen ernst genommen und emotionaler Rückhalt angeboten (nicht selten sogar aufgedrängt) wird – und das insbesondere in beängstigenden Situationen. Bei den Methoden des kontrollierten Schreienlassens wird die sonst selbstverständliche emotionale Absicherung und das Eingehen auf die kindlichen Bedürfnisse aber gerade in der angstbesetzten Situation des Einschlafens ausgesetzt.[143]

Einschlafprobleme – was die Zukunft bringen wird

Betrachtet man die heute weit verbreiteten Schlafprobleme, so liegt der Vergleich mit einem anderen »Problemverhalten« nahe: dem Sauberkeitsproblem, das die ersten beiden Nachkriegsgenerationen so sehr beschäftigt hat. Auch hier klafften die Erwartungen der Eltern und die biologischen Möglichkeiten der Kinder weit auseinander – die Kinder waren durch das viel zu frühe »Training« der kleinen Blasen einfach überfordert (vgl. Kapitel 8). Ist das Schlafen-»Lernen« ein ähnlicher Erziehungsfetisch wie das Sauberwerden vor zwei oder drei Generationen?

Die Händel um die Blasen entspannten sich, als klar wurde, dass das Gras nicht schneller wächst, wenn man daran zieht: Die kleinen Blasen reifen nun einmal ohne das erzieherische Zutun der Eltern. Aber es war nicht diese Erkenntnis allein, die das Thema »Sauberkeitserziehung« schließlich auf die hinteren Seiten in den Elternmagazinen verbannte: Es waren vor allem die ständig laufenden Waschmaschinen und die praktischen Einwegwindeln, die für Entspannung sorgten – dass der Druck auf die kleinen Blasen nachließ, ist sozusagen der Firma Pampers zu verdanken.

Und gerade deshalb wird das Thema Schlaf auch in den nächsten Elterngenerationen ein Thema bleiben. Denn im Gegensatz zur kindlichen Blasenfunktion lässt sich der Schlaf der Kleinen tatsächlich beeinflussen – das zeigen die durchaus erfolgreichen Methoden wie die nach Dr. Ferber. Noch wichtiger ist aber: Das Sauberkeitsproblem ließ sich lösen, weil die »Kosten« des Sauberkeitsproblems mit der Erfindung der Einmalwindel deutlich absanken. Anders beim Schlafproblem, hier steigen die »Kosten« für die Eltern weiter an. Die Abendstunden werden im Zeitalter der Doppelverdiener immer wertvoller, und Geschwisterkinder oder Angehörige, die früher so manches Schlafproblem abpuffern konnten, werden immer rarer. Das Schlafproblem wird uns erhalten bleiben.

Das Durchschlafen

Für viele Eltern ist das »Durchschlafen« ein Entwicklungsschritt wie das Zahnen oder das Laufenlernen, und er vollzieht sich nach landläufiger Meinung so etwa zwischen dem dritten und vierten Lebensmonat. Nur: Die Forschung kann diesen Meilenstein bisher nicht dingfest machen! Die Mehrzahl der Säuglinge wacht im ganzen ersten Lebensjahr in praktisch jeder Nacht mindestens einmal, oft mehrmals auf.[144]

Zeichnet man den Säuglingsschlaf mit der Videokamera auf, so werden drei Monate alte Kinder im Schnitt nachts immerhin zwei- bis dreimal wach. Mit neun Monaten wachen die Kleinen sogar fünfmal pro Nacht auf. Und mit zwölf Monaten sind sie wieder dort, wo sie mit drei Monaten waren: bei zwei bis drei Mal pro Nacht. Selbst im Kleinkindalter ist der Nachtschlaf noch keineswegs von Dauer: Über ein Drittel der Kinder meldet sich nachts noch mit zweieinhalb Jahren regelmäßig![145]

Trotzdem sind viele Eltern davon überzeugt, dass »Durchschlafen« Teil des normalen Entwicklungsprogramms eines Säuglings sei – ebenso überzeugt wie die Generation ihrer Großeltern, die annahm, dass das »normale« Kind schon mit zwei Jahren sauber sein müsse.

Woran kann das liegen? Ein Grund ist sicher, dass sich Eltern gerne positive Dinge über ihre Kinder erzählen: Lisa, so die Erfolgsmeldung in der Krabbelgruppe, »schläft seit gestern durch«. Wenn sie am nächsten Tag schon wieder nachts aufwacht, wird eher von einem anderen Entwicklungstriumph erzählt (»Lisa dreht sich jetzt um!«). Aber auch viele Eltern-Ratgeber blasen in dieses Horn – Anna Wahlgren etwa meint in ihrem stellenweise recht originellen *KinderBuch*, ein Kind, das nicht mit einem Monat (!) durchschlafe, brauche »Hilfe«, um ihm den »Unterschied zwischen Nacht und Tag begreiflich (zu) machen«. Und wenn sie schreibt: »Nach drei, spätestens vier Monaten kannst du damit rechnen, dass dein Kind zwölf Stunden pro Nacht schläft«, dann liegt sie damit eindeutig im Bereich der Mythologie.[146]

Fakten zum Durchschlafen

Praktisch kein kleines Kind schläft von Sonnenuntergang bis Sonnenaufgang durch – das gibt es nur in den Träumen schlafentwöhnter Eltern. Das längste Stück Schlaf, das Eltern erwarten können, sind etwa sechs bis acht Stunden. Zudem haben Säuglinge und Kleinkinder einen deutlich leichteren Schlaf als Jugendliche oder Erwachsene: Selbst die »durchschlafenden« Kinder wachen im Lauf des Nachtschlafs in aller Regel mehrmals auf. Nur: Sie schlafen von selbst wieder ein und stören ihre Eltern deshalb nicht – etwa weil sie gleich gestillt werden (woran sich Mütter oft nur teilweise erinnern) oder weil sie es schaffen, sich selbst zu beruhigen. Hinter einem »durchschlafenden« Kind steht also nicht unbedingt ein durchschlafendes Kind!

Gestillte Kinder wachen dabei nachts häufiger auf und schlafen in einem späteren Alter durch.[147] Das könnte damit zusammenhängen, dass Muttermilch schneller verwertet wird und gestillte Kinder damit auch schneller wieder hungrig werden – viele gestillte Kinder trinken ja auch tagsüber öfter. Zudem ist der Schlaf gestillter Kinder, zumindest wenn sie im Nahbereich der Mutter schlafen, auch von seiner »Architektur« her noch leichter gebaut, als Kinderschlaf ohnehin schon ist.[148]

Dass der leichte Schlaf der kleinen Kinder etwas mit »Trinkbereitschaft« zu tun haben könnte, wird auch von der Tatsache unterstützt, dass der eher oberflächliche, von Wachphasen durchbrochene Schlaf bei Kindern in allen Kulturen zu beobachten ist und dann mit drei bis vier Jahren »von selbst« wieder fester wird – also dem Alter, in dem die Kinder ursprünglich von der Brust entwöhnt wurden (vgl. Kapitel 2).

Darüber hinaus könnte der leichte Schlaf auch der Sicherheit gedient haben (Stichwort: Der Bär ist los!). In grauer Vorzeit war es für Kinder sicher kein Luxus, auch nachts immer wieder kurz zu überprüfen, ob sie auch wirklich noch im Schutz mächtigerer und stärkerer Erwachsener schliefen.

Warum das Durchschlafen ein Problem ist

Warum heute so viele Eltern über die Durchschlafprobleme ihrer Kleinen klagen, liegt nicht daran, dass Kinder heute etwa öfter aufwachen. Was sich geändert hat, ist das: Den Kindern fällt es unter heutigen Bedingungen schwerer, wieder einzuschlafen. Solange Mutter und Kind eng zusammenschliefen, reichten unterschwellige Eingriffe aus, um das Kind wieder in den Schlaf »zurückzustubsen«. Heute, wo Kinder oft nicht mehr im Nahbereich der Mutter schlafen, sind die Schlafpausen zur Lunte geworden.

Denn wenn Kinder aufwachen, erwarten sie dasselbe Einschlafprogramm, das sie vom Ins-Bett-Gehen gewohnt sind. Sie suchen den Weg in den Schlaf sozusagen über immer die gleiche »Brücke«. Schlafforscher nennen diese Brücke auch *Einschlafassoziation:* Werden Kinder in den Schlaf gestillt, so zieht es sie auch nachts zum Einschlafen an den Busen. Sind sie gewohnt, zum Einschlafen herumgetragen zu werden, so suchen sie auch nachts nach den Armen ihrer Eltern. Finden sie ihre gewohnte Brücke nicht – etwa weil die Mutter abstillen will oder weil die Eltern nachts zu müde sind, um mit dem Baby durch die Wohnung zu tigern – gibt es Protest.

Durchschlafprobleme: Tipps aus evolutionärer Sicht

Die evolutionsbiologische Denkart lässt sich in drei Punkten zusammenfassen:

- Erstens: Babyschlaf kann kein Murmeltierschlaf sein. Er muss locker gefügt sein und auch nächtliche Kommunikation und Nahrungsaufnahme – etwa zum Stillen – erlauben. Nächtliches Aufwachen ist also eine *normale, zu erwartende Reaktion kleiner Kinder.*
- Zweitens: Nach allem, was wir wissen, hat Durchschlafen nichts mit dem Entwicklungsstand von Kindern zu tun. Kinder, die mit sechs Monaten »durchschlafen«, unterscheiden sich von denen, die es nicht tun, weder in ihrer »Reife« noch in sonstigen Lebenskompetenzen.
- Drittens: Dass Babys und Kleinkinder protestieren, wenn sie nachts aufwachen und alleine sind, ist normal. Elterliche Präsenz beim Schlafen zu erwarten, war aus Sicherheitsgründen angesagt.

Das heißt: Wenn Kinder nachts häufig aufwachen, mag das ein Problem sein, eine »Schlafstörung« oder gar eine Krankheit, wie es heute nur allzu schnell diagnostiziert wird, ist es zunächst einmal nicht.

Allerdings: Das nächtliche Aufwachen kann sich nur allzu leicht zu einem echten Problem auswachsen. Denn die Forderungen der Kleinen nach Nähe und Präsenz ihrer Eltern orientieren sich nicht unbedingt an dem, was Eltern unter einer »guten Nacht« verstehen. Rasch entsteht da ein Teufelskreis aus Überforderung der Eltern und Trennungsangst der Kinder: Die Eltern sind genervt, und die Kinder ebenso.[149]

Grundsätzlich: zwei Wege

Wie können Eltern diesen Teufelskreis verhindern und das Ihre zu einem möglichst ungestörten Schlaf beisteuern?

Das eigentliche Dynamit in Sachen Schlafstörungen sind die oben angeführten »Einschlafassoziationen«, also die dumme Gewohnheit kleiner Kinder, auch nachts den Schlafzug durch die gleiche Tür betreten zu wollen wie abends. Hier gibt es im Grunde nur zwei Wege zu einer Lösung:

Entweder versuchen Eltern, ihre Kinder zu selbstständigen Einschläfern zu machen, gewöhnen sie also daran, auch ohne das Beisein der Eltern einzuschlafen. Nur von selbstständigen Einschläfern können Eltern erwarten, dass sie nachts von selbst wieder weiterschlafen (das Für und Wider des selbstständigen Einschlafens wurde ja diskutiert).

Oder Kinder bekommen auch nachts Zutritt zu derselben »Brücke«, über die sie auch beim abendlichen Zubettgehen in den Schlaf finden. Und das heißt umgekehrt: Eltern sollten die Einschlafrituale auf ihre Nachtverträglichkeit hin prüfen. Ist ihr Baby gewohnt, auf einer Brücke zu wandeln, die den Eltern nächtlichen Kummer bereitet, so empfiehlt sich, das Kind nach und nach beim Einschlafen liebevoll, aber hartnäckig in eine andere Richtung zu schieben.

Ein Beispiel: Bei Babys, die nur durch Tragen in den Schlaf finden, empfiehlt sich die Umstellung auf ein weniger »motorisches« Programm. Auch die Lieblingsbrücke kleiner Kinder, das Stillen, gehört da auf den Prüfstand, und die Lösungen die hier gefunden werden, werden so unterschiedlich sein wie die Mütter und das konkrete Problem im Einzelfall. Manche Mutter entscheidet sich dafür, ihr Kind eben doch nachts noch längere Zeit zu stillen und es dazu möglicherweise ins Elternbett zu nehmen. Andere sind von den nächtlichen Schlafproblemen so geplagt, dass sie ihr Kind lieber heute als morgen abstillen, um nachts mehr Ruhe zu bekommen.

Hier sollte aber eines mit bedacht werden: Mit dem Abstillen ist ein weiterer Konflikt vorprogrammiert – Kinder unter sechs Monaten brauchen nämlich in aller Regel noch mindestens eine nächtliche Milchmahlzeit. Da ist guter Rat teuer. Nachts aufzustehen, um ein Fläschchen zu machen, kann zwar delegiert werden, schafft aber möglicherweise neue, recht aufwändige »Einschlafassoziationen«. Da mag es klüger sein, mit dem Abstillen zu warten, bis das Kind kein nächtliches Fläschchen mehr braucht, und es dann z.B. eher mit einem Schnuller zu versuchen.

Sich in der Mitte treffen. Sind die Kinder schon etwas älter und wachen noch immer nachts auf, so kann mit ihnen nach einem möglichst »geräuschlosen« Kompromiss gesucht werden. Manche Eltern haben kein Problem damit, ihr Kind nachts ins Elternbett aufzunehmen. Andere richten ihren Kindern ein »Schildkrötenlager« ein, etwa eine Matratze in der Nähe des Elternbettes, in das die nachts wandernden Tierchen einziehen können. Anderen Kindern hilft ein Nachtlicht (siehe unten) oder das gemeinsame Schlafen bei einem älteren Geschwisterkind.

Brauchen Kinder nachts etwas zu trinken? Ja und nein. Im ersten Lebenshalbjahr brauchen praktisch alle Säuglinge auch nachts noch ihre Säuglingsmilch, und gestillte Kinder trinken nachts noch weit ins Kleinkindalter hinein (dies liegt daran, dass gestillte Kinder ab etwa dem dritten Lebensmonat pro Mahlzeit insgesamt weniger trinken als Flaschenkinder, vgl. Kapitel 2). Auch besonders »hungrige« Babys sind im ganzen ersten Jahr nur schwer von einer nächtlichen Zusatzflasche abzubringen. Brei oder gar »richtiges Essen« aber brauchen Kinder nachts nicht – egal in welchem Alter. Und auch die nächtliche Saft- oder Wasserflasche ist nicht notwendig – der Wasserhaushalt ist so eingerichtet, dass es Kinder unter normalen Klimaverhältnissen durch die Nacht schaffen. Tatsache ist also: Die meisten Kinder, die nachts nach der Flasche verlangen, tun dies, weil sie es gewohnt sind, mit der Flasche in den Schlaf zu finden.

Hilft ein Nachtlicht weiter? Zumindest die Angst vor dem Dunkeln und vor »Monstern«, die gerade im späten Kleinkindalter ausgeprägt sein kann, kann durch Licht ein Stück weit gezügelt werden. Evolutionär betrachtet dürfte Feuerschein ein gewohnter Begleiter in den Schlaf gewesen sein. Andererseits beeinflussen schon geringe Lichtmengen die Sekretion des »Rhythmushormons« Melatonin. Das spricht zumindest dafür, das Nachtlicht nicht die ganze Nacht brennen zu lassen. Ideal wäre also ein Licht mit einer Schaltuhr, die das Licht in der zweiten Nachthälfte ausschaltet.[20]

Hilft »Pucken«? Das feste Einschlagen des Babys in Tüchern oder gar das Umwickeln mit Binden war bis ins 18. Jahrhundert in Europa weit verbreitet und ist heute wieder auf dem Vormarsch – unter anderem durch die bereits erwähnte »Babyflüsterer«-Methode von Dr. Karp. Tatsächlich gibt es Hinweise, dass Babys in den ersten Lebensmonaten gepuckt ruhiger und auch länger schlafen.[150] Ein Versuch ist also in Ordnung, solange die Babys zum Schlafen nicht auf den Bauch gelegt werden. Wie in Kapitel 6 noch einmal genauer beschrieben, sollten die Beine möglichst frei bleiben.

Raus ins Freie. Das nächtliche Durchschlafen kann auch tagsüber gefördert werden. So scheint Tageslicht nach einer schottischen Studie den Nachtschlaf zu fördern – vermutlich schütten Kinder, die tagsüber Licht abbekommen, nachts mehr Melatonin aus. Jedenfalls schliefen in besagter Studie Babys, die in den Mittagsstunden mehr Licht abbekamen, nachts eindeutig besser.[151] Tagsüber schon mit Babys raus ins Freie zu gehen, scheint also auch für den Schlaf der richtige Weg zu sein.

Einblick und Ausblick

Warum Schlaf?

Praktisch alle höheren Tiere verlieren regelmäßig das Bewusstsein: die einen nachts, die anderen tagsüber, die einen schalten dazu nur eine Gehirnhälfte aus, die anderen das ganze Gehirn, die einen bleiben dabei stehen, andere legen sich hin. Die »Kosten« dieser Veranstaltung sind erheblich: Wer schläft, kann weder Futter suchen noch sich wehren ... Wozu also schlafen wir? Und warum schlafen Kinder so viel länger? (Eine etwas schief gewickelte Antwort auf die letztere Frage kam von dem deutschen Kinderpsychologen Preyer. Er war Ende des 19. Jahrhunderts von dem ausgiebigen Schlaf seines Sohnes Axel so überrascht, dass er ihm eine »Schlafsucht« diagnostizierte. Wir müssen uns diese Frage also schon zur Entlastung der Kinder ganz genau anschauen.)
Wenden wir uns daher zunächst der Frage nach der Ursache des Schlafes zu. Aus der Tatsache, dass niedrige Tiere wie Insekten oder Würmer nicht schlafen, schließen Wissenschaftler, dass der Schlaf zur besseren Informationsverarbeitung des Gehirns nötig wurde und letzten Endes die Voraussetzung für *Lernen* ist. Im Schlaf werden aber auch Reparaturarbeiten in den Körperzellen durchgeführt, und das Immunsystem produziert nachts besonders viele Immunstoffe. Auch das für das Längenwachstum bei Kindern benötigte Wachstumshormon wird vor allem nachts ausgeschüttet – Kinder wachsen im wahrsten Sinne des Wortes im Schlaf.

Wann wir schlafen

Wann Tiere schlafen, hängt davon ab, welche Nahrungsquellen sie nutzen und mit welchen natürlichen Feinden sie es zu tun haben – die von Art zu Art unterschiedlichen Schlafzeiten regeln sozusagen den Verkehr im Wald. Für den Menschen mit seiner zwar hohen Intelligenz, aber recht schlechten Orientierung im Dunkeln sind die Vorteile einer auf die Dunkelheit gelegten Schlafphase offensichtlich: In der Dunkelheit würde der Mensch nicht nur die süßen Früchte glatt übersehen, sondern liefe zudem den nachtaktiven Raubtieren direkt in die Krallen.

Kleine Kinder stellen sich auf diesen überlebensfördernden Tag-Nacht-Rhythmus Schritt für Schritt ein:

- Im Mutterleib ist ihr Schlaf gleichmäßig auf Tag und Nacht verteilt.
- Auch in den ersten Lebenswochen richtet sich das Baby nur wenig nach Tag und Nacht – seine fünf bis acht Schlafphasen sind recht chaotisch über 24 Stunden verteilt.
- Nach etwa drei bis vier Monaten hat das Kind einen eigenen Schlaf-Wach-Rhythmus gefunden. Es schläft jetzt in drei »Paketen«, und die liegen jeden Tag in etwa um die gleiche Uhrzeit.
- Wann Babys »durchschlafen«, sich also tatsächlich auf die Nacht als bevorzugte Schlafzeit einstellen, ist variabel. Einige wenige tun das schon im ersten Monat, andere brauchen dafür fünf Monate. Die meisten Säuglinge »lernen« das Durchschlafen im dritten Monat.

Allerdings: Durchschlafen heißt für einen Säugling nicht, dass er schläft wie ein Teenager. Aus Sicht der Schlafexperten schläft ein Säugling vielmehr dann durch, wenn er nachts sechs bis acht Stunden lang Ruhe gibt.

Und das heißt noch lange nicht, dass er da auch immer *schläft*. Videoaufnahmen schlafender Kleinkinder zeigen, dass sie etwa ein- bis dreimal pro Nacht jeweils für ein paar Minuten aufwachen; sehr häufig gelingt es ihnen, dann von selbst wieder ins Schlummerland abzutauchen.

Mittagschlaf

Der Mittagschlaf ist eine sehr variable Einrichtung: Einige wenige Kinder lassen schon mit 18 Monaten immer mal wieder ihr Mittagschläfchen weg. Immerhin jedes achte Kind braucht mit zweieinhalb Jahren regelmäßig keinen Mittagschlaf mehr. Die meisten Kinder aber kommen erst im vierten Lebensjahr ohne Mittagschlaf aus. Bei ihrem vierten Geburtstag schlafen nur noch zehn Prozent der Kinder regelmäßig mittags.[152]

Evolutionsbiologisch kann man diesen zeitlichen Verlauf so erklären: Bei starken Erwachsenen zu schlafen war unter den ursprünglichen Lebensbedingungen der Menschheit die sicherste Lösung. Wenn Kinder aber allmählich dem Nah- und Schutzbereich der Eltern entwachsen, sollten sie aus eben diesem Grund keinen Mittagschlaf mehr brauchen. Denn wer könnte einem Kind, das nicht mehr getragen und deshalb eben nicht mehr auf Schritt und Tritt überwacht wird, garantieren, dass sein süßer Schlummer nicht in den Klauen eines Raubtieres endet?

Schlafbedarf

Schon ab der Geburt zeigen sich auffällige Unterschiede. So schlafen die meisten Neugeborenen 14 bis 18 Stunden, einige nur 12 bis 14 Stunden, andere aber bis zu 20 Stunden. Mit einem Monat schlafen manche Kinder fast doppelt so lang wie andere Kinder! Ab dem sechsten Lebensmonat (Säuglinge schlafen jetzt zwischen zehn und 13 Stunden pro Tag) werden die Unterschiede zwischen den einzelnen Kindern geringer, aber selbst in der Schulzeit schwankt der Schlafbedarf von Kind zu Kind noch immerhin um etwa zwei Stunden![153]

Und auch die bevorzugte Einschlafzeit ist von Kind zu Kind unterschiedlich. Die meisten Kinder sind »Eulen« – sie neigen also dazu, abends *nicht* müde zu sein.[154] Auch viele Säuglinge schlafen abends nicht nennenswert früher ein als der durchschnittliche Erwachsene, zumindest gilt dies ab dann, wenn die Kleinen ihren eigenen »Rhythmus« gefunden haben, also ab etwa drei bis vier Monaten.

Das Schlafbedürfnis ist aber nicht nur individuell ganz verschieden, sondern schwankt auch zwischen den Kulturen. So schlafen etwa die Babys bei den Kipsigis in Afrika im Schnitt pro Tag zwei Stunden weniger als US-amerikanische Babys, und die wiederum schlafen zwei Stunden weniger als die holländischen.[155]

Überall rund um den Globus schlafen Menschen jedoch umso länger, je jünger sie sind. Und damit wären wir wieder beim Ausgangspunkt dieses Kapitels: Schlaf ist der Schmierstoff des Gehirns. Und wann könnte der dringender gebraucht werden als in einem Alter, in dem das Gehirn wächst, in dem es die Verbindungen zwischen den Nervenzellen anlegt und jede Gelegenheit nutzt, um zu *lernen?*

Kapitel 5

Gemeinsam schlafen?

So unterschiedlich die menschlichen Kulturen rund um den Globus sind, in einem sind sie sich einig: Kleine Kinder gehören nachts in die Nähe ihrer Eltern. Mit *einer* Ausnahme: der modernen westlichen Welt.[21] Da nehmen die meisten Eltern an, kleine Kinder sollten schon deshalb im eigenen Bettchen schlafen, weil sie sonst nicht selbstständig würden. Und auch die Kinderärzte bringen gewichtige Argumente vor: Der gemeinsame Schlaf mit den Eltern könne sogar gefährlich sein und ein Risiko für den Plötzlichen Kindstod darstellen!

Wer hat recht? Ist das gemeinsame Bett für kleine Kinder ein Vorteil oder ein Entwicklungshemmnis?

Betrachten wir zuerst einmal die Zahlen: Nach Schätzungen schlafen hierzulande etwa zehn Prozent der Babys regelmäßig im Bett ihrer Eltern. Glaubt man Daten aus den USA, so nimmt das Phänomen eher zu. Dort schlief noch vor zehn Jahren nur jedes zwanzigste Kind im Bett der Eltern, heute ist es jedes sechste.[156]

Was steht hinter der Wahl des Schlafplatzes? Die Wünsche der Kinder? Die Bequemlichkeit der Eltern? Und was ist wohl »von Natur aus« vorgesehen?

Was ist »normal«?

Warum Kinder beim Schlafen die Nähe ihrer Mutter bzw. vertrauter Erwachsener aus Sicherheitsgründen »erwarten«, wurde im letzten Kapitel ausführlich begründet. Der gemeinsame Schlaf scheint aber auch direkte körperliche Auswirkungen zu haben. So zeigen Studien im Schlaflabor: Gestillte Kinder, die bei ihrer Mutter schlafen, sind nachts doppelt so oft (und fast dreimal so lang) am Busen zugange wie ihre ebenfalls gestillten, aber getrennt von der Mutter schlafenden Altersgenossen. Der Forscher James McKenna konnte zeigen, dass bei der Mutter schlafende gestillte Säuglinge nachts immerhin ein Drittel mehr Kalorien zu sich nehmen als die im eigenen Bett schlafenden Säuglinge! Bis in die jüngste Zeit hinein dürfte ein solcher Zuschlag sowohl für die Ernährung als auch für das Immunsystem von Vorteil gewesen sein.

Die Nähe zur Mutter unterstützt auch andere wichtige Körperfunktionen des Babys. Wie wir in Kapitel 12 noch im Detail sehen werden, verhilft das Schlafen am Körper der Mutter jungen Babys nicht nur zu einem stabileren Herzschlag und Atmungsrhythmus, sondern hilft ihnen auch ihre Wärme besser zu halten. In den ersten Wochen und Monaten kann das Baby nämlich seine Wärme selbst noch nicht gut regulieren und ist zumindest unter klimatischem Stress – und der war vor der Zeit beheizter Häuser nur allzu real – von Auskühlung bedroht. Messungen zeigen, dass im eigenen Bettchen schlafende Säuglinge eine niedrigere Körpertemperatur haben als gestillte, bei ihrer Mutter im Bett schlafende Babys – Säuglinge scheinen den Körper ihrer Mutter also auch als wohlfeile Energiequelle zu nutzen.[157]

Dabei regulieren sich Mutter und Kind wie über eine Art gemeinsamer Thermostat wechselseitig: Zu Beginn des Haut-zu-Haut-Kontaktes steigt die Hauttemperatur zunächst bei der Mutter, dann auch beim Baby über etwa eine Stunde ganz langsam an. Ist ein Plateau erreicht, sinkt die Hauttemperatur der Mutter wieder – um erneut anzusteigen, wenn die Hauttemperatur des Babys abfällt.[158] Damit spricht vieles dafür, dass die Mutter für das Kind an ihrer Seite eine Art Reifungsstütze ist, die dem vergleichsweise unreif geborenen Menschenkind erlaubt, seine körperlichen Funktionen rascher zu entwickeln.

Ob das gemeinsame Schlafen die *Entwicklung insgesamt* fördert, lässt sich dagegen weitaus schwerer belegen. Es gibt keine wissenschaftliche Studie, die sicher nachweist, dass sich die mit ihren Müttern schlafenden Kinder besser entwickeln (eine solche Studie ist auch aus methodischen

Gründen nicht möglich). Bekannt ist nur: Zumindest die Entwicklung frühgeborener Kinder verläuft eindeutig besser, wenn sie im körperlichen Nahbereich der Mutter schlafen können: Nicht nur sind ihre lebenswichtigen Körperfunktionen (Herzschlag, Atmung, Temperaturregulation, Sauerstoffversorgung) stabiler, sie gedeihen auch besser, wachsen schneller und entwickeln sich zudem neurologisch günstiger, d.h. sie erreichen viele »Meilensteine« ihrer Entwicklung früher.[159]

Mutter und Kind – ein Schlafteam

Genau wie bei der Temperaturregulierung scheinen sich Mutter und Kind auch bei der Schlaftiefe intuitiv abzustimmen. So zeigen nächtliche Messungen, dass die Babys und ihre Mütter viele Schlafstadien im gleichen Takt durchlaufen.[160] Kein Wunder, dass neben der Gehirnaktivität auch Herzfrequenz, Muskelspannung und die Atmung in etwa synchron verlaufen!

Die »stützende« Funktion eines Bettpartners wurde sogar in der Medizin genutzt, um Frühgeborenen zu einem besseren Schlaf zu verhelfen. Da sich die Mutter ja nicht zum Kind in den Inkubator legen kann, wurde ein »atmender Teddybär« entwickelt, der im Rhythmus des Kindes atmet. Die Babys, die mit dem atmenden Bär schliefen, hatten einen regelmäßigeren, ruhigeren Schlaf als Kinder, die nur einen nicht-atmenden Teddybär an ihrer Seite hatten.[161] Auch zeigte sich bei diesen Experimenten, dass die Babys im Schlaf von sich aus zu dem atmenden Bär Kontakt suchten – was sie bei dem nicht-atmenden Bär nicht taten. Die Forscher gehen deshalb auch hier davon aus, dass die rhythmische Stimulierung die Gehirnreifung der Kinder unterstützt.[162] Es gibt sogar Hinweise, dass der »atmende Bär« auch reifgeborenen Babys in den ersten sechs Monaten zu einem besseren Schlaf verhilft.[163]

Videoaufnahmen mit Infrarotkameras zeigen zudem, dass selbst die Bewegungen von Mutter und Kind unbewusst aufeinander abgestimmt sind. Die meisten beobachteten Mutter-Kind-Paare liegen sich fast die ganze Nacht Gesicht zu Gesicht gegenüber.[164] Dabei werden immer wieder schützende oder »ordnende« Eingriffe der Mutter beobachtet. So lagert die Mutter ihr Baby beispielsweise nicht selten um und das selbst, während sie schläft! Dabei legt sie das Kind interessanterweise fast immer auf den Rücken, also in die inzwischen als sicherste Schlafposition erkannte Position – möglicherweise, weil das Stillen so leichter ist. Und immer wieder bekommt das Kind Zuwendung: Die Mutter klopft, streichelt, schaukelt und umarmt das Baby, auch Flüstern und Reden kommen vor.

Die beständige sinnliche Kommunikation hat auch Einfluss auf die Schlafarchitektur des Kindes: Säuglinge, die im Nahbereich der Mutter schlafen, verbringen – verglichen mit Alleinschläfern – insgesamt weniger Zeit im Tiefschlaf und tauchen häufiger für kurze Zeit an die Schlafoberfläche.

Verwobene Hirnströme

Das klingt nicht gerade nach einem erholsamen Schlaf! Die Schlafforscherin Sarah Mosko ist der Frage nach der Schlafqualität in einem Experiment nachgegangen.[165] In ihrem Versuch wurden vier Monate alte Babys von ihren Müttern abwechselnd in der einen Nacht zu sich ins Bett genommen und in der anderen Nacht in getrennten Zimmern zum Schlafen gelegt. Dabei wurden die Hirnstromkurven der Kinder aufgezeichnet und ihr Schlaf über eine Infrarotkamera beobachtet. Das Ergebnis: Wenn sie bei ihren Müttern schliefen, wachten die Babys zwar öfter für kurze Zeit auf, über die ganze Nacht gerechnet waren sie aber insgesamt eine kürzere Zeit wach, und sie weinten auch seltener. Auch die Mütter wachten zwar öfter auf, schliefen im Schnitt aber mindestens genauso lang, wenn sie ihr Baby bei sich hatten.[166]

Interessant dabei: Da bei den gemeinsam schlafenden Mutter-Kind-Paaren die Schlaf- und Traumphasen zwischen Mutter und Kind zu einem großen Teil aufeinander abgestimmt sind, werden die mit ihrem Baby schlafenden Mütter sehr viel seltener in der Phase des Tiefschlafs aufgeweckt!

Babys schlafen im Bett der Mutter also *anders*. Ihr Schlaf ist deshalb aber nicht von minderer Qualität. Sie wachen zwar häufiger auf, tauchen aber schneller wieder in den Schlaf zurück. Die Einzelschläfer dagegen wachen seltener auf – wenn sie aber aufwachen, dann richtig und mit gehörigem Protest.

Für die Mutter gilt Ähnliches: Schläft sie mit ihrem Säugling, so ist ihr Schlaf zwar leichter, allerdings deshalb nicht weniger erholsam – weil sich ihre Schlafphasen auf den Schlaf des Kindes einstellen, wird sie seltener aus dem erholsamen Tiefschlaf gerissen.

Der gemeinsame Schlaf: Pro und Kontra

Gehören Kinder nun ins eigene Bett oder ins Bett der Eltern? Von den Befürwortern des Alleinschlafens hört man vier Argumente:

- Die von den Eltern bitter benötigte Privat- oder »Paarsphäre« sei durch das mitschlafende Kind in Gefahr.
- Der Schlaf sei im eigenen Bett erholsamer.
- Babys gehörten in ihr eigenes Bett, weil sie sonst nicht selbstständig würden.
- Und schließlich: Das Baby könne durch das Mitschlafen sogar gefährdet werden!

Gehen wir die Argumente der Reihe nach durch.

Gefährdet der gemeinsame Schlaf die Elternbeziehung?

In der Tat enthält das gemeinsame Schlafen von Mutter und Kind in einer ganz zentral auf die Zweierbeziehung zugeschnittenen Lebenswelt einiges Dynamit. Denn das Bett ist in unserem Kulturkreis nun einmal auch der Platz, an dem Vertraulichkeiten ausgetauscht und die Paarbeziehung in körperlicher und emotionaler Hinsicht gepflegt wird. Schaut man sich in anderen Kulturen um, so ist offensichtlich, dass viele traditionelle Schlafarrangements von Mutter und Kind den Vater ausschließen (der schläft – etwa in Westafrika – in einer eigenen Hütte). Allerdings ist auch das richtig: Wo ein Wille ist, lässt sich unter heutigen baulichen und schlafmöbeltechnischen Bedingungen meist auch ein Weg finden, um zumindest das Platzproblem befriedigend zu lösen. Inzwischen bietet die Industrie sogar an das Elternbett ankoppelbare Bettchen für das Baby an.

Und was die emotionale Seite angeht: Der Beziehung der Eltern stellen sich nach der Geburt eines Kindes viele Hindernisse entgegen – von der Müdigkeit über die schlichtweg fehlende Kraft bis hin zu den vielen neuen Wirbeln im Gefühlshaushalt der Eltern. Nicht wenige Eltern haben das Gefühl, dass ihre Zweierbeziehung regelrecht aufgebrochen wird und dass sie ein neues Fundament für die Beziehung finden müssen. Ob die Suche gelingt, dürfte nur wenig davon abhängen, ob das Kind nun mit den Eltern im Bett schläft oder nicht. Und auch die nach der

Geburt eines Kindes oft beklagte Sex-Flaute liegt in den seltensten Fällen daran, dass das Baby stört – eine größere Rolle spielt die in den ersten Monaten nach der Geburt zumindest bei der Mutter ganz normale Lustlosigkeit (wir werden auf das nachgeburtliche Familiendilemma in Kapitel 12 noch einmal zu sprechen kommen).

Welches Arrangement ist besser für den Schlaf?

Wie wir weiter oben gesehen haben, leidet der Schlaf durch das enge Zusammenschlafen nicht. Im Gegenteil: Der Schlaf des Babys als auch der seiner Mutter ist beim gemeinsamen Schlafen oft besser. Auch bewerten Mütter, die ihre Babys bei sich im Bett schlafen lassen, ihren eigenen Schlaf positiver als Mütter, deren Babys in einem separaten Zimmer schlafen.[167]

Heißt das, dass *jede* Mutter gemeinsam besser fährt? Durchaus nicht. Diese Ergebnisse geben nur die Situation bei »freiwilligen« Schlafpartnern wider, sie gelten also für diejenigen Mütter, die sich bewusst für das Schlafen mit ihrem Kind entschieden haben. Eltern, die ihre Kinder ins Elternbett aufnehmen, weil »nichts anderes mehr hilft«, fühlen sich dagegen in ihrem Schlaf oft deutlich gestört. Letzteres scheint ein zunehmendes Problem zu sein.[168]

Leider ist die Stimme des Vaters in den wissenschaftlichen Studien zum gemeinsamen Schlafen im Elternbett nur selten zu hören. Zu vermuten ist, dass für seine Schlafqualität Ähnliches gilt wie für die Mutter: Sieht er das Arrangement positiv, wird sein Schlaf wenig leiden, lehnt er es ab, so sind Stress und Konflikte vorprogrammiert.

Falsches Signal in der Erziehung?

Nähe ist in den westlichen Industriekulturen eine zweideutige Angelegenheit – einerseits ist es das Ideal einer »guten« Beziehung in der Partnerschaft und in der Familie schlechthin. Andererseits wird zu viel Nähe als psychologisch ungesund angesehen, als Selbstaufgabe oder als Verlust von Eigenständigkeit. Wir wollen uns in der partnerschaftlichen Beziehung möglichst nahe sein, dabei aber gleichzeitig unseren eigenen Raum nicht verlieren. Und das gilt auch für die Kinder: Wir wollen ihnen so viel Wärme, emotionale Unterstützung und Nähe geben wie nur möglich – wir halten es aber gleichzeitig für wichtig, ihre Selbstständigkeit zu fördern und sie nicht zu »verwöhnen« – wenig überraschend, dass in diesem Zielkonflikt das gemeinsame Schlafen von Mutter und Kind ganz im Mittelpunkt steht.[22]

Zu den Einflüssen des Schlafarrangements auf die emotionale Entwicklung des Kindes liegt wenig Gesichertes vor. Schließlich gehen gemeinsam schlafende und getrennt schlafende Mutter-Kind-Paare auch tagsüber unterschiedlich miteinander um, und das macht die Erforschung dieses Themas recht schwierig. Die Frage etwa, wie sich das Schlafen im Nahbereich der Mutter auf die Bindung zwischen Mutter und Kind auswirkt, ist im Grunde unbeantwortet. Bekannt ist lediglich aus Studien an Kindern, die in verschiedenen israelischen Kibbuzen aufwuchsen, dass sich eine sichere Bindung häufiger bei denjenigen Kindern einstellte, die bei ihren Eltern schliefen[170] – ein Unterschied, der sich selbst noch bei Jugendlichen nachweisen ließ.[171]

Schon ergiebiger ist eine andere Frage: Sind Kinder, die bei ihren Eltern schlafen, später im Leben weniger selbstständig? Aus evolutionärer Sicht ist die Antwort eindeutig: Dass möglichst frühes selbstständiges Schlafen ein wichtiger oder notwendiger Schritt für spätere Selbstständigkeit wäre, ist nicht plausibel (vgl. Kapitel 5 E&A). Auch die Forschung sieht keinen Hinweis, dass die Fähigkeit allein einzuschlafen einem Kind zu mehr sozialer Kompetenz oder psychologischer Unabhängigkeit verhilft.[172] So zeigt eine aktuelle Studie an der Universität von Kalifornien, dass das Schlafen bei der Mutter weder die Fähigkeit, während des Tages allein zu sein, noch die Offenheit gegenüber neuen Situationen vermindert. In dieser Studie schnitten die bei der Mutter schlafenden Kinder in beiden Bereichen sogar besser ab als die getrennt schlafenden Kinder.[173]

Schon in früheren Studien war festgestellt worden, dass die »geplant« ins gemeinsame Bett aufgenommenen Kinder später die selbstbewusstesten Vorschulkinder sind[174] und auch als Studenten ein höheres Selbstwertgefühl haben.[175] Natürlich können solche Studien einen *ursächlichen* Zusammenhang nicht beweisen, aber sie unterstützen ein einleuchtendes Argument: Selbstständige Schläfer sind selbstständige Schläfer – und dadurch nicht unbedingt selbstständige Menschen.

Und selbst was den Schlaf angeht, scheint das »Erlernte« nicht lebenslang vorzuhalten: 62 Prozent der heutigen amerikanischen Erwachsenen, die von ihren Eltern wahrscheinlich meist nach dem Motto »Schlaf-süß-aber-allein« in den Schlaf gebracht wurden, geben gegenwärtig Schlafprobleme an.[176]

Das geteilte Bett als gesundheitliches Risiko?

Schon im Mittelalter war das Ersticken der Säuglinge an der Seite ihrer Mutter bzw. ihrer Amme ein Thema. Das Phänomen des »zu Tode Liegens« war zu manchen Zeiten sogar so häufig, dass ein Holzgestell erfunden wurde, das Ammen unter Strafe der Exkommunikation um das schlafende Baby herum anbringen mussten![177] Allerdings hatte diese Maßnahme keinen Einfluss auf die Sterblichkeit. Heute gehen Historiker und Ethnologen davon aus, dass sich hinter der gerade im 18. Jahrhundert grassierenden Epidemie des »Zu-Tode-Liegens« letzten Endes Kindstötung bzw. »nachträgliche Familienplanung« verbarg. Der Erstickungstod, so der naheliegende Verdacht, war die Spitze eines Eisbergs aus unqualifizierter Fremdbetreuung in einer Zeit, in der Säuglinge massenhaft an Ammen abgegeben und damit letzten Endes aufgegeben wurden (eine hervorragende Zusammenfassung ist dem Buch *Mutter Natur* der bekannten Verhaltensforscherin Sarah Blaffer Hrdy zu entnehmen).

Wenn heute von den Risiken des gemeinsamen Schlafens von Erwachsenen und Säuglingen geredet wird, dann geht es nicht mehr um die Gefahr des »Zu-Tode-Liegens«, sondern um den »Plötzlichen Kindstod« – auch SIDS (*sudden infant death syndrome*) genannt. Am SIDS sterben derzeit in Deutschland etwa zwei von 1000 Säuglingen, am häufigsten zwischen dem dritten und sechsten Lebensmonat. Die genaue Ursache ist bis heute unbekannt. Sicher ist, dass äußere Erstickung durch Erdrücken dabei keine Rolle spielt. Vielmehr wird angenommen, dass die jungen Säuglinge durch ungünstige Einflüsse in ihrer Schlafumgebung ihre Atmung nicht mehr ausreichend steuern können. Dafür spricht, dass der Plötzliche Kindstod allein durch die heute übliche Lagerung auf dem Rücken oder auf der Seite in den meisten Ländern um mehr als 70 Prozent (in Skandinavien sogar um bis zu 90 Prozent) zurückging.

Bekannt ist auch, dass der Plötzliche Kindstod in den westlichen Industrieländern, wo Babys routinemäßig alleine schlafen, sehr viel häufiger ist als dort, wo Babys nachts bei ihren (stillenden) Müttern schlafen.[178] Das könnte daran liegen, dass der gemeinsame Schlaf, wie wir gesehen haben, dem Kind bei der Regulierung seiner noch unreifen Atmung hilft, oder auch damit, dass stillende Mütter ihre bei ihnen schlafenden Säuglinge automatisch auf dem Rücken oder auf der Seite lagern. Bekannt ist zudem, dass Säuglinge, die in einem eigenen Zimmer schlafen, gegenüber Säuglingen, deren Bettchen im Zimmer der Eltern steht, ein *erhöhtes* Risiko für den Plötzlichen Kindstod haben.

Wie kommt es dann, dass das gemeinsame Schlafen von Mutter und Baby als *Risiko* für SIDS genannt wird? Ja, dass manche Kinderärzte – und sogar die renommierte American Academy of Pediatrics – sich sogar generell gegen ein Zusammenschlafen von Säuglingen und ihren Eltern aussprechen?

Auf die Umstände kommt es an

Unter bestimmten Umständen kann das gemeinsame Bett tatsächlich eine Gefahr für das Baby darstellen. Und diese Umstände sind in unserem Kulturkreis gar nicht so selten. So haben Säuglinge, die im Bett rauchender Mütter schlafen, im Vergleich zu allein schlafenden Kindern ein vielfach höheres SIDS-Risiko. Das gilt auch für Kinder, deren Mütter in der Schwangerschaft geraucht haben. Es wird geschätzt, dass von den jährlich etwa 300 SIDS-Fällen in Deutschland mindestens ein Drittel auf dieses Konto geht.[179]

Auch Säuglinge, die bei durch Suchtmittel oder Alkohol beeinträchtigten Müttern schlafen, sind gefährdet – wahrscheinlich deshalb, weil die weiter oben beschriebene schützende intuitive Kommunikation im Schlaf nicht greifen kann. Für den US-Bundesstaat Alaska etwa zeigte eine aufsehenerregende Studie, dass bei *allen* im gemeinsamen Bett aufgetretenen Kindstod-Fällen Suchtmittelmissbrauch im Spiel war![180] Weitere Risikofaktoren sind das Schlafen auf sehr weichen oder unebenen Unterlagen (etwa Sofa oder Wasserbett) sowie die Verwendung von Kissen, Fellen oder anderem weichen Bettzeug. Unter solchen Schlafbedingungen, so die Vermutung, könnte sich die Atemluft »aufstauen« und zu einem schleichenden Atemstillstand führen. Auch starkes Übergewicht der Mutter ist möglicherweise ungünstig.

Nicht unerwähnt bleiben sollte auch ein weiterer Zusammenhang: Das Risiko für den Plötzlichen Kindstod ist auch dort höher, wo eine *nichtstillende* Mutter mit ihrem jungen Säugling schläft. Dies könnte damit zusammenhängen, dass die schützende intuitive Kommunikation im Schlaf bei einer nicht stillenden Mutter weniger ausgeprägt ist. Dafür spricht der Befund, dass auch das Schlafen mit dem Vater oder Geschwisterkindern mit einem gesteigerten SIDS-Risiko für den Säugling einhergeht.

Schaut man diese Risikofaktoren an, so wundert nicht, dass SIDS sehr viel häufiger in *sozial benachteiligten* Schichten vorkommt.[181] In einer neueren Studie etwa betraf SIDS zu drei Vierteln Säuglinge von Müttern in der untersten Einkommensgruppe, 85 Prozent dieser Mütter rauchten in der Schwangerschaft und nur 26 Prozent hatten überhaupt versucht, ihr Kind zu stillen.

Dieser soziale Einfluss macht die wissenschaftliche Erforschung des SIDS-Risikos sehr schwierig. Denn das gemeinsame Schlafen von Säuglingen und Müttern findet unter extrem unterschiedlichen Bedingungen statt: Während viele Mütter es zum leichteren Stillen nutzen und dem Kind dabei ein gesundes Schlafumfeld bieten können, nutzen andere Mütter die praktischen Vorteile des Nebeneinanderschlafens im Rahmen eines ungünstigen Lebensstils (Rauchen, Alkohol, Drogen), in einem riskanten Schlafumfeld (Sofa, Wasserbett) und vor allem: ohne ihr Kind zu stillen. Wegen dieser sehr unterschiedlichen Verhältnisse müssen Daten aus statistischen Untersuchungen sehr vorsichtig interpretiert werden.[182]

Fazit: Ein sicherer Schlaf ist für Babys heute sowohl im eigenen Bett als auch im Elternbett möglich, wenn die Regeln für ein sicheres Schlafumfeld befolgt werden. Für das Schlafen mit der Mutter heißt das: Das Baby schläft bei einer gesunden (nicht durch Alkohol, Drogen oder Beruhigungsmittel beeinträchtigten), stillenden, nicht rauchenden Mutter. Es gibt keine einzige Untersuchung, die einen nachteiligen Effekt des gemeinsamen Schlafens nachgewiesen hätte, wenn Mutter und Kind in diesem »vorgesehenen« Schlafumfeld schlafen.

Dagegen scheint es möglicherweise ungünstig zu sein, wenn ein Baby allein in einem separaten Zimmer schläft – jedenfalls haben solche Kinder statistisch ein erhöhtes Risiko für den Plötzlichen Kindstod.

Das Schlafen von *Kleinkindern* im Elternbett kann dagegen generell als sicher gelten – in dieser Altersgruppe können Kinder auch problemlos bei Geschwistern schlafen, wie dies in vielen Kulturen völlig normal ist.

Schlafarrangements sind Kompromisse

Auch wenn es im Zeitalter sicherer und warmer Häuser keinen *objektiven* Grund mehr gibt, warum Mutter und Kind nachts zusammen schlafen sollten, so setzt dies die *subjektiven* Erwartungen der Kinder nicht unbedingt außer Kraft – sie leben ja mit ihren Emotionen gewissermaßen noch in der Steinzeit. Für sie ist das Schlafen bei den Eltern der »Normalzustand«.

Auf welche Seite schlägt sich das evolutionäre Denken? Ist das gemeinsame Schlafen von Mutter und Säugling immer das Beste, weil das Kind dies »erwartet«? Auch hier läuft es auf das bereits Angesprochene hinaus: Eltern haben ihre eigenen Interessen, und deren Berücksichtigung ist nicht von vornherein schlecht, vielmehr ist auch dies Teil der evolutionären Tagesordnung. Eltern sollten also die zu erwartenden Belastungen und Belohnungen kennen und dann nach denjenigen Kompromissen suchen, die am besten zu ihrem Lebensumfeld, ihren Kräften und Lebensentwürfen passen.

Einblick und Ausblick

Fetisch Selbstständigkeit?

Eltern stecken heute in einem Dilemma. Einerseits wollen sie ihrem Baby viel Nähe und Geborgenheit geben. Sie wollen verfügbar sein, wenn ihr Baby sie braucht. Sie wollen auf seine Bedürfnisse prompt und verlässlich eingehen. Auf der anderen Seite fürchten sie, dass sie eben dadurch ihr Kind »verziehen«, es letzten Endes also schädigen könnten. Eine gewisse Härte, so nehmen sie an, sei wichtig, damit das Kind rasch lerne, ein Stück weit für sich selbst zu sorgen.

Eltern wollen also beides: emotional eng an sie gebundene, gleichzeitig aber selbstständige Kinder. Und damit geht das Flüstern in ihren Ohren los. Sollen wir die neugeborene Sandra mit ins Elternbett nehmen, um ihr auch nachts nahe zu sein und sie gleich zu hören, wenn sie sich »meldet«? Aber gewöhnt sie sich dann nicht an unsere stetige Nähe und wird womöglich unselbstständig? Sollen wir Kai beim Stillen einschlafen lassen – er wird da immer so wohlig müde und fühlt sich bestimmt geborgen ... Aber sagen nicht sogar manche Schlafforscher, das sei der erste Schritt zu Schlafproblemen? Schließlich muss Kai ja in ein paar Monaten auch ohne die Brust einschlafen können!

Der programmierte Seitensprung

Eltern kleiner Kinder kommen sich also ständig vor wie bei einem Seitensprung: Wir würden es nur zu gerne tun, unserem Herzen freien Lauf lassen, aber ist es richtig, und ach, wo führt es hin? Das Dilemma könnte drastischer nicht sein: Sowohl Nähe als auch Distanz wird als wichtiger Teil von Erziehung angesehen. Das Nahziel – die unmittelbaren Bedürfnisse des Kindes zu befriedigen – wettstreitet mit einem ebenso wichtigen Fernziel: seinen Charakter zu formen und ihm zu helfen, in der Welt zurechtzukommen. Auch die Psychologie bietet keine Lösung an: Riet sie Eltern noch vor wenigen Jahren, ihr Leben ganz den Kindern zu widmen, heißt es heute: »Eltern müssen lernen, sich von ihren Kindern seelisch zu distanzieren« (so die Psychologin Eva Zeltner).[183]

Die Natur des Kindes

Woher kommen diese widersprüchlichen Erziehungsziele, die Eltern oft geradezu zerreißen? Woher rühren diese so unterschiedlichen Auffassungen von dem, was Kinder brauchen?

Dahinter steht ein Konflikt, der heute so aktuell ist wie in den Generationen zuvor. Er dreht sich um eine vordergründig sehr simple Frage: Was ist das »Wesen« des Kindes? Ist es von Natur aus »gut« oder ist es »schlecht«? Was nach einem akademischen Streit klingt, hat ungeheuere Auswirkungen auf das alltägliche Leben mit den Kleinen. Denn gehen wir davon aus, dass das Wesen des Kindes im Grunde »gut« ist, so können Eltern gelassen sein und der Natur des Kindes freien Lauf lassen. Sie können voller Vertrauen auf seine Bedürfnisse eingehen und davon ausgehen, dass es sich dadurch zufriedenstellend entwickelt. Sehen wir das Kind aber als im Grunde »schlecht«, problematisch oder unzureichend an, so tun Eltern gut daran, es umzuformen und schon frühzeitig zu »erziehen«. Seinen Bedürfnissen werden sie dann eher skeptisch gegenübertreten und seinen Wünschen misstrauen.

Ein uralter Konflikt

Schaut man auf die Geschichte zurück, so wird deutlich, wie stark dieser Konflikt Eltern und Erzieher seit vielen tausend Jahren beschäftigt hat. Die alten Griechen und später auch die Römer sahen Kinder als wild und ungehobelt an. Für sie war klar: dass die kleinen Menschen schon früh kontrolliert, geformt, eben »zivilisiert« werden müssen. Strenge Disziplin war damit selbstverständlich.

Die Kirche war nicht ganz so sicher, was sie von den kleinen Menschen halten soll. Einmal wurden sie als »rein« angesehen, und Jesus forderte sogar: »Lasset uns sein wie Kinder.« Über weite Strecken der Kirchengeschichte aber ging man von einer problematischen Natur des Kindes aus: Kinder werden in Sünde geboren und erst durch die Kraft Gottes »gereinigt«. Für die Puritaner, deren Erbe auch heute noch gerade in den USA quicklebendig ist, waren Kinder arme Sünder, deren zweifelhafte Anlagen durch strenge Disziplin gebrochen werden müssen.

In der Aufklärung wurde auf einmal ein radikales Gegenbild entworfen. Für den Philosophen Jean Jacques Rousseau war das Kind von Natur aus gut: »Alles was aus der Hand des Schöpfers kommt, ist gut, alles entartet unter den Händen des Menschen«, mit diesem Satz begann er seinen Erziehungsroman *Emile,* der viele Generationen von Eltern beeinflussen sollte. Für Rousseau war also klar, dass Kinder durch Erziehung nur verdorben werden können und dass Eltern gut daran tun, den Bedürfnissen der Kinder freien Lauf zu lassen.

Bild mit zwei Seiten

Schon immer hatte unser Bild vom Kind also zwei Seiten, und jede Zeit hängte es andersherum auf: Da war die Vorderseite, das Bild vom edlen, von Natur aus guten Kind, das der Erziehung eigentlich nicht bedarf. Und auf der Rückseite der geborene Sünder oder Egoist, der erst durch Erziehung zum Menschen wird.[23] Und zwischen diesen Extremen schwang das Pendel der Erziehung hin und her – und das tut es noch heute.

Vielleicht erklärt das eine bemerkenswerte und im Grunde beschämende Tatsache: Schaut man sich die Geschichte allein der letzten paar Generationen an, so gibt es nichts, an was Eltern nicht schon insbrünstig geglaubt hätten: dass Babys verzärtelt werden könnten, wenn man sie auf den Arm nimmt, dass Schläge heilsam seien, dass Jungs durch das Spielen mit Puppen zu Memmen – oder aber zu besseren Männern – würden, dass Verbote zu seelischen Verletzungen führten oder dass Babys durch Schreien stärkere Lungen bekämen.

Erziehungsziele sind »konstruiert«

Eltern haben klare – wenn auch häufig unbewusste – Vorstellungen darüber, wie Kinder »ticken« und was genau sie brauchen.

Kein Wunder also, dass Eltern rund um den Globus – egal wie unterschiedlich sie ihre Kinder behandeln – gut begründen können, weshalb sie ihre Kinder so und nicht anders erziehen. Unsere Methode erscheint uns einfach »richtig« oder »logisch«. Dass man mit Kindern viel reden muss, damit sie gut sprechen lernen und die Welt begreifen, dass man sie loben und »aufbauen« muss, um ihr Selbstbewusstsein zu fördern, und dass sie allein schlafen müssen, um selbstständig zu werden, das »macht einfach Sinn« – so wie es für die Yanomami im Amazonasurwald einfach Sinn ergibt, den Penis ihrer Söhne ab einem bestimmten Alter hochzubinden, weil sie dadurch schneller zu Männern werden.

Dabei könnten die Einschätzungen über Erziehung nicht unterschiedlicher sein. Die allermeisten Eltern in den westlichen Gesellschaften folgen dem »kognitiven pädagogischen Modell«, d.h. ihre Erziehungsmethoden zielen darauf, das Verständnis und die Vernunft der Kinder zu fördern. Sie stimulieren schon Babys durch sprachliche Kommunikation, erklären ihnen die Welt durch Vorsagen und Nachsprechen und sie fördern ihr Selbstwertgefühl durch Loben und Zuspruch. Im Grunde sind Eltern in unserem Kulturkreis also immer auch Lehrer oder Coach ihrer Kinder. Nicht wenige Eltern glauben beispielsweise, ihre Babys lernten nie richtig sprechen, wenn sie nicht ausdauernd korrigiert und gezielt gefördert würden – Bilderbücher sind demnach immer auch Lehrbücher. In traditionellen Kulturen dagegen wird sprachliche Anregung teilweise sogar als schädlich angesehen – dafür ist die Kommunikation über Berührungen und Körpererfahrungen sehr viel intensiver.[184]

Der Streit um die Selbstständigkeit

Auch wenn der Rahmen der Erziehung nicht unterschiedlicher sein könnte, in einem sind sich Eltern aus den unterschiedlichsten Kulturen einig: Sie wünschen sich selbstständige, starke Kinder. Die Bavenda-Bantus ritzen nach der Geburt die Haut der Säuglinge ein und reiben Pulver aus zerriebenen Pavian-Schädelknochen ein, in der Hoffnung, dass die Kinder dadurch genauso schnell stark und unabhängig werden wie die Pavianjungen.[185] Und auch bei uns ist Selbstständigkeit eines der wichtigsten Ziele der Erziehung. So sind nicht wenige Eltern davon überzeugt, dass ihre Kinder stärker und unabhängiger werden, wenn sie frühzeitig daran gewöhnt werden, alleine einzuschlafen – eine Prozedur, die oft nicht weniger Tränen kostet als das Einreiben des Knochenpulvers bei den Bantus (und die für die spätere Selbstständigkeit in etwa ähnlich wirksam sein dürfte). Und die Generation unserer Großeltern dachte gar, der Schlüssel zur Selbstständigkeit läge in der frühen Sauberkeitserziehung.

Wie werden kleine Kinder selbstständig?

So sehr sich über die Methoden streiten lässt, das Ziel ist unbestritten ein ganz entscheidendes – ein wichtiger Weg zum gesellschaftlichen Erfolg führt nun einmal über Selbstsicherheit, Unabhängigkeit und Durchsetzungskraft. Und das in praktisch allen Gesellschaften.

Aber *wie* werden Kinder selbstständig? Hier scheiden sich die Geister.

Im Westen gehen die meisen Eltern davon aus, Selbstständigkeit müsse den Kindern *beigebracht* werden – das bereits erwähnte »kognitive pädagogische Modell« lässt grüßen. Schließlich fangen Babys in Sachen Selbstständigkeit ja bei Null an! Ihre Selbstständigkeit, so wird angenommen, entwickelt sich, indem ihnen schon früh kleine Aufgaben gestellt werden. Indem sie diese lösen, lernen sie Herausforderungen nach und nach selbst zu meistern. Dadurch, dass sie es etwa schaffen, alleine einzuschlafen, machen sie eine wichtige Erfahrung, nämlich dass sie auch ohne die Mutter klarkommen. Und das, so die Hoffnung, gibt ihnen die Selbstsicherheit, auch bei anderen »Aufgaben« unabhängiger und reifer zu agieren. Kurz: Wer selbstständige Kinder will, muss schon den kleinen Kindern etwas »zumuten«. Wenn kleine Kinder immer nur bekommen, was sie erwarten, bleiben sie nur allzu gerne bei »Null«, wird angenommen.

Viele traditionelle Gesellschaften gehen von einem ganz anderen Entwicklungsmodell aus. Unabhängigkeit entsteht für sie nicht dadurch, dass kleine Kinder schon früh aus der Abhängigkeit »entwöhnt« werden, sondern dadurch, dass sie alles bekommen, was ihnen zusteht! Während langes Stillen in den westlichen Ländern nicht selten die Sorge hervorruft, die Babys könnten dadurch »verwöhnt« werden, sehen traditionelle Kulturen darin eher ein Sprungbrett zur eigenständigen Entwicklung. Die Fulani in Zentralafrika etwa glauben, dass zu frühes Abstillen das Kind von den Erwachsenen abhängig mache – ein solches Kind würde niemals in der Lage sein, selbst etwas zu leisten und seine Ziele zu erreichen![186] Erst wenn die Säuglingszeit mit dem Entzug der Brust im späteren Kleinkindalter endet, werden an die Kinder Erwartungen gestellt – und dann gleich richtig. Die Kinder müssen sich jetzt innerhalb kurzer Zeit sozial ganz neu orientieren und mit den Anforderungen in der Kindergruppe zurechtkommen (wir beschäftigen uns damit noch ausführlich in Kapitel 13 E&A).

Wer hat recht?

Können Babys selbstständig werden, auch wenn ihnen alle Wünsche erfüllt werden? Die evolutionsbiologische Antwort ist eindeutig: Ja! Denn wie wir schon in den ersten Kapiteln dieses Buches gesehen haben, gehörte die verlässliche körperliche und emotionale Nähe unter den ursprünglichen Lebensbedingungen der Menschheit zu den nicht verhandelbaren Startbedingungen eines jeden Menschen – die Nähe der Eltern und ihre unmittelbare Zuwendung war für Säuglinge das Ticket zum Überleben. Dass kleine Kinder viel getragen wurden, dass sie häufig und lange gestillt wurden, dass sie nachts bei ihrer Mutter schliefen – all das war Teil des normalen Lebens. Es ist nicht anzunehmen, dass es gerade dieser Lebensstil sein sollte, der Kinder auf dem Weg zu einem selbstständigen Leben behindert. Wer also meint, Babys müssten von Nähe-Erfahrungen abgeschottet oder gar von elterlicher Zuwendung »entwöhnt« werden, um selbstständig zu werden, liegt, nach Sicht der Evolutionswissenschaft, komplett daneben.

Heißt das, dass kleine Kinder »nur Nähe« brauchen? Keinesfalls, und auch dies lässt sich evolutionsbiologisch begründen. Um selbstständig zu werden, brauchen Babys auch den *Raum für die Erprobung eigener Kräfte.* Das zeigt sich schon daran, dass sie nicht nur eine gehörige Portion Angst, sondern auch eine angeborene Neugier auf Neues, ja, sogar einen »Wirksamkeitstrieb« mitbringen (wir lernen ihn in Kapitel 7 näher kennen). Auch der »Vater« der modernen Bindungstheorie, John Bowlby, wies darauf hin, dass Babys keineswegs nur verharren wollen oder durch irgendeinen Klebstoff an die Arme ihrer Mütter gebunden sind. Vielmehr sind sie von Natur aus mit einem »Explorationsprogramm« ausgerüstet, mit dem sie auf ihre Umwelt zugehen, sich in das Leben anderer

Menschen einklinken und sich als »wirksam« erfahren wollen. Auch wenn dieses Programm von Sicherheitsprogrammen wie etwa dem Fremdeln austariert wird, so ist das Bild, dass Babys am liebsten in den Mutterleib zurückschlüpfen wollten, wenn die Eltern sie nicht »vorwärts« trieben, ganz sicher falsch. Babys fangen zwar bei »Null« an, was ihre äußere Selbstständigkeit betrifft, aber sie haben alles, was es braucht, um nach und nach selbstständig zu werden!

Und gerade hier scheint es beim westlichen Erziehungsmodell zu hapern. Einerseits werden nämlich die Nähe-Bedürfnisse der Kinder mit Argwohn betrachtet, andererseits wird aber gerade dem gegenläufigen Bedürfnis, nämlich dem Bedürfnis nach Eigenständigkeit, nur wenig Raum gegeben.

Sicherheit ist ein Gefühl

Auf dem Weg zur Selbstständigkeit, so scheint es, müssen sich zwei sehr unterschiedliche Elemente verbinden: emotionale Sicherheit und ein ausreichender Raum für Autonomie.

Schauen wir uns die erste Zutat einmal genauer an. Wie bildet sich das Gefühl von Sicherheit bei Babys? Richtig, über ihr Gefühl! Babys verfügen noch nicht über eine Auffassung von »Selbst«, diese bildet sich erst später im zweiten Lebensjahr aus. Dann erst verstehen sie sich als unabhängig Handelnde und können die Folgen von Handlungen »zuordnen«. Als Babys aber können Kinder noch keine logischen Schlüsse ziehen. Dass sie sicher sind, müssen sie *fühlen*, sie können es nicht gedanklich herleiten: »Meine Mutter ist immer abends so gestresst, und dann muss ich halt eine Weile warten, bis sie mich tröstet« – das ist keine Erklärung, die einem Baby weiterhelfen würde. Säuglinge sammeln vielmehr ihre Erfahrungen im Hier und Jetzt »und kleiden ihre Seele damit aus« (Barbara Sichtermann).

Babys können deshalb auch Selbstständigkeit nicht erlernen, indem sie »Frustration verarbeiten«. Wenn man Babys schreien lässt, können sie ihre Lage nicht systematisch auswerten und daraus ein kompetenteres Handeln entwickeln: »Ja, richtig! Besser als wie blöd zu schreien ist es vielleicht, wenn ich mir den Daumen in den Mund stecke ...« – dem Baby fehlen alle Voraussetzungen für eine solche Schlussfolgerung. Ein Säugling reagiert nämlich diffus-körperlich auf Stress – nicht indem er nach einer Erklärung oder einem logischen Ausweg sucht. Es mag gut gemeint sein, einem Baby Mut zuzusprechen und ihm zu vermitteln, dass es schon alleine zurechtkommen kann – aber Unabhängigkeit entsteht nicht, indem Abhängigkeit negiert wird. Das schafft vielmehr das Gegenteil: negative Gefühle und Unsicherheit. Ein Baby muss zuerst eine ganze Menge Gewissheit *spüren.* Und wenn es dann sein Selbst entwickelt hat, kann es auch *wirklich* selbstständig werden.

Sicherheit entsteht in einem Netz

Bei diesem Weg zur eigenen Gewissheit scheinen nicht nur die Eltern, sondern das gesamte soziale »Netz« in dem ein Kind groß wird, eine wichtige Rolle zu spielen. So zeigen Studien aus so unterschiedlichen Ländern wie Israel, Holland und Kenia, dass Kinder eher sozial kompetent und gegenüber neuen Erfahrungen aufgeschlossen sind, wenn sie zusätzlich zu den Eltern auch noch sichere Bindungen über andere Erwachsene erfahren. Tatsächlich hängt der Stand der sozialen und emotionalen Entwicklung von Kindern in diesen Studien weitaus weniger von der Qualität der Bindung zur Mutter ab als vielmehr von der Qualität des gesamten »Bindungssystems«, in dem das Kind aufwächst.[187] Dies könnte damit zusammenhängen, dass Kinder in einem reichhaltigen und von mehreren Personen getragenen Bindungssystem immer wieder neue soziale Perspektiven einnehmen müssen und in einem geschützten Raum lernen, sich auf andere Menschen einzustellen.

Selbstständigkeit lässt sich also weder einimpfen noch anerziehen, sondern ergibt sich aus einem »stimmigen« Entwicklungsrahmen, einem Rahmen, der den eigenen Forderungen des Babys nach Selbstständigkeit Raum gibt. Der ihm Sicherheit gibt, wenn es Angst hat oder gestresst ist, und der es »selbstwirksam« sein lässt, wenn es dazu bereit und in Forscherlaune ist. Kurz: Babys müssen nicht durch frustrierende Erfahrungen von der Abhängigkeit entwöhnt oder befreit werden, sie entwöhnen sich nach und nach selbst, wenn sie entwicklungsgerechte Erfahrungen in einem reichhaltigen sozialen Netz machen dürfen.

Selbstständigkeit im Kulturvergleich

Trotz ihrer »Selbstständigkeitserziehung« sind Kinder im Westen durchschnittlich erst weitaus später in der Lage, sich von ihren Müttern zu trennen, als Kinder in traditionellen Gesellschaften. So haben malayische Kinder im Schnitt mit 21 Monaten kein Problem mehr, sich von ihren Müttern zu trennen, deutsche Kinder brauchen dazu durchschnittlich 36 Monate.[188] Wenn Kinder bei uns in die Schule kommen, gehen Kinder in vielen Jäger- und Sammlergesellschaften in der Kindergruppe ohne Erwachsenenaufsicht auf Kleintierjagd, besuchen andere Familien und bleiben dort auch oft über Nacht. Mädchen und Jungen in Jäger- und Sammlergesellschaften verbringen mit zwei bis vier Jahren mehr als die Hälfte des Tages mit anderen Kindern, fern von ihren Müttern.[189]

Auch zeigte sich im direkten Vergleich zwischen den Kindern der Kung aus der Kalahari und Londoner Kindern, dass die Kinder der Kung, die jahrelang gestillt und von der Mutter getragen werden, mit fünf Jahren sozial kompetenter und unabhängiger waren. Das am Anfang in traditionellen Gesellschaften sehr dicke Seil zwischen Mutter und Kind dünnt sich also im Kleinkindalter oft stärker aus, als das in den westlichen Gesellschaften der Fall ist. Die frühe Zuwendung wirkt nicht als Klebstoff – und wenn, dann hat er ein klar definiertes Haltbarkeitsdatum.

Bei der »paradoxen« Entwicklung von Selbstständigkeit trotz intensiver Bindung scheint auch älteren Geschwisterkindern und überhaupt der gemischtaltrigen Kindergruppe eine zentrale Rolle zuzukommen. Wie wir in Kapitel 13 E&A noch genauer sehen werden, sorgt diese reichhaltige Sozialisationsinstanz dafür, dass Kinder sich mit der Loslösung »neu erfinden« und in ständig wandelnden Rollen soziale Kompetenz erwerben. Die Loslösung von der Mutter wirft die Kinder also nicht in ein Vakuum, sondern in ein neues soziales Netz.

Warum klappt es oft nicht?

Obwohl es für Millionen von Eltern das Erziehungsziel Nummer eins ist, scheinen es Kinder heute immer schwerer zu haben, selbstständig zu werden. Warum?

Ein wichtiger Grund ist der: Unsere Annahmen zur Entwicklung von Selbstständigkeit sind schlichtweg falsch, sie passen nicht zu den evolutionären Möglichkeiten kleiner Kinder. Indem wir Babys dazu bringen, einen Entwicklungsschritt früher zu machen, können wir sehr wohl ihr *Verhalten* ändern – und manchmal sogar in die gewünschte Richtung. Aber das *stärkt* sie nicht, sie bauen dadurch keine neuen Kompetenzen auf. Sie reifen nicht schneller, nur weil sie die Ziele ihrer Eltern schneller erreichen.

Es ist höchste Zeit, unser westliches, letzten Endes noch immer vom Behaviorismus[24] geprägtes psychologisches Alltagsdenken auf den Prüfstand zu stellen – wenn es darum geht, die verschlungenen Wege der kindlichen Entwicklung zu verstehen, versagt es komplett (vgl. Kapitel 12 E&A). Die Annahme, dass ein bestimmtes Verhalten durch Belohnung verstärkt und durch Bestrafung vermindert wird, scheint für das frühkindliche Lernen schlichtweg zu simpel zu sein. Wenn Eltern auf das Schreien ihrer Kinder prompt reagieren, dann werden sie dadurch eben *nicht* zu Schreikindern. Vielmehr versorgen sich die Kinder mit der Gewissheit, dass ihre Welt das hat, was sie brauchen – und sie protestieren insgesamt nicht *mehr*, sondern, wie wir in Kapitel 6 sehen werden, weniger.

Zementierte Zweierbeziehungen

Eine zusätzliche Hürde für die Selbstständigkeit ergibt sich aus den Lebensarrangements in modernen Gesellschaften, die die Entwicklung kindlicher Autonomie möglicherweise erschweren. Erziehung findet oft in fast exklusiven Zweierbeziehungen statt, die die ganze Kindheit über relativ stabil bleiben. Während Kinder in traditionellen Gesellschaften häufig in einem Kreis von mehreren erwachsenen Bindungspersonen aufwachsen, deren Bedeutung spätestens mit dem Übergang in die Kindergruppe in der mittleren Kindheit automatisch zurückgeht, sind Kinder in den heutigen Kernfamilien oft sozial relativ isoliert und bis ins Jugendalter stark auf *eine* primäre Bezugsperson ausgerichtet (selbst in Patchwork-Familien bleibt es für die Kinder oft bei einer relativ exklusiven Zweierbeziehung). Das Dilemma ist offensichtlich: Kinder erfahren ihre Bindung immer stärker aus einer Hand, gebündelt in einer einzigen Person – von der sie gleichzeitig immer früher unabhängig werden sollen. Kein Wunder, dass in diesem »emotionalen Dampfdrucktopf« (Melvin Konner) nicht wenige Familien in der Mitte des Wegs stecken bleiben. Unter der Flagge der Unabhängigkeit schaffen sie unsichere, abhängige Kinder.

Und hier kommen auch wieder die heute ganz anderen Erfahrungen mit anderen Kindern ins Spiel. War früher die kaum beaufsichtigte Sozialisation in gemischtaltrigen Kindergruppen mit ihren reichhaltigen sozialen Nischen die Regel, kommen Kinder heute vor allem mit Altersgenossen in Kontakt – und das oft genug in einem von Erwachsenen bis ins Detail strukturierten Umfeld, wie etwa dem Kindergarten.

Auch die Rolle, die Kinder heute im emotionalen Kosmos der Eltern spielen, könnte die Entwicklung von Selbstständigkeit erschweren. Viele Kinder sind emotional so stark in den Mittelpunkt der Familie gerückt, ja, fungieren nicht selten als emotionale Stütze für ihre Eltern oder deren Beziehung, dass sie »aus Liebe behindert« werden: Wenn sie die Umwelt erforschen wollen, sorgt Angst schon bald dafür, dass die Leine stramm gezogen wird – der kleine Joseph könnte sich den Finger einklemmen, die kleine Heike auf die Knie fallen. Und die Unsicherheit der Eltern schirmt die kleinen Kinder von allen Frustrationen und allem Unbill dieser Welt ab – keine gute Voraussetzung, um die Balance zwischen Nähe und Ferne, zwischen eigenem Wollen und den Begrenzungen des Lebens zu finden.

Kapitel 6

Gehört Schreien dazu?

Wenn ein Baby schreit, dann stehen die Zuhörer regelrecht unter Strom – Frauen mehr als Männer, Eltern mehr als kinderlose Erwachsene, und die Eltern des schreienden Babys am meisten. Ihr Gehirn funkt »Gefahr im Verzug« und schickt eine ganze Welle von Stresssignalen durch den Körper. Dass uns das Schreien von Babys so nahegeht, hat einen guten Grund: Es ist überlebenswichtig. Schließlich sorgt dieses Signal dafür, dass sich der »Empfänger« um den kleinen Menschen kümmert und nach dem Rechten schaut: Hat das Baby Hunger? Schmerzen? Ist ihm sonst etwas nicht geheuer?

Und da beginnt schon der Streit: Schreien Säuglinge vielleicht auch »einfach so«? Weil ihnen langweilig ist? Oder um sich in Szene zu setzen? Und wenn man sie dann hochnimmt, lernen sie dann nicht die falsche Lektion – nämlich dass sie mit ihrem Schreien alles bekommen, was sie sich in den Kopf setzen?

Katzen oder Hamster haben dieses Problem nicht – Babys, die in Nestern abgelegt werden, weinen nur, wenn sie spüren, dass ihre Mutter in der Nähe ist, und das auch nur ganz leise – die Gefahr, dass das Nest von einem Raubtier entdeckt würde, wäre sonst zu groß. Die Natur scheint beim Signal »Schreien« also auch gleich die Kosten mit zu veranschlagen. Kann ein solcher Blick auf die Gewinn-und-Verlust-Rechnung vielleicht helfen, das Schreien des Menschenkindes besser zu verstehen?

Born to cry?

Versetzen wir uns einmal in die Lage des Säuglings. Im Grunde ist er mit einem Querschnittsgelähmten vergleichbar. Er kann weder nach der Brust greifen, wenn er Durst hat, noch kann er unter die warme Decke kriechen, wenn ihm kalt ist. Und einem Erwachsenen auf die Schulter tippen und ihn darauf aufmerksam machen, dass die Windel da unten klemmt, kann er schon gar nicht. Er muss also andere dazu motivieren, sich um sein Anliegen zu kümmern. Dazu hat er ein ganzes Arsenal von Mitteln zur Hand: seine unbeschreibliche Süße, die zumindest den mit einem verliebten Herz ausgestatteten Teil seiner Mitwelt dazu bringt, ihm jeden Wunsch von den Lippen abzulesen – ein leichtes Räkeln oder ein schief gezogener Mund reichen da schon aus. Hilft das nichts, so folgt ein Gähnen, dann noch eines, ein längeres Strecken, dann ein Knarzen, und wieder ein Strecken, das Hin-und-her-Drehen des Kopfes, ein Verziehen des Gesichtes, gefolgt von Schmatzen, Saugbewegungen, die immer gieriger werden, immer zielstrebiger, und dann, ja dann zieht der kleine Mensch sein größtes Kaliber: Er fängt an zu schreien. Glaubt man den unbestechlichen Linsen der über dem Bettchen angebrachten Videokamera, so kündigt das Baby seine Bedürfnisse im Durchschnitt sage und schreibe 31 Minuten lang vornehm an, bevor es richtig losbrüllt![190] Das Baby scheint also recht lange anzunehmen, dass da jemand in der Nähe sein muss, der es sieht oder der seine dezenten akustischen Andeutungen wahrnimmt. Bestätigt sich die Vermutung nicht, greift es zur Hupe.

Und die wirkt. Schon kurz nach der Geburt können Mütter die Schreie ihres eigenen Kindes von denen anderer Neugeborener unterscheiden.[191] Und das selbst im Schlaf! Wenn ein fremdes Baby weint, so schläft eine Mutter weiter, beim eigenen Kind aber wacht sie prompt auf.[192] Die Antenne der Mutter scheint also auf die Sendefrequenz ihres Babys eingestellt zu sein.

Warum gleich so laut?

Dass Babys sofort losschreien, wenn sie ihren Eltern etwas zu »sagen« haben, ist also eine bösartige Unterstellung – sieht man von Schmerzschreien ab, so ist Schreien ein *Spätsignal*. Dem Klischee entsprechen Babys schon eher in einer anderen Eigenschaft: Wenn sie schreien, dann gleich richtig. Messungen zeigen, dass Babys es schnell auf eine Schallstärke von 82 Dezibel bringen – knapp unter dem Schalldruck eines Presslufthammers, also ein klarer Hinweis darauf, dass das Schreien ursprünglich nicht für Zweizimmer-Wohnungen »entwickelt« wurde ... Und wie beim Presslufthammer scheint piano nicht zum Repertoire des Babys zu gehören.

Aber warum muss es immer gleich das volle Programm sein? Vielleicht ist das der Grund: Wenn das kleine Geschöpf einmal zu dem Schluss gekommen ist, dass Mama wohl gerade nicht in der Nähe ist, dann heißt das für das Baby: Alarm! Jetzt muss das Signal *wirklich* ankommen und bis an die Grenzen des Reichs zu hören sein.

Viele Gründe

Egal ob ein Affenbaby fiept oder ein Menschenbaby weint, es will zunächst einmal nur, dass sich an seinem Leben etwas ändert. Und dazu braucht es einen Erwachsenen. Kein Wunder, dass Weinen bei allen Tieren zuverlässig die Mutter auf den Plan ruft. Auch beim Menschen ist die häufigste Antwort einer Mutter auf das Schreien ihres Kindes die, dass sie zum Baby geht und es hochnimmt. Allein schon dadurch hört das Weinen in 80 Prozent der Fälle auf! Schreien dient also auch beim Menschen zunächst einmal der »Proximitätsförderung«, zu deutsch: dem Herbeiwinken mächtigerer Freunde.

Und dann? Dann wird es knifflig. Was genau steckt hinter dem Schreien? Ja richtig. Irgendetwas aus der langen Liste aus den Ratgebern: Babys schreien aus Schreck, wegen Hunger, wegen Durst, weil sie sich wehgetan haben, weil es ihnen zu laut ist oder zu hell, zu kalt oder zu warm, weil sie müde sind, Angst haben oder sich allein fühlen. Und sie schreien, wenn sie sich krank oder einfach von zu vielen Reizen überfordert fühlen. Wir werden uns mit dem Kleingedruckten dieser »Schreiliste« noch befassen.

Unterschiedliche Schreitypen?

Wer sein schreiendes Baby im Arm hält, hätte es natürlich gerne etwas konkreter. Was nun: Hat es einen Schreck bekommen, hat es Hunger, kneift die Windel oder braucht es einfach bloß Gesellschaft? Lässt sich das vielleicht schon an der Qualität der Schreie oder der Art des Schreiens ablesen?

Genau das suggeriert das elektronische Gerät »Why cry«, das im einschlägigen Handel für schlappe 90 Euro erhältlich ist. Angeblich kann es am Frequenzsprektrum der Schreie ablesen, ob ein Baby hungrig ist, ob es Schmerzen hat oder ob es gelangweilt, müde oder gestresst ist. Das Gerät zeigt dann die entsprechenden Bildchen auf dem Bildschirm an.

Der Haken ist nur, dass die Trefferquote recht bescheiden ausfällt. Und das liegt nicht etwa an der Soundkarte des Geräts, sondern daran, dass die Schreie von Babys von Natur aus wenig unterscheidbar sind. Allenfalls Schmerzensschreie lassen sich einigermaßen von Hungerschreien unterscheiden, jedenfalls liegen Mütter in etwa zwei Drittel richtig, wenn ihnen die entsprechenden Schreie auf einer Aufnahme vorgespielt werden.[193] Und auch chronisch kranke Babys schreien wahrnehmbar anders – ihr Schreien wird von allen Zuhörern als belastender, »zehrender« und stressiger empfunden.

Immerhin hilft im echten Leben etwas, was ein elektronisches Gerät nur schwer erfassen kann: der Kontext. Hat das Baby drei Stunden nicht mehr getrunken, so steht Hunger sicher oben auf der Liste, hat es den Kopf angeschlagen, dürfte es sich erschreckt haben oder ihm etwas wehtun.

Die Ursachen im Einzelnen

Schauen wir uns die Liste noch einmal an. Fehlen da nicht die nassen Windeln, die viele Eltern als Erstes verdächtigen? Ein Forscher stellte das auf die Probe, indem er Eltern bat, ihren Babys die volle Windel gleich wieder anzulegen – die Babys schrien daraufhin nicht mehr als die andere Hälfte der Babys, die eine frische Windel bekamen. Wichtiger als dass die nasse Windel wegkommt, scheint die Nähe der Mutter zu sein.

Und die Langeweile? Dass Babys einfach schreien, weil sie sonst nichts zu tun haben, ist evolutionsbiologisch betrachtet nicht plausibel. Denn Schreien verbraucht einiges an Energie, und die können Babys – je kleiner desto mehr – ganz gut für ihr Wachstum und die Entwicklung ihres Gehirns gebrauchen. Aber könnte es sein, dass sie schreien, um unterhalten zu werden? Das passt schon eher. In der Tat schreien Babys, wenn sie nach menschlichem Austausch und Nähe suchen. Der Verhaltensforscher Joachim Bensel, der das Schreien von Babys intensiv erforscht hat, nennt das »kontaktsuchende« Schreien deshalb auch *Interaktionshunger.* Und dieser »Hunger« ist ein legitimes Bedürfnis. Nahe bei vertrauten Menschen zu sein und sich mit ihnen auszutauschen ist für Babys eine lebenswichtige Erfahrung, die sie für ein gutes Gedeihen genauso brauchen wie die Kalorien der Muttermilch. Warum also sollten sie nach »sozialer Nahrung« nicht genauso lautstark verlangen?

Ein weiterer Grund, warum Babys schreien, ist erst in jüngster Zeit in den Fokus der Schreiforschung gerückt. Weinen zeigt nämlich auch *Missverständnisse in der Kommunikation* zwischen Eltern und dem Baby an. Wie wir in Kapitel 14 sehen werden, hilft das Baby seinen Eltern, im täglichen Umgang den richtigen »Stil« zu finden – es beispielsweise so zu halten, wie es seinen intuitiven Erwartungen entspricht, oder es so anzusprechen, wie es seinem Entwicklungsstand gerecht wird. Ist Sand im Getriebe dieser intuitiven Abstimmung, so zeigt das Baby das durch häufiges Weinen an. Da leuchtet ein, dass heute bei »Schreikindern« vor allem versucht wird, die intuitive Kommunikation zwischen Eltern und Kind zu verbessern!

Ein anderer Grund für das Schreien sollte nicht unerwähnt bleiben: Babys können zum Schreien auch »angesteckt« werden. Sie fangen an zu schreien, wenn ein anderes Baby in ihrer Nähe weint. Steckt da womöglich Mitgefühl dahinter? Eher nicht, denn wie Mütter von Zwillingen zu berichten wissen, weinen schon Neugeborene mit ihrem Geschwisterkind mit – so früh ist Einfühlungsvermögen noch gar nicht entwickelt (vgl. Kapitel 16). Mehr Sinn ergibt eine andere Annahme: Wenn ein Kind mitweint, erhöht es dadurch die Chance, bei der auf das Schreien folgenden Verteilung von Nahrung, Schutz oder Trost nicht leer auszugehen! Es handelt sich also am ehesten um eine Art lautstarkes Trittbrettfahren.

Und auch der häufigste Anlass für das Schreien sollte fairerweise genannt werden: Wie wir weiter oben gesehen haben, schreien Babys vor allem deshalb, weil ihre vornehmeren Hinweise – das Räkeln, das Räuspern, das Knarzeln – nichts gebracht haben!

Fasst man alles zusammen, so kann man sagen: Schreien ist gut fürs Überleben. Tatsächlich zeigen Forschungen, dass zumindest unter knappen Bedingungen, wie sie etwa bei den Massai in Afrika herrschen, diejenigen Babys die besten Chancen zu überleben haben, die am längsten und am lautesten schrien.

Die Schrei-Mythen

Eher unter der Rubrik »kollektive Peinlichkeit« sollte dagegen die Überzeugung geführt werden, Babys schrien, um ihre Lunge zu kräftigen. Der berühmte Arzt Hufeland meinte, dass dadurch »die Kraft und Brauchbarkeit dieses Organs entwickelt und vervollkommnet würde.« Das Trösten des Kindes könne also dazu führen, dass das Kind »eine weniger starke Brust bekommt, als es außerdem haben würde, und dass sich leichter Stockungen und krankhafte Erzeugnisse darin bilden.« Aber auch aus anderen Gründen sei das Schreien eine für Kinder »höchst wohltätige und notwendige Sache. Es (...) belebt den Blutumlauf und bewirkt gleichförmigere Verteilung der Säfte, es befördert Verdauung und die ganze Ernährung und Zunahme des Körpers, es zerteilt Stockungen und Anhäufungen im Unterleibe und befördert alle Absonderungen, insbesondere die so wichtige Ausdünstung der Haut.«[194] In Japan glaubt man sogar, Schreien mache die Babys weniger anfällig gegen Erkältungen. Recht populär ist dort der »Nakisumo«, ein Wettbewerb, bei dem Sumo-Ringer Babys zum Weinen bringen sollen – das Baby, das am lautesten schreit, gewinnt.

Vielschreier und Wenigschreier

Wer in einem Wohnviertel in einer durchschnittlichen deutschen Stadt spazieren geht, hört garantiert immer wieder einmal in einem der Häuser ein Baby weinen. Wie viel Babys hierzulande weinen, weiß aber niemand genau – legt man die Daten aus England und Finnland zugrunde, so ist davon auszugehen, dass Babys in Deutschland mit ein bis zwei Monaten im Schnitt fast zwei Stunden, nach dem dritten Monat etwa eine Stunde pro Tag schreien oder quengeln.

Dagegen fällt vielen Touristen etwa in afrikanischen Ländern auf, wie selten sie dort Babys schreien hören! Die Ethnologin Meridith Small schreibt sogar, sie habe auf ihren vielen Reisen nach Bali noch nie ein Baby weinen hören.[195] Auch wer etwa in den Anden reist oder in Asien zu Besuch ist, ist meist überrascht, wie selten die Babys dort weinen.

Forscher sind dem Phänomen mit Notizblock und Bleistift zu Leibe gerückt und haben die Schreizeiten von Babys in verschiedenen Ländern penibel dokumentiert – bis hin zu den steinzeitlich lebenden Kung in der Kalahari. Ihre Befunde zeigen, dass Kinder rund um den Globus tatsächlich in sehr unterschiedlichem Ausmaß weinen und dass gerade die traditionell eng bei der Mutter lebenden Säuglinge in den warmen, äquatornahen Regionen vergleichsweise wenig weinen.

Dass dies aber nicht einfach am Klima liegt, zeigt ein Vergleich zweier eng nebeneinander lebender Stämme in Zentralafrika: die Babys der als Jäger und Sammler lebenden Aka werden ständig am Körper eines vertrauten Erwachsenen getragen, sie weinen sehr selten. Die benachbarten Ngandu dagegen leben von der Landwirtschaft – ihre Babys werden nicht selten alleine gelassen und weinen weitaus mehr.[196]

Dabei unterscheiden sich die Säuglinge weniger darin, *wie oft* sie schreien – dies scheint in allen Kulturen relativ ähnlich zu sein. Auch der »Schreigipfel« mit etwa vier bis sechs Wochen scheint ein universelles Phänomen zu sein, wie wir gleich noch sehen werden. Worin sich Babys in verschiedenen Kulturen allerdings deutlich unterscheiden, ist die *Schreidauer*.

Universelle Konstanten

Rund um die Erde schreien Babys im Alter zwischen vier und sechs Wochen am dauerhaftesten. Nun könnte man zumindest das Nachlassen der Schreidauer am Ende des zweiten Monats so erklären, dass Mutter und Kind sich jetzt besser kennen und verstehen – das Baby braucht jetzt einfach nicht mehr so lange zu schreien, um verstanden zu werden. Vieles spricht aber dafür, dass der zeitliche Verlauf weniger durch Gewöhnung oder Erfahrung bedingt ist, als dass dahinter eine biologische »Voreinstellung«, also eine im Kind angelegte Entwicklung steht. Denn:

- Der Verlauf wird bei allen Babys beobachtet – egal ob sie eine erfahrene Mutter haben oder eine unerfahrene.
- Der Verlauf ist in allen Kulturen zu beobachten – auch dort, wo Mutter und Kind von Haus aus sehr eng aufeinander eingestellt sind und sehr niederschwellig miteinander kommunizieren.
- Auch bei Frühgeborenen ist der »Schreigipfel« zu beobachten, und er richtet sich nicht nach dem Geburtsdatum, sondern nach dem *erwarteten* Geburtstermin. Das heißt: Ein Kind, das vier Wochen zu früh auf die Welt kommt, hat seinen »Schreigipfel« nicht mit vier bis sechs Wochen, sondern mit acht bis zehn Wochen.[25]
- Und selbst bei unseren nächsten Säugetierverwandten, den Affen, kann ein ähnlich früher Schreigipfel beobachtet werden!

Auch eine andere Eigenart scheint auf einem biologischen Programm zu beruhen: Alle Babys rund um die Erde schreien am späten Nachmittag und abends am meisten. Hierzulande beschränkt sich fast die Hälfte der täglichen Schreidauer auf die Abendstunden zwischen 17 und 22 Uhr – also auf nur ein Fünftel des Tages.

Diese Neigung zur abendlichen Unruhe scheinen die Kleinen auf die Welt mitzubringen. Schon das Ungeborene im Mutterleib strampelt und dreht sich in den späten Nachmittagsstunden am meisten! Und auch nach der Geburt bewegt sich das Baby abends am meisten, sein Herzschlag ist am schnellsten und seine Körpertemperatur am höchsten.

Welchen Sinn hat ein solcher auf den Abend gelegter Aktivitätsgipfel? Am ehesten diesen: Jetzt einzuschlafen würde auf Kosten des Nachtschlafs gehen – und dass Menschenkinder gerade nachts schlafen, hat nun einmal einen guten Grund (vgl. Kapitel 4 E&A).

Immerhin winkt den Eltern eine Belohnung: Nach dem Abklingen der »Schreiphase« in den ersten Lebensmonaten wird aus der bevorzugten Schreizeit die beste Zeit des Tages! Die Babys sind jetzt richtig munter und in praller Spiellaune.

Individuelle Unterschiede

Was die Schreidauer angeht, unterscheiden sich nicht nur Kinder unterschiedlicher Kulturen voneinander – auch innerhalb jeder Kultur findet man beträchtliche individuelle Unterschiede. Und jetzt dürfte so manche Mutter große Ohren bekommen: Manche Babys schreien nämlich sage und schreibe dreimal weniger als andere![197]

Woran das liegt? Sicher bekannt ist nur, an was es *nicht* liegt: nicht am Geschlecht, nicht an der Geburtenfolge (also ob das Kind ein erstgeborenes oder später geborenes Kind ist), und auch das Alter und der soziale Status der Mutter haben keinen Einfluss darauf, wie viel ein Baby schreit. Immerhin kann die Forschung einige Kandidaten benennen, die die Unterschiede in der Schreidauer erklären könnten:

Die Nähe zwischen der Betreuungsperson und dem Baby scheint eine Rolle zu spielen. Betrachtet man den »regulierenden« Einfluss der körperlichen Nähe auf viele körperliche Funktionen (vgl. Kapitel 12), so verwundert das nicht. Forscher haben dokumentiert, dass Neugeborene auf dem Bauch der Mutter kaum weinen – im eigenen Bettchen dagegen schreien sie im Schnitt alle fünf Minuten etwa 30 Sekunden lang.[198] Kinder, die die ersten Tage nach der Geburt bei der Mutter verbringen, schreien im Vergleich zu den auf der Säuglingsstation versorgten Kindern auch in den folgenden Monaten weniger. Dazu passt auch: Mütter, die vor der Geburt Angst haben, ihr Kind könnte durch zu viel körperliche Nähe »verwöhnt« werden, haben später häufiger übermäßig schreiende Kinder (»Schreikinder«). Da ist es wenig überraschend, dass auch der *Erziehungsstil* Einfluss auf die Schreidauer hat. Säuglinge von Eltern, die prompt auf die Bedürfnisse ihrer Kinder reagieren und sie häufig bei sich tragen, sind weniger unruhig und schreien weniger (hierzu passt auch der oben erwähnte Vergleich zwischen den Aka und den Ngandu in Zentralafrika).[26] In Experimenten, in denen Eltern aufgefordert werden, ihre Babys häufiger bei sich am Körper zu tragen, schreien die Babys mit sechs Wochen im Schnitt immerhin 43 Prozent weniger![200] Der schreimindernde Einfluss der Nähe könnte unter anderem damit zu tun haben, dass die Eltern niederschwelliger auf die Signale des Babys reagieren können. Bei den Kung der Kalahari etwa dauern mehr als 90 Prozent der Schrei-Episoden weniger als 30 Sekunden an. In der modernen Lebenswelt sind Mutter und Kind dagegen ein ganzes Stück weit auseinandergerückt. Kein Wunder, dass da mehr über Fernsignale kommuniziert wird – es wird lauter geredet und auch mehr geschrien.

Auch der Stress in der Familie scheint eine wichtige Rolle zu spielen: Ist die Mutter unter Stress, so schreit das Kind mehr, schläft weniger und ist insgesamt unruhiger.[201] Dies könnte damit zusammenhängen, dass gestresste Mütter weniger feinfühlig auf ihre Kinder eingehen und die emotionalen, niederschwelligen Signale ihrer Kinder weniger gut verstehen.[202] Auch in diesem Fall setzen sich dann die eher »brachialen« Formen der Kommunikation durch, wie etwa Schreien.

Und die Ernährung? Wie wir noch sehen werden, ist es für das Schreien unerheblich, ob ein Kind mit der Flasche oder der Brust ernährt wird.[203] Allerdings: Die *Häufigkeit* des Fütterns oder Stillens scheint durchaus einen Einfluss auf das Schreiverhalten zu haben. Babys, die häufiger gestillt werden, schreien nämlich insgesamt weniger.[204] Und werden nach der Uhr gefütterte Kinder auf eine Ernährung nach Bedarf umgestellt, so nimmt auch die Schreidauer ab.[205]

Welchen Einfluss hat die Geburt? Einen geringeren, als oft vermutet wird. Manche Frühgeborene schreien in den ersten Monaten mehr – allerdings nur, wenn sie extrem früh, das heißt mehr als zwei Monate vor dem Termin zur Welt gekommen sind. Auch die allermeisten durch Kaiserschnitt geborenen Kinder schreien nicht mehr als andere. Allerdings: Manche durch einen Notfall-Kaiserschnitt geborenen Kinder (bei denen es ja oft entweder der Mutter oder dem Kind um die Geburt herum nicht gut geht) zeigen in den ersten Wochen eine stärkere Unruhe und schreien auch mehr.

Rätsel Dreimonatskoliken

Schreien, so unsere bisherige Annahme, sichert dem Baby Schutz, Nahrung und Pflege – und hilft ihm damit zu überleben. Und was könnte das anderes heißen als das: Wenn ein Baby all das bekommen hat, nach dem es schreit, dann sollte der Krawall doch aufhören, oder? Eltern wissen, dass die Realität anders aussieht – oft furchtbar anders. Ein guter Teil der Säuglinge schreit zwischen der dritten Lebenswoche und dem dritten Lebensmonat jämmerlich und ausdauernd, ohne dass die Eltern helfen können. Geschweige denn, dass diese überhaupt eine blasse Ahnung haben, warum die Kleinen schreien! Und das alles in einer Zeit, in der die Eltern sowieso schon stehend k.o. sind. Die zusätzliche Belastung kann schlimme, nicht selten fatale Konsequenzen haben. Mehr als 90 Prozent der Krankenhausaufnahmen wegen Misshandlung eines Säuglings geht unstillbares Schreien voraus. So sinnvoll Schreien fürs Überleben zu sein scheint, *diese* Art des Schreiens ist es nicht.

Die Rede ist von den sogenannten »Dreimonatskoliken«. Schon das Wort »Koliken« zeigt an, dass es um mehr geht als bloß um normales »Signalweinen«. Aber um was? Fragt man Kinderärzte, so trifft man auf ratloses Kopfschütteln. Selbst den Begriff der »Koliken« – der ja auf eine Ursache im Magen-Darm-Bereich hinweist – lehnen die meisten Ärzte mittlerweile ab und sprechen lieber von »anhaltendem Abendschreien« oder, etwas geschraubt, vom »primär exzessiven Schreien«. Ob der Bauch überhaupt eine ursächliche Rolle spielt, gilt als unbewiesen.

Dabei hat die Forschung schon so manchen Stein umgedreht. Immerhin weiß sie von ihrer Suche, was alles *nicht* mit »Koliken« zusammenhängt. Ob ein Kind unter Koliken zu leiden hat, liegt nicht daran

- ob es gestillt wird oder die Flasche bekommt,
- ob es ein Mädchen oder ein Junge ist,
- ob es eine erfahrene Mutter hat oder eine unerfahrene. (Zwar berichten Erstgebärende häufiger, dass ihr Baby Koliken hätte, lässt man sie jedoch genau Tagebuch führen, so ist die Schreihäufigkeit identisch.)

Brokkoli & Co

Kommen wir zum Gemüse. Zwiebeln, Brokkoli & Co sind oft das Erste, was die verzweifelte Mutter eines »Kolikkindes« als Ursache vermutet. Weg mit dem Zeug! Und tatsächlich: Wenn eine stillende Mutter »blähende« Nahrungsmittel wie Brokkoli, Lauch oder Zwiebeln weglässt, so hat sie manchmal in den ersten Tagen durchaus den Eindruck, dass ihr Baby weniger schreit. Lässt man sie aber ein Schreiprotokoll führen, so ergibt sich bei der Auswertung über ein paar Tage gemittelt kein Unterschied. Auch der gerne gegebene Rat, kohlensäurehaltige Getränke wegzulassen, bringt nichts – zum Glück, könnte man sagen, denn dann hätte die Wissenschaft ein echtes Problem, nämlich zu erklären, auf welchem Weg die Kohlensäure aus der Flasche nun eigentlich in die Brust kommen soll ... Tatsache ist: Mineralwasser, Cola und auch Brokkoli & Co verursachen ebenso wenig Koliken, wie Schokolade Pickel macht.

Und die Säuglingsmilch? Auch da wird eine Umstellung kurzfristig oft als Erleichterung empfunden – nach wenigen Tagen ist aber auch hier alles wieder beim Alten.

Könnten Allergien hinter den Koliken stehen? Durchaus – aber nur sehr selten. Tatsächlich stellt sich bei etwa drei Prozent der »Kolikkinder« heraus, dass sie Milcheiweiß, seltener auch einen anderen Nahrungsbestandteil, nicht vertragen. Fast immer haben diese Kinder aber zusätzliche Probleme wie etwa häufige Durchfälle oder eine Gedeihstörung. So richtig es also ist, gerade bei ungewöhnlichen Verläufen auch an eine Allergie zu denken, so wenig sind Allergien als generelle Ursache von Koliken anzusehen. Kein Wunder daher, dass eine Umstellung auf eine »hypoallergene« Säuglingsmilch den allerwenigsten Kolikkindern Erleichterung bringt.[206]

Könnte ein »KISS-Syndrom« hinter den Koliken stehen? Manche Alternativmediziner gehen davon aus, dass sich Kolikkinder bei der Geburt eine Verrenkung des Halswirbelgelenks an der Schädelbasis und damit ein KISS-Syndrom (kopfgelenk-induzierte Symmetrie-Störung) zugezogen hätten. Der Name klingt zwar vielversprechend, die Begründung für das angebliche KISS-Syndrom ist aber für wissenschaftlich denkende Ärzte nicht nachvollziehbar. Zudem zeigen Studien, dass die manualtherapeutische oder osteopathische Behandlung von Kolik-Babys nichts bringt.[207]

Griff in die psychologische Kiste

Am Leib scheinen Kolikkinder und ihre Eltern also nicht weniger gesund zu sein als andere Babys. Was ist mit der Seele? Eine einfache Erklärung könnte ja die sein: Emotional labile Eltern klagen einfach mehr über das Schreien ihrer Kinder und machen sie so zu »Kolikkindern«! Der Haken dabei: Befragt man die Eltern von Kolikkindern, so sind diese durchaus mehr gestresst und damit »labiler« als Eltern von Kindern ohne Koliken. Allerdings zeigen sich die Unterschiede erst, *nachdem* die Koliken angefangen haben – eine *Ursache* scheint der Stress damit nicht zu sein.

Und auch das angeborene Temperament des Kindes ist nicht an den Koliken schuld: Eltern von »Kolikkindern« beurteilen ihr Baby zwar als »schwieriger«, gibt man ihnen jedoch objektive Beobachtungsbögen an die Hand und wertet diese aus, so verhalten sich Kolikkinder außerhalb ihrer »Schreizeiten« nicht anders als »normale« Kinder.[208]

Wenn wir schon in der Psychologieabteilung sind: Macht vielleicht der Erziehungsstil einen Unterschied? Erheben die Babys etwa ihre Stimme gegen zu »kalte« Mütter, rebellieren sie gegen »falsche« Bemutterung, zu wenig Nähe oder gegen zu viel Stress in der Familie?

Diese Vermutung ist gar nicht so weit hergeholt. Wie wir am Anfang des Kapitels gesehen haben, hat der Umgang mit einem Säugling durchaus Einfluss darauf, wie viel ein Baby weint. Allerdings: Für das *Kolikschreien* scheint dieser Zusammenhang nicht zu gelten. In einer Studie, in der mit verschiedenen »Erziehungsstilen« versorgte Babys verglichen wurden, weinten zwar diejenigen Kinder, die viel getragen wurden und bei ihren Müttern im Bett schliefen, insgesamt deutlich weniger, beim anhaltenden Abendschreien jedoch zeigte sich kein Unterschied.[209]

Ein echtes Rätsel

Schauen wir uns das Phänomen Kolik noch einmal aus der Vogelperspektive an. Von Dreimonatskoliken sprechen Kinderärzte, wenn ein Baby mehr als drei Stunden am Tag, an mehr als drei Tagen in der Woche und während mehr als drei Wochen quengelt oder schreit. Im Volksmund werden diese Babys auch als »Schreibabys« bezeichnet. Dreimonatskoliken sind in vielen Kulturen beschrieben – in Japan spricht man lapidar vom »Abendschreien«, in China vom »100-Tage-Schreien«, und in Korea gibt es eine »Feier des hundertsten Tages«. In Vietnam scheinen die Eltern noch genauer zu zählen, hier redet man vom »Drei-Monate-und-zehn-Tage-Schreien«.

Betroffen ist in Deutschland etwa jeder siebte Säugling. Die Koliken beginnen typischerweise in der zweiten Woche nach der Geburt und erreichen ihre schlimmste Ausprägung mit etwa sechs Wochen. Bei sechs von sieben Kindern verschwindet der Spuk dann mit dem dritten oder vierten Monat auf einmal von selbst. Babys, die jetzt noch durch häufiges Schreien auffallen, werden auch als »andauernde Schreikinder« bezeichnet, oder ihnen wird »persistierendes Schreien« oder eine »irreguläre Kolik« attestiert (sie wird uns weiter unten beschäftigen).

Aufzeichnungen mit dem Tonband haben schon lange gezeigt, dass Kolikkinder keineswegs *häufiger* schreien als andere Babys, sie schreien nur länger – das heißt, wenn sie zu weinen anfangen, ist es schwerer, sie wieder zu beruhigen. Deshalb ist auch bei Kolikkindern der beim »normalen« Schreien beobachtete Schreigipfel am Abend zu verzeichnen: Mehr als drei Viertel der Koliken beginnen zwischen 17 und 20 Uhr. Manche Forscher sehen Koliken deshalb als eine besonders starke Ausprägung des normalen Schreiens – als Spitze des »Schreieisbergs« sozusagen.[210]

Welche Rolle spielt der Bauch?

Andere Forscher und auch viele Eltern (der Autor und seine Frau inbegriffen) würden dagegen beschwören, dass Koliken in eine ganz andere »Schublade« gehören – und dass die Babys wirklich *Bauchweh* haben. Der kleine Bauch ist gespannt und gebläht, die Kleinen ziehen die Beinchen an, und sie winden sich, als wollten sie den Schmerz wegdrücken. Andererseits: Eine auf den Bauch zu beziehende *Ursache* des Kolikschreiens konnte bis heute nicht gefunden werden. Aber heißt das, dass der Bauch nicht beteiligt ist? Durchaus nicht. Zum einen könnten Kolikkinder empfindlicher mit dem Bauch reagieren, etwa wenn sie beim »normalen« Schreien Luft schlucken – aus einem normalen Weinen könnte so ein Kolikschreien werden. Oder der Darm könnte bei manchen Kindern empfindlicher auf die normalen Reize des Babyalltags reagieren, etwa auf die Kombination von Müdigkeit und Hunger in den Abendstunden. Tatsächlich sprechen Blutuntersuchungen dafür, dass Schreibabys womöglich stärkere Darmbewegungen (Peristaltik) haben als andere Babys – jedenfalls liegt bei Schreibabys ein bestimmter Stoff, der mit die Darmtätigkeit steuert (das Motilin), in höherer Konzentration vor. Wirkliche Beweise gibt es aber bisher weder für noch gegen den Darm.

Spekulationen zu den Ursachen

Es lässt sich also einfach kein Sündenbock für die Koliken finden. Niemand scheint etwas falsch zu machen – nicht einmal die Mutter! Und weder zu viel Zwiebeln noch die Kohlensäure und nicht einmal zu wenig Bindung scheinen verantwortlich zu sein. Warum um alles in der Welt schreien so viele Kinder dann so erbärmlich? Schauen wir uns zum Abschluss drei interessante Spekulationen an und diskutieren wir ihr Für und Wider.

Die Melatonin-Theorie. Eine erste Vermutung spricht dem Rhythmushormon Melatonin eine ursächliche Rolle zu. Warum, so fragt der Begründer dieser Theorie, der Kinderarzt Marc Weissbluth, hört der Kolikspuk so verlässlich nach drei Monaten auf? Seine Antwort: Wenn Menschenbabys auf die Welt kommen, so schütten sie bereits eines der für ihren Biorhythmus verantwortlichen Hormone, das Serotonin, in hoher Konzentration aus. Dies fördert die Darmbewegungen und könnte mit dafür verantwortlich sein, dass Babys so häufig Stuhlgang haben. Ein anderes wichtiges »Rhythmushormon«, das Melatonin, ist dagegen in den ersten drei Monaten noch kaum vorhanden. Dieses Hormon, das unter anderem den Schlaf-Wach-Rhythmus regelt, wirkt auf die Darmmuskulatur entspannend, und es steigt zumindest in den weniger sonnenreichen Breitengraden erst mit drei Monaten stark an – etwa zu der Zeit, in der sich bei den Babys hierzulande ein regelmäßiger Schlafrhythmus einpendelt. Nach der Theorie von Dr. Weissbluth macht das Missverhältnis zwischen Serotonin und Melatonin den Darm der Säuglinge in den ersten drei Monaten für Krämpfe anfällig. Für diese Theorie spricht, dass sich die »Kolikzeit« auch bei Frühgeborenen nach dem Alter ab der Empfängnis richtet und nicht nach dem Alter ab Geburt – tatsächlich hängt die Ausbildung des Tag-Nacht-Rhythmus von äußeren Einflüssen wie Licht und Dunkelheit ab, die auch schon im Mutterleib wirken.

Nach Marc Weissbluths Theorie ließe sich auch erklären, warum Babys in Äquatornähe weniger unter Koliken leiden: Wegen der dort stärkeren Sonneneinstrahlung haben die Babys möglicherweise schon in den ersten Lebenswochen höhere Melatoninspiegel.[211] Ein Beweis für diese Theorie steht aber noch aus.

Die Überfüllungs-Theorie. Auch bei einer zweiten Erklärung für die Dreimonatskoliken steht der Darm im Mittelpunkt, und auch sie ist unbewiesen. Der Darm des Säuglings, so die unter anderem von Ronald Barr vertretene Theorie, könnte möglicherweise eher auf kleinere Milchmengen eingestellt sein als hierzulande üblich. Warum?

Unter den warmen Umweltbedingungen Afrikas, wo sich die menschliche Art entwickelt hat, könnte die Nahrungsaufnahme des Säuglings stärker von Durst getrieben gewesen sein – und Säuglinge, die aus Durst trinken, trinken zwar häufiger, dafür aber jeweils nur kleinere Mengen. Tatsächlich werden Säuglinge in äquatornahen Regionen sehr viel häufiger gestillt als Säuglinge hierzulande – und gerade dort kommen Koliken weitaus seltener vor. In Experimenten lässt sich zudem nachweisen, dass häufiges Anlegen vorbeugend gegen Kolikschreien wirken kann.[212]

Das Argument der eigentlich »vorgesehenen« kleinen Nahrungsmengen wirkt auch aus einem anderen Grund attraktiv: Aus dem Blickwinkel der »sparsamen« Evolution betrachtet bedarf nämlich auch das hierzulande häufig beobachtete *Spucken von Nahrung* bei Säuglingen einer Erklärung – es ergibt einfach keinen Sinn, dass sich Babys den Bauch bei einer Mahlzeit vollpumpen, um einen Teil dann wieder auszuspucken! Auch dieses Phänomen ließe sich aber durch die relativ voluminösen Trinkmahlzeiten bei Säuglingen in den kälteren Breitengraden erklären – schließlich entspricht eine Mahlzeit von 200 Millilitern bei einem kleinen Säugling, auf einen durchschnittlichen Erwachsenen hochgerechnet, dem Verzehr von immerhin vier Litern!

Das vierte Trimester. Eine andere Erklärung geht davon aus, dass Menschenkinder in den ersten drei Lebensmonaten weitaus unreifer sind als andere Jungtiere – um bei dem rasanten Hirnwachstum im Mutterleib überhaupt noch durch den Geburtskanal zu passen, müssen sie ja in der Tat »vorzeitig aussteigen« (dieses Geburtsdilemma der menschlichen Art begegnet uns im Detail in Kapitel 12). Sie verlassen also eine warme, enge, bewegte und lärmige Welt in einem Zustand, in dem sie möglicherweise noch wenig Anpassungskraft, Gegenwehr und Selbstschutz aufbringen können. Könnte es sein, dass sie einfach noch ein »viertes Trimester« für die Nachreifung brauchen und in dieser Zeit sozusagen das Uterusgefühl vermissen?

Tatsächlich fällt auf, wie leicht sich Neugeborene durch Bewegung, räumliche Begrenzung in den Armen und auch durch Geräusche beruhigen lassen. Der amerikanische Kinderarzt Harvey Karp entwickelte aus diesen Beobachtungen seine »Babyflüsterer-Methode«, die praktisch darauf aufbaut, die Erfahrungen des Mutterleibs zu simulieren: Die Babys sollen fest in Tücher eingeschlagen (gepuckt) werden, oft sanft geschaukelt und durch zischende Geräusche (auch über Tonband) beruhigt werden. Zudem sollen die Babys ab etwa der dritten Lebenswoche viel saugen dürfen (z.B. an einem Schnuller).[213]

Die Methode leuchtet in ihrer Begründung gerade aus evolutionsbiologischer Sicht ein. Dass viele weinende Babys gut auf die genannten »Eingriffe« ansprechen, steht außer Frage – historisch betrachtet wurden Babys in weiten Teilen Europas ja bis ins 19. Jahrhundert hinein sozusagen nach Karps »Methode« beruhigt. Allerdings steht der Nachweis aus, ob sie auch bei *Kindern mit Koliken* wirklich einen Unterschied macht: Wie bereits erwähnt scheint die Art des Umgangs mit einem Säugling überraschend wenig auf die Häufigkeit von Koliken zurückzuwirken,[214] und auch das Pucken allein hat bei Kolikkindern keinen einheitlich positiven Effekt[215]. Allerdings: Bisher hat keine Methode einen solchen »einheitlich positiven« Effekt, so dass nichts gegen das Probieren im Alltag spricht!

Persistierendes Schreien

Babys, die auch nach dem »Kolikalter«, also den ersten drei bis vier Lebensmonaten, noch häufig und unstillbar schreien, werden auch als dauerhaft weinende Babys oder persistierend schreiende Babys bezeichnet. Betroffen sind etwa 5 Prozent der in den ersten drei Monaten exzessiv schreienden Kinder, und damit etwa eines oder zwei von hundert Kindern.

Das »persistierende Schreien« belastet die Familien oft noch stärker als die Dreimonatskoliken. Denn zum einen ist beim persistierenden Schreien kein Licht am Ende des Tunnels zu sehen – die Kinder schreien oft noch im Kleinkindalter weitaus mehr als andere Kinder. Und vor allem schreien diese Kinder nicht nur in den Abendstunden, sondern oft auch nachts, beim Essen, wenn sie müde sind oder wenn sie etwas nicht bekommen, was sie gerne hätten. Es ist also nicht nur die *Dauer des Schreiens*, die die Eltern belastet, sondern es sind die unpassenden Anlässe – die Kleinen sind im wahrsten Sinne des Wortes »24-Stunden-Babys«.

Und da entsteht nur allzu leicht ein Teufelskreis. Weil sie mehr schreien, schlafen die »persistierend schreienden Babys« am Tag kürzer, dadurch können sie sich schlechter erholen, sind dann abends noch quengeliger, schlafen schlechter ein, ihr Rhythmus kommt leicht durcheinander, der Stress in der Familie breitet sich aus – kein Wunder, dass die Beziehung zwischen dem Baby und seinen Eltern leidet, von negativen Gefühlen überdeckt wird oder ganz abbricht. Verständlich auch, dass bei diesen Schreibabys nicht selten weitere »Regulationsprobleme« zu beobachten sind. Neben Schlafproblemen sind das oft Fütterungsprobleme, eine starke Unruhe oder exzessive Zornanfälle. Und oft bleiben Verhaltensprobleme bis ins Schulalter oder darüber hinaus bestehen, etwa eine Aufmerksamkeitsstörung.

Und wenig überraschend auch, dass es gar nicht so einfach ist, die Ursache für persistierendes Schreien zu finden. Denn bei Familien mit dauerhaft weinenden Babys sind zwar häufig besondere Belastungen zu finden wie etwa Partnerkonflikte, mangelnde Unterstützung durch andere, finanzielle Schwierigkeiten, übermäßiger Stress oder psychische Probleme – nur: Die könnten eben auch *Folge* der Belastungen durch das Schreikind sein. Und wie bei den Dreimonatskoliken auch – in aller Regel lässt sich eine beweisbare Ursache nicht finden.

Praktische Tipps: Vom Umgang mit schreienden Kindern

Wenn auf Bali ein Baby viel schreit, so wird angenommen, dass es damit gegen einen nicht passenden Namen protestiert. Namen können nämlich zu »schwer« oder zu »leicht« sein und so ein Ungleichgewicht in der kindlichen Seele schaffen. Ein traditioneller Heiler kann dem Kind helfen, indem er für das Kind einen neuen Namen auswählt.[216]

Für diejenigen, die über diese Art der »Behandlung« des Schreiens schmunzeln: Einem Kind einen neuen Namen zu geben ist nicht weniger irrational als keine kohlensäurehaltigen Getränke mehr zu trinken, auf Vollkornbrot zu verzichten oder dem Baby entschäumende und angeblich entblähende Medikamente wie Sab simplex, Lefax oder irgendwelche Kügelchen zu geben! Denn auch wenn wir es nicht so gerne wahrhaben wollen – vieles von dem, was Eltern gegen das Schreien ihrer Babys unternehmen, ist komplett wirkungslos. Fassen wir einmal zusammen, was gegen das Schreien alles *nicht* hilft:

- Abstillen ist keine Lösung, denn es ist nicht die Muttermilch, die Koliken verursacht.
- Auch das Wechseln der Säuglingsmilch bringt nichts – nach ein paar Tagen ist wieder alles beim Alten.
- Das gilt ebenso für die »hypoallergenen« oder hydrolysierten Säuglingsnahrungen – nach modernen wissenschaftlichen Standards ist ihre Wirksamkeit gegen das Schreien nicht erwiesen.
- Auch die hektoliterweise in die Mägen der Babys geträufelten Entschäumertropfen bringen nichts.[217]
- Eine spezielle Untersuchung auf Allergien ist nur dann angezeigt, wenn gleichzeitig andere ungewöhnliche Zeichen bestehen wie etwa Durchfälle, eine Blutarmut, ungewöhnliches Erbrechen oder ein gestörtes Gedeihen.
- Eine craniosacrale oder osteopathische Therapie ist unnötig – sie bringt allenfalls einen Plazebo-Effekt.[218]

Was wirkt dann?

Anstatt ihren Babys Allergien, eine verrenkte Schädelbasis oder andere Störungen oder Krankheiten zu unterstellen, ist schreienden Babys schon viel geholfen, wenn Eltern eben dies *nicht* tun. Denn das Schreien geht mit dem dritten oder vierten Monat in fast allen Fällen von selbst zurück – die einmal aus Verzweiflung geschaffene »Diagnose« aber bleibt haften, und sei es bei den Großeltern, Tanten oder Nachbarn. Und ein Kind, das seine Eltern lange genug als »schwierig« betrachten, *wird* schwierig. Wenn der Schreispuk vorbei ist, bleibt den Eltern dann oft ein Kind, das ihnen besonders verletzlich erscheint – kein leichter Start in ein Leben, für das Kinder ihre Kräfte gut gebrauchen können.

Kommen wir also zu Strategien, die sich auch in wissenschaftlichen Studien als wirksam erwiesen haben

Wer ein zu früh geborenes Kind hat, kann ihm durch viel Körperkontakt und Zuwendung helfen, besser mit seiner Unruhe klarzukommen.

Körperliche Nähe wirkt aber auch bei reif geborenen Babys vorbeugend. Ein Baby am Körper zu tragen, anstatt es in den Kinderwagen zu legen, scheint den kleinen Menschen insgesamt ruhiger zu machen (wir kommen darauf in Kapitel 12 zu sprechen).

Zigarettenrauch zu vermeiden ist auch im Hinblick auf Schreien sinnvoll – es gibt nämlich Hinweise darauf, dass Nikotin die Krampfbereitschaft des Darms fördert.[219]

Und sinnvoll ist es immer, das Dorf mit einzubeziehen – gemeint ist das »Dorf«, das es nach dem bekannten afrikanischen Sprichwort braucht, um ein Kind großzuziehen, also Freunde, Helfer, Verwandte und Menschen, die den Eltern sonstwie wohlgesonnen sind. Wer ein vielschreiendes Kind hat, der braucht vor allem in den Abendstunden Hilfe – die muss organisiert, zusammengetrommelt, mit Schokolade, Wein oder dem Versprechen des ewigen Lebens ins Haus gelockt werden. Nur so können Eltern sicherstellen, dass sie das Licht am Ende des (drei Monate langen) Tunnels überhaupt noch als Menschen erleben.

Ob »Pucken« gegen das Schreien viel hilft, ist umstritten. In manchen Studien scheint das stramme Einwickeln in Tücher in den ersten Lebensmonaten die Kinder etwas ruhiger zu machen,[220] die Reaktionen der Babys sind aber sehr unterschiedlich: Manche bevorzugen das leichte Zudecken, andere schreien eindeutig weniger, wenn sie gepuckt wurden.[221] Gegen ein Ausprobieren spricht nichts, wenn es in Maßen geschieht – Babys brauchen nun einmal auch ihre Bewegungsfreiheit, um ihr Körpergefühl entwickeln zu können. Wenn Kinder gepuckt werden, sollten deshalb die Hüften und Beinchen möglichst frei bleiben.

Auch Babys insgesamt häufiger anzulegen könnte vorbeugend wirken – zumindest gibt es Hinweise dafür, dass das häufige Anlegen die Babys insgesamt ruhiger macht.[222]

Eine neue vorbeugende Möglichkeit könnten für nicht gestillte Kinder die »präbiotischen« Säuglingsanfangsnahrungen sein, also eine Säuglingsmilch, der bestimmte, die Darmflora fördernde Bestandteile (Präbiotika), wie etwa Inulin, zugemischt sind. Vielleicht sorgt eine gesunde Darmflora dafür, dass der Darm insgesamt weniger reizbar ist. Erste Versuche zeigen jedenfalls günstige Effekte, erlauben jedoch noch längst keine generelle Empfehlung.[223]

Und was ist mit den »entblähenden« und »entspannenden« Tees und Massageölen, auf die viele Mütter schwören, also Fenchel, Anis, Kümmel, Kamille & Co? Hierzu lassen sich überraschend wenige Forschungsergebnisse finden. In einem Doppelblindversuch mit einem aus Fenchel, Melisse und Kamille bestehenden Extrakt war aber eine positive Wirkung auf das Schreien zu verzeichnen, sodass die pflanzlichen Helfer schon einen Versuch wert sein dürften.[224]

Der Kolik-Notfall

In England war im 19. Jahrhundert gegen Koliken das »gripe water« beliebt – eine Mischung aus Dillöl, Natron und Alkohol. Es ist anzunehmen, dass das ganz gut gewirkt hat, wenn auch vielleicht auf Kosten von ein paar Hirnzellen. Und das »Buch der Mütter«, ein Ende des vorletzten Jahrhunderts viel gelesener Elternratgeber, rät sogar zur Gewalt: »Besonders aber hüte man sich (zur Nachtzeit) selbst bei dem ärgsten Geschrei vor dem Herumtragen und lasse mit voller Gemütsruhe das Kind ausschreien. Rührt das Geschrei vom bloßen Eigensinn her, so darf man schon von dem vierten Monat an zu einem ernsteren Mittel vorschreiten und dem Kleinen einen Klaps auf den Hinterteil geben; oft genügt es auch, ihm im strengen Tone Ruhe zu gebieten und es auf eine andere Seite zu legen.«[225]

Heute, wo solche rachsüchtigen und gemeinen Abkürzungen zu Recht verpönt sind, müssen sich Eltern mühsam durch Versuch und Irrtum an eine Strategie herantasten, die bei ihrem Kind funktioniert.

Wenn Babys unter Koliken leiden, so kann es sinnvoll sein, ihnen *einmal* die Brust zu geben. Wenn sie jetzt aber nur kurz und hektisch trinken, dürfte häufiges Stillen oder gar »Abfüllen« nicht die richtige

Strategie sein. Manche Babys lassen sich dann eher durch einen Schnuller beruhigen.

Manche Babys wollen fest am Körper getragen werden, oder sie werden ruhiger, wenn sie gepuckt werden. Andere mögen es eher leicht, etwa im »Fliegergriff«. Auch »weißes Rauschen« durch Flüstern, Zischen oder einen laufenden Föhn bzw. Staubsauger kann das eine oder andere schreiende Kind beruhigen – diese Strategie hilft dem Baby, andere Reizquellen auszublenden und kann es dadurch beruhigen.

Rhythmen können beruhigend wirken, etwa der Geh-Rhythmus, der sich auf das Kind überträgt – kein Wunder, dass manche Mütter mit ihrem Baby im Tragetuch in den Kolikstunden spazieren gehen. Auch das leichte Klopfen auf den Rücken, etwa in Herzschlagfrequenz (80- bis 140-mal pro Minute, also etwa zweimal pro Sekunde), soll auf manche Babys beruhigend wirken.[226] Das übertriebene Schaukeln im Kinderwagen oder Gehopse auf dem Gummiball dagegen macht viele Babys eher hektisch und bringt nur kurzfristig Ruhe.

Manchmal sind sich Eltern gar nicht sicher, ob ihr Baby ein Vielschreier ist oder ob sich nur die Schreiminuten für die eigenen Ohren endlos hinziehen. In einem solchen Fall kann ein Schreitagebuch Klarheit bringen – die Eltern schreiben die genauen Uhrzeiten, wann ihr Baby schreit, auf, und besprechen sich dann z.B. mit dem Kinderarzt.

Koliken treffen Eltern mitten in ihrem Selbstverständnis. Ihre wichtigste Aufgabe ist ja, ihr Baby zu füttern, zu schützen und zu beruhigen! Gelingt dies nicht, so fühlen sie sich schnell als Versager – und damit droht das ganze »System Familie« unter Selbstvorwürfen und Selbstzweifel zusammenzubrechen. Zum Glück können sich Eltern, die nicht mehr aus und ein wissen, heute auch an spezielle Beratungsstellen wenden. In solchen *Schreisprechstunden* arbeiten Kinderkrankenschwestern, Hebammen oder Kinderärzte, die sich mit dem Thema »Schreien« gut auskennen – mit ihrem Wissen können sie den Eltern den Rücken stärken und ihnen bei Bedarf helfen, die Kommunikation mit dem Baby neu zu »ordnen«.

Und immer stehen Eltern vor der Herausforderung, ihre Wut auf das schreiende Bündel zu zähmen, die auch beim besten Willen hochkochen kann. Es ist besser, ein schreiendes Baby abzulegen und aus dem Zimmer zu gehen, als sich bis zum Äußersten zu verausgaben und das Baby womöglich zu schütteln (weil Babys ihren Kopf noch nicht gut halten können, kann dies zu schweren Gehirnblutungen führen).

Können Tränen lügen?

1926 wurde es amtlich: Eltern sollen dem Weinen von Babys nicht nachgeben, denn sonst lerne das Kind, »dass es durch Schreien das bekommt, was es will«. Das US-amerikanische Arbeitsministerium, das diese Empfehlung aussprach, legte noch eins drauf: So schaffe man sich »einen Haustyrannen, dessen andauernde Ansprüche aus der Mutter eine Sklavin machen«.

Heute sind wir eher geneigt, den kleinen Kindern zu glauben und auf ihr Schreien einzugehen. Schließlich wollen wir die Bedürfnisse der kleinen Menschen ernst nehmen und ihnen verlässlich beistehen.

Aber einen Restzweifel scheinen die Eltern einfach nicht loszuwerden, und so mancher gut gemeinte Kommentar der Schwiegermutter haut treffsicher in diese Kerbe: Vielleicht sind die Tränen, die da kullern, ja doch nur ein Mittel, um die Eltern zu manipulieren und ihnen Zuwendung, Brot und Spiele abzupressen?

Teure Werbung

Betrachten wir das alte Problem einmal aus einem neuen Blickwinkel, und bedienen uns dazu einer bei Evolutionswissenschaftlern beliebten Theorie – der *Signaltheorie*. Diese geht davon aus, dass Lebewesen über ein Netz von Signalen für sich werben: Männliche Leuchtkäfer beispielsweise schwirren durch die Sommernacht und versuchen mit ihrem irren Feuerzauber Weibchen anzulocken. Was so romantisch aussieht, ist in Wirklichkeit brandgefährlich, denn das leuchtende »Hallo, hier bin ich!« zieht auch Fressfeinde an. Und wie! Denn je attraktiver das Signal – Leuchtkäferweibchen stehen auf ein möglichst intensives, langes und flackerndes Leuchten –, desto sicherer sind auch hungrige Mäuler zur Stelle. »Jede Nacht«, so die Biologin Sara Lewis, »begibt sich der Leuchtkäfer auf ein dünnes Drahtseil zwischen Sex und Tod«.

Oder nehmen wir den Pfau: Je mehr Augen er auf seinem Rad hat, desto sicherer sind ihm die Augen seiner Bewunderinnen. Nur: Jedes der fluoreszierenden blauen Augen braucht Platz, und das bedeutet zusätzliche Federn im Gefieder, also: zusätzliche Last. Das Gefieder mag prächtig aussehen, aber es hindert nun einmal bei den Alltagsgeschäften, etwa bei der Flucht vor hungrigen Füchsen. Auch hier liegen Romantik und Risiko nah beieinander.

Alles Lüge?

Glühwürmchen und Pfauenhahn zeigen, dass die Werbung für die eigene Sache *teuer* sein kann. Was liegt da näher als zu schummeln? Man kann ja einfach mal so tun als ob: Die Nackenhaare aufstellen zum Beispiel ist deutlich billiger als die entsprechenden Muskelpakete zu unterhalten. Und auch die Mähne des Löwen ist eine ziemlich durchsichtige und wohlfeile »Verkleidung«. Tatsache ist, dass es in der Natur von Trittbrettfahrern nur so wimmelt. Noch die schmächtigste Katze bekommt einen imposanten Buckel hin! Und die Mittel, mit denen da getrickst und geflunkert wird, sind schier unerschöpflich: Das Erdhörnchen etwa heizt bei der Begegnung mit einer Klapperschlange seinen Schwanz so stark auf, dass die so gut wie blinde Klapperschlange angesichts der Wärmestrahlung meint, da stünde mindestens ein Puma vor ihr. Und das ist noch gar nichts gegen den Kuckuck, der sich mit seinem in ein fremdes Nest gelegten Ei mit einem Schlag auch die ganze Sorge um seinen Nachwuchs vom Hals schafft! Er kann sich schließlich sicher sein, dass die Gasteltern sich vom röteren und größeren Schnabel des Kuckuckskindes austricksen lassen werden, und ihre Würmchen brav in den »superoptimalen« Schlund stopfen werden ...

Ehrliche und unehrliche Signale

Da stellt sich eine ganz praktische Frage: Wie lässt sich erkennen, was bloß ein Trick ist und wo »echter« Aufwand betrieben wird? Wer garantiert, dass ein Signal nicht einfach Hochstapelei ist? Wer garantiert, dass der Pfau mit seinem tollen Federkleid wirklich der tolle Hecht ist, den zu sein er vorgibt? Wer garantiert, dass Tränen keine Krokodilstränen sind, sondern tatsächlich »nicht lügen«?

Die Signaltheorie gibt darauf eine verblüffend einfache Antwort: Man erkennt es an den Kosten. Ehrliche (also durch echte Qualitäten gedeckte) Signale sind für den Sender vor allem eines: teuer. Signale dagegen, mit denen sich ein Trittbrettfahrer bloß Vorteile erschleichen will, sind billig. Kurz: Der »Wahrheitsgehalt« eines Signals hängt mit dem Aufwand zusammen. Denn je mehr Anstrengung oder Risiko in einem Signal steckt, desto schwerer lässt es sich kopieren, fälschen oder vortäuschen. Die entsprechende Theorie segelt in der Biologie unter der Flagge des »Handicap-Prinzips«: Wer seine Ehrlichkeit unter Beweis stellen will, muss wohl oder übel ein Handicap auf sich nehmen.

Nehmen wir den Hirsch. Wer sich ein solches Obergeschoss leistet, muss dafür einiges an zusätzlicher Energie investieren – und das kann er nur, wenn er *wirklich* das lebenstüchtige Prachtexemplar ist, das zu sein er vorgibt. Und hinter dem auffälligen roten Fleck auf dem Federkleid eines schwarzen Vogels steht echte Power, wenn der Vogel damit auch für seine Feinde besser sichtbar ist. Wer für die Eigenwerbung auch ein Risiko zu tragen bereit ist, zeigt seine ehrliche Haut.

Zurück zum Schreien

Dieses »Handicap-Prinzip« scheint sich auch der Mensch zu eigen zu machen: Warum ist die Schürze des Kochs ausgerechnet *weiß?* Und warum nehmen Frauen freiwillig eine Behinderung namens Stöckelschuhe auf sich? Warum »leistet« sich der Manager auch im Hochsommer einen Anzug mit Weste und Würger-Krawatte? Und warum sind die bekannten Statussymbole alle so teuer – von der Gucci-Tasche bis zum

Brillantring (den sowieso nur Experten von einem raffinierten Glas-Imitat unterscheiden können)?

Schauen wir uns jetzt einmal das kindliche Schreien an. Nach der gerade besprochenen Signaltheorie sollten die Tränen dann echt sein, wenn sie dem Kind tatsächlich echte *Kosten* aufbürden. Tun sie das?

Durchaus. Denn wer schreit, ruft nicht nur helfende Hände herbei, sondern macht auch hungrige Mäuler auf sich aufmerksam – Schreien war zumindest unter evolutionären Bedingungen auch *gefährlich*. Das erklärt, warum die Babys mancher Arten nur dann weinen, wenn sie spüren, dass ihre Mutter in der Nähe ist. Die Gefahr, ohne Schutz der Mutter von einem Raubtier entdeckt zu werden, wäre zu groß.

Schreien ist aber auch deshalb teuer, weil es Energie verbraucht. Und die können gerade kleine Menschen ganz gut gebrauchen – sie benötigen nämlich jede Kalorie zum Wachsen. Und das umso dringender, je jünger sie sind. In den ersten Lebensmonaten stecken Menschenkinder ja immerhin ein Drittel der mit der Nahrung zugeführten Energie ins Wachstum. Im zweiten Jahr fällt dieser Anteil auf unter drei Prozent.[227] Das heißt konkret: Im ersten Jahr »schmerzt« die zusätzliche Energieausgabe fürs Weinen weitaus mehr als im späteren Leben.

Dazu kommt, dass gerade die kleinen Kinder im ersten Lebensjahr das Wein-Signal ziemlich aufwendig nach dem Sirenenprinzip abgeben. Weil sie nicht wissen können, wie weit weg ihre Mutter ist, gehen sie jedes Mal aufs Ganze – auch das erhöht die Kosten. Ein Säugling wäre aus Sicht der Signaltheorie also schlecht beraten, »grundlos« zu schreien: Es wäre die Nachteile einfach nicht wert.

Vielleicht erklärt der hohe Aufwand, den das Schreien für ein rasch wachsendes, schutzloses Kind mit sich bringt, dass es sich so unglaublich lange Zeit lässt, bevor es mit dem Schreien so richtig loslegt – wie wir in Kapitel 6 gesehen haben, spielt das kleine Geschöpf ja zunächst einmal ausgiebig das ganze Repertoire weniger aufwändiger Nahsignale durch, vom Räkeln über das Hüsteln bis zum »Knarzen«.

Mit dem Alter ändert sich die Kostenrechnung. Schreien wird jetzt »billiger«. Und damit steigt die Wahrscheinlichkeit, dass das Signal *unehrlich* wird und der Mutter nur etwas abgetrotzt wird, das eigentlich gar nicht so dringend vonnöten wäre. Jeder weiß, wie schnell Kindergartenkinder Zeter und Mordio schreien können, um mit nur ein bisschen Ablenkung die anscheinend so lebenswichtige Angelegenheit plötzlich zu vergessen. *Das* riecht verdammt nach einem unehrlichen Signal!

Der Blick auf die Kosten

Die Sichtweise der Signaltheorie dient uns an mehreren Stellen dieses Buches als Werkzeug – etwa beim Abstill«konflikt«, bei den Konflikten um den Kinderschlaf und bei den Wutanfällen der Trotzphase. Der Blick auf die Kosten, so zeigt sich bei diesen Beispielen, kann Eltern durchaus helfen, Spreu von Weizen zu trennen und ein Gespür zu entwickeln, wo es wirklich um ernste Forderungen und wo nur um Kapriolen geht.

Und die Signale der Eltern?

Die Signaltheorie kann Eltern aber auch helfen, die eigene Erziehung besser zu verstehen. Denn es ist anzunehmen, dass auch Kinder ein sicheres Gespür dafür haben, wo es ihre Eltern »ernst« meinen und wo sie nur so tun als ob. Kinder sollten durchaus über feine Fühler verfügen, mit denen sie den Unterschied zwischen einem »Nein, du bekommst dieses Bonbon nicht :-)« und einem »Nein, du bekommst dieses Bonbon *nicht* :-(« erkennen können!

Das passt durchaus zu den Erfahrungen der Eltern. »Kinder akzeptieren das, was für den Erwachsenen notwendig ist«, sagt etwa Anna Wahlgren als immerhin 9-fache Mutter und lenkt damit den Blick einmal mehr auf die *Kosten.* »Wissen« Kinder, dass es ein Leichtes sein wird, ihre Eltern umzustimmen, so macht es für sie weitaus eher Sinn, auf ihrer eigenen Position zu beharren, als wenn sie merken, dass es um etwas *nicht verhandelbar Wichtiges* geht.

Kein Wunder, dass viele Eltern merken, dass der Umgang auch mit Kindern leichter fällt, wenn sie mit offenen Karten spielen und im Zweifelsfall ihre echten Gefühle nicht verbergen – kurz, wenn sie »authentisch« sind. Kinder – hier wird die Theorie durch die Lebenserfahrung bestärkt – nehmen ihren Eltern das ab, was von Herzen kommt!

Das zeigt sich oft schon an kleinen Dingen. Etwa wenn es an der Zeit ist, den Schnuller »verschwinden« zu lassen. Oder wenn das Kind in den Kindergarten kommt. Sind die Eltern nur halb überzeugt, dass das jetzt wirklich ansteht oder folgen sie nur einem Expertenrat oder der Meinung einer Freundin, so gibt es Tränen (oft auf beiden Seiten ...). Wenn sie es dagegen angehen wie John Wayne, wenn er den Saloon betritt, dann klappt es auch.

G. JAKOBIDES
1884

Kapitel 7

Warum Kinder trotzen

Wo vor wenigen Wochen noch ein kleines Ablenkungsmanöver (»Guck mal dort drüben!«) ausreichte, um den Frieden zu wahren, kommt irgendwann im zweiten Lebensjahr – meist mit 15 bis 18 Monaten – der Punkt, ab dem der Kampf bis zur letzten Träne ausgefochten werden muss. Die Kinder beginnen zu trotzen. Diese »schrecklichste Phase der Veränderung, die es in der ganzen Weltgeschichte gibt« (Anna Wahlgren) hält viele Familien ein gutes Jahr, oft auch bis weit ins Kindergartenalter hinein in Atem. Manche Menschen entwachsen dem Zornalter nie – noch als Erwachsene kriegen sie regelmäßig einen Wutanfall, wenn ihnen etwas gegen den Strich geht.

Die Trotzphase wird in allen Kulturen beobachtet und sie kommt immer zur selben Zeit. Auch Schimpansen haben ihre Trotzphase, und sie sieht bei den haarigen Kleinen kein Haar anders aus als bei den kleinen Menschen. Die Bereitschaft zu trotzen scheint also eine Entwicklungskonstante zu sein.

Aber wozu dient der plötzlich aufwallende Zorn? Sollten die kleinen Kinder nicht davon ausgehen, dass sie mit Süße besser fahren als mit Zeter und Mordio?

Individueller Verlauf

Das heißt nicht, dass die Trotzphase von Kind zu Kind gleich verläuft – bei manchen Kindern handelt es sich eher um Stürmchen im Wasserglas, bei anderen um echte Orkane, manche Kinder sind mit ihren Anfällen verlässlich, bei anderen wechseln gute Tage und schlechte Tage unvorhersehbar ab. Mädchen scheinen zwar ebenso intensiv, jedoch eher kürzer zu zornen als Jungs – sie erreichen wie die Jungs etwa in der Mitte des zweiten Lebensjahres ihren »Zorngipfel«, sind aber oft schon Mitte des dritten Lebensjahres wieder mit dem Thema durch.[228] Die geistige Entwicklung oder die Intelligenz eines Kindes haben wenig mit der Intensität der Zornanfälle zu tun, viel entscheidender ist das Temperament des Kindes. Ruhige, schüchterne Kinder haben weitaus weniger Zornanfälle als energische, »dickköpfige« Kinder.

Warum wir nicht sanft wie die Lämmer sind

Kommen wir gleich zur Frage nach dem Warum. Die Säugetierarten unterscheiden sich unter anderem darin, wie schnell bei ihnen die Sicherung durchbrennt. Generell reagieren Arten, deren Mitglieder um ein Revier oder um einen Rang in der Gruppe konkurrieren, leichter mit Aggression und Zorn als solche, bei denen es weniger um Verteilung und Hierarchie geht. Während beispielsweise die in eine starre Rangordnung eingebundenen Schimpansen leicht in Rage zu bringen sind, sind viele Herdentiere eher »gutmütig« – Schafe werden nicht ohne Grund als sanft oder sogar »fromm« angesehen.

Menschen sind eher am Schimpansenende der Zorn-Skala anzusiedeln – sie sind von ihrem Verhaltensrepertoire und ihren emotionalen Reaktionen zwar eindeutig auf Kooperation ausgerichtet, aber sie konkurrieren eben auch um Status, Anerkennung und handfeste Vorteile in der Gruppe.

Wen wundert es da, dass Zorn eine recht schillernde Faser im Gefühlskleid des Menschen ist – sie kann ein klärendes Signal sein, aber sie kann auch gefährliche Reaktionen heraufbeschwören. Da ist es nur folgerichtig, dass Menschen in ihrer Kindheit lernen müssen, den roten Zornhebel mit einer gewissen Zurückhaltung, Sparsamkeit und einem kritischen Blick auf die unerwünschten Wirkungen zu bedienen.

Emotionale Selbsterfahrung

Und für dieses Lernen scheint die frühe Kindheit prädestiniert. Denn solange ein Kind sein Ich noch nicht entwickelt hat – sich also nicht selbst als Urheber seiner Handlungen und Empfindungen sieht –, sind es immer die anderen, die für Ordnung in seinem Gefühlshaushalt sorgen. Trost und Stärkung kommt beim Säugling von außen, von seinen Bezugspersonen. Sie sind es, die das Babyglück schmieden, die seine Emotionen spiegeln und steuern, und die seine Seele im Gleichgewicht halten.

Mit der Geburt des Ichs in der ersten Hälfte des zweiten Lebensjahres wird das anders. Eltern stellen jetzt zunehmend nur noch den Wind zur Verfügung und Kinder lernen, darin ein Stück weit selbstständig zu segeln. Waren die Bezugspersonen in der frühen Kindheit emotionaler Tankwart, Klagemauer und Hau-den-Lukas in einem (»blöde Mama«), so lernen Kinder jetzt nach und nach die Wirkungen ihrer Emotionen kennen – und sie zu steuern.[27]

Was ist das Ziel in diesem Spiel?

Psychologische Erklärungen zu den kleinkindlichen Zornanfällen haben eines gemeinsam: sie sind plausibel und absolut nachvollziehbar – aber eben darin liegt ihr Problem: sie scheinen viel besser zur »Denke« von Erwachsenen zu passen als in die Entwicklungswelt des Kleinkindes. Aber schauen wir uns die gängigen Theorien einmal an:

- Die Theorie der Entwicklungsdiskrepanz: Kleinkinder wollen sich zunehmend mit der Welt auseinandersetzen. Aber weil sie noch nicht sehr geschickt und kompetent sind, will das oft nicht gelingen. Frustration und Zorn sind damit also vorprogrammiert.
- Die Theorie der Entthronung: Nach dem Säuglingsalter sind Kinder »auf dem Gipfel des Glaubens an sich selbst« (Anna Wahlgren). Jetzt, wo sie ihren Willen entwickeln, wollen sie natürlich auch Dinge, die ihren Eltern nicht gefallen, und stoßen auf Grenzen. Dieser tägliche Abstieg von der Allmacht kann ganz schön frustrieren und zornig machen!
- Kleine Kinder wollen jetzt viel, aber sie haben noch keinen zeitlichen Horizont entwickelt. Wenn sie etwas wollen, dann wollen sie es *sofort*. Und weil sie keine Prioritäten setzen können, verstehen sie jede Änderung ihres Planes von außen als einen Angriff gegen sich selbst. Wenn das nicht wehtut!

- Kleine Kinder können sich in diesem Alter nur wenig verbal ausdrücken. Sie besitzen damit noch nicht die richtigen Protestmittel für ihre Enttäuschung. Erwachsene können fluchen, wenn ihnen etwas misslingt oder sich subtiler Eigentäuschung bedienen (»es wäre sowieso nicht gut gewesen, das zu tun ...«). Kleinkindern bleibt nur der körperliche Ausdruck: sich zu Boden zu werfen etwa oder wild um sich zu schlagen!
- Weil das Kleinkind sich zunehmend als Selbst begreift, kann es sich seine Ziele jetzt besser vorstellen und identifiziert sich mit ihnen – es *schmerzt* jetzt, Ziele nicht zu erreichen!
- Und auch diese Erklärung ist im Zeitalter der Hirnforschung beliebt: Das noch unreife Gehirn kann Erregung noch nicht so gut begrenzen. Erlebt ein Kind ein frustrierendes Erlebnis (und das kommt zu Beginn des Kleinkindalters nun einmal vor), so wird sein Gehirn sozusagen tsunamiartig überwältigt, und es setzt einen regelrechten Anfall.
- Immerhin findet sich in der Kiste auch eine Erklärung mit einem positiven Ansatz: Zornanfälle könnten Kindern vielleicht helfen, *sich durchsetzen zu lernen*. Vielleicht brauchen sie die Wutanfälle, um willensstark zu werden?

Was sagt die Evolutionsbiologie?

Die psychologischen Erklärungen haben – bis auf die zuletzt genannte Ausnahme – eines gemeinsam: Sie gehen von einem *Defizit* des Kindes aus. Das Kind kann dieses noch nicht oder jenes noch nicht, ihm fehlt das eine oder das andere, oder es ist durch x oder y überfordert. Wie wir in Kapitel 1 E&A gesehen haben, passt dies nur schlecht zu einem evolutionären Ansatz. Ein solcher geht nämlich davon aus, dass Kinder auf jeder Entwicklungsstufe sehr wohl mit dem ausgestattet sind, was sie zum Weiterkommen brauchen. Kinder sind vielleicht aus Erwachsenensicht unzulänglich, aber eben nicht aus Kindersicht. Wären sie wirklich ungenügend vorbereitet, um die Lebens- und Entwicklungsaufgaben der Kindheit zu lösen, wären sie schließlich nie zu Erwachsenen geworden! Die Evolutionsbiologie ersetzt also das in vielen psychologischen Modellen dominierende Defizitmodell mit dem »Gut-genug«-Modell: Kinder, so nimmt sie an, sind verdammt gut darin, Kinder zu sein – also gut genug, um ihr Kinderleben erfolgreich zu meistern.

Auf die Trotzphase bezogen heißt das: Wäre es für ein besseres Überleben von Kleinkindern wichtig gewesen, *keine Zornanfälle* zu haben, so hätten es Eltern heute nicht mit zornenden Kinder zu tun! Ein aufwändiges Merkmal oder Verhalten hat nach Ansicht der Evolutionsbiologie nun einmal – zumindest bis zum Beweis des Gegenteils – einen dem Überleben zuträglichen Grund (vgl. Kapitel 6 E&A). Und deshalb gilt die erste Frage der Evolutionsbiologie nicht den *Nachteilen,* sondern den *Vorteilen,* die ein bestimmtes Verhalten dem Kind bringt.[28]

Also: Statt uns auf die Suche nach dem zu machen, was dem trotzenden Kleinkind womöglich *fehlt,* suchen wir lieber nach dem, was das Trotzen dem Trotzkind möglicherweise *bringt:* Was hat der kleine Mensch davon, sich so auffällig zu verhalten? Was winkt als Lohn dafür, dass er so viel Energie verpulvert? Und ja – wie könnten ihm die Zornanfälle beim Überleben helfen?

Um es gleich vorweg zu sagen: Auch die Evolutionsbiologen geben darauf nicht nur *eine* Antwort .... Aber mit zwei Erklärungen ist die Sache doch noch recht überschaubar – zumal wir am Ende versuchen werden, die beiden Ansätze unter einen Hut zu bringen.

Die Affen ...

Um die erste Erklärung kennenzulernen, haken wir uns am besten bei Charles Darwin höchstpersönlich unter. An einem schönen Märztag im Jahr 1838 pilgert er zusammen mit einer riesigen Menschenmenge in den Londoner Zoo, um das Orang-Utan-Mädchen Jenny zu sehen, die wenig zuvor von dem Zoo neu erworben worden war. Jenny war den Regeln der Zeit entsprechend mit Menschenkleidern angetan, aber *wirklich* menschlich erschien Darwin vor allem ihr Verhalten. Als der Wärter ihr nämlich einen Apfel verweigerte, den sie gerne gehabt hätte, warf sich Jenny auf den Rücken, strampelte mit den Füßen und schrie Zeter und Mordio – »wie ein unartiges Kind« notiert Darwin in seinen Aufzeichnungen. Auch was spätere Beobachter wie etwa Jane Goodall in ihren Tagebüchern über Schimpansen festhalten, könnte direkt einem Eltern-Chat im Internet entnommen sein: »Er schreit laut, fuchtelt mit den Armen, und schlägt dann immer wieder mit den Händen auf den Boden. Manchmal drückt er seinen Kopf gegen den Boden, umarmt einen Baum oder sich selbst. Dann stolpert er davon, schreiend ...« Ein ganz wagemutiger Schimpanse wurde gar dabei beobachtet, wie er mit den Füßen an einem Ast hing und so tat, als stürze er gleich mit dem Kopf voraus in die Tiefe. Der Beobachter kommentierte: »Dabei schielte der kleine Schimpanse immer wieder zu seiner Mutter, um zu sehen, ob sie wohl schon weichgekocht sei ...«.[229]

Weichgekocht wofür?

Wenn kleine Affen einen Zornanfall bekommen, dann immer dann, wenn sie meinen zu kurz zu kommen: Sie bekommen den Apfel nicht, auf den sie scharf sind, oder sie werden nicht mehr zur Brust vorgelassen. Oder sie protestieren dagegen, dass ihre Mutter sie nicht mehr auf ihrem Körper »reiten« lässt. Viele dieser Streitpunkte brechen ganz akut im Rahmen des sogenannten *Abstillkonfliktes* auf. Diese Entwicklungsphase ist von zwei einschneidenden Änderungen gekennzeichnet. Zum einen zieht die stillende Mutter ihre Kräfte jetzt langsam aber sicher von dem nun »groß« gewordenen Kind ab. Mit der bald folgenden Entwöhnung geht für das ehemalige Brustkind die Zeit der »Säuglingsprivilegien« zu Ende – wie etwa das ständige Getragenwerden und überhaupt die intime Nähe zur Mutter, die ihren Schoß, ihr Fell und ihre Brüste jetzt sozusagen für das nächste Kind freiräumen muss. Zum zweiten steht der vormalige Säugling, der bis vor Kurzem noch wie die Made im Speck lebte, bald schon mit dem nachfolgenden Geschwisterchen in Konkurrenz, das in allen Dingen konsequent bevorzugt wird. Kein Wunder, dass das Kind in diesem Rückzugsgefecht mit harten Bandagen kämpft und mit allen möglichen Tricks und Manipulationen versucht, zu retten, was zu retten ist!

Zurück zum Menschen

Vieles spricht dafür, dass auch die Zornanfälle der menschlichen Kleinkinder etwas mit dem »Abstillkonflikt« zu tun haben. Das mag »modernen« Eltern vielleicht nicht sofort einleuchten – schließlich sind Säuglinge längst von der Brust entwöhnt, bevor sie ihren ersten Zornanfall hinlegen. Wie wir in Kapitel 2 gesehen haben, traf das jedoch auf das ursprüngliche Lebensumfeld des Menschen nicht zu – die Kinder wurden in steinzeitlichen Kulturen ja etwa zwei bis vier Jahre lang gestillt. Und wenn es dann Zeit für das Abstillen war, verloren die Kinder in viel stärkerem Maße als heute ihren frühkindlichen Lebensraum in der unmittelbaren, körperlichen Nähe zur Mutter – diesen mussten sie an das nachfolgende Geschwisterkind abgeben. Ganz klar: Die Abstillzeit war auch beim Menschen eine »Trennungszeit«, der Abstillkonflikt damit ein Loslösekonflikt. Evolutionsbiologisch betrachtet ist es deshalb plausibel, dass Zornanfälle ein Gegenmittel sind, das Kinder entwickelt haben, um in dem täglichen Abstiegskampf dann doch noch das eine oder andere Tor zu erzielen und dafür zu sorgen, dass sie bei der jetzt anstehenden Umverteilung angemessen berücksichtigt werden. Die Zornanfälle wären damit sozusagen das aggressive Pendant der Regressions-Masche. Für diese Erklärung spricht einiges:

- Zum einen der zeitliche Verlauf: Kinder sind gerade in der Entwicklungsphase am meisten zornbereit, in der sie »natürlicherweise« abgestillt worden wären. Und sie zornen gerade nach der Geburt eines Geschwisterchens vermehrt.
- Zum zweiten ist aus völkerkundlichen Beobachtungen bekannt, dass Zornanfälle bei Kindern umso häufiger und stärker sind, je einschneidender die mit dem Abstillen verbundene Änderung des alltäglichen Lebens für das Kind ist (vgl. Kapitel 2).
- Die kleinkindlichen Zornanfälle richten sich fast immer gegen die Bindungspersonen des Kindes – also gegen die für die »Güterverteilung« zuständigen Erwachsenen (das ist auch heute noch meist die Mutter).
- Und auch wenn es dazu überraschend wenige Daten gibt, scheinen Kinder mit nachgeborenen Geschwisterkindern und vor allem Kinder, deren Geschwister sehr rasch nachfolgt, stärker zu trotzen.[29] [230]
- Generell haben Kinder in »schwierigen« Lebensverhältnissen mehr Zornanfälle.[231] Und das ist durchaus plausibel: Wachsen Kinder in einer wenig reichhaltigen Umwelt auf, so mag das ständige »Einfordern« von Zuwendung und von Zuwendungen eine vernünftige Strategie sein. Da überrascht nicht, dass nach wissenschaftlichen Untersuchungen verlängertes Trotzen mit späteren Lebensproblemen und einem geringeren Sozialstatus zusammenhängt.[30] [233]

Die zweite Erklärung

Nach der zweiten Theorie sind Zornanfälle die scharfe Klinge des »Negativismus«. Wie bitte? Ganz richtig – dieser Begriff bedarf einer Erklärung.

Gegen Ende des zweiten Lebensjahres erwacht im Kind langsam, aber sicher eine Art »Beherrschungstrieb« – das Bedürfnis, Dinge selbst zu machen. Dieses Bedürfnis wird auch als »Streben nach Tüchtigkeit«, »Funktionslust« oder, auf englisch, als *mastery drive* (Beherrschungstrieb) bezeichnet. Nach Auffassung der Bindungsforschung hilft dieser Trieb dem Kind, seine Umwelt systematisch kennenzulernen und zu erforschen. Er ist damit die Voraussetzung für eine gelungene »Bindung in Autonomie« – und damit auch für die im evolutionären Kontext nun anstehende Loslösung von der Mutter bzw. den Übergang in die Welt der Kindergruppe. Die abgestillten und damit aus dem Säuglingsleben »entlassenen« Kleinen mussten unter den ursprünglichen Lebensbedingungen der Menschheit jetzt rasch kompetent werden, um auch in einem von Erwachsenen nur wenig überwachten Umfeld überleben zu können![234]

Mit Salven aus »Nein!« errichten die Kleinen sozusagen ein Gehege für sich, in dem sie auf eigene Faust erforschen, ihre Kräfte erfahren und von Hilfestellung unbehelligt üben können. Und das Nein ist es auch, das dem Negativismus seinen Namen gab – Negativismus ist schließlich nichts anderes als ein gestelztes Wort für Neinsagerei.

Und das Nein macht durchaus Sinn. Denn was gibt es gerade im Kleinkindalter nicht alles zu üben! Die steifen Fingerchen müssen gelenkig werden, die Füßchen schneller und das Köpfchen klüger. Und dazu muss so mancher Reißverschluss zuerst einmal falsch herum eingefädelt, so manches Bilderbuch verknickt und so mancher Wasserhahn vergeblich bedient werden. Und diese Freiheit muss aktiv verteidigt werden. Schließlich sind die Kleinen auf Schritt und Tritt von weitaus tüchtigeren Großen umstellt, und das heißt nun einmal: Ohne ein deutliches »Selbermachen!« würden die ungeschickten Kleinen *nie* zum Zug kommen. Ohne dass die kleinen Kinder bereit sind, ihren Willen deutlich zu machen, ja hinauszuschreien, würden sie immer im »Liebesschloss« gefangen bleiben! Wer würde denn den Reißverschluss zumachen, wer den Wasserhahn aufdrehen, wer das Bilderbuch aufschlagen? Ganz klar – die Mutter, das ältere Geschwisterkind oder ein anderer Mensch mit starken, geschickten Fingern ...

Und was wäre die Steigerung des Neins? Jawohl: der Zornanfall. Wer seinen Willen durchsetzen und seine Autonomie verteidigen will, muss bereit sein, ein paar Schrammen zu riskieren oder sogar die eigenen Eltern auf die Palme zu bringen!

Damit wären wir also wieder beim Anfang des Abschnitts: Zornanfälle könnten tatsächlich so etwas sein wie die Spitze eines Eisbergs, der »eigener Wille« heißt. Oder eben, um ein drastischeres Bild zu benutzen: Sie sind möglicherweise die »scharfe Klinge des Negativismus«.

Wer hat recht?

Auch für die letztere Theorie sprechen gewichtige Argumente. Viele Eltern berichten nämlich, dass es ihren Kindern bei einem Zornanfall gar nicht unbedingt um handgreifliche Vorteile geht, sondern ganz einfach darum, »den eigenen Willen durchzusetzen«. Oder, etwas positiver ausgedrückt: Der Zoff beginnt, wenn die Kleinen meinen, die Kontrolle über das Geschehen zu verlieren. Sie sind frustriert, wenn sie sich als *wirkungslos* erleben.

Und was, wenn beide Theorien recht hätten? Tatsächlich liegen sie gar nicht so weit auseinander. Beide gehen nämlich davon aus, dass sich Kinder durch das Zornen *Ressourcen sichern:* Im einen Fall sichern sie sich eher handgreifliche Ressourcen, im anderen Fall schaffen sie sich den dringenden Spielraum für ihre eigene Entwicklung – sie sichern sich sozusagen »Entwicklungsressourcen«!

Warum immer das volle Programm?

Ähnlich wie beim Weinen scheinen Kinder auch bei den Zornanfällen nach dem Feuermelderprinzip vorzugehen. Selbst wenn es nur eine Laus ist, die ihnen da über die Leber krabbelt – wenn sich Kleinkinder einmal für einen Anfall entschieden haben, ziehen sie das volle Programm durch. Egal was der Auslöser sein mag, sie tun, als würden sie gevierteilt!

Vielleicht wird diese »Alles oder Nichts-Haltung« besser verständlich, wenn man sich die Situation früherer Kinder vor Augen hält. Wenn die Mutter beschloss, ihre Kräfte jetzt auf ein neues Geschwisterkind zu richten, so bedeutete das für das Kleinkind nicht nur den Verlust seines gewohnten Lebensstils, sondern eine echte Verknappung. Noch heute ist in Entwicklungsländern die Abstillzeit eine lebensgefährliche Klippe, in der Kleinkinder etwa von vermehrten Unfällen oder auch von Mangelernährung bedroht sind. »Seinen Willen durchzusetzen« war also mit einem ganz handfesten Vorteil verbunden – es ging nicht um das eine oder andere zusätzliche Bonbon an der Kasse des Supermarkts, sondern es ging darum, an etwas unter Umständen Lebenswichtiges heranzukommen, das sonst womöglich das Geschwisterkind bekommen hätte.

Dass die Strategie »Wenn, dann richtig« durchaus sinnvoll ist, darauf weisen die recht hohen Erfolgsquoten der kindlichen Trotzreaktionen hin – ob in »vorauseilendem Gehorsam« oder um des lieben Friedens im Supermarkt willen, bekommen die Kleinen nämlich in aller Regel mehr, als wenn sie die Klappe gehalten hätten.

Tipps zum Umgang mit dem Trotzkind

Ist *das* das gleiche liebe Kind, das es noch vor ein paar Wochen war?, fragt sich so manche Mutter angesichts ihres wild trotzenden Kleinkindes. Ja, absolut! Die Trotzphase ist ein von der Evolution »vorgesehener« Bestandteil der Entwicklung. Es ist weder eine Verhaltensstörung noch Ausdruck eines Erziehungsfehlers.

Und: Zorn und Aggression setzen die liebevollen Seiten eines Kindes ja nicht gleich außer Kraft. Evolutionsbiologisch ist vielmehr davon auszugehen, dass sich das Zorn-»Werkzeug« unabhängig von den kindlichen Fähigkeiten zu Zuneigung und Mitgefühl entwickelt.[235] Ein Kind kann zornig und liebevoll zugleich sein, so wie auch ein Erwachsener, der schnell die Krise kriegt, außerhalb der Krisenzeiten sehr wohl lieb und nett und ein generell wertvolles Mitglied der menschlichen Familie sein kann.

Aus dieser Einsicht leitet sich der vielleicht wichtigste Tipp zum Umgang mit trotzenden Kindern ab: Eltern sollten versuchen, die auf »Nein« und Trotz gepolten Reaktionen des Kindes nicht zu verallgemeinern und damit in den Alltag hineinwuchern zu lassen. Denn nur allzu leicht wird sonst aus der entwicklungsbedingten Nein-Phase des Kleinkindes ein »Familien-Negativismus«: Die Eltern fühlen sich durch das fordernde Kleinkind genervt, empfinden ihr vorher ach so liebes Kind auf einmal als »schwierig« und behandeln es entsprechend – mit der Folge, dass sich die Beziehung noch weiter verkrampft.

Diese Tendenz wird oft verstärkt, wenn ein neues Geschwisterchen da ist. Denn zum einen fällt die Trotzreaktion des älteren Kindes dann in der Regel stärker aus (die Gründe wurden genannt). Zum anderen lädt das neue Ensemble zu einer Rollenkontrastierung geradezu ein: Hier das wonnige kleine Baby, dort das schwierige oder nervige Kleinkind – da kann das größere Kind nur verlieren!

Ein Hoch auf das Nein

Versuchen wir also gemeinsam, das »nervige Kleinkind« zu entlasten: Der »Negativismus« bei Kleinkindern ist normal, richtig und wichtig, man kann es nicht oft genug sagen. Denn dass die Kleinen jetzt lieber nein sagen statt ja, sichert ihre Entwicklung! Das kleine, aber nicht mehr ganz so kleine Kind muss sich schließlich innerhalb kurzer Zeit all die Fertigkeiten aneignen, mit denen es außerhalb des Mutterschoßes bestehen kann oder zumindest »gut ankommt« – wer will sich denn schon im Kindergarten auslachen lassen, weil das Anziehen nicht so richtig klappt?

Raum geben …

Einen solchen Raum zur eigenständigen, also vom eigenen Willen getriebenen Entwicklung – der ja gleichzeitig auch ein Raum zum Scheitern, Knie aufschlagen und zur Ablösung von den Eltern ist – zu geben, fällt vielen Eltern gar nicht so leicht. Denn »Loslassen« und Das-Kind-selber-machen-Lassen heißt auch, sich langsam, aber sicher aus der emotionalen Symbiose zu lösen, die das Säuglingsalter gekennzeichnet hat – und die den Eltern ja einiges an »Sinn«, Zuneigung und Erfüllung gesichert hat.

Das Festhalten an der hergebrachten Rolle aber macht den jetzt anstehenden Entwicklungsschritt für das Kind nicht leichter. Denn wer Meisterschaft erringen will, muss auch scheitern dürfen. Eltern, die jetzt weiterhin – in bester Absicht – den emotionalen Haushalt ihrer Kinder führen, kontrollieren und ausgleichen wollen, belasten sich mit einer Aufgabe, die sie nicht lösen können. Denn nur das Kind kann dem täglichen Scheitern, welches das Kleinkindleben nun einmal mit sich bringt, schließlich positive Entwicklungen abgewinnen – ja *abtrotzen* …

Schaffen Eltern diesen Schritt nicht, so droht aus dem Kleinkindalter eine verlängerte Säuglingszeit zu werden – mit allen Konsequenzen: Die Kinder bleiben emotional bedürftig, und anstatt ihr Selbstwertgefühl in der Erforschung der Welt zu entwickeln, erleben sie die Macht ihres

Willens in der Manipulation ihrer Eltern – sie werden zu den oft beschriebenen kleinen Tyrannen. »Was hat diese Mutter bloß verbrochen«, fragt sich so mancher, der solche Familien miterlebt, »dass sie sich so von ihrem Kind behandeln lässt?« Nein, sie hat nichts verbrochen – sie hat nur den Übergang vom Säuglings- zum Kleinkindleben liebevoll verschlafen. Und ist dabei zum emotionalen Schuhabstreifer eines unglücklichen Kindes geworden.

... und Grenzen setzen

Umgekehrt brauchen explorierende Kleinkinder auf ihrem neuen und nicht ungefährlichen Lebensparcours Richtungsweiser, Leitplanken und Grenzen. Nicht wenige Eltern scheitern bei dieser Aufgabe –und zwar schlicht und einfach an einem überbordenden Liebesbedürfnis: Sie sind von der Anerkennung ihrer kleinen Kinder mindestens genauso abhängig wie von der Anerkennung durch ihnen nahestehende Erwachsene. »Weil ich dich liebe«, scheint die verborgene Botschaft in nicht wenigen Familien zu sein, »darfst du mit mir tun, was du willst ...« Kein Wunder, dass klare Ansagen oft aus schierer Angst vor Zoff, Tränen oder dem gefürchteten »Blöde Kuh!« unterbleiben.

Und zum zweiten ist es auch deshalb schwierig, Grenzen zu setzen, weil es manchmal *wirklich* keinen guten Grund mehr gibt, nein zu sagen. Ob an der Kasse noch ein Schokoriegel aus dem Regal gezogen wird oder nicht, ist finanziell betrachtet für die meisten Eltern in diesem Land Jacke wie Hose. Und warum sich mit einem Kind auf eine erbitterte Schlacht ums Zimmeraufräumen einlassen, wenn nachher sowieso die Putzfrau alles in Ordnung bringt? Grenzen setzen ist nun einmal deutlich leichter, wenn man damit auch *eigene Interessen* verteidigt.

Die richtige Balance zwischen Festhalten und Loslassen zu finden ist aber auch deshalb schwer geworden, weil Eltern und Kleinkinder heute weitaus enger aufeinander bezogen sind als jemals zuvor in der menschlichen Geschichte. Früher wurden die Kinder mit der Geburt des nächsten Kindes geradezu vom Schoß der Mutter katapultiert und in die Kindergruppe »verstoßen« – es war weniger die Mutter, die jetzt Grenzen setzte, sondern die anderen Kinder in der Kindergruppe. Und damit war auch nicht unbedingt die geliebte Mutter die Konfliktpartnerin des Kleinkinds, sondern etwa ältere Geschwister oder andere Kinder des Stammes oder des Dorfes. Heute ist die Mutter alles: Liebende, Fordernde, Strafende, Tröstende. Heilige und Hexe in Personalunion. Die Mutter setzt Grenzen – und tröstet das Kind über die dadurch erfahrene Frustration hinweg. Eine Rolle mit einem erheblichen Stresspotenzial, die so manche liebend verstrickte Mutter schlicht und einfach an ihre Grenzen bringt.

Nachgeben oder nicht?

Blättern wir einmal durch die Ratgeber. Die 100-prozentig einhellige Meinung, die dort zu lesen ist: Eltern sollen bei Zornanfällen nicht nachgeben, und zwar 100-prozentig nicht. Wenn man das so liest, klingt es eigentlich selbstverständlich. Aber wenn es so selbstverständlich wäre, warum muss die »richtige« Antwort auf den Zornanfall des Kleinkinds dann so ausführlich diskutiert werden?

Zumindest auf den ersten Blick leuchten die Begründungen in den Ratgebern auch ein: Ließe man Kindern ihren Willen, so würden sie dadurch ja für ihren Anfall *belohnt* – wen wundert es da, wenn sie den Zorntrick dann immer öfter einsetzen?

Das klingt plausibel – wenn man dabei nur nicht dieses Déjà-vu hätte! Hatten nicht bis vor Kurzem Psychologen den Eltern geraten, ihre Babys lieber schreien zu lassen, als auf ihre Wünsche einzugehen – weil sie sonst ja fürs Schreien »belohnt« und diesen Trick dann immer öfter einsetzen würden? Heute wissen wir, dass das viel zu kurz gedacht ist (vgl. Kapitel 6). Damit sei zumindest in den Raum gestellt, dass die Sache mit den Zornanfällen womöglich auch nicht ganz so simpel ist.

Tatsache jedenfalls: In der unaufgeräumten Wirklichkeit gehen viele Eltern mit ihren Reaktionen einen Mittelweg. Manchmal sind sie knallhart, manchmal knicken sie ein. Und wie sollte es auch anders sein? Viele Eltern bringen es nicht übers Herz, ihre Kleinen in einem Mensch-ärgere-dich-nicht-Spiel verlieren zu lassen, wie sollten sie ihnen da die kalte Schulter zeigen, wenn sie im Supermarkt bloß ein Bonbon wollen?

Zumindest Schimpansenmütter scheinen intuitiv zu wissen, ob sie bei einem Zornanfall ihres Kleinen eher »dagegenhalten« oder nachgeben sollen. Beobachtungen zeigen, dass dies vom Ernährungszustand abhängt: Sind die Kinder gut entwickelt, helfen ihnen die Proteste nichts. Die Mütter können also offenbar einschätzen, wann die Kleinen es »ehrlich« meinen und wann sie nur mal ihr Glück versuchen. Und das scheint durchaus sinnvoll zu sein: Im knappen natürlichen Habitat der

Menschenaffen ist der Kampf um die Brust kein »Spiel«, sondern Ernst. Stillende Schimpansenmütter verlieren stark an Gewicht und haben in der Stillzeit ein höheres Risiko zu sterben. Übertragen auf den Menschen heißt das: Auch eine Menschenmutter dürfte eher zum »Gegenhalten« neigen, wenn die Forderung ihres Kleinen einfach ihre Möglichkeiten übersteigt – herrscht im Geldbeutel gähnende Leere, so ist es leichter, am Süßigkeitenstand an der Kasse Nein zu sagen.

Vom Trösten

Was auf jeden Fall nichts bringt, ist, Kinder in einem Zornanfall trösten zu wollen. Dieses Chaos da drinnen, diesen Vulkan, der Feuer und Asche spuckt und ein bisschen Rotz dazu, kriegt man nicht durch »Trösten« zur Ruhe. Der Vulkan muss von innen heraus zur Ruhe kommen. So gut gemeint es sein mag: Es ist auch nicht die *Aufgabe* der Eltern, das innere Chaos wieder »in Ordnung« zu bringen. Denn Trost ist das allerletzte, was Kinder jetzt erwarten, und es ist auch nicht die emotionale Wiederherstellung von außen, die die Kinder mit ihrem Anfall einfordern. Im Gegenteil. Sie wollen ein Ziel erreichen, und wenn sie dran vorbeischrammen, dann müssen sie den Weg zurück zur Normalität selbst finden. Allein schon das Rückzugsgefecht kann für das Kind eine stärkende Erfahrung sein.

Also: So wenig es dem Kind hilft, wenn Eltern immer gleich in Lobeshymnen ausbrechen oder vor Freude einen epileptischen Anfall bekommen, wenn ihm einmal etwas gelingt, genauso wenig hilft es ihm, wenn die Eltern vor Mitleid zerfließen, wenn ihm einmal etwas misslingt. Kinder lernen im Kleinkindalter, diese Sachen selbst zu regeln.

Verletzungen?

Manche Kinder haben furchterregende Zornanfälle, bei denen sie den Kopf gegen die Wand schlagen oder sich auf den Boden werfen. Verständlich, dass es Eltern da mit der Angst zu tun bekommen, ob ihr Kind nicht Schaden nimmt. Aus kinderärztlicher Sicht ist dazu anzumerken, dass schwerwiegende Verletzungen durch Zornanfälle bei sonst normal entwickelten Kindern nicht vorkommen[236] – da mag mal eine Beule entstehen, eine innere Blutung oder Gehirnerschütterung aber nicht. Evolutionsbiologisch wäre eine solche Selbstverletzung auch nicht zu erwarten. Schließlich veranstalten Kleinkinder die Zornanfälle, um an einen Vorteil heranzukommen – sich selbst dabei zu schädigen würde diesem Ziel entgegenlaufen.

Die Mutter aller Fragen

Wie sollen Eltern also reagieren? Zu vermuten ist, dass es dem Kind ziemlich egal ist, was während des Ausbruchs passiert. Ob die Eltern mit einem stoischen Lächeln »in liebevoller Distanz« bei dem Kind stehen, wie es die Ratgeber gerne empfehlen, oder ob die Eltern selbst einmal mit einem Zornanfall reagieren, dürfte sie wenig tangieren, solange die Reaktionen nicht noch Öl ins Feuer gießen oder in Gewalt ausarten. Eine authentische, dem elterlichen Naturell entsprechende Reaktion ist einem Kleinkind bestimmt »verständlicher« als eine Reaktion nach einem pädagogischen Drehbuch. Und solange die Eltern sich über ihre eigenen Grenzen im Klaren sind, dürfte es auch wenig entscheidend sein, ob sie manchmal »nachgeben« – solange sie nur dem Kind klare Signale geben und ein gutes Gefühl dabei haben.

Viel wichtiger ist etwas anderes: dass das Kind wieder einen feinfühligen, verlässlichen Partner vorfindet, wenn der Zorn verraucht ist. Wenn das Kind »eingerastet« ist und der Alltag mit einem Seufzer wieder seinen Gang aufnimmt, sollten auch die Eltern wieder auf »business as usual« umschalten können und mit dem Kind ohne Groll weitergehen.

Bedürfnisse – Richtschnur der Erziehung?

Die kindlichen Bedürfnisse werden gerne als Liste präsentiert. Der Job der Eltern scheint da ganz einfach: Sie brauchen nur die Liste Punkt für Punkt abzuhaken, und schon ist dafür gesorgt, dass die Kinder gut gedeihen. Etwa so, wie man das Aquarium der verreisten Nachbarn pflegt.

Die Probleme fangen allerdings schon da an, wo man versucht, die schöne Liste in den *Alltag* zu übersetzen. Jetzt stoßen die Bedürfnisse der Kinder nämlich unweigerlich auf die Bedürfnisse anderer Menschen – sagen wir einmal ... der Eltern. Oder der Nachbarn.

Und wie ist das mit der Schule? Kann es dort wirklich nach den Bedürfnissen der Kinder gehen? Wo auf der Liste der kindlichen Bedürfnisse taucht denn das Mathematik-Lernen auf? Und wo haben wir es überhaupt mit *Bedürfnissen* zu tun, wo bloß mit *Wünschen?* Und: Könnte die Liste vielleicht sogar Punkte enthalten, die dem Wohl des Kindes eigentlich gar nicht zuträglich sind – das Bedürfnis nach Süßem etwa?

Von den Bedürfnissen

Was Menschen zum Leben brauchen, fällt in drei Kategorien: Da ist zum einen das unmittelbar Lebensnotwendige – wie etwa die Luft zum Atmen. Oder die richtige Körpertemperatur. Diese Dinge besorgen wir uns, ohne dass wir es überhaupt merken oder dass wir es »wollen«. Wir fühlen kein »Bedürfnis« zu atmen. Wir tun es einfach.

Und dann ist da das mittelbar Lebensnotwendige. Wir brauchen es, aber es kann ein bisschen Aufschub schon ertragen. Essen etwa, oder Trinken. Oder Sex. Dieser Teil des Lebensbedarfs ist uns als »Bedürfnis« bewusst, wir spüren ihn über unsere Gefühle – als Hunger etwa oder Durst oder Lust. Und das ist gut so. Denn um den Bedarf zu decken, müssen wir Initiative ergreifen, ob jetzt oder später.

Die dritte Kategorie von »Bedarf« ist am schwersten zu fassen. Hier geht es um Dinge, die zwar nicht überlebenswichtig sind, die uns aber trotzdem »guttun« und unser Leben verbessern – viele dieser Bedürfnisse sehen wir als typisch menschlich an: Anerkennung etwa oder Liebe oder Spielraum bei Entscheidungen. Für diese Dinge gibt es keine eindeutige »Gefühlssprache«. Allenfalls zeigt uns ein diffuses Unbehagen an, dass uns etwas fehlt.

Welche Bedürfnisse?

Dem Menschen wurde noch in den Lehrbüchern der 1970er Jahre an »Bedürfnissen« kaum mehr zugestanden, als was sich bei der Laborratte messen ließ, also Essen, Trinken, Schlafen und natürlich Sex. Und die Vermeidung von Schmerzen.

Evolutionär gedacht ist dies eine Lachnummer. Menschen leben davon, dass sie mit anderen Menschen zurechtkommen, dass sie sich in die Gruppe einbringen, sich unter ihren Mitmenschen behaupten und bewähren. Es wäre verwunderlich, wenn sich dies nicht in unseren Bedürfnissen abbildete! Selbst wenn es einen Menschen mutterseelenallein auf eine Insel verschlüge, hätte er noch ein paar andere Wünsche als die Ratte, die da mit ihm an Land gepaddelt kommt!

Der Psychologe Abraham Maslow schrieb dem Menschen in seiner klassischen Einteilung aber immerhin schon folgende Bedürfnisse zu:

- das Bedürfnis nach Sicherheit, Schutz und Stabilität,
- das Bedürfnis nach Zugehörigkeit, Liebe und generell nach »gefühlsgeladenen Beziehungen zu anderen Menschen«,

- das Bedürfnis nach Anerkennung, Selbstachtung, Status, Prestige und Wertschätzung,
- das Bedürfnis nach Wirksamkeit, Verwirklichung eigener Pläne, Leistung und Kompetenz.

Interessanterweise bildet sich in dieser Liste der eigentliche evolutionäre »Geschäftszweck« der menschlichen Art, nämlich das Gründen einer Familie und die Sorge für den Nachwuchs, nicht so richtig ab. Und auch andere Motive tauchen erst in neueren Einteilungen auf, etwa das Bedürfnis zu lernen und die Welt zu erklären. [31 237]

Aktiv oder passiv?

Warum die traditionelle Sicht auf die Bedürfnisse aus evolutionärer Sicht etwas antiquiert klingt, liegt vielleicht auch daran, dass darin die passive Empfängerperspektive dominiert. Wir haben das Bedürfnis, Anerkennung zu *bekommen*. Wir haben das Bedürfnis, wertgeschätzt *zu werden*. Immer scheint die Frage nach den *anderen* mitzuschwingen, die unsere Bedürfnisse zu befriedigen haben.

Das menschliche Leben ist spannender. Die Erfüllung von Bedürfnissen ist keine Einbahnstraße, sondern ein aktiver, wechselseitiger Prozess, in den wir uns mit allem einbringen, was wir haben: mit unserer Persönlichkeit und den sozialen Netzen, in denen wir leben. Da ist nicht nur ein Nehmen, sondern auch ein Geben: Wir wollen nicht Anerkennung *bekommen*, sondern wir wollen anderen Menschen etwas bedeuten.

Das bestätigt auch die Glücksforschung: Wir werden nur von dem »berührt«, was wir selbst machen! »Es ist nicht das Geliebtwerden, das glücklich macht, sondern wenn man selbst liebt. Denn nur die Liebe, die man selbst gibt, kann man empfinden« (Ulrich Renz).[238]

Und die Kinder?

Die Welt, so der amerikanische Psychologe William James (1842–1910), sei für einen Säugling nichts als »blühende, summende Verwirrung«. Kein Wunder, dass kleine Kinder als eine Art lebendes Gemüse angesehen wurden, das nur »versorgt«, regelmäßig gedüngt und gegossen werden muss – das Wort vom »Kindergarten« war eine absolut folgerichtige Wortschöpfung.

Heute weiß man, dass auch Kinder eine *aktive* Rolle spielen wollen. Genau wie Erwachsene haben auch sie einen »Wirksamkeitstrieb« (er ist uns ja bereits in Kapitel 7 begegnet): Kinder wollen spüren, dass sie etwas selbst tun können, sie wollen erfahren, dass ihnen etwas gelingt, und sie wollen erleben, dass sie die Welt um sich herum beeinflussen können – durchaus nachvollziehbar, dass ihr »Selber machen!« oft wie ein Befehl klingt!

Haben Kinder am Ende etwa genau die gleichen Bedürfnisse wie Erwachsene? – So ziemlich. Fast alle Bedürfnisse, die wir von Erwachsenen kennen, finden wir in irgendeiner Form auch bei Kindern wieder – und umgekehrt. Das heißt nicht, dass manche Bedürfnisse nicht je nach Lebensabschnitt unterschiedlich stark ausgeprägt wären. Der Spieltrieb etwa lässt mit der Pubertät deutlich nach,[239] umgekehrt sind ganz am Anfang des Lebens die auf die Gruppe bezogenen Bedürfnisse noch wenig ausgeprägt. Aber alles in allem leben Kinder und Erwachsene in so ziemlich derselben Bedürfniswelt.

Das Problem mit den Bedürfnissen

Schon im täglichen Leben fällt ein Paradox auf: Bedürfnisse sind nicht unbedingt wie Puzzlestücke angelegt, die sich ideal ergänzen, sondern können sich gegenseitig ganz schön in die Quere kommen – einer der Gründe, warum es im Gebälk des menschlichen Lebens so munter knirscht und wir immer genügend Stoff für Romane, Dramen und Gedichte haben. Und das gilt schon für kleine Kinder. Nehmen wir einmal das Bedürfnis nach Nähe und Schutz. Welches andere Bedürfnis folgt ihm wie ein Schatten? Genau: das Streben nach Autonomie, nach »Selbermachen«! Kein Wunder, dass die Kleinen einmal vorwärts und einmal rückwärts wollen und das Leben mit kleinen Kindern manchmal recht anstrengend ist.

Dazu kommt, dass die kindlichen Bedürfnisse zu einem guten Teil hoffnungslos veraltet sind – wenn man den Maßstab der Evolution anlegt. Dass ein kleines Kind seine Eltern abends nicht ohne Weiteres ins Kino ziehen lässt, liegt daran, dass in grauer Vorzeit einmal Hyänen um sein Lager geschlichen sind. Da war es für leckere kleine Geschöpfe einfach besser, auf die Anwesenheit vertrauter Erwachsener zu pochen. Auch der Bewegungstrieb ist heute, wo Kinder möglichst ruhig auf der Schulbank sitzen sollen, eher unpraktisch geworden. Kurz:

Unsere Bedürfnisse sind auf eine Welt zugeschnitten, die es längst nicht mehr gibt.

Und eine weitere Gemeinheit gilt es zu beklagen: Bedürfnisse sind von Natur aus nur vage formuliert. Befriedigung und Ersatzbefriedigung sind da kaum auseinanderzuhalten. Kinder wollen gerne spielen, ihre Kräfte messen, »wirksam« sein – genau das, was ihnen heute Computerspiele bieten! Sie wollen stark sein und etwas bedeuten – genau das Gefühl, das sich nach einem guten Schluck aus der Wodka-Pulle einstellt.

Wünsche und Bedürfnisse

Bedürfnisse – das kommt noch hinzu – lassen sich nur schwer von *Wünschen* unterscheiden. Essen ist uns ein Bedürfnis, weil wir essen *müssen,* um gesund und kräftig zu bleiben. Und was ist mit der Lust auf Süßes, mit dem uns unsere Kleinen ständig in den Ohren liegen? Ist das auch ein Bedürfnis? Wie können Kinder wissen, was sie wirklich *brauchen* und was bloß ein Wunsch ist?

Ganz klar: Sie können es nicht – so wenig wie wir Erwachsenen es immer können. Auch wir wissen eher, worauf wir Lust haben, als was wir *wirklich brauchen.* Wie wir in Kapitel 9 noch sehen werden, liegt das an dem didaktischen Konzept der Natur: Lust ist darin eigentlich nichts anderes als die Karotte vor die Nase, mit der Lebewesen dazu motiviert werden sollen, das zu tun, was im evolutionären Sinn gut für sie ist. Die Lust auf Süßes, Fettiges und Salziges dient nun einmal keinem anderen Zweck, als den Körper stark und leistungsfähig zu halten.

Unter ursprünglichen Bedingungen ging diese didaktische Strategie ja auch wunderbar auf. Indem der Mensch seine Wünsche erfüllte, befriedigte er ziemlich verlässlich auch seine Bedürfnisse. Das Angebot war nämlich gut auf den Bedarf zugeschnitten: Der »süße Zahn« des Babys sorgte dafür, dass es sich an der süßen Milch seiner Mutter kaum satttrinken konnte und dass es die reifen Beeren mochte, die ihm die Mutter im Sommer immer mal wieder in den Mund schob.

Zu viel des Guten

Heute ist das anders. Der menschliche Bedarf hat sich zwar nicht geändert. Und die Bedürfnisse, die uns dazu motivieren, den Bedarf zu decken, auch nicht. Nur das Angebot, das ist heute ein ganz anderes.[240]

Derselbe Trick, der Kinder früher zu den reifen Beeren lenkte, sorgt heute dafür, dass sie hellauf begeistert sind von all dem Müll und Sondermüll, der in den Regalen im Supermarkt liegt.

Und spätestens da wird eine zweite Gemeinheit zum Problem, die schon immer in die menschlichen Bedürfnisse eingewoben war. Nämlich dass sie so eingestellt sind, dass sie immer ein bisschen mehr fordern als der Mensch »eigentlich« braucht! Schauen wir uns das einmal genauer an.

Auf Knappheit gepolt

Was unsere ganz basalen körperlichen Bedürfnisse angeht, scheint alles genau zu passen. Von extremen Situationen abgesehen bekommen wir immer genau so viel Sauerstoff, wie wir gerade brauchen. Nicht zu viel und nicht zu wenig. Bei unseren mittelbaren (also über Gefühle vermittelten) körperlichen Bedürfnissen ist das schon anders. Denn da muss auch die Zukunft mit berücksichtigt werden. Nehmen wir beispielsweise den Hunger. Der Körper kann nicht »wissen«, wie viel Nahrung er in den nächsten Tagen genau braucht, und auch nicht, ob man das nächste Mal wieder so viel Glück bei der Jagd haben wird. Da ist es am sichersten, mit dem Bedürfnis nach Nahrung ein bisschen über das Ziel hinauszuschießen und sich schon mal auf einen möglichen Hungerwinter einzustellen.

Tatsächlich sagen uns Mediziner, dass unser Appetit »werkseitig« so eingestellt ist, dass wir immer ein bisschen über unseren aktuellen Bedarf hinaus essen. Die harten Lebensbedingungen, die die Frühgeschichte des Menschen geprägt haben, wurden sozusagen in unsere Bedürfnisse mit eingerechnet! Kein Wunder also: Heute, wo wir bei der Jagd im Supermarkt einfach *immer* Glück haben, wird es für immer mehr Menschen immer schwerer, ihre Füße zu sehen ...

Denkt man das zu Ende, so steht man vor einem Paradox. Manche Bedürfnisse sind dazu da, dass sie nicht immer befriedigt werden! Unser Körper »rechnet damit«, dass er mit manchen seiner Bedürfnisse gar nicht immer durchkommt!

Wenn man sie bei Lichte betrachtet, so haben manche Bedürfnisse also eine wenig glänzende Rückseite: Wer seine Bedürfnisse immer befriedigen kann, kann dadurch auch Schaden erleiden. Das Märchen vom Schlaraffenland lässt grüßen.[32]

Genug ist nicht genug

Auch für viele unserer sozialen Bedürfnisse steht die richtige Dosis nicht im Beipackzettel.

Das liegt daran, dass schon kleine Kinder mit ihren Bedürfnissen ja immer auch gegen Mitbewerber antreten, etwa die Geschwister. Und was liegt da näher, als mit den Forderungen ein bisschen zu übertreiben? Mama soll sich gefälligst nur um *mich* kümmern, und das 24 Stunden am Tag! Gerade die sozialen Bedürfnisse der Kinder funktionieren also nach einem ähnlichen Prinzip wie die jährlichen Lohnforderungen der Gewerkschaften: Angesagt sind erst einmal Maximalforderungen. Die werden ja dann sowieso noch zurechtgestutzt.

Und dieses Prinzip durchzieht dann das ganze Leben. Nehmen wir das menschliche Bedürfnis nach Anerkennung oder Status: Wann ist man reich genug, wann hat man genug Status? Das scheint davon abzuhängen, wie es den anderen geht. Millionäre haben »alles« – wenn man es aus der Perspektive des Bettlers sieht. Aber eben nicht aus der Perspektive des Milliardärs. Mit jedem Schritt nach oben ändert sich nämlich auch die Perspektive. Der erfolgreiche Bettler, der zum Millionär wird, vergleicht sich nicht mehr mit seinen Bettler-Kollegen, er vergleicht sich jetzt mit anderen Millionären – und fühlt sich plötzlich wieder »durchschnittlich« oder sogar arm. Wie in einem Alptraum bewegt sich das Ziel immer weiter weg, je näher wir ihm kommen.

Dieses in uns eingebaute »Hamsterrad des Glücks« ist Teil unseres evolutionären Erbes als hypersoziale Art: In allem, was wir tun, sind wir auf die anderen Mitglieder unserer Gruppe bezogen. Welche Möglichkeiten und Chancen wir haben, ergibt sich *nur im Vergleich* zu den Möglichkeiten und Chancen der anderen. Kommen die anderen gut voran, so empfiehlt es sich, nicht allzu weit zurückzubleiben. Es sind also immer auch die *anderen,* die den Thermostat in unserem seelischen Haushalt einstellen!

Das ist der frustrierende Grund dafür, dass gerade unsere sozialen Bedürfnisse im Grunde überlebensgroß sind und deshalb nie ganz befriedigt werden können. Genug ist nicht genug.

Kann Erziehung bedürfnisorientiert sein?

Wenden wir uns aber endlich der Erziehungspraxis zu. Kaum ein Elternratgeber kommt ohne den besonders originellen Ratschlag an die Eltern aus, ihre Kinder »bedürfnisgerecht« zu erziehen, das heißt, ihre Bedürfnisse ernst zu nehmen. Dieser Ratschlag geht von einer stillschweigenden Annahme aus: Die Bedürfnisse, die Kinder haben, sind identisch mit dem, was sie *brauchen*.

In den vorangegangenen Abschnitten haben wir eine eher skeptische Sicht auf die menschlichen Bedürfnisse kennengelernt. Soll sich die Erziehung also besser von den Bedürfnissen verabschieden?

Die Befriedigung von Bedürfnissen ist ein Tauziehen

Die Befriedigung von Bedürfnissen wird in der traditionellen Psychologie gerne als ein Automatismus gesehen – der Schnabel geht auf und das Würmchen fällt rein.

Die Wirklichkeit ist komplizierter. Denn wie wir auf Kinder reagieren, folgt keinem hormonell oder instinktiv vorgegebenen Schema und auch keinem Schlüssel-Schloss-Prinzip. In unsere Reaktionen gehen vielmehr auch unsere eigenen Positionen, Bedürfnisse und Ressourcen ein. Neben der Frage »Was ist gut für mein Kind?« scheint immer eine zweite Frage zu stehen: »Was kann ich mir leisten?«

Das aber bedeutet den Abschied von einer flauschigen Überzeugung: die Art, wie wir unsere Kinder großziehen, könne eine Antwort auf die Bedürfnisse des Kindes sein. Sie kann es nicht sein, und sie konnte es auch in der Steinzeit nicht sein – mit ein Grund dafür, weshalb Kinder trotz ihrer ähnlichen Bedürfnisse weltweit so unterschiedlich aufwachsen.

Bedürfnisse rationieren?

Die Bedürfnisse der Kinder sind rund um die Erde dieselben: Das lang ersehnte Wunschbaby eines steinreichen Fondsmanagers betritt die Welt mit denselben »überschießenden« Bedürfnissen wie das kurz vor einem Hungerwinter geborene Kind einer steinzeitlichen Jäger- und Sammlergruppe. Wie weitgehend die Bedürfnisse des Kindes befriedigt werden, wird in beiden Fällen tagtäglich neu »austariert« – sei es an den Widrigkeiten des Lebens, sei es an den bewusst von den Eltern gesetzten Grenzen.

Und hier stellt sich dem im Schlaraffenland lebenden Teil der Eltern täglich die Frage: Sollen wir unseren Kindern bewusst etwas vorenthalten, die Befriedigung ihrer Bedürfnisse sozusagen »rationieren«?

Ja und nein. Zumindest bei den überschüssig angelegten biologischen Bedürfnissen liegt es nahe, dass Eltern unter heutigen Bedingungen immer wieder auch auf die Bremse treten, den Wünschen der Kleinen ein bisschen Blei an die Füße hängen ... Wer sonst als die Eltern könnte dafür sorgen, dass ein Kind *einen* Keks isst und nicht die ganze Schachtel?

Und die sozialen Bedürfnisse? Was ist schlimm daran, wenn ein Kind immer im Mittelpunkt stehen will und das auch darf? Wenn es schon im Windelalter in der Familie die Hosen anhat? Natürlich genießt es ein kleines Kind, wenn es der unhinterfragte Mittelpunkt der Familie ist, jedes Spiel gewinnt und jedes Reiseziel bestimmt. Aber seine Persönlichkeit bildet sich eben *auch* im Spannungsfeld mit den Bedürfnissen anderer Menschen aus (vgl. Kapitel 13) – und da gibt es zum Beispiel auch andere Kinder, die Tore schießen wollen. Entscheidender als dass Eltern immer zu 100 Prozent auf die Bedürfnisse ihrer Kinder eingehen, ist also vielleicht, dass sie ihr Kind nicht von eigenen, für seine Entwicklung wichtigen Erfahrungen abschirmen. Dass sie ihr Kind nicht vom echten Leben freistellen.

Denn wie wir gesehen haben, können wir Eltern viele wichtige Bedürfnisse unserer Kinder weder erkennen noch befriedigen, das können sie nur selbst. Auch für das Kinderglück zählt der Weg, den die Kinder selbst gehen.

Zumutungen gehören dazu

Für eine »bedürfnissteuernde« Funktion der Eltern spricht aber auch das: Gerade im Kleinkindalter liegen widersprüchliche Bedürfnisse sehr eng beieinander und Kinder können von einer Minute auf die andere sehr widersprüchliche Forderungen stellen. Wer das Pendel einfach schwingen lässt, rotiert bald selbst. Klar wird an der Tür zum Kindergarten das Bedürfnis nach Nähe übermächtig – da tut es gut, sich zu erinnern, dass die kleine Lisa ja auch ein Bedürfnis nach Selbstständigkeit hat. Von den Bedürfnissen der Mutter ganz zu schweigen.

Zumutungen gehören auch aus einem anderen Grund dazu: Wie wir gesehen haben, sind gerade die sozialen Bedürfnisse als Maximalforderungen angelegt. Und sie treffen zwangsläufig auf die ebenso maximalen Verhandlungspositionen anderer Menschen – etwa von Geschwisterkindern. Wer sonst als die Eltern könnte für einen Interessensausgleich sorgen? Kein Kind, das dürfen Eltern getrost annehmen, kommt zu kurz, wenn in der Familie auf Kompromisse bestanden wird. Natürlich brauchen Kinder es sehr wohl, dass sie ihre Bedürfnisse zu einem gewissen Maß durchsetzen können, aber es geht ihnen nicht umso besser, je mehr sie bekommen!

Die Frage nach der richtigen Dosis – »alles relativ«?

Heißt das, dass wir den Bedürfnissen unserer Kinder generell mit Misstrauen gegenübertreten sollen? Dass wir Eltern es eben besser wissen und ein Baby deshalb schon auch mal schreien lassen können? Wo liegt die richtige Dosis?

Vielleicht nützt hier ein Blickwinkel, der uns schon an anderen Stellen geholfen hat, und zwar der Blick auf die »Kosten«. Steht viel auf dem Spiel, so scheuen Kinder keinen Aufwand, um ihre Bedürfnisse anzumelden – die Signale, die sie aussenden, sind »ehrlich«. Wie wir in Kapitel 6 E&A gesehen haben, gilt dies insbesondere für die Säuglingszeit. Und zwar aus gutem Grund. In dieser Zeit ist das Kind am verletzlichsten, es wächst rasch und insbesondere sein Gehirn braucht ständig Kraftfutter. Gleichzeitig ist das Baby jämmerlich hilflos. Kein Wunder, dass das »Bedürfnissystem« in dieser Phase auf möglichst volle Befriedigung eingestellt ist. Tatsächlich zeigt sich, dass die Bedürfnisse in dieser Lebensphase überraschend bedarfsgerecht eingestellt sind. So können sich Babys an der Mutterbrust praktisch nicht »überessen«.[33]

Dazu kommt: In der Säuglingszeit treten Bedürfnisse von Natur aus in aller Regel noch nicht gegen die der möglichen Geschwisterkinder an. Auch deshalb sind Bedürfnisse in dieser Phase noch nicht überschüssig konzipiert. Erst nach der Entwöhnungszeit im Kleinkindalter sind Bedürfnisse dann auch auf Konkurrenz und Kompromisse kalibriert.

Konkret heißt das also: Je kleiner das Kind, desto eher sollten wir seine Bedürfnisse mit Haut und Haar erfüllen.

Was Kinder wirklich brauchen

Nach dem, was wir in diesem Kapitel gesehen haben, ist die Aussage, dass das Kind schon weiß, was ihm guttut, mit Vorsicht zu genießen. Gute Erziehung kann durchaus darin bestehen, die kindlichen Bedürfnisse auch einmal *nicht* zur vollen Zufriedenheit des Kindes zu befriedigen. Schließlich können nur die Eltern manchmal ein Stück weit um die Ecke schauen und erkennen, was Kinder langfristig brauchen. Ja, vielleicht ist das Geheimnis guter Erziehung, dass Eltern ein Gespür dafür entwickeln, wo sie sich zuallererst an den Bedürfnissen ihrer Kinder orientieren und wo sie diese eher flexibel interpretieren sollten. Klar müssen manchmal die aktuellen Bedürfnisse die Richtschnur sein (gerade am Beginn des Lebens) – aber irgendwann ist es so, dass es nicht nur die Erfüllung von Bedürfnissen ist, die Kindern hilft, in der vorgefundenen Umwelt zurechtzukommen. Insofern sind Eltern keine Rabeneltern, wenn sie auch einmal Zumutungen verteilen, ihren Kindern eine Richtung vorgeben, Kompromisse durchsetzen und widerstrebende Bedürfnisse »ordnen«. Es ist richtig und wichtig, wenn Eltern die Bedürfnisse ihrer Kinder erkennen und auch ernst nehmen, aber es enthebt sie nicht der Frage: Was *brauchen* die Kinder wirklich?[34]

Kapitel 8

Wie Kinder sauber werden

Schaut man durch die Erziehungsratgeber der letzten 50 Jahre, so sind die dem Sauberwerden gewidmeten Kapitel immer dünner geworden. Das liegt zum einen daran, dass der Babypo mit der Erfindung von Waschmaschinen und Einwegwindeln deutlich pflegeleichter geworden ist – ein Windelkind bedeutet heute nicht mehr gleich Überstunden in der Waschküche. Für Entspannung sorgte aber auch die Psychologie. Waren die früheren Seelenforscher noch der Ansicht, eine möglichst rasche Kontrolle über den Stuhlgang verschaffe Kindern auch die Kontrolle über ihr wildes, unberechenbares Selbst, so sehen die meisten Psychologen den Schließmuskel inzwischen als dass, was er ist: als das Ende des Darmes.

Zur Entkrampfung der Debatte hat aber vor allem beigetragen, dass das Dogma der Sauberkeitserziehung auf ganzer Linie gescheitert ist. Kinder, so zeigten große Vergleichsstudien in den 1990er Jahren, werden nicht früher sauber oder trocken, wenn sie früher aufs Töpfchen gesetzt werden. Das Gras, so scheint es, wächst nicht schneller, selbst wenn die Eltern daran ziehen ...

Wie sich die Ausscheidungen entwickeln

Schon ab dem dritten Schwangerschaftsmonat sind die Nieren des Kindes in Betrieb, und das Kind entleert in regelmäßigen Abständen seine Blase – ein großer Teil des Fruchtwassers besteht aus dem Urin des darin schwimmenden Menschleins!

Der Darm dagegen nimmt seine Funktion erst nach der Geburt auf. Spätestens am zweiten Lebenstag entleert das Baby das zähe, grünschwarze »Kindspech« – eine Mischung aus abgeschilferten Deckzellen des Darms, verschluckten Körperhärchen und eingedickter Galle. Und ab dann folgt Stuhl auf Stuhl – gerade gestillte Kinder können locker bis zu zehnmal am Tag »gehen« – was den niederländischen Biologen Midas Dekkers zu der sarkastischen Bemerkung veranlasste: »Die Windel ist kaum gewechselt, da ist sie schon wieder voll. Würde man das Mistaufkommen des Menschen mit der gleichen Aufmerksamkeit behandeln wie das von Schweinen und Hühnern, hätte man der Kinderhaltung schon längst einen Riegel vorgeschoben«. Manche Säuglinge passen aber nicht in dieses Klischee, sie machen die Windel nur alle fünf bis sieben Tage voll – auch das ist normal, solange der Stuhl nicht zu hart ist und das Baby mit Bauchweh plagt.

Im Säuglingsalter werden Blase und Darm meist zusammen entleert und das oft unmittelbar nach einer Mahlzeit. Dabei zeigen die Babys schon vom ersten Monat an ein eigentümliches Verhalten: Einige Sekunden vor dem Geschäft lassen sie einen kurzen Schrei oder »Grunzer« los oder machen eine ruckartige Bewegung mit den Beinchen oder dem ganzen Körper. Auch an einer Änderung des Atemrhythmus, plötzlichem Erröten, Unruhe, einem konzentrierten Gesichtsausdruck, Innehalten oder auch einem kurzen Zittern können Eltern erkennen, dass ihr Baby jetzt gleich »muss«.[35]

Reagiert man schnell genug, so kann das Baby jetzt über eine Schüssel gehalten werden und so »aufs Klo« gehen. Tatsächlich nutzen rund um die Erde Millionen von Müttern die »Ansage« ihres Babys, um sich selbst sauber zu halten, wenn sie ihr Baby mit sich herumtragen. Allerdings: Diese Art der »Sauberkeit« beruht auf einer Reaktion der *Eltern*, nicht des Babys – das Baby kann im ersten Lebensjahr seinen Drang weder kontrollieren noch längere Zeit aufschieben. Das beschriebene Ausscheidungssignal verliert sich oft nach ein paar Wochen, möglicherweise, wie etwa der Entwicklungspädiater Remo Largo vermutet, weil Eltern nicht darauf reagieren.[241] Wir werden in einem separaten Abschnitt diskutieren, ob sich die frühen Ausscheidungssignale vielleicht nutzen lassen, um auch hierzulande Babys windelfrei großzuziehen.

Selbst gehen lernen

Mit 15 bis 18 Monaten zeigen kleine Kinder oft an, wenn sie die Windel voll haben. Kurz darauf, im Schnitt zwischen 18 und 36 Lebensmonaten, können die meisten von ihnen ihrer Mutter auch signalisieren bzw. sagen, dass gleich ein »Geschäft« kommt. Sie verziehen ihr Gesicht oder gehen in »Drückstellung«. Ganz wenige Kinder – dann oft Mädchen – können sich schon ab ihrem ersten Geburtstag bemerkbar machen.[36]

Erst ab der zweiten Hälfte des zweiten Lebensjahres können die kleinen Kinder ihren Stuhl oder Urin so lange halten, dass es zumindest reicht, um sie rechtzeitig aus ihren Kleidern zu schälen und sie auf einem Töpfchen unterzubringen. Jetzt sind die meisten Kinder dazu bereit, nach und nach das eigenständige Entleeren des Darmes zu erlernen. Mit zweieinhalb bis drei Jahren können die kleinen Großen dann auch die Hose selbst bedienen und besitzen damit alle Voraussetzungen für die komplette Selbstständigkeit in Ausscheidungsdingen!

Die allermeisten Kinder werden im Verlauf des dritten und vierten Lebensjahres sauber und trocken. Die Blasen- und die Darmkontrolle setzen dabei etwa gleichzeitig ein – bei einzelnen Kindern kann die Blasenkontrolle allerdings ein wenig hinterherhinken.

Zuerst werden die Kleinen tagsüber trocken. Mit vier Jahren sind 97 Prozent der Mädchen und etwa 88 Prozent der Jungs den ganzen Tag über trocken. Die nächtliche Kontrolle stellt sich langsamer ein. Die Hälfte der Kleinkinder wird im Verlauf des vierten Lebensjahres nachts trocken, am sechsten Geburtstag nässt aber immerhin jedes zehnte Mädchen und jeder vierte Junge noch gelegentlich ein. Dahinter steht in aller Regel nichts Krankhaftes, sondern ein Familienmuster: Auch Vater oder Mutter dieser Spätzünder haben spät gezündet.

Zeitweilige Rückfälle gehören dazu. Gerade während des Zahnens, bei Krankheiten oder sonstigen ungewöhnlichen Belastungen wie etwa der Geburt eines Geschwisterkinds kommt es immer wieder zu »Missgeschicken«. Zumindest wenn Zahnen oder Fieber dahinterstehen, ist nach zwei bis drei Tagen meist wieder alles im Lot.

Ein ziemlicher Kampf

Wenn Kindererziehung zu vielen Zeiten schon eine für das Kind nicht gerade erfreuliche Angelegenheit war – wenn es um die Sauberkeit ging, konnten Eltern *richtig* gemein werden. Im »Boke of Children«, einem englischen Erziehungsratgeber des 16. Jahrhunderts, empfiehlt der Autor des Kapitels »On Pyssying in the Bedde« die Luftröhre eines Hahns stramm um den Penis zu klemmen. Mit der Erfindung des Stroms um die Jahrhundertwende gab es neue Möglichkeiten: Batterien wurden am Kind angebracht, die eine Elektrode wurde an der Schulter, die andere an einem an den Penis gebundenen Schwamm befestigt. Wenn der Schwamm nachts nass wurde, begann der Strom zu fließen ... »Dies«, so der selbstzufriedene Kommentar des Erfinders, »dürfte den Patienten heilen.« Wer meint, die Grausamkeit ließe sich nicht steigern, der irrt. Andere historische Heilungsmethoden für das Bettnässen umfassen auf den Penis gelegte Brennnesseln oder, wie in einem Lehrbuch der Kinderheilkunde angeraten, das Verätzen der Harnröhrenöffnung mit Silbernitrat, wodurch das Wasserlassen scheußlich weh tut.[242]

Auch die traditionellen Kulturen sind nicht gerade zimperlich. Bei den Beng in Westafrika bekommen Babys zweimal täglich einen Einlauf – dies soll verhindern, dass die Kleinen ihre Mütter beim Tragen anscheißen.[243] Auch hierzulande wurden Babys bis in das 18. Jahrhundert hinein regelmäßig Einläufe verpasst. Im 17. Jahrhundert wurde sogar empfohlen, den Kindern vor jedem Stillen einen Einlauf zu geben, damit sich die Milch nicht mit dem Stuhl vermischen könne!

Sauberkeit stand oft schon ganz zu Beginn des Lebens auf der Tagesordnung. Das 20. Jahrhundert hatte es besonders eilig. Bevor sie überhaupt sitzen konnten, wurden die Kleinen auf Töpfchen gequetscht, und das waren keine vorgewärmten pinkfarbenen Plastikschwänchen, sondern kalte Metallpfannen. Und dann wurde gewartet, gewartet, gewartet ... Kam das Geschäft, gab es strahlende Gesichter und vielleicht ein Keks zur Belohnung. Wenn nicht, hieß es für die Kleinen warten, warten, warten ...

Warum so früh?

Warum begannen unsere Großeltern so früh mit dem Sauberkeitstraining? Neben den bereits angesprochenen praktischen Gründen – ein Windelkind weniger bedeutete auch weniger Plackerei am Waschtag –

war daran auch der Zeitgeist schuld. Sauberkeit galt als ein wichtiger Schritt für die Charakterentwicklung. Damit aus Kindern kontrollierte, ordentliche Menschen werden, sollte zuerst einmal Ordnung im Windelbereich herrschen. Die Psychologie Freuds war an dieser Glorifizierung des Schließmuskels nicht unschuldig – schließlich hatte er die Genitalzone des Kindes mitsamt seiner Ausscheidungen zur wichtigsten Entwicklungszone des Kindes (v)erklärt. Kein Wunder, wenn so mancher Kinderpsychologe die Sphinkterkontrolle mit Selbstkontrolle verwechselte.

Ein Griff ins Klo

Heute wissen wir: Die vielen hundert Stunden Warterei haben rein gar nichts gebracht. Diese Erkenntnis verdanken wir dem Schweizer Kinderarzt Remo Largo. Er und seine Kollegen befragten Eltern fast 50 Jahre lang systematisch, wann mit der Sauberkeitserziehung begonnen wurde und wann die Kinder dann tatsächlich sauber waren. Und siehe da: Obwohl die Eltern im Verlauf der Befragung immer später mit der Sauberkeitserziehung begannen, unterschied sich der Zeitpunkt, zu dem die Kinder schließlich sauber waren, nicht nennenswert. So hatten vor 1974 immerhin die Hälfte der Eltern schon vor dem siebten Lebensmonat ihres Kindes mit dem Sauberkeitstraining begonnen – bei den nach 1974 geborenen Kindern dagegen begann die Hälfte der Eltern erst mit 21 Monaten. In beiden Gruppen wurde die nächtliche Blasenkontrolle bei etwa 80 Prozent der Kinder mit vier Jahren erreicht. Die 14 Monate, die die Sauberkeitserziehung ehemals im Mittel früher begann, waren also rein für die Katz![37]

Largos Befund passt auch zu dem, was Neurologen heute über die Entwicklung der Ausscheidungsfunktionen wissen. Demnach erfordert die Fähigkeit, Urin und Stuhl eine Zeit lang zurückzuhalten und dann willentlich zu entleeren, ein fein abgestimmtes Zusammenspiel des sensorischen, autonomen und des motorischen Nervensystems. Viele dieser Leistungen können nicht geübt werden, sondern stellen sich dann ein, wenn das Nervensystem über die dazu notwendige Reife verfügt. Und die hängt vor allem von der allgemeinen körperlichen Entwicklung und damit auch stark vom Alter des Kindes ab.[38] Überrascht es da, dass Kinder rund um die Erde etwa zur gleichen Zeit sauber werden?

Warum gerade mit drei?

Warum hat es die Natur so eingerichtet, dass Kinder etwa mit drei Jahren sauber werden – und nicht mit einem oder mit fünf Jahren?

Da die Konstruktionspläne für den Menschen leider nicht mehr auffindbar sind, kann diese Frage niemand mit letzter Sicherheit beantworten. Betrachtet man das Timing jedoch aus der Kosten-Nutzen-Perspektive der Evolution, so drängt sich folgende Interpretation auf: Die Entwicklung der Sauberkeit fällt in etwa in die Zeit des »Entwöhnungsumbruchs«, der uns aus Kapitel 2 bekannt ist. Die Kinder, die vorher im ganz unmittelbaren Nahbereich der Mutter versorgt wurden, gliedern sich jetzt allmählich in die Kindergruppe ein – sie werden von einem »Tragling« zu einem »Mitläufer« in der Gruppe. Jetzt müssen sie Herausforderungen des Lebens und auch Gefahrensituationen in der Natur zu einem gewissen Grad selbstständig meistern. Und da war die Kontrolle der Ausscheidungen ein eindeutiges Plus: Gilt es, rasch eine wichtige Aufgabe zu Ende zu bringen, so wäre es hinderlich, wenn jetzt der Ruf der Natur dazwischenkäme.

Tipps aus evolutionärer Sicht

Junge Säugetiere, die von ihren Müttern tagsüber in einem Versteck allein gelassen werden, entleeren Darm oder Blase nur, wenn die Mutter sie leckt – dies verhindert, dass Raubtiere Witterung von den Kleinen bekommen.[245]

Auch die Menscheneltern nahmen lange Zeit an, dass ohne sie in Sachen Sauberkeit nichts liefe. Das aber hat sich als fixe Idee entpuppt: Sauberkeit beruht auf Reifung – und die passiert, ohne dass Eltern etwas dazu tun müssen. Sollen Eltern also die Finger vom »Sauberkeitstraining« lassen?

Das nicht. Eltern können Sauberkeit zwar nicht »anerziehen« oder gar erzwingen, aber sie können ihr Kind beim Sauberwerden sehr wohl unterstützen. Beispielsweise dadurch, dass sie Vorbild sind. Kinder, die sehen, wie es geht, wollen selbst gerne aufs Töpfchen – und manche Kinder nehmen ihr Vorbild so ernst, dass sie gleich aufs »richtige« Klo sitzen wollen. Abgeschlossene Klotüren sind für Kinder so etwas wie ein großes Fragezeichen und im Grunde ein Entwicklungshemmnis. Gerne lernen Kinder die lebenspraktischen Dinge auch von anderen Kindern. In gemischtaltrigen Kindergruppen – sei es nun in der Familie oder im

Hort – stellt sich Sauberkeit leichter ein. Was die größeren Kinder tun, ist nun einmal »angesagt« (dass gemischtaltrige Kindergruppen Kindern das Lernen generell leichter machen, werden wir in Kapitel 13 E&A noch sehen).

Auch ein kindgerechtes Klo und »klogerechte« Kleidung helfen mit, dass Kindern der Schritt in die Selbstständigkeit leichter fällt. Nichts ist für die Kleinen frustrierender, als wenn sie stolz aufs Klo marschieren und dann an der dummen Gürtelschnalle scheitern. Viele Kinder fühlen sich auf dem Erwachsenenklo wohler, wenn sie zumindest einen kleinen Hocker zum Raufklettern, einen bequemen Kloaufsatz und einen Handgriff zum Festhalten vorfinden.

Und auch das gehört zur Selbstständigkeit: Wenn das Kind einmal von sich aus aufs Töpfchen geht, dann weg mit den Windeln – auch wenn der eine oder andere Schuss noch danebengeht. Manche Kinder, die jetzt in guter Absicht weiter in Windeln gehalten werden, gewöhnen sich daran, auch ihr Geschäft dorthin zu machen.[246]

Eltern können ihren Kindern aber vor allem dadurch helfen, dass sie erkennen, wann ihr Kind von sich aus »bereit« ist. Und dieser Zeitpunkt ist von Kind zu Kind je nach Reife seiner Ausscheidungsfunktionen sehr unterschiedlich. Das Kind kann jetzt seinen Drang erkennen und zeigt ihn durch Mimik, Gesten oder Worte an. Es interessiert sich dafür, aufs Töpfchen zu gehen und lässt erkennen, dass es sich in der vollen Windel unwohl fühlt. Jetzt ist der optimale Zeitpunkt, um rasch sauber zu werden.

Rückschläge gilt es gelassen zu nehmen. Denn zum einen gehören sie zum Kleingedruckten der Entwicklung, zum anderen droht sonst die Spirale des Negativismus: In der Zeit, in der Kleinkinder normalerweise sauber werden, stecken sie nun einmal auch mittendrin in der für ihre Entwicklung notwendigen »Nein-Phase«, die uns aus Kapitel 7 bekannt ist. Je mehr die Eltern drängen, desto größer die Wahrscheinlichkeit, dass die Kinder den Gang aufs Töpfchen auf ihre »Njet«-Liste setzen und einfach nicht wollen, bloß weil die Eltern es wollen ...

Vor allem beim Spielen kommt es gehäuft zu »Unfällen«. Die Kinder sind so im Spiel versunken, dass sie die Ausscheidungen so lange zurückhalten, bis der Drang auf einmal überstark ist (oder bis sie eine hartnäckige Verstopfung entwickeln). Hier hilft nur, die kleinen Kinder laufend zu erinnern und mit List und Tücke immer einmal wieder aufs Klo zu dirigieren.

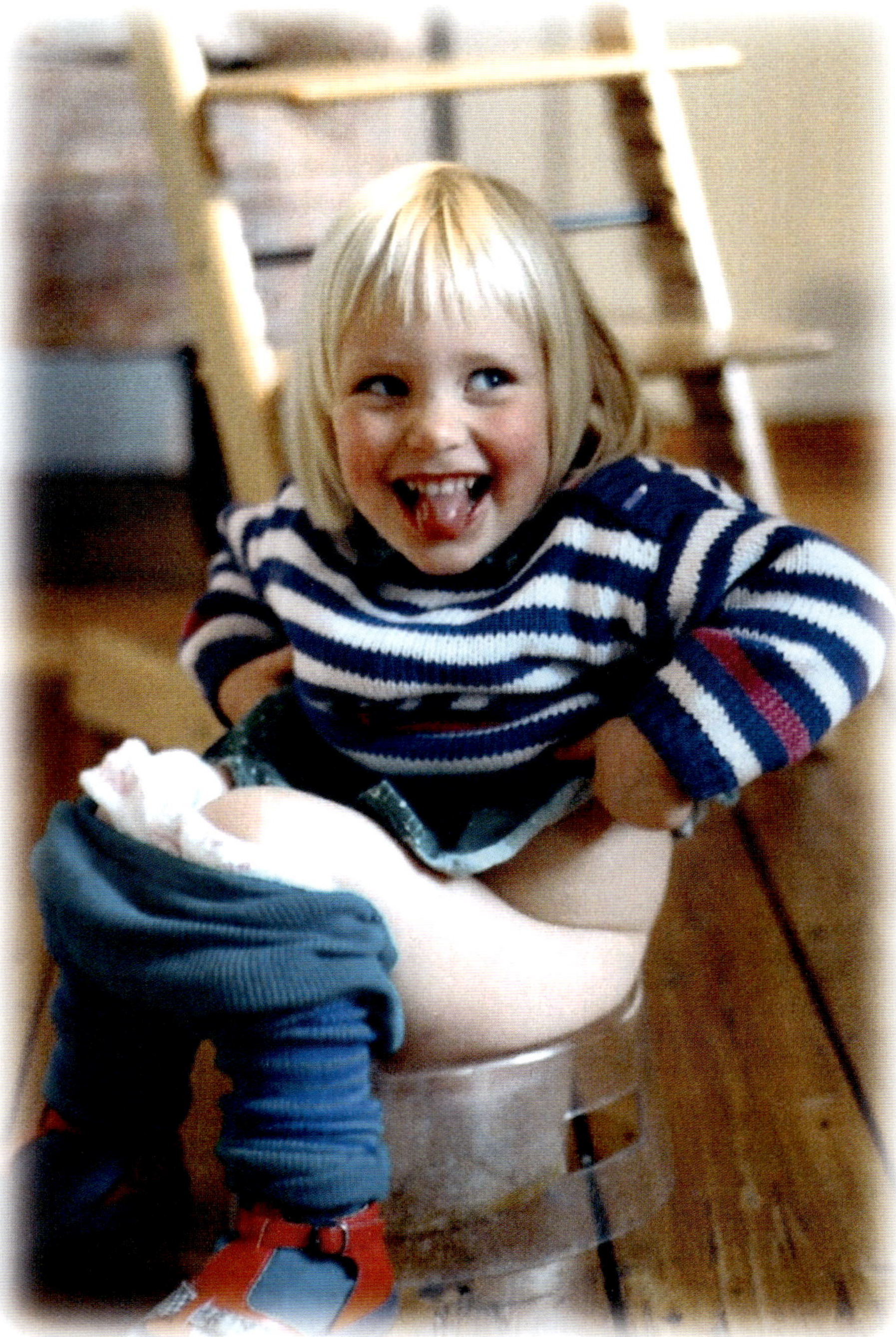

Einblick und Ausblick

Windellos erziehen?

Wie wir im vorangehenden Kapitel gesehen haben, drücken selbst kleine Babys ihre Ausscheidungen nicht sang- und klanglos von sich, sondern zeigen das Ereignis mit einem kurzen Signal an – und ermöglichen ihren Eltern dadurch, sie etwa rechtzeitig vom Rücken zu pflücken und an einen Baumstamm zu halten. Tatsächlich tragen in traditionellen Gesellschaften Millionen von Frauen ihre Kinder tagaus, tagein auf dem Rücken, ohne dabei ständig »beschmutzt« zu werden.

Auch hierzulande interessieren sich immer mehr Eltern für eine solche »intuitive Sauberkeit«: Könnten die frühen Ausscheidungssignale nicht genutzt werden, um die Babys schon früh von Windeln zu entwöhnen – und das auch noch auf eine »natürliche« Art?

Sogar in der ärztlichen Fachpresse ist die Welle angekommen. »Es ist an der Zeit«, schreibt etwa die Ärztin Rosemarie Anthony-Pillai in dem renommierten British Medical Journal, »die über 40 Jahre alten Theorien über das Sauberkeitstraining zu überdenken.« Ihr Argument: Damit ließen sich nicht nur ganze Windelberge einsparen, sondern möglicherweise auch gesundheitliche Risiken vermeiden. Die bei Kindern häufige Verstopfung etwa könnte durch das klassische Sauberkeitstraining gefördert werden. Auch Unfruchtbarkeit bei Männern könnte eine Folge der jahrelang getragenen warmen Windelpakete sein.[39] Was ist dran?

Whhhuuuuuschhhhh!

Nach den Verfechtern der frühen »Ausscheidungskommunikation« können Eltern ihren Kindern schon im Babyalter eine intuitive Sauberkeit ermöglichen – sie müssen dazu nur die Signale ihrer Kinder genau beachten. Also: Gibt ein Kind eines der typischen Ausscheidungszeichen, so wird es sofort auf den Topf gesetzt. Macht das Kind nun sein »Geschäft«, so machen die Eltern immer das gleiche Begleitgeräusch (etwa ein »Whhhhuuuuschhhhh«!) und gratulieren dem Baby. Nach und nach wird das Kind auch auf das Töpfchen gesetzt, wenn es gar kein Ausscheidungszeichen von sich gibt, etwa nach dem Aufwachen oder nach den Mahlzeiten. Dabei machen die Eltern wieder ihr »Whhhuuuuschhhhh«. Vielen Babys gelingt es dann tatsächlich, mithilfe dieses Zeichens ihr Geschäft zu machen.[248]

Was ist dran an der intuitiven Sauberkeit?

Das Konzept der intuitiven Sauberkeit ist nicht aus der Luft gegriffen, und tatsächlich gibt es auch hierzulande Eltern, die ihre Babys windellos aufziehen. Tatsache ist auch: In vielen traditionellen Kulturen sind Babys zumindest im Nahbereich der Eltern etwa mit sechs bis zwölf Monaten »sauber«.[249]

Allerdings heißt das nicht, dass die Kinder ihre Ausscheidungen beliebig kontrollieren können. Vielmehr können sie im Zusammenspiel mit einer sehr engen Bezugsperson lernen, ihre Ausscheidungen verlässlich anzuzeigen und zu bestimmten Zeiten auch selbst einzuleiten. Ein längeres Aufschieben des »Geschäfts« ist dagegen nicht möglich. Auch ist nächtliches Einnässen weiter die Regel.[40] Zudem beschränkt sich die Sauberkeit auf den unmittelbaren »mütterlich-kindlichen Begegnungsraum« – sie setzt nun einmal eine eingespielte, niederschwellige Kommunikation zwischen dem Baby und seiner Bezugsperson voraus, wie sie etwa in traditionellen Gesellschaften üblich ist, wo Babys kaum je den Schoß, Rücken oder die Hüfte der Mutter verlassen. Wie gut sich eine intuitive Ausscheidungskommunikation aufbauen lässt, wenn das Baby nur zeitweise am Körper der Mutter getragen wird oder von mehreren Personen betreut wird, ist schwer zu sagen.

Außerdem beruht das windellose Aufziehen – neben einem frühzeitigen Beginn in den ersten Lebenswochen und -monaten – auf einer eingespielten Routine. Wer am einen Tag das Kind im Tragetuch hat, am anderen aber im Kindersitz im Auto, ist deutlich im Nachteil. Auch stellen die hiesigen Klimaverhältnisse ein Handicap dar – schließlich müssen über weite Strecken des Jahres zuerst einmal ganze Schichten von Kleidern entfernt werden, bevor das kleine Kind »gehen« kann.

Man sollte das Konzept also nicht überfrachten. Die von manchen Anhängern des windellosen Aufwachsens geäußerte Meinung, nur das windellose Aufziehen sei ein respektvoller Umgang mit einem Baby, ist jedenfalls schwer nachvollziehbar.

Zudem ist Folgendes zu bedenken: Unter den gegebenen baulichen und klimatischen Verhältnissen kann das windellose Erziehen auch zu einem riesigen Stress ausarten – sicherlich kein Schmiermittel für die Eltern-Kind-Beziehung. »Könnten wir uns 100-prozentig auf ihn konzentrieren«, schreibt beispielsweise eine Mutter in einer Elternzeitschrift, »könnte er es ohne Windeln schaffen!« Sie drückt damit aus, wie viel Einsatz dieser Weg unter heutigen Umständen erfordern kann.

Und die medizinischen Argumente? Tatsächlich ist Verstopfung bei kleinen Kindern ein recht häufiges Problem. Dabei können viele Einflüsse eine Rolle spielen, wie etwa das Abstillen – Muttermilch sorgt bei den meisten Kindern für einen weichen Stuhl, der Übergang zu Säuglingsmilch und Beikost ist für manche Kinder mit einer »schwereren« Verdauung verbunden.[251]

Auch die Windel-Entwöhnzeit kann von Verstopfung begleitet sein, und hier mag die ungewohnte Routine des Aufs-Töpfchen-Gehens durchaus eine Rolle spielen. Manche Kinder halten dann womöglich den Stuhl öfter zurück, um der noch befremdlichen Situation aus dem Weg zu gehen. Dass »windellose« Kinder hier insgesamt weniger Probleme haben, ist denkbar, wissenschaftlich jedoch nicht erwiesen.

Und die Fruchtbarkeit? Tatsächlich gibt es Hinweise, dass die Hodentemperatur durch das Tragen von Windeln erhöht ist (die Art der Windeln scheint dabei keinen Unterschied zu machen). Der Einfluss einer erhöhten Hodentemperatur auf die Spermienbildung und -qualität steht für Erwachsene außer Zweifel. Ob das auch für die Kindheitsphase gilt, ist umstritten, aber zumindest nicht aus der Luft gegriffen.[252]

Fazit: Intuitive Sauberkeit ist eine elegante Sache, sie spart Energie, Windeln und damit bares Geld. Allerdings: Das Konzept funktioniert nur unter bestimmten Voraussetzungen, und die sind heutzutage oft nicht gegeben. Wer aber ohnehin einen entsprechenden Lebensstil pflegt, für den kann die windellose Variante durchaus funktionieren.

Kapitel 9

Zwischenspiel: Die Evolution verstehen

Evolution ist die Geschichte der Überlebenden.

(Elaine Morgan)

Die bisherigen Kapitel waren wichtigen Stationen im Leben des Kindes gewidmet, dem Beifüttern etwa, dem Schlafen oder dem Sauberwerden. Wir haben gefragt, wie diese Stationen unter den Bedingungen der Vergangenheit wohl ausgesehen haben mögen und warum heute manchmal Probleme mit diesen »natürlichen« Einrichtungen auftreten. Jetzt ist es an der Zeit, die Evolution selbst näher kennenzulernen. Was genau versteht man unter Evolution? Wie »funktioniert« sie? Was ist ihr Ziel – wenn es überhaupt ein solches gibt?

Evolution heute

Wer an seine eigene Kindheit zurückdenkt, dem erscheint die Welt, in der er groß geworden ist, fast schon wie ein Museum: Handys? Computer? Schulmensa? Döner-Stand? Alles Fehlanzeige. In den vorangegangenen Abschnitten ging der Blick noch viel weiter zurück – in eine Welt, in der es noch nicht einmal Museen gab, keine Süßigkeiten, vor denen man Kinder schützen musste, kein Biogemüse, das man ihnen schmackhaft machen musste, ja, noch gar kein Gemüse, wie wir es heute kennen.

Genau an dieser fernen Welt, so die Grundannahme der Evolutionsbiologie, haben sich die genetischen Anlagen unserer Kinder zurechtgeschliffen. Diese Welt hat ihren Körper und ihr Verhalten geprägt. In ihr haben sich ihre grundlegenden Vorlieben und Abneigungen ausgebildet, auf diese Umwelt hat sich ihr Stoffwechsel und ihr Bauplan eingestellt, auf diese Welt sind ihre Gefühle zugeschnitten.

Aber kann das denn sein? Ist die Biologie des Menschen inzwischen nicht auch im 21. Jahrhundert angekommen?

Evolution im Alltag

Schauen wir uns einmal den Alltag einer typischen Vertreterin der Art *Homo sapiens* im 21. Jahrhundert an. Lässt sich noch ein Nachhall der Evolutionsgeschichte hören? Blitzt unter dem modernen Outfit noch etwas von dem uralten Gefühlskleid hervor? Begleiten wir Frau Melanie Müller auf ihrem Weg ins Büro.

Aufstehen, das Frühstück machen. Dass sich Frau Müller auch heute wieder für eine »light«-Version entscheidet, hat etwas mit den Röllchen zu tun, die sich über ihrer Gürtelschnalle vordrängen. Darüber klagt fast die Hälfte der Homo-sapiens-Exemplare in Deutschland. Und dass das so ist, hat etwas mit der Evolution zu tun: Sie hat den Appetit aller Säugetiere – auch den des Menschen – so eingestellt, dass sie immer ein bisschen über den Bedarf hinaus essen. Das half unseren Vorfahren über eine Trockenzeit oder einen strengen Winter. Aber heute? Heute, wo das gelbe Burger-»M« auch die Winternächte in den Städten erhellt, handeln wir noch immer so, als vermassle uns der nächste Schneesturm auf Wochen die Jagd. Wer an der Aktualität der Evolution zweifelt, den kann ein Blick in Richtung Füße eines Besseren belehren.

Eine beliebte Erklärung für solch »unvernünftiges« (im evolutionären Sinn aber leider »vernünftiges«) Verhalten ist die: Der moderne Mensch habe eben seine natürlichen Instinkte verloren. Nach der Evolutionstheorie ist das sicher falsch. In der Evolution gehen hilfreiche Errungenschaften nicht einfach verloren. Das Problem scheint eher zu sein, dass wir unsere natürlichen Instinkte eben *nicht* verloren haben und uns auch im Fastfood-Zeitalter wie Jäger und Sammler benehmen, d.h. weiterhin große Portionen, Fettes und Süßes bevorzugen.

Zur Arbeit fahren, an der roten Ampel anhalten. Rot? Dass Frau Müller das Signal überhaupt sieht (und nicht etwa auf Wellen im Ultraschall- bzw. Infrarotbereich reagiert, wie z.B. Fledermäuse oder Bienen es tun), liegt daran, dass die angestammten Nahrungsquellen und die natürlichen Feinde des Menschen wichtige Merkmale im »farbigen« Wellenbereich des Lichts haben. Rot etwa steht in der Natur oft genug für reif und damit wertvoll. Rote Beeren oder Früchte zu erkennen, war gut für das Überleben des Menschen (und vieler anderer Tiere); die Wahrnehmung von Wellen im Infrarotbereich dagegen hatte für den Menschen keinen besonderen Überlebensvorteil und hat sich in seinen Genen nicht durchgesetzt.

Sechs Prozent der Jungen bzw. der Männer können Rot und Grün nicht unterscheiden. Ursache ist eine Mutation auf dem X-Chromosom (weil Frauen über zwei X-Chromosome verfügen, sind Frauen seltener betroffen). Wie passt das zu der Aussage, dass das Erkennen von Rot ein überlebenswichtiges Merkmal ist? Sollte diese »Behinderung« nicht schon längst durch die Evolution »abgeschafft« worden sein? Eigentlich schon. Nach der Evolutionstheorie ist deshalb davon auszugehen, dass die Sehbehinderung durch andere Vorteile wettgemacht wurde. Tatsächlich zeigt die Forschung, dass Rot-Grün-Blinde Brauntöne besser unterscheiden können – das könnte unter früheren Bedingungen Vorteile bei der Nahrungssuche gehabt haben.[253]

Vor dem Aufzug wartet Frau Müllers beste Freundin Sandra. Und sie sieht gar nicht gut aus! Sie klagt über Übelkeit und das nun schon die ganze Woche, vor allem morgens ... Die Geste, mit der sie sich über den Bauch streicht, legt nahe: Sandra ist schwanger. Schwangerschaftsübelkeit und die damit verbundene Abneigung gegen bestimmte Gerüche und Geschmackserfahrungen kommt in allen Kulturen vor und ist selbst bei anderen Säugetieren beschrieben.[254] Eine besonders starke Abneigung besteht gegenüber solchen Nahrungsmitteln, die häufiger mit Giftstoffen beladen oder leicht verderblich sind: Gewürze, Alkohol, Fisch und Fleisch. Was steht dahinter? Ein erster Hinweis ergibt sich aus dem zeitlichen Auftreten der Schwangerschaftsübelkeit: Sie ist in den ersten drei Monaten am intensivsten, also gerade in der Zeit, in der sich die Organe des Ungeborenen bilden und seine Anfälligkeit gegenüber Giftstoffen am höchsten ist. Die gesteigerte Empfindlichkeit gegenüber bestimmten Düften und Nahrungsmitteln »zwingt« also der werdenden Mutter eine relativ sichere Ernährung auf und schützt so das Ungeborene vor einer Schädigung durch Giftstoffe oder Krankheitserreger!

Gemeinsam im Aufzug. Mit dem Außenaufzug in den siebten Stock, ein mulmiges Gefühl beim Blick in die Tiefe. Ganz eindeutig: Die 30 Meter erscheinen Frau Müller weitaus länger, als würde sie 30 Meter auf der Straße geradeaus blicken.[255] Die Antwort der Evolutionsbiologie: Die Umwelt, die wir wahrnehmen, ist kein Eins-zu-eins-Abbild der Realität. Vielmehr nehmen wir die Welt durch einen Zerrspiegel wahr, und in dessen Krümmung hat die Evolution die Vor- und Nachteile für unser Überleben einkalkuliert! Die Tiefe kommt uns deshalb tiefer vor, weil es für das Überleben so »teuer« war zu fallen.[41]

Heimkehr nach Hause in der Dunkelheit. Obwohl Frau Müller den Weg gut kennt, macht sie beim Weg um das Haus lieber das Licht an. Nachts ist es einfach »unheimlich«! Dieses mulmige Gefühl zeigt klar: Tageslicht war für das menschliche Leben weniger gefährlich als die Dunkelheit. Und wundert es uns da, dass das bei vielen anderen Lebewesen anders ist? Ja, richtig: Sie fürchten sich im Licht.

Wie schmeckt eine Olive?

Hinter den Beispielen zeigt sich ein interessantes Strickmuster: Wie jede andere Art auch ist der Mensch auf Fähigkeiten spezialisiert, die ihm geholfen haben, in seiner Umwelt zurechtzukommen. Das gilt auch für die Wahrnehmung. Selbst wenn wir meinen, »die Wirklichkeit« wahrzunehmen, so nehmen wir doch nur einen Ausschnitt davon mit unseren Sinnen wahr – unser Auge etwa kann nur einen bescheidenen Teil des Lichtspektrums erkennen, und manche physikalische Qualitäten des Lichts, wie etwa dessen Polarisierung, kann es überhaupt nicht registrieren (das kann z.B. die Biene, sie nutzt es für die Orientierung).

Auch unser Denkvermögen – *die* menschliche Glanzleistung schlechthin – unterliegt diesen Grenzen: Wir können uns einen großen Teil der Wirklichkeit gar nicht vorstellen. Wir können problemlos in vier Dimensionen denken – Höhe, Breite, Tiefe und Zeit –, aber die weiteren Dimensionen, die es nach Auskunft der Physik ohne jeden Zweifel gibt, können wir allenfalls mit Formeln errechnen (oder können Sie sich etwas unter einem fünf-dimensionalen Raum oder einer »gekrümmten Zeitachse« vorstellen?).[257] Ja, wir können einen guten Teil unserer Wirklichkeit nicht einmal *beschreiben* – versuchen Sie doch einmal einem anderen Menschen den Geschmack einer Olive zu beschreiben!

Aber immerhin wissen wir jetzt, warum wir mit diesen Begrenzungen geschlagen sind: Das menschliche Gehirn ist nichts anderes als ein im jahrtausendelangen Härtetest entstandenes Werkzeug – es kann das besonders gut, was einmal vonnöten gewesen war, um zu überleben und Kinder zu hinterlassen. Komplexe geschmackliche Erfahrungen auszutauschen scheint da so wenig dazugehört zu haben wie in fünf Dimensionen zu denken.[42]

Die Frage nach der Herkunft

Auf dem Planeten Erde haben bis heute etwa 150 Milliarden Menschenbabys gelebt. Und auch wenn jedes davon einzigartig ist: Es teilt mit den anderen Kindern eine immer gleiche Grundausstattung. Alle Menschenkinder brauchen ziemlich genau 40 Wochen im Mutterleib, um optimal auf die Erde vorbereitet zu sein, alle sind nackt, alle sprechen nach wenigen Jahren die gleiche Sprache wie die Menschen um sie herum. Wen wundert es da, dass fast alle Weltreligionen davon ausgehen, dass Gott *ein* Menschenpaar geschaffen hat, von dem alle Kinder dieser Erde abstammen?

Manche Denker gingen bei der Frage nach dem Ursprung noch weiter. Der französische Naturforscher George-Louis Leclerc etwa war 1767 von der Ähnlichkeit zwischen Mensch und Affe so beeindruckt, dass er vorsichtig die Frage aufwarf: Könnten sie gemeinsame Ursprünge haben? Er rief sich aber gleich selbst zur Ordnung, da »uns die Autorität der Offenbarung versichert, dass das erste Paar jeder Art voll ausgebildet aus den Händen des Schöpfers hervorging«.[258]

Darwins radikale Idee

Dieser Meinung war auch der 22-jährige Charles Darwin, als er nach seinem Studium der Theologie und der Naturkunde zu einer wissenschaftlichen Erkundungsreise auf dem Expeditionsschiff HMS Beagle nach Südamerika aufbrach. Als er jedoch nach fünf Jahren von seiner Expedition zurückkehrte und die mehrere tausend gesammelten Fundstücke aus der Pflanzen- und Tierwelt genau untersucht hatte, war von dieser Überzeugung nichts mehr übrig. Vielmehr hatte er eine radikal neue Erklärung für den Ursprung des Menschen und der anderen Arten – die ihm selbst so kühn schien, dass er sie erst 23 Jahre später in seinem Buch *Über die Entstehung der Arten im Thier- und Pflanzen-Reich durch natürliche Züchtung* veröffentlichte.[259]

Was war neu an Darwins Idee? Anstatt anzunehmen, dass die Lebewesen in ihrer jetzigen Form »vorgefertigt« in die Welt gestellt worden sind, erkannte er, dass sie sich nach und nach aus Vorformen entwickelt haben (daher der Name Evolution = Entwicklung).[260] Aber wie?

Entwicklung durch Auslese

Die Finken auf den vierzehn Vulkaninseln des Galapagos-Archipels vor der Küste Ecuadors, das Darwin auf seiner Forschungsreise systematisch durchkämmt hatte, brachten ihn auf die Spur. Sie unterschieden sich auffallend von den Finken des ecuadorianischen Festlands. Während die Finken des Festlands allesamt die gleiche Schnabelform hatten, wimmelte es auf dem kargen Archipel von den unterschiedlichsten Finkenarten: Da waren Finken mit schlanken Schnäbeln, die sich nur von ganz kleinen Samen ernährten, andere mit kräftigen, gebogenen Schnäbeln, die harte Samenschalen knacken konnten, wieder andere Finken, die sich von Kakteen ernährten, und schließlich sogar solche, die von den Parasiten der Leguane lebten. Die Unterschiede waren so groß, dass Darwin einige Zeit brauchte, um die Vögel überhaupt als Finken zu erkennen. Woher kam diese Vielfalt? Und warum war sie gerade auf den Inseln so ausgeprägt?

Die Galapagos-Finken, so Darwins Erklärung, mussten ursprünglich vom südamerikanischen Festland hergekommen sein – etwa mit einem gewaltigen Sturm, der die ersten Paare auf das Archipel verschlug. Die fremden Bewohner fanden in der neuen Heimat zunächst ein üppiges, von direkter Konkurrenz verschontes Nahrungsangebot vor – die Finken waren offensichtlich die einzige körnerfressende Vogelart gewesen, die den 1000 Kilometer weiten Sprung auf die Galapagosinseln geschafft hatte.

Je mehr sich die Finken aber vermehrten, desto knapper und umkämpfter wurde die Nahrung. Jetzt waren diejenigen Vögel im Vorteil, die nicht nur die angestammten Nahrungsquellen nutzen, sondern auch solches Futter verwerten konnten, an das ihre Konkurrenten nicht herankamen. Mit der Knappheit schlug also die Stunde der Ausnahmeexemplare. Finken beispielsweise, die von Geburt aus über einen etwas härteren Schnabel verfügten, konnten auf härtere Samen ausweichen. Die dadurch mögliche bessere Ernährung sorgte für eine größere Fruchtbarkeit, die Spezialisten hinterließen also mehr Nachkommen. Und in der nächsten Generation setzte sich das Spiel fort. Wieder kamen die Varianten mit den härtesten Schnäbeln besser in der knappen Umwelt klar und hatten entsprechend viele Nachkommen. So stieg die Zahl der Finken mit einem härteren Schnabel allmählich an – das Merkmal »härterer Schnabel« wurde *ausgelesen*.

Was für die härteren Schnäbel galt, galt auch für andere Schnabelformen, durch die sich zusätzliche Nahrungsquellen – bis hin zu den Parasiten auf der Haut der Echsen – nutzen ließen. Auch diese Spezialisten waren unter dem Druck der Knappheit erfolgreich und hinterließen eine üppigere Nachkommenschaft. Nach und nach fächerte sich so die ursprüngliche Finkenpopulation in immer weitere Untergruppen und schließlich sogar in getrennte Finkenarten mit einem ganz unterschiedlichen Lebensraum auf. Dass Darwin mit seiner Antwort richtig lag, zeigen moderne molekulargenetische Untersuchungen, nach denen tatsächlich alle Finkenarten auf Galapagos von *einer* Ursprungsversion abstammen.

Die Zutaten zur Evolution

Das Beispiel der Finken zeigt auch, dass sich Lebewesen nicht nach einem Plan oder auf ein bestimmtes Ziel hin verändern, sondern dass sich Änderungen durch die beständige Reaktion auf die vorgefundenen Lebensbedingungen *ergeben*. Ändern sich die Lebensbedingungen, so ändern sich allmählich auch die darin lebenden Tiere und Pflanzen. Die Evolution beruht damit auf einem *Wechselspiel zwischen Umwelt und Erbanlagen:*

- Ausgangspunkt der Evolution ist die **Unterschiedlichkeit der Lebewesen** (Evolutionsbiologen nennen dies die *Variabilität*): Die Mitglieder jeder Art sind sich zwar ähnlich, aber sie unterscheiden sich in manchen Merkmalen trotzdem erkennbar. Heute wissen wir (was Darwin – dem ja noch nichts von Genen bekannt war – noch nicht ahnen konnte): Diese Unterschiedlichkeit liegt daran, dass die Erbsubstanz bei jedem Lebewesen in unterschiedlichen Varianten vorliegt und zudem mit jeder Zeugung neu durchmischt wird (ein Mensch unterscheidet sich auf diese Weise von einem anderen Menschen in immerhin 15 bis 30 Prozent seiner Gene). Auch *Mutationen,* also etwa durch zufällige »Kopierfehler« oder durch die Einflüsse bestimmter Stoffe oder Strahlen entstandene Änderungen im Erbgut, tragen zu dieser Unterschiedlichkeit bei.[43]
- Diejenigen Individuen, deren Merkmale unter den gegebenen Bedingungen vorteilhaft sind, überleben leichter und hinterlassen mehr Nachkommen. Sie verfügen, in Darwins Worten, über eine bessere **Fitness** (dieser Begriff wird weiter unten noch ausgeführt werden).
- Durch den besseren »Fortpflanzungserfolg« setzen sich die erfolgreichen Merkmale langfristig durch, sie werden also »ausgelesen« (**Auslese** oder Selektion).
- Der wohl wichtigste Begriff der Evolutionstheorie lässt sich aus dem Gesagten ableiten: Die ausgelesenen Merkmale zeichnen sich dadurch aus, dass sie an die herrschenden Umweltbedingungen gut *angepasst* sind (**Anpassung** oder Adaptation). Die Träger dieser »angepassten« Merkmale (oder kurz: *Anpassungen)* kommen besser an die Ressourcen ihrer Umwelt heran, und damit hinterlassen sie die meisten Nachkommen.[44] [261]

Überleben des Stärksten?

Auch wenn das Wort Fitness heute nach Hanteln und Rudermaschinen klingt – wenn Darwin von den »Fittesten« sprach, dann meinte er etwas anderes. Für ihn sind die »fittesten« Individuen diejenigen mit dem besten »fit« – also der besten Passung zu den vorgefundenen Umweltbedingungen (engl. to fit = passen). »Fitte« Individuen können die Ressourcen ihrer Umwelt am besten nutzen und sich dadurch am besten vermehren. Darwins immer wieder gerne zitiertes »Survival of the fittest« bedeutet also nicht »Überleben des Stärksten«, sondern vielmehr

Überleben der Angepasstesten – also derjenigen Individuen, die die vorgefundenen Umweltbedingungen *am besten nutzen* können. Und diese Qualität kann tatsächlich in mehr Stärke bestehen (mehr Muskeln, mehr Kraft, mehr Schnelligkeit), aber eben auch in einer gleitfähigeren Schleimspur oder einem schlechten Geruch, der ein Tier für seine Fressfeinde abstoßend macht. Es gibt im Darwinschen Sinne also keine »guten« und keine »schlechten« Merkmale, sondern nur solche, die besser oder schlechter an eine bestimmte Umwelt angepasst sind.[45]

Und zu diesen Qualitäten, die einem Individuum zu einer besseren »Fitness« verhelfen, gehören sogar Merkmale, die landläufig gar nicht mit der Evolution in Verbindung gebracht werden – wie etwa das gemeinschaftliche Handeln von Artmitgliedern.

Konkurrenz oder Kooperation?

Es hat sich eingebürgert, Evolution mit Konkurrenz zu verbinden – gerade in älteren Beschreibungen der Evolution dominiert das immer gleiche Bild: Im »Kampf ums Dasein« kämpft jeder gegen jeden, große Tiere fressen kleine Tiere, der Stärkere verdrängt den Schwächeren und so weiter. Die Natur sei »rot bemalt an den Zähnen und Klauen«, schrieb der Poet Alfred Lord Tennyson.

Dass auch Kooperation als Mittel in Frage kommt, um begrenzte Ressourcen optimal zu nutzen, kam zuerst durch die Forschungen von Ökologen aufs Tapet. Sie zeigten, dass Lebewesen in »kooperative Netze« eingespannt sind: Die Biene sammelt Honig, dabei bestäubt sie die Blüte. Die Wurzelwerke der Pflanzen unterhalten Bakterienstämme, die ihnen im Gegenzug helfen, die Mineralien des Bodens zu nutzen. Heute weiß man: Jedes Tier, auch der Mensch, ist im Grunde ein Ökosystem aus vielen Arten, die eine gesunde Funktion des Körpers erst ermöglichen.[46]

Aber auch die Kooperation unter Artmitgliedern kann eine Strategie zur Maximierung der Fitness sein – sie erlaubt gerade den sozialen Arten, die begrenzten Ressourcen ihrer Umwelt effektiver zu nutzen, etwa durch gemeinschaftlichen Schutz des Lagers, gemeinsame Jagd, ja, sogar durch das gemeinschaftliche Aufziehen des Nachwuchses (das uns in Kapitel 14 E&A beschäftigen wird). Das Bild von der »rot bemalten« Natur ist also etwas vielfältiger als gedacht: Konkurrenz und Kooperation sind *beide* Teil des Lebensplans.

Direkte und indirekte Fitness

Ameisen oder auch Bienen kooperieren sogar so perfekt, dass 99 Prozent von ihnen ganz auf eigene Nachkommen verzichten! Widerspricht dies nicht dem »Geschäftsmodell« der Evolution? Keinesfalls. Allerdings müssen wir dieses etwas näher erläutern.

Evolutionsbiologen unterscheiden zwei Arten von Fitness. Zum einen die sogenannte **direkte Fitness,** sie lässt sich an der Zahl bzw. »Qualität« der eigenen Nachkommen messen.

Die zweite Form der Fitness, die **indirekte Fitness,** ist etwas schwerer zu verstehen. Dieser Begriff stellt die Tatsache in Rechnung, dass *alle* verwandten Individuen zu einem gewissen Teil dieselben Gene in sich tragen (genauer gesagt: Kopien derselben Gene): 50 Prozent der Gene, die ein Geschwisterkind in sich trägt, liegen auch im anderen Geschwisterkind vor. Bei Cousins bzw. Cousinen sind es 25 Prozent. Das heißt: Jeder Verwandte trägt durch seinen Fortpflanzungserfolg anteilig auch zur Verbreitung der Gene der anderen Verwandten bei.

Selbst ein kinderloses Individuum kann also durch die indirekte Fitness im evolutionären Sinn »erfolgreich« sein! Unterstützt etwa eine kinderlose Tante ihre Nichten und Neffen, so hilft sie dabei ein Stück weit auch sich selbst – sie bringt damit nämlich auch einen gewissen Anteil (bei einer Nichte oder einem Neffen genau 25 Prozent) ihrer eigenen Gene in die nächste Runde. Kurz: Indirekte Fitness lässt sich erreichen, indem Individuen die Fortpflanzung genetisch ähnlicher Individuen fördern.[262]

Sex und Selektion

Als Darwin sein kühnes Buch *Über die Entstehung der Arten* schrieb, ging er davon aus, dass sich Fitness allein aus einer möglichst guten Anpassung an die vorgefundenen Umweltbedingungen ergibt. Erst in späteren Jahren fielen ihm immer öfter Beispiele auf, die zu diesem Muster nicht so recht passen wollten. Beim Pfau etwa pflanzen sich gerade die Exemplare am besten fort, die ein schweres und schmuckes Gefieder ihr eigen nennen. Letzteres aber stellt im Grunde nichts anderes als eine Behinderung bei der Nahrungssuche und bei der Flucht vor Raubtieren dar – nicht unbedingt ein Plus für die »Fitness«! Nach eigenem Bekenntnis brachte das Rätsel des Pfaus Darwin regelrecht aus der Fassung: »Der Anblick der Feder eines Pfauenschwanzes weckt in mir Übelkeit.«[263]

In vielleicht noch schlimmeren Alpträumen hatte Darwin auch schon an den Paradiesvogel gedacht, der mit seinen grellbunten Federn eigentlich alles tat, um die Gesetze der Selektion zu verhöhnen: Das Gefieder nimmt ihm seine Wendigkeit, kostet unnütze Energie und ist für Feinde selbst noch in der Dämmerung sichtbar. Überhaupt der ganze Tand und Schmuck, der im Tierreich so weit verbreitet ist: Hier ein roter Fleck, dort ein grellgelber Schnabel oder ein Häubchen auf dem Kopf, und hier ein Balztanz und dort ein Prachtgeweih, mit dem der Träger sich kaum mehr durch den Wald zwängen kann ... Darwin sah schnell, dass seine Theorie der »natürlichen« Selektion der Ergänzung bedurfte. Er nannte die zweite Kraft, die die Evolution antreibt, die »sexuelle Selektion«: Um möglichst viele Nachkommen zu hinterlassen (also »fit« zu sein), braucht ein Lebewesen nämlich nicht nur Nahrung, Schutz und Gesundheit, sondern es braucht auch einen möglichst guten (oder möglichst viele) Partner.[264]

Teure Eigenwerbung

Und um den besten Partner zu gewinnen, müssen bei vielen Arten die eigenen Qualitäten regelrecht »beworben« werden: Seht her, ihr Frauen (denn bei fast allen Arten sind es die Frauen, denen die Wahl zukommt), hier ist ein genetischer Volltreffer, ein ganz ungewöhnliches Exemplar, mit dem sich eine vorzügliche Nachkommenschaft zeugen lässt ... Mit welchen eisernen Bandagen da geworben wird, zeigt wieder niemand besser als der Pfau. Schneidet man ihm nur wenige seiner etwa 150 Augen aus dem Federkleid, so lässt sein Erfolg bei den Pfauendamen merklich nach.[265]

Natürlich: Wer so auf die Pauke haut, muss gewisse Nachteile in Kauf nehmen. Der Balztanz der Graugans lockt nicht nur mögliche Partnerinnen, sondern womöglich auch den Fuchs aus dem Gebüsch. Und das Gefieder des Pfaus muss tagaus, tagein mitgeschleppt werden. Selbst ein schmucker Porsche vor der Haustür muss zunächst einmal finanziert werden. Sexuelle Werbung ist damit im Grunde ein Handicap-Rennen: Gewinner ist, wer sich die größte Behinderung leisten kann.

Dieses Prinzip begegnet uns interessanterweise in der Mode wieder. Eine Gucci-Handtasche zeichnet sich gegenüber einem No-Name-Produkt vor allem durch eines aus – durch ihren Preis, den nur wenige Frauen (beziehungsweise deren Partner ...) bezahlen können. Im Bereich der Alltagsmode dagegen hat sich das Handicap längst weg vom Preisschild entwickelt – durch die gestiegene Kaufkraft und die verbilligte Produktion können sich heute fast alle Frauen schicke Kleider leisten. Hier hat sich das Handicap konsequenterweise auf den Körper selbst verlagert. Und welches Handicap würde sich heutzutage, wo es immer schwieriger geworden ist, schlank und rank zu sein, besser anbieten als ein möglichst flacher Bauch? Tatsächlich sind in den Jahren, in denen immer mehr Frauen über immer mehr Röllchen an der Gürtellinie klagen, die Blusen immer höher gerutscht – »Bauchfrei!« lautet das grausame Motto dieses Handicap-Rennens.

Die beiden Arten der Selektion laufen also auf sehr unterschiedliche Strategien hinaus. Bei der »natürlichen« Auslese geht es um Anpassung und Effektivität – um das Überleben eben. Bei der »sexuellen« Auslese dagegen um Ausstrahlung und Attraktivität – um Werbung also. Während es im Sinne der natürlichen Selektion ratsam ist, einen Bach an der schmalsten Stelle zu überspringen (das spart Energie und verringert das Risiko, mitsamt seiner wertvollen Gene abzusaufen), gilt es im Sinn der sexuellen Selektion eher, die breiteste Stelle anzusteuern – der gemeisterte Sprung bringt nun einmal Beifall und damit Zugang zu möglichen Partnerinnen.

Weitere Formen der Selektion

Bei der Veränderung der Erbanlagen von Generation zu Generation spielen nach heutigem Verständnis aber nicht nur die natürliche und die sexuelle Selektion eine Rolle – sie sind lediglich als »klassische« Selektionsformen am besten bekannt.[47]

Auch Zufallseffekte spielen bei der Selektion eine Rolle, wie etwa Wanderungsbewegungen, durch die manche Mitglieder einer Art von den anderen »abgekapselt« werden und sich dann in einer neuen Umwelt in eine andere Richtung entwickeln. Weitere Kräfte, die uns in diesem Buch begegnen, sind die »frequenzabhängige« Selektion, die etwa bei der Ausbildung der unterschiedlichen Persönlichkeitsmerkmale eine Rolle gespielt haben dürfte. Sie beruht darauf, dass sich seltenere Varianten in einer Population oft rascher ausbreiten als häufigere Varianten – die selteneren Varianten stoßen schließlich auf weniger Wettbewerb (zumindest so lange sie noch selten sind).

Und schließlich kann Selektion auch ein Gruppenphänomen sein: Manche Merkmale verbreiten sich schneller, wenn sie der Gruppe nutzen. So hat beispielsweise eine Gruppe von Eichhörnchen, die sich durch Warnschreie vor möglichen Angreifern warnen, langfristig einen Vorteil gegenüber einer Gruppe, die das nicht tut – das Verhalten setzt sich durch, auch wenn es vielleicht nicht im »egoistischen« Interesse des warnenden Artmitglieds ist (es fällt einem Angreifer schließlich als Erstes auf). Viele Tierarten zeigen solche durch gruppenabhängige Selektion entstandene Verhaltensweisen. Bei den Tauben etwa bleibt immer eine wach und schützt dadurch den Schlaf der anderen. Pinguine können in ihrer bis zu minus 60 Grad kalten Umwelt nur überleben, weil sie die rotierende Spirale »erfunden« haben, bei der einzelne Pinguine immer nur eine Zeit lang in der Außenlinie stehen, um dann nach und nach wieder ins wärmere Innere der Gruppe zu rücken. Auch beim Menschen lassen sich viele Verhaltensweisen nur als Ausdruck einer solchen gruppenabhängigen Selektion erklären (etwa der für den Menschen typische Altruismus, der uns in Kapitel 16 E&A noch beschäftigen wird).

Für den Menschen gilt zudem, dass bei der »natürlichen« Selektion auch sehr unnatürliche Faktoren eine Rolle spielen: Der Mensch verändert seine Umwelt radikal, und die so geschaffene »Kunstwelt« wirkt auf seine Gene zurück – ein Beispiel ist die Laktosetoleranz, die sich im Zuge der Viehzucht entwickelt hat. Auch die Empfängnisverhütung stellt sozusagen eine kulturelle Form der Selektion dar. Wir werden den Einfluss von Kultur und Technik auf die Evolution des Menschen noch ausführlich betrachten.

Ein Wort zum »egoistischen« Gen

Keiner hat die öffentliche Wahrnehmung der Evolution starker geprägt als der britische Biologe Richard Dawkins, der in seinem 1976 erschienenen Buch *Das egoistische Gen* zu dem Schluss kam, hinter der Selektion stünden »egoistische« Gene, die die Lebewesen dazu benutzten, um sich selbst in möglichst zahlreichen Kopien weiterzuverbreiten. Sein Schluss: Wir sind »egoistisch« geboren, Großzügigkeit und Altruismus stünden im Widerspruch zu unserer Natur.[265]

Selbst wenn dieser Pessimismus auch heute noch das Laien-Denken dominiert, so ist das Dawkinssche Modell inzwischen eher historisch interessant. Denn das dem Modell zugrunde liegende Verständnis von Genen hat sich fundamental verändert (wir gehen darauf in Kapitel 15 E&A ein), und auch die Wirkung der Selektion ist nach heutigem Verständnis weitaus komplexer, als Dawkins dies vor 35 Jahren annehmen konnte.[267]

Als Gegenbild zum »egoistischen« Gen wurde neuerdings das Bild des »kooperativen« Gens entworfen (etwa von dem Freiburger Psychosomatiker Joachim Bauer).[268] Auch wenn durchaus Argumente für die »kooperativen« Möglichkeiten von Genen sprechen, so befriedigt auch dieses Bild letzten Endes nicht. Denn Gene wirken je nach Bedingungen sehr unterschiedlich – aus sich heraus sind sie weder egoistisch noch kooperativ. Sowohl Konkurrenz als auch Kooperation haben sich evolutionär bewährt – das liegt nicht an den Genen selbst, sondern daran, unter welchen Bedingungen und in welchen Umwelten sie jeweils wirken.

Insofern gleicht der Streit um das Gen dem Streit, ob der Mensch von Natur aus nun gut oder böse sei oder ob sein Verhalten nun angeboren oder erlernt ist. Wie wir in Kapitel 5 E&A und 15 E&A sehen, sind beides sinnlose Fragen, da sich die verschiedenen Antworten *nicht gegenseitig ausschließen.*

Der Zeitrahmen der Evolution

Wann wurden die Programme geschrieben, die offenbar noch heute auf unserer »Festplatte« mitlaufen? Wann entstand der Mensch, so wie er heute ist? Welche Umwelt hat ihn am meisten geprägt? Ja, in welchem Tempo läuft die Evolution überhaupt ab?

Nehmen wir uns als Erstes die letzte Frage vor. Nach dem Tempo der Evolution befragt, fällt den meisten Lesern wahrscheinlich ein: sehr langsam! Tatsächlich zeigen sowohl die fossilen Funde also auch die inzwischen möglichen Untersuchungen an Erbmaterial, dass die Evolution sehr oft im Zeitlupentempo voranschreitet. Zumindest Arten mit einer eher langsamen Generationenfolge – wie etwa die Säugetiere – haben sich in den letzten Hunderten, ja, sogar Tausenden von Jahren kaum oder nicht erkennbar verändert.[269]

Kein Wunder also, dass die Evolution gerade bei den höheren Lebewesen nicht schnell genug ist, um auf plötzliche Umweltänderungen zu reagieren. Das erklärt die Tatsache, dass über 99 Prozent der Arten, die es auf der Erde bisher gab, wieder ausgestorben sind! Sie konnten den relativ raschen Änderungen der Umwelt, die schon immer die Erdgeschichte geprägt haben und weiter prägen, nicht schnell genug »ausweichen«.

> Und dabei muss man nicht einmal an Vulkanausbrüche, Meteoriteneinschläge oder an die schmelzenden Gletscher der Eiszeit denken – die Auswirkungen der vom Menschen seit nur etwa 100 Jahren ausgelösten Klimaerwärmung haben bereits manche ehemals erfolgreiche Art, wie etwa den Eisbär, an den Rand der Geschichte gedrängt.

Andererseits gibt es genug Beispiele, in denen die Evolution für *sehr rasche* Änderungen sorgt. Als zu Zeiten der industriellen Revolution die Luftverschmutzung in England die Birkenrinden mit einer dunklen Rußschicht überzog, änderte sich windabwärts der großen Industriezentren nach wenigen Jahren die Farbe der Flügel einer bestimmten Falterart, dem Birkenspanner, von hell zu dunkel. Und daran war nicht etwa der Ruß in der Luft schuld, sondern *genetische Veränderungen.* Die hellen Motten waren nämlich auf den verschmutzen Rinden der Bäume gut sichtbar und wurden verstärkt von den Vögeln weggepickt. Eine rare dunkle Variante hatte jetzt durch die Tarnung alle Vorteile und breitete sich rasch aus.

Auch die von Jahr zu Jahr vor allem in den Krankenhäusern weiter um sich greifende Resistenz vieler Keime gegenüber Antibiotika ist ein Beispiel dafür, wie schnell sich Arten an neue Umweltbedingungen anpassen können. Die Bakterienart Microbacterium hatanonis hat es sogar geschafft, sich durch genetische Veränderungen ausgerechnet Haarspray als Lebensraum zu erobern – und das gibt es nun wirklich noch nicht so lange. Auch im Fall der Vogelgrippe schaut die halbe Menschheit Jahr um Jahr auf das Wirken der Evolution: Schafft es das bisher fast ausschließlich die Vögel befallende Virus, sich mit einem menschlichen Grippevirus so »auszutauschen«, dass eine neue, jetzt auch für den Menschen gefährliche Variante entsteht?

Für den Menschen, der ja zu den sich eher langsam vermehrenden Arten gehört, aber stimmt die anfangs gemachte Annahme: Änderungen verlaufen *sehr gemächlich.* Bis sich neue Lösungen finden, vergehen Dutzende, wenn nicht Hunderte von Generationen, und die allermeisten Merkmale haben sich über Jahrtausende praktisch nicht geändert.

Sind wir also noch immer Steinzeitmenschen?

Es ist deshalb anzunehmen, dass wir einen Vorfahren von vor 30.000 bis 50.000 Jahren, der heute zufällig bei uns durch die Tür kommen würde, nicht als grundlegend »andersartig« wahrnehmen würden als die heute lebenden Exemplare des Homo sapiens. Er hätte in den gleichen Situationen Angst wie wir, fände die gleichen Dinge angenehm und verfolgte ähnliche Lebensziele – Partner finden, mit den vorhandenen Mitteln über die Runden kommen, Ansehen und Anerkennung gewinnen usw. Natürlich würde es ein paar Jahre dauern, bis die hiesige kulturelle »Software« in das steinzeitliche Gehirn überspielt wäre, aber grundsätzlich dürfte gelten, was der Evolutionsbiologe Randolph Nesse einmal so ausdrückte: »Könnten wir durch eine magische Kugel Babys aus dieser Zeit hierher transportieren und sie in modernen Familien aufziehen, könnten wir erwarten, dass sie zu absolut modernen Rechtsanwälten oder Landwirten oder Sportlern oder Kokainsüchtigen würden.«[270]

Was das Äußere des steinzeitlichen Besuchers angeht, so dürften gewisse Unterschiede schon ins Auge gefallen sein, auch wenn genaue Aussagen über Hautfarbe, Haare oder Teint natürlich nur schwer zu treffen sind. Die recht großen Unterschiede zwischen den heute lebenden menschlichen Populationen (die ja alle von einer vor etwa 80.000 Jahren aus Afrika ausgewanderten Menschengruppe abstammen) jedenfalls zeigen an, dass das Äußere beim Menschen unter einem recht starken Selektionsdruck (Änderungsdruck) gestanden hat. Ein Besucher aus dem All jedenfalls würde zunächst einmal kaum glauben, dass eine blonde Flensburgerin und eine Aborigenee-Frau zur gleichen Spezies gehören. Auch Genetiker gehen davon aus, dass sich viele Unterschiede im Aussehen des Menschen erst in jüngerer Zeit entwickelten. So zeigen neuere genetische Analysen, dass sich die blaue Augenfarbe erst vor etwa 6000 bis 10.000 Jahren entwickelt hat![271]

Subtile Unterschiede bestehen

Aber auch unter der Haut wären einige Unterschiede erkennbar, und sie wären ähnlich groß wie die Unterschiede, die auch heute zwischen den menschlichen Völkern bestehen. So vertrüge unser steinzeitlicher Freund bestimmt keine Milch, weil er den darin enthaltenen Milchzucker nicht verdauen könnte – auf das angebotene Glas Kuhmilch würde er mit Blähungen und Durchfällen reagieren (vgl. Kapitel 3). Und zöge er wirklich bei uns ein, so würden wir nach ein paar Jahren herausfinden, dass auch sein Stoffwechsel etwas anders eingestellt ist: Auf die heute übliche, an verfeinerten Kohlenhydraten reiche Ernährung etwa würde er möglicherweise nach Jahren mit einer Zuckerkrankheit (Diabetes mellitus) reagieren.[272]

Generell ist anzunehmen, dass sich Unterschiede zwischen dem Steinzeitgast und seinen modernen Gastgebern am ehesten in Stoffwechseleinstellungen und bestimmten Funktionen des Immunsystems zeigen würden. Denn seit sich der Mensch vom Lebensstil als Jäger und Sammler gelöst hat (diese Abkehr begann im südöstlichen Europa vor 10.000 Jahren und war vor 4000 Jahren auch im nördlichen Europa abgeschlossen), herrschte gerade in den Bereichen der Nahrungsverwertung und der Abwehr gegen Erreger ein besonders hoher Änderungsdruck. Genetische Änderungen wurden in diesen Bereichen der menschlichen Biologie also innerhalb relativ kurzer Zeit »erzwungen«.

So ist etwa bekannt, dass sich das Gen für eine bessere Eisenspeicherung (Hämochromatose-Gen) erst seit der Keltenzeit in der europäischen Bevölkerung ausgebreitet hat. Das Gen brachte in der bäuerlich geprägten Bevölkerung, die wegen des geringen Fleischanteils ihrer Nahrung immer unter einem latenten Eisenmangel litt, erhebliche Vorteile für die Fruchtbarkeit. Dasselbe gilt auch für die Sichelzellanämie, die den Betroffenen einen Vorteil bei der Abwehr des Malaria-Erregers verschaffte und heute im »Malariagürtel« der Erde entsprechend weit verbreitet ist.[48]

Fazit: Ein Steinzeitkern bleibt

Dass wir nichts anderes als Steinzeitmenschen in modernem Gewand seien, ist also nur als grobe Verallgemeinerung richtig. Das Bild vom »teilweise modernisierten« Steinzeitmenschen trifft es schon eher: Auch wenn sich unser Stoffwechsel und auch unser Aussehen hier und da »verjüngt« haben – der größte Teil unseres menschlichen Repertoires ist steinalt. Gerade in unser »Gefühlskleid« sind auch heute noch die Lebensbedingungen eingewoben, in denen wir 99 Prozent unserer Geschichte verbracht haben. Unsere grundsätzlichen emotionalen Reaktionen, unsere Bedürfnisse und auch andere wichtige Grundmuster unseres Verhaltens unterscheiden sich nicht von denen unserer voragrarischen Vorfahren. Das, was uns heutige Menschen vom früheren Menschen unterscheidet, ist also weniger unser Gehirn, sondern vor allem *die Art, wie wir unser Gehirn benutzen*.

Ganz sicher aber ist eines: Die in der menschlichen Geschichte eingreifendste Phase der Umweltänderung (also die Geschichte seit der industriellen Revolution) hat sich in unserer genetischen Anlage noch nicht abgebildet. Der immer rauschende Verkehr, der immer ausgerollte Lichtteppich unserer Städte, die von Fett und Zucker durchhängenden Regale der Supermärkte und die spiegelblanke Sauberkeit unserer Wohnungen haben sich nicht in unseren Genen abgebildet und werden es auch in der absehbaren Zukunft nicht tun (wir kommen darauf zurück).

Der »Blickwinkel« der Evolution

Fassen wir zusammen: Dass Menschen so sind, wie sie sind, liegt zu einem guten Teil daran, dass es einmal für ihr Überleben gut war, so zu sein. »Jeder lebende Organismus«, so die Verhaltensforscherin Sarah Blaffer Hrdy, »trägt die Abdrücke vieler vergangener Leben in sich.«[274]

Wie diese »Abdrücke« entstehen, lässt sich am besten aus dem Blickwinkel der Evolution selbst verstehen: Jedes Lebewesen wird in eine ganz bestimmte Umwelt hineingeboren und hat nur dann eine Chance zu überleben, wenn es da auch gut hineinpasst. Ein Schneehuhn, das mit einem braunen Federkleid geboren wird, wird nicht lange ein lebendes Schneehuhn sein!

Gefragt sind also *möglichst genaue Vorhersagen:* Wie wird die Welt aussehen, in die das jeweilige Lebewesen geboren wird? Um diese Frage zu beantworten, wird der Erfolg der Vergangenheit ausgewertet – was sich bewährt hat, bleibt bestehen und wird an die nächsten Generationen weitergegeben. Die so entstehenden Anpassungen sind also im Grunde durch Versuch und Irrtum entstandene Anleitungen für die Lösung von Lebensaufgaben. Das gilt auch für uns Menschen. Auch wir sind allesamt Träger von Erbanlagen, die sich – zumindest in der von der Evolution »vorhergesehenen« Umwelt – *bewährt* haben.

Hat die Evolution ein Ziel?

Viele Menschen sind der Ansicht, die Natur sei in sich stimmig und »gut«, und die Evolution laufe auf eine Welt der Harmonie, Gesundheit und Perfektion hinaus. Dass dies auf den Menschen offensichtlich nicht zutrifft, wird dann damit erklärt, dass er sich aus den natürlichen Zusammenhängen gelöst habe und sich nicht mehr an die Spielregeln der Natur halte.

Schaut man sich das Wirken der Evolution genauer an, so ergibt sich ein anderes Bild. In dem Wechselspiel der Lebewesen mit ihrer Umwelt, das der Evolution zugrunde liegt, ist kein Plan zu erkennen, und auch keine Richtung. Die Evolution ist vielmehr ein sich selbst organisierender Prozess ohne Geschäftszweck – Evolution *passiert.* Und das heißt konkret auch: Könnte man die Evolution noch einmal von vorne beginnen lassen, die Welt sähe heute ganz anders aus![275]

Dass die Evolution keine Richtung hat und auch nicht auf eine Besserung der Welt hinausläuft, ist gar nicht so einfach zu begreifen und zu akzeptieren. Denn unser Geist »denkt« von Geburt an in den Kategorien Ursache und Wirkung.[276] In unserem Alltagsdenken hat alles einen Grund und ein Ziel – für Dinge, die sich »einfach ergeben«, ist da kein Platz. Kein Wunder, dass in allen Schöpfungsmythen die Lebewesen von einem höheren Wesen geschaffen werden! Kein Wunder auch, dass es so schwer ist, bei all den »sinnvollen« Erscheinungen der Natur nicht automatisch an ein Design, an Konstruktion, eben an Sinn und Zweck zu denken.

Evolution ist damit ein bisschen wie Quantenphysik. »Wir können das Konzept intellektuell begreifen – wenn auch mit ziemlichem Aufwand – aber es wird sich nie *richtig* für uns anfühlen.«[277] Auch in diesem Buch wird immer wieder auf sprachliche Formulierungen zurückgegriffen, die so tun, als liege der Evolution eine Logik oder ein Interesse zugrunde – nur durch solche »personifizierende« Erklärungen wird der Text überhaupt lesbar.

Optimale Lösungen?

Nach der Legende fragte einmal der Autobauer Henry Ford den Besitzer eines Autofriedhofs: »Welches Teil an meinem Model T geht eigentlich nie kaputt?« »Sir, das Steuerrad«, war die Antwort. Darauf drehte sich Mr. Ford zu seinem Chefingenieur um und fuhr ihn an: »Mach es neu. Wenn es nie kaputt geht, stecken wir da zu viel Geld rein.«

Die Evolution handelt nach derselben Logik (wobei sie weder »handelt« noch einer »Logik« folgt, wie wir bereits gesehen haben): Sie »entwickelt« Lösungen, die *gut genug* sind, aber eben nicht perfekt. Denn

Perfektion ist teuer, und das passt nicht zu den begrenzten und umkämpften Ressourcen der Natur. Schwerere Knochen würden vielleicht weniger leicht brechen – aber sie müssen auch Tag für Tag getragen werden. Kein Weg führt also an Kompromissen vorbei.

Dass es ohne Kompromisse nicht geht, liegt aber auch daran: Wenn ein Organismus auf eine Änderung seiner Umwelt »reagieren« muss, kann er nicht einfach die bisherigen Lösungen über Bord werfen und von vorne beginnen. Anstatt an einer *idealen* Lösung zu arbeiten, wird in der Evolution das Beste aus dem gemacht, was bereits vorhanden ist. So entstanden die Flügel der Vögel aus den Vorderbeinen der landbewohnenden Reptilien. Und die Mittelohrknochen der Säugetiere sind Weiterentwicklungen von Knochen des Kiefergelenks von Reptilien! Der Biologe Otto Neurath hat dafür die schönen, klassischen Worte gefunden: »Wie Schiffer sind wir, die ihr Schiff auf offener See umbauen müssen, ohne es jemals in einem Dock zerlegen und aus besten Bestandteilen neu errichten zu können.«[278]

Dass das im evolutionären Sinne »Beste« nicht immer »gut« ist, weiß jeder, der sich schon einmal verschluckt hat – und dadurch Bekanntschaft mit einem anderen Design-Kompromiss unseres Körpers gemacht hat: der Kreuzung von Luft- und Atemwegen. Diese Kreuzung ist Bestandteil des evolutionären Bauplans, seit der erste Vorfahr der Landbewohner, der Lungenfisch, sein Atemloch oberhalb des Mundes entwickelt hat, weil er nur so im Wasser gleichzeitig atmen und jagen konnte.

Das Beispiel des Geburtsdilemmas

Was »jede Paviandame lässig hinter einem Busch erledigt und dabei noch eine Banane schält«[279], ist beim Mensch ein oft ein Leben lang erinnertes, schmerzhaftes Ereignis. Die Rede ist von der Geburt. Sie ist ein klassisches Beispiel für einen *evolutionären Kompromiss*.

Als unsere menschenähnlichen Vorfahren vor vier Millionen Jahren den aufrechten Gang entwickelten, hatten sie davon viele Vorteile. Aber auch einen entscheidenden Nachteil, und der zeigte sich erst zwei bis drei Millionen Jahre später. Der Geburtskanal wurde nämlich durch die zur Aufrichtung erforderliche Umstellung des Beckens deutlich enger. Zunächst, als unsere menschenähnlichen Vorfahren noch Gehirne von der Größe des heutigen Schimpansen hatten, war das kein Problem. Doch als der Ur-Mensch ein immer größeres Gehirn entwickelte, wurde es eng. Das Becken der Frau wurde jetzt breiter und breiter – bis es schließlich sein konstruktives Maximum erreicht hatte.[49] Der Kompromiss, der sich da anbot, war der: Die menschlichen Kinder werden unreif geboren, also zu einem Zeitpunkt, zu dem das Gehirn noch gar nicht voll entwickelt ist. Weil es das bauliche Limit eines Zweifüßler-Skeletts übersteigt, wird das Wachstum des Gehirns also außerhalb des Mutterleibs nachgeholt. Unreife Kinder aber sind verletzlich – ein Preis dafür, dass der Mensch die Vorteile eines großen, leistungsfähigen Gehirns nutzen kann.

Ein weiterer Preis sind Komplikationen bei der Geburt – ein bei den anderen Säugetieren, von Züchtungen einmal abgesehen, kaum anzutreffendes Phänomen. In den Ländern südlich der Sahara (das Land Südafrika ausgenommen) liegt noch heute die Wahrscheinlichkeit, dass eine Frau als Folge einer Schwangerschaft stirbt, bei etwa eins zu dreizehn.[280] Und nach Berechnungen von Historikern hatten Frauen noch im 18. Jahrhundert bei jeder Geburt ein Risiko von 1,3 Prozent, die Geburt nicht zu überleben.[50] [282]

Vielleicht erklärt dieses *Geburtsdilemma* auch eine Besonderheit der menschlichen Geburt: Während praktisch alle Säugetiere für die Geburt die Isolation suchen, suchen Menschenmütter intuitiv emotionale Unterstützung. So ist die Geburt in fast allen Kulturen kein privates, sondern ein soziales Ereignis (die Bauersfrau, die ihr Kind ohne Vorankündigung en passant auf dem Feld allein gebiert, ist eher eine Erfindung der Folklore).

Nahziele, Fernziele

Schwenken wir den Blick noch weiter ins »Innenleben« der Evolution. Angeblich verfolgt sie selbst keine Ziele – ihr Wirken *ergibt* sich vielmehr durch die weiter vorne beschriebenen Auswahlprozesse. Aber wie passt das zu unserer eigenen Sichtweise? Denn dass die Träger der Evolution, die Lebewesen, Ziele verfolgen, weiß niemand besser als wir Menschen: Wir wollen Lebens- und Liebespartner gewinnen, wollen erfolgreich und angesehen sein, Spaß haben und und und ... (wir haben die ungeordnete Welt der Bedürfnisse in Kapitel 7 E&A kennengelernt).

Wenn wir es genau betrachten, so sind auch diese sehr subjektiven Ziele Teil des nüchternen »Wirkprinzips« der Evolution. »Die Natur bringt uns dazu, das zu wollen, was wir tun sollen, indem sie dafür sorgt, dass es uns Freude macht«, sagt die Evolutionspsychologin Judith Harris.[283] Umgekehrt sorgt die Natur auch dafür, dass wir *nicht* tun, was wir nicht tun sollen, indem sie es durch unangenehme Gefühle bestraft – etwa durch Angst, Scham oder Schmerzen.

Und was, bitte schön, sollen wir nach der Logik der Evolution tun? Richtig, das eine: uns möglichst effektiv fortpflanzen – ohne diese Polung wäre es ziemlich einsam auf der Welt. Und um uns dieses letztendliche »natürliche« Ziel schmackhaft zu machen, versorgt die Natur alle Lebewesen mit angenehmen »Nahzielen«. Sex fühlt sich gut an. Anerkennung auch – wir wollen beim anderen Geschlecht glänzend dastehen und streben dazu nach Status, Schönheit oder einem guten Ruf. Aber auch hier schimmert das Fernziel durch: einen Partner finden, Kinder haben, eben: Fortpflanzung.

Und selbst die Hochgefühle der Elternschaft, die Mutterliebe, der Stolz auf unsere Kinder, unsere Loyalität zu ihnen, stehen letzten Endes im Dienste unserer Fitness. Natürlich sind die anderen Babys in der Krabbelgruppe genauso süß wie unser Baby, richtig wunderbar finden wir aber nur unser eigenes Kind.[51]

Das Prinzip ist also klar. Jede Handlung, die Lebewesen unternehmen, verfolgt *zwei* Ziele: ein für das Lebewesen »spürbares« und mit positiven oder negativen Emotionen verbundenes *Nahziel* und ein – uns selbst in aller Regel nicht bewusstes – *Fernziel,* nämlich die Steigerung unserer »Fitness«.

Auch unsere Kinder sind in diese doppelte Zielsetzung eingespannt. Nehmen wir das Fremdeln: Vordergründig ist es die Angst, die sie in die Arme der Mutter treibt, tiefergründig dient diese Angst jedoch dem eigenen Schutz und damit ihrer Fitness.

Die Abkopplung der Nahziele

Menschen haben an vielen Stellen das Schlepptau zwischen Nah- und Fernzielen durchhauen. Dass wir unsere Alltagsziele von dem durch die Evolution vorgegebenen Fernziel der Fortpflanzung abkoppeln können, ist Teil unserer Kultur und Teil unserer Freiheit. Wir haben Sex »kultiviert«, indem wird ihn von der Zeugung getrennt haben – wir können uns körperlich aufs Engste begegnen, ohne dadurch gleich eine neue Generation zu gründen. Und selbst die Mutterliebe ist nicht zwangsweise an die Fortpflanzung gebunden, wie etwa Adoptionen zeigen.

Aber trotz dieser neuen Freiheiten: Wir Menschen sind weiterhin durch die alten evolutionären »Federn« getrieben. Die »naheliegenden« Belohnungen umgarnen uns noch genauso wie vor 100.000 Jahren. Wir protzen und ackern, wir lieben und hassen, wir eifern und geifern, und auch wenn wir damit heute vielleicht nicht mehr automatisch unsere »Fitness« steigern, folgen wir damit dennoch auch den Spielregeln des planlosen Programms, das sich Evolution nennt.

Objektive und subjektive Sicht

Der Rockmusiker Pete Townshend sieht es pessimistisch: »Wenn man sich selbst von außen sieht, denkt man: ein Witz ...« Tatsächlich könnte man schon ins Grübeln kommen, wenn man die menschliche Art mit demselben nüchternen Blick betrachtet wie wir etwa Schimpansen im Zoo beobachten. – Warum, würden wir uns fragen, tun sie denn so?

Das Problem dabei ist nur: Wir haben keinen nüchternen Blick für unser eigenes Verhalten. Denn wenn wir uns selbst betrachten, verschwimmen uns regelrecht die Augen: Wer zornig ist, ist zornig – auch wenn er zehn Minuten später über sich selbst lacht. Und wer verliebt ist, ist verliebt – auch wenn er sich wenige Jahre später vor dem Scheidungsrichter ungern daran erinnert. Nur was wir *fühlen,* hat Gewicht, nur was wir empfinden, ist »echt«.

Und das gilt auch für unsere Kinder. Auch für ihr Leben und ihre Entwicklung zählt das, was sie *unmittelbar* spüren. Die emotionale Nähe, die sie suchen, die Angst, die sie an unsere Seite treibt, all diese Gefühle dienen letztendlich »nur« ihrem Schutz – und der lässt sich heute oft genug auch ohne »Nähe« erreichen. Das Babyphon, die am Bettchen installierte Webcam, Doppelglasfenster und Sicherheitsschlafanzüge machen das Leben für Babys heute sicherer als je zuvor – es gibt, objektiv gesehen, keinen »Grund« mehr, dass sich Kinder vor der Nacht fürchten. Aber vom Kind aus gedacht, das der Welt in seinem evolutionären »Gefühlskleid« begegnet, sieht das anders aus – es *spürt* die Angst, und die treibt es in die Nähe vertrauter Menschen. Sicherheit an sich ist ihm ein kalter Trost, Schutz ohne emotionale Nähe kommt bei ihm nicht an. Auch Kinder leben von den Farben, den Gerüchen, den Berührungen. Was für die Erwachsenen gilt, gilt auch für die Kinder: Auch in ihrem Leben kommt es nicht auf das Ziel an, sondern auf den Weg. Auch für sie gilt, dass das Ziel ihres Lebens nichts anderes ist als das Leben selbst.

Was ist »artgerecht« für uns Menschen?

Wo so viel von den Bedingungen der Vergangenheit die Rede ist, auf die wir auch heute noch bezogen sind, stellt sich eine zweite Frage: *welche* Vergangenheit bzw. *welche* Bedingungen? Auf welche Lebensbedingungen ist der Mensch von der Evolution gepolt?[284]

Die Lebensbedingungen waren auch für die menschliche Gattung in ihrer nun schon zwei Millionen Jahre währenden Geschichte alles andere als konstant. Seit die ersten menschlichen Vorfahren ihr Fell allmählich verloren und als Homo erectus auf immer längeren Beinen durch die afrikanische Savanne streiften, waren sie sehr unterschiedlichen klimatischen Bedingungen und einer sehr unterschiedlichen Flora und Fauna ausgesetzt. Zudem änderte der immer intelligenter und erfinderischer werdende Mensch selbst seine Lebensbedingungen. Eine solche Änderung war etwa die Nutzung des Feuers, die seit 800.000 Jahren sicher nachgewiesen ist. Und auch der Homo sapiens, also der im anatomischen Sinn moderne Mensch, der sich vor etwa 200.000 Jahren in Afrika aus dem Homo heidelbergensis (dem Nachfolger des Homo erectus) entwickelte und von dem alle heutigen Menschenexemplare abstammen, lebte in keiner stabilen Umwelt. Im Gegenteil – mit der vor 80.000 Jahren beginnenden Ausbreitung aus Afrika heraus stieß er in ein noch immer eiszeitliches Europa vor. Erst vor 15.000 Jahren ließ der kalte Griff nach und schuf die klimatischen Vorbedingungen für die vor etwa 8000 bis 10.000 Jahren beginnende agrarische Revolution – und damit für die Abkehr von seinem seit zwei Millionen Jahren verfolgten Lebensstil als Jäger und Sammler hin zum Leben als Ackerbauer und Viehzüchter.

Es gibt nicht die eine natürliche Umwelt des Menschen

Damit kann eines gesagt werden: *Die* natürliche Umwelt des Menschen gab es nicht, es gab vielmehr *mehrere* natürliche Umwelten. Und damit gibt es auch nicht den von der Natur »vorgesehenen« menschlichen Lebensstil – der Mensch musste seinen Stil immer wieder verändern und an lokal unterschiedliche Herausforderungen anpassen.

Doch so unterschiedlich die Lebensbedingungen des Menschen in seiner Geschichte waren, bestimmte Umstände traf der Mensch immer wieder an. Insbesondere können wir davon ausgehen, dass die *sozialen Bedingungen*, unter denen sich die Menschheit entwickelte, recht konstant waren. Während des allergrößten Teils seiner Geschichte lebte der Mensch vom Jagen und Sammeln – in Mitteleuropa immerhin bis vor 5000 bis 6000 Jahren. Und das brachte wegen der nicht permanent nutzbaren Jagdgründe ganz bestimmte Lebensbedingungen mit sich: das Leben in kleinen (vielleicht 50 bis 150 Menschen umfassenden) Gruppen, einen nomadischen Lebensstil mit regelmäßiger Bewegung und harter körperlicher Arbeit, Kooperation beim Jagen und beim Großziehen kleiner Kinder (beides wären ohne Mithilfe aussichtslose Projekte gewesen), eine vielfältige, aber sicher nicht überreichliche Mischkost, lange Stillzeiten und altersgemischte Kindergruppen.

Tatsächlich unterstützen sowohl die fossilen Spuren als auch die Beobachtungen an noch heute oder bis vor Kurzem steinzeitlich lebenden Populationen diese Annahmen.[285] Interessant sind dabei vor allem drei Facetten:

- Der Bewegungsradius des jagenden und sammelnden Menschen hing stark von der Nahrungshaltigkeit der Umwelt ab, und er konnte sehr groß sein. Von Jägern und Sammlern unter kargen Bedingungen, wie etwa den Kung San in der Kalahari, wissen wir, dass sich allein die Strecke, die eine Mutter mit ihrem Kleinkind auf dem Rücken zurücklegt, auf 6500 Kilometer in wenigen Jahren beläuft.
- Der Speiseplan war vielfältig, mit erheblichen jahreszeitlichen Schwankungen: Australische Eingeborene etwa verwerten noch heute etwa 200 verschiedene Tier- und Fischarten und etwa 100 verschiedene Pflanzenarten, Ähnliches gilt für die bereits erwähnten indigenen Völker der afrikanischen Kalahari.
- Knochenfunde belegen, dass die meisten Jäger- und Sammlergruppen insgesamt gut ernährt waren. Deutliche Einbrüche im Wachstum und im Gesundheitszustand waren erst mit der »agrarischen Revolution« zu verzeichnen: Die Siedler der Bronzezeit vor 4500 Jahren waren im Schnitt immerhin 12 Zentimeter kleiner als ihre jagenden Vorfahren, die in der Körpergröße den heutigen Menschen nicht nachstanden.[286]

Auch ein anderer Befund spricht gegen die klassische Annahme, dass das Leben in der Steinzeit durchgehend »hässlich, brutal und kurz« war. Michael Gurvens Daten von den Tsimane in Bolivien etwa zeigen, dass die Kindersterblichkeit in Jäger- und

Sammlergruppen zwar erheblich ist, dass 15-Jährige aber immerhin eine 40-prozentige Chance haben, 65 Jahre alt zu werden. Die 70-Jährigen in diesem Stamm hatten sogar die gleiche Lebenserwartung wie die Menschen in den USA. Auch andere Daten gehen davon aus, dass etwa 15 Prozent der Jäger und Sammler bis zum Alter von 70 Jahren überlebten.[287]

Universelle Voreinstellung: Flexibilität

Das »Wirkprinzip« der Evolution könnte auch so beschrieben werden: Sie hilft den Lebewesen, die stets wiederkehrenden Probleme, denen sie in ihrer Umwelt begegnen, immer besser zu lösen. Auch wenn der Mensch hier keine Ausnahme macht, so ist er dennoch außergewöhnlich. Denn bei seiner Anpassung an die Umwelt setzt er vor allem auf Intelligenz und die dadurch möglichen *kulturellen Leistungen.* Und das verleiht ihm im Vergleich zu anderen Arten vor allem eines – eine ungeheure *Flexibilität.* Während fast alle Arten – auch die dem Menschen am nächsten stehenden Primaten – an eine recht enge Umweltnische angepasst sind, kann der Mensch fast überall erfolgreich sein: Seit spätestens 50.000 Jahren lebt er in allen Klimazonen, inzwischen sogar im Weltall. Der Grund: Während andere Tierarten vor allem durch genau festgelegte Verhaltensschablonen (»Instinkte«) gesteuert werden, verfügt der Mensch aufgrund seiner Intelligenz über inhaltlich nicht festgelegte Programme, mit denen er sich auf die vorgefundenen Bedingungen einstellen, d.h. mit denen er *lernen* kann. Wie breit sein Entwicklungsraum dadurch ist, zeigt ein Blick um den Globus: Es gibt kaum einen Lebensstil, den es nicht gibt – manche Menschen meditieren den ganzen Tag, andere handeln den ganzen Tag mit Credit Default Swaps. Wie kein anderes Lebewesen scheint der Mensch gegenüber dem Diktat seiner Umwelt abgepuffert zu sein, und der Puffer heißt: *Kultur.*

Kultur hat im Laufe der menschlichen Evolution dafür gesorgt, dass Verhaltensweisen immer weniger von Genen, dafür umso stärker von anderen Menschen abgelesen werden. Damit hat sich der Mensch auch ein neues Werkzeug zur Anpassung an die Umwelt geschaffen. »Kultur«, sagt der Evolutionspsychologe Daniel Buss, »erlaubt es dem Menschen, die uralten adaptiven Probleme auf neuen Wegen zu lösen. Und das erklärt auch, warum Menschen unter vielen Lebensbedingungen gedeihen konnten, die ganz anders waren als die, in denen sich die Menschen ursprünglich entwickelt haben.«[288]

Gefahr Fehlanpassung

Die Frage ist nur: Wie stark federt der Puffer ab? Wie weit kann sich der Mensch von den Lebensbedingungen entfernen, in denen er sich entwickelt hat? Ganz eindeutig: Die Lebensbedingungen, die den Menschen genetisch geprägt haben, sind spätestens mit der industriellen Revolution untergegangen. Unsere körperlichen und seelischen Anlagen sind damit zu einem großen Teil auf eine Welt zugeschnitten, die es so nicht mehr gibt. Heißt das, dass der Mensch ein »fehlangepasstes« Wesen ist? Bereiten sich unsere Kinder in ihrer Entwicklung darauf vor, Probleme zu lösen, die es nicht mehr gibt?

Ja und nein.

Einerseits ja. Unser Denken und Fühlen spiegelt die Herausforderungen der Vergangenheit wider – Menschen, das zeigen die Befunde der Psychologie ganz klar, gedeihen am besten, wenn sie ganz unmittelbar und persönlich auf andere, ihnen wohlgesonnene Menschen bezogen sind, wenn sie in der Gemeinschaft eine sinnvolle Rolle spielen und ihre eigenen Kräfte erfahren können – der auf »Gruppenprojekte« angelegte Lebensstil als Jäger und Sammler liegt dem Menschen also noch heute »im Blut«. Anonymität, Isolation, Bewegungs- und Arbeitslosigkeit dagegen ist für den Menschen nicht bekömmlich – auf diese Erfahrungen ist er schlicht und einfach nicht »angelegt«. Insofern sind wir gegenüber vielen heutigen Wohn-, Arbeits- und Lebensbedingungen tatsächlich fehlangepasst. Und Kinder sind ganz stark auf die Erfahrung von Nähe und emotionaler Zuwendung gepolt, sie brauchen Spiel, Auslauf und regen Austausch mit anderen Kindern. Dass Kinder mit der heutigen Umwelt Probleme haben, ist deshalb nicht verwunderlich, und wir haben es womöglich nicht umsonst mit einer zunehmenden Welle von Hyperaktivität, Depressionen und Aggressionsstörungen zu tun.

Und auch unsere grundlegenden körperlichen Funktionen zeigen, dass wir an die heutigen Bedingungen nicht ausreichend angepasst sind – die hierzulande um sich greifenden Probleme mit Übergewicht und Stoffwechselerkrankungen sind ein Zeugnis dafür.

Andererseits nein. Die Anpassung des Menschen an seine Umwelt war schon immer auf *Hilfsmittel* aufgebaut. Der Mensch hat sich an kalte Klimazonen angepasst, nicht indem er ein Fell entwickelt hat, sondern indem er das Feuer gezähmt hat, Kleider gefertigt, später Häuser gebaut und Heizungen erfunden hat. Zumindest ein Teil unserer Anpassungen liegt also nicht in unserem Blut, sondern in unserem erlernten Verhalten – in der Kultur, die wir Menschen geschaffen haben und uns weiter schaffen. Der Mensch kann sein Geschick zum Fallenstellen nutzen, aber er kann damit auch schreiben lernen und dazu sowohl das arabische, kyrillische oder das Morsealphabet benutzen. Ein großer Teil unserer Anpassungsfähigkeit ist also nicht instinktiv oder sonstwie »fest in uns eingebaut«, sondern wird erst im Laufe der kindlichen Entwicklung – ja: »entwickelt«.

Dieser – durch die menschliche Intelligenz möglich gewordene – Mangel an fertigen Verhaltensprogrammen ermöglicht es dem Menschen, seiner ursprünglichen Umwelt ein Stück weit den Rücken zu kehren und auch *außerhalb* seiner »angestammten« evolutionären Nische zu leben. Und er ermöglicht auch den Kindern innerhalb eines gewissen Rahmens das Beste aus den vorgefundenen Bedingungen zu machen und auch unter Bedingungen zu gedeihen, die sie aus der Vergangenheit nicht kennen: *Kein* Kind hat früher in Städten gewohnt, und trotzdem können Kinder auch in diesem Umfeld prächtig gedeihen!

Auf die Kosten kommt es an

Die pessimistische Auffassung, dass die vom Menschen geschaffene, »moderne« Umwelt *automatisch* Störungen produzieren würde, ist damit nicht haltbar. Eher schon hilfreich ist die Frage nach den *Kosten* – also die Frage, welche Nachteile dem Menschen entstehen können, wenn er seinen »angestammten« Rahmen verlässt.

Beispiel Sprache. Sprache ist *das* evolutionär entwickelte Kommunikationswerkzeug des Menschen – kein Wunder, dass wir unsere Muttersprache quasi im Schlaf erlernen. Schreiben dagegen ist eine neuere kulturelle Anpassung, und wir lernen sie nur im Schweiße unseres Angesichts. Die Programme in unserem Gehirn, so scheint es, sind für diese Form der Kommunikation zwar offen – aber es entstehen *Kosten:* Schreibenlernen stresst so manches Kind und einige Kinder auch über Gebühr. Und bei manchen kann der mit dem Schreibenlernen verbundene Druck sogar so stark sein, dass er schädigend wirkt (man denke an legasthenische Kinder, die zumindest im Lernumfeld vieler deutscher Schulen häufig überfordert sind).

Beispiel Bewegung. Wer Kinder in den Schulpausen beobachtet, sieht auf den ersten Blick, dass die angestammte »Voreinstellung« unserer Kinder Bewegung ist – Kinder *wollen* rennen, spielen, toben (dass das für Erwachsene nicht unbedingt gilt, werden wir gleich noch sehen). Im Gegensatz dazu fällt längeres Stillsitzen Kindern eher schwer – Kinder können sich daran gewöhnen, aber die Gewöhnung ist wiederum mit *Kosten* verbunden: Die Kinder schlafen schlechter, ihr Verhalten ist weniger ausgeglichen und manche Kinder sind überfordert. Sie beginnen herumzukaspern, zu stören und bekommen Probleme in der Schule.

Hier fällt etwas Interessantes auf: Dass die Menschen in der Steinzeit im Schnitt 30 bis 40 Kilometer pro Tag zurücklegten und die meisten Menschen heute nicht einmal einen – es liegt nicht daran, dass unsere Vorfahren damals irgendeinen angeborenen Bewegungstrieb ausgelebt hätten, der heute »verschüttet« ist. Ganz im Gegenteil. Dem Menschen geht es genau wie anderen Lebewesen, die sich zwar häufig, grazil und mit vollem Einsatz bewegen – aber eben nur, wenn sie müssen. Der Löwe ist ganz Bewegung, wenn er jagt – aber wenn er keinen Hunger hat, räkelt er sich doch lieber in der Sonne.[52] Dass sich Menschen heute wenig bewegen ist also genauso »natürlich« wie dass sie sich in der Steinzeit viel bewegt haben!

Beispiel Stoffwechsel: Ganz offensichtlich können Menschen heute gesund leben, auch wenn sie sich nicht wie Jäger und Sammler ernähren und 30 Kilometer am Tag zu Fuß gehen. Aber: Wenn sie von dem durch die Evolution vorgegebenen Rahmen zu weit abweichen und sich *gar nicht* mehr bewegen oder *wirklich* ungünstige Nahrung zu sich nehmen, entstehen Kosten wie beispielsweise Übergewicht, Bluthochdruck oder Stoffwechselerkrankungen, wie beispielsweise Diabetes mellitus.

Fazit

Die These, es gäbe für den Menschen eine genaue evolutionäre Gebrauchsanleitung, ist nicht plausibel. Viel eher schon ergeben sich aus der Evolution Vorschläge, und solange wir uns mehr oder weniger daran halten, geht die Sache in Ordnung. Wir müssen nicht unsere jagenden und sammelnden Vorfahren oder irgendwelche »Modellkulturen« imitieren, um »richtig« zu leben! Und wir müssen unsere Kinder auch nicht so behandeln, wie es die früheren Jäger und Sammler getan haben, damit sie sich gut entwickeln (das wird Thema von Kapitel 17 sein).

Aber wir sollten uns darüber im Klaren sein, dass auch uns Menschen ein *Rahmen* vorgegeben ist. Verlassen wir ihn, so ist mit Kosten zu rechnen. Wenn wir es dennoch tun, sollten wir also zumindest einen guten Grund haben.

Also: Ein bestimmter Lebensstil ist unter heutigen Bedingungen nicht deshalb »richtig«, weil er von der Evolution »vorgesehen« ist. Und ein Lebensstil, der evolutionär *nicht* »vorgesehen« ist, ist deshalb nicht gleich die »falsche« Lösung. Natürlich ist das menschliche Auge vor allem auf den Gebrauch in der Ferne hin angelegt. Ständige Naharbeit, das zeigen vergleichende Studien, führt langfristig zu Kurzsichtigkeit.[289] Heißt das, dass dem Menschen vom Bücherlesen abzuraten ist? Nein. Nur: Wir staunen weniger darüber, dass wir in unserer heutigen Umwelt Brillen brauchen.

Mensch und Evolution

Noch einmal zurück zur evolutionären »Logik«. Sie ist bestechend simpel und kann eigentlich in wenigen Zeilen beschrieben werden: Jedes Lebewesen ist so angelegt, dass es versucht, seine Gene möglichst zahlreich weiterzubringen. Und das schafft am besten, wer möglichst gut in seiner Umwelt zurechtkommt und möglichst gute Karten bei den Partnern des anderen Geschlechts hat. So einfach ist das ...

... bei den meisten Arten. Für den Menschen aber heißt »in der Umwelt zurechtkommen« etwas ganz anderes. Denn während die anderen Lebewesen sich ständig genetisch »neu erfinden«, also ihre Erbanlagen verändern müssen, um möglichst gut an die Umwelt angepasst zu sein, passt sich der Mensch auch ohne biologische Änderungen an. Er kann mit neuen Umweltbedingungen klarkommen, ohne dass sich an seinen genetischen Programmen auch nur ein Buchstabe ändert. Ist es ihm zu kalt, so baut er stärkere Heizungen in seine Häuser oder holt den Daunenmantel aus dem Schrank. Wird ihm seine Umwelt zu warm, so wirft er die Klimaanlage an.

Während andere Lebewesen also ihre Hardware ändern müssen, um ihre Fitness zu erhöhen, ändert der Mensch die Software – wenn er sich neu erfindet, so tut er es mit *kulturellen* Mitteln. Er »erfindet« neue Traditionen, neue Werkzeuge, neue Denkweisen. In der Tat ist die Geschichte des Menschen – zumal seit der Zeit, in der er seine Umwelt selbst in immer schnellerem Tempo verändert – vor allem durch *kulturelle Evolution* geprägt.

Natur und Kultur

Heißt das, dass kulturelle Evolution »unnatürlich« ist? Keinesfalls! Es liegt, so könnte man sagen, in der Natur des Menschen, Kultur zu schaffen – auch wenn er der Natur dabei gehörig in die Räder greift.

Die Frage, ob denn der Mensch überhaupt noch der Evolution unterliegt oder nicht vielleicht ein »Freigelassener der Evolution« ist, ist entsprechend schwer zu beantworten. Klar ist: Durch Kultur kann sich der Mensch – im Gegensatz zu den meisten Tieren – auch auf nichtgenetischem Wege Überlebensvorteile verschaffen: Er kann Hilfsmittel bevorraten, anhäufen und unabhängig von seinen genetischen Anlagen weitergeben. Eine hübsche Erbschaft oder ein einflussreicher Onkel können einem Menschen mehr dabei helfen, mit seiner Umwelt klarzukommen als irgendwelche biologischen »Qualitäten«. Damit ist er gegenüber dem Einfluss der natürlichen Selektion weitaus stärker abgepuffert als alle anderen Tierarten.

Dazu kommt, dass sich beim Menschen Überlebensvorteile seit Längerem nicht mehr automatisch in Fitnessvorteilen im evolutionären Sinn niederschlagen: Wie viele Nachkommen ein Mensch heute hinterlässt, hat mit vielen Einflüssen zu tun, seine biologischen und sonstigen Ressourcen spielen dabei allenfalls eine untergeordnete Rolle.[290]

Natur und Kultur – ein Widerspruch?

Und trotzdem: Auch die Kultur, die wir schaffen, steht letzten Endes auf dem Boden unseres genetischen Erbes. Was wir schaffen, wurzelt in unserer Natur, unseren Bedürfnissen und Begrenzungen und natürlich unserer Fähigkeit zu lernen – und auch die hat einen biologischen Rahmen. Das bedeutet: Kultur macht unser Verhalten flexibel, setzt aber nicht unsere emotionalen Reaktionen, Bewertungen, Erwartungen und Lernprogramme außer Kraft. Sie ermöglicht uns neue Wege – von der Askese bis zur Heroinsucht –, die Motive, die uns treiben, sind die alten geblieben.

Wir sind durch die komplett andere Kultur also keine komplett anderen Lebewesen geworden. Wir mögen uns dafür entscheiden, keine Kinder zu haben, oder wir mögen uns sogar selbst genetisch verändern können, und doch verfolgen wir in unserem Leben weiterhin die Motive, die unsere Vorfahren seit undenklichen Zeiten geleitet haben.

Es gibt ein gerne gepflegtes Vorurteil, nach dem die Evolution den Menschen festlege, Kultur ihn aber frei mache. Die biologischen Anteile des Verhaltens werden eher mit Skepsis betrachtet, der kulturelle, d.h. erlernte Anteil dagegen positiv gesehen, nach dem Motto: Die gute Kultur zähmt die böse Natur ... Wie Kapitel 17 noch genauer zeigen wird, ist dieses glorifizierende Bild der Kultur nicht gerechtfertigt – Menschen tun sich auch in hoch entwickelten Kulturen Schlimmes an, und Beispiele wie Zwangsheiraten oder kulturelle Erfindungen wie Genitalverstümmelungen bringen den Evolutionsbiologen Thomas Junker sogar zu dem Schluss: »In vielen Fällen wäre ein Kulturverlust mit einem deutlichen Zuwachs an Humanität verbunden.[291]

Kein Privileg des Menschen

Auch wenn viele Ausformungen von Kultur spezifisch menschlich sind, Kultur selbst ist kein Privileg des Menschen. Auch andere relativ intelligente Tiere haben Kultur und geben Verhalten auf nicht-genetischem Wege von Generation zu Generation weiter. Manche Schimpansengruppen etwa waschen die aus der Erde gegrabenen Knollen im Fluss – eine Erfindung, die in anderen Gruppen noch nicht bekannt ist. Und Blaumeisen in England haben schnell gelernt, wie sie die Aludeckel an den vom Milchmann vor die Tür gelieferten Milchflaschen aufpicken können – diese Fähigkeit wurde von Generation zu Generation weitergegeben.

Aber das Ausmaß, in dem Kultur zur Anpassung verwendet wird, ist bei der menschlichen Art einmalig: Genetisch sind wir in weiten Teilen die gleichen Menschen wie unsere steinzeitlichen Vorfahren, und auch die heute lebenden Völker unterscheiden sich genetisch nur wenig. Und doch liegen Welten dazwischen: Wenn in 5000 Jahren Archäologen einmal graben werden und die Fundstätten in Paris mit denen bei den auch heute noch steinzeitlich lebenden Yanomami im Amazonasbecken vergleichen, werden sie meinen, da hätten zwei Arten mit völlig verschiedenen Fähigkeiten, Interessen und Bedürfnissen gelebt!

Und wie frei ist dieses Wesen?

Wer versucht, den Menschen in seiner Prägung durch die Evolution zu verstehen, dem wird gerne der Vorwurf gemacht, er verstehe den Menschen als eine Art Marionette, die an den Schnüren der Vorgeschichte tanzt. Nach der Logik der Evolution sei der Mensch nichts als ein glorifiziertes Tier, das im Kampf ums Dasein zwar mit etwas ausgefeilteren Mitteln antrete, aber eben doch nur den Schablonen seiner Biologie folge.

Auch manche Evolutionsbiologen können der Versuchung nicht widerstehen, so ziemlich *jedes* menschliche Verhalten als »Anpassung«, d.h. als genetisch verankertes Mittel zum Überleben und zur Steigerung der »Fitness« anzusehen. Noch heute liest man so manchen evolutionsbiologischen Artikel mit einer gewissen Furcht, jetzt würden gleich wieder die Fruchtfliegen in Stellung gebracht, um menschliches Verhalten zu erklären.

Nach allem, was wir in diesem Kapitel kennengelernt haben, greifen solche rein biologischen Ansätze zu kurz. Die Vermutung »Biologie ist Schicksal« kann für den Menschen definitiv nicht stimmen. Denn gerade der Mensch muss sich in allen möglichen Umwelten bewähren können, sein Verhalten *darf* nicht schicksalhaft festgelegt sein. Um erfolgreich zu sein, ist er zum *Lernen* verdammt (dass dies auch für die kindliche Entwicklung gilt, sehen wir in Kapitel 15).

Natürlich heißt das nicht, das menschliche Gehirn und unser Vermögen, Kultur zu schaffen, mache uns zu einem Wesen, das *alles* lernen kann, was es will. Menschen können vieles lernen, aber manches fällt ihnen leichter als anderes. Und gerade in den uralten Domänen der Emotionen, der Liebe oder Partnerschaft und auch beim Umgang mit Kindern hat unsere Biologie ein entscheidendes Wörtchen mitzureden, *was* überhaupt gelernt werden kann und was nicht.[292] Für manchen mag es leichter sein, Hieroglyphen zu entziffern, als etwa seine Eifersucht zu zähmen.

Vielleicht sollten wir dies als Fazit noch einmal bedenken, weil es auch für die Erziehung unserer Kinder gilt: Wir haben ein mitdenkendes, mitfühlendes Gehirn, ein lernendes Gehirn, aber wir haben kein *beliebig* lernendes Gehirn. Wir können uns Ziele setzen, die weit über die »Vorgaben« der Evolution hinausgehen, aber die Kräfte der Evolution wirken trotzdem in uns weiter. Wir sind frei – in Grenzen.

Kapitel 10

Das neue Bild von Bindung

Elternsein ist Knochenarbeit. Ein Vogelpaar muss im Minutentakt fliegen und Würmchen um Würmchen in die Schnäbel der Kleinen stopfen. Und menschliche Eltern müssen bei dem kleinen Paul immerhin 4000 Windeln wechseln, bevor diesem zum ersten Mal das Wort »Danke« über die Lippen purzelt. Wie motiviert die Natur Eltern dazu, sich für ihren Nachwuchs so ins Zeug zu legen?

Die Antwort heißt Bindung. Bindung ist die geheime Macht, die Eltern dazu bringt, alles stehen und liegen zu lassen, um für ihre Kleinen zu sorgen. Bedingungslos.

Bedingungslos? Die Natur scheint das anders zu sehen. Wenn Schwalbeneltern ihren Nachwuchs im Nest mit leckeren Fliegen versorgen, so steuern sie als Erstes die Schnäbel mit der intensivsten Färbung an – das in die Schleimhäute eingelagerte orangefarbene Karotin ist ein Zeichen für Vitalität und Gesundheit.

Auch beim Menschen scheint es Kleingedrucktes zu geben. Das Band zwischen Mutter und Kind jedenfalls ist nicht immer gleich stark, ja und manchmal, da klappt Bindung überhaupt nicht.

Die Frage nach den Zutaten

An was liegt das? Welche Zutaten braucht Bindung? Eine glückliche Schwangerschaft? Die mütterlichen Hormone? Die magische erste Stunde nach der Geburt? Wie kommt es dann, dass sich Eltern durchaus erfolgreich auch an ein adoptiertes Kind binden können? Überhaupt: Was hat Bindung mit Mutterliebe zu tun? Und was können Eltern tun, um die Bindung zu stärken?

Bindung in aller Munde

Ein Experiment, das heute Tierschützer auf den Plan rufen würde, leitete in der Nachkriegsära ein neues Zeitalter ein. 1958 trennt der Verhaltensforscher Harry Harlow junge Rhesusaffen von ihren Müttern und lässt sie mit künstlichen »Mutterattrappen« aufwachsen. Die einen Äffchen bekommen ein Drahtgestell mit einem Kopf aus Holz in ihren Käfig, die anderen ein ähnliches, allerdings mit weichem Plüsch gepolstertes Modell. Der Clou: Während das Plüschmodell keine Nahrung spendet, sind am Drahtgestell auf Brusthöhe Milchflaschen angebracht, aus denen sich das kleine Äffchen nach Belieben bedienen kann. Nach einigen Monaten bringt Harlow die Affen jeweils in eine furchtauslösende Situation: Ein trommelschlagender Roboter-Bär wird zu ihnen in den Käfig gelassen! Die mit der Plüschattrappe großgezogenen Äffchen suchen fiepend Schutz bei ihrer »Plüschmutter«. Die mit der milchspendenden Drahtmutter aufgewachsenen Äffchen dagegen kauern sich in eine Ecke oder erstarren einfach, wo sie gerade sind. Sie haben offensichtlich trotz der Milchspenden keine emotionale Bindung zu ihrer »Mutter« entwickelt.

Das Experiment erschütterte das Fundament der Psychologie. Schließlich stand das Ergebnis in krassem Widerspruch zu den Annahmen der damals führenden Denkschule in der Psychologie, dem Behaviorismus. Nach dessen Auffassung ist jedes Verhalten anerzogen – sei es durch Strafe oder durch Belohnung. Und entsprechend gingen die Behavioristen – die ihre Erkennnisse über den Menschen originellerweise vor allem aus Experimenten mit Ratten und Hunden gewannen – davon aus, dass Säuglinge deshalb an ihre Pflegepersonen gebunden seien, weil diese sie ja dauernd mit leckerer Milch »belohnen«.

Besonders ein junger britischer Arzt war von dem Experiment angetan, John Bowlby. Schließlich bot es eine Erklärung für eine Beobachtung, die sein Kollege René Spitz in Waisenhäusern gemacht hatte. Obwohl es den Kindern in diesen Heimen an »nichts fehlte« – weder an Platz, Sicherheit, Sauberkeit noch an Essen, Trinken und Licht –, gediehen sie nicht und starben massenhaft. Vielleicht, so fragte sich Bowlby, werden Babys mit einem Bedürfnis nach *Bindung* geboren, die für sie so wichtig ist wie die tägliche Milch?

Plötzlich war Bindung in aller Munde. Staunend wurde wiederentdeckt, dass nicht nur die Fläschchentemperatur zählt, sondern auch die Temperatur der Beziehung. Längst als antiquiert angesehene Praktiken wurden neu belebt, wie etwa die, das Bettchen des Neugeborenen ins Zimmer der Mutter zu stellen – in der Sprache der 1960er Jahre »rooming in« genannt. Und auch die mütterliche Brust, die in den Wirtschaftswunderjahren fast ausschließlich dekorativen Zwecken diente, wurde jetzt wieder vermehrt zum Stillen gereicht.

Ein simples Konzept

Auf den ersten Blick scheint Bindung ganz einfach zu funktionieren: »Versuche zu deinem Versorger eine möglichst feste Bindung herzustellen«, scheint die Natur allen Neugeborenen einzuflüstern, »denn sonst verhungerst du oder wirst von einem hungrigen Raubtier aufgefressen.« Jedes Neugeborene schaut sich also zunächst einmal in der großen, kalten Welt um: Wo ist denn hier mein schützender, Wärme und Nahrung spendender Versorger? Gänse folgen dabei einem ganz einfachen Programm. Sie schließen sich nach dem Verlassen der Eierschale dem ersten Objekt an, das sich bewegt und regelmäßig Laute von sich gibt. In der freien Wildbahn ist das natürlich die Mutter, aber das kann auch ein Konrad Lorenz sein oder, wenn es dumm läuft, auch ein Rasenmäher. Ein solches, nach dem Schlüssel-Schloss-Prinzip ablaufendes, auf immer den gleichen Reiz eingestelltes Bindungsprogramm wird als *Prägung* bezeichnet.

Auch bei der Bindung von Menschenbabys spielen Instinkte eine Rolle, das Programm ist aber weitaus weniger festgelegt als bei den Gänsen. So sind Menschenkinder zumindest in den ersten Monaten noch recht flexibel, was die Wahl der Bindungsperson angeht. Sie binden sich an diejenige Person, *die am meisten verfügbar* ist. Zunächst »merken« sie sich diesen Menschen vor allem über den Geruch, bald schon auch über den Gesichtssinn. Sind mehrere versorgende Personen verfügbar, so wissen sie das zu nutzen: Sie binden sich an die am verlässlichsten auftretende Person am stärksten – sie wird ihre Hauptbindungsperson. Aber sie lassen sich auch von anderen vertrauten Personen stillen, beruhigen und versorgen. Und selbst wenn die hauptsächliche Bindungsperson wechselt, so folgt die Bindung zumindest in den ersten Lebensmonaten nach, d.h. das Baby stellt sich ohne größere Probleme auf die neue Schutz- und Versorgungsinstanz ein.

Dieses *Attachment,* wie die Bindung des Kindes zu seinem Versorger genannt wird, ist sozusagen die erste Lebensversicherung des neuen Erdenbürgers. Kein Wunder, dass sie flugs nach der Geburt beginnt und ohne Wenn und Aber abläuft. Das Kind stellt keine Bedingungen – ja, es identifiziert sich sogar mit recht zweifelhaften elterlichen Gestalten, »als habe es diese unter Tausenden selbst ausgewählt« (A. Wahlgren).[53]

Bindung als Problem

Und genau das kann zum Problem werden. Ein Kind bindet sich an diejenige Person, die am meisten verfügbar ist – unabhängig von der Qualität der Zuwendung. Voller Erschütterung hatte das schon Harlow bei seinen Experimenten mit Affen beschrieben. In einem Experiment wurden Affenmütter, die ohne Kontakt zu ihrer Gruppe aufgewachsen waren und deshalb den Umgang mit Babys nicht erlernt hatten, nach der Geburt ihrer Babys beobachtet: »Eine Sache, die das Herz des Versuchsleiters sehr stark berührt hat, waren die verzweifelten Versuche dieser Babys, den Kontakt zu ihren unnormalen Müttern aufzubauen. Diese haben ihre Jungen geschlagen, sie weggestoßen. Die Kleinen haben immer und immer wieder versucht, Kontakt zu bekommen. Die Mütter haben die Gesichter der Kleinen gegen den Boden gedrückt. Die Kleinen haben sich freigekämpft und haben sofort noch einmal versucht, den Kontakt herzustellen. Die Stärke, die Beharrlichkeit und die Mühe, die in den Forderungen der Jungen lagen und die darauf folgende Strafe haben auf die nicht eben zimperlichen Versuchsleiter einen dermaßen tiefen Eindruck gemacht, dass sie es kaum ausgehalten haben, dieses unnatürliche Verhalten weiter zu beobachten.«

Genau diese Problematik ist von vernachlässigten Kindern bekannt: Die Bindung der Mutter zum Kind kann komplett abreißen – die des Kindes zur Mutter nicht. Die Bindung des Kindes zu seiner versorgenden Bindungsperson ist also *kein* Liebesverhältnis – es ist eine angeborene Zwangsbindung.

Wozu Bindung?

Die Welt ist ein gefährlicher Ort. Da sind leckere kleine Geschöpfe, seien sie Mensch oder Tier, an einer Art psychischen Leine gut aufgehoben. Diese sorgt sozusagen dafür, dass keines von ihnen im Urwald verloren geht. Immer wenn die Leine zu weit gedehnt wird, bekommt es eines der beiden Individuen an den Enden der Leine mit der Angst zu tun. Geht das Kind zu weit weg, so schiebt die Mutter Panik. Entfernt sich die Mutter zu weit, so zieht das Baby seinerseits an der Leine, um seine Mutter wieder auf Fühlung zu bringen: Es weint, trotzt oder charmiert.

Dass Bindung aber nicht nur dem Schutz dienen kann, zeigen schon die beschriebenen Verhältnisse in den Kinderheimen. Die Kinder *hatten* Schutz – und wollten trotzdem nicht gedeihen. Zu was ist Bindung also noch gut?

Einen Hinweis geben die in Nestern oder Bauen aufwachsenden Säugetiere. Ohne dass sich die Mutter ganz handgreiflich um die körperlichen Funktionen des Nachwuchses kümmert, läuft bei diesen kleinen Säugern im wahrsten Sinne des Wortes gar nichts. Kleine Mäuschen etwa können nur dann ihre Blase und ihren Darm entleeren, wenn die Mutter sie leckt. Werden sie nicht regelmäßig abgeschleckt, verenden sie. Auch das Wachstum hängt bei praktisch allen Säugetieren von Berührungen durch die Mutter ab (dass dies auch für den Menschen gilt, werden wir in Kapitel 12 sehen). Neben den rein körperlichen Funktionen scheinen Berührungen aber auch die emotionale Entwicklung und die Organisation des Gehirns zu beeinflussen. So dämpft Streicheln bei allen untersuchten Säugetierarten die Stressreaktionen.[294] Aus Rhesusäffchen, die von ihrer Mutter wenig geschleckt werden, werden nervöse, ängstliche Gesellen.[295] Das gilt auch für menschliche Kinder: Babys, die zu wenig Zuwendung bekommen, können in ihrem späteren Leben Belastungen nur schlecht wegstecken.[296] Somit ist Bindung nicht nur eine Lebensversicherung, sondern bildet auch die *Leitplanken für die körperliche und emotionale Entwicklung.*

Bindung ist aber noch mehr. Über das Bindungssystem lernt das Kind die Koordinaten seiner sozialen Welt kennen. Am Bindungssystem liest das Baby ab, ob sein soziales Netz verlässlich ist oder nicht und ob sich die Menschen seiner Umwelt etwa mit Freundlichkeit oder Aggressionen begegnen. Und es lernt, wie es mit diesen Menschen umgehen muss, damit es beachtet und versorgt wird. Bindung ist damit auch eine *Plattform für das soziale Lernen.*

Bindung – von den Eltern aus betrachtet

Wie aber stellt sich die Sache von der anderen Seite der Eierschale aus betrachtet dar? Wie bindet sich die Mutter an ihr Kleines?

Dieses *Bonding*, wie es genannt wird, wird oft als Spiegelbild des kindlichen *Attachments* gesehen. Warum auch sollte eine Mutter ihr Ungeborenes mit großem Aufwand austragen, wenn sie sich nach der Geburt nicht bereitwillig und bedingungslos an das kleine Geschöpf bindet? Sollte die Natur nicht auch den Eltern dasselbe robuste, intuitive und bedingungslose Programm auf die Festplatte gespielt haben wie ihren Kleinen?

Es scheint nicht so zu sein. Schaut man sich in der Natur um, so wärmt uns die elterliche Bindung nicht immer das Herz: Die Pandabärenmutter, die häufig Zwillinge gebiert, ignoriert das Kleinere der beiden. An das andere bindet sie sich und versorgt es »liebevoll«. Rattenmütter entfernen die schwächsten Babys ihres Wurfs einfach aus dem Nest, die Kleinen verdursten. Hunde entledigen sich schwacher Welpen, indem sie sie immer wieder von den Zitzen wegstoßen. Storcheneltern mit einem großen Gelege bringen die am langsamsten wachsenden Storchenbabys um. Beim Schreiadler sorgt der Nachwuchs selbst für die nachträgliche Geburtenkontrolle: Die Schwächsten werden von den Stärkeren einfach aus dem Nest gestoßen – unter den Augen der Eltern. Im Tierreich scheint es also nach der Geburt eine Zeit lang wie auf einem Basar zuzugehen. Die Kleinen werden geprüft, vermessen, gewogen, und je nach ihrem »Wert« wird dann investiert – oder die Ware zurückgelegt.

Bindung mit der Stoppuhr

Bei manchen Arten wird dabei sogar mit der Stoppuhr gearbeitet. Mutterschafe etwa binden sich ziemlich zuverlässig an ihre kleinen Lämmchen – allerdings nur in der ersten Stunde nach der *Geburt*.[297] Ein Lämmchen, das ihnen nach dieser Spanne an die Zitzen geht, stoßen sie weg. Für Herdentiere ist das durchaus sinnvoll: Die Muttertiere sind alle zur gleichen Zeit trächtig, und wenn die Kleinen geboren werden, können sie sofort laufen. Das nur kurz »offen stehende« Bindungsfenster verhindert ein heilloses Durcheinander, in dem sich reihenweise frisch geborene Schäfchen am Euter fremder Mütter wiederfinden würden.

Mäuse und andere Arten, die ihre Kinder in Nestern zur Welt bringen, kennen das notorische Verwechslungsproblem von Herdentieren nicht. Legt man einer Mäusemama fremde Mäuschen ins Nest, so werden sie wie die eigenen versorgt!

Zögerlicher Einsatz?

Da stellt sich bestimmt so mancher Leser die bange Frage: Gilt dieses in vielen Fällen doch recht »unmenschliche« elterliche Bindungsprogramm auch für uns Menschen? Wie und wann kommt elterliche Bindung zustande? Und gibt es dabei Bedingungen? Gelten auch beim Menschen die Gesetze des Basars?

Um darauf Antworten zu finden, muss zuerst eine andere Frage beantwortet werden: Wie kann Bindung beim Menschen überhaupt gemessen werden?

Wie misst man Bindung?

Fragt man eine Mutter, wie fest sie sich an ihren Säugling gebunden fühlt, so wird sie wahrscheinlich mit der Achsel zucken: Was soll das denn heißen? Ob sie ihr Kind liebt? Ob sie sich voll für ihr Kind einsetzt? Interessanterweise herrscht ähnliches Achselzucken bis heute in der Forschung. Ist Bindung ein Gefühl? Eine Einstellung? Oder ein bestimmtes Verhalten?

Mary Ainsworth, eine Mitarbeiterin Bowlbys, machte das »Messen« von Bindung zu ihrem Lebensprojekt. Dabei nahm sie konsequent den Blickwinkel der Evolution ein. Sie ging davon aus, dass sich Bindung am besten überprüfen lasse, wenn eine der typischen »Gefahrensituationen« simuliert wird, die das Leben für ein Baby mit sich bringt: allein gelassen zu werden, und das auch noch mit einem Fremden! Daraus entwickelte sie das Drehbuch für einen etwa 20-minütigen Test, den Fremde-Situation-Test: Eine Mutter begibt sich mit ihrem 12 bis 20 Monate alten Kind in ein unbekanntes Zimmer mit allerlei Spielzeug. Dann kommt eine dem Kind unbekannte, aber freundliche Frau hinzu. Nach drei Minuten verlässt die Mutter den Raum, d.h. sie lässt das Kind mit der fremden Person allein. Nach weiteren drei Minuten kehrt sie zurück. Der Wechsel von Trennung und Wiedervereinigung wird insgesamt zweimal wiederholt. Die Reaktionen des Kindes werden protokolliert und daraus dann der jeweilige Bindungstyp (Bindungskategorie) des Kindes abgeleitet.

Dabei werden vier Bindungstypen unterschieden: sicher gebundene, unsicher vermeidend gebundene, unsicher ambivalent gebundene und unsicher desorientiert gebundene Kinder.[54] In den meisten Untersuchungen fallen etwa zwei Drittel der Kinder in die sicher gebundene Kategorie.

Eltern werden nicht überrascht sein, dass ein solcher Test seine Tücken hat. Je nach Tagesform und Alter reagieren Kinder sehr unterschiedlich auf die künstliche Umgebung und die Trennung von der Mutter. Auch haben manche Kinder mehr »Übung« mit Trennung als andere. Und dann: Wie Kinder auf Trennung reagieren, hat auch etwas mit ihrem Temperament zu tun – manche Kinder fallen schon auseinander, wenn die Mutter nur einmal wegschaut. Es verwundert also nicht, dass der Fremde-Situation-Test selbst bei Bindungsforschern auf einige Skepsis stößt.[55]

Bindung im echten Leben

Immerhin lässt sich so viel sagen: Ganz grob stimmen die im Labor gemessenen Bindungstypen auch mit dem Verhalten der Kinder im echten Leben überein – selbst wenn der Charakter der Kinder da oft ein ähnlich gewichtiges Wort mitredet. »Sicher gebundene« Kinder sind auch in sozialen Situationen im Kindergarten selbstsicherer, und sie gliedern sich eher in den Klassenverband in der Schule ein. »Unsicher gebundene« Kinder dagegen spielen im Kindergarten lieber allein. »Unsicher ambivalent gebundene« Kinder versuchen oft die Bezugsperson zu kontrollieren und fordern ständige Aufmerksamkeit. In der Schule gibt es nicht selten Auseinandersetzungen mit Gleichaltrigen.

Wie kommen die unterschiedlichen Bindungsmuster zustande? Bedeuten die unterschiedlichen Bindungsmuster, dass es gute Eltern und Rabeneltern gibt? Und wenn die sichere Bindung der Normalfall ist, ist sie dann auch der *Ideal*fall – und die unsicheren Bindungstypen etwa krankhaft? Und bedeuten die beobachteten Unterschiede, dass aus sicher gebundenen Kindern »mal was wird«, aus unsicher gebundenen dagegen nichts? Willkommen in der Bindungsdiskussion.

Die Bindungsdiskussion

»Bindung« ist ideologisch vermintes Gelände. Das Bindungskonzept musste herhalten, um die Frau am Herd gegen die Mutter am Arbeitsplatz in Position zu bringen, und feierte noch bis vor Kurzem in der Diskussion um den Ausbau der Krippenplätze fröhliche Urstände. Die einen gingen davon aus, dass Kinder mangels Förderung durch qualifizierte Fachkräfte auf dem Schoß der Mutter verblöden, die anderen, dass sie in Krippen bei lieblosen Ersatzmüttern emotional verkümmern. Nähern wir uns dem Schlachtengetümmel deshalb mit der gebotenen Vorsicht. Zuerst einmal: Was weiß die Wissenschaft heute über Bindung?

An wen binden sich Babys?

Wie wir gesehen haben, stützte sich die Bindungsforschung in ihren Anfangsjahren vor allem auf Beobachtungen an Rhesusaffen und Schimpansen – beides Arten, bei denen es ausschließlich die *Mutter* ist, die für den Nachwuchs sorgt. Und das mit einer – im Regelfall – sprichwörtlichen Hingabe, der »Affenliebe«. Schimpansen sind sogar dafür bekannt, dass sie selbst noch ihre toten Babys tagelang mit sich herumtragen! Leicht verständlich, dass Bindungsforscher zunächst einmal auch beim Menschen die Mutter als den »natürlichen« und möglicherweise ausschließlichen Bindungspartner des Kindes ansahen.

Was dazu nicht passte, waren die Berichte der Ethnologen. Bei den Efe in Zentralafrika etwa werden die Säuglinge von vielen Müttern gestillt, pro Stunde wechseln die Babys vier- bis achtmal zwischen Betreuungspersonen.[300] Rechnet man die »Betreuungszeiten« zusammen, so kümmern sich unter dem Strich andere Frauen oft länger um ein Kind als dessen eigene Mutter. Auch in anderen Völkern sind Babys keineswegs nur auf ihre Mutter bezogen, sondern werden ganz selbstverständlich von anderen mitversorgt – von Vätern, Geschwistern, Großeltern oder anderen Clanmitgliedern. Ein neuer Blick auf die menschliche Bindung lag also nahe – zumal inzwischen auch im Westen Familienmodelle entstanden waren, die mit dem traditionellen Mutterbild wenig zu tun haben.

Flexible Babys

Wie wir schon festgestellt haben, sind zumindest junge Babys recht flexibel – sie trinken in den ersten Monaten ohne Weiteres an der Brust einer anderen Frau und lassen sich zumindest von den bekannten Menschen ihrer Umgebung beruhigen. Das Bindungsprogramm des Babys ist also – anders als etwa das der Menschenaffen – *nicht auf eine einzige* Bindungsperson zugeschnitten. Und das macht evolutionsbiologisch Sinn. Denn im Gegensatz etwa zum Schimpansen ist es für den menschlichen Nachwuchs nicht nur wünschenswert, sondern entscheidend, dass sich neben der Mutter auch andere Helfer an der Pflege und Erziehung beteiligen (vgl. Kapitel 14 E&A).

Die Bindungen zu den verschiedenen Betreuungspersonen können sich dabei in ihrer Art und Qualität durchaus unterscheiden – ein an seine Mutter sicher gebundenes Baby kann an seinen Vater unsicher gebunden sein, und umgekehrt.[301] (Auch das unterstreicht, wie problematisch es ist, Kinder pauschal in »sicher gebundene« und »unsicher gebundene« einzuteilen!)

Das heißt aber nicht, dass das Bindungsprogramm des Menschenkindes wahllos wäre. Denn schon nach wenigen Wochen – und umso mehr, wenn es müde, krank oder sonstwie gestresst ist – beginnt das Baby *eine* Betreuungsperson zu bevorzugen – meist diejenige, mit der es die meiste Zeit zusammen ist, in der Regel also die Mutter.

Und wenn das Baby älter wird, scheint es noch einmal schärfere Kriterien anzulegen. Etwa ab dem siebten Lebensmonat protestiert es auch gegen vormals gern gesehene Betreuer. Es will sich jetzt nur noch von seiner hauptsächlichen Bindungsperson versorgen und tragen lassen. Auch Trennungen werden nun immer schwieriger. Während sich Säuglinge in den ersten Lebensmonaten bei guter »Ersatzpflege« rasch von einer Trennung von der Hauptbindungsperson erholen, zeigen ältere Säuglinge ab etwa acht bis zehn Monaten auch bei der besten Ersatzbetreuung anhaltende Zeichen der Depression.

Und die Väter?

Dass auch Männer von Natur aus als »Bindungskandidaten« vorgesehen sind, zeigt sich schon an ihren körperlichen Reaktionen. Während der Schwangerschaft ihrer Partnerinnen steigt in ihrem Blut der Spiegel des eigentlich für das Stillen notwendigen Hormons Prolaktin deutlich an, gleichzeitig fällt das »Männlichkeitshormon« Testosteron ab. Dasselbe wird auch bei den (sehr wenigen) Primatenarten beobachtet, bei denen der Vater bei der Pflege des Nachwuchses mitmacht, etwa bei den Marmoset- und den Tamarin-Affen. Und auch nach der Geburt gilt: Je mehr sich Väter mit ihren Kindern befassen, desto höher steigt der Blutspiegel des Prolaktins an. Und das Testosteron fällt beim Menschenmann nach der Geburt um satte 30 Prozent ab![302]

Auch die Babys lassen sich vom Geschlecht ihrer Betreuer nicht beirren. Sie bauen ohne Weiteres auch zu Männern eine Bindung auf. Wenn es ein Mann ist, der die verlässlichste Pflegeperson in Reichweite abgibt, so »wählen« sie ihn auch als hauptsächliche Bindungsperson aus.

Welche Zutaten braucht die Bindung?

Gleich vorweg: Die Forschung kann nicht konkret sagen, warum Bindung im einen Fall so läuft und im anderen Fall so. Sie kann aber Einflüsse benennen, die bei der Bindung generell eine Rolle spielen. Die Ergebnisse in knappen Worten.

Zutat 1: Die Instinkte

Erwachsene haben in unterschiedlichem Ausmaß ein angeborenes Interesse an kleinen Kindern.

Ein Teil dieses Interesses beruht auf einem tief in der menschlichen Natur (und ebenso in der Natur anderer Tierarten) verankerten Reflex: Erwachsene finden Kinder – angeborenerweise – einfach »süß« und fühlen sich durch sie in ihrer Beschützerrolle angesprochen. Dabei spielt das Aussehen eine fördernde Rolle, insbesondere das sogenannte »Kindchenschema« (vgl. Kapitel 10 E&A): der Babyspeck, die süßen Kulleraugen, der große Hinterkopf und das kleine Näschen.

Vergleicht man Männer und Frauen, so ist das Interesse der Frauen an Babys zwar nicht in jedem Einzelfall, aber im Durchschnitt stärker als das der Männer. Bei manchen (darunter wiederum mehr Frauen als Männer) geht diese »intuitive Pflegebereitschaft« so weit, dass sie den Umgang mit Säuglingen als *befriedigend* erleben und sich auch mit fremden Säuglingen gerne abgeben.

Das könnte etwas mit *Vorerfahrungen* zu tun haben – wer als Kind viel mit Babys zu tun hat, findet den Umgang mit Säuglingen in der Regel weniger aufreibend und damit »belohnender« (vgl. Kapitel 14). Tatsächlich suchen vor allem Mädchen aktiv nach solchen Vorerfahrungen – das Spielen mit Puppen ist sozusagen das Präludium dazu.

Es gibt sie also, die gerne angeführten »Mutterinstinkte« – aber sie sind weder auf die Mutter beschränkt noch reichen sie als alleinige Zutat zur Bindung aus.

Zutat 2: Die Hormone

Die Mutter wird während der Schwangerschaft hormonell auf die Geburt und das Stillen vorbereitet. Ihr Becken wird lockerer, ihre Brüste stellen sich auf die Milchproduktion ein (dass auch Väter in der Schwangerschaft ihrer Partnerin hormonell mitreagieren, wurde bereits erwähnt). Von Säugetieren wie etwa Mäusen ist zudem bekannt, dass die Hormone auch »mütterliches« Verhalten direkt auslösen – durch eine künstliche Infusion von Hormonen lässt sich aus einer zickigen Teenager-Maus tatsächlich eine fürsorgliche Mäusemama machen.[303]

Dieser alte Hormontrick der Natur scheint aber beim Menschen eine weitaus geringere Rolle zu spielen – jedenfalls hängt »mütterliches« Verhalten weder direkt mit den Hormonspiegeln im Blut zusammen noch reichen die Hormonveränderungen aus, um für sich allein »mütterliches« Verhalten auszulösen. Eine Frau wird nicht »hormonbedingt« zur Mutter! Und das Beispiel von Adoptionen zeigt, dass Bindung auch ganz ohne die hormonelle Vorbereitung durch die Schwangerschaft zustande kommen kann.[304] Welche Rolle spielen dann »die Hormone«? Die Wissenschaft bleibt eine klare Antwort letztendlich schuldig. Aber so viel kann immerhin gesagt werden: Das Stillen scheint – wir werden gleich darauf zurückkommen – ein entscheidender Schritt in der Bindungskaskade zu sein. Und zumindest hier spielen Hormone offenbar eine »belohnende« oder »verstärkende« Rolle.

Zutat 3: Die gemeinsame Geschichte

Die wohl wichtigste Zutat zur Bindung ergibt sich aber auf dem gemeinsamen Weg. Es sind die vielen emotionalen Erfahrungen, die eine Mutter mit ihrem Kind bei der alltäglichen Begegnung macht. Hier scheinen besonders zwei Dinge nachhaltig zu wirken – körperliche Nähe und vor allem: das Stillen.[56] Hormonelle Einflüsse tragen zur »Tiefenwirkung« der beschriebenen emotionalen Begegnungen bei. So erhöht sowohl häufiger Hautkontakt, »sozialer« Kontakt, aber vor allem das Stillen den Spiegel des Hormons Oxytozin, das auch bei Liebesbeziehungen zwischen Erwachsenen erhöht ist.[57]

Natürlich: Für sich allein schafft auch die Nähe keine Bindung. Aber dass sie dabei hilft, lässt sich allein schon an Statistiken ablesen. So wurde in einem Krankenhaus in Thailand lange Zeit etwa jedes dreihundertste dort geborene Kind von seiner Mutter in den ersten Lebenstagen aufgegeben. Als das Krankenhaus dazu überging, Mutter und Kind gleich nach der Geburt zusammenzubringen, und dabei vor allem das frühe Anlegen an die Brust förderte, wurde kaum noch ein Kind verlassen.[306] Genauso: Nicht *eines* der vielen hundert vernachlässigten Kinder in einem brasilianischen Slum war gestillt worden.[307] Die Verhaltensforscherin Sarah Blaffer Hrdy geht sogar so weit, zu sagen: »Wenn das Stillen einmal klappt, ist die Mutter physiologisch und emotional auf eine Art verändert, die es undenkbar macht, dass sie ihr Baby verlässt.«[308] Natürlich kann Bindung auch ohne Stillen gelingen, aber der Weg scheint steiniger zu sein – zumindest unter ungünstigen Bedingungen. Kein Wunder, dass der erste Schluck aus der Mutterbrust in vielen Kulturen als der eigentliche Beginn des Lebens als Mensch gesehen wird.

Zutat 4: Das soziale Netz

Schwenken wir den Blick einmal weg von der Mutter und auch weg vom Kind. Ob Bindung gelingt oder nicht, hat nämlich viel mit deren »Hintergrund« zu tun. Studie um Studie zeigt: Je unsicherer und belasteter die Lebenssituation der Mutter nach der Geburt des Kindes, desto schwerer fällt es ihr, eine sichere Bindung zu ihrem Baby aufzubauen. Und kommen zu dem Stress noch psychische Probleme oder ungewöhnliche Belastungen wie etwa die Trennung vom Vater des Kindes, so ergibt sich nur allzu leicht eine desorientiert unsichere Bindung, also eine Bindung ohne wirklichen gemeinsamen »Kern«. Bindung spiegelt also immer auch die *Ressourcen der Mutter* wider: ihre Beziehung zu ihrem Partner, ihre sonstigen sozialen Bindungen und auch ihre wirtschaftliche Absicherung. Da überrascht nicht, dass glücklich verheiratete Mütter eher sicher gebundene Kinder haben.[58]

Wenig überraschend auch, dass problematische Bindungen bis hin zur Vernachlässigung gerade dann weitaus häufiger sind, wenn Mütter ökonomisch oder psychisch um ihr Überleben kämpfen müssen. Schon im Mittelalter war die Belegung der »Findelhäuser« immer auch ein Gradmesser für das Elend der Bevölkerung.

Zutat 5: Die Passung

Und sind alle Zutaten drin, geht dann der Kuchen auf? In der Regel schon: Mütter, denen es im Leben gut geht und die sich auf ihr soziales Netz verlassen können, haben meist auch sicher gebundene Kinder – aber eben nicht immer. Denn wenn sich Erwachsene aneinander binden, so beschnuppern und prüfen sie sich nicht selten über Jahre – und oft haben sie es dann im Alltag schwer genug. Beim Kind haben die Eltern keine Wahl. Es bringt sein ganz eigenes Temperament mit, und das kann sich von dem seiner Eltern oder dem seines lieben Geschwisterchens wie Licht und Schatten unterscheiden. Kein Wunder also, dass ein und dieselbe Mutter durchaus zu einem Kind eine sichere Bindung, zu dessen Geschwisterkind aber eine unsichere Bindung haben kann.[310] Das deutet an, dass es auch darauf ankommt, wie Mutter und Kind *zusammenpassen*. Die Mutter mag mit dem Temperament des einen Kindes gut klarkommen, mit dem des Geschwisterkindes aber nicht – trotz aller »Mutterliebe«. Tatsächlich berichten Mütter gar nicht so selten, dass sie von einem »fordernden« Säugling überfordert sind oder dass sie mit dem schüchternen Temperament eines Kindes nicht so gut zurechtkommen.[59] Auch Bindungsforscher nehmen an, dass von Geburt aus schüchterne Kinder eine höhere Dosis an Nähe und Geborgenheit brauchen, um sich wirklich sicher zu fühlen und Stress abzubauen.[312]

Bindung ist ein Weg!

Bindung kommt also weder durch Hormone noch durch Instinkte allein zustande – mindestens genauso wichtig wie die körperliche Vorbereitung scheint die psychische und »soziale« Vorbereitung zu sein. Am ehesten kann Bindung beim Menschen also als ein *Weg* gesehen werden – sie ist wie ein Seil, das sich schon vor der Schwangerschaft bildet, und das durch den täglichen Umgang mit dem Baby immer fester geknüpft wird. Dabei spielen körperliche Nähe und das Stillen eine wichtige Rolle.

Auch Eltern erleben die Bindung an ihr Kind sehr häufig als eine »Geschichte«, als eine Annäherung über Tage, Wochen oder noch länger. Und zu der Geschichte gehören auch Hindernisse – von den »Heultagen« der Mutter nach der Geburt über Schlafmangel bis zu Fragen wie: Warum muss mein Mann gerade *jetzt* zur Arbeit?

Da ist es leicht erklärlich, warum sich der gemeinsame Weg von Mutter zu Mutter so unterschiedlich anfühlt. Manche Mütter spüren schon in der Schwangerschaft eine feste, liebevolle Bindung zu ihrem Kind. Für andere Frauen beginnen die Muttergefühle erst in den ersten Wochen nach der Geburt oder bauen sich erst allmählich über das ganze erste Jahr auf.[313] Und auch *Erfahrung* scheint mitzuspielen. Bei einer Befragung berichteten 40 Prozent der Erstlingsmütter, dass sie nach der Geburt keine besondere Zuneigung zu ihrem Kind gespürt hätten, während dies nur 25 Prozent der Mütter berichteten, die vorher schon ein Kind auf die Welt gebracht hatten.[314]

Goodbye, Madonna

Wer sich ein »sicher gebundenes« Kind vorstellt – der denkt sich dazu meist automatisch eine sanfte, über den Dingen schwebende Mutter vom Typ einer mittelalterlichen Madonna, eine ausdauernd liebende Mutter, die ihrem Baby die Bedürfnisse von den Augen abliest.

Betrachten wir den letzten Abschnitt, in dem die »Zutaten« zur Bindung besprochen wurden, so fällt auf, dass dort von bestimmten mütterlichen (oder väterlichen) »Qualitäten«, die möglicherweise für die Bindung wichtig sind, gar nicht die Rede ist. Und das ist kein Versehen.

Die Bindungsforschung tut sich nämlich bis heute schwer, die Art der Bindung an bestimmten mütterlichen »Qualitäten« festzumachen. In über der Hälfte der Studien zu diesem Thema zeigt sich nicht einmal ein leichter Zusammenhang etwa zwischen der »Fürsorglichkeit« oder der »Wärme« der Mutter und der Bindung zum Kind.[315] Auch andere mütterliche Attribute, wie positive Haltung, Verlässlichkeit oder angemessene Stimulierung, können nicht ausreichend erklären, warum das eine Kind sicher und das andere unsicher gebunden ist. Immerhin scheint die mütterliche »Feinfühligkeit« einigermaßen mit der Bindungsqualität zusammenzuhängen.[316] Ein alles entscheidender Einfluss, wie nach dem gängigen Mutter-Mythos zu erwarten, geht aber auch von dieser mütterlichen Eigenschaft nicht aus.

Die Mutter als Spiegel der Welt

Warum selbst die Feinfühligkeit der Bindungsperson gegenüber anderen Einflüssen in den Hintergrund tritt, lässt sich leicht erklären. Denn der feinfühlige Umgang mit einem Kind fällt nun einmal nicht vom Himmel. Er hat eine Geschichte und kennt Bedingungen.[317] Jede Mutter will feinfühlig sein – aber es fällt ihr deutlich leichter, wenn sie sich nicht gleichzeitig Sorgen über die nächste Ratenzahlung machen muss oder auch darüber, ob der liebe Ehemann den Abend vielleicht doch lieber mit der reizenden Sekretärin verbringt als mit einem schreienden Baby.[60]

Bindung, so scheint es, ist mehr als ein Dialog zwischen zwei eng aufeinander bezogenen Partnern – sie bezieht vielmehr das ganze soziale System mit ein, in dem die beiden leben. Weitaus mehr als mit fest verankerten mütterlichen »Qualitäten« hängt Bindung deshalb damit zusammen, wie das Leben der Eltern läuft, wie wohl sie sich in ihrer Haut fühlen, wie »reichhaltig« ihre Umwelt ist, wie viel Unterstützung sie haben und wie gut sie und das Kind zusammenpassen.

Und weil damit die Bindung selbst ein »System« ist, kann man Eltern auch keine Liste an die Hand geben, von der sie das »richtige« Verhalten oder die richtige »Bindungstechnik« ablesen können. Bindung entsteht durch »passendes« Leben, und das ist für jede Mutter und jeden Vater etwas anderes.[61]

Entsprechend schwer fällt es, aus der Sicht der Bindungsforschung einen bestimmten Lebensstil zu umreißen, durch den Bindung besser gelingt als durch einen anderen. Tatsächlich lässt sich bis heute nicht nachweisen, dass Kinder erwerbstätiger Mütter in irgendeiner Weise grundsätzlich gegenüber Kindern benachteiligt sind, deren Mütter zur Erziehung ihrer Kinder zuhause bleiben. Solange eine qualitativ gute Fremdbetreuung gegeben ist und solange durch die Arbeit der Mutter kein »Beziehungsvakuum« entsteht, ist ein Einfluss des Betreuungsarrangements auf die Bindungsqualität nicht nachzuweisen (wir werden dies noch genauer in Kapitel 11 E&A beleuchten). Kurz: Bindung greift über die Familie weit hinaus. Bindung projiziert nicht das Bild der Mutter in die Augen des Kindes, sondern genauso das Bild der Welt, in der sie lebt.[62]

Eine allgemeingültige Bindungsformel gibt es also nicht. Bindung kann auch ohne Geburt gelingen, und sie braucht – wie wir noch sehen werden – auch keine Vaginalgeburt. Was aber ganz sicher ist: Ohne

Nähe kann Bindung nicht gelingen. Bindung braucht einen *Mittler,* und das sind die Augen, die Haut, die Blicke, die Gerüche, die Berührungen, die emotionalen Signale. Auch wenn das Baby, das da vor uns liegt, vielleicht in 30 Jahren einmal eine SMS von einem Hotel auf dem Mond schicken wird – *Mama, ich bin dir so nah* –, für Babys vermittelt sich Nähe noch immer wie in der Steinzeit: über den Körper.

Bindung ist mehr als »Urvertrauen«

Doch auch an einer anderen Stelle hat sich das klassische Bindungskonzept gehörig erweitert. Die Bindungstheorie war zunächst davon ausgegangen, dass Bindung vor allem durch die Erfahrung einer »sicheren Basis« entstehe. Die verlässliche, feinfühlige Versorgung durch die Eltern fördere Urvertrauen und vermittle dem Kind, dass es geschützt, geliebt und eben »sicher« ist.

Erst allmählich wurde klar, dass gelungene Bindung auch eine *Eigenleistung* des Kindes ist. Nur wenn es eigenständige Erfahrungen machen kann und sich bei der Erforschung der Umwelt als »tüchtig« erlebt, kann es sich sicher gebunden fühlen.

Bindung ist also keine »Versorgungsleistung«, sie wird nicht »zur Verfügung gestellt«, sondern ergibt sich in einem wechselseitigen Prozess, in dem das Kind den Hochseilakt zwischen Geborgenheit und Autonomie erlernen kann. Eine solche »Autonomie in Verbundenheit« entsteht, wenn ein Kind dort Nähe bekommt, wo es Nähe braucht, und dort Freiraum für eigene Erforschungen, wo es selbst wirksam sein will.[63] Sicherheit entsteht also durch Schutz *und* durch Eigenständigkeit – Bindung und Selbstständigkeit sind keine Gegensatzpaare, sondern zwei Seiten *einer* Medaille.[320]

Aus der Beobachtung, dass Väter mehr als Mütter das aktive Spiel der Kleinen fördern, wurde geschlossen, dass die Mutter eher die »Sichere-Hafen-Seite« der Bindung repräsentiert, der Vater dagegen eher den Erkundungsdrang stärkt. Tatsächlich zeigen Beobachtungen, dass Mütter das Spiel ihrer Kinder eher begleiten, organisieren und kommentieren, während Väter öfter auch selbst am Spiel teilnehmen – insbesondere wenn es um Spiele mit Körpereinsatz geht. Allerdings bestehen hier unter den Eltern deutliche Unterschiede. In Wirklichkeit fördern beide Elternteile beide Seiten – in einer unterschiedlichen und von Familie zu Familie wechselnden Mischung.[321]

Wie wichtig ist die erste Stunde?

Bei vielen Säugetierarten gibt es ein »kritisches« Zeitfenster. Entweder finden Mutter und Kind in dieser Zeit zueinander, oder das Kind wird verstoßen – das Beispiel der Schafe wurde schon erwähnt. Frühe Bindungsforscher wie Marshall Klaus nahmen an, dass es auch beim Menschen ein solches kritisches Zeitfenster von wenigen Stunden nach der Geburt gäbe. Heute, wo immerhin ein Drittel der Kinder per Kaiserschnitt zur Welt kommen, ist diese Frage so zeitgemäß wie damals – ein Kaiserschnitt macht die erste Begegnung zwischen Mutter und Kind unmittelbar nach der Geburt nun einmal nicht gerade einfacher.

Blickt man um den Globus, so scheinen manche Kulturen recht locker mit den angeblich »magischen« ersten Stunden nach der Geburt umzugehen. Bei den Efe in Zentralafrika etwa wird das Neugeborene zunächst einmal für ein paar Stunden der Mutter vorenthalten und von weiblichen Verwandten der Eltern verwahrt – man glaubt, der Säugling würde sonst Schaden nehmen.[322] In immerhin 92 Prozent der beschriebenen Kulturen der Erde ist es nicht die Mutter, die ihr Kind als Erstes berührt oder in die Arme nimmt! (In manchen traditionellen Kulturen wird das Neugeborene sogar zuerst von einer anderen Frau des Stammes gestillt.)[323]

Magie der ersten sechzig Minuten?

Was sagt die moderne Forschung dazu? Fakt ist: Vaginal geborene Kinder haben nach der Geburt eine ein- bis zweistündige Phase der »konzentrierten Wachheit«. Ihre Muskeln sind auf Aktivität eingestellt, ihre Pupillen sind weit, und wenn man sie lässt, beginnen sie sich am Körper der Mutter entlangzuschieben, um die Brust zu finden. Auch die Mutter ist von der Geburt »aufgekratzt« – beste Voraussetzungen also für ein erstes Kennenlernen.

Wie schon erwähnt, wird das Angebot der Natur nicht immer genutzt, und gerade in den Kliniken drängelt sich beim Erstkontakt mit dem Neuankömmling oft das medizinische Personal vor, das messen, wiegen und säubern will. Auch in vielen traditionellen Kulturen geht zunächst die Reinigung oder rituelle Begrüßung vor.[324] Aber auch die Mutter scheint nicht immer auf sofortige Tuchfühlung erpicht zu sein. In einer – allerdings schon etwas älteren – Studie war es nur die Hälfte der Mütter, die ihr Kind überhaupt anfasste, als es ihnen gebracht wurde.[325]

Wenn die Mutter sich aber auf ihr Kind einlässt und es gleich nach der Geburt an ihren Körper nimmt, so scheint das durchaus positive Auswirkungen zu haben. Kinder, die unmittelbar nach der Geburt am Körper der Mutter liegen dürfen, sind noch drei Stunden später wesentlich ruhiger und schreien weniger. Wenn sie dann einschlafen, schlafen sie länger und ruhiger.[326]

Die frühe Kontaktaufnahme zahlt sich wohl auch für die Mutter aus. Jedenfalls zeigen Untersuchungen, dass zumindest Erstlingsmütter ihre Babys in den folgenden Tagen öfter in den Arm nehmen und mehr mit ihnen reden als Mütter, die ihr Kind erst mehrere Stunden nach der Geburt »in Empfang nehmen«.[327] Diese zusätzliche Nähe kann bei »Risikomüttern«, also Müttern, die in schwierigen sozialen Verhältnissen leben und mit dem Gedanken spielen, ihr Baby aufzugeben, auch langfristig positive Auswirkungen auf die Bindungsqualität haben.[328] Allerdings: Bei den allermeisten Müttern lässt sich nach ein paar Wochen kein Unterschied in ihrer Fürsorglichkeit mehr erkennen, ob sie ihr Baby schon gleich nach der Geburt oder erst später »bemuttert« haben.[329]

Eine »Verschweißung« direkt nach der Geburt gibt es beim Menschen also nicht. Der frühe Kontakt erleichtert vielleicht das Kennenlernen – die Zukunft bestimmt er nicht.[330]

Anderes wäre aus evolutionsbiologischer Sicht auch überraschend. Denn bei einer Art, bei der eine Geburt besonders für Erstgebärende oft eine extreme körperliche Belastung darstellt, wäre es unsinnig, die langfristige Lebensorientierung von der mütterlichen Befindlichkeit *unmittelbar* nach der Geburt abhängig zu machen. Was, wenn die Mutter viel Blut verloren hat und sich erst erholen muss? Was, wenn sie einen schweren Dammriss hatte und sich nicht mit vollem Engagement um ihr Kind kümmern kann?

Die Frage der »sensiblen Phase«

Gibt es beim Menschen also keine sensible Phase für die Bindung wie bei den Schafen? Ja und Nein. Sicher ist, dass Bindung beim Menschen nicht innerhalb von Stunden nach der Geburt einfach »passiert« – Bindung schießt nicht ein wie die Muttermilch. Vielmehr scheint das »Bindungsfenster« lange offen zu stehen – und sich sogar nie komplett zu schließen, wie das Beispiel von Adoptionen zeigt.

Dennoch spricht einiges dafür, dass die ersten Tage nach der Geburt besonders wichtig sind. Selbst wenn die Mutter nicht gleich mit dem Stillen beginnt, bleibt das »Stillhormon« Prolaktin etwa vier Tage lang auf hohem Niveau, um erst dann abzufallen. So lange hat eine Mutter von Natur aus also Zeit, um das für ihr Baby unter »natürlichen« Bedingungen lebenswichtige Projekt Stillen aufzunehmen. Aus der Beobachtung, dass stillende Mütter ihre Kinder praktisch nicht mehr aufgeben, schließt die Verhaltensforscherin Sarah Blaffer Hrdy, dass die ersten Tage nach der Geburt weniger eine kritische Zeit für die Bindung seien, als vielmehr eine kritische Zeit für die generelle Entscheidung für oder gegen das Kind.[331]

Bindung und Kaiserschnitt

Aus der Beobachtung von Naturvölkern weiß man, dass ohne Hilfe der modernen Medizin immerhin drei bis vier Prozent der Kinder oder Mütter bei der Geburt sterben. So betrachtet ist der Kaiserschnitt ein Geschenk des Himmels – zumal heutige Frauen im Vergleich zu ihren steinzeitlichen Schwestern körperlich weitaus weniger fit sind. Dazu kommt, dass immer mehr heutige Mütter unter Übergewicht leiden – und das sorgt für größere Babys, nicht aber für ein größeres Becken bei der Mutter. Zudem gibt es heute unter den Gebärenden mehr Frauen, die zum ersten Mal ein Kind bekommen – und Erstgebärende haben nun einmal mit einer schwereren Geburt zu rechnen. Dasselbe gilt für ältere Schwangere – auch deren Anteil ist gestiegen. So gesehen wundert es nicht, dass immer mehr Kinder per Kaiserschnitt zur Welt kommen – was nicht heißt, dass nicht auch veränderte Einstellungen zur Geburt und die Fehlsteuerung des Gesundheitswesens ihr Scherflein zu der Kaiserschnitt-Epidemie beitragen.[332]

Was bedeutet ein Kaiserschnitt für die Bindung der Kinder? Ein Einfluss ist anzunehmen, aber er ist möglicherweise weniger drastisch als oft angenommen. Schauen wir uns die Befunde der Wissenschaft einmal an. Ein Kaiserschnitt, da besteht Einigkeit, erschwert den Körperkontakt zwischen Mutter und Kind unmittelbar nach der Geburt – und das hat durchaus Auswirkungen auf die Selbstregulation und das Wohlbefinden des Babys (wir kommen in Kapitel 12 darauf zurück).

Tatsächlich sind durch Kaiserschnitt geborene Kinder im ersten Lebensmonat etwas unruhiger als vaginal geborene Kinder.[333] Das könnte mit den mütterlichen Reaktionen auf das schreiende Kind zusammenhängen. So zeigen Studien, bei denen die Gehirndurchblutung mit Kernspintomografie genau gemessen wird, dass Mütter, die eine Vaginalgeburt hatten, kurz nach der Geburt stärker auf die Schreie ihrer Kleinen reagieren als Mütter nach einem Kaiserschnitt. Selbst noch zwei bis vier Wochen nach der Geburt werden bei ihnen diejenigen Gehirnbereiche durch die Lautäußerungen ihrer Babys stärker angesprochen, die mit Emotionen und Motivation zu tun haben (und nebenbei auch die Stimmung mit beeinflussen).[334] Diese Befunde werden von manchen Wissenschaftlern als Zeichen einer erschwerten Bindung nach einem Kaiserschnitt gewertet. Allerdings scheint sich das System nach und nach wieder zu stabilisieren – zumindest was das Schreien angeht, sind nach dem ersten Lebensmonat keine Unterschiede mehr zwischen vaginal geborenen Kindern und »Kaiserschnittkindern« zu beobachten.[335]

Auf der mütterlichen Seite scheint ein Kaiserschnitt ebenfalls nicht nur körperliche Spuren zu hinterlassen. So ist die Kommunikation mit dem Baby oft erschwert, und auch das Selbstbild der Mutter kann leiden.[336] Mütterliche Depressionen scheinen dagegen weniger mit dem Geburtsmodus zusammenzuhängen.[337]

Was ist mit dem Stillen nach einem Kaiserschnitt – schließlich kann dies ja auch auf die Bindung zurückwirken? Die Sorge scheint vor allem bei Frauen mit einem Not-Kaiserschnitt berechtigt zu sein: Den betroffenen Frauen fällt das Stillen deutlich schwerer. Auch nach einem geplanten Kaiserschnitt tragen Stillprobleme insgesamt häufiger zum frühen Abstillen bei.[338] Bei guter Unterstützung scheinen Mütter nach einem geplanten Kaiserschnitt aber nicht weniger zu stillen als vergleichbare Frauen nach einer Vaginalgeburt.[339]

Fazit: Was die Bindung zwischen Mutter und Kind angeht, so gilt auch für den Kaiserschnitt das, was für Geburten allgemein gesagt wurde: Nach allem, was wir in diesem Kapitel gesehen haben, ist nicht anzunehmen, dass das anfängliche Defizit nicht wieder ausgeglichen werden kann. Der Start mag schwerer sein, aber er ist nicht »verpatzt«.

Wie wichtig ist Bindung für das weitere Leben?

Bei den meisten Tieren »erlischt« Bindung mit der Entwöhnung. Das Kälbchen, das noch vor Kurzem von der Mutter untrennbar schien, verliert sich auf einmal in der Herde und hat mit seiner Mutter und seinen Geschwistern nicht mehr zu tun als mit den anderen Kühen. Beim Goldhamster hilft die Mutter sogar mit den Zähnchen nach: Etwa ab dem 35. Tag greift sie ihre Kleinen an und scheucht sie fort. Anders bei den sozialen Arten – also solchen Tieren, die in hierarchischen Gruppen leben. Hier bleiben Bindungen ein Leben lang bestehen. Und das gilt auch für den Menschen: Die einmal gesponnenen Verbindungen reißen nie ganz ab.

John Bowlby, der Vater der Bindungstheorie, nahm an, dass die frühkindliche Bindung für den Menschen eine Art Arbeitsmodell schaffe, nach dem sich alle künftigen Beziehungen richten. Sicher gebundene Kinder hätten es auch als Erwachsene leichter, vertrauensvolle Beziehungen aufzubauen – etwa zu ihren Liebes- und Lebenspartnern.

Manches spricht dafür

Betrachten wir das eingangs geschilderte Experiment mit den Drahtgestellen im Fast forward. Die mutterlos aufgezogenen Äffchen waren tatsächlich zeitlebens in ihrem Umgang mit anderen Affen gestört. Gegenüber ihren Artgenossen verhielten sie sich entweder gleichgültig oder aggressiv. Auch an den eingangs erwähnten Waisenkindern ist zu sehen, welch mächtigen Einfluss die frühen Jahre haben können: Viele der ohne verlässliche Bindungen aufgewachsenen Kinder waren als Erwachsene kaum in der Lage, stabile, vertrauensvolle Beziehungen aufzubauen.

Kein Wunder, dass die frühen Bindungsforscher zu dem Schluss kamen, die ersten Jahre seien unser Schicksal. John Bowlby drückte es so aus: »Der Kern meiner Aussage ist, dass eine enge und kausale Beziehung besteht zwischen den Erfahrungen eines Individuums mit seinen Eltern und seiner späteren Fähigkeit, emotionale Bindungen einzugehen.«[340] Die Bindungsforschung verstärkte damit die seit Freud in der Psychologie herrschende Annahme, in der frühen Kindheit werde das Fundament der Seele gelegt, die groben Balken aufgerichtet, und später komme nur noch Zierwerk dazu.

Anderes spricht dagegen

Das lieb gewordene Bild wurde in den 1990er Jahren ernstlich erschüttert. Da nämlich erschienen die ersten Ergebnisse großer Untersuchungen, in denen Kinder bis ins Erwachsenenalter hinein immer wieder auf ihre Bindungen und Beziehungen hin untersucht worden waren. Das Ergebnis: Die Art der Bindung am Lebensanfang scheint nur einen bescheidenen Einfluss auf die Beziehungen im späteren Leben zu haben.[341] In überraschend vielen Fällen ließ sich ein Zusammenhang zwischen der ursprünglichen, also beim Säugling gemessenen Bindungskategorie, und den Erwachsenenbeziehungen gar nicht zeigen![64] Ehemals unsicher gebundene Säuglinge, so stellte sich heraus, können später durchaus sichere Erwachsenenbindungen eingehen, und umgekehrt. Eine »Übertragung« einer sicheren Bindung als Säugling auf das Erwachsenenalter zeigte sich am ehesten dann, wenn auch die Verhältnisse rund um das Kind stabil blieben, wenn sich also am »sozialen Rahmen« nichts änderte.[343]

Auch aus der Psychologie meldeten sich Zweifler – wie etwa Jerome Kagan, einer der bedeutendsten Entwicklungspsychologen des 20. Jahrhunderts. Er konstatierte, dass Kinder heute weitaus »bindungsfreundlicher« betreut werden als noch vor zwei Generationen. Trotzdem seien die psychischen Probleme der Menschen nicht weniger geworden. Ähnliches vermerkt die deutsche Autorin Herrad Schenk in ihrem lesenswerten Buch *Wie viel Mutter braucht der Mensch?*: »Bisher hat die Intensivierung der Mutter-Kind-Beziehung kaum dazu geführt, dass Kinder und Jugendliche liebenswürdiger, heiterer, friedfertiger oder sozial bezogener wären als die früheren Generationen.«

Dass die frühkindliche Bindung in ihrer Tiefenwirkung nicht überschätzt werden sollte, zeigt auch ein Blick in andere Kulturen. In den allermeisten traditionellen Gesellschaften werden die Erwartungen von Säuglingen und Kleinkindern nicht enttäuscht – und doch sind die Gesellschaften extrem unterschiedlich: Manche Gruppen sind ängstlich, argwöhnisch und aggressiv, andere dagegen freundlich und zugänglich. Judith Harris macht zudem darauf aufmerksam, dass auch Völker, die grausige Kriege führen, »sehr lieb zu ihren Babys sind« – eine verlässliche frühkindliche Bindung schafft nicht unbedingt einen besseren Menschen. Und das gilt auch für die spätere Bindung zwischen Mann und Frau: In so manchem Land werden »die Kinder bei jedem Mucks an die Brust gelegt«, die Frauen aber geschlagen und unterdrückt.[344]

Resilienz

Woher kommt es, dass sich frühkindliche Bindungserfahrungen nicht eins zu eins ins Erwachsenenleben übersetzen? Eine erste Antwort kam von der eher für ihre weißen Strände als für ihren Beitrag zur Wissenschaft bekannten Pazifikinsel Kauai. Dort nämlich hatte die Wissenschaftlerin Emmy Werner etwa 700 Säuglinge mehrere Jahrzehnte lang beobachtet, um herauszufinden, welche Einflüsse darüber entscheiden, ob ein Kind als Erwachsener erfolgreich im Leben steht oder aber scheitert.[345] Die Kinder, die sie untersuchte, waren nicht gerade auf Rosen gebettet: Die allermeisten Kinder stammten aus sozial schwachen Familien, und immerhin ein Drittel hatte in der frühen Kindheit seine Eltern verloren oder war sozialer Zerrüttung ausgesetzt.

Und trotzdem war immerhin jedes Dritte dieser mit allem denkbaren Ballast beladenen Kinder später einmal im Leben erfolgreich – sie arbeiteten, sie lebten in stabilen Beziehungen und waren insgesamt zuversichtlich und zufrieden! Woher kam diese bald als »Resilienz« bezeichnete Widerstandskraft gegenüber den Widrigkeiten des Lebens? Die Antwort: Sie kam aus *anderen gelungenen Beziehungen,* die diese Kinder im Laufe ihrer Kindheit und ihrer Jugendzeit mit Erwachsenen außerhalb des Elternhauses aufgebaut hatten. Je mehr soziale Unterstützung die Kinder erfuhren, desto eher kamen sie im Leben dann doch noch zurecht. Und ein weiterer, überraschender Schutzfaktor stellte sich heraus: das Aufwachsen mit einem engen Geschwisterkind![346] Die Verhaltensforscherin Sarah Blaffer Hrdy leitet daraus die Vermutung ab, dass es vielleicht nicht die Bindungsqualität des Babys zur Mutter ist, die die Entwicklung des Kindes prägt, sondern die »integrierte« Qualität der Bindungen zu *allen* seinen Versorgern.[347]

Drei Jahre und dann wieder drei Jahre ...

Bindung ist lebenswichtig, und die Auswirkungen frühkindlicher Vernachlässigung können verheerend sein. Sieht man aber von den extremen Fällen ab, so scheinen die frühen Bindungserfahrungen kein Schicksal zu sein. Die ersten Bindungserfahrungen mögen das Kind auf einen Weg bringen, »doch es ist ein Weg mit außerordentlich vielen Abzweigungen und Kreuzungen«, wie der Entwicklungspsychologe Jerome Kagan vermerkt.[348]

Das alte Bild, nach dem Bindung eine Impfung fürs Leben darstellt oder gar eine Art Kapital, von dem wir unser Leben lang zehren, ist also überholt. Bindungserfahrungen wirken weiter, aber ihr Nachhall ist gedämpft und er bricht sich an jeder neuen Lebensstufe, in jeder neuen Lebenswelt, in die wir eintreten. Bemühen wir noch einmal Jerome Kagan: »Es stimmt, dass das, was in den ersten drei Jahren passiert, sehr wichtig ist. Aber genauso wichtig ist, was in den nächsten drei Jahren passiert. Und so weiter.«

Die Sicht der Evolution

Dass die kindliche Bindung eine Lebensmatritze darstellt, leuchtete Evolutionsbiologen von Anfang an nicht ein. Wie sinnvoll wäre es denn, wenn ein Mensch durch die Erfahrungen der frühen Jahre lebenslang *festgelegt* würde? Die Umwelt des Menschen ändert sich doch beständig, schließlich lässt er ja nichts unversucht, um die Kulissen seines Lebens immer wieder zu verrücken und sich neue Nischen, neue Aufgaben und neue Chancen zu suchen. Warum sollte ein Kind, das es geschafft hat, trotz einigem Gegenwind die ersten Jahre zu überstehen, auf seinem weiteren Weg noch mit zusätzlichen Nachteilen »bestraft« werden? Wenn das Blatt sich wendet, muss es bereit sein, seine Chance zu nutzen. Vom Blickwinkel der Evolution müsste die Entwicklung eine ganz andere Ausrichtung haben – nämlich frühe Belastungen und Schädigungen zu *minimieren*. Und tatsächlich zeigt das oben beschriebene Phänomen der Resilienz, dass dem so ist. Selbst schwer benachteiligte Kinder können günstige Umstände nutzen!

Für eine flexible Lebenseinstellung spricht auch eine andere Überlegung: Die ersten Bindungserfahrungen werden – in aller Regel – von der Mutter vermittelt. Nun ist das Leben darauf angelegt, dass eben diese Person nach und nach an Bedeutung verliert. Das Leben gerade nach den Erfahrungen mit der Mutter auszurichten, wäre ein recht zweifelhaftes Modell. Besser erscheint da ein Programm, das auch aktuelle Informationen berücksichtigt: Wie stehen die Menschen um mich herum zu mir? Wie komme ich an? Welche Ressourcen stehen mir zur Verfügung?

Eine Chance

Die Macht der frühen Jahre zu relativieren heißt nicht, den Einfluss der Eltern kleinzureden. Wolfgang Amadeus Mozart wäre ohne seinen ihn beständig fordernden und fördernden Vater heute keinem von uns ein Begriff. Aber wurde Wolfgang Amadeus Mozart nur durch die Erfahrungen der ersten Jahre zu dem, was er für uns ist – das lebensleichte und doch unendlich lebensweise Genie? Da spielten viele Menschen und viele Erfahrungen in vielen Lebensabschnitten eine Rolle, so wie es viele Instrumente sind, die aus Noten eine Sinfonie machen.

Aber sehen wir den begrenzten Einfluss der ersten Jahre doch positiv – nicht als Zweifel an der Macht der Mutterliebe, sondern als eine Chance auf Heilung. Kinder können sich gut entwickeln – auch wenn es um sie herum nicht optimal läuft. Und das ist gut so, denn die Welt ist nicht optimal. Ein Mensch, der als Säugling auf der Intensivstation lag, muss deshalb später nicht beziehungsgeschädigt sein. Ein Mensch, der in der frühen Kindheit Verluste zu erleiden hatte, kann trotzdem einmal ein reiches Leben führen.

Bindung als Vorbereitung aufs Leben?

In der Anfangsphase der Bindungstheorie schien klar: Nur die sichere Bindung ist eine gute Bindung. Schließlich, so das Credo der ersten Bindungsforscher, hilft die Fähigkeit, anderen zu vertrauen, die Herausforderungen des Lebens zu meistern.[349] Kein Wunder also, dass die sichere Bindung als die einzig »normale« Bindung angesehen wurde und in der Bindungsdiskussion immer gleich auch die Schuldfrage im Raum stand. Noch heute ist oft das Erste, was ein Richter von einem Verbrecher wissen will, wie die Beziehung zu seiner Mutter war.

Mit diesem Bild stand die Bindungsforschung aber vor einem echten Dilemma. Wenn Babys Bindung so vehement einfordern, warum sind dann so viele Kinder unsicher gebunden? Selbst unter den heutigen, üppigen Umständen sind schließlich nur etwa zwei Drittel der Kinder sicher gebunden – in manchen Untersuchungen, auch in Deutschland, überwiegen sogar Kinder mit unsicherem Bindungsmuster.[350] Es macht doch keinen Sinn, dass etwas, was als Lebenssicherung angelegt ist, so leicht »misslingt«!

In dieser Diskussion kam die neu entwickelte, weiter oben angesprochene Auffassung von *Bindung als Plattform für soziales Lernen* gerade rechtzeitig. Könnte es sein, dass auch unsichere Bindungstypen einen Vorteil haben? Dass sie unter bestimmten Umständen keine Last, sondern eine Ressource sind?

Tatsächlich glauben manche Verhaltensforscher, dass der große Kosmos der Bindungstypen auch dem großen Kosmos der menschlichen Lebensbedingungen entspricht. So spekuliert Sarah Blaffer Hrdy, dass ein Kind, das wenig Vertrauen und Unterstützung bekommt, vielleicht mit einer egoistischen, wenig mitfühlenden Lebensstrategie besser fährt. Das Kind, so ihre Vermutung, entwickle dadurch Eigenschaften, die es ihm erlauben, in einer wenig »reichhaltigen« sozialen Umwelt zurechtzukommen: Anstatt sich auf die Menschen um einen herum zu verlassen, könnte es vorteilhafter sein, sich auf sich selbst zu verlassen und vertrauensvolle Nähe erst gar nicht zu suchen.[65] Ein Kind, das einmal auf den Straßen eines Slums erfolgreich sein muss, setzt möglicherweise zu Recht auf eine andere Bindungsstrategie als das behütete Kind in einem schattigen Vorort.

Bindungsversagen: Die evolutionäre Sicht

Die Ausgangssituation haben wir kennengelernt. Eltern sind biologisch auf eine positive emotionale Beziehung zu ihren Kindern angelegt – für die eigenen Kinder zu sorgen, sie zu pflegen und zu fördern, liegt in ihrem Blut. Dennoch ist Bindung kein Instinkt, der nach der Geburt einfach »anspringt«. Bindung braucht vielmehr einen *förderlichen Rahmen.* Damit gilt: Es ist normal, dass Bindung gelingt – aber es ist auch möglich, dass die Bindung unter bestimmten Bedingungen komplett scheitert. Dieser Abschnitt fragt nach den Bedingungen des Scheiterns.

Teil des menschlichen Repertoires?

Wie unterschiedlich Bindung im Einzelfall aussehen kann, haben wir gesehen. Nicht wenige unsichere Bindungen haben lebensgeschichtlich trotzdem ein Happy End. Die Kinder entwickeln sich dank ihrer *Resi-*

lienz zu sozial erfolgreichen Erwachsenen (wir haben die dabei mitwirkenden Schutzfaktoren weiter oben beschrieben). Andere Kinder aber wachsen in Bindungskonstellationen auf, in denen sie weder Schutz noch Sicherheit erfahren und in denen sie oft sogar misshandelt werden.

Für viele Menschen ist dies schlichtweg »abartig«. Anderen fällt auf, dass hinter den meisten Fällen von Vernachlässigung und Misshandlung Lebenssituationen stehen, die sich auf fast schon gespenstische Art gleichen. Es hilft nichts: Kindesmisshandlungen oder sogar Kindstötungen mögen uns erschüttern, sie mögen jeder Menschlichkeit zuwiderlaufen, aber wir müssen versuchen, sie zu verstehen.

Werfen wir zuerst einen Blick auf die Statistik. Etwa 80 bis 120 Kinder unter sechs Jahren werden jährlich in Deutschland von ihren Eltern getötet, die allermeisten als Säuglinge. Rund 10 Prozent aller Kinder werden nach den Angaben der deutschen Familienministerin von ihren Eltern vernachlässigt oder misshandelt.[351]

Hinter manchen dieser Fälle stecken Affekthandlungen mit tragischen Konsequenzen – in psychologischen Interviews geben selbst die besten Eltern an, dass sie einmal in der Gefahr waren, ihr Kind im Zorn oder aus schierer Hilflosigkeit zu misshandeln. Gerade hinter den wiederholten oder den chronischen Fällen steht aber in der Regel eine gestörte oder völlig abgerissene Bindung – und ein entsprechend gestörtes »Familiensystem«.[352]

Gar nicht so selten

Die Geschichte des römischen Weltreiches beginnt nach den Erzählungen der damaligen Geschichtsschreiber mit zwei Findelkindern, Romulus und Remus. So historisch ungewiss es ist, dass die beiden von Wölfen großgezogen wurden – ihr Schicksal an sich war nicht ungewöhnlich. Historiker schätzen, dass in Rom während der ersten drei Jahrhunderte der christlichen Zeitrechnung etwa 20 bis 40 Prozent aller Kinder ausgesetzt wurden! Tatsächlich gehörte der Aufbau von Findelheimen bis ins letzte Jahrhundert hinein zu den Kernaufgaben der karitativen Dienste in praktisch allen europäischen Ländern – ungefähr so wie heute die Männerwohnheime oder Suppenküchen. Selbst Rousseau, der bekannteste Erziehungs-Guru seiner Zeit, hat alle seine fünf Kinder in Findelheimen abgegeben – und das bedeutete bei den damaligen hygienischen Verhältnissen meist den Tod.[353]

Schaut man die menschlichen Kulturen an, die Spuren in den Aufzeichnungen von Völkerkundlern hinterlassen haben, so war die Kindstötung bei mehr als der Hälfte von ihnen erlaubt.[354] Darunter waren nicht nur die für ihre Brutalität bekannten Spartaner, sondern auch so friedliche Kulturen wie etwa die in der Kalahari lebenden Kung – kam ein Kind krank, behindert oder schwach auf die Welt oder wurde es zu dicht auf sein noch gestilltes Geschwisterkind geboren, so wurde es »zurückgelassen«. Auch Zwillinge und frühgeborene Babys wurden sehr häufig ausgesetzt – oder sogar getötet.[355] In der Antike gab es sogar geburtsheilkundliche Traktate zum Thema »Wie man ein Neugeborenes erkennt, das es wert ist, aufgezogen zu werden« (etwa die »Gynaekologie« von Soranus). Bei den Inuit Alaskas waren es oft die Mädchen, die »im Eis gelassen« wurden – die Entscheidung oblag der Großmutter.

Spitzenreiter in den Berichten der Ethnologen ist das Volk der Eipo in Papua-Neuguinea, wo zwischen 1974 und 1978 41 Prozent der lebendgeborenen Kinder von ihren Eltern getötet wurden. Nach jahrelangem Kontakt mit Missionaren fiel diese Rate auf immerhin noch zehn Prozent. Auch wenn ein Kind mit dem »falschen« Geschlecht (meist weiblich) geboren wurde, so hieß dies sehr häufig, dass es gar nicht angenommen wurde.[66] Wer dies schwer zu glauben vermag, mag an die millionenfachen Abtreibungen denken, die heute in den asiatischen Ländern gang und gäbe sind – in manchen Landstrichen Chinas beträgt das Verhältnis von Mädchen zu Jungen heute 40 zu 60.

Sarah Blaffer Hrdy, die sich mit dem Thema intensiv auseinandergesetzt hat, schreibt in ihrem lesenswerten Buch *Mutter Natur* lapidar: »Wir können sicher sein, dass das – manchmal seltene, manchmal häufigere – Töten von Säuglingen menschliche Gesellschaften durch die ganze Geschichte und Vorgeschichte gekennzeichnet hat.«

Wer lässt seine Kinder im Stich?

Ist diese Tatsache, die uns menschlich so sehr gegen den Strich geht, überhaupt zu verstehen? Stellt Mutterliebe Bedingungen? Und wenn ja, welche?

Betrachten wir zunächst unsere nächsten Verwandten, die Affen. Das Zurücklassen, Aufgeben oder Verstoßen von Neugeborenen ist zumindest bei Affen in ihrem natürlichen Lebensraum kaum jemals beobachtet worden. Schimpansenmütter etwa kümmern sich selbst um kranke oder fehlgebildete Kinder aufopferungsvoll. Die Antwort auf die »Bedingungsfrage« scheint also auf ein Nein hinauszulaufen ...

... wären da nicht beispielsweise die Tamarin-Affen. Bei dieser in Familienverbänden lebenden Affenart ist die Vernachlässigung von Neugeborenen auch in der Wildnis ein häufig beobachtetes Phänomen. »Wenn ihr Partner stirbt oder wenn keine jungen Tamarine in der Gruppe sind, die ihr helfen können, steigt die Mutter aus.«[357] Und auch bei den uns bereits bekannten Marmoset-Affen werden die kleinen Äffchen unter bestimmten Bedingungen nicht angenommen. In einer Feldstudie wurden zwölf Prozent der Marmoset-Neugeborenen verstoßen, wenn ein älteres Geschwisterkind da war, das sich an der Pflege beteiligen konnte – war keine Hilfe verfügbar, waren es fast fünfmal mehr! Der entscheidende Punkt ist also auch hier die Unterstützung, die die Mutter durch andere bekommt – oder eben nicht bekommt.

Woher diese extremen Unterschiede in der Affenwelt? Des Rätsels Lösung liegt wieder einmal im »Pflegemodell«. Im Gegensatz zu den allermeisten Affenarten, bei denen nur die Mutter für den Nachwuchs sorgt, sind die Tamarin- und die Marmoset-Affen »gemeinschaftlich aufziehende« Arten, Arten also, bei denen sich auch die Männchen, Verwandten oder andere Gruppenmitglieder an der Aufzucht der Kleinen beteiligen. Allein hat die Mutter bei diesen Arten keine Chance.

Und der Mensch?

Wenn beim Menschen eines eindeutig ist, dann das: Er gehört zu den gemeinschaftlich aufziehenden Arten. Um ihren Nachwuchs erfolgreich groß zu bekommen, ist die Menschenmutter genauso wie die Mutter bei den Tamarinen und den Marmoset-Affen auf tatkräftige Hilfe angewiesen. Kein Wunder also, dass sich der Bogen schließt: Von allen Einflussfaktoren hat Vernachlässigung bei Menschen am meisten damit zu tun, ob die Mutter Unterstützung hat (oder zumindest die Hoffnung, welche zu bekommen). Kein Wunder deshalb auch, dass Vernachlässigung von Kindern bei alleinerziehenden Müttern mit einem eher schwachen sozialen Netz um ein Vielfaches häufiger ist als bei sozial gut abgesicherten Müttern.[358] Wer Kinder aufzieht, so Hrdy, »wettet darauf, dass er Hilfe bekommt«. Geht die Wette nicht auf, so wird oft genug tatsächlich das Kind mit dem Bad ausgeschüttet – mit allen schrecklichen Konsequenzen.

Menschenmöglich

Evolutionsbiologisch betrachtet ist kein Lebewesen für seine Eltern »teurer« als das Menschenkind. Es kann unter schlechten Bedingungen so teuer sein, dass es die Kräfte seiner Mutter oder seiner Eltern überfordert.

Bedacht werden muss dabei auch, dass nicht wenige Kinder in früheren Zeiten ungewollt auf die Welt kamen und die Not der Familie zuerst einmal vergrößerten. Unter den knappen Bedingungen, die die Morgendämmerung der Menschheit gekennzeichnet haben und die punktuell noch heute herrschen, war es eine durchaus »menschenmögliche« Reaktion, wenn eine Mutter nach der Geburt eines Neugeborenen als Erstes dafür betete, dass das Kleine »himmeln« solle.

Welche starke Rolle dabei das materielle Elend spielte, zeigt schon das Lieblingsmärchen der Kinder, Hänsel und Gretel. Es beginnt so: »Am Rande eines großen Waldes wohnte ein armer Holzhacker mit seiner Frau und seinen zwei Kindern, Hänsel und Gretel. Sie waren so arm, dass sie oft nichts zu essen hatten. Als nun eine Teuerung kam, mussten sie jeden Abend hungrig zu Bett gehen. In ihrer Not beschlossen die Eltern, die Kinder am nächsten Morgen in den Wald zu führen und sie dort zurückzulassen. Gott sollte ihnen weiterhelfen ...« Zu dem Schicksal im Märchen passen die Statistiken: Die Anzahl der Jahr für Jahr an den Kinderklappen französischer Krankenhäuser im 18. Jahrhundert abgelegten Babys spiegelt genau den Getreidepreis auf den städtischen Märkten wider![359] Und heute? Natürlich werden Kinder heute nicht mehr ausgesetzt, weil das Brot zu teuer ist, aber noch immer ist es nacktes Elend, das sich hinter den allermeisten Schicksalen verbirgt – meist spielen Alkohol, Drogen, psychische Probleme, soziale Verwahrlosung und Gewalterfahrungen eine Rolle.

Das heißt nicht, dass Vernachlässigung »menschlich« sei. Das, was evolutionär *möglich* ist, ist nun einmal nicht automatisch das, was für den Menschen *richtig* ist – eine der Grundannahmen dieses Buches. In einer Gesellschaft, die wir als menschlich ansehen, ist der erstrebenswerte (und ebenfalls im Menschen angelegte) Weg der, in Notsituationen Hilfe zu suchen. Der menschliche Weg ist aber auch der, Hilfe zu geben, wo Not von Müttern oder Familien erkennbar oder absehbar ist. Hier – das zeigen auch die regelmäßig in der Presse berichteten Fälle von Vernachlässigung – bestehen selbst im reichen Deutschland noch beschämende Defizite.

Wie Eltern Bindung fördern können

So wenig eine Beziehung zwischen zwei Erwachsenen nur deshalb »gut« ist, weil die beiden Partner sich an bestimmte Regeln, Techniken und Ratschläge halten, genauso wenig gelingt die Bindung zum Kind nur deshalb, weil die Eltern krampfhaft versuchen, alles richtig zu machen. Damit eine sichere Bindung entsteht, müssen auch die *Umstände* passen. Und die sind zwar nicht unbedingt in unserer Hand, aber sie lassen sich trotzdem beeinflussen, mitgestalten oder – Sternstunden des Familienlebens – bewusst verändern.

Unterstützung einfordern und aufbauen

Wie wir weiter oben gesehen haben, ist es nicht die »Qualität« der Mutter, die für eine sichere frühkindliche Bindung sorgt – sondern die Qualität der *Beziehungen,* in die ein Kind eingebunden ist. Und zu diesem tragenden Netz gehört die Beziehung zwischen Mutter und Vater des Kindes genauso dazu wie die Unterstützung durch Verwandte, Freunde, Nachbarn oder andere Helfer. Kurz: Zu Bindung gehören immer auch die anderen.

Bindungskapital: Beziehung der Eltern

Wenig überraschend also, dass Kinder von Eltern, die in einer guten Beziehung leben, selbst eher sicher gebunden sind. »Können« es die Eltern miteinander, so entsteht Bindung auch zum Baby leichter.

Umso ironischer, dass das Leben mit einem Baby durchaus eine Belastung für die Beziehung der Eltern sein kann.

Inwiefern? Zum einen ist da auf einmal ein Geschöpf, das die Kraft und Energie seiner Eltern wie ein schwarzes Loch absorbiert. Zum andern entsteht in der jungen Familie oft genug eine Art Beziehungsfalle, in die selbst gut vorbereitete Eltern hineintappen. Wie das geht? Man beginnt einen schönen, gemeinsamen Weg, von dem man viel erwartet – das Familienglück eben. Die Männer begleiten ihre Partnerinnen zur Beckenbodengymnastik, und bei der Geburt drücken sie kräftig, wenn auch schmerzfrei, mit. Der Schmerz setzt dann aber garantiert nach der

Geburt ein. Entgegen der Folklore beginnt für die Beziehung der Eltern jetzt eine emotionale Durststrecke, und auch körperlich herrscht eine ganze Zeit recht eingeschränkter Verkehr. In nicht wenigen traditionellen Gesellschaften besteht während der Stillzeit ein komplettes Sex-Tabu, die Männer schlafen in dieser Zeit zum Beispiel in einem separaten Männerhaus. Der moderne Mann aber lebt mittendrin in dem neuen körperwarmen Gefüge. Er weiß, wann beim Stillen die rechte Brust dran ist und wann die linke – aber muss doch bald schon feststellen, dass die Energie seiner Partnerin jetzt ganz stark auf das Baby bezogen ist.[67]

Entbindung der Eltern

Da entsteht nur allzu leicht ein Teufelskreis. Während Bindung zum Kind aufgebaut wird, kommt es zur »Entbindung« der Eltern – man empfindet sich als weniger interessant, als weniger interessiert am Leben des anderen, als weniger zugewandt. Schnell ist man dann von seinem Partner enttäuscht, fühlt sich durch dessen Ansprüche gestresst, was wiederum die Unzufriedenheit verstärkt. Originalton eines Vaters: »Vertrauliche Nähe ist selten geworden, Sex sowieso – das war damals. Ich liebe dieses Kind, aber in einer gewissen Weise fühle ich mich auch entwertet. Für all das, was uns früher wichtig war, haben wir jetzt keine Zeit mehr. Kraft bleibt für unsere Beziehung keine mehr übrig. Ich weiß schon gar nicht mehr, ob ich meiner Frau überhaupt wichtig bin. Und so wahnsinnig interessant finde ich sie in letzter Zeit ehrlich gesagt auch nicht mehr, wo es sowieso nur noch ums Schlafen oder den Brei der kleinen Lisa geht!«

Da hilft nur eines: realistisch sein. Das Leben mit einem jungen Säugling ist Extremarbeit, und es ist in der Tat eine Sollbruchstelle für jede auch noch so romantische Beziehung. Paare tun gut daran, sich hier nichts vorzumachen (nebenbei würde es auch helfen, all die Magazine zu verbieten, die das Leben mit einem Neugeborenen immer nur als eine Art Kuschelparadies darstellen). Fakt ist: Die Interessen von Mann und Frau sind nach der Geburt des Kindes weitaus unterschiedlicher, als sie es während der Phase des Aufbaus der Paarbeziehung waren. Zwar geht es auch jetzt um ein gemeinsames »Projekt«, aber die Eltern sind dabei weit weniger aufeinander bezogen als zuvor. Die wichtigste Aufgabe daher: Möglichst schon vor der Geburt Reserven aufbauen (und dazu gehört vor allem die Fähigkeit, miteinander klar, deutlich und freundlich zu reden). Und: sich trotz aller Widrigkeiten und Erschöpfung auf ein Beziehungs-Minimalprogramm verständigen – auch in Sachen Sex, Ausgehen oder sonstigem Erwachsenenkram. Kein Baby nimmt Schaden, wenn es ein paarmal in der Woche für zwei oder drei Stunden von einem guten und ihm einigermaßen vertrauten Babysitter übernommen wird – Zeit, die für ein Paar den Unterschied zwischen Sein oder Nichtsein bedeuten kann.

Und wo immer es geht, sollte nicht auch noch zusätzlichem Stress die Türe geöffnet werden. Wenn irgendwann im Leben eine Putzfrau oder Haushaltshilfe sinnvoll ist, dann jetzt. Wenn man die lieben Verwandten braucht, dann jetzt (und wenn man der nervenden Schwiegermutter mal sagen muss, nicht *jeden* Abend anzurufen, dann auch *jetzt*). Und: Wenn man unbedingt ein Haus bauen muss, dann jetzt *nicht*.

Eine oft unterschätzte Quelle von Stress sind allzu ehrgeizige Familienplanungen. Je kleiner Kinder sind, desto mehr Kraft brauchen sie. Wenn Kinder sehr eng aufeinanderfolgen, kann das die kräftigste Mannschaft überfordern – vom Blickwinkel der Evolution aus sind die heutigen extrem kurzen Geburtenabstände extreme Ausnahmen. (Durch das früher übliche lange Stillen war es sehr ungewöhnlich, wenn zwischen zwei Kindern weniger als zweieinhalb bis drei Jahre lagen – ein Geburtenabstand von nur einem Jahr war mit dem Lebensstil als Jäger und Sammler schlichtweg nicht vereinbar.)

Ein Netz weben

Wird eine Frau auf den Trobriand-Inseln in Papua-Neuguinea zum erstenmal schwanger, so bekommt sie von einer Tante oder Cousine einen weißen Mantel aus Bananenblattfasern gewoben, *saykeulo* genannt. In diesen Mantel gekleidet wird sie von ihren weiblichen Verwandten und ihren Freundinnen zum Meer geleitet. Die Frauen stellen sich in einer Doppelreihe am Strand gegenüber und reichen sich die Hände. Über die so gebildete »Strickleiter« wird die Schwangere wie über eine lebende Brücke ins Wasser geleitet.

Und solche Brücken müssen immer wieder neu geschaffen werden – in der Familie, der Nachbarschaft, der Müttergruppe, in den Wohnvierteln und in der Gesellschaft als Ganzes. Und davon profitieren alle – nicht zuletzt die Kinder. Denn auch den Kindern tut es gut, in einen

»Stamm« eingebunden zu sein, also auch andere Bezugspersonen außer der Mutter zu haben – Großmütter, Tanten, Patentanten, Onkels, Spielkameraden, Freunde ... Denn Kinder, die positive Beziehungen zu anderen Erwachsenen außerhalb des Elternhauses unterhalten, haben insgesamt mehr soziale Widerstandskraft (es wurde weiter oben ausgeführt). Wie groß das Haus ist oder wie ungünstig geschnitten, ist einem Kind egal, und auch die Größe des Gartens ist nicht entscheidend. Viel entscheidender ist für ein Kind, *wo das Haus steht* und ob da andere interessante Menschen (Verwandte, Freunde, andere Kinder) leben. Ähnliches gilt für die Mutter: Ein schönes großes Bad mag ein Plus sein – aber wirklich ausschlaggebend ist, ob Freunde und Freundinnen verfügbar sind, die ihr auch einmal das Kind abnehmen und den Rücken frei halten können.

Deshalb kann es auch nicht darum gehen, dass sich Eltern ein bestimmtes Lebensarrangement verordnen, damit ihr Kind »alles hat«. Sie selbst müssen das haben, was sie lebendig hält und was ihr Leben spannend macht. Und das kann für die eine Mutter heißen, dass sie bald schon wieder mit der Arbeit beginnt, für eine andere, dass sie zuhause beim Baby bleibt, für wieder eine andere, dass sie mit ihrem Kind in eine WG einzieht. Was man »dem Baby zuliebe« macht, sollte man sich selbst zuliebe vorher gut überlegen.

Ab in die Krippe?

Und das gilt auch für die Frage nach der besten »Fremdversorgung« (wir werden diese Frage in Kapitel 17 E&A genauer beleuchten). Auch hier kann es nicht um die »richtige« Entscheidung gehen (es kann sie nach allem, was in diesem Kapitel gesagt wurde, nicht geben), sondern vielmehr um die »passende« Entscheidung. Nur wenn die betreuende Person die gefundene Lösung als *erstrebenswert* erachtet, wird sie auch gelingen. Denn egal, ob sich eine Mutter für oder gegen eine Krippe entscheidet – fühlt sie sich nicht wohl in ihrer Rolle oder knirscht sie gar mit den Zähnen, so kann dies die Bindung erschweren – eine frustrierte, in ihrem Selbstwertgefühl bedrängte Mutter wird kaum positiv und feinfühlig auf ihr Kind zugehen und ihm Vertrauen und Gewissheit vermitteln können. Auch hier ergibt sich der »positive« Stil durch die *Passung*, er kann nicht verordnet werden.

Raum für Erforschungen geben

Wie die Bindungsforschung heute zeigt, ist nicht nur *Nähe* die Voraussetzung für eine gelingende Entwicklung, sondern genauso *Autonomie* – die Freiheit, bestimmte Dinge selbst zu regeln.

Und den Drang, auf eigenen Füßen zu stehen, haben Babys schon, bevor sie laufen können – sie strampeln, spielen mit den Fingern, räkeln sich, lächeln oder krähen manchmal aus keinem anderen Grund als dem: dass sie sich als »wirksam« erleben. Nicht immer finden sie feinfühlige Bezugspersonen, die erkennen, wann ihr Baby nach Nähe sucht und wann es lieber mal »alleine machen will«. Und oft genug finden sie für das »Alleine machen« auch nicht den Raum – da steht die Stereoanlage, dort die chinesische Vase, und dort könnte man sich den Kopf an einer Kante stoßen. Da ist das Krabbelkind sicherer auf dem Schoß geparkt – aber dann eben kein Krabbelkind mehr.

Dass Kinder mit ihrem Autonomiestreben oft nicht so leicht zum Zug kommen, liegt jedoch nicht nur daran, dass die heutigen Lebensräume nicht unbedingt kindgerecht sind (und das gilt auch für den »Lebensraum Kinderwagen«, in dem viele Kinder viel zu viel Zeit verbringen – schirmt er die Kinder doch von anderen Menschen ab und gibt ihnen wenig Raum, um dabei zu sein, mitzumachen, mitzuschauen oder aus eigenem Antrieb mitzuspielen). Es liegt auch daran, dass es vielen Eltern mangels Erfahrung mit kleinen Kindern schwerfällt, abzuschätzen, wie »gefährlich« die Umwelt wirklich ist – so manches Kind wird dadurch aus Liebe behindert. Gerade das Stolpern oder Fallen beim Laufen wird als Gefahr oft überschätzt – kleine Menschen fallen um einiges sanfter als erwachsene Hünen!

Muss man die eigenen Probleme im Griff haben?

Psychologen nennen es den ewigen Kreislauf: Eltern nehmen Belastungen aus ihrer Kindheit in ihr Erwachsenenleben mit und sie übertragen sie oft genug auf ihre Kinder. Die Leichen im Keller stehen sozusagen auf und werden zu »Gespenstern an der Krippe«. Da liegt der Rat des bekannten Psychologen Daniel Siegel nahe: Wenn wir gute Eltern sein wollen, müssen wir zuerst mit unserem eigenen Leben klarkommen.

Aber ist das wirklich so? Vieles spricht dagegen:

- Zum einen ist Bindung, wie wir gesehen haben, kein Faden, der sich nur von der Mutter zum Kind spannt, sondern eher ein Netz, das die Mutter und andere Bindungspersonen einschließt. Selbst wenn da ein Faden nicht ganz fest sitzt – das Netz trägt meist trotzdem.
- Menschen entwickeln sich – auch als Eltern. Eltern, die als Kinder geschlagen wurden, schlagen ihre Kinder eben sehr häufig *nicht*. Positives Lernen »bewegt sich genau so leicht durch die Generationen wie Schmerz« (Jan Hunt).
- Wenn sich Kinder nur mit problemfreien Eltern gut entwickeln würden, wäre die Menschheit wohl ausgestorben. Die Seele muss also auch aus evolutionären Überlegungen »kein Rosengarten« sein, um für Kinder trotzdem fruchtbar zu sein. Man kann für sein Kind durchaus »gut genug« sein, ohne gleich Mutter-Teresa-Qualitäten zu besitzen!

Das heißt nicht, dass es nicht sinnvoll wäre, sich seinem Schatten zu stellen. Aber hier muss jeder seinen eigenen Weg finden und die dabei gefundenen Prioritäten müssen auch nicht immer an den »psychischen Konflikten« ansetzen – der Entschluss, in der Schwangerschaft mit dem Rauchen aufzuhören, kann für das Kind entscheidender sein als jede Psychoanalyse.

Wozu der Babyspeck?

Kinder geben ihren Eltern manchmal Rätsel auf. Aber auch Wissenschaftler haben die eine oder andere Nuss zu knacken. Da wäre zum Beispiel das Rätsel um den Babyspeck.

Wenn ein Menschenbaby geboren wird, besteht es immerhin zu einem Sechstel aus Fett. Keine der etwa 200 mit dem Menschen ja immerhin eng verwandten Affenarten bringt auch nur annähernd so viel Speck ins Leben mit.[360] Es ist daher kein Wunder, dass Affenbabys in unseren Augen so erbärmlich aussehen!

Dabei könnte gerade das Menschenjunge einen stromlinienförmigeren Körper gut gebrauchen. Von allen Primatenarten muss es sich nämlich durch den engsten Geburtskanal zwängen. Wozu, wird sich so manche leidgeplagte Menschenmutter fragen, packt die Natur dem Baby dann auch noch diesen Speckpanzer auf die Rippen, der die enge Reise noch schwieriger macht?

Wozu dient der Speck?

Ein reifes Neugeborenes sieht irgendwie »weich« aus. Kommt ein Baby aber zu früh auf die Welt, so fallen einem als Erstes die Rippen auf. Das Fett wird tatsächlich erst in den letzten Wochen der Schwangerschaft aufgebaut. Und die weiche Verpackung ist nicht gerade billig: Die Hälfte der Energie, die sich der Fetus im letzten Monat der Schwangerschaft von der Mutter besorgt, wird in Fett investiert!

Dabei ist der Babyspeck ganz bestimmt nicht dazu da, dass das Baby bei einer Unterwassergeburt leichter schwimmt. Aber wozu dann? Handelt es sich um eine Isolationsschicht für einen haarlosen Affen, dem es in der rauen Welt außerhalb des Mutterleibs sonst zu kalt wäre? Oder ist das Fett eine Art eiserne Ration, die sich das Kind anlegt, falls die Mutter bei der Geburt geschwächt wird und zum Beispiel nicht stillen kann? Oder wird mit dem Fett das extrem schnelle Hirnwachstum der ersten Lebensmonate finanziert?

Tatsächlich kann für die letztgenannte Theorie einiges ins Feld geführt werden: Das wachsende Gehirn des Neugeborenen verschlingt weit mehr Energie als das aller anderen Primaten – fast 90 Prozent der in Ruhe verbrauchten Energie wird im ersten Lebenshalbjahr für das Wachstum und den Unterhalt des Gehirns reserviert. Gut, wenn das Baby da einen gewissen Vorrat mitbringt.

Speck als Eigenwerbung

Die Verhaltensforscherin Sarah Blaffer Hrdy hat eine andere Erklärung parat. Der Speck dient nach ihrer Theorie der Eigenwerbung. Er soll der Mutter zeigen, wie gesund und stark das Kind ist, das sie geboren hat. Was für ein Prachtexemplar da vor ihr liegt! Eines, über das sie jetzt bitteschön ihr ganzes Füllhorn an Milch, Liebe und Schutz ausschütten soll.[361] Mit dem Speck, so die Professorin, wolle das Baby die Mutter »überzeugen, dass es sich lohnt, 20 Jahre Mühe und Energie zu investieren.«

Tatsächlich spricht manches für Hrdys Theorie:

- Am Geburtsgewicht können auch heute noch Kinderärzte am besten absehen, wie gesund ein Kind ist und ob ein gesunder Start ins Leben wohl glücken wird.
- Eltern scheinen vom Gewicht ihrer Kinder besessen zu sein. Was steht in den Geburtsanzeigen? Nicht die Augenfarbe, nicht die Haar-

farbe, nicht, ob es ein Kaiserschnitt war oder eine Zangengeburt. Sondern das Geburtsgewicht. Und das aufs Gramm genau.

- Der Speck wirkt. Wir finden plumpe Neugeborene durchweg »süßer« als dünne Neugeborene. Frühgeborene Kinder haben es besonders schwer – sie sind so wenig knuffig, so eckig und flach und erscheinen uns irgendwie »ausgezehrt«, kränklich und schwach.

Eine sinnvolle Strategie

Schauen wir uns die Sache einmal aus der Sicht des Babys an. Da spricht manches dafür, die eigenen Vorzüge anzupreisen. Wie wir in Kapitel 10 gesehen haben, gibt es in der Tat keine Garantie dafür, dass ein Menschenjunges von seiner Mutter ohne Weiteres angenommen wird. Gerade wenn die Zeiten schlecht sind, wenn es wenig zu verteilen gibt oder das Baby zur »falschen Zeit« geboren wird, haben sich Mütter immer wieder als recht kritische Empfängerinnen erwiesen, die ziemlich genau hinschauen, bevor sie sich voll und ganz in die Bindung stürzen.

Kein Wunder, dass das Baby versucht, gut dazustehen! Die allermeisten Affen können sich ja wenigstens an ihrer Mutter festhalten – das Menschenbaby aber muss eine andere Strategie wählen: Es muss seine Mutter irgendwie dazu bringen, von sich aus den ersten Schritt zu tun. Es aufzunehmen, ihm die Brust zu geben und sich schließlich Tag und Nacht um das hilflose Paket zu kümmern. Und der Zauber, den es anwendet, um seine haarlose Mutter in eine Liebesbeziehung zu locken, ist nichts anderes als seine eigene »Süße«.

Wink mit dem Zaunpfahl

Bei vielen Tierarten hängt das Überleben der Kleinen an bestimmten elterlichen Vorlieben. So bevorzugen manche Vogelarten eine besonders intensive Färbung der Schnäbel – die Kleinen mit dem sattesten Farbton werden als Erste gefüttert. Bei anderen Tieren sind es bestimmte Eigenschaften des Fells, die die Eltern zu Überstunden motivieren. Viele Affenarten betreten die Welt in einer Art flauschiger Robe – dieses sogenannte Geburtsfell bringt nicht nur die Eltern dazu, sich um die Kleinen zu kümmern, sondern in manchen Fällen sogar die anderen

Erwachsenen der Gruppe. Wieder andere Tiereltern stehen auf bestimmte Kopfformen, bestimmte Schreie (man denke an die piepsige Stimme des Kükens) oder auf die Färbung bestimmter Körperpartien. (Interessanterweise wirken die meisten dieser Signale auch auf uns Menschen – so ist das kleine Entchen, das auf vielen Seiten dieses Buches mitwandert, deutlich »süßer« als seine ausgewachsenen Eltern und hat es wohl deshalb auf die Seiten dieses Buches geschafft.) All diese Signale wirken wie Aufkleber, auf denen steht: Guckt her, ich bin klein, hilfsbedürftig, aber trotzdem gesund und munter – kümmert euch mal bitteschön um mich!

Sobald sich diese Signale »auswachsen«, ist es aus mit dem Kindchenbonus. Malt man auf die schwarzen Schnäbel von jungen Zebrafinken nur ein bisschen von dem Rot der erwachsenen Finken, so bekommen sie von einem Moment auf den anderen kein Würmchen mehr ab, und wenn sie noch so piepsen. Und auch junge Schwäne verlieren mit ihrem flauschigen braunen Fell gleich ihre gesamten Kinderprivilegien.

Wie spielen wohl unsere eigenen Kinder auf der Klaviatur der elterlichen Vorlieben?

Das Kindchenschema

Da wäre zum Ersten das »Kindchenschema«, also diejenigen Merkmale des Kindes, die uns Erwachsenen einflüstern: Ich bin ein kleines Kind, sei lieb zu mir! Die Pausbacken, der große, nach hinten gerundete Kopf, die gewölbte Stirn, die langen Wimpern, der kleine Mund, das Stupsnäschen und darüber die weit auseinanderliegenden, großen Augen. Haben wir etwas vergessen? Jawohl: den von Babyspeck gerundeten, weichen Körper.

Vergleicht man Fotos von reif geborenen mit solchen von zu früh geborenen Kindern, so wird klar, dass die meisten Zeichen des Kindchenschemas im Grunde *Reifezeichen* sind. Die weichen Konturen, das Stupsnäschen, der große runde Kopf mit der gewölbten Stirn und auch die großen Augen sind nur bei termingeborenen Kindern zu sehen.

Auch wenn man meinen könnte, das Kindchenschema sei erfunden worden, um Disney-Filme besser zu verkaufen – von der Evolution aus gedacht stellt es eine Art Schutzbrief dar: Es macht Erwachsene fürsorglich und weniger aggressiv. Und sie verfallen garantiert in einen seltsamen Zustand, in dem sie mit einer Piepsstimme auf das Baby einreden, dabei immer wieder mit dem Kopf nicken und peinliche Grimassen schneiden. Übrigens nutzen fast alle höheren Säugetiere dieses idiotensichere Manipulationsprogramm – auch Rehkitze und Hundewelpen bezirzen ihre Eltern durch große Augen und runde Köpfchen, und wie wir bereits gesehen haben, gehen auch wir Menschen den Kleinen auf den Leim, ja, wir finden Bambi, Knut und Flocke oft sogar noch süßer als unsere eigenen Jungen.

Dass das Kindchenschema auch als Mittel in einer Art Wettrüsten um die Gunst der Eltern eingesetzt wird, zeigen Experimente. Die Forscherin Judith Langlois etwa ließ 144 erstgeborene Säuglinge auf einer Wöchnerinnenstation von ihren Studenten und Studentinnen nach deren »Attraktivität« beurteilen. Dann beobachtete sie penibel genau, wie die Mütter mit ihren Kleinen umgingen. Das Ergebnis ist eigentlich ein Skandal: Die süßesten Kleinen bekamen mehr Küsse, wurden öfter geknuddelt und angelacht![362] (Der Skandal gilt aber auch in die umgekehrte Richtung: Experimente des Psychologen Alan Slater belegen, dass schon Neugeborene ab dem zweiten Lebenstag attraktivere Gesichter länger betrachten als weniger attraktive.)

Aber nicht nur Mütter lassen sich vom Äußeren blenden. Zeigt man wahllos ausgesuchten Erwachsenen unterschiedliche Babys, so werden die Niedlicheren unter ihnen durchweg als schlauer, liebenswürdiger und unproblematischer angesehen.[363] Da überrascht es einen auch nicht mehr, dass es gerade Frühgeborene besonders schwer haben: Sie werden oft mit einer gewissen emotionalen Distanz behandelt, weil sie einfach nicht so »kindlich« wirken.[68 364]

Das Wachstum

Nichts kann eine Mutter stärker aus der Fassung bringen, als wenn ihr Kleines nicht richtig isst. Langt das Kind dagegen richtig zu, so steht das Barometer auf »heiter«. Die Verhaltensforscherin Sarah Blaffer Hrdy geht so weit, dass sie sagt: »Wachstum ist nicht leicht von Liebe zu trennen«.[365] Dazu passt die Einschätzung der Kinderärzte, nach der einem erklecklichen Anteil von Gedeihstörungen eigentlich Beziehungsstörungen zugrunde liegen. So gesehen ist also auch Wachstum ein »Werbemittel« des Kindes, mit dem es seine Eltern bei der Stange hält: Seht her, der Aufwand lohnt sich – eure Hilfe kommt an![69]

Die Augen

Aber nichts geht über die Augen. So wie sich das Rhesusäffchen mit den Fingern in das Fell seiner Mutter klammert, so klammert sich das Menschenbaby mit den Augen fest. »Der menschliche Säugling ist in den ersten Monaten ganz Auge, auf eine Art, wie kein anderes Tierbaby es ist«, so der Ethnologe Melvin Konner.[366] Zugegeben: Auch Schimpansenbabys interessieren sich für das Gesicht ihrer Mutter und gucken sie ab und zu an. Aber Menschenbabys *suchen* die Augen der Mutter, sie sind geradezu besessen von ihrem Gesicht – besonders beim Stillen. »Sie schauen ihr in die Augen wie Liebhaber es tun«, vermerkt Sarah Blaffer Hrdy, selbst Mutter von drei Kindern.[367] Es ist bestimmt kein Zufall, dass Babys zunächst nur etwa in dem Bereich einigermaßen scharf sehen, in dem sich beim Gestilltwerden normalerweise die Augen der Mutter befinden! Mit drei bis vier Monaten nutzen sie die Augen auch gerne zusammen mit ihrem herzergreifenden Lächeln: Wendet ein Beobachter seine Augen von dem Baby, so hört es auf zu lächeln, wenn es wieder direkt angeschaut wird, ist das Lächeln gleich wieder da.[368]

Keine Frage: Der geteilte »Augenraum« ist ebenso ein »Werberaum«. Mit den Blicken wird auch Bindung geformt, gefestigt, ja, zelebriert. Auch bei der erwachsenen Liebesbeziehung ist das Augenspiel ja wieder Werbe- und Zaubermittel. Und mit den Augen werden tatsächliche Wunder vollbracht: Wenn ein Baby das Gesicht über dem Bettchen nur lange genug anschaut, so wird es auf einmal in den Himmel gehoben und landet warm und weich in den Armen eines vertrauten Menschen! Da erstaunt nicht, dass Babys, die keinen körperlichen Kontakt zu ihrer Mutter haben, häufiger versuchen, Kontakt über die Augen herzustellen. Platziert man etwa zwei Monate alte Babys ein Stück weit entfernt von der Mutter auf einer Coach, so suchen sie zunächst mit den Augen das Zimmer ab. Haben sie die Mutter gefunden, so schauen sie ihr immer wieder ausgiebig ins Gesicht.

Aber der Augenraum ist auch, ganz banal, ein Kommunikationsraum. Gefühle spiegeln sich nicht ohne Grund vor allem in der Augenpartie eines Menschen – die Augen sind sozusagen der Einstieg in das Gehirn des Gegenübers. Durch dieses Guckloch können Absichten erkannt, Gefühle gelesen und das Befinden eines Menschen beurteilt werden. Autistische Kinder können keinen Blickkontakt halten. Und blind geborene Kinder haben es im späteren Leben oftmals schwerer, Bindungen zu anderen Menschen aufzubauen.

Augen sind also die weit geöffneten Tore zum Innenleben anderer Menschen. Wie wir noch sehen werden, wissen Babys die Augen als Mittel zum emotionalen Austausch meisterlich zu nutzen.

Spieglein, Spieglein an der Wand ...

Um seine Eltern zu Höchstleistungen anzuspornen, scheint das Baby ein ganzes Repertoire von Verführungstricks einzusetzen – sein süßes Aussehen, sein gutes Gedeihen und seine schönen Augen.

Aber das ist längst nicht alles! Bei seiner Charme-Offensive wirft es sein ganzes Verhalten mit in den Ring. Nehmen wir sein Lächeln. Damit macht es nicht nur mal kurz »gut Wetter«, nein, damit »wärmt es uns so recht von innen heraus, und wir sind ihm gut«, wie der Verhaltensforscher Otto Koehler es formulierte.[369] Die Hirnforschung stellte fest, dass ein lächelndes Baby das Belohnungszentrum im Gehirn der Mutter auf die gleiche Weise aktiviert wie eine Droge.[370]

Oder nehmen wir sein »Lallen« – Eltern finden es einfach zuckersüß, wenn die Kleinen so mit vier bis sechs Monaten beginnen, Laute von sich zu geben, vor sich hin zu jauchzen oder einfach draufloszubrabbeln. Auch wenn die Eltern nur Bahnhof verstehen, könnten ihnen die Kleinen damit *alles* abschwatzen. Einiges spricht dafür, dass das Lallen nicht nur der Vorbereitung aufs Sprechen dient, sondern Teil der Werbemaßnahmen des Säuglings ist. Auch bei ein paar wenigen Affenarten wird nämlich eine »Lall-Phase« beobachtet, obwohl sie niemals in ihrem Leben reden werden!

Interessanterweise sind alle »lallenden« Affenarten Teil einer einzigen Familie der Krallenaffen, zu der etwa die im letzten Kapitel vorgestellten Tamarine und Marmosetten gehören. Die Mitglieder dieser Familie zeichnen sich gegenüber fast allen anderen Affenarten dadurch aus, dass ihr Nachwuchs nicht nur von der Mutter, sondern auch von anderen »Erziehern« versorgt wird. Und bezeichnenderweise beginnt die Lall-Phase bei den kleinen Äffchen genau zu dem Zeitpunkt, an dem sich die anderen Versorger in die Pflege der Kleinen einklinken. Könnte es sein, so fragt die Verhaltensforscherin Hrdy, dass das Lallen ein Werbemittel ist, mit dem besonders pflegebedürftige Winzlinge potenzielle Helfer gewinnen?[371] Wir werden auf diese Frage zurückkommen.

Auch ein anderes Verhalten des jungen Säuglings riecht verdammt nach Werbung – und auch dieses Verhalten wird bei manchen Affenarten beobachtet, etwa bei Schimpansen, Orang-Utans oder Rhesusaffen.[372] Schon 14 Tage nach der Geburt machen Säuglinge unbewusst den Gesichtsausdruck ihrer Eltern nach – sie »spiegeln« deren Mimik, sobald die Eltern ihnen intensiv ins Gesicht schauen.[373] Dieses automatische Imitieren – das sich übrigens schon im dritten Lebensmonat wieder verliert – könnte möglicherweise dazu dienen, dass Eltern schon frühzeitig eine »befriedigende« Kommunikation geboten bekommen – längst bevor das Baby zu einer selbstbewussten emotionalen Resonanz überhaupt in der Lage ist. Denn erst mit etwa einem Jahr ist das kindliche Gehirn so weit entwickelt, dass das Kind andere Menschen bewusst nachmachen kann.[374]

Werbung Plus

Schwenken wir noch einmal zu den Augen. Geht es da wirklich nur darum, die Mutter in eine Art Hypnose zu versetzen, um möglichst viel Zuwendung abzusahnen? Womöglich geht es um mehr. Es dreht sich auch darum, *Informationen zu sammeln* – und sie für die eigenen Zwecke zu nutzen. Wie steht meine Mutter zu mir? Was muss ich tun, um zu gefallen? Ein Blick ins Gesicht der Mutter kann diese Fragen beantworten.

Tatsächlich zeigt die Verhaltensforschung, dass Babys Gesichterspezialisten sind. Sie können sich Unterschiede von Gesichtern weitaus besser merken als ältere Kinder oder Erwachsene! Zeigt man Erwachsenen unterschiedliche Schimpansengesichter, so müssen sie bei der Unterscheidung passen. Babys dagegen können die haarigen Gesichter problemlos voneinander unterscheiden.[375] Sind Säuglinge vielleicht deshalb so gut, weil die in Gesichtern abzulesenden Informationen ihr »Überlebenskapital« darstellen?

Vieles spricht dafür. Werden Mütter instruiert, ihre Säuglinge zu ignorieren und ein »starres Gesicht« aufzusetzen (in einem Experiment wurden die Mütter sogar mit speziellen, ausdruckslosen Plastikmasken ausgestattet), so fangen die Babys sofort an, die Mutter regelrecht zu »bearbeiten« – sie lächeln vermehrt, strampeln und schauen die Mutter immer wieder an. Bleibt die Mutter ungerührt, so werden sie schwer verunsichert und beginnen zu weinen. Dass das »Lesen« im Gesicht der Mutter letzten Endes dem Kampf um handfeste Vorteile dient, zeigt eine zweite Beobachtung. Wendet sich eine Mutter von ihrem Baby ab, um mit einem anderen Baby oder einer Puppe zu spielen, so bringt der Säugling das volle, aus dem vorigen Experiment bekannte Programm – er schaut der Mutter ins Gesicht, lächelt und strampelt, um ihre Aufmerksamkeit zu gewinnen. Instruiert man die Mutter aber, anstatt mit der Puppe zu spielen einfach ein Buch zu lesen, bleiben die Babys nahezu ungerührt![376]

Zurück zum Speck

Eigenwerbung scheint eine vernünftige Strategie zu sein. Sie sichert die Zuwendung der Mutter und sorgt dafür, dass man gegenüber den Geschwistern nicht zu kurz kommt. Kein Wunder, dass die meisten Säugetiere, solange sie klein und hilflos sind, die Werbetrommel für sich rühren. Menschenjungen sind da keine Ausnahme. Wie die anderen Säuger nutzen sie ihre körperlichen Reifezeichen sozusagen, um sich ihrer Mutter an die Brust zu werfen.

Doch dann geht das Menschenbaby einen Sonderweg. Während das Rehkitz und auch das kleine flauschige Schimpansenkind ihre »Süße« recht bald verlieren, legt das Menschenbaby erst richtig los – es wird von Monat zu Monat immer »süßer«! Sein Werben wird immer aktiver, seine Augen immer größer und strahlender, es beginnt mit seinem unwiderstehlichen Lallen, Lächeln und Strampeln, dass man sich fragt: Warum treibt es die Werbung so auf die Spitze? Und das gerade jetzt, wo die Bindung zur Mutter eigentlich gefestigt ist und diese ihr Kind schon längst als das beste, liebenswürdigste und schönste Wesen auf dieser Erde betrachtet?

Beständige Seelenmassage

Betrachten wir die Entwicklung des Kindes aus der Vogelperspektive. Es wird extrem unreif und hilflos geboren. Doch anstatt alle Kalorien zu verwenden, um rasch groß und stark zu werden, wie es fast alle anderen Säugetiere tun, entwickelt es zuerst einmal ausgeklügelte Hirnfunktionen, die es ihm erlauben, auf die Menschen in seiner Umgebung *einzuwirken* – durch Augenkontakt, durch Nachahmung, durch das Zeigen und Lesen von Absichten und von Gefühlen. Alles Fähigkeiten, auf die selbst unsere nächsten Verwandten, die ja auch recht intelligent sind, problemlos verzichten können![377]

Dies könnte zum einen durch die besonders hilflose Lage des menschlichen Nachwuchses erklärt werden. Schließlich belastet das unerhört »teure« Menschenbaby seine Versorger tagaus, tagein bis an deren Grenzen. Da ist es gut, dem noblen Spender so nahe wie möglich zu rücken, ihm sozusagen beständig die Seele zu massieren – und aus ihm so viel Zuwendung herauszukitzeln wie nur möglich.

Zum anderen dient der eskalierende Charme aber ganz bestimmt einer zweiten lebenswichtigen Aufgabe – nämlich weitere Helfer zu gewinnen. Denn unter evolutionären Bedingungen war die Mutter zwar wichtig, aber eben nicht *ausreichend* (vgl. Kapitel 14 E&A). Nur wenn das kleine, hilflose Wesen auch das »soziale Bindegewebe« für sich gewinnen konnte – Vater, Tante, Geschwister, Freunde, Nachbarn – hatte es eine Chance.

Helfer rekrutieren

Der zeitliche Rahmen jedenfalls würde passen. Denn Babys entfalten gerade dann ihren größten Charme, wenn sie so reif sind, dass sie streckenweise auch von anderen vertrauten Menschen gehütet und mitversorgt werden können. Jetzt, wo nach dem Plan der Natur die Betreuung des kleinen Menschen auf weitere Schultern verteilt wird, geht die Arie richtig los. Jetzt wird Süßholz geraspelt ohne Ende, als wenn es nur um eines ginge: die Bindungspersonen zu umgarnen und bei guter Laune zu halten.

Tatsächlich kann sich diese Theorie auf einige interessante Befunde der Verhaltensforschung stützen. So fällt bei einem Blick ins Tierreich auf, dass es keineswegs die hirnmäßig am weitesten entwickelten Tierarten sind, die sich am besten auf das Erkennen von Absichten verstehen, d.h. sich in andere Artmitglieder »hineinversetzen« können. Menschenaffen können komplizierte Rechenaufgaben lösen, aber sie sind etwa dem Wolf weit unterlegen, wenn es darum geht, Pläne und Absichten zu erkennen. Und auch die kleinen Äffchen aus der uns bereits bekannten Familie der Krallenaffen können sich viel besser als die weitaus »intelligenteren« Schimpansen auf die Stimmung und sogar den Charakter ihrer Pfleger einstellen! Und was unterscheidet die genannten Arten vom Schimpansen? Jawohl, sie sind wie der Mensch kooperativ aufziehende Arten, also Arten, bei denen sich außer den Eltern andere Gruppenmitglieder an der Pflege des Nachwuchses beteiligen!

Die Wurzeln der Empathie

Menschenbabys werben nicht nur, sie motivieren. Und das bringt uns zum Schluss des Kapitels zu einer interessanten Spekulation, die etwa die uns inzwischen gut bekannte Verhaltensforscherin Hrdy vertritt. Verdankt unsere Art vielleicht ihre Fähigkeit, sich in andere einzufühlen, mit ihnen zu empfinden und für sie zu sorgen, ihrer prekären Lage als überaus »teure« Säuglinge, deren Überleben voll und ganz davon abhing, dass sie ein soziales Netz um sich knüpfen und unterhalten konnten? Dass sie andere in ihren Lebensentwurf *einbeziehen* konnten? Tatsächlich ist das Erkennen von Absichten, das Ablesen von Emotionen (im Englischen auch *mind reading* genannt), in dem sich die Menschenbabys so frühzeitig üben, nach Ansicht von Hirnforschern der erste Baustein für die Entwicklung von Einfühlungsvermögen und sozialer Kompetenz. Und letztere Fähigkeiten wiederum haben den Menschen zu dem gemacht, was er ist – zu einer »hypersozialen«, kooperativen, auch in komplexeren sozialen Zusammenhängen und größeren Gruppen erfolgreichen Art. Vielleicht ist also doch unsere extreme Abhängigkeit, unter diesem Blickwinkel betrachtet, unsere eigentliche Stärke.

Kapitel 11

Warum Kinder fremdeln

In den ersten Lebensmonaten betreiben Babys keinen großen Personenkult. Sie bevorzugen zwar vertraute Menschen, lassen sich aber ein paar Monate lang durchaus auch von Fremden tragen, füttern oder wickeln. Und wenn sie weinen, muss es nicht immer gleich die Mutter sein, die sie tröstet. Diese Offenheit ist nicht etwa dadurch bedingt, dass kleine Babys die Menschen ihrer Umgebung nicht unterscheiden könnten. Schon in den ersten Lebenswochen sind sie in der Lage, vertraute Menschen etwa am Geruch zu erkennen, und ab dem dritten Lebensmonat können sie die Menschen ihrer Umgebung auch an deren Gesicht unterscheiden.

Mit etwa vier bis fünf Monaten wird das anders. Manche Babys werden jetzt unruhig oder weinen sogar, wenn fremde Menschen sie längere Zeit anblicken. Mit etwa fünf bis sechs Monaten wird diese Reaktion ausgeprägter – fremde Gesichter lösen nun bei vielen Kindern eine *Angstreaktion* aus: Sie fangen an zu weinen und suchen Schutz bei einer vertrauten Person. Ab dem achten Monat ist die Angst vor Fremden so stark ausgeprägt, dass die Babys auf Fremde mit regelrechter Panik reagieren und sich oft nur noch von ihrer hauptsächlichen Bezugsperson trösten lassen. Dieses »Fremdeln« lässt ab dem 15. bis 18. Lebensmonat allmählich nach, kann aber durchaus bis in die Mitte des dritten Lebensjahrs anhalten.

Alle Kinder fremdeln

»Fremdeln« wird in immer gleichem zeitlichem Verlauf in allen Kulturen beobachtet – ob bei den steinzeitlich lebenden Kung in der Kalahari oder bei deutschen Kindern in Berlin. Lediglich die Ausprägung des Fremdelns ist je nach sozialem Hintergrund verschieden: Kinder, die viel mit anderen Menschen zusammen sind, wie etwa Babys aus Großfamilien oder aus israelischen Kibbuzen, fremdeln weniger stark. Auch in vertrauter Umgebung fremdeln Babys weniger. Und schließlich hat auch das Temperament des Kindes einen Einfluss. Schüchterne Kinder neigen zu stärkeren Reaktionen, die eher draufgängerischen und gegenüber neuen Erfahrungen offeneren Kinder fremdeln weniger stark und meist kürzer.

Fremdeln – warum und warum jetzt?

Wenn das Kind sich im Krabbelalter allmählich startklar macht, um die Umwelt auf eigene Faust zu erkunden, ist es neuen Gefahren ausgesetzt – gut, wenn es entsprechende Schutzprogramme entwickelt hat:

- So ist es gegen jetzt mögliche Vergiftungen durch die Angst vor ungewohnten Nahrungsmitteln, der *Neophobie,* geschützt, die wir in Kapitel 1 kennengelernt haben.
- Vor dem Absturz aus luftigen Höhen bewahrt die *Höhenangst,* die jetzt voll entwickelt ist.[70]
- Vor den Gefahren des finsteren Waldes schützt die *Trennungsangst,* die gerade dann besonders stark ist, wenn Kinder müde werden oder wenn es dunkel wird.

Und wovor schützt das Fremdeln? Vor fremden Menschen, das ganz bestimmt. Dennoch scheint die Sache etwas komplizierter zu sein. Denn Kinder fremdeln gegenüber Männern weitaus stärker als gegenüber Frauen, und älteren Kindern gegenüber bleiben sie selbst in ihren furchtsamsten Zeiten freundlich.[378] Dass das Fremdeln vor allem von fremden *Männern* ausgelöst wird, lässt sich in Experimenten belegen. Sie zeigen zum Beispiel, dass es tatsächlich das Geschlecht der Männer ist, das Kindern Angst einflößt und nicht etwa ihre Körpergröße allein.[379] Auch der Einwand, dass es möglicherweise lediglich die (für Babys ungewohnten) Bärte der Männer wären, die ihnen Angst einjagen, lässt sich entkräften: Kinder bärtiger Väter fremdeln gegenüber anderen Männern (ob mit oder ohne Bart) genauso.[380]

Aber sind fremde Männer denn gefährlich? Suchen wir zunächst eine Antwort auf eine andere Frage, nämlich die, warum Babys wohl gerade mit sieben bis acht Monaten so stark zu fremdeln beginnen. Die Erklärung liegt am ehesten in ihrer motorischen Entwicklung. Sie stehen jetzt nämlich kurz vor einer regelrechten Revolution: Während sie in ihrem ganzen bisherigen Leben alleine keinen Millimeter vorwärtskamen, werden sie mit dem Beginn des Krabbelalters mobil. Und das heißt: Sie können sich alleine aus dem Schutzraum ihrer Bindungsperson entfernen. Sie könnten jetzt also auf leisen Sohlen verloren gehen. Oder sie könnten fremden Menschen begegnen ...

Sollen sie mit ihnen Freundschaft schließen? Die Natur scheint nichts davon zu halten, ganz im Gegenteil – sie hat es darauf angelegt, dass die Babys nun Zeter und Mordio schreien. Vor allem wenn es sich um fremde Männer handelt. Ergibt das denn einen Sinn? Schaut man Mythen, Märchen und Kinderreime an, so muss man sagen: durchaus. Von fremden Männern »mitgenommen« zu werden, ist dort ein gängiges Angstmotiv. Und auch der Blick auf weniger »zivilisierte« Kulturen rechtfertigt die Angst der Kleinen. In unsicheren Zeiten wurden und werden dort immer wieder Kinder von feindlichen Nachbarstämmen entführt.[71] [382] Babys scheinen auch heute noch nicht gerade mit geordneten Verhältnissen zu rechnen und lieber nach dem Feuermelderprinzip auf Nummer sicher zu gehen: Lieber hundertmal umsonst geschrien als einmal zu wenig ...

Fremdeln abgewöhnen?

Stellt man in Rechnung, welche Rolle das Fremdeln damit für das Überleben gespielt hat, so verwundert es nicht, dass Fremdeln den Kindern genauso wenig wie die Höhenangst »abgewöhnt« werden kann. Kontakte erzwingen zu wollen (»Aber Onkel Dagobert tut dir doch nichts!«) oder das Kind wegen seiner Angst lächerlich zu machen, macht es dem Kind nur zusätzlich schwer. Irgendwann klingt die Angstbereitschaft von selbst ab. Denn das kleine Kind bekommt es nach und nach mit der Neugier zu tun. Aus einem geborgenen Winkel heraus, etwa zwischen Mamas Beinen, wirft es fremden Menschen jetzt verstohlene Blicke zu – der geschützte Flirt bricht dann nach und nach das Eis.

Einblick und Ausblick

Kinderkrippen – wider die Natur?

Um das zu tun, was Mütter schon immer getan haben, nämlich für ihre Kinder zu sorgen und dabei selbst nicht auf der Strecke zu bleiben, muss eine Mutter heute ein fast schon zirkusreifes Programm hinlegen: Morgens den neun Monate alten Florian zur Oma bringen, die dreijährige Judith in die KiTa, und dann nichts wie ab ins Büro! In der Mittagspause das Programm wieder rückwärts, nachmittags sind die beiden dann bei einer Tagesmutter. Und dazu muss sie sich dann so manches Mal auch noch anhören, dass sie ihre Kinder vernachlässige ...

In weiten Kreisen der Gesellschaft gilt immer noch: Nur eine Mutter, die sich rund um die Uhr um ihre Kinder kümmert, ist eine gute Mutter. Gerade wenn es um ein Baby gehe, sei die Mutter die Einzige, die ihrem Kind »richtige Nähe« geben könne.

Heute, wo Krippenplätze zum vom Staat garantierten Mindeststandard erhoben werden, ist die Diskussion wieder topaktuell. Muss ein Kind möglichst viel Zeit bei seiner Mutter verbringen, um optimal zu gedeihen, oder dürfen da auch »Fremdbetreuer« mit von der Partie sein?

Gut betreut?

Und hier geht der Streit dann ins Detail. Was genau ist eine »gute Betreuung« für einen Säugling oder ein Kleinkind? Wie kann man überhaupt nachweisen, ob ein Kind von seiner Betreuung profitiert – oder vielleicht geschädigt wird?

Fangen wir mit der letzten Frage an. Die langfristigen Auswirkungen der frühkindlichen Betreuung sind wissenschaftlich sehr schwer zu taxieren. Denn wissenschaftliche Untersuchungen kranken daran, dass sie bei aller Sorgfalt Äpfel mit Birnen vergleichen – Kleinkinder, die von ihrer Mutter zuhause betreut werden, wachsen nun einmal oft genug in einem ganz anderen sozialen System auf als »Krippenkinder«. Die bisher aufwändigste Studie zum Thema Fremdbetreuung, in der 1364 Kinder sieben Jahre lang beobachtet wurden, ließ immerhin eine Aussage zu:[383] Weder für die Fremdbetreuung noch für die Vollzeit-Betreuung durch die Mutter können *grundsätzliche* Vorteile ausgemacht werden. Vielmehr scheint die Qualität der Betreuung – ob sie nun in der Krippe oder zuhause stattfindet – die entscheidende Variable zu sein. Bei guter Fremdbetreuung sind negative Effekte auf die kindliche Entwicklung nicht zu erwarten.[384]

Aber woran lässt sich die Qualität der Betreuung festmachen? Bevor wir dies weiter diskutieren, nehmen wir für einen Augenblick die Perspektive der Evolution ein. Welches »Betreuungsmodell« ist von Natur aus vorgesehen?

Der Blickwinkel der Evolution

Wie wir in Kapitel 14 E&A noch genauer sehen werden, gibt es kein »natürliches« Standardmodell für die Kinderbetreuung – selbst in traditionellen Gesellschaften existieren die unterschiedlichsten Lösungen, und die Mutter steht dabei durchaus nicht immer im Mittelpunkt. Kinderbetreuung war schon immer ein Patchwork-Projekt.

Auch – vielleicht unerwartet – rückt die Evolution das Augenmerk ein ganzes Stück weg von den Interessen des Kindes allein. Vielmehr schließt die evolutionäre Perspektive die Interessen der Mutter und der Familie mit ein. Evolutionäre Lösungen stellen letzten Endes nun einmal immer einen *Kompromiss* dar (vgl. Kapitel 2 E&A). Anstatt nach der *idealen* Betreuung für das Kind zu fragen, rückt das evolutionäre Denken also die Frage nach dem *machbaren* Arrangement in den Mittelpunkt!

Verfolgen wir diese Perspektive, so zeichnet sich ein deutlich komplexeres Bild – und es passt weder genau in das eine noch in das andere Lager in der Diskussion um die Fremdbetreuung.

- Dass Kinder, auch kleine Kinder, von anderen Versorgern als der Mutter betreut werden, ist evolutionär gesehen normal. Dass die ständige Anwesenheit der Mutter die Voraussetzung für eine positive Entwicklung des Kindes sein soll, ist aus dem Blickwinkel der Evolution nicht plausibel (vgl. Kapitel 14 E&A).
- Und diese Aussage gilt nicht nur für ältere Kinder, sondern auch für Babys. Die heute vor allem im westlichen Bürgertum populäre Meinung, nur die Mutter könne dem Baby die nötige Herzenswärme geben, ist evolutionär nicht abgesichert. Wie wir in Kapitel 10 gesehen haben, ist das Bindungssystem auch des Babys für mehrere Betreuer offen. Auch Nicht-Mütter (beiderlei Geschlechts) können mit einem Säugling liebevoll und kompetent umgehen, genauso wie Mütter an eben dieser Aufgabe durchaus scheitern können.
- Wurden in der fernen Vergangenheit Babys von anderen Betreuern als der Mutter versorgt (im Jargon der Ethnologen werden diese Betreuer »allomothers« genannt), so waren die Betreuer im Normalfall Teil des sozialen Netzes der Familie – das ergab sich schon aus den kleinen Gruppengrößen in ursprünglichen Jäger- und Sammlergemeinschaften. Die Kinderbetreuer waren den Eltern bekannt und ihnen sehr oft auch verwandtschaftlich verbunden (was eine »Entlohnung« durch materielle oder soziale Vorteile keineswegs ausschließt). Da sich die Betreuer aus dem direkten sozialen Umfeld des Kindes rekrutierten, waren sie recht konstante Bezugspersonen, welche die Kinder oft jahrelang begleiteten.
- »Fremdversorgung« im ursprünglichen Lebenskontext des Menschen bot damit gerade Säuglingen ein von unmittelbarer Nähe und intuitiver Zuwendung gekennzeichnetes Umfeld – dies ergab sich schon aus der Tatsache, dass Säuglinge unter ursprünglichen Lebensbedingungen nur in unmittelbarer Nähe und durch die intensive Zuwendung von Erwachsenen wirklich sicher waren.

Wider den Fundamentalismus

Vielleicht können diese Schlaglichter in die Vergangenheit helfen, die Diskussion hier und heute etwas sachlicher und differenzierter zu gestalten.

Zum Ersten. Familien sind verschieden. Sie haben unterschiedliche Ressourcen, und die sozialen Netze um sie herum sind nicht vergleichbar. Damit gibt es keine Betreuungslösung, die für *alle* Familien die richtige ist. Es gibt nicht wenige Familien, die ihre soziale Position und Absicherung auch dann halten können, wenn die Mutter in den ersten Jahren nach der Geburt ihres Kindes (oder ihrer Kinder) zuhause bleibt. Es gibt aber auch viele Familien, die auf ein zweites Einkommen nicht verzichten können.

Natürlich lässt sich hier einwenden, für das Wohlergehen des Kindes müsse eine Familie (gemeint ist dann in der Regel die Mutter) doch auch »Opfer« bringen. Allerdings darf nicht verkannt werden, dass Opfer *auch zu Lasten* des Kindes gehen können – der Verzicht der Eltern auf berufliche Qualifizierung oder generell auf die soziale »Aufwärtsmobilität« kann für ein Kind langfristig durchaus auch Nachteile bedeuten. Soziales Wohlbefinden kommt nun einmal *allen* in der Familie zugute.

Und dazu gesellt sich immer auch die Perspektive der Mutter: Die eine Mutter findet das einsame Leben mit dem Säugling wunderbar, eine andere fühlt sich in der gleichen Situation vom Leben ausgeschlossen. Letztere wird ihrem Baby nicht unbedingt dieselbe Ruhe und Feinfühligkeit entgegenbringen können wie Erstere.

Zum Zweiten. Es wird manchmal so getan, als ob Krippenkinder *ganz* auf ihre Mütter verzichten müssten. Krippen aber sind keine Waisenhäuser. Auch Mütter, die ihre Babys in die Krippe bringen, bleiben in aller Regel deren primäre Bindungspersonen, und sie betreuen ihre Kinder weiterhin die meiste Zeit des Tages. Das Argument, fremdbetreute Babys müssten auf ihre Mutter verzichten, trifft den Nagel meist nicht auf den Kopf.[385]

Zum Dritten. In der Diskussion werden gerne ideale Zustände in der Familie mit schlechten Krippen verglichen, und umgekehrt gerne problematische Familienverhältnisse mit idealen Krippen ... Das wird der Realität nicht gerecht. Nicht jede Mutter kann ihrem Säugling das bieten, was er für seine Entwicklung braucht – etwa zehn Prozent der Kinder gelten hierzulande als vernachlässigt.[386] Umgekehrt gibt es aber auch genügend Krippen, die gerade einem Baby nicht einmal das Minimum dessen bieten können, das dieses für sein emotionales Gedeihen braucht.

Die evolutionäre Sicht rückt zudem die »ökologische Frage« in den Vordergrund. Manche Kinder, die ausschließlich im häuslichen Umfeld betreut werden, wachsen – bei bestem Willen der Eltern! – sozial relativ isoliert auf. Für diese Kinder bedeutet die Betreuung in der Krippe eine deutliche Erweiterung der sozialen Entfaltungs- und Entwicklungsmöglichkeiten. Andere Kinder dagegen finden auch im häuslichen Umfeld reichhaltige Kontakte zu anderen Kindern und Erwachsenen vor.

Forderungen an die Kinderbetreuung

Und damit wären wir bei der entscheidenden Frage. Was heißt kompetente Kinderbetreuung heute, wo wir nicht mehr in untereinander eng verwandten Stämmen, Clans und Großfamilien leben und für die Betreuung der Kinder fremde Hilfe in Anspruch nehmen müssen? Wie muss Fremdbetreuung aussehen, damit sie dem kleinen Menschen das bietet, was er für seine Entwicklung braucht? Leiten wir die Forderungen aus dem ursprünglichen »Versorgungsmodell« ab.

Da steht an erster Stelle die Forderung nach *verlässlicher Zuwendung*. Fremdbetreuung funktioniert für das Kind dann am besten, wenn die Betreuer in etwa so auf ein Kind eingehen, wie ein Verwandter das tun würde oder eben jemand, der der Mutter und dem Kind nahesteht. Und das ist zunächst einmal eine Frage des Personalschlüssels. So wenig eine Mutter allein Vier- oder Fünflinge versorgen kann, so wenig kann das eine noch so gut ausgebildete Erzieherin.

Und die »Qualität« der Zuwendung lässt sich – auch wenn dies oft angenommen wird – *nicht* an der akademischen Bildung der Betreuungsperson festmachen. Ob die Betreuer im Halbschlaf die neuesten entwicklungspsychologischen Theorien herbeten können, ist weniger entscheidend als ihre *Kompetenz* im Umgang mit kleinen Kindern (wir werden uns mit diesem Begriff ausführlich in Kapitel 14 beschäftigen). Gerade Babys und Kleinkinder benötigen den feinfühligen, angst- und stressfreien Umgang weitaus mehr als das pädagogisch »ideale« Förderungsmodell!

Wichtigstes Merkmal einer verlässlichen Betreuung ist die *Kontinuität der Zuwendung*. Häufiger Wechsel der Bindungspersonen ist im »Bindungssystem« kleiner Kinder nicht vorgesehen – je jünger das Kind, desto weniger. Die glücklicherweise hierzulande nur selten geübte Praxis, auch Kleinkinder in »Jahrgängen« zu betreuen, läuft den evolutionären Erwartungen kleiner Kinder diametral entgegen.

Leider haben Krippen gerade mit der Personalfluktuation erhebliche Probleme: Kinderkrippen bieten keine Karrierejobs, häufiger Wechsel ist damit vorprogrammiert. Dieses Problem dürfte sich eher verschärfen, wenn Krippenpersonal, wie geplant, beruflich stärker qualifiziert werden soll. Junge, gut (womöglich sogar akademisch) qualifizierte Fachkräfte sind noch schwieriger langfristig in Kinderkrippen zu halten, wenn sich die Bezahlung nicht deutlich verbessert.

Ab welchem Alter?

Aus Sicht der Evolution lässt sich auch diese Frage nicht pauschal beantworten. Auch für kleine Babys kann Fremdbetreuung funktionieren – unter den genannten Voraussetzungen: verlässlich verfügbare, feinfühlige und kompetente Betreuungspersonen, die flexibel auf die Bedürfnisse des kleinen Kindes eingehen können. Auch in einer Krippe sollten Säuglinge nach ihren biologischen Rhythmen versorgt werden – es ist abzulehnen, dass Säuglinge nach der Uhr gefüttert und versorgt werden, nur damit der Betrieb effektiv läuft.

Ganz wichtig ist die Eingewöhnungsphase. Denn der Beginn der Krippenbetreuung fällt nicht selten in die »Fremdelphase« des Kindes (die Trennungsangst erreicht ja zwischen 12 und 20 Monaten ihr Maximum.)[387] Da kann die Landung in der Krippe nicht weich genug sein. Das Krippenkind muss *zuerst* eine Beziehung zu dem neuen Betreuungsort und den dortigen Betreuerinnen aufbauen und zwar im Beisein seiner primären Bindungsperson. Erst dann kann es sich – in kleinen Schritten – an die Abwesenheit seiner Mutter gewöhnen (hier hat sich beispielsweise das »Berliner Eingewöhnungsmodell« bewährt).[388]

Können Krippen diesen Forderungen überhaupt gerecht werden? Sehr häufig steht dem der Personalschlüssel und die häufige Fluktuation des Personals entgegen. In den meisten Fällen dürfte deshalb die Betreuung nach dem Modell der Tagesmutter für einen Säugling oder ein junges Kleinkind die bessere Wahl sein.

Das Dorf neu gestalten

Das Problem der Fremdbetreuung ist – so viel lässt sich am Ende dieses Kapitels sagen – nicht, dass sie der »Natur des Kindes« zuwiderläuft. Problematisch ist viel eher, dass die heutigen institutionellen Arrangements qualitativ oft hinter dem »natürlichen Standard« zurückbleiben.

Die Diskussion sollte deshalb dringend von den ideologischen Grabenkämpfen wegkommen und ihr Augenmerk auf die *Qualität* der Kinderbetreuung richten – ob sie nun zuhause, bei der Tagesmutter oder in der Kinderkrippe stattfindet. Und dabei gehört nicht nur die Kinderbetreuung im engeren Sinne auf den Prüfstand, sondern das ganze soziale Netz. Denn die Ausgangslage ist damals wie heute dieselbe – es braucht ein Dorf, um Kinder großzuziehen! Nur: Das »Dorf« im traditionellen Sinn, den Stamm, den Clan, die Großfamilie gibt es nicht mehr. Umso dringender, dass diese reichste aller Gesellschaften endlich beginnt, darüber nachzudenken, wie sich so ein »Dorf« auch unter heutigen Bedingungen neu aufbauen lässt.

Denn so hilfreich Krippen und die Betreuung bei Tagesmüttern im Einzelfall sein können, auf lange Sicht können sie die vielfältigen und flexiblen Hilfen nicht ersetzen, die das »Dorf« ursprünglich einmal bereitgehalten hat. Neue Modelle des Wohnens gehören zu diesem neu zu knüpfenden Netz, kinderfreundliche Arbeitsplätze, ja, kinderfreundliche Studien- und Ausbildungsplätze. Warum denn sollte ein Studium und Familiengründung ein Widerspruch sein? Und institutionelle Angebote der Kinderbetreuung gehören nicht nur verbessert, sondern auch dringend ergänzt durch wohnortnahe Hilfen oder auch Patenschaften – eine Gesellschaft, in der jedes Kind unter drei Jahren statistisch gesehen von fast zehn Rentnern umstellt ist, sollte es doch schaffen, eine stundenweise Entlastung von jungen Familien im nachbarschaftlichen Umfeld zu organisieren.

Aber auch die »Denke« gehört auf den Prüfstand. Die meisten Mütter – ob alleinerziehend oder nicht – betreuen ein Kleinkind in ihren eigenen vier Wänden. In vielen Fällen sind weit und breit keine anderen Erwachsenen mit Kindern in Sicht. Kann da wirklich noch die Zweizimmerwohnung am Stadtrand als ideales Wohnumfeld gelten? Sind diese Wohnformen nicht der sicherste Weg in die soziale Isolation? Die Frage nach dem Dorf ist also gleichzeitig die Frage nach dem »Stamm«: Wo und wie können sich Eltern heute einen neuen »Stamm«, eine neue Zugehörigkeit zu Erwachsenen in ähnlichen Lebensumständen schaffen?

Kapitel 12

Der natürliche Umgang mit Säuglingen

Kein Buchtitel hätte besser passen können als *Auf der Suche nach dem verlorenen Glück*. Als die junge Amerikanerin Jean Liedloff Anfang der 1970er Jahre an der Seite von Diamantensuchern mehr oder weniger ungeplant ins tiefe Amazonasbecken vorstieß, glaubte sie ein Paradies entdeckt zu haben. In ihrem noch heute gerne gekauften Buch malt sie ein ergreifendes Bild vom Umgang der Eingeborenen des Yequaña-Stammes mit ihren Säuglingen und Kleinkindern.
Miss Liedloff hätte den Eltern auf der anderen Seite der Erdkugel kein deutlicheres Kontrastprogramm zu den sterilen Fläschchen, den Gitterbettchen, Laufställen und gefederten Kinderwagen bieten können: Die Indianerkinder haben freien Zugang zur mütterlichen Brust, werden auch als Kleinkinder gestillt, sie haben viel Hautkontakt, schlafen dicht bei der Mutter, und sie werden eng am Körper der Erwachsenen getragen ... Und wenn sie überhaupt einmal weinen, werden sie sofort getröstet. Der Rousseau'sche Flashback eines Flower-Power-Kindes?

Hingebung als Programm

Keinesfalls. Auch seriöse Ethnologen beschreiben den typischen Umgang mit Säuglingen in vielen traditionellen Kulturen ganz ähnlich. Bei ihren Beschreibungen greifen sie immer wieder auf einen fast schon romantisch klingenden Begriff zurück: *indulgent* – die Säuglingspflege sei »hingebungsvoll«. Tatsächlich werden in allen untersuchten Indianervölkern des Amazonasbeckens Säuglinge vor dem Krabbelalter mehr als die Hälfte des Tages am Körper eines Erwachsenen oder älteren Kindes getragen.[389]

Wie selbstverständlich dies für die Mütter ist, geht aus einer Erzählung der bekannten Ethnologin Magdalena Hurtado hervor. Zu einem Forschungsaufenthalt bei den Ache-Indianern in Paraguay hatte sie ihre kleine Tochter mitgenommen, die sie in einem Bastkorb neben ihrem Lager schlafen ließ. Prompt nahmen die Frauen des Stammes sie vertraulich zur Seite und erklärten ihr, was sie falsch mache: Babys gehörten zum Schlafen dicht an den Körper der Mutter! Ähnlich reagierten die Frauen des Nso-Stammes in Kamerun, als ihnen ein Video über den Umgang deutscher Mütter mit ihren Säuglingen gezeigt wurde: »Sie behandeln sie ja, als wären sie nicht ihre Babys!« war die einhellige Meinung der Frauen.[390]

Liedloff sah hinter dem hingebungsvollen Umgang mit kleinen Kindern ein »Kontinuum-Konzept«. Die »Erwartung« körperlicher Nähe sei Teil der evolutionären »Erfahrungskette«, die den Menschen mit den Tieren und allen Lebewesen verbinde. Neuere Ethnologen interessieren sich vor allem für den »adaptiven Wert« des ursprünglichen Pflegemodells: Welche Überlebensvorteile entstehen für das Kind, welche für die Mutter? Und worin genau besteht die »hingebungsvolle« Zuwendung zu den Kleinen?

Zuwendung mit Synergie

Bei der Suche nach einer Antwort wurde klar, dass es sich im Grunde um ein »Zuwendungspaket« handelt, dessen Bestandteile nur schwer zu trennen sind: Der unmittelbare Körperkontakt erleichtert das Stillen, gleichzeitig versorgt er das Baby mit einer wandelnden Kulisse von Gerüchen, Berührungen, Geräuschen und Bewegungserfahrungen, die ihm wiederum den Schlaf erleichtern und sein Gedeihen fördern. Und das auch in der Nacht: Weil er nahe bei seiner Mutter schläft, kann der

Säugling leichter trinken und findet am Körper der Mutter Schutz und Wärme – und gleichzeitig die richtigen Bedingungen, um nach dem Stillen rasch wieder in den Schlaf abzutauchen.

Das »Säuglingspflegepaket« schafft aber nicht nur Vorteile für das Kind – auch die Mutter ist in das Paket eingebunden. Weil Mutter und Kind in einem gemeinsamen Nahbereich leben, können sie durch niederschwellige Signale kommunizieren. Das Baby schreit dadurch weniger, und es lässt sich ohne großen Aufwand beruhigen. Und vor allem: Die Nähe schafft einen gemeinsamen Lebensrythmus. Das Baby ist in das Leben der Mutter eingebunden, es bildet mit seinen Ansprüchen und Bedürfnissen keine eigene Sphäre vor den Türen der Erwachsenen, wie das heute oft der Fall ist. Die zur Mutter gewordene Frau kann also ihren Lebensstil zu einem großen Teil »trotz Baby« weiterleben – und das durchaus produktiv.

Der Sinn der Paketlösung

Verglichen mit ihren Affenverwandten sind Menschenkinder allesamt Frühgeborene. Sie können sich nicht einmal an ihrer Mutter festhalten oder von sich aus an deren Brust gehen, sie müssen vielmehr auf Schritt und Tritt getragen, gestillt, gehalten, umsorgt und behütet werden. Der Grund: Nur in einer Kleinausgabe passt der Kopf des Kindes durch den engen Geburtskanal der Mutter. Die Arbeit am Gehirn musste sozusagen auf die Zeit nach der Geburt vertagt werden. Tatsächlich wächst das Gehirn von der Geburt bis zum Schulalter auf die dreifache Größe an. Das Gehirn, mit dem das Menschenbaby auf die Welt kommt, ist also nicht viel mehr als eine Verlegenheitslösung, mit der es in den ersten Wochen »gerade so« zurechtkommt.

Die Befunde der Kinderärzte unterstützen dies. So ist die Atmung des kleinen Säuglings noch recht »wackelig«, Atempausen kommen vor, und unter extrem ungünstigen Bedingungen (etwa Bauchlage auf einer zu weichen Unterlage oder auch Zigarettenrauch in der Luft) kann es sogar zu einem kompletten Ausfall kommen (vgl. Kapitel 5). Auch die Regelung der Körpertemperatur ist noch keineswegs idiotensicher – trotz ihrer passablen Speckschicht neigen Neugeborene zur Unterkühlung.

Evolutionsbiologen vermuten deshalb, dass die Nähe zur Mutter nicht nur dem Schutz vor Gefahren dient, sondern auch eine »Reifungsstütze« darstellt.[391] Das Säuglingspflegepaket liefert sozusagen den Schmierstoff, mit dem das unreife Gehirn besser läuft. Tatsächlich zeigen Untersuchungen, dass häufige Berührungen und generell die mütterliche Nähe dem Baby zu einem ergiebigeren Schlaf verhilft und auch seine Körperfunktionen – vom Herzschlag bis zur Temperaturregelung – stabilisiert.[392] So steigt die Körpertemperatur von Babys, die bei ihrer Mutter schlafen, um immerhin ein halbes Grad Celsius an.[72] Und Babys, die nach der Geburt viel berührt werden, sind noch Wochen nach der Geburt ruhiger, wacher und sie lächeln auch häufiger.[73, 396]

Diese körperliche Brücke von Mutter zu Kind mag heute im Zeitalter der über jedem Wickeltisch angebrachten Wärmelampen nicht mehr entscheidend sein. Unter früheren Bedingungen jedoch lebten junge Säuglinge näher an den Grenzen ihrer Belastbarkeit, der stabilisierende Einfluss dürfte in der damaligen Umwelt damit deutlich wichtiger gewesen sein. Der plötzliche Temperatursturz in einer Herbstnacht wird heute von der Heizung ausgeglichen, früher musste dies auch körperlich weggesteckt werden.

Zumindest bei den auch heute noch stark an ihrem körperlichen Limit lebenden Frühgeborenen ist zu beobachten, wie entscheidend wichtig die anregende Nähe der Mutter ist. Frühgeborene, die am Körper ihrer Mutter schlafen bzw. gepflegt werden (sogenannte Känguru-Pflege), haben weniger Atempausen, können rascher von der maschinellen Beatmung entwöhnt werden, wachsen schneller und können früher aus dem Krankenhaus entlassen werden.[397]

Nähe und Lernen

Ein ziemlich »abgefahrenes« Experiment deutet darauf hin, dass die Nähe zur Mutter Kindern sogar hilft, sich besser zu entwickeln. In dem Experiment schliefen Neugeborene anstatt in ihrem normalen Bettchen in einer »multisensorischen, lebenden Wiege«: Die Wiege bewegte sich in einem zufälligen, etwa den Körperbewegungen eines gehenden Erwachsenen nachempfundenen Rhythmus. Die darin ruhenden Neugeborenen waren wie in einer Gebärmutter eng umgrenzt, zudem herrschte in der Wiege eine dem Mutterleib vergleichbare Geräuschkulisse. Tatsächlich weinten die Babys in dieser Wiege weniger, schliefen nachts länger und zeigten nach drei Wochen bessere Reaktionen in einem Test der neurologischen Reife.[398]

Aber auch das Lernen scheint durch die unmittelbare Nähe leichter zu fallen. Wird einem Baby etwa ein neuer Geruch präsentiert, während es gestreichelt wird, so fällt ihm das Wiedererkennen des Geruchs später leichter, als wenn es ihn ohne Hautkontakt kennenlernt.[399]

Kein Wunder also, dass Mutter und Kind sich beständig neu »in Beziehung« zueinander setzen. So tauschen Babys mit ihren Betreuungspersonen beständig – oft nur für Millisekunden – Blicke aus. Und immer wenn sie sich in ihrem »gemeinsamen Augenraum« begegnen, werden im Gehirn der beiden Partner aktivierende und gefühlsverstärkende Hormone (Endorphine) ausgeschüttet. Diese beständige Resonanz und Synchronisierung über die Sinne und über Gefühle hilft dem Baby beim Lernen und bei der Anpassung an die Lebensbedingungen außerhalb des Mutterleibs![400]

Das aufgeschnürte Paket

Babys leben heute in einer komfortablen, gegenüber widerwärtigen Elementen abgepufferten Welt. Seit Braunbären ausgerottet und der Jaguar nur noch als Auto vorkommt, ist körperliche Nähe in der Tat nicht mehr die Voraussetzung fürs Überleben. Damit können wir das Säuglingspflegepaket sozusagen aufschnüren und die darin enthaltenen Einzelpäckchen herausnehmen. Wir können Kinder allein einschlafen lassen – und morgens sind trotzdem noch alle Finger und Zehen dran. Wir können ihnen die Flasche anstatt der Brust geben, und sie wachsen trotzdem. Und wir können sie auf einem rollenden Gestell vor uns herschieben, anstatt sie eng an unserem Körper zu halten, und sie stürzen dennoch nicht in eine Schlucht oder einen Sturzbach.

Damit haben wir enorm viel Freiheit und Flexibilität gewonnen. Aber die einzelnen Päckchen scheinen sich in die Quere zu kommen: Wo das Baby selbstständig einschlafen soll, ist Stillen auf einmal zu einem Hindernis geworden. Wo das Baby allein in seinem Bettchen schläft, reichen niederschwellige Signale nicht mehr aus, um Nahrung, Wärme oder Trost einzufordern, sondern es muss gemeckert, gebrüllt, getobt werden – und damit immer auch ein Stück Schlaf geopfert werden. Und wo das Baby nicht mehr unmittelbar mit der Mutter zusammenlebt, muss die Mutter ihr Leben beständig neu auf das Baby einstellen. Sie muss ihren Tag nach den Schlafzeiten des Kindes einteilen, Besorgungen dann machen, wenn das Kind gerade nicht müde, nicht hungrig oder sonstwie indisponiert ist, das Kind spazieren fahren, wenn es Zeit zum Schlafen ist, und mit ihm spielen, wenn es einsam ist ... Die Nähe, die vorher selbstverständlicher Teil des miteinander geteilten Alltags war, muss nun *geschaffen* werden.[74]

Die Folgen im Alltag

Es dürfte kein Zufall sein: Seit wir das Säuglingspflegepaket aufgeschnürt haben, schießen Schlafambulanzen aus dem Boden, und Sprechstunden für »Schreikinder« sind inzwischen in jeder Kleinstadt zu finden. Ganze Kapitel in Lehrbüchern handeln von den »frühkindlichen Regulationsstörungen«. Diesen liegt nach Ansicht der Kinderärzte eine unterbrochene Kommunikation von Mutter und Kind zugrunde, und sie können sich durch Stillprobleme, Schlafprobleme, mangelndes Gedeihen oder exzessives Schreien äußern.

Die Eltern scheinen nicht weniger gestresst zu sein. Sie beschreiben das Leben mit einem Säugling als belastend und sozial ausgrenzend. Das Glück, das sie sich erwarten, scheint sich nicht greifen zu lassen: Direkt nach der Geburt ihres ersten Kindes wünschen sich 80 Prozent der Eltern ein zweites Kind, 18 Monate später sind es nur noch 36 Prozent.[402] Das spiegelt sich ebenso in den Ergebnissen der Glücksforschung wider: Sie sieht hierzulande keinen Zuwachs an Glück für die Eltern. Verglichen mit kinderlosen Paaren sind sie nicht glücklicher.[403]

Auch im Bett der Eltern läuft es mit Kindern in der Regel schlechter. Über drei Viertel der frisch gebackenen Eltern hat monatelang totale Flaute oder klagt sogar über dauerhaft schlechteren Sex.[404] Da verwundert dann auch nicht mehr, dass die Zufriedenheit mit der Ehe nach der Geburt eines Kindes häufig abnimmt – bei den Männern mehr als bei den Frauen.[405]

Dass Eltern über so viel Sand im Familiengetriebe klagen, ist auch aus folgendem Grund interessant: Eltern fühlen sich heute ihren Säuglingen nicht weniger nahe als die Eltern früher. Im Gegenteil. Sie wollen ihren Kindern »alles geben« und in nicht wenigen Familien tun Mutter und Vater das sogar regelrecht um die Wette. Wenn sich Stress in die Familien schleicht, dann liegt es jedenfalls nicht daran, dass Eltern heute emotional weniger auf ihre Kinder bezogen wären.

Das Dilemma mit den Brücken

Der Weg, auf dem Babys am liebsten – und vielleicht auch am besten? – groß werden, scheint also nicht mehr so richtig zum Leben heutiger Eltern zu passen: Die Zeitlosigkeit der Kleinen passt nicht zum Wecker von uns Großen, ihr Schlafprogramm nicht zu unserem Erholungsprogramm, ihre Liebe zur mütterlichen Brust nicht zu den heutigen Arbeitsbedingungen, ihr Nähebedürfnis nicht zu unserem Wunsch nach Unabhängigkeit, Flexibilität und Entfaltung.

Ja, ihr Wunsch nach Nähe passt nicht einmal mehr zu unseren Körperkräften. Ein Baby die Hälfte des Tages zu tragen war vielleicht für eine Mutter in der Steinzeit eine Option, für die meisten heutigen Mütter ist das eine Leistung auf olympischem Niveau.

Es könnte also nicht grausamer sein: Wir bekommen Kinder geliefert, denen es am besten geht, wenn sie einen Erwachsenen von seinem »normalen« und für ihn befriedigenden Leben abhalten! Wir bekommen zudem Kinder geliefert, die von ihren Eltern etwas haben wollen, wofür es eigentlich heute gar keinen »Grund« mehr gibt. Schutz und optimale Ernährung ist heute auch in weniger körperwarmen Versionen zu haben, man muss dazu nicht mit seinem Baby im gleichen Bett schlafen. Der Haken ist nur: Babys fordern auch heute noch das volle Programm, gerade so, als streiften noch immer Säbelzahntiger um das Lager oder als drohten ihrem Leben Waldbrände und Gewitter ...

Wie viel Nähe braucht ein Baby?

Da stellt sich die Frage: Hat das Baby recht, wenn es das volle Programm verlangt? Wie weit können wir das »Pflegepaket« aufschnüren, ohne dass Schaden entsteht? Was sind die Minimalzutaten für eine »gute« Babypflege?

Diese Fragen sind überraschend schwer zu beantworten. Zwei Denkschulen stehen sich gegenüber: Die eine – etwa von der auch heute noch rührigen Jean Liedloff vertretene – Schule nimmt an, dass die frühkindliche Bindung und Entwicklung auf *Näheerfahrungen* aufbaut. Kinder, die als Säuglinge weniger Nähe abbekommen, starten ihrer Meinung nach schlechter – unsicher gebunden und möglicherweise weniger selbstsicher – ins Leben. Selbst für die körperliche Entwicklung hat nach dieser Schule die »Nähe« eindeutige Vorteile. So wiesen Beobachtungen an indischen Säuglingen darauf hin, dass sich regelmäßig von ihren

Müttern massierte Babys schneller entwickeln.[406] Auch könne bei am Körper getragenen Kindern eine bessere Ausbildung des Hüftgelenks beobachtet werden, und möglicherweise entwickle sich auch das Körpergefühl und die Selbstwahrnehmung durch den engen körperlichen Kontakt besser. Körper und Sinne wachsen durch die sinnliche Nähe sozusagen besser zusammen.

Tatsächlich spricht vieles dafür, dass Babys eigentlich »Traglinge« sind. Wenn Babys hochgehoben werden, ziehen sie die Beinchen hoch und spreizen sie. Und sie lernen schnell, sich fest um den Körper des Trägers zu klammern – schon zwei bis drei Monate alte Babys helfen durch Bein- und Körperbewegungen mit, sich am Körper eines Erwachsenen zu stabilisieren. Auch hat sich gezeigt, dass in Kulturen, in denen Kinder getragen werden, Hüftprobleme weitaus seltener vorkommen: Die kindliche Hüftdysplasie, also die mangelnde Ausformung der Hüftgelenkspfanne mit nachfolgenden Bewegungseinschränkungen der Hüfte, ist dort bis zu zehn mal seltener.[407] Umgekehrt haben bis zu zwölf Prozent der Babys in solchen Kulturen später Hüftprobleme, in denen routinemäßig Schlafbretter (cradleboards) verwendet werden. Der Grund: Die Kinder schlafen mit gestreckten Hüften. Dadurch kann sich die Hüftpfanne nicht richtig ausbilden und den Kopf des Oberschenkelknochens später nicht zuverlässig halten. (Aus diesem Grund ist auch das »mit dem Bauch nach vorne Tragen« in einem Tragegestell oder Tragetuch nicht ideal. Die Kinder halten dabei nämlich ihre Beine gestreckt nach unten, zudem können sie mangels Halt weniger Ausgleichsbewegungen mit den Beinchen machen.)

Und auch eine Eigenart des Körperfetts bei Säuglingen weist darauf hin, dass Säuglinge eigentlich darauf angelegt sind, mit dem Bauch zur Mutter getragen zu werden: Die braunen Fettzellen, die den Körper des Säuglings gegen Kälte isolieren und Wärmeverluste verhindern, sind viel dichter auf der rückwärtigen Seite des Babys zu finden als auf seiner Vorderseite.[408]

Die zweite Denkschule leugnet nicht, dass Babys körperliche Nähe brauchen – die Ergebnisse der »körperlosen« Aufzucht etwa in rumänischen Findelheimen zeigen schließlich auf dramatische Weise, dass Babys ohne Berührung, ohne Nähe und emotionale Zuwendung weder körperlich noch seelisch gedeihen können. Allerdings geht es nach dieser Denkschule nicht um ein »So viel wie möglich« – ein gewisser Sockel an Nähe reiche vielmehr aus. So wie Vitamine auch nicht besser wirken, wenn mehr davon eingenommen wird, so gelte auch für die körperliche Nähe: Ist ein gewisses Maß gegeben, ist alles gut und Kinder tragen keine bleibenden Schäden davon. In psychologischen Studien ist diese Vitamin-Argumentation verständlicherweise weder zu bestätigen noch zu widerlegen – der Zusammenhang zwischen frühkindlicher Näheerfahrung und späteren Lebenskompetenzen oder -erfolgen lässt sich nun einmal schwer messen. Aber zumindest so viel lässt sich sagen: Auch Kinder, denen es im Säuglingsalter an vielem fehlt und die unter insgesamt ungünstigeren oder weniger »nahen« Bedingungen aufwachsen, können zu kompetenten und emotional ausgeglichenen Erwachsenen werden. Umgekehrt ist viel Nähe im Säuglingsalter noch lange keine Garantie für ein gelungenes Leben. Die Evolutionsbiologin Sandra Scarr geht sogar so weit, dass sie jede Art von Kinderpflege außer Missbrauch oder Vernachlässigung als ein »arttypisches Erziehungsumfeld« ansieht. Ihrer Ansicht nach müssen Eltern ihren Kindern also keineswegs »alles« geben, sondern lediglich »gut genug« sein.[409]

Wer hat recht?

Wie viel körperliche Nähe Babys genau brauchen, wo also die richtige Dosis an Nähe liegt, diese Frage kann bis heute niemand genau beantworten – und die Antwort dürfte auch von der Persönlichkeit des Kindes, seiner Mutter und dem Lebensumfeld der Familie abhängen. So hat sich gezeigt, dass schüchterne Kinder mehr Schutz, mehr Nähe und mehr emotionale Versorgung brauchen als andere Kinder.[410]

Gewiss ist nur: Die Formel »Nähe = sichere Bindung = Lebenstüchtigkeit« ist viel zu simpel, als dass sie im echten Leben aufgehen könnte. Denn für eine sichere Bindung braucht ein kleines Kind mehr als nur Nähe, es braucht auch Raum für eigene Entdeckungen und die Gelegenheit, sich in der Gruppe als »wirksam« zu erleben und eine eigene Position aufzubauen (dies war eines der Leitthemen in Kapitel 10). Tatsächlich bekommen die Kinder gerade in den durch ein hohes Maß an körperlicher Nähe gekennzeichneten Kulturen auch einen sehr weiten Raum für die Erfahrung von Selbstständigkeit. Sie werden eben nicht nur durch Körperwärme in die Gesellschaft »eingemuttert«! Vielmehr bietet ihr Leben schon frühzeitig Raum für eigene Erfahrungen und Erkundungen – und schon als Kleinkinder sind sie in der Gruppe gemischtaltriger Kinder einem erheblichen Anpassungsdruck ausgesetzt (vgl. Kapitel 13 E&A). Die hohe Dosis an Nähe, so scheint es, ist durch eine hohe Dosis an Entfaltungsraum austariert. Und die hohe Dosis an gefühliger Hingebung wird sehr häufig durch eine hohe Dosis an intuitiver erzieherischer Kompetenz ergänzt (wir werden darauf in Kapitel 14 zu sprechen kommen). Liedloffs Buch von der Suche nach dem verlorenen Glück, das ein inniges Verhältnis des Babys zu seinen erwachsenen Bezugspersonen beschreibt, hat also in der Realität einen Folgeband: wie Kinder durch die Erfahrungen und den Austausch in der Gemeinschaft stark werden und ihre soziale Rolle in der Gruppe erlernen!

Das Bild ist damit recht kompliziert. Das erste Lager hat durchaus gewichtige Argumente auf seiner Seite: Nähe ist eine wichtige Zutat für eine gelungene Entwicklung, und zumindest für das Baby scheint sie das Leben auch stressfreier zu machen. Aber auch das zweite Lager hat gute Argumente: Es ist nicht Nähe allein, die Kinder auf das Leben vorbereitet. Sie schafft zwar möglicherweise gute Voraussetzungen für ein gutes Leben, aber sie ist eben nicht »automatisch alles«.

Auch in »Naturvölkern« ist das Paket nicht fest geschnürt

Da verwundert es nicht, dass selbst Naturvölker unterschiedliche Antworten auf die Frage nach der »richtigen« Dosis an Nähe geben. Zwar schlafen tatsächlich alle Säuglinge in Jäger- und Sammlergemeinschaften bei ihrer Mutter, ebenso ist langes Stillen normal. Aber darüber hinaus bestehen auch bei »Naturvölkern« deutliche Unterschiede im Umgang mit kleinen Kindern.

Und die scheinen vor allem etwas mit dem *Klima* zu tun zu haben. Wertet man die Beschreibungen von Völkerkundlern systematisch aus, so hielten 40 von 48 Kulturen in den warmen Klimazonen auch tagsüber zu ihren Säuglingen engen körperlichen Kontakt und trugen die Kinder an ihrem Körper – der von Jean Liedloff beschriebene Indianerstamm gehört dazu. Aber 29 von 37 Kulturen in nördlichen Breitengraden schlugen ihre Kinder fest in Tücher ein und trugen sie beispielsweise auf Brettern (cradleboards) mit sich herum.

Das Bild, nach dem sich Eltern in »Naturgesellschaften« ihren Kindern grundsätzlich immer mit unendlicher Hingabe, Geduld und Langmut widmen, scheint jedoch auch an anderer Stelle nicht ganz zu stimmen. So war es bei den Indianern der Great Plains in Nordamerika durchaus üblich, Babys schreien zu lassen – und das in etwa mit dem gleichen Argument, das die weißen Kolonisatoren in ihren neuen Siedlungen als Rechtfertigung benutzten: das Baby werde dadurch »stark«. Und gerade die Kulturen im klimatisch rauen Norden muteten ihren Babys noch weitaus brutalere »Stärkungsmethoden« zu, wie etwa das bei manchen nordamerikanischen Indianerstämmen weit verbreitete Baden in eisigem Wasser oder auch schmerzhafte Tätowierungen, Beschneidungen und Hautritzungen nach der Geburt.

Auch in den »natürlichen Gesellschaften« ist das Leben also nicht immer eine flauschige Einheit, auch dort werden Kompromisse gesucht und Zumutungen ausgeteilt. Und wo diese liegen, hing auch in den »ursprünglichen« Kulturen vor allem mit einem Faktor zusammen: den Arbeitsbedingungen der Mutter. Konnte die Mutter ihr Baby bei ihren täglichen Aufgaben bei sich haben, so war im Säuglingspflegepaket mehr Nähe enthalten. Konnte sie ihr Leben nur meistern, wenn sie ihr Baby in der Obhut anderer zurückließ, so wurden die Schnüre gelockert. Die Vereinbarkeit von »Arbeit« und Muttersein ist also alles andere als ein neues Thema!

Neue Chancen, neue Hindernisse

Es ist damit fraglich, ob uns die »kinderfreundlichen« Urvölker wirklich die Antwort auf die Frage nach dem genau richtigen Maß an Nähe geben können. Denn selbst wenn der Umgang mit Babys dort oft weniger kompliziert erscheint und Reibungen zwischen Eltern und Säuglingen zumindest in den südlichen Gesellschaften tatsächlich selten sind, so ist fraglich, ob wir daraus eine Gebrauchsanleitung für unsere eigenen Kinder ableiten können.

Denn der Rahmen ist heute ein anderer. Der von Liedloff gepriesene Weg der fast kontinuierlichen, intensiven Zuwendung in den ersten Lebensjahren setzt unter anderem voraus, dass sich die Mutter nur um *ein* kleines Kind kümmern muss. Die intensive Zuwendung dem Baby und dem Kleinkind gegenüber, die Liedloff so sehr berührte, ist nur möglich, weil die älteren Kinder nach dem Abstillen ganz konsequent »entmuttert« wurden.

Und das ist in der Tat das typische Arrangement in ursprünglichen Gesellschaften. Bis zu ihrer Entwöhnung sind die Kinder sehr eng bei der Mutter. Mit der Entwöhnung aber werden die Kinder ein ganzes Stück weit aus dem Nahbereich der Mutter entfernt und finden in der

Kindergruppe einen ganz neuen Lebenskern. Kein Wunder, dass der typische Geburtsabstand von Geschwistern in Jäger- und Sammlergesellschaften bei etwa drei bis vier Jahren liegt und mit dafür sorgt, dass sich die Geschwister auf dem Schoß und am Körper der Mutter nicht in die Quere kommen.[75]

Das ist bei uns anders – auf dem Schoß der Mutter herrscht nicht selten Gedränge. Der Geburtsabstand ist oft deutlich enger, und die »Abnabelung« von Kindern findet viel später statt. Viele moderne Mütter teilen ihren Schoß, ihre Ohren, die Bilderbücher und die Heftpflasterschachtel mit zwei oder sogar drei kleinen Kindern. Dazu kommt, dass die Mutter in traditionellen Gesellschaften von anderen Erwachsenen häufig stark entlastet wird – der »Stamm« der modernen Mutter dagegen hat sich stark ausgedünnt oder lebt weit auseinander, oft genug ist sie sogar ganz auf sich allein gestellt.

Und noch etwas ist anders: Etwa ein Viertel, vielleicht sogar ein Drittel der Familien in modernen Gesellschaften bildet sich um »vulnerable«, besonders pflegeintensive Kinder herum – wie etwa ehemalige Frühgeborene, chronisch kranke Kinder oder auch Zwillinge oder Mehrlinge, die eine extra Portion Zuwendung gut gebrauchen können. Nach den Erhebungen von Wissenschaftlern gilt etwa in den USA heute fast jedes fünfte Kind als chronisch krank und besonders zuwendungsbedürftig![411]

Zudem hat sich die Welt, in der wir leben und Kinder bekommen, in den letzten Generationen immer weiter wegentwickelt von einer Welt, in der Erwachsene und Kinder »einfach so« zusammenleben können. In den Eingeborenenkulturen und auch teilweise noch in der bäuerlichen Umwelt konnte eine Mutter *mit* ihrem Säugling leben und arbeiten. Aber wie ist das für eine heutige Mutter, die als Lehrerin arbeitet oder bei Aldi an der Kasse sitzt? Sie kann suchen, wie sie will, sie wird kein gemeinsames Leben für sich und ihren Säugling finden.

Nimmt man das alles zusammen, so wird für viele Eltern die Liedloffsche Vision der beständigen körperlichen Nähe zu einer anstrengenden, nie zu erreichenden Fata morgana. Das fest geschnürte Säuglingspflegepaket, so scheint es geradezu, passt besonders gut zu einer Umwelt, die es heute so nicht mehr gibt.

Natürlichkeit – ein Missverständnis

Die Beschreibungen der Ethnologie zeigen auch das: Die liebevolle Behandlung von Babys ist nur ein Ausschnitt aus dem Stammesleben – ein paar Bilder aus einem Film sozusagen. Wer den ganzen Film anschaut, sieht zum Teil auch schockierende Szenen. Denn zu dem Film gehören eben auch grausame »Lösungen«, wie etwa die Tötung schwacher, behinderter oder zu früh geborener Kinder. Ebenso ist es ein Mythos, dass traditionelle Gesellschaften generell kinderfreundlich wären – die Kindheit enthält auch dort ganz grausame Leidensgeschichten. Bei den Yanomami des Amazonasbeckens etwa war es üblich, dass Kinder, deren Eltern bei Unfällen oder im Krieg starben, gleich mit den Eltern begraben wurden. Man muss der Evolutionspsychologin Judith Harris recht geben, wenn sie sagt: »Menschen in nichtalphabetisierten Gesellschaften tun ihren Kindern genauso Schreckliches an wie Menschen, die lesen und schreiben können.«[412] Wenn wir nach Modellen suchen, sollten wir also nicht nach einem Paradies schauen, aus dem Kinder angeblich vertrieben wurden. Es gibt dieses Paradies nicht.

Damit soll ein letztes Mal vom verlorenen Glück die Rede sein – Liedloffs Suche nach einem Modell für uns moderne Menschen ist berechtigt, aber der Blick sollte kritisch bleiben. Es ist verlockend, »ursprüngliche« Gesellschaften als Vorbilder zu betrachten, die es durch ihre Nähe zur Natur intuitiv gut und richtig machen. Das verkennt aber die Tatsache, dass auch traditionelle Gesellschaften *eigene* Antworten auf die Herausforderungen des Lebens finden müssen. Traditionelle Gesellschaften sind keine Museen, und sie bewahren auch nicht das Erbe der Natur, sondern das einer eigenständigen, auf die vorgefundenen Lebensumstände zugeschnittenen Kultur. Und damit ist klar: Weder bei den Yequaña-Indianern noch bei uns sind es allein die Bedürfnisse des Kindes, die das Drehbuch der Kindheit schreiben. Wie die Kindheit aussieht und was Eltern als »gut« für ihre Kinder betrachten, spiegelt immer auch die Überzeugungen und vor allem die Möglichkeiten der Eltern und der Gesellschaft wider.

Deshalb kann es auch nicht um die Frage gehen, wer die *besseren* Eltern sind – die Yequañas im Amazonasbecken oder die Mütter in Boston oder Bochum. Wie »gut« eine Mutter ist, kann nicht nur an der körperlichen Nähe gemessen werden, die sie ihrem Kind gibt. Für manche »gute Mutter« und ihr Baby ist es die beste Lösung, möglichst früh nach einem Krippenplatz zu schauen.

Auf der Suche nach dem verlorenen Glück: Praktische Tipps

Die Frage nach der »besten Dosis« hin oder her – muss man, um seinem Kind nahe zu sein, so leben wie die Yequaña-Indianer?

Eindeutig: Nein. Denn auch wenn einige Hindernisse zu überwinden sind, modernes Familienleben und körperliche Nähe sind kein Widerspruch. Der »nahe« Umgang muss kein Opfer und auch keine Selbstaufgabe sein.

Im Gegenteil. Auch im Großstadtdschungel kann eine »körpernahe« Versorgung des Babys erhebliche praktische Vorteile haben, wie jede Mutter weiß, die einmal mit einem Kinderwagen einen vollen Bus bestiegen hat. Vieles von dem, was Jean Liedloff vom Leben der Yequaña-Indianer beschreibt, lässt sich tatsächlich ohne großen Aufwand auch unter hiesigen und heutigen Bedingungen umsetzen – das Tragen der Säuglinge im Tuch sei als Beispiel genannt.

Hindernisse zwischen den Ohren

Und dieses Beispiel zeigt eindrücklich, dass viele der Hindernisse, die einem »näheren« Umgang mit unseren Säuglingen entgegenstehen, nirgendwo anders sitzen als zwischen unseren Ohren. Wir sehen es als »normal« an, dass Säuglinge im Kinderwagen geschoben werden – beim Tragetuch befällt nicht wenige Mütter auch heute noch die Angst, ob das denn dem Baby nicht schaden könnte. Und so sehen nicht wenige Säuglinge von der Welt tagaus tagein fast nur den Himmel – sie liegen in ihrem Bettchen oder sie werden im Kinderwagen durch die Gegend geschoben. *Das* erscheint uns normal – auch wenn die kleinen Köpfchen noch so platt und verdellt aussehen und auch wenn das Leben im Kinderwagen für das Baby nun einmal wirklich keinen förderlichen Entwicklungsraum bietet.

Auch dass Kleinkinder irgendwann dann im Buggy geschoben werden, erscheint uns normal – erst in letzter Zeit wird wieder darauf hingewiesen, dass Kinderfüße von Natur aus nicht als Dekoration gedacht, sondern eigentlich zum Laufen da sind.[413] Klar braucht das Laufen mit einem Kleinkind mehr Zeit, aber es ist nun einmal die Eintrittskarte zum Erleben der Umwelt, zum Entdecken und zur Entwicklung des eigenen Körpers!

Was mehr Nähe entgegensteht, sind also nicht zuletzt die überraschend hartnäckigen *Vorurteile* – etwa dass Babys durch das Tragen einen krummen Rücken bekommen oder dass das Schlafen mit einem Säugling für die psychische Entwicklung des Kindes schlecht sei.

Das Hauptproblem bei der Suche nach dem verlorenen Glück scheint aber zu sein, dass Erwachsene und Kinder heute an ganz unterschiedlichen Stellen nach dem Glück suchen. Der Alltag der Kleinen und der Großen läuft nicht mehr im gleichen Takt, die Interessen der kleinen Menschen sind mit denen der Großen nur noch unter Ächzen und Stöhnen unter einen Hut zu bringen. So wollen die kleinen Menschen am liebsten in jeder freien Minute spielen. Und selbstverständlich wenden sie sich heute, wo Kinder als Spielpartner rar geworden sind, mit diesem Wunsch ausdauernd an die Eltern – die allerdings kratzen sich spätestens beim dritten »Kling-Klong« der Murmelbahn hinter den Ohren oder fangen zu gähnen an. (Interessanterweise scheint die Vorstellung, dass es eine »natürliche« Aufgabe von Eltern sei, mit ihren kleinen Kindern zu spielen, neueren Datums zu sein. In kaum einer Kultur spielen Erwachsene mit Kindern – dort spielen Kinder mit Kindern, und sie merken dann vielleicht, was für lausige Spielpartner Erwachsene in aller Regel sind …)

Kein Wunder, dass die kindlichen Ansprüche in dieser Konstellation lähmend wirken – Eltern wollen nun einmal mehr sein als nur Hüter, Bespieler und emotionale Klagemauer ihres Kindes.

Das Leben nicht aufgeben

Wie aber können wir Nähe mit einem Baby teilen, ohne dass uns unser eigenes Leben entgleitet?

Erstens: Bei vielen Eltern steht das Erwachsenenleben unter dem Generalverdacht, für Babys nicht zumutbar zu sein. Das ist kein guter Ausgangspunkt für ein gemeinsames Leben. Babys sind von Natur aus eben *nicht* diese kleinen Rentner, als die sie oft angesehen werden – Gewohnheitstierchen, die immer zur gleichen Zeit und unter den gleichen Bedingungen ins Bett gebracht werden müssen und die immer nur in ihrem eigenen Rhythmus leben müssen, um keinen Schaden zu nehmen. Halb Europa hätte sonst geschädigte Kinder – wir haben ja in Kapitel 4 gesehen, wie wenig gerade im südlichen Europa das Kinderleben an

Routinen ausgerichtet wird. In manchen asiatischen Ländern werden die Säuglinge zum Beispiel geweckt, wenn Besuch kommt, damit sie dabei sind, wenn etwas los ist! Wenn wir zu sehr darauf abheben, was Babys angeblich brauchen – Rhythmen, Routinen, Ruhe, Massagen und Babyschwimmen – finden wir nie die Welt, die für beide »Parteien« Sinn ergibt. Unser Leben wird dann zu einem Versorgungsprojekt, und wir Erwachsenen leben plötzlich in einer abwaschbaren, geräuschisolierten Babywelt – als Gast.

Zweitens: Anstatt zu fragen, was Babys alles brauchen, empfiehlt es sich auch einmal zu fragen, was Babys alles *nicht* brauchen – vom Reisebettchen über den Flaschenwärmer bis zum »gemeinsamen Spielen«. Schon das Leben im Tragetuch ist für ein kleines Kind ein Abenteuer, der mobile Ausguck ein Basislager, um die Welt zu erforschen. Kleine Kinder erwarten von ihren Eltern möglicherweise gar nicht, dass sie beständig bespielt und betüttelt werden!

Drittens: Wem sein Leben gut gefiel, bevor er ein Baby bekam, sollte so viel wie möglich davon beibehalten. Wer gerne reist, kann auch mit Baby reisen. Und wem sein Leben bisher nicht so gut gefiel und daher »aufbrechen« will, kann das auch mit Baby tun. »Wenn du jemals vorhattest, in die Landwirtschaft überzuwechseln, nach Alaska auszuwandern, um auf Goldsuche zu gehen, oder eine Imbissbude aufzumachen, dann ist jetzt die Zeit gekommen«, sagt die Elternratgeberin Anna Wahlgren und hat damit im Grunde recht.

Um aber zum Wichtigsten zu kommen: Immer lohnt es sich zu fragen, was Kinder *wirklich* brauchen. Und hier ist an erster Stelle zu nennen: zufriedene Eltern. Frustrierte Eltern sind auch für Babys das Schlimmste, was ihnen passieren kann, selbst wenn sie »rundum versorgt« sind!

Vorsicht Falle

Für die elterliche Zufriedenheit aber hält das Leben unter heutigen Bedingungen einen besonders raffinierten Stolperstrick parat, nämlich den, dass das Leben mit einem Kind gar nicht so selten einem Platzverweis für die Mutter gleichkommt. Wurde die Mutter früher durch die Geburt eines Kindes tiefer im »Stamm« verankert, so wird sie mit einem

Kind heute eher ausgeschlossen. Wer in einer Wohnung am Stadtrand seinen Erziehungs«urlaub« verbringt, wird nur allzu leicht von der Welt vergessen.

Dem gilt es aktiv entgegenzuwirken. Denn die Gefahr ist sonst, dass die Mutter in die »Nähefalle« rutscht – dass das Baby mangels anderer sozialer Aufgaben und Kontakte zum Dreh- und Angelpunkt des Lebens wird. Und das kann es nicht sein. Denn in der exklusiven Zweierbeziehung von Mutter und Kind hat weder die Mutter noch das Kind ein lebendiges, »eigenes« Zuhause. Für das Kind da sein – das reicht nicht, so wenig wie dieses Modell für die Liebe unter Erwachsenen taugt. Es muss etwas dazukommen: das Leben im »Stamm«, das einem selbst und auch anderen etwas bedeutet. Auch heute noch gilt: Nur *zusammen mit anderen* haben Eltern genug Puste für das Leben mit ihrem Kind.

Kann man Kinder verwöhnen?

Ein verwöhntes Kind ist ein unausstehliches Wesen. Der Familientherapeut Jesper Juul weiß auch, wie es dazu kommt: Verwöhnte Kinder bekommen »zu viel von dem, wozu sie Lust haben, und zu wenig von dem, was sie brauchen«.[414] Andere Pädagogen sehen das Problem vor allem in den mangelnden Grenzen: Verwöhnte Kinder hätten keine Hindernisse zu überwinden und lernten nicht, sich mit Grenzen auseinanderzusetzen. Dadurch nähmen sie an, dass sie alles könnten und alles dürften. In der populären Literatur sind diese »kleinen Tyrannen« schon seit den Zeiten des Zappelphilipp notorisch: »Ich esse keine Suppe! Nein! Ich esse meine Suppe nicht! Nein, meine Suppe ess ich nicht!«

Der bis heute weltweit meistgelesene Kinderarzt, der Amerikaner Dr. Benjamin Spock, wusste Rat: Wenn ein Baby mit fünf oder sechs Monaten immer noch erwarte, dass es jedes Mal hochgenommen wird, wenn es weint, sei es höchste Zeit für ein »Entzärtelungsprogramm«. Dazu gehöre etwa, dass die Mutter so tut, als sei sie beschäftigt, um bei dem Schreihals »den Eindruck zu erwecken, dass sie sich ihm jetzt einfach nicht widmen kann.«[415]

Abhärtung bei Rattenbabys

Experimente mit Ratten scheinen den Rat des Dr. Spock zu unterstützen. In den 1950er Jahren führten Psychologen Experimente durch, in denen sie Rattenbabys unter Stress setzten – etwa indem sie ihnen kalte Luft ins Gesicht bliesen.[416] Die harte Behandlung schien den Rattenkindern durchaus gutzutun. Die regelmäßig gestressten Kleinen reiften zu kräftigeren, lern- und widerstandsfähigeren Erwachsenen heran! Und dies ließ sich sogar an ihrem Gehirn nachvollziehen: Die Arbeitsteilung der beiden Hirnhälften war stärker ausgeprägt, das Gehirn war »effizienter« geworden (wir werden darauf zurückkommen).

Das Erbe des Behaviorismus

Dass Dr. Spocks Rat Millionen von Eltern plausibel erschien – und manchen auch heute noch einleuchtet –, ist der psychologischen Denkschule des Behaviorismus zu danken, welche die Psychologie des 20. Jahrhunderts über weite Strecken geprägt hat. Die Behavioristen gehen davon aus, dass Verhalten vor allem eine Reaktion auf Belohnung und Bestrafung sei. Diese beiden – Zuckerbrot und Peitsche sozusagen – müssten nur geschickt eingesetzt werden, um Verhaltensweisen in die gewünschte Richtung zu lenken. Obwohl die Theorie vor allem auf Experimenten mit Ratten und Hunden beruhte, galt sie lange Zeit als eine Art Universalschlüssel für die Kindererziehung (dies ist der Grund, weshalb man mit vielen Elternratgebern der Nachkriegszeit sehr erfolgreich auch seinen Hamster oder seinen Hund erziehen kann). Der führende Kopf der Behavioristen, John B. Watson, verstieg sich sogar in folgende Phantasie: »Gebt mir ein Dutzend gesunder Säuglinge ... und ich garantiere, dass ich jeden von ihnen zu jeder Art von Spezialist ausbilden kann – Arzt, Rechtsanwalt, Künstler ... ja, sogar Bettler und Dieb ...«[417]

Erlernte Manipulation

Nach der behavioristischen Theorie ist Verwöhnen leicht zu erklären. Wenn Kinder für ihr Verhalten belohnt werden, verstärkt sich das Verhalten. Wenn sie bestraft werden, wird es abgeschwächt. Konkret stellte man sich das so vor: Wird ein schreiendes Kind von der Mutter hochgenommen oder bekommt es gleich die Flasche, so wird es »belohnt« – das auslösende Verhalten wird also verstärkt. Das Kind »merkt« sich sozusagen den Trick, mit dem es an die erstrebenswerten Dinge des Lebens rankommt. Und schon ist es in der Lage, seine Eltern am Schnürchen tanzen zu lassen!

Die Angst der Eltern

Tatsächlich schufen die Theorien des Behaviorismus vor allem eines: Angst. Die Angst, so die Autorin Solveig Wahl, »dass die Befriedigung der signalisierten Bedürfnisse dem Säugling Macht gäbe.«[418] Macht, die er dann gezielt einsetzt, um seine Mitmenschen zu manipulieren und zu tyrannisieren. Am größten schien die Angst bei den Behavioristen selbst zu sein. J. B. Watson jedenfalls riet in seinem 1928 erschienenen Ratgeber *Die psychologische Pflege des Säuglings und Kindes:* »Es gibt eine vernünftige Art, mit Kindern umzugehen. Behandelt sie, als seien sie junge Erwachsene ... Küsst oder umarmt sie niemals, lasst sie nie auf eurem Schoß sitzen. Oder, wenn ihr nicht anders könnt, küsst sie auf die Stirn, wenn ihr ihnen gute Nacht sagt.« Die Angst war groß, in der Tat.[419]

Ein neuer Blick auf eine alte Theorie

Aber ist die Angst denn begründet? Ist Abhärtung angesagt, um für eine bessere Entwicklung zu sorgen? Geht die Rechnung der Behavioristen auf?

Heute wissen Psychologen, dass die Steuerung des Verhaltens durch Belohnung und Bestrafung enge Grenzen hat. Und diese Grenzen sind von der Evolution vorgegeben. Man kann Ratten in Experimenten schnell beibringen, dass ihnen schon beim Anblick einer Möhre übel wird (man braucht ihnen dazu nur ein paarmal ein Brechmittel zu spritzen, während sie an einer Möhre nibbeln). Aber man kann ihnen beispielsweise nicht beibringen, dass ihnen etwa beim Anschalten einer Glühbirne oder beim Klingeln einer Glocke übel wird. Eine solche »Zusammenschaltung« ergibt in ihrem natürlichen Umfeld nämlich einfach keinen Sinn![76]

Auch Babys lassen sich nicht einfach auf evolutionär widersinniges Verhalten polen. *Warum denn* sollte ein Baby mit dem Schreien aufhören, wenn die Mutter sich nicht um es kümmert? Ein solches »vernünftiges« Verhalten hätte das Baby jedes Mal dem Tod ein Stückchen näher gebracht – wie wir in Kapitel 6 gesehen haben, schreien Babys nun einmal nicht »einfach so«!

Auch die neuere psychologische Forschung zeigt die Grenzen des wohl allzu simplen klassischen Lernkonzepts. Die Vermutung etwa, Babys würden später einmal unselbstständig, wenn ihre Bedürfnisse prompt befriedigt werden, erwies sich – nachweisbar – als falsch (vgl. Kapitel 5 E&A).

Verwöhnen – die Sicht der Bedürfnisse

Aber zurück zur Praxis. Wenn die Abhärtungswelle, von ein paar Ausläufern einmal abgesehen, auch längst Geschichte ist – das Problem bleibt. Es gibt sie nämlich tatsächlich, die verwöhnten Kinder.

Wenn es nicht an der fehlenden Abhärtung liegt, was ist dann bei ihnen schiefgelaufen? Vielleicht finden wir eine Erklärung, wenn wir das Problem einmal von den Bedürfnissen des Kindes her betrachten. Wie kompliziert die Welt der kindlichen Bedürfnisse ist, hat uns ja Kapitel 7 E&A gezeigt. Wo könnte diese Welt durcheinandergeraten?

Das Offensichtliche zuerst: Manche Bedürfnisse sind »überschießend« angelegt – das gilt gerade für das Kleinkindalter. Ab da wollen Kinder am liebsten Könige sein – und das 24 Stunden am Tag. Abgesehen davon, dass das für den Hofstaat recht anstrengend ist: Bekommt ein Kind diese Rolle tatsächlich bestätigt, so werden andere Bedürfnisse des Kindes nach und nach an den Rand gedrängt. Das Bedürfnis nach Zugehörigkeit etwa oder das Bedürfnis, anderen Menschen etwas zu bedeuten. Menschen wollen Könige sein, aber sie wollen ebenso Partner und Freunde sein. Und das gilt auch für Kinder – je größer sie werden, desto mehr. Nach und nach geraten verwöhnte Kinder also aus der Balance, sie benehmen sich, als seien sie auf das immer gleiche Programm »festgenagelt«. Und das macht sie weder zufrieden noch fit für das Leben.[77]

Eigene Erfahrungen werden verunmöglicht

Aber »verwöhnte« Kinder verlieren auch etwas Zweites – nämlich, dass sie ihre *eigenen Erfahrungen* machen können. Und das ist vielleicht der bitterste Verlust. Denn Menschen sind nur zufrieden, wenn ihnen ein Schritt selbst gelingt – wie wir schon gesehen haben, fordern Kinder diese Erfahrung ab dem zweiten Lebensjahr regelrecht ein. Wer geführt wird, kommt vielleicht weiter, doch glücklich ist nur, wer seinen Weg selbst suchen kann. Und genau diese Erfahrung fällt unter den Tisch, wenn Bestätigung immer nur von außen kommt. Kinder werden dann sozusagen zu Blättern im Wind, deren Gefühlshaushalt permanent von den Eltern gestützt und entlastet werden muss. Kurz, sie werden zu emotionalen Versorgungsfällen.

Auch aus diesem Blickwinkel kann Verwöhnen also als eine fehlende Balance der Bedürfnisse angesehen werden, als eine weit in die Kindheit hinaus verlängerte Säuglingszeit.

Kann man schon Säuglinge verwöhnen?

Viele Eltern sorgen sich darum, ob sie vielleicht schon ihren Säugling »verwöhnen«. Gerade die frühen Lektionen – so die Angst – würden ein Leben lang sitzen. Das in Kapitel 7 E&A Gesagte weist in eine andere Richtung: Verwöhnen scheint erst *nach* dem Säuglingsalter zum Problem zu werden. Denn im Säuglingsalter sind die Bedürfnisse *maßvoll* angelegt. Erst wenn es das Kind vom Schoß der Mutter in die weite Welt verschlägt, will das Kind mehr auf dem Teller haben, als es essen kann – jetzt muss es mit seinen Geschwistern konkurrieren, jetzt muss es sich in der Kindergruppe behaupten, jetzt stellt es – zu Recht – unmögliche Forderungen. Und jetzt bekommt es im echten Leben eigentlich auch Grenzen zu spüren – oder eben nicht. Letzteres wäre dann seine Eintrittskarte in das Luftschloss »Verwöhnung«.

Säuglinge sind auch deshalb schlechte Kandidaten fürs Verwöhnen, weil ihnen eine wichtige kognitive Voraussetzung fehlt: Sie fühlen sich noch gar nicht als die Inhaber ihres Körpers. Sehen sie sich selbst im Spiegel, so sehen sie da nicht sich selbst, sondern einen Spielkameraden. Bis zu ihrer »Ich-Werdung« in der zweiten Hälfte des zweiten Lebensjahres ist es noch ein weiter Weg. Und bis dahin »erwarten« sie weder selbst zu entscheiden noch die Welt zu manipulieren!

Abhärtung ist keine Lösung

Aber was ist mit dem eingangs geschilderten Rattenexperiment der Behavioristen? Spricht dieses nicht für Abhärtung – und zwar von Anfang an?

Die Antwort fanden Wissenschaftler erst in den 1990er Jahren, als sie das Experiment wiederholten. Diesmal wurden auch die Reaktionen der Rattenmamas mit dokumentiert, und das brachte des Rätsels Lösung: Die durch den kalten Luftzug gestressten Rattenbabys wurden nach der gemeinen Behandlung von den Müttern umso stärker beachtet und abgeleckt! Nun war aus anderen Experimenten bereits bekannt, dass sich häufig geleckte Rattenkinder insgesamt besser entwickeln. Und in ihren Gehirnen lassen sich genau die Veränderungen nachweisen, wie sie in dem vermeintlichen Abhärtungsexperiment beobachtet wurden.

Damit liegt der Schluss nahe: Die angeblich wohltuende Wirkung der »Abhärtung« kam womöglich dadurch zustande, dass die gestressten Tiere intensiver bemuttert wurden.[421]

Der Verwöhnfalle entkommen

Die Bedürfnisse des Kindes sind so eingestellt, dass sie ihm das sichern, was es zum Leben braucht. So jedenfalls hätten wir Eltern es gerne. Wie wir in Kapitel 7 E&A gesehen haben, ist der Satz in Wirklichkeit aber zwei Wörter länger, zwei entscheidende Wörter: Die Bedürfnisse des Kindes sind so eingestellt, dass sie ihm das sichern, was es *früher einmal* zum Leben gebraucht hat. Und »früher einmal« bedeutet: unter den Bedingungen, unter denen der Mensch 99 Prozent seiner Geschichte verbracht hat – nämlich in der Steinzeit. Und da war vieles, was wir heute im Überfluss haben, ziemlich knapp. So wenig sich Kinder viel Speck anessen konnten, so wenig wurden sie mit ihren psychischen und sozialen Bedürfnissen »verwöhnt«.

Heute können einzelne Wünsche bis zum Geht-nicht-mehr erfüllt werden. Und dadurch können andere Bedürfnisse an den Rand gedrängt, überwuchert, ja, erstickt werden. Und oft genug sind dies gerade diejenigen Erfahrungen, die Kinder so dringend für ihre Entwicklung – und für die eigene Zufriedenheit – brauchen: die *eigenen,* selbstgesteuerten Erfahrungen. Die Erfahrung ihrer Möglichkeiten und ihrer Grenzen. Die Erfahrung auch, auf andere Menschen bezogen zu sein, Mitglied einer Gruppe zu sein, also Freund, Mitspieler, Konkurrent und Bündnispartner!

Die Verwöhnfalle heute

Machen wir es uns aber nicht zu einfach. Es *ist* nun einmal so, dass Kinder in der heutigen Zeit in kleineren Familien aufwachsen, und natürlich werden sie immer öfter von Eltern empfangen, die »schon alles haben« und die ihren Kindern im wahrsten Sinn des Wortes alles geben können.[422]

Aber muss das denn ein Nachteil sein? Dass Kinder heute nicht automatisch nach zwei, drei Jahren vom nächsten Geschwisterkind vom Schoß der Mutter gedrängt werden, heißt ja noch lange nicht, dass sie daran Schaden nehmen müssen oder gar »verwöhnt« werden. (Wenn dem so wäre, müssten zum Beispiel alle Einzelkinder automatisch »verwöhnt« sein – was sie nach den Befunden der Psychologen nicht sind. Einzelkinder unterscheiden sich zumindest in ihrer Persönlichkeit nicht messbar von Kindern mit Geschwistern – wir kommen darauf in Kapitel 13 zurück).[423]

Zur Verwöhnung muss also etwas Weiteres dazukommen. Was das im Einzelfall ist, mag sehr unterschiedlich sein. Da kann etwa die mangelnde Kompetenz bei der Erziehung eine Rolle spielen (vgl. Kapitel 14), in anderen Fällen vielleicht ein überbordendes Liebesbedürfnis der Eltern.

Letzteres bedarf einer kurzen Erklärung. Eltern, keine Frage, wollen von ihren Kindern gemocht werden. Unter bestimmten Umständen aber kann sich dieses Liebesbedürfnis der kindlichen Entwicklung in den Weg stellen. Dann nämlich, wenn die Eltern von den Liebesbezeugungen ihrer Kinder *abhängig* sind – etwa wenn die Liebe der Kinder unerfüllte Liebeswünsche einem erwachsenen Partner gegenüber kompensieren sollen. Die Kinder geraten dann in die Rolle der »Liebeszulieferer«. Die Eltern sind dann auf ihr Kind angewiesen, um *ihre eigenen* Bedürfnisse zu befriedigen!

Kompetenz ermöglichen

Vielleicht ist »verwöhnen« aber gar nicht der richtige Begriff. Vielleicht ist das Wort »überbehüten« passender und weist womöglich auch eher den Weg aus der Falle. Einen Weg, wie ihn etwa die kleine Rose im *Kleinen Prinzen* skizziert, wenn sie zu ihrem überbehütenden Gefährten sagt: »Ich muss wohl zwei oder drei Raupen aushalten, wenn ich die Schmetterlinge kennenlernen will.«

Wie können Eltern ihren Kindern helfen, die Schmetterlinge kennenzulernen?

Entwicklung ermöglichen. Das Kleinkind kann alles, weiß alles, ist der Schnellste, die Beste und glaubt fest daran, mit einer kleinen Papierrakete »zum Mond« fliegen zu können. Das ist normal. Und ebenfalls normal ist, dass das Kleinkind nur sich selbst sieht, nur von sich redet und die anderen nur als Mitspieler in *seinem* Spiel wahrnimmt: Ich lebe in meiner Welt und ihr dürft zuschauen! Dies ist der Kokon, der unserem Kleinkind Halt gibt und es auch gegen die frustrierende Wirklichkeit abpuffert – es ist nun einmal nicht lustig, wenn man eigentlich noch gar nicht so viel kann.

Es geht nicht darum, diesen Kokon zu zerbrechen oder von den Raupen zerfressen zu lassen. Denn Kinder schieben den flauschigen Schutz nach und nach *selbst* zur Seite.

Wenn sie nur dürfen. Und wenn sie ein bisschen dazu ermutigt werden! Und zu dieser Ermutigung gehören ein paar Zumutungen durchaus dazu. Es ist okay, wenn sich Erwachsene auch im Beisein von kleinen Kindern einmal ungestört unterhalten wollen. Und es ist auch okay, dass ein kleines Kind nicht jedes Spiel gewinnt.

Raus in die freie Wildbahn. Aber noch wichtiger ist der Wind des echten Lebens. Und der weht dort, wo andere Kinder sind, möglichst aus verschiedenen Altersgruppen (vgl. Kapitel 13 E&A). Ab dem Alter, in dem Kinder sich in eine Gruppe einklinken können (etwa mit zwei bis drei Jahren), tut ihnen das auch gut. Die kleinen Anführer treffen dann auf andere kleine Anführer und finden so zu einer neuen, produktiven Rolle. Sie lernen, dass sie wichtig, aber trotzdem nicht der Mittelpunkt sind. Dass sie Einfluss haben, aber die Welt nicht beherrschen können.

Mehr erwarten. Wenn das Kind Ende des zweiten und im dritten Lebensjahr vehement sein Ich entwickelt, dann müssen auch die Eltern umschalten. Kleinkinder sind keine Säuglinge mehr, sie müssen nicht mehr »in weiser Voraussicht« bedient werden, sondern können nach und nach auch selbst aktiv werden. Man muss ihnen nicht mehr jeden Wunsch aus der Nase operieren, sondern kann warten, was sie wirklich meinen. Und man kann auch schon vermitteln: »Du, eigentlich will ich, dass du mich so lieb behandelst wie ich dich!« Und das »Mehr erwarten« tut den Kindern gut. Ein Kind, das etwas hinbekommt und einen Beitrag leistet, erfährt sich als kompetent und genießt diese Rolle – und das Lob.

Grenzen entstehen lassen. Jeder kennt den modernen Ratschlag, dass Eltern ihren Kindern »Grenzen setzen« sollen, und das ist oft auch nötig (und sei es nur zum Schutz der Stereoanlage). Vergessen werden sollte aber nicht, dass die meisten Grenzen gar nicht »gesetzt« werden müssen, sondern allein schon dadurch entstehen, dass die Eltern ihre eigenen Bedürfnisse zur Geltung bringen und wo nötig gegenüber den überbordenden Ansprüchen des nun größer, geschickter und klüger werdenden Kindes verteidigen. Bei aller Liebe kann die klare Markierung der eigenen Grenzen und Bedürfnisse viel Unzufriedenheit und Nörgelei verhindern.

Kapitel 13

Wie Kinder zu Persönlichkeiten werden

Spätestens wenn Babys zu krabbeln beginnen, stellen Eltern fest, dass die Kleinen schon richtige »Persönlichkeiten« sind: Die einen packen das Leben bei den Hörnern, lassen sich von Hindernissen wenig beeindrucken, die anderen sind eher schüchtern und verlieren schnell die Fassung. Woher kommen die Unterschiede? Bringen die Kinder sie schon ins Leben mit? Oder sind die unterschiedlichen Reaktionen anerzogen? Was entscheidet, ob Konstantin ein kleiner Tornado oder ein Träumer ist? Ja, um einmal in die Zukunft zu blicken: Woran liegt es, ob er eher das Zeug zum Bankangestellten oder zum Bankräuber hat?

Das unbeschriebene Blatt

Der Biologe Jacob van Maerlant notierte in seinem Buch über die Natur im Jahre 1266, Bären seien anfangs nur mausgroße Fleischklumpen, die dann von der Bärenmutter in Form geleckt würden. Erst so entstünden Pfoten, Köpfchen und Stummelschwanz (wir verdanken dieser Auffassung den Begriff »unbeleckt«).[424]

Ähnliches – wenn auch im übertragenen Sinn – wird oft für den Menschen vermutet. Seine Tragödien und Triumphe verdanke er vor allem seinen Eltern. Sie seien es, die ihn zum Optimisten machten, zum Nörgler oder Abenteurer. Sigmund Freud blies in dieses Horn, und die psychologische Schule des Behaviorismus war erst recht von der unbegrenzten Formbarkeit des Verhaltens überzeugt (vgl. Kapitel 10).

Die Elternmagazine nennen sogar die Rezepte. »So wird Ihr Kind ein Optimist«, titelt das größte deutsche Elternmagazin, und es schätzt den Aufwand als eher gering ein: »Es braucht nicht viel, um einem Kind mehr Zuversicht auf seinen Lebensweg zu geben!«, nötig wären dazu etwa, »Lebensfreude und Mitgefühl zu zeigen«.[425]

Auch die Hirnforschung schien zunächst mit einem langen Finger auf die Eltern zu zeigen. Nervenverbindungen im Gehirn würden ständig gebildet und abgebaut, je nachdem, welche Erfahrungen die sich entwickelnden Kinder gerade machten. Für jede Synapse, so der Schluss, sind vor allem die Eltern verantwortlich – schließlich sind sie es, die den hilflosen Kleinen ihre Erfahrungen vermitteln. Wer an der Wiege nicht sein Bestes gibt, riskiert, dass sein Kind später im Drogenmilieu versumpft. Seither werden Mozart-CDs in den Player geworfen, sobald der Schwangerschaftstest positiv ausfällt – um Kreativität und Intelligenz zu fördern. Ein immenser Druck: Der Brei steht immer auf der heißen Platte – wenn wir nur kurz einmal weggucken, brennt bestimmt was an!

Einspruch, Euer Ehren!

Die Eltern auf Bali sind da ganz anderer Meinung. Sie sind überzeugt, ihre Babys stünden mit der Geisterwelt in Kontakt, und die sei es, die die Kleinen leite und forme.

Auch eine neue Generation von Psychologen um die beiden Psychologie-Professoren Steven Pinker und Jerome Kagan kann den angeblichen Megaeinfluss der Eltern nicht erkennen. Aus Untersuchungen an einer großen Zahl von Kindern schließen sie, dass der Erziehungsstil der

Eltern weder einen nennenswerten Einfluss auf die Persönlichkeit noch auf den späteren beruflichen Erfolg der Kinder hat[426] – für Letzteren etwa ist das soziale Milieu, in dem die Kinder aufwachsen, viel entscheidender. Pinker und seine Kollegen tragen auch einen weiteren angeblichen »Beweis« für den Einfluss der Eltern zu Grabe: der Einfluss der Geburtenfolge. Im Gegensatz zur Ratgeber-Folklore unterscheiden sich erstgeborene, zweitgeborene und drittgeborene Kinder in ihrer Persönlichkeit nur minimal (wir werden darauf zurückkommen).

Wir reden von der Persönlichkeit

Aber bevor wir uns in den Streit über die Wichtigkeit der Eltern stürzen, gehen wir noch einmal durch, um was es genau geht. Worauf haben die Eltern angeblich (k)einen Einfluss? Keiner zweifelt daran, dass Eltern etwas mit der Hautfarbe ihrer Kinder zu tun haben. Oder mit ihrem schulischen Erfolg. Der Streit dreht sich um etwas anderes: Es geht um die Persönlichkeit.[78] Aber was ist das, die Persönlichkeit?

Manchem werden ähnliche Begriffe in den Sinn kommen: der Charakter etwa oder das Temperament. Und tatsächlich haben diese Begriffe alle etwas mit dem zu tun, was Menschen zu der Person macht, die sie sind.

Nehmen wir das Temperament. Es kann als unsere »emotionale Veranlagung« gesehen werden, unsere »Grundhaltung« anderen Menschen gegenüber. Sie tritt schon im Säuglingsalter zutage. Manche Babys spielen ausdauernd mit Spielsachen, und sie betrachten Objekte und Gesichter länger als andere. Andere Babys dagegen springen mit ihrer Aufmerksamkeit eher von Reiz zu Reiz.[427] Und auch darin, wie Babys auf Veränderungen reagieren, zeigen sich schon ganz früh Unterschiede. Manche Säuglinge sind leicht erregbar, weinen schnell oder werden ungeduldig, andere dagegen kann nichts aus der Bahn werfen – sie sind als die »pflegeleichten« Babys bekannt. Temperamentsunterschiede lassen sich etwa ab dem vierten Lebensmonat einigermaßen verlässlich erkennen und werden dann im Verlauf der frühen Kindheit immer deutlicher und stabiler. Vergleicht man Zwillinge mit »normalen« Geschwistern, so zeigt sich, dass das Temperament zu einem nicht unerheblichen Teil durch die genetischen Anlagen bedingt ist.[79]

An diesen »angelegten Kern« lagert sich nach und nach der *Charakter* eines Menschen an – dieser spiegelt unsere Lebenserfahrungen wider. Temperament und Charakter zusammen werden als *Persönlichkeit* bezeichnet. Grob kann man sagen: Unsere Persönlichkeit ist das einzigartige »Muster«, mit dem wir der Welt und den Menschen begegnen.

Die »Dimensionen« der Persönlichkeit

Psychologen unterscheiden fünf voneinander mehr oder weniger unabhängige »Dimensionen« der Persönlichkeit. Die allermeisten der etwa 18.000 Adjektive, die in der englischen Sprache persönliche Reaktionsweisen beschreiben, können diesen fünf Bereichen zugeordnet werden:[80]

- Emotionale Stabilität (auch Neurotizismus genannt): Diese Dimension beschreibt, wie stabil die Gefühlswelt eines Menschen ist. Menschen am einen Ende des »Neurotizismus«-Spektrums sind ängstlich, unsicher, gehemmt und launisch – am anderen Ende sind sie stabil, gelassen, zuversichtlich und mit sich selbst zufrieden.
- Extrovertiertheit (auch Extraversion genannt): Extrovertierte Menschen können gut auf ihre Mitmenschen zugehen und bringen dafür einige Energie auf. Menschen am einen Ende der Skala sind gesellig, optimistisch und durchsetzungsfähig, am anderen Ende sind sie reserviert und zurückhaltend – introvertiert eben (oder, etwas weniger wissenschaftlich: schüchtern).
- Offenheit für Erfahrungen (auch Aufgeschlossenheit genannt): Diese Kategorie erfasst, wie »offen« Menschen für neue Erfahrungen sind. Menschen mit hohen Offenheitswerten lieben das Neue, sind kreativ und neugierig. Menschen am anderen Pol dieser Dimension sind konventionell, konservativ und sicherheitsliebend.
- Verträglichkeit (auch Umgänglichkeit genannt): In dieser Dimension wird erfasst, wie man sich mit anderen verträgt. Menschen mit hohen Werten sind angenehm, mitfühlend, freundlich und kooperativ. Menschen mit niedrigen Werten sind antagonistisch, misstrauisch und egozentrisch.
- Gewissenhaftigkeit: Diese Dimension zeigt an, wie organisiert, diszipliniert und verantwortlich ein Mensch ist – oder eben, wie leicht ablenkbar, unachtsam und »chaotisch« er ist.

Diese im Englischen auch als »Big Five« bezeichnete Matrix ist sozusagen der Grundstoff unseres »sozialen Ich«.

Was Persönlichkeit NICHT ist

Ein genaues Drehbuch allerdings ist auch unsere Persönlichkeit nicht. Persönlichkeit beschreibt unsere emotionalen Reaktionsmuster, nicht aber unsere Lebens*inhalte*. Zwei Menschen mit einer ähnlichen Persönlichkeit können extrem unterschiedlich sein – etwa in ihren Talenten, in ihren Werten und Überzeugungen, Träumen und Lebenszielen, in dem, was sie tun und lassen, was sie mögen oder hassen, und auch darin, wie erfolgreich sie im Leben sind. Dieselbe Persönlichkeitsstruktur kann einen auf den Chefsessel eines Weltkonzerns bringen – oder auf den elektrischen Stuhl, wenn man etwa das Pech hat, im Ghetto aufzuwachsen.

Und auch Persönlichkeit und Individualität sind zwei Paar Stiefel! Wer kreativ ist, muss noch lange kein Musiker sein. Wohin uns die Leitplanken unserer Persönlichkeit genau führen, da reden ganz stark die Lebensumstände mit.

Gute und schlechte Persönlichkeiten?

Die »Big Five« sind eigentlich eine ziemliche Gemeinheit. Manche der genannten Eigenschaften finden die meisten Menschen ziemlich gut, andere nicht – wer wollte nicht emotional stabil, aufgeschlossen, umgänglich und gewissenhaft sein?

Immerhin sind wir im Alltag zu einem gewissen Nachlass bereit. Von einem Freund erwarten wir andere Qualitäten als von unserem Chef. Welche Eigenschaften wir als passend empfinden, hängt also auch von der Rolle ab, die ein Mensch spielt – wir »wissen« sozusagen, dass, wer eine Gruppe führen will, durchaus als Freund enttäuschen kann (und umgekehrt).

Auch die Kultur redet ein Wörtchen mit. In den USA etwa kommen extrovertierte Jugendliche bei ihren Gleichaltrigen am besten an. In Asien dagegen werden eher zurückhaltende Typen bevorzugt. Andere Dimensionen scheinen dagegen rund um die Erde einheitlicher bewertet zu werden (das gilt etwa für emotionale Stabilität und Aufgeschlossenheit).

Und welcher Persönlichkeitstyp hat am meisten Erfolg? Das hängt ganz von den Umständen ab! Einem wenig umgänglichen, draufgängerischen Kind wäre vor 500 Jahren möglicherweise die Entdeckung Amerikas gelungen – heute gelingt es ihm womöglich nicht einmal, im Erdkunde-Unterricht mitzukommen. Tatsächlich gibt es auch für die verschiedenen Persönlichkeitstypen eine Art »Markt«. Als die Welt klein und gefährlich war, waren es die Draufgänger, die sozial bevorzugt wurden und für Zukunft und Fortschritt standen. Ameisen unter dem Hintern zu haben war ein Plus, heute ist es ein Manko. Während der wissenschaftlichen Revolution des 20. Jahrhunderts waren die ordnungsliebenden, gewissenhaften Systematisierer gefragt, schließlich ging es darum, die rasch zunehmende Weite des Wissens zu ordnen. (Kein Wunder, dass viele der herausragenden Wissenschafler dieser Zeit autistische Züge hatten.) Heute, wo es vor allem auf Teamarbeit und soziale Kompetenz ankommt, ist es eher der extrovertierte, kommunikationsfähige Typ, der nach oben kommt – und immer mehr davon, das ist kein Zufall, sind Frauen.[431]

Welchen Sinn haben Wesensunterschiede?

Auch von Tieren ist heute bekannt, dass die Mitglieder einer Art unterschiedliche Temperamente haben. Diese unterschiedlichen »Verhaltenssyndrome« helfen den Tieren, ihren Lebensraum optimal zu nutzen: Forsche Erkunder unter den Eichhörnchen etwa haben Vorteile, wenn es nur wenig natürliche Feinde gibt. In Jahren, in denen es derer viele gibt, sind zurückhaltende Tiere besser dran.

Auch der Mensch kann durch seine unterschiedlichen Persönlichkeitsdimensionen (und deren vielfältige Kombinationen!) die vielen Nischen seiner Umwelt besser nutzen und damit in der Gruppe, aber auch *als* Gruppe erfolgreicher sein.[432] Das Verhaltensrepertoire hat sich deshalb gerade bei den sozialen Arten im Lauf der Evolution immer weiter aufgefächert – es sind sozusagen soziale »Varianten« entstanden. Menschen sind also immer auch Verhaltensspezialisten, die in der Gruppe jeweils unterschiedliche Strategien verfolgen und ihre Lebensaufgaben auf individuell ganz unterschiedliche Weisen lösen. Für Menschen ist es normal, anders zu sein.

Woher kommen die Unterschiede?

»Wenn ich sie (...) zum ersten Mal treffen würde, wäre ich mir nicht sicher, ob ich mit allen näheren Umgang suchen oder tiefere Freundschaften schließen würde.« Die Autorin Anna Wahlgren, die diesen Satz schreibt, spricht nicht von Politikern, sondern von – ihren eigenen Kindern. Die meisten Mehrfach-Eltern werden zustimmen: Geschwisterkinder sind in ihrer Persönlichkeit oft krass unterschiedlich.

Die Unterschiede gelten – Sie ahnen es schon – sogar für Zwillinge. Greifen wir uns einmal zwei Exemplare heraus. Einer ist der Autor dieses Buches, Herbert Renz-Polster. Zusammen mit seinem (eineiigen) Pendant Ulrich Renz ist er vor etwa einem halben Jahrhundert mit so ziemlich denselben genetischen Anlagen ins Leben gestartet – das haben eineiige Zwillinge nun eben an sich. Das Geburtsgewicht war gleich und das Sternzeichen auch. Unsere beiden Exemplare wuchsen 18 Jahre lang Seite an Seite auf. Bei denselben Eltern. Im selben Zimmer. In derselben Klasse. Kinderkrankheiten machten sie gemeinsam durch, die Krisen der Pubertät ebenfalls.

Und was ist dann aus ihnen geworden? Wer die beiden Renz-Zwillinge heute trifft, hat zunächst einmal ein Déjà-vu: Er könnte sie nicht auf Anhieb unterscheiden – und ja, auch ihr Körpergewicht ist identisch. Je länger er aber mit den beiden zusammen wäre, desto klarer sähe er, dass er es mit zwei unterschiedlichen Persönlichkeiten zu tun hat. Tatsächlich zeigen große Reihenuntersuchungen an eineiigen, im selben Elternhaus aufgewachsenen Zwillingen, dass sie sich in ihrer Persönlichkeit nur zu 50 Prozent ähnlich sind.

Auch bei den Renz-Zwillingen bestätigen Erkundigungen bei deren Freunden und – vertraulich – bei deren Ehefrauen (die übrigens bei eineiigen Zwillingen entgegen der Folklore meist keine zarten Gefühle für den anderen Zwilling haben) die 50-Prozent-Regel: Die beiden sind zwar nicht völlig, aber deutlich unterschiedlich.

Auch die Daten aus der Welt der Nichtzwillinge sprechen gegen einen alles bestimmenden Einfluss der Eltern:

- Adoptivgeschwister sind in ihrer Persönlichkeit nicht ähnlicher als zwei per Zufall auf der Straße aufgelesene Menschen.
- Geschwister, die in derselben Familie aufwachsen, sind sich in ihrer Persönlichkeit ebenso ähnlich, wie wenn sie in getrennten Familien aufwachsen. Dies gilt zumindest, wenn die Familien aus derselben sozialen Schicht stammen.[81]
- Was auch gegen einen schwerwiegenden Einfluss der elterlichen Erziehung spricht: Forscher können keine systematischen Unterschiede in der Persönlichkeit von Erwachsenen feststellen, die in der ersten Hälfte oder der zweiten Hälfte des 20. Jahrhunderts geboren wurden – trotz des doch recht unterschiedlichen Erziehungsstils.

Und der Einfluss der Gene?

Dass die Persönlichkeit zum Teil genetisch festgelegt ist, steht außer Frage. So lassen sich insbesondere Neurotizismus und die Offenheit Neuem gegenüber mit bestimmten genetischen Varianten des Hirnstoffwechsels in Verbindung bringen.[82] [433] Aber wie das Beispiel der Zwillinge zeigt: Auch der Einfluss der Eltern kann so bestimmend nicht sein – sonst könnten eineiige Zwillinge mit ihren identischen Genen nicht zu doch recht unterschiedlichen Persönlichkeiten werden (zumindest wenn wir davon ausgehen, dass Eltern ihre Kinder gleich erziehen – ein wunder Punkt, auf den wir noch zu sprechen kommen werden).

Damit stehen wir vor einem Rätsel: Wenn die Erziehung durch die Eltern und die genetischen Anlagen die Unterschiede in der Persönlichkeit zwischen Kindern nur zum Teil erklären, was erklärt den Rest?

Die Lektion der Geburtenfolge

Dass Geschwisterkinder je nach ihrem Platz in der Geburtenfolge unterschiedlich sind, gehört zu den festen Überzeugungen der meisten Eltern. Und dass Erstgeborene von ihren Eltern anders *behandelt* werden als etwa Zweitgeborene, zeigen systematische Beobachtungen von Psychologen.[83]

Aber *verhalten* sie sich auch anders? – Es gibt tatsächlich viele verlässliche Studien, nach denen sich Kinder je nach ihrem »Geburtsrang« anders verhalten. So beschreiben Studien Erstgeborene als durchsetzungsfähiger, konservativer und gewissenhafter. Später geborene Geschwister dagegen sind offener gegenüber neuen Ideen und Erfahrungen – der wohl bekannteste (und gleichzeitig umstrittenste) Experte zu diesem Thema, Frank Sulloway, geht sogar so weit, sie als »geborene Rebellen« zu bezeichnen.[84]

Umso überraschender, dass andere wissenschaftliche Studien trotz erheblichen Aufwands einen nennenswerten Einfluss der Geburtsfolge auf die Persönlichkeit nicht nachweisen können![435]

Des Rätsels Lösung: Die Ergebnisse der Studien hängen davon ab, wer befragt wird. Sind es die Eltern, so ergeben sich je nach Geburtsrang deutliche Unterschiede zwischen den Kindern. Und auch wenn sich Menschen selbst mit ihren Geschwistern vergleichen sollen, sehen sie sich unterschiedlich. Werden Menschen dagegen aufgefordert, ihre Persönlichkeit selbst zu beschreiben und vergleicht man die Beschreibungen dann mit den Selbstbeurteilungen ihrer Geschwister, so lässt sich kein systematischer Unterschied zwischen Erst-, Zweit und Drittgeborenen feststellen. Und auch wenn die Persönlichkeit durch neutrale Beobachter außerhalb des Elternhauses (etwa Lehrer, Erzieher oder Psychologen) eingeschätzt wird, ergeben sich entweder nur minimale oder gar keine Zusammenhänge mit der Geburtsfolge.[436]

Ähnliches trifft sogar auf Einzelkinder zu: Sie werden rund um den Globus tatsächlich messbar anders behandelt als Kinder in Mehr-Kind-Familien (das gilt übrigens auch für die »Nesthäkchen«): Sie bekommen mehr Aufmerksamkeit und mehr Zuneigung.[437] Und trotzdem lassen sich bei objektiven Messungen keine verlässlichen Unterschiede im Sozialverhalten und in der psychischen Verfassung der Kinder erkennen.[438]

Auf den Kontext kommt es an

Die Geburtsfolge hat also durchaus einen Einfluss – zwar nicht auf die Persönlichkeit, sehr wohl aber auf das Verhalten und die Rolle *innerhalb* der Familie. Doch außerhalb der Familie scheint sich der Effekt zu einem guten Teil zu verlieren. Da scheinen andere Gesetze zu gelten.

Wie lässt sich das erklären?[85] Vielleicht ergibt sich eine Antwort am ehesten aus der Perspektive des Kindes. Natürlich macht es innerhalb der Familie einen Unterschied, ob ein Kind das Größere ist oder das Kleinere. Sobald es aber »draußen« ist, ob im Kindergarten, in der Schule oder im Freundeskreis, werden die Karten neu gemischt. Die Kinder auf dem Spielplatz interessiert es nicht, ob Lukas zuhause von vier älteren Brüdern herumkommandiert wird oder ob er das verhätschelte Herzblatt seiner Mutter ist. Und das verwöhnte Einzelkind mag zuhause vielleicht mit einem angetäuschten Weinen das bekommen, was es will, im Kindergarten erntet es damit womöglich nur ein markiges »Heulsuse!« – und wird sehr rasch eine andere Strategie entwickeln, um seine Interessen durchzusetzen.

Wie wichtig der soziale Kontext für die Entwicklung des sozialen Ich ist, werden wir noch bei der Ausbildung des Selbstwertgefühls sehen. Auch da gilt: Wie man zuhause behandelt wird, sagt für das Leben in der großen weiten Welt wenig aus. Fast *jedes* Kind wird zuhause positiv bewertet – und dennoch setzen manche der zuhause »geschätzten« Kinder ihren Selbstwert eher hoch an, andere eher niedrig. Ihre Informationen, wie gut sie bei anderen »ankommen«, beziehen sie also weniger von den Eltern als vielmehr von ihren Spiel- und Lernkameraden. Die Eltern mögen die schicken neuen Schuhe, die Tante Lydia mitgebracht hat, noch so sehr loben – ob Jessica sie gerne anzieht, hängt davon ab, was ihre Spielkameraden im Kindergarten dazu sagen. Und deshalb ist es auch zu kurz gedacht, Eltern könnten ihren Kindern Selbstbewusstsein einflößen – die Kinder müssen es *selbst* aufbauen.

Tatsächlich wissen Entwicklungspsychologen schon länger, dass Kinder »kontextspezifisch« lernen, d.h. Gelerntes nur auf das konkrete soziale Umfeld beziehen, in dem sie es gelernt haben. »Kinder, die zuhause lernen, nicht zu lügen oder zu schummeln, können sehr wohl in der Schule oder auf dem Spielplatz lügen oder schummeln«, fasst Judith Harris zusammen.[440] Das gilt sogar für Säuglinge: Säuglinge depressiver Mütter zeigen ebenfalls Zeichen der Depression, solange sie von ihrer Mutter betreut werden. Anderen Bezugspersonen können sie jedoch durchaus normale emotionale Reaktionen entgegenbringen.[441] Kinder, so müssen wir schlussfolgern, wachsen *sozial mehrsprachig* auf.

Warum den Eltern Grenzen gesetzt sind

Eine solche Flexibilität ist aus Sicht der Evolution enorm sinnvoll. Niemand hat das klarer herausgearbeitet als Judith Harris, die folgendes Beispiel verwendet: Unter den Lebensbedingungen unserer Vorfahren hätte der kleine, schmächtige Mann, der gerne eine Prügelei beginnt, weil er früher zuhause seinen kleineren Bruder so prächtig versohlen konnte, nicht sehr lange gelebt. Viel besser für unseren kleinen, schmächtigen Mann war es, seine Verhaltensstrategien aus den Begegnungen mit Gleichaltrigen abzuleiten (und da zum Beispiel zu lernen, dass er mit Kooperation und Versöhnlichkeit weiterkommt).[442]

Auch aus einem anderen Grund empfiehlt es sich, die im Elternhaus gemachten Erfahrungen nicht absolut zu setzen: Die Zukunft eines Kindes liegt außer*halb* der Familie. Sie liegt bei den in etwa Gleichaltrigen! Mit diesen konkurriert es, unter diesen sucht und findet es seine zukünftigen Partner, in deren Gesellschaft muss es sich bewähren. Und die Strategien, die es dazu braucht, kann es nur schlecht bei Mama abkupfern.

Und dann kommt noch ein Drittes dazu: Menschen legen es darauf an, die Welt zu ändern – im Kleinen und im Großen. Deshalb steigen Kulturen auf und vergehen wieder, deshalb werden Erfindungen gemacht und sind schon bald darauf ein alter Hut. Und deshalb ist die Welt, die Kindern einmal begegnet, eine andere Welt als die, in der die Eltern erfolgreich waren. Eine Lebensstrategie, die heute erfolgreich ist, kann schon morgen den sozialen Abstieg bedeuten. Wäre es da sinnvoll, wenn Kinder Kopien ihrer Eltern sein wollten? Wäre es ratsam, sich nur auf das Bewährte zu verlassen? Ganz im Gegenteil: Kinder müssen offen sein für Neues. Sie müssen aus dem Bezugsrahmen ihrer Eltern heraustreten wollen und können.

Und darin liegt ja vielleicht sogar eine Hoffnung. Denn evolutionär gedacht sind wir Erwachsenen derzeit nicht sonderlich erfolgreich – wenn nicht alle Zeichen trügen, sind wir dabei, unsere Lebensgrundlagen unwiderbringlich zu zerstören. Da wäre eigentlich nur zu hoffen, dass unsere Kinder eben *nicht* in unsere Fußstapfen treten, oder? Denn wer kann denn ausschließen, dass wir den letzten Baum, den wir Erwachsenen fällen, nicht benutzen, um unseren Kindern beizubringen, wie man Bäume fällt?

Wie unser soziales Ich entsteht

Damit hätten wir einen ziemlichen Salat. Die Psychologie war lange Zeit felsenfest überzeugt, dass es in erster Linie die Eltern seien, die die Persönlichkeit ihrer Kinder prägen. Die neueren Befunde der Persönlichkeitsforschung sprechen dagegen für einen weitaus diffizileren Prozess, bei dem das Elternhaus nicht unbedingt die erste Geige spielt. Da wundert nicht, dass es bald schon Streit um die richtige Erklärung für diese Diskrepanz gab. Der Streit wird derzeit vor allem von zwei Wissenschaftlern ausgefochten, die uns beide schon begegnet sind: Judith Harris und Frank Sulloway.

Für Judith Harris ist der Fall klar: Der Einfluss des Elternhauses ist deshalb so klein, weil der entscheidende Einfluss auf die Persönlichkeit *außerhalb* des Elternhauses zu suchen ist.

Frank Sulloway, dem wir bei der Diskussion um den Einfluss der Geburtsfolge kurz begegnet sind, schlägt sich dagegen weiterhin auf die Seite der Eltern. Nach seiner Meinung haben das Elternhaus und die Erziehung sehr wohl einen wichtigen Einfluss auf die Persönlichkeit der Kinder – allerdings genau umgekehrt als bisher angenommen! Der hauptsächliche Einfluss des Elternhauses liege nämlich nicht darin, dass er die Kinder *gleich* mache, er mache sie vielmehr *unterschiedlich!* Für jedes Geschwisterkind stelle die Familie nun einmal einen sehr unterschiedlichen Erfahrungsraum dar, je nachdem, welche Talente es habe, wie es auf den Erziehungsstil der Eltern anspreche und welche Rolle es in der Familie übernehme. Selbst Familienereignisse wirkten auf jedes Kind anders. Der Tod eines nahen Angehörigen etwa sei für ein zweijähriges Kind eine komplett andere Erfahrung als für dessen zwölfjähriges Geschwister. Von einem *auf alle Kinder in der Familie* gleichsinnig wirkenden Einfluss des Elternhauses könne also nicht die Rede sein. Vom Elternhaus *könne* deshalb gar nicht erwartet werden, dass sich Kinder darin zu *ähnlichen* Persönlichkeiten entwickeln, sondern viel eher schon, dass sie sich als Persönlichkeiten *unterscheiden.* Damit scheide das Elternhaus auch nicht von vornherein aus, wenn es um die Erklärung gehe, warum sich etwa eineiige Zwillinge nur zur Hälfte in ihrer Persönlichkeit ähneln!

Diese Argumentation passt durchaus zu der neueren Erkenntnis, dass Erziehung als »System« anzusehen ist und nicht, wie früher oft vermutet, als Einbahnstraße (wir kommen darauf in Kapitel 15 E&A zurück). Kinder bestimmen bei ihrer eigenen Erziehung mit! Insofern kann Sulloways Argumentation tatsächlich denjenigen etwas Futter zum Nachdenken liefern, die der Erziehung rundweg jeden Einfluss auf die Persönlichkeit absprechen.

Der Einfluss der anderen Kinder

Allerdings gibt es gute Gründe, den Schlüssel zur Persönlichkeit auch außerhalb der Familie zu suchen – die letzten Abschnitte handeln davon. Aber durch welche Einflüsse genau werden Kinder außerhalb der Familie geprägt? Hier lohnt es sich, bei Judith Harris nachzulesen, die dieser Frage ihr Forscherleben gewidmet hat und ihre Antworten in ihrem Werk *No two alike* (deutsch: *Jeder ist anders. Das Rätsel der Individualität*) sehr eloquent darlegt. Nach Harris sind es vor allem die Erfahrungen mit Gleichaltrigen, die die Persönlichkeitsentwicklung bei Kindern und Jugendlichen prägen.

Aber ergibt das denn überhaupt einen Sinn? Hören wir nicht die ganze Zeit von dem unter Kindern und Jugendlichen herrschenden »Gruppendruck«? Sollte der nicht dafür sorgen, dass Kinder so werden wie die anderen Kinder in der Gruppe? Also eben nicht unterschiedlich, sondern *gleich*?

Ja, das stimmt – einerseits. Kindergruppen machen gleich. Und sie machen *trotzdem* unterschiedlich. Nehmen wir auch hier den Blickwinkel der Kinder ein, um das Paradoxon zu verstehen. Da begegnen uns zwei widerstrebende Zielsetzungen:

Einerseits sollten Kinder lernen, mit den anderen Kindern in der Gruppe zurechtzukommen. Denn nur, wer mit den anderen klarkommt, hat einen Gewinn – Spielkameraden etwa oder Anerkennung. Kinder müssen also lernen, sich so zu verhalten, dass sie in die Gruppe hineinpassen und von den Gruppenmitgliedern angenommen werden. Sie müssen »gesellig« werden. Diese *Sozialisation* sorgt dafür, dass sich Kinder *ähnlicher* werden – sie vermittelt ähnliche Grundannahmen, ähnliche Gewohnheiten, ähnliche Gebräuche. Kein Wunder, dass Kinder, sobald sie neu zusammengewürfelt werden, bald schon die gleiche Sprache sprechen, den gleichen Akzent haben, die gleichen Spiele spielen, die gleichen Regeln akzeptieren und über die gleichen Witze lachen.[86]

Andererseits sorgen Kindergruppen aber auch für die Ausbildung von Individualität. Wie das? Kinder wollen nicht nur von der Gruppe akzeptiert sein, sie wollen auch aus der Gruppe herausragen. Sie wollen Dinge *besser* können als die anderen. Und sie wollen dafür Lob und Anerkennung bekommen. Kurz: Sie wollen sich *Status* in der Gruppe sichern. Und deshalb suchen sie sich Nischen, in denen sie glänzen und ihre Talente entfalten können. Und diese Suche nach den Glanzparaden, nach Auszeichnung und Status sorgt dafür, dass Kinder sich *unähnlicher* werden.

Das heißt: Kinder schwanken beständig zwischen zwei Zielen. Sie wollen nicht hervorstehen, aber sie wollen doch irgendwie herausragend sein. Während das Sozialisationssystem dafür sorgt, dass Kinder das machen, was die anderen Kinder *auch* machen, sorgt das Statussystem dafür, dass sie in der Gruppe etwas *Besonderes* machen. Während also das Sozialisationssystem die Herde sozusagen zusammenhält, treibt das Statussystem sie in unterschiedliche Richtungen. Gerade in der Pubertät kann das zu sehr schmerzhaften Konflikten führen. Schauen wir uns diesen spannungsgeladenen Widerspruch noch einmal unter dem Vergrößerungsglas an.

Ziel Nr. 1: Sich einfügen

Eltern, deren Kinder neu im Kindergarten sind, kommen aus dem Staunen nicht heraus, wie schnell die Kleinen die Gewohnheiten anderer Kinder übernehmen. Auch wenn die Schimpfwörter weniger willkommen sind, den neuen Lernturbo würde so manche Familie nur zu gerne auch mal zuhause einschalten können (etwa wenn es darum geht, die Spielsachen aufzuräumen).

Von wem schauen Kinder ab? An wem orientieren sie sich? Wessen Verhalten empfinden sie als für ein Kindergartenkind angemessen? Welches Verhalten bringen sie mit nach Hause? Welches ignorieren sie? Die Antwort ist gar nicht so einfach, denn es ist kein bestimmtes Kind in der Gruppe, an dem sich die Kleinen orientieren. Vielmehr orientieren sie sich am »gemittelten typischen Bild von Gruppenmitglied«. Ihr Vergleichspartner ist also der »Prototyp« eines Kindergartenkindes. Und das dürfte eine sinnvolle Strategie sein. Denn einzelne Personen (auch wenn es die beste Freundin wäre) könnten ja durchaus »Ausreißer« sein, also ein in der Gruppe wenig erfolgreiches Verhalten an den Tag legen. Da ist es sicherer, sich an einer Art Durchschnitt zu orientieren.

Dabei gibt es Hinweise dafür, dass Kinder beim Ermitteln des »Prototypen« durchaus eine Gewichtung vornehmen (und das möglicherweise umso mehr, je älter sie sind). So orientieren sich Kinder, die in der »Aufmerksamkeitsstruktur« der Gruppe (wir kommen darauf zurück) weiter oben stehen, eher an einem »nach oben gemittelten« Bild, d.h. eher an den Gruppenmitgliedern mit höherem Status.[443]

Vom Gruppendruck

Schon das bloße Wort macht vielen Eltern Angst: Gruppendruck! Oder, noch schlimmer: peer pressure! Tatsächlich haben vor allem Jugendliche ein starkes Bedürfnis, nicht aus dem Rahmen der Gruppe herauszufallen. Das kann dazu führen, dass sie sich so verhalten, wie es die Gruppe erwartet – und nicht, wie es ihren eigenen Interessen oder auch ihrer Persönlichkeit entspricht.

Andererseits wird oft angenommen, Kinder fügten sich generell nur durch Druck in die Gruppe ein. Dieses Bild ist falsch. Es braucht keinen »Druck«, um Kinder zu sozialisieren, sie *wollen* sozialisiert werden. In die Gruppe hineinzuwachsen ist ihnen ein Bedürfnis.

Und auch bei diesem Wachstum verfolgen sie ihren eigenen Weg. Kinder setzen sich dem Gruppendruck ja keineswegs blind aus. Zum einen – es wurde soeben angesprochen – »wählen« sie ihren »Vorbild-Prototypen« auch ein Stück weit selbst aus. Und wenn sie älter sind, wählen sie sich sogar die Gruppe selbst aus, zu der sie gehören möchten. Es ist ja nicht so, dass Kinder durch die Straße stolpern und zufällig in einem dunklen Hinterhof bei Marihuana rauchenden Kindern landen. Sie fühlen sich vielmehr von der einen Gruppe angezogen, von der anderen Gruppe abgestoßen. Und dieses Gefühl entsteht auf der Plattform ihrer Werte, Einstellungen und Vorerfahrungen – auch den Prägungen und Werten aus dem Elternhaus. Kinder imitieren nicht einfach andere Kinder, nur weil sie mit denen im selben Klassenzimmer sitzen. Und sie werden nicht deshalb zu einem Hooligan, weil der Freund sich zu einem Hooligan entwickelt. Dazu müsste ihnen auch das Leben eines Hooligans als »lohnend« erscheinen.[87]

Dass Kinder nicht unbedingt mit fliegenden Fahnen alles mitmachen, was die anderen um sie herum tun, ist evolutionsbiologisch leicht erklärbar: Die Altersgenossen sind ja nicht nur Lebensmodelle, sondern auch Konkurrenten, mit denen die Kinder und Jugendlichen um Status und nicht zuletzt um Liebespartner konkurrieren. Und damit wären wir wieder bei der zweiten Seite der »Gruppenmedaille« – der Seite, die Kinder zu Individuen macht.

Ziel Nr. 2: Sich abheben

Tatsächlich ist die mittlere Kindheit die Zeit, in der Kinder beginnen, soziale Vergleiche anzustellen und Kategorien zu bilden: zuerst »die Mädchen« und »die Jungen«, später werden die Unterscheidungen feiner (die Anhänger des FC Bayern und des VfB Stuttgart beispielsweise). Und sie lernen nach und nach, wo sie im Vergleich zu anderen stehen, wie geschickt sie sind oder wie stark. Oder wie einfallsreich.

Wenn Kinder in den Kindergarten kommen, fehlt ihnen dieser Vergleichsrahmen zunächst. Fragt man die vierjährigen Jungs in der Gruppe, wer von ihnen der Stärkste ist, so gehen alle Hände hoch. Mit fünf oder mit sechs dagegen deuten alle auf den gleichen Jungen. Auch wenn Kinder jetzt ganz gut wissen, wie sie im Vergleich mit jedem einzelnen, konkreten anderen Kind abschneiden, denken die meisten dennoch, sie seien stärker als die meisten anderen.[88]

Diese Selbstbeschönigung scheint Teil des Lieferumfangs des Menschen zu sein und sich auch nie ganz abzubauen. Auch Erwachsene überschätzen sich nämlich regelmäßig – und das gilt für alle wichtigen Eigenschaften (wie etwa Nettigkeit, Aussehen, Ehrlichkeit und Klugheit). Lediglich an Depressionen leidende Menschen schätzen sich realistisch ein.[446]

Dominanz und Status

Wie lernen Kinder, ihre eigenen Stärken und Schwächen einzuschätzen? Zum einen durch die tägliche Erfahrung. Wenn Kinder etwa miteinander raufen, so lernen sie dabei auch, wer der Stärkere ist. Wenn sie mit anderen um die Wette laufen, lernen sie, wer der Schnellere ist, beim Balancieren, wer der Geschicktere ist, und so weiter. Diese sozialen Einparkhilfen werden auch als *Dominanzerfahrungen* bezeichnet. Aber da ist noch etwas viel Wichtigeres: Jedes Kind spürt instinktiv, wie es von der Gruppe insgesamt »bewertet« wird, welchen Einfluss es hat und wie viel Respekt es von den anderen bekommt. Diese Bewertung wird auch als *Status* bezeichnet.

Nun sind Status und Dominanzerfahrungen nicht dasselbe – ein Kind kann einen hohen Status besitzen, ohne in der Dominanzhierarchie oben zu stehen, und es kann eine Gruppe dominieren, ohne gleichzeitig Anerkennung zu bekommen.[89] Zumindest bei den Jungen gehen Dominanz und Status aber oft Hand in Hand, und das scheint insbesondere für die individualistischen Kulturen des Westens zu gelten, wo Stärke, Größe, gutes Aussehen und Leistungen im Sport eine überraschend große Rolle für den Status in der Gruppe spielen.[448] Das erklärt vielleicht einen recht seltsamen Zusammenhang: Der Status eines erwachsenen Mannes hängt ziemlich zuverlässig mit der Körpergröße in der Pubertät zusammen! Einmal ein Alphatier, immer ein Alphatier, heißt es wohl bei den Männern. (Wir werden an anderer Stelle noch sehen, dass dies auch mit der Alterszusammensetzung der Kindergruppe zu tun haben könnte. So scheinen die Rollen in gleichaltrigen Kindergruppen weitaus fester zementiert zu sein und damit auch langfristiger festgeschrieben zu werden – Kinder in altershomogenen Gruppen werden demnach eher »spezialisiert« als sozialisiert. In gemischtaltrigen Gruppen dagegen unterliegt die Besetzung der sozialen Nischen einem beständigen Wandel, so dass Kinder hier zwangsläufig einem vielfältigeren Rollenrepertoire begegnen.)

Durch welche Merkmale sich ein Kind in der Gruppe einen hohen Status sichert, scheint für Jungen und Mädchen recht unterschiedlich zu sein. Bei beiden Geschlechtern scheint eine zuversichtliche, extrovertierte Persönlichkeit für den Status wichtig zu sein. Bei den Jungen werden zudem emotional stabile, unkomplizierte Typen bevorzugt (also solche mit niedrigen Neurotizismus-Werten). Bei Mädchen hat letztere Dimension der Persönlichkeit dagegen anscheinend keinen Einfluss auf die Statuszuordnung.[449]

Auch das Aussehen spielt eine Rolle. Für Kindergruppen wird angenommen, dass ein hübsches Aussehen vor allem den Status bei Mädchen fördert.[450] Interessanterweise gilt dies jedoch bei jungen Erwachsenen schon nicht mehr – hier verhilft ein gutes Aussehen vor allem Jungen zu einem höheren Status, bei Frauen sind Status und Attraktivität dagegen nicht gekoppelt.[451]

Und auch wenn wir es gerne anders hören würden: Intelligenz und auch der Einsatz für die Gruppe scheinen für den Status weniger zu zählen (das stellt sich in asiatischen Kulturen teilweise anders dar).

Status messen

Wie wissen Kinder, welchen Status sie haben? Woher wissen sie, »ob sie diejenigen sind, die zuhören, oder die, denen zugehört wird?«, wie Judith Harris es ausdrückt?[452]

Hier stoßen wir auf eine wundersame Einrichtung mit einem ziemlich trockenen Namen – die bereits kurz angesprochene »Aufmerksamkeitsstruktur« der Gruppe. Sie funktioniert nach einem einfachen Prinzip: Wer in einer Gruppe viel Aufmerksamkeit bekommt, steht oben, er wird von der Gruppe mehr geschätzt. Wer wenig beachtet wird, steht auf den unteren Rängen. Und wie wird die Aufmerksamkeit »gemessen«? Mit einer Art Blickzählgerät. Beachtung scheint nämlich etwas mit Betrachtung zu tun zu haben. Kinder, die in der Gruppe einen hohen Status genießen, werden schlicht und einfach öfter angeschaut als die, die weniger zu sagen haben.

Auch bei den Menschenaffen und anderen sozialen Säugetieren gibt es übrigens einen solchen Zusammenhang zwischen Achtung, Beachtung und Betrachtung. Wie die Menschen haben diese Tierarten eine Art »Blickrichtungserkenner« in ihrem Gehirn, der unbewusst mitzählt, wer wen anschaut, und vor allem, ob man selbst angeschaut wird. So zeigen Experimente, dass Menschen, die oft angeschaut werden, mehr zu einer Diskussion beitragen. Sie sind einfach selbstbewusster. Und das – leider – völlig unabhängig von dem, was sie zu sagen haben!

Manipuliert man etwa eine angebliche Videokonferenz so, dass einer der Teilnehmer den Eindruck hat, die anderen schauten ihn oft an, so ergreift er wie wild das Wort![90] [454]

Vom Selbstwert

Denkt man über den Begriff des »Selbstwertgefühls« nach, so könnte einem das Gruseln kommen. Schätzen Menschen wirklich ihren »Wert« unterschiedlich ein? Ordnen sie sich selbst im Vergleich zu anderen einen bestimmten Wert zu? Es scheint in der Tat so zu sein. Manche Menschen leben in der selbstverständlichen Annahme, dass sie überall und immer beachtet und gemocht werden und die Welt ihnen zu Füßen liegt. Andere zweifeln an sich und nehmen an, sie seien sozusagen heimlich auf der Welt, die anderen Mitmenschen könnten alles besser oder zumindest das, worauf es *wirklich* ankommt ... Wann bildet sich dieses Gefühl für den eigenen »sozialen Wert« aus?

In der mittleren Kindheit. Da nehmen, so scheint es, alle Kinder an einem ziemlich gemeinen Spiel teil, bei dem jeder Teilnehmer eine Zahl auf den Rücken geschrieben bekommt, sagen wir zwischen eins und hundert. Irgendwann scheint jedes Kind genau zu wissen, was da hinten draufsteht. Wie weiß es das?

Durch Rückmeldungen aus der Gruppe. Da spielen die bereits angesprochenen »Dominanzerfahrungen« hinein, und auch der Status spricht ein entscheidendes Wörtchen mit – das Blickzählgerät lässt grüßen.

Aber auch die Persönlichkeit des Kindes entscheidet bei der Selbstbewertung mit. Emotional stabile, extrovertierte Kinder scheinen sich selbst grundsätzlich durch eine rosa Brille zu betrachten. Schüchterne Kinder dagegen können hundertmal gesagt bekommen, wie toll sie sind – sie glauben es trotzdem nur zögerlich.

Zurück zu den Zwillingen

Wir haben jetzt viel darüber nachgedacht, warum Kinder in ihrer Persönlichkeit so unterschiedlich sind. Wie wir gesehen haben, gehören manche Unterschiede schlicht und einfach zum Lieferumfang – ob wir später eher schüchtern auf die Menschen zugehen oder eher forsch, ist uns beispielsweise zum Teil schon in die Wiege gelegt.[91]

Und wo kommt der andere Teil her? Da könnten die von Kind zu Kind unterschiedlichen Erfahrungen im Elternhaus durchaus eine Rolle spielen. Aber auch den Zufall sollten wir nicht vergessen – dem einen Kind tut sich zufällig hier eine Chance auf, dem anderen legt sich zufällig dort ein Stein in den Weg ... Zumindest für den Altmeister der Evolutionspsychologie, Steven Pinker, steht dieser Einfluss noch immer ganz vorne, wenn es darum geht, die »unerklärte Hälfte« in den Persönlichkeitsunterschieden zu erklären.

Immer stärker aber zeichnet sich ab, dass die Erfahrungen *außerhalb des Elternhauses* ein entscheidendes Wörtchen mitreden – die Persönlichkeit scheint sich ganz stark an denjenigen Menschen zurechtzuschleifen, mit denen ein Kind später lebt, liebt und konkurriert. Kinder werten dazu beständig Gruppenerfahrungen aus: Wie komme ich an? Welche Plätze sind bereits besetzt? Wo sind die freien Nischen? Welche Rolle macht mir eher Angst, welche verschafft mir Befriedigung? Auf diesem Weg wächst nach und nach ihre Persönlichkeit, ihr soziales Ich.

Der letztere Einfluss wäre also auch eine Erklärung, warum selbst eineiige Zwillinge zu unterschiedlichen Persönlichkeiten werden: Weil sie mit den Menschen dort draußen trotz ihres ähnlichen Äußeren eben doch unterschiedliche Erfahrungen machen. Sie entwickeln sich in unterschiedliche Richtungen, weil sie als *eigene* Personen wahrgenommen und »bewertet« werden.[92]

Heißt das, dass die Eltern nichts zählen?

Aus der Tatsache, dass sich Kinder ihre Persönlichkeit nicht bei ihren Eltern »abgucken«, wurde manchmal abgeleitet, dass der Einfluss der Eltern auf ihre Kinder generell gering sei. Ja, dass Erziehung »sinnlos« sei. Das ist ein gravierendes Missverständnis. Selbst die Psychologin Judith Harris, die den Eltern in Bezug auf die Persönlichkeitsentwicklung ihrer Kinder nur eine untergeordnete Rolle zugesteht, findet gute Argumente für den »Sinn« von Erziehung (und läge er nur darin, der pubertierenden Tochter einen kompetenten Hautarzt für ihre Akne zu finden, wie sie selbst spöttisch bemerkt).

Machen wir also gleich klar Schiff: In diesem Kapitel von den Unterschieden geht es um die Entwicklung der *Persönlichkeit*. Um nicht mehr und nicht weniger. Es geht nicht um die Entwicklung von Empathie und

Moral (davon handelt ein eigenes Kapitel), nicht um die Entwicklung von Werten oder Lebenszielen, nicht um Lebenserfolg und nicht ums Lebensglück. Und: In diesem Kapitel geht es um »normale« Familien – dass Vernachlässigung und Misshandlung auch in der Persönlichkeit eines Kindes Spuren hinterlassen, steht außer Zweifel (vgl. Kapitel 10).

Kinder mögen ihre Persönlichkeit nur zu einem bescheidenen Teil zuhause im Elternhaus ausbilden – aber zuhause passiert trotzdem eine ganze Menge, was das Leben eines Kindes von Grund auf prägt. Nicht zuletzt das: Zuhause werden Lebenschancen verteilt. Bildung gehört dazu, und auch die Erbschaft der Tante Marlene. Ebenso ist das »Beziehungsnetz« der Familie ein ideelles Erbstück, das einem Kind ein Leben lang Vorteile verschaffen kann. Und selbst wenn die Intelligenz eines Kindes weniger von der Erziehung abhängt, als Eltern sich das oft wünschen – beim Schulerfolg reden Eltern ein deutliches Wörtchen mit. Das gilt generell für Begabungen: Mozart wäre nicht Mozart geworden ohne die Erziehung seines Vaters. Er wäre vielleicht der gleiche »Typ« gewesen, was seine Persönlichkeit angeht – aber eben nicht Mozart, der geniale Musiker. Auch heute noch sind es oft die Eltern, von denen es abhängt, ob ein Kind eine Karriere im Zirkus oder im Finanzamt macht.

Selbst Kindergruppen sind keine »elternfreien Zonen«!

Doch auch welche Erfahrungen Kinder »dort draußen« in der Gruppe machen, ist nicht ganz so unabhängig von den Eltern, wie es auf den ersten Blick erscheinen mag (und wie Judith Harris es gerne darstellt).

Kinder aus sozial besser gestellten Familien etwa haben bei der Positionierung in der Gruppe schon im Kindergarten Rückenwind. Sie »fühlen« im Schnitt einen höheren Selbstwert, und sie haben auch mehr Durchsetzungskraft, bessere sprachliche und soziale Kompetenzen und vielleicht auch einen allgemeinen Entwicklungsvorsprung – wenig verwunderlich, dass sie eher auf höheren Statuspositionen landen.[93] Kinder aus sozial benachteiligten Familien dagegen geraten in der Gruppe nicht selten wegen Verhaltensproblemen oder geringen Kommunikationsmöglichkeiten von vornherein ins Abseits.

Zudem gibt es gute Gründe anzunehmen, dass sich Kinder in individuell sehr unterschiedlichem Maße durch die Erfahrung mit Gleichaltrigen »prägen« lassen. Untersuchungen zeigen etwa, dass Kinder die

Sprache anderer Kinder nicht wahllos übernehmen – da redet auch der Status ihrer Eltern ein Wörtchen mit. Sozial benachteiligte Einwandererkinder in den USA etwa nehmen die Sprache ihrer Spielkameraden auf der Straße schnell und akzentfrei an. Kinder von britischen Botschaftern dagegen behalten ihren Akzent, selbst wenn sie genauso intensiv mit einheimischen Kindern spielen.[455]

Wie sehr sich Kinder am Modell anderer Kinder orientieren, scheint also auch damit zu tun zu haben, mit welchem »Prestige« der Lebensweg ihrer Eltern verbunden ist. Und das könnte durchaus sinnvoll sein: Sind die Eltern erfolgreich, so mag es von Vorteil sein, sich an deren Lebensmodell zu orientieren, d.h. ruhig ein bisschen konservativ zu sein. Sind die Eltern mit ihrem Lebensansatz gescheitert, ist es dagegen sinnvoller, sich neu zu orientieren. Auch die soziale Entwicklung folgt schließlich einer evolutionären Logik.

Einblick und Ausblick

Die Kindergruppe – der natürliche Hort?

Bis etwa zur Mitte des zweiten Lebensjahres sind Kinder sich selbst genug. Wenn sie spielen, dann legen sie Klötzchen aufeinander oder schieben Spielzeugautos über den Boden. Und wehe, ein anderes Kind will da mitmachen!

Im zweiten Lebensjahr schlüpfen die Kinder beim Spiel immerhin schon in eine Rolle. Sie »kochen« jetzt, backen Kuchen oder bauen ein Haus – aber noch immer will jeder am liebsten allein der Koch oder der Baumeister sein. Erst im dritten Jahr spielen Kinder nicht mehr nebeneinander, sondern beginnen die Köpfe zusammenzustecken und sich füreinander zu interessieren. Mit vier spielen die groß gewordenen Kleinen dann wirklich und ausgiebig *miteinander* – und entwickeln jetzt einen ausgeprägten Sinn für Gruppenregeln und gerechtes Verhalten.[94]

Vieles spricht dafür, dass Kinder unter ihresgleichen die sozialen Meilensteine anders angehen als sie dies unter der (noch so gut gemeinten) Anleitung von Erwachsenen tun. Ist die Kindergruppe vielleicht ein Entwicklungsrahmen, der von den Eltern weder simuliert noch ersetzt werden kann? Und wenn ja, wo gedeihen Kinder besser: unter Gleichaltrigen oder in der gemischtaltrigen Gruppe?

Der natürliche Hort

Die Entwicklung des Spielverhaltens passt ganz gut zu dem, was wir aus Kapitel 12 über den »Lebensstil« der Kinder in ursprünglichen Gesellschaften wissen: In den ersten zwei bis vier Jahren sind die Kinder dort sehr eng auf ihre Mutter bezogen und verbringen die meiste Zeit in ihrer körperlichen Nähe. Mit der Geburt des nächsten Geschwisterkindes aber steht ein radikaler Wechsel an: Vom Schoß der Mutter geht es – ja, wohin?

In die Kindergruppe. »Kinder«, so der bekannte Evolutionspsychologe Steven Pinker, »wurden hingebungsvoll gestillt und getragen und dann in einer gemischtaltrigen Spielgruppe abgeladen. Während sie vorher mütterliche Aufmerksamkeit im Übermaß bekamen, mussten sie jetzt fast ohne die Zuwendung der Mutter auskommen.«[456] In dem Buch *Hunter-gatherer Childhoods* (Kindheit bei Jägern und Sammlern) beschreibt der Ethnologe Frank Marlowe am Beispiel der Hadza in Tanzania, wie das aussehen kann: »Mit drei oder vier Jahren verbringen die Kinder einen großen Teil ihrer Zeit beim Spielen und Nahrungsammeln mit gleichaltrigen und etwas älteren Kindern. (...) Die Kinder bleiben aber weiterhin in der Nacht bei den Eltern und Geschwistern, während Stiefkinder oft bei ihrer Großmutter mütterlicherseits schlafen.«[457] Die enge Beziehung von älteren Kindern zu ihren Eltern scheint also eher eine neuere Erfindung zu sein.[95]

Dafür sprechen auch die Eindrücke aus dem heutigen »globalen Dorf« – in praktisch allen heutigen traditionellen Gesellschaften begegnen einem die Kinder in Gruppen. Und wo der Himmel hoch ist, sind Erwachsene oft weit – jedenfalls fällt auf, wie wenig die Kindergruppen von Erwachsenen beaufsichtigt werden.

Unterschiedliche Erfahrungen

Dabei scheint die Gruppe Jungen und Mädchen jeweils unterschiedliche Erfahrungen zu bieten. Wie sich etwa auf Spielplätzen beobachten lässt, tun sich Mädchen eher zu zweit zusammen und spielen dann ausdauernd miteinander (Dritte bleiben nicht selten außen vor). Jungs dagegen spielen häufig mit wechselnden Partnern, gerne auch in einer größeren Gruppe.[459] Sind nur wenige Kinder verfügbar, so spielen aber Jungs und Mädchen durchaus auch miteinander. Erst wenn genügend Kinder des gleichen Geschlechts da sind, teilt sich die

Gruppe – typischerweise in jüngere Kinder, ältere Jungen und ältere Mädchen.[460]

Und was läuft? Spielbahn frei!

Was geht in den Gruppen vor sich? Mit was »beschäftigen« sich die Kinder? Mit nichts als spielen, könnte man antworten.

»Nichts als Spielen«? Auf den ersten Blick erscheint Spielen tatsächlich als ein ziemlich sinnloses Verhalten – da werden Sachen abgelutscht, Kisten ausgeräumt und wieder eingeräumt, alles mit großem Ernst und Stöhnen. Frühe Psychologen nahmen deshalb an, im Spiel ginge es vor allem ums »Abreagieren« – die kleinen Kinder würden im Spiel ihre überschüssige Energie los.

Für Evolutionspsychologen ist eine solche Erklärung natürlich unbefriedigend. Denn zum einen scheint der Spieltrieb gerade beim menschlichen Nachwuchs kaum unterdrückbar zu sein – anders als bei vielen Tieren spielen Kinder selbst unter extrem widrigen Umständen. So berichtet George Eisen in seinem Buch *Children and play in the Holocaust,* wie Kinder selbst im Holocaust immer wieder zu ihren Spielen zurückkehrten.

Zum anderen scheinen mit Spielen erhebliche Kosten verbunden zu sein – und denen muss schließlich ein Gewinn gegenüberstehen, wenn dem Verhalten evolutionärer Erfolg beschieden sein soll. Immerhin 80 Prozent der Todesfälle unter Seehundjungen etwa passieren, weil die Kleinen beim Spielen nicht auf Fressfeinde achten. Und auch beim Menschenkind gibt es so manche gebrochenen Knochen und Gehirnerschütterungen zu verbuchen. Auch der enorme Energieaufwand, den Kinder beim Spielen betreiben, deutet darauf hin, dass es sich um ein ernstes Geschäft handelt. Die Evolution hätte ein derart »teures« Verhalten nicht entwickelt, nur um den Kleinen einen Spaß zu bereiten!

Auch der ungeheuer mächtige Antrieb, der dahintersteht, spricht dafür, dass Spielen nicht nur zum Zeitvertreib da ist. Jeder Hundebesitzer weiß, dass die Tiere geradezu um Spiele betteln. Und bei unseren nächsten Verwandten, den Schimpansen, durchstreifen die Kinder sogar systematisch die Umgebung auf der Suche nach Spielkameraden. Dabei setzen sie ihr »Spielgesicht« auf – ein weit aufgerissenes Maul mit gebleckten Zähnen. Wenn sie keine spielwilligen Schimpansen finden, nehmen sie sogar mit Pavianen vorlieb!

Wer nicht in Spiellaune ist, wird regelrecht verführt. Etwa durch Kitzeln. Viele Säugetiere – von den Ratten bis zu den Orang-Utans – haben »kitzelige« Stellen am Hals und Oberkörper. Werden diese geleckt oder berührt, so fangen die Tiere an zu lachen oder lassen sich aufs Spielen ein. Dass die Kitzel-Stellen auf die Interaktion mit anderen ausgelegt sind, zeigt schon die Tatsache, dass man sich selbst nicht kitzeln kann.[461]

Was genau ist der Zweck?

Im Tierreich scheint eine einfache Regel zu gelten: Je höher die Säugetiere entwickelt sind, desto intensiver spielt ihr Nachwuchs. Raubtiere spielen mehr als Herdentiere, und ganz besonders intensiv spielen die hoch entwickelten sozialen Tierarten – man denke an Menschenaffen, Wale oder Delphine.

Und was genau wird gespielt? Auch bei den Tieren dreht sich das Spiel vor allem um Fertigkeiten, die später einmal im Erwachsenenleben gefragt sind. Kleine Kätzchen lieben es, Wollknäueln hinterherzujagen, weil sie mit diesen Fertigkeiten später einmal besser an Mäuse herankommen. Auch die anderen Jagdtiere machen beim Spiel am liebsten auf Jagd: Junge Löwen etwa nehmen abwechselnde Rollen beim Scheinkampf ein – einmal spielt der eine den Jäger, das andere Mal den Gejagten.[462] Fohlen dagegen lieben nichts mehr, als auf der Weide herumzurennen.

Im Spiel werden also Erfahrungen gesammelt, die später einmal beim Überleben helfen. Kein Wunder, dass sich das Spielverhalten auch im Wachstum des Gehirns zeigt: Viele Gehirnteile, insbesondere das Kleinhirn, wachsen gerade während der intensivsten Spielphase am schnellsten. Nicht verwunderlich also, dass Säugetiere, die am Spielen gehindert werden, später einmal weniger lernfähig sind und auch schlechter in der Gruppe zurechtkommen.

Und Menschenkinder?

Auch bei Menschenkindern dreht sich das Spiel um das, was die Erwachsenen beschäftigt. Bei den Bavenda-Bantu bauen sich die Kinder sogar ein eigenes Kinderdorf, in dem sie das Erwachsenenleben nachspielen.[463] Kinder finden sozusagen spielerisch ihren Platz in der Gesellschaft.

Kinder werden durch das Spiel aber nicht nur in die Gruppe eingewoben, sie lernen auch mit ihren Emotionen umzugehen – und gerade negative Emotionen werden dabei regelrecht »niedergespielt«. Kinder *suchen* nach Situationen, in denen sie sich gruseln oder in denen sie sich (oder andere) erschrecken können. Im Spiel lernen die Kinder also auch ihre Ängste zu bändigen.

Was für eine geniale Einrichtung das Spiel ist, zeigt sich, wenn man Kindern beim Spielen zuschaut – sie schlüpfen in »mächtige«, phantastische Rollen hinein und treffen dabei Entscheidungen, die ihnen im »echten Leben« niemals möglich wären. Der Entwicklungspsychologe Rolf Oerter geht deshalb davon aus, dass Kinder ihr Spiel unter anderem benutzen, um sich ein möglichst breites Spektrum an Denkmöglichkeiten zu erschließen. Auch Evolutionsbiologen sehen das kindliche Spiel als ein Experimentierfeld für neuartige, nicht unbedingt von den Erwachsenen abzuschauende Lebensstrategien.[464] In der Kunstwelt des Spiels schaffen sie sich sozusagen optimale – und innovative – Entwicklungsbedingungen!

Spiel kontra Arbeit

Die Kung in der Kalahari nennen Spielen »Arbeit der Kinder«. Entsprechend ernst nehmen sie die Spiele der Kleinen und unterbrechen sie nur selten.[465]

Aber wäre nicht etwas ganz anderes zu erwarten? Sollten nicht gerade die den Härten des Lebens voll ausgesetzten Nomaden der Kalahari-Wüste von ihren Kindern mehr erwarten, als dass sie den Tag »verspielen«? Sollten sie nicht Mithilfe bei den täglichen Lebensaufgaben einfordern und ihre Kinder so gut es geht anleiten, damit sie einen Beitrag zum Leben leisten können?

Es scheint nicht so zu sein. Wertet man die Berichte über Jäger- und Sammlervölker systematisch aus, so fällt auf, wie wenig die Kinder von den Eltern angeleitet oder »unterrichtet« werden. Ob es ums Bogenschießen, ums Fallenstellen oder ums Wurzelsuchen geht, die Kinder schauen sich ihr Wissen in aller Regel von den Eltern ab und üben ihre Fertigkeiten dann aus eigenem Antrieb in der Kindergruppe. Und dabei scheinen sie sich nicht um Effizienz oder den »Ertrag« zu kümmern. Begleiten Kinder von sammelnden Nomaden die Erwachsenen beim Graben nach Wurzeln, so sammeln sie nicht etwa die für Kinder leichter erreichbaren oberflächlichen Wurzeln, sondern geben sich gerne mit komplizierteren Grabungsarbeiten ab – die allenfalls geringen Ertrag versprechen.[466]

Kinder kennen bei ihrer Entwicklung also kein unmittelbares »Effizienzgebot«. Sie scheinen in ihrem Spiel- und Erkundungsverhalten vielmehr einer *indirekt* effizienzsteigernden Strategie zu folgen. Indem sie eben *nicht* immer das wiederholen, was sie bereits können, sondern sich mit Vorliebe an solchen Aufgaben versuchen, die zunächst eher eine Nummer zu groß für sie sind, bauen sie nach und nach ihr Repertoire an Fertigkeiten aus – sie legen sozusagen einen »Verhaltensvorrat« für die Zukunft an. Damit könnte die »parasitäre« Rolle, die Kindern von Entwicklungspsychologen gerne bescheinigt wird, durchaus ein »natürlicher« Teil ihrer Entwicklung sein: Anstatt freudig im Alltag der Erwachsenen mit anzupacken, widmen sie sich lieber ihren eigenen, brotlosen Geschäften. Erwachsene in vielen Kulturen scheinen dieses Arrangement nach der Devise »Let the children play« schulterzuckend zur Kenntnis zu nehmen.

Ziehen wir also ein Fazit. Spielen ist evolutionär kein Luxus, sondern eine Notwendigkeit. Dies gilt für alle höheren Säugetiere, auch für Homo sapiens: Spielen ist eine Voraussetzung für Entwicklung.

Gemischtaltrig kontra gleichaltrig

Alles spricht also dafür, dass Kinder ursprünglich einen Großteil ihrer sozialen Entwicklung »unter sich« ausmachten – in der Kindergruppe. Aber wie genau sah der natürliche Hort aus? Er bestand aus Kindern vieler Altersgruppen und (meist) beider Geschlechter.

Woher man das weiß? Zum einen aus Beobachtungen an Stämmen, die den ursprünglichen Lebensstil als Jäger und Sammler bis ins 20. Jahrhundert beibehalten haben. Die gemischtaltrige Kindergruppe wird dort so regelhaft angetroffen, dass Ethnologen sie schon als eine »Konstante des steinzeitlichen Lebens« bezeichnet haben.

Lassen wir es uns von der Verhaltensforscherin Marie Shostak beschreiben, die in den 1970er Jahren bei den Kung in der Kalahari lebte: »Die trockene Winterzeit, in der sich die Buschmannsippen an den wenigen verbliebenen Wasserstellen versammeln, wird von den Kindern mit Sehnsucht erwartet, da dann etwa ein Dutzend Kinder zusammenkommen.«[96 467] Nach ihren Beschreibungen spielten jetzt die Kinder quer durch alle Altersgruppen miteinander. Erst in den agrarischen Gesellschaften mit ihren größeren Dorf- und Städtegemeinschaften, in denen entsprechend viele potenzielle Spielgefährten zusammenkommen, differenzieren sich die Kindergruppen nach Alter und Geschlecht. Dort sind bis heute vom Alter her homogenere Kindergruppen die Regel,[468] und sie prägen auch jetzt noch die Sozialisation von Kindern – man denke nur an die Klassenverbände in der Schule.

Vorteile der gemischtaltrigen Gruppe?

Auch wenn es letzten Endes keine »Beweise« dafür gibt, so spricht manches dafür, dass das ursprüngliche Gruppenmodell, nämlich die altersgemischte Kindergruppe, Kindern ein reichhaltigeres Entwicklungsumfeld bieten kann als die gleichaltrige Gruppe. Die gemischte Gruppe stellt nämlich eine Art sozialen Quirl dar: Weil in diesen Verbänden ständig jüngere Kinder hinzukommen, wechseln die Mädchen und Jungen häufig die sozialen »Nischen« – ein Kind mag zunächst das Kleinste und Schwächste sein, irgendwann aber gehört es automatisch zu den Größeren, Stärkeren und Klügeren. Wer heute nur zuhört, dem wird morgen zugehört. Auch das in gleichaltrigen Gruppen stark ausgeprägte Konkurrenzverhalten wird in der gemischtaltrigen Gruppe »verdünnt«: Die Kinder sind füreinander nicht nur Konkurrenten, sondern eben auch Beschützer, Vorbilder und Helfer. Allein schon dadurch, dass sich die älteren Kinder in der Gruppe um die Kleineren kümmern, erwerben sie ein unschätzbares Mehr an sozialer Kompetenz und Flexibilität.

Verglichen damit bieten die heute üblichen gleichaltrigen Kindergruppen eher eintönige soziale Erfahrungen – die sozialen Rollen sind schnell zementiert, schon in der ersten Klasse wissen die Kinder meist, wer »unten« steht und wer oben (vgl. Kapitel 13). Kinder kleben eher in ihren Nischen und lernen sich selbst nur in einer einzigen Rolle kennen. »Kinder in urbanisierten Gesellschaften«, so die Evolutionspsychologin Judith Harris, »haben keine Gelegenheit die ganze Erfahrungsskala [des sozialen Lebens] zu durchlaufen. Zuhause bleiben sie das älteste oder jüngste unter den Geschwistern; in der Schule bleiben sie, wenn sie Glück haben, aller Wahrscheinlichkeit nach jahrelang an der Spitze der sozialen Rangordung, wenn sie Pech haben, ganz unten.«[469]

Und heute?

Manche Eltern gehen davon aus, dass ihre Kinder automatisch zufrieden sind, wenn sie sich ihnen voll und ganz und rund um die Uhr widmen. Das ist leider (oder auch zum Glück?) falsch.[470] Spätestens ab dem dritten Lebensjahr brauchen Kinder auch andere Kinder, und sie finden das Spiel mit Kindern jetzt zunehmend befriedigender als das mit den Eltern. Das heißt: Auch wenn es manchen Eltern schwerfällt, ihre Kinder »abzugeben« – Kinder gehören jetzt in den Kindergarten.

Und vieles spricht für einen Kindergarten mit *gemischtaltrigen* Gruppen. Letztere bieten den Kindern ein breiteres Rollenrepertoire und insgesamt reichere soziale Erfahrungen als gleichaltrige Gruppen.

Ein solches Arrangement braucht aber auch einen entsprechenden Raum, und zwar einen, in dem nicht unbedingt die Erwachsenen die erste Geige spielen. Gerade kleinere Kinder, die früher im Stammeslager, im Dorf, Hof oder auf der Straße einen sicheren »eigenen« Raum gefunden haben, spielen heute meist unter den Blicken von Erwachsenen – in der Wohnung, im Garten oder auf Spielplätzen – und sind dadurch einer beständigen Flut von regelnden Eingriffen ausgesetzt. Die bunte, wuselige, geheimnisvolle Kinderkultur hat sozusagen einen Kapo bekommen. Und Konflikte, die im Spiel zwangsläufig entstehen, werden entsprechend häufig »von oben« geregelt – und damit wird immer auch eine Chance vertan, dass die Kinder selbst lernen, ihre widerstrebenden Interessen auszugleichen.

Kein Wunder, dass sich beobachten lässt, dass Kindergartenkinder gerade dann besonders konstruktiv spielen können, wenn sie sich immer wieder in ihre eigenen, geschützten Räume wie etwa Höhlen oder Zelte zurückziehen können.[471]

Durch den Trend zum gläsernen Kind hat sich auch die Beziehung zwischen Eltern und Kindern verändert. Denn wo beständig Erwachsene an der Seitenlinie stehen, gewöhnen sich Kinder bald daran, dass sie auf Schritt und Tritt angefeuert, motiviert, kommentiert und präsentiert werden. Beobachtet man Kindergartenkinder beim »freien« Spiel, so fällt jedenfalls auf, dass so manches Kind mit einem Auge immer wieder zur Seite schielt, ob das, was es tut, denn auch wirklich okay ist und »ankommt« ...

Die heute institutionalisierte Zwangsgemeinschaft von Kindern und Erwachsenen – sei es in der Kleinfamilie oder im Kindergarten – kann noch weitere Nebenwirkungen haben. Sie führt nämlich nicht selten dazu, dass sich Kinder und Erwachsene mit ziemlicher Regelmäßigkeit »nerven«. Denn die Natur hat Kindern nun einmal ein ungestümes, oft auch ziemlich geräuschvolles Bewegungsprogramm auf die Festplatte gespielt, aber vergessen, die Eltern mit den entsprechenden Nerven zu versorgen. Kinder werden von den Erwachsenen deshalb nur allzu oft für ein Verhalten belohnt, das zwar sozial verträglich ist, aber eben nicht kindgerecht – wie etwa ruhig sein oder still sitzen. Kinder, die zu nahe mit Erwachsenen leben, sind sozusagen zu einem Leben mit angezogener Handbremse verdammt.

A NOYER
1012

Kapitel 14

Kompetent erziehen – warum Liebe nicht ausreicht

Mit kaum einer politischen Forderung lässt sich zuverlässiger punkten als mit der nach einem Elternführerschein: Für jedes Schrottauto braucht man eine hochamtliche Erlaubnis, aber erziehen, das darf wohl jeder?!

Aber Moment einmal, kann man Erziehung wirklich *lernen,* so wie man einen Beruf erlernt oder eben, ja, das Autofahren? Braucht es zu einer geglückten Erziehung nicht vor allem eines: ganz viel Liebe? Und wie soll man die bitteschön in einem Kurs »erlernen«? Müssen wir nicht im Gegenteil alles vergessen, die ganzen Regeln und Ratschläge, die uns am Ende doch nur verunsichern, und uns lieber auf unsere intuitiven Fähigkeiten besinnen? Schließlich müsste uns der Umgang mit Kindern ja eigentlich im Blut liegen, wir Menschen wären sonst doch schon längst ausgestorben! Aber woher kommt es dann, dass Erziehung so oft danebengeht? Warum nicken so viele Leute zustimmend die Köpfe, wenn vom Elternführerschein die Rede ist?

Als Mutter ungeeignet?

Der Anblick ist schwer zu ertragen: Die Mutter streicht um das auf dem Boden kauernde Baby herum. Immer wieder macht sie unbeholfene Annäherungsversuche, wendet sich dann wieder ab. Irgendwie ist sie von dem nassen Bündel angezogen, es »berührt« sie sichtlich. Aber genauso offensichtlich ist, dass sie nicht recht weiß, was mit ihm anfangen! Erste Versuche, das Kleine an ihren Bauch zu nehmen, scheitern – das Baby klammert sich kurz am Fell fest, rutscht dann ab. Ungeschickt wie sie ist, kann die Mutter ihm nicht helfen.

Wir sind im Yerkes Center for Primate Research an der Emory Universität in Atlanta, USA. In dem Primatengehege hat gerade eine Schimpansin ihr erstes Kind geboren. Und sie weiß offenbar nicht, was sie mit dem Neuankömmling machen soll! Wie kriegt sie es so an ihrem Körper platziert, dass es trinken kann und nicht wieder auf den Boden fällt? Was kann sie nur machen, damit das Kleine nicht so jämmerlich fiept? Nach ein paar Stunden Beobachtung entscheiden die Tierpfleger, das Kind der Mutter wegzunehmen – *diese* Mutter wird es nicht schaffen, ihrem Kind eine kompetente Mutter zu sein.

Die kompetente Mutter

Da ist es also, das Wort von der »kompetenten Mutter«. Primatenforscher benutzen es für eine Mutter, die weiß, was zu tun ist. Die so für ihr Kind sorgen kann, dass es sich gut entwickelt und später in der Gruppe erfolgreich sein kann. Eine kompetente Affenmutter zeichnet sich dadurch aus, dass sie ihr Kind gut pflegt, es in den Armen wiegt, gerne mit ihm spielt, es tröstet und regelmäßig untersucht. Ihr Umgang mit den Kleinen ist geduldig und feinfühlig, d.h. auf die Signale der Kleinen abgestimmt.[472]

Neben den »kompetenten« Müttern gibt es auch Affenmütter, die allenfalls »so la la« sind. Primatenforscher nennen sie auch »Mütter mit grenzwertigen Fähigkeiten«. Diese »grenzwertigen Mütter« können sich einfach nicht richtig auf ihr Baby einstimmen. Sie tragen ihre Kleinen zwar mit sich, und sie lassen sie auch an der Brust trinken, aber sie sind dabei wenig feinfühlig, d.h. sie gehen auf deren Schreie und Signale nicht zuverlässig ein. Sie wirken gestresst und behandeln ihre Babys ganz so, als seien diese viel älter. Kein Wunder, dass die Kleinen schlecht gedeihen, häufig sogar an Gewicht verlieren und nach wenigen Wochen gar eingehen. Oft sind es junge, erstmalige Mütter, die bei den Schimpansen in die »grenzwertige« Kategorie fallen.

Und dann gibt es eben Mütter wie die oben beschriebene. Ihnen fehlt es komplett an Kompetenz. Es gelingt ihnen nicht, sich überhaupt auf ihr Kind einzulassen. Und wie wir gesehen haben, scheitert das oft schon am ganz basalen »handling«. Oft zeigen inkompetente Mütter sogar richtige Angst vor dem neugeborenen Kind – die Beziehung zwischen Mutter und Kind kommt erst gar nicht in Gang.

Die Wurzeln der Kompetenz

Woran liegt es, dass manche Schimpansinnen gute Mütter sind und andere nicht? Sollten nicht alle Tiere wissen, wie sie gut für ihren Nachwuchs sorgen? Brauchen auch Schimpansen einen Elternführerschein?

Schauen wir einmal den Primatenforschern über die Schulter. Schon Laien gelingt es durchaus, die »besseren« Mütter auszumachen. Und bei den Beobachtungen zeigt sich, dass Kompetenz nicht einfach vom Himmel fällt. Was braucht es, um eine gute Schimpansenmutter zu sein?

Erstens: Eine gute »Kinderstube«. Schimpansinnen, deren Mütter selbst als »kompetent« eingestuft wurden, sind später mit größerer Wahrscheinlichkeit ebenfalls kompetente Mütter. Eine gute frühkindliche Entwicklung scheint also bis ins Erwachsenenalter nachzuwirken. Das ist wenig verwunderlich, wenn man daran denkt, wie wichtig die oft schon in frühen Lebensabschnitten vermittelte Körperwahrnehmung sowie emotionale Stabilität für den Umgang mit hilflosen, zeternden kleinen Kreaturen sind!

Zweitens: Das »Mutterspiel«. Dass aber die von der eigenen Mutter »übertragene« Sicherheit längst nicht ausreicht, zeigen Experimente mit isoliert aufwachsenden Schimpansen. Nimmt man einer Schimpansin die Möglichkeit, in ihrer Kindheit und Jugend mit Schimpansenbabys zu spielen, so findet sie später zu ihrem eigenen Kind keinen »Draht«, sie vernachlässigt es oder misshandelt es sogar.[97]

Tatsächlich haben Schimpansenmädchen einen starken, angeborenen Drang, sich um jedes Baby in ihrer Reichweite zu kümmern. Wo immer es geht, versuchen sie einer Mutter ihr Baby »abzuschwatzen«. Dazu lausen sie die Mutter so lange, bis sie ihr Baby herausrückt. Dann versorgen sie das Kind, wie sie es bei den Großen sehen, tragen es mit sich herum oder spielen mit ihm. Dabei ist der Druck hoch, das Kleine zufriedenzustellen, denn sobald das Baby losfiept, holt es sich die Mutter wieder zurück.[98] Der Muttertrieb der Schimpansenmädchen wird heute in Zoos weltweit genutzt – Schimpansenmädchen bekommen dort regelmäßig »Elternkurse«, indem sie mit einem Baby spielen dürfen – und sind dadurch später eindeutig erfolgreichere Mütter.

Drittens: Ein gutes soziales Netz. Wie gut Schimpansenmütter ihre Kinder versorgen können, hat aber auch eine soziale Komponente. Gerade bei den anfänglich als »grenzwertig« klassifizierten Müttern ist es entscheidend, wie viel Unterstützung sie von anderen Müttern erhalten. Besser »vernetzte« Mütter, also solche mit einem höheren Rang und mehr »Fellpflegepartnern«, kriegen eher die Kurve und schaffen es dann doch, ihr Kind einigermaßen erfolgreich großzuziehen.

Liebevolles Versagen

Zurück zu der Schimpansenmutter am Anfang des Kapitels. An Zuneigung zu ihrem Kind fehlt es ihr nicht. Sie ist keine »kalte« Mutter, ihr Baby ist ihr keineswegs egal! Ein solches »liebevolles Versagen« ist typisch für Schimpansenmütter, die zwar in ihrer Kindheit von einer kompetenten Mutter versorgt worden sind, die aber als Jugendliche keinen Kontakt mit Schimpansenbabys hatten. Schimpansenmütter, denen es auch an frühem Kontakt fehlt, sind ihren Neugeborenen gegenüber oft aggressiv, und nicht selten beißen und misshandeln sie ihre Kleinen.

Erziehungskompetenz beim Mensch?

Aber können Schimpansen denn ein Modell für den Menschen sein? Kann man auch beim »Primaten Mensch« kompetente Mütter von weniger kompetenten unterscheiden?

Tatsächlich scheinen die haarigen Schimpansen und der haarlose Mensch zumindest am Anfang ihrer Elternkarriere vor ganz ähnlichen Problemen zu stehen. Denn um ihre Babys zu tragen, zu beruhigen und zu stillen, müssen beide Primaten regelrechte körperliche Hochleistungen vollbringen und dabei über eine gute Koordination und ein feines Gespür für den eigenen Körper verfügen – kein Wunder, dass Stillen schon mit den Herausforderungen des Geigenspiels verglichen wurde! Und noch dazu brauchen die Mütter ein »offenes Ohr« für die Gefühlssprache ihrer Kleinen.[99]

Denn weder das Menschen- noch das Schimpansenjunge können sich aus eigener Kraft an ihrer Mutter festhalten – selbst die Schimpansenbabys schaffen das nur wenige Sekunden lang. Damit das Kleine an der Brust trinken kann, muss die Mutter aktiv mithelfen. Das gilt im Falle des Schimpansen auch für das »Aufsteigen« – ein Schimpansenbaby wird nämlich zuerst Bauch-zu-Bauch transportiert, und weil das Kleine sein eigenes Gewicht nicht selbst tragen kann, ist das eine Prozedur, die einige Geschicklichkeit erfordert. Und auch das Stillen ist – gerade beim Menschen – alles andere als ein einfaches »Auftanken«, sondern ein ganz intensives emotionales, sinnliches und körperliches Wechselspiel.

Bedingungen – auch beim Menschen

Auch in der Statistik liegen Menschen und Schimpansen nicht weit auseinander. Wie bei den Schimpansen sind beim Menschen gleichfalls die sehr jungen Mütter im statistischen Durchschnitt die eindeutig schlechteren Mütter – Vernachlässigungen kommen bei menschlichen Teenager-Müttern immerhin etwa fünfmal häufiger vor als bei älteren Müttern.

Und wie bei den Schimpansen haben es auch Menschenmütter mit ihren »Erstlingen« schwerer. Sie fühlen sich unsicherer, sie wissen nicht so gut, was ihr Baby »sagen« will,[475] sie haben mehr Probleme mit dem Stillen[476], und auch Gedeihprobleme sind häufiger als bei den nachfolgenden Geschwistern.[477] Das scheint vor allem an der fehlenden Übung zu liegen: Mütter, die schon vorher Erfahrung mit kleinen Kindern sammeln konnten (etwa weil sie in einem entsprechenden Beruf arbeiten oder mit einem jüngeren Geschwisterkind aufwuchsen), gehen feinfühliger mit ihrem Säugling um.[478] Sie verteilen schon in den ersten Lebenstagen mehr Zärtlichkeiten und sie fühlen sich auch nach eigenem Bekunden sicherer.[479] Und für Männer gilt dasselbe, auch sie können sich durch Erfahrung besser auf ihren Nachwuchs einstellen.[480]

Neben Übung und Nähe scheint beim Menschen ebenfalls ein zweiter »Helfer« Wunder zu tun: die Unterstützung durch das soziale Umfeld. Das Risiko für elterliches Versagen steigt mit Armut, mangelnder Bildung und sozialer Isolation deutlich an.[481]

Wo bleibt die Intuition?

Beruht Elternsein also auf ganz banalem Training? Oder hat uns die Natur zumindest eine Skizze mit auf den Weg gegeben?

Jean Liedloff, die uns bereits in Kapitel 12 begegnet ist, geht davon aus, dass wir sogar eine detaillierte Landkarte besitzen. Nach ihrer Ansicht verfügen Eltern über »äußerst genaue Instinkte«, die »über jede Einzelheit der Kinderaufzucht Bescheid geben«.[482] Für sie ist der Mensch in eine »Erfahrungskette« eingegliedert, die uns einflüstert, was richtig und was falsch ist – wenn wir nur zuhören können. Auch die Entwicklungspsychologen attestieren den Eltern ein »genuines implizites Erziehungswissen«, also die Fähigkeit, intuitiv richtig mit ihren Kindern umzugehen.

»Das Aufziehen von Kindern ist eine erlernte Fähigkeit« setzt die Ethnologin Meridith Small dagegen.[483] Zumindest das, was wir von Schimpansen wissen, scheint ihr – zumindest teilweise – recht zu geben.

Nun schließt Lernen ja die intuitiven Fähigkeiten nicht aus. Schauen wir uns also einmal genauer um und beobachten Eltern bei ihrem Handwerk. Was machen alle Eltern gleich? Gibt es einen »arttypischen« intuitiven Umgang mit Kindern, der in allen Kulturen gilt?

Die intuitive »Grundausstattung«

Wenn ein Baby geboren wird, so gucken es Mütter in allen Kulturen erst einmal genau an. Und da interessieren sie als Erstes die Genitalien. Dann berühren sie ihr Kind und schauen ihm in die Augen.[484] Schon kurz nach der Geburt können sie ihr Kleines an seinem Geruch und an der Stimme erkennen. Dabei sind Mütter den Vätern deutlich überlegen – im Gegensatz zu Vätern können Mütter ihre Neugeborenen schon sechs Stunden nach der Geburt recht zuverlässig identifizieren und das selbst wenn sie nur eine halbe Stunde Kontakt mit ihrem Baby hatten.[485] Und im Schlaf wachen frischgebackene Mütter leicht an den Schreien ihres eigenen, nicht aber an denen anderer Kinder auf.

Immerhin schon mal was! Eine weitere Gemeinsamkeit betrifft die Sprache. Wenn Eltern mit einem Baby »reden«, so klingt das rund um den Globus ähnlich (die Eltern-Baby-Sprache wird von Sprachforschern etwas augenzwinkernd auch als »Mutteresisch« bezeichnet). Die Eltern sprechen langsamer, wiederholen sich oft und übertreiben die Tonhöhen in einer Art Singsang. Auch das Gesicht übertreibt maßlos: Die Augenbrauen werden stark angehoben, das Gesicht in freudiger Überraschung verzogen und das Reden mit einem Kopfnicken begleitet. Die Äußerungen des Kindes werden immer wieder aufgegriffen und dem Kind in unterschiedlichen Variationen »zurückgespielt«.

Überhaupt passen Erwachsene ihre Bewegungen und ihr Verhalten an die Wahrnehmungsfähigkeit des Babys an – sie bewegen sich zum Beispiel langsamer und vorsichtiger. Zudem registrieren sie genau, wie es dem Baby gerade geht – je nachdem wirken sie beruhigend oder aber »aktivierend« auf das Kleine ein (Entwicklungsforscher sprechen auch von »angemessener Stimulation«).

Die allermeisten Mütter halten ihre Kinder an der linken Körperseite (dies ist bei Männern nicht zu beobachten).[486] Warum sie dies tun, kann niemand genau sagen. Eine Erklärung ist die, dass Babys den vertrauten Herzschlag hören oder spüren wollen und deshalb auf der linken Seite ruhiger sind. Der bekannte Neurologe Damasio hat eine andere Erklärung parat: Die Linksposition erleichtere der Mutter die intuitive Kommunikation mit ihrem Baby, da die Sinneseindrücke von der linken Körperseite wegen der Kreuzung der Nervenbahnen direkt in der rechten Hirnhälfte eingingen – und diese kann Emotionen und Körpersignale weitaus schneller und besser entschlüsseln als die linke Gehirnhälfte.[487] Neuere Experimente geben Damasios Einschätzung recht.[488]

Der Beitrag des Babys

Interessant ist, dass es bei diesem intuitiven Zugang zum Kind durchaus auch auf das Baby ankommt. Das »intuitive« Verhalten der Eltern entwickelt sich sozusagen im Dialog mit dem Baby, also durch die Beziehung selbst!

Nehmen wir etwa die Lagerung am Körper: *Wie* sollen Eltern ihr Baby halten, damit es zufrieden ist? Zumindest das Baby scheint das genau zu »wissen«: Es bevorzugt eine stabile, »gestützte« Position, einen bestimmten Abstand zum Gesicht der Mutter, und es will das Gesicht der Mutter am liebsten aufrecht sehen. Es bevorzugt also eine Haltung, in der es leicht mit der Mutter kommunizieren kann, ihren »Augenraum« teilt und dabei doch Zugang zu ihrer Brust hat – dazu passt, dass Neugeborene gerade im Abstand von 25 Zentimetern scharf sehen!

Das Baby sorgt nun durch sein Verhalten dafür, dass die Mutter dieser angeborenen Erwartung entspricht. Wie es das tut? Ganz einfach: Es »belohnt« das richtige Verhalten, indem es die Mutter anlächelt und Augenkontakt hält – und »bestraft« die »falsche« Haltung, indem es auf die mütterliche Mimik nicht reagiert, wegschaut oder gar weint. Tritt eine Mutter etwa von der Kopfseite an die Wiege, so nimmt das Baby so lange keinen Kontakt auf oder wird unruhig, bis die Mutter sich so positioniert, wie es nach der Wahrnehmungsmatritze des Babys »richtig« ist: Augen oben, Mund unten. Das Baby »leitet« seine Mutter sozusagen durch seine Reaktionen in die richtige Position, gerade so, als zöge es sie an unsichtbaren Schnüren.

Die Begegnungen der Eltern mit dem Baby sind also auch Lernprozesse. Entwicklungsforscher behaupten sogar, dass drei Viertel des Umgangs zwischen Säugling und Eltern in Missverständnissen und deren Klärung bestehen!

Zum Lernen verdammt

Eltern, so scheint es, können sich intuitiv auf die kleinen Menschen einstellen, ihre Signale deuten und auf ihre Bedürfnisse reagieren. Dabei wirken die Babys aktiv mit – sie helfen ihren Eltern durch Lust- und Unlustäußerungen auf die Sprünge.

Aber machen es Eltern deshalb automatisch richtig? Leider nicht. Denn das intuitive Programm wird nicht einfach abgespult. Vielmehr bedarf es dazu *bestimmter Bedingungen*. Ja, wir haben da ein paar »intuitive« Werkzeuge in der Erziehungskiste – aber wir müssen zuerst lernen, sie zu bedienen!

Dazu braucht es Helfer. Eine dieser Bedingungen ist uns in diesem Buch schon mehrmals begegnet: das eigene Wohlergehen der Eltern. Fühlen sie sich in ihrer Haut wohl, haben sie Unterstützung und Kraft, so machen sie es intuitiv eher richtig, als wenn sie gestresst, verzweifelt und angespannt sind. Die zweite helfende Bedingung rückt dieses Kapitel in den Blickpunkt: die Erfahrung. Der Umgang mit Kindern will *geübt* sein!

Intuitive Erziehung ist ein Mythos

Das ist – mit Verlaub – eine ziemliche Gemeinheit. Gerade heute könnten wir doch jedes Quäntchen instinktiver Sicherheit gut gebrauchen, wo wir bei so vielen Fragen regelrecht »schwimmen«: Den Säugling mit ins Bett nehmen? – Wo doch überall vom Plötzlichen Kindstod die Rede ist! Das Kind auf dem Arm einschlafen lassen? – Wo doch die Schlafforscher sagen, das sei der erste Schritt zu Schlafproblemen. Überall lauern Risiken, überall steht irgendetwas im Kleingedruckten, und überall sagen uns Experten, was wir alles vermasseln können.

Trotzdem: Intuitiv erziehen kann kein Gesamtkonzept der Erziehung sein. Menschen haben keinen kompletten Erziehungswaschgang im Gehirn, den sie instinkthaft ablaufen lassen können. Sie haben intuitive Voreinstellungen, die ihnen hier und da bei der Begegnung mit dem Kind helfen, die ihnen bestimmte Floskeln oder auch Redewendungen einflüstern, aber sie haben noch keine Sprache, mit der die Kommunikation »einfach so« gelingt. Erziehen will tatsächlich *gelernt* sein.

Der evolutionsbiologische Sinn

Dass wir auch in Sachen Erziehung von Erfahrung abhängen, hat durchaus seine guten Gründe. Das eben nicht genau definierte »Erziehungsprogramm«, die nicht aus dem Bauch aufsteigende Elternkompetenz macht uns Menschen nämlich ungeheuer flexibel. Und diese Flexibilität hat ein Lebewesen, das sich in alle ökologischen Nischen ausgebreitet hat, bitter nötig. Nur weil wir eben *nicht* auf ein bestimmtes Erziehungsrepertoire festgelegt sind, können wir Menschen unsere Kinder in einer sich ständig ändernden Welt mit dem versorgen, was sie gerade hier und jetzt brauchen. Wir können ihnen unter sehr unterschiedlichen Bedingungen helfen, erfolgreich zu sein – dem einen Kind so, dem anderen so.

Und schließlich stehen wir ja nicht ganz ohne Hilfsmittel da. Denn ein paar intuitive Bausteine hat uns die Natur ja immerhin mitgeliefert. Was aber noch wichtiger ist: Sie hat uns eine Art Lernprogramm auf die Festplatte gespielt, mit dem wir Kompetenz als Eltern nach und nach erwerben können. Warum denn spielen Mädchen für ihr Leben gern mit Puppen – egal, ob sie in Jäger- und Sammlergesellschaften leben oder in einer modernen Großstadt? Nicht, weil wir es ihnen anerzogen hätten (bringen Sie einmal einem Jungen bei, gern mit Puppen zu spielen!), sondern weil es ihnen einfach Spaß macht, und zwar ganz ohne

Zutun der Eltern. Und wenn man sie gar auf echte Babys loslässt, kümmern sich die meisten von ihnen gerne und unermüdlich um die Kleinen, ganz wie die Mädchen der Schimpansen.

Vorsicht Liebe!

Ein Kind, so verkünden Elternzeitschriften und Ratgeber, braucht vor allem eines: Liebe![489] Und dazu werden Bilder gedruckt, die einen denken lassen, die Familie sei ein Streichelzoo.

Ich will hier nicht gegen die Liebe reden – sie ist und bleibt das wichtigste Fundament der Erziehung. Aber sie kann nur im Tandem wirken mit etwas anderem: mit Kompetenz. Dass Liebe kein Garant für eine gelungene Beziehung ist, können Erwachsene ja durchaus nachvollziehen. Auch Kinder werden nicht durch Liebe erlöst, sondern müssen »ihr Leben leben«, um erfüllt zu sein. Kinder entwickeln sich nicht nur durch die Gefühle, die wir ihnen entgegenbringen, sondern zuallererst durch eigene Erfahrungen, durch einen möglichst breiten Raum für die Entfaltung ihres eigenen Potenzials, durch eine auf ihren Entwicklungsstand abgestimmte Begleitung. Für das Kind entscheidend ist nicht, dass die Eltern vor Liebe zergehen, sondern dass sie ihr Kind bei seiner Entwicklung verlässlich unterstützen können.

Kollateralschäden der Liebe

Manche Eltern meinen, sie könnten es ihrem Kind nicht zumuten, ihm eine Mütze aufzuziehen, wenn es lieber ohne Mütze ins Schneegestöber rausgeht. Weil sie ihr Kind lieben, wollen sie das Kind entscheiden lassen und ihm so wenig Vorgaben machen wie möglich, Unangenehmes von ihm fernhalten und ihm keine Enttäuschung zumuten. Daraus kann viel Unzufriedenheit entstehen, auf beiden Seiten. Denn ein Kind wird dadurch in eine Rolle gebracht, für die es von seinem Entwicklungsstand her noch gar nicht gerüstet ist. Es wird mit Entscheidungen konfrontiert, die sein Urteilsvermögen übersteigen. Letzten Endes wird ein Kind durch eine solche hilflose Liebe in seiner Entwicklung *behindert.*

Aber auch die Eltern geraten in eine Sackgasse. Sie werden zu Bittstellern, die um die Liebe und Anerkennung ihres Kindes kämpfen. Weil die Zufriedenheit des Kindes zur alleinigen Richtschnur wird, verlieren sie die Orientierung und entfernen sich immer weiter von den Überzeugungen, nach denen sie eigentlich ihr Kind erziehen wollten. Anstatt dem Kind einen klaren Rahmen geben zu können, werden sie zu emotionalen Zulieferern ihres Kindes und lesen ihren »Wert« als Eltern und die »richtige« Erziehung aus dem Gesicht des Kindes ab. So können beispielsweise nicht wenige Eltern es nicht ertragen, wenn ihr Kind eine Mahlzeit ablehnt, und meinen, für eine »leckere« Alternative sorgen zu müssen. Das ist zwar angenehm für das Kind, aber es ist nicht das, was das Kind wirklich braucht. Statt »nur Liebe« braucht das Kind auch sichere Eltern: Der Karottenbrei ist gut. Es ist nicht schlimm, wenn dein Kind ihn jetzt gerade nicht mag.

Das soll nicht die Liebe abwerten. Natürlich wollen Eltern auch von ihren Kindern gemocht werden. Nur: Wenn Eltern dadurch aus dem Blick verlieren, was ihr Kind wirklich braucht, geht die Erfüllung des eigenen Anerkennungsbedürfnisses zu Lasten der Entwicklung des Kindes.

Und das geschieht umso leichter, je mehr Eltern sich selbst aus dem Blick verlieren. Denn wer meint, in einer Familie müsse sich jetzt »alles um das Kind drehen«, unterliegt einem schwerwiegenden Missverständnis. Wenn die Eltern mit ihrem eigenen Leben nicht klarkommen, kann es auch dem Kind nicht gut gehen. Die Beziehung zu Kindern ist darauf angelegt, dass auch Konflikte ausgetragen werden. Die Interessen von Kindern und Eltern, das haben wir in Kapitel 2 E&A gesehen, können nicht identisch sein. Ohne ein starkes eigenes Leben und das Eintreten für ihre eigenen Grenzen und Bedürfnisse stehen Eltern da auf verlorenem Posten. Eltern können nicht die Liebhaber ihrer Kinder sein, sie müssen ihre *Eltern* sein!

Liebe muss auch »ankommen«

Noch einmal: Dass Eltern viel Liebe für ihr Kind empfinden, ist die Grundlage einer gelungenen Beziehung. Aber die Welle muss auch beim Kind ankommen. Wir Eltern mögen durchglüht sein von Liebe, und wir können das Gefühl mitnehmen, wohin wir gehen. Das Baby aber, wir haben es in Kapitel 12 gesehen, ist Materialist – es ist auf körperliche, handgreifliche Signale angewiesen. Und die will es verlässlich bekommen – ein Baby kann keine »emotionalen Vorräte« anlegen! Die Sprache der Liebe ist für das Kind also lange Zeit weitaus konkreter als für uns Eltern. Wabernde Verzückung kennt es nicht. In Verzückung gerät es durch Wohlfühlen, durch die Befriedigung seiner Bedürfnisse. Dadurch, dass es *gut* getröstet wird, dass es *gut* gefüttert wird, bequem getragen wird, dadurch, dass wir seine Signale verstehen. Und für diese handgreifliche Unterstützung brauchen Eltern auch eine Zutat, die wir lange Zeit kaum beachtet haben: Kompetenz. Ein gutes Gefühl zu unseren Kindern zu haben ist wichtig, aber es muss auch im Bettchen »ankommen«. Liebe zu *haben* reicht nicht aus, wir müssen sie auch *geben* können.

Fazit: Wir stecken in der Sackgasse

Man könnte die Situation heute etwas überspitzt so beschreiben: Das Kind ist in der Lebensplanung der Eltern an eine immer zentralere Stelle gerückt. Gleichzeitig haben sich deren Mittel und Möglichkeiten ein Stück weit verflüchtigt: Die sozialen Netze um die Eltern herum sind löchrig geworden, die direkte Unterstützung durch Großeltern, Tanten und Nachbarn hat eher abgenommen. Gleichzeitig ist es schwerer geworden, den lockeren, selbstverständlichen, sicheren Umgang mit einem kleinen Menschen zu *erlernen,* etwa an einem Geschwisterkind oder anderen Kindern in der Verwandtschaft. Der Probelauf für das eigene Kind wird immer kürzer. Und wenn das Kind da ist, müssen Eltern einen Kaltstart hinlegen. Kein Wunder, dass der Motor der Familie jetzt eine Weile stottert und viele Eltern schlicht überfordert sind.

Im übertragenen Sinn haben wir es also immer öfter mit der Situation der Schimpansenmutter aus der Eingangsszene dieses Kapitels zu tun: Eltern, die von Liebe durchflutet um das Bettchen herumstehen, die aber nicht so richtig wissen, was jetzt zu tun ist und was dem kleinen Menschen wirklich guttut.

Wohin kann die Reise gehen?

In früheren Zeiten waren Mädchen und junge Frauen ziemlich regelmäßig von Babys umgeben, und in den allermeisten Kulturen sind sie es noch heute. Der stressfreie Umgang mit den kleinen Geschöpfen wird sozusagen per Osmose erlernt. »Pass doch mal kurz auf meinen kleinen Benjamin auf, solange ich ...« und schwupps bekommt man eine Lektion. Heute müssen diese in das normale Leben eingestrickten Erfahrungen in einer Art Crashkurs am eigenen Kind nachgeholt werden – und das dummerweise in der Zeit nach der Geburt, wo sowieso alles auf dem Kopf steht und der Druck im Kessel enorm hoch ist. Der Stoßseufzer der Ratgeberautorin Jan Hunt ist da nur allzu verständlich: »Wenn ein Baby nur allmählich auftauchen könnte! Sagen wir eine Stunde am ersten Tag, dann zwei am nächsten, und so weiter ...«[490]

Aber es hilft nichts: Babys sind von Anfang an zu 100 Prozent da. Und sie machen Eltern, die bisher mit Babys nichts zu tun hatten, verständlicherweise *Angst,* sie machen sie zumindest unsicher. Und leider sind auch die »Experten«, an die sich Eltern dann wenden, nicht immer die Lösung. Der Kinderarzt etwa, den viele Mütter um Erziehungsrat fragen, kann vieles (wie etwa mögliche Krankheiten erkennen), aber auf Fragen zum alltäglichen Umgang mit einem gesunden Baby ist er – im Gegensatz zu den Vermutungen mancher Eltern – zumindest von seiner Ausbildung her nicht vorbereitet. (Und wenn es um *Erfahrung* geht, dürfte die Frau des Kinderarztes sowieso die bessere Anlaufstation sein ...) Zudem sind sich selbst die Experten nicht einig – was sie Eltern zum Schlafen, zum Essen, zum Schreien und zum Trotzen raten, widerspricht sich regelmäßig.

Brauchen wir also doch einen Elternführerschein?

Eine Gesellschaft, in der es immer weniger Kinder gibt, steht nicht nur vor einem Alterungsproblem, sondern auch vor einem Problem mit dem Lebensstart: Wo kann Elternsein geübt werden? Wo können Erwachsene lernen, locker, angstfrei und kompetent auf kleine und ganz kleine Menschen zuzugehen?

Wir brauchen keinen Elternführerschein. Wir brauchen auch kein neues Lehrbuch für Eltern. Was (werdende) Eltern brauchen, sind Möglichkeiten, Erfahrungen zu sammeln. Ein Vorbild könnten manche Schulen in den USA sein. Hier können Schüler das Wahlfach Babybetreuung wählen und in der schuleigenen Krippe mitarbeiten. Was wäre denn dabei, wenn Schüler die Möglichkeit bekämen, in Kindergärten, Krippen oder im Hort mitzuarbeiten? Einer Gesellschaft, in der es kaum noch Geschwister gibt, würde das wichtige Impulse geben. Und wie wäre es, wenn werdende Eltern in den Schwangerschaftskursen weniger das Hecheln lernten, sondern sich mit bereits gewordenen jungen Eltern zusammentäten und deren Säuglinge eine Weile betreuten?

Und natürlich kommen wir in diesem Zusammenhang wieder auf etwas zu sprechen, was uns an mehreren Stellen dieses Buches begegnet ist: Elternsein ist ohne Unterstützung durch andere nicht möglich. Auch Kompetenz braucht den Rückenwind durch Helfer. Es *braucht* ein Dorf, um Kinder großzuziehen. Die Unterstützung junger Familien durch Nachbarn, Freunde, Paten, Hebammen, Erzieherinnen, gute Krippen, gute Horte, gute Tagesmütter ist heute dringender denn je.

Zum Schluss: Ein Wort zur »Erziehungsdebatte«

Es wird oft so getan, als fehle es bei der Erziehung heute einfach an der Disziplin: Eltern setzten zu wenig »Grenzen« und förderten dadurch tyrannische, egoistische Kinder. Das in diesem Kapitel Gesagte deutet darauf hin, dass die Sache komplizierter ist.

Auch heute handelt es sich bei einem guten Teil der »unerzogenen« Kinder schlicht und einfach um vernachlässigte Kinder, um Kinder also, denen es am Nötigsten fehlt – an der Erfahrung von Zuwendung, Verlässlichkeit und einem stabilen Bindungssystem.

Bei einem anderen – leider zunehmenden – Teil der heutigen »Problemkinder« fehlt es weder an Bindung noch an Liebe – und trotzdem klappt die Erziehung nicht. Das liegt aber nur selten daran, dass Eltern ihre Kinder nicht führen wollen, oder dass sie das Setzen von Grenzen für einen alten Hut halten. Vielmehr fehlt es diesen Eltern oft an Unterstützung, Kraft und auch an – ja: Kompetenz.

Wo fehlt die Unterstützung? Familien sind heute kleiner geworden und die Kinder sind viel stärker auf ihre Eltern bezogen. Wo Kinder früher auf die Gasse geschickt wurden und sich in der – von Erwachsenen kaum überwachten – Kindergruppe austauschten und austobten (und dort sehr wohl auch Grenzen erfuhren), sind sie heute oft eins zu eins auf *einen* Erwachsenen (meist die Mutter) bezogen, der sie betreut, fördert und emotional »reguliert«. So intensiv dieser Bezug ist, er ersetzt nicht das reichhaltige Sozialisationsnetz, das früher die Kindergruppe und der erweiterte Kreis der Bezugspersonen im Umfeld der Familie boten. Kurz: Viele heutige Familien weisen eine »Sozialisationslücke« auf.

Wo fehlt die Kraft? Die Familie ist heute konflikthaltiger geworden. Gerade in der »gut bürgerlichen« Mitte muss viel Zeit und Energie in

Ausbildung, Karriere und Erwerbsarbeit investiert werden. Zudem sind Partnerschaften gerade in der »Kinderphase« oft durch Konflikte belastet – bei Scheidungsraten um 50 Prozent muss davon ausgegangen werden, dass sehr viele Familien von jahrelangen Beziehungskrisen belastet sind. Wer solche Krisen von innen erlebt hat, der weiß, dass diese Kraft – beim besten Willen – bei der Erziehung der Kinder fehlt.

Wo fehlt die Kompetenz? Wie wir gesehen haben, können Eltern heute die natürliche »Erfahrungsdividende« kaum mehr nutzen, also die Tatsache, dass der Umgang mit kleinen Kindern durch »learning by doing« immer leichter fällt. Gerade der Anfang des Lebens mit einem Kind ist oft von Unsicherheit und auch Angst – auch dem Kind gegenüber – geprägt. Da entsteht schnell ein Teufelskreis, bei dem tatsächlich das Kind die Führung übernimmt – einfach, weil kein gnädiges Gefühl den Eltern mehr einflüstert: Du machst das gut und richtig, auch wenn dein Kind vielleicht gerade nicht im siebten Himmel schwebt. Weil die intuitive Kommunikation durch die Unsicherheit leidet, fällt es Eltern auch schwer, intuitiv Grenzen vorzugeben.

Kinder müssen sich ihren eigenen Reim auf die Welt machen, denn sie selbst sind es, die die Welt verändern und darin einmal zurechtkommen müssen. Dass Kinder nur durch Erwachsene »geführt« und »begrenzt« werden müssten, um selbst kompetent zu werden, ist evolutionär nicht plausibel. Dazu passt auch das, was Ethnologen von ursprünglichen Gesellschaften berichten. Dort ist Disziplin alles andere als eine Erziehungskonstante (was nicht heißt, dass die Kinder dort keine Grenzen erfahren). Der frühe Völkerkundler Irle etwa schreibt über die Herero: »Von einer Erziehung kann eigentlich (…) keine Rede sein. Aber eben dieser Mangel an jeder Erziehung fördert ihre völlig freie, ungehinderte, selbstständige Entwicklung.« Und E. Mjöbergs berichtet von den Dajak auf der Insel Borneo: »Die Kinder wissen trotz des Genusses unbeschränkter Freiheit, was ihnen geziemt.«

Statt auf den Eltern oder den Kindern herumzuhacken, spielen wir den Ball also einmal dorthin, wo er hingehört: vor unsere eigene Haustür. Wo ist denn die praktische, tatkräftige Unterstützung für die heutigen Eltern? Wo sorgt die Gesellschaft dafür, dass ihnen die Kraft nicht ausgeht? Und wie sehen unsere Konzepte gegen den immer weiter schwindenden Erfahrungsschatz aus?

Einblick und Ausblick

Das Elternbild der Evolution

Soll man auf eine Frage tippen, die sich frisch gebackene Eltern garantiert stellen, dann auf die: Wie soll ich das nur schaffen!? Verständlich. Denn sobald das Kleine auch nur die Augen auftut, nimmt es schon zwei Erwachsenenhände in Beschlag: zum Tragen, zum Stillen, zum Wickeln. Und wenn die Windeln endlich Vergangenheit sind, erscheint garantiert der zweite Querstrich auf dem Teststreifen.

Der Evolutionsbiologe Hillard Kaplan schätzt, dass ein Kind unter steinzeitlichen Bedingungen mit etwa 13 Millionen Kilokalorien »subventioniert« werden musste, um es bis ins Erwachsenenalter zu schaffen. Woher kamen die vielen Kalorien? Allein von der Mutter? Vom Vater? Von dem ist ja bekannt, dass er nicht immer erdbebensicher an der Seite seiner Partnerin steht. Sind vielleicht noch andere Erzieher für das Menschenkind »vorgesehen«? Ja, braucht es vielleicht tatsächlich »ein ganzes Dorf«, um Kinder großzukriegen?

Die Erlösermutter

In Romanen oder Erziehungsratgebern kommen seit der Aufklärung real existierende Mütter kaum mehr vor. Entweder begegnet uns die globige, von mütterlichen Instinkten strotzende Urmutter oder die gerade einem goldgerahmten Gemälde entstiegene Madonnen-Mutter, die »ihre lachenden Kinder mit zärtlichen Küssen bedeckt«.[491] Beiden ist eines gemeinsam: Nur diese starken, von Trieben oder Hingabe durchleuchteten Naturen können ihre Kinder befriedigen, nur sie können es richten. Aus dieser Zeit stammt auch die Vorstellung, die Entwicklung des Kindes vollziehe sich zuerst im Mutterleib und dann in einer Rockfalte der Mutter. Die Mutter sei es, die den Charakter des Kindes formt, die ihm Tugenden vermittelt und es beseelt.[492]

Und sie schafft die Erziehung *allein*. Sie ist die tragende Hausmacht, die sich um alles kümmert. Sie spendet Trost und Nachtisch, sie sammelt die in Schönschrift verfassten Hausaufgaben ein, sie fährt die Kleinen zu den Fußballspielen und feuert sie an. Und ist sie mal erschöpft, so wird sie in einer Müttergenesungskur wieder für die nächste Runde im Familien-Ring aufgepäppelt.

Das kooperative Aufzuchtmodell

Schauen wir einmal ins Tierreich, wer dort die »Erziehung« übernimmt. Bei den meisten Tierarten kommen die Eltern in ihrem ganzen Leben nie mit ihren Abkömmlingen in Berührung (man denke etwa an Fische oder Reptilien).[493] Dort wo die Elterngeneration doch als Versorger auftritt, liegt die Pflege der Kinder in den meisten Fällen allein bei der Mutter. Dieses »Die Mutter macht´s« ist das Standardmodell bei den Säugetieren, etwa bei den Mäusen, den Katzen, den allermeisten Affen und auch bei den Menschenaffen. Bei den meisten Vögeln, beispielsweise bei den Schwänen, sind Vater und Mutter beim Brüten und der Versorgung der Kleinen dagegen gleichberechtigt.[494] Dass allein die Väter für den Nachwuchs sorgen, ist dagegen eher selten – das kommt regelhaft eigentlich nur bei den Knochenfischen vor. Eine seltene Ausnahme bei den Landtieren ist der Vogel Strauß.

Und dann gibt es einige wenige Arten, die zusätzlich noch auf Ersatzspieler setzen. Da sorgen nicht nur Mutter und/oder Vater für die Kleinen, sondern auch andere Gruppenmitglieder – seien es weitere Verwandte oder auch sonstige Gemeinschaftsangehörige.

Diese Arten werden als »kooperativ aufziehende« oder auch »kommunal aufziehende« Arten bezeichnet. Dazu gehören etwa zehn Prozent der Vogelarten. Bei den Säugetieren ist das kooperative Modell mit weniger als drei Prozent der Arten noch seltener. Kooperativ aufziehende Säugetiere sind vor allem unter den in Gruppen lebenden Fleischfressern zu finden – Wölfe, Koyoten, Wildhunde, Löffelhunde, Hyänen und Löwen gehören dazu. Aber auch Elefanten, Wale oder der Indische Mungo setzen beim Aufziehen ihres Nachwuchses auf Helfer. Unter den Primaten ist das Modell eine Rarität – nur bestimmte kleine Affenarten profitieren von Kooperation, etwa die Krallenaffen (z.B. Marmosetten und Tamarine), Springaffen und Nachtaffen.

Interessant dabei ist, dass viele der geografisch erfolgreichsten Arten (also Arten, die sich in den unterschiedlichsten Lebensräumen halten können) zu den kooperativen Arten gehören. Kooperativ aufziehende Arten sind zudem oft auch extrem langlebig. Die nur etwa ein Kilogramm schweren, gemeinschaftlich aufziehenden Kapuzineraffen etwa werden bis zu 46 Jahre alt. Der Grund dürfte sein: Weil sie auf Hilfe bauen können, können kooperativ aufziehende Arten mehr in die Entwicklung des Nachwuchses investieren, sie können sich deshalb auch langsamer wachsende und damit »spät reifende« Kinder leisten.

Und der Mensch?

Auf welches Muster ist der Mensch angelegt? Betrachten wir es zuerst theoretisch. Das kooperative Aufziehmodell scheint die Antwort der Natur auf besonders »teure« Kinder zu sein – Kinder also, die ihre Mutter über deren Limit hinaus belasten. So gebären etwa die kleinen Krallenaffen regelmäßig Zwillinge – ein klarer Fall für weitere Helfer. Nun sind Zwillinge beim Menschen eher selten, sein Nachwuchs ist aber aus anderen Gründen extrem kostspielig (vgl. Kapitel 17 E&A): Menschenbabys sind ungewöhnlich groß, ungewöhnlich hilflos, sie entwickeln sich ungewöhnlich langsam und werden dazuhin noch geboren, solange das Vorgängerkind nicht ausgewachsen ist. Verständlich, dass Biologen Menschenkinder als den teuersten Nachwuchs im Tierreich überhaupt ansehen!

Und was leiten sie daraus ab? Richtig – der Mensch müsste eigentlich die am extremsten auf gemeinschaftliche Kindererziehung ausgerichtete Art sein! Und hierfür spricht vieles.

- Nehmen wir einmal bloß die Zahlen. Wie schon eingangs erwähnt, mussten in Jäger- und Sammlergesellschaften etwa 13 Millionen Kilokalorien aufgewendet werden, bis ein Kind selbst für sich sorgen konnte. Und der Mensch ist immerhin etwa ein Viertel seiner Lebenszeit von anderen abhängig!
- Auch die Bindung nach der Geburt scheint auf »Helfer an der Krippe« eingestellt zu sein. Sie ist beim Menschen – im Gegensatz zu seinen nächsten Verwandten – für mehrere Versorgungspersonen »offen« (vgl. Kapitel 10).

- Blickt man um den Globus oder blättert man durch die Geschichtsbücher, so war das Großziehen von Kindern *überall und immer* eine Gemeinschaftsaufgabe. In Jäger- und Sammlergesellschaften war es nicht nur üblich, Jagdbeute zwischen verschiedenen »Haushalten« zu teilen,[495] man half sich ebenfalls bei der direkten Versorgung der Kinder. Und auch unsere jüngeren Vorfahren kamen ohne Hilfe nicht aus – man denke an die bäuerlichen Großfamilien, aber auch die Kinder- und Dienstmädchen der bürgerlichen Haushalte. Und heute? Auch heute wäre das Leben mit Kindern nicht zu schaffen – gäbe es da nicht Kindergarten, Schule, ja auch Fertigpizzas, Kühlschränke, Mikrowellen, Waschmaschinen, die Putzfrau oder auch das Erziehungsgeld, das Kindergeld, das Wohnamt oder das Sozialamt.

Widerspruch zur Evolution?

Für die Kinder anderer Eltern zu sorgen, ist das denn von der Evolution überhaupt »vorgesehen«? Müsste nicht jeder ein Interesse haben, nur seinen eigenen Nachwuchs hochzupäppeln – schließlich ist das doch der Endzweck der Evolution?

Nicht wirklich. Wenn Verwandte für die Kinder anderer Verwandter sorgen, so steht das keinesfalls im Widerspruch zu ihren »genetischen Interessen« (wir haben ja das Prinzip der inklusiven Fitness in Kapitel 9 kennengelernt: Wer für Enkel, Cousins, Cousinen usw. sorgt, »verewigt« dadurch auch einen Teil seiner eigenen Gene – und steigert dadurch seine eigene Fitness). Und selbst nicht-verwandte Helfer können ihre Fitness steigern, indem sie die Kinder anderer betreuen – anderen zu helfen ist ja auch eine Gelegenheit, das eigene soziale Netz zu stärken, Allianzen zu schmieden und Freundschaften zu unterhalten.[100]

Wie viel Hilfe hatten die Eltern?

In welchem Maß Mütter durch andere Helfer unterstützt wurden, schwankt selbst in »ursprünglichen« Gesellschaften erheblich. Bei den Kung in der durch extrem raue Lebensbedingungen gekennzeichneten Kalahari etwa werden die Kinder zumindest im Stillalter praktisch ausschließlich von der eigenen Mutter versorgt. Bei den unter vergleichsweise üppigen Bedingungen lebenden Efe in Zentralafrika dagegen wird der mütterliche Einsatz von Anfang an auf vielen Schultern verteilt – pro Stunde wechseln die Kinder zwischen bis zu acht Frauen hin und her, die das Kind auch stillen, wenn es schreit. Mit einem Jahr wird das Kind im Schnitt von etwa zehn Frauen mehr oder weniger regelmäßig betreut! Auch bei den Aka-Pygmäen in Zentralafrika und bei den Hadza in Tanzania ist Hilfe durch andere Frauen die Regel. Zwar ist die Mutter die »Hauptbetreuerin«, aber etwa ein Drittel ihrer Versorgung erfahren Kleinkinder durch andere Frauen.[101]

So variabel das Ausmaß der »Fremdbetreuung« in der (bei indigenen Völkern üblichen langen) Stillzeit ist, so regelhaft sind nach dem Abstillen andere Versorger mit im Spiel – die Mutter ist jetzt ja typischerweise mit einem Neuankömmling beschäftigt. Wie wir in Kapitel 13 E&A gesehen haben, verbringen die Kinder jetzt die meiste Zeit in der gemischtaltrigen Kindergruppe, und sie schlafen und essen oft bei Verwandten.

Wer hilft?

Wer außer der Mutter noch für die Kleinen sorgt, hängt sehr von den Umständen ab. Zumindest in traditionellen Gesellschaften läuft es am öftesten auf Helfer hinaus, die heute weit im Hintergrund stehen, nämlich Geschwisterkinder, andere Kinder, Tanten und Großmütter. Auf Kiswahili heißt die jüngere Schwester der Mutter »kleine Mama«, der jüngere Bruder des Vaters »kleiner Papa«. Geschwisterkinder übernehmen etwa bei den Efe schon bei Säuglingen über ein Drittel der direkten Betreuung, und für viele Volksstämme lässt sich nachweisen, dass Kinder, die eine ältere Schwester haben, besser gedeihen.[496] (Wie wir im vorigen Kapitel gesehen haben, sichern sich dabei auch die helfenden Geschwisterkinder Vorteile: Während angehende Eltern in modernen Gesellschaften kaum auf eigene Erfahrungen im Umgang mit kleinen Kindern zurückgreifen können, ist die nachwachsende Generation in traditionellen Gesellschaften in praktischer Hinsicht gut auf die Elternschaft vorbereitet.)

Wie schon erwähnt, gehören andere Mütter und Freundinnen fast immer zu den »Helfern am Nest« – in über der Hälfte der beschriebenen Jäger- und Sammlergesellschaften legen sie das fremde Kind auch an der eigenen Brust an.[497] Großmütter übernehmen gerade dann eine wichtige Rolle, wenn kein Vater verfügbar ist – wir gucken uns die Großmütter aber noch genauer an.

In nicht wenigen traditionellen Gesellschaften wurden und werden die älteren Kleinkinder auch mehr oder weniger komplett von Verwandten versorgt – das gilt noch heute für viele Gegenden Afrikas, aber auch für Hawaii und Ozeanien.[498] Auch die Freunde der Familie sind in den meisten Gesellschaften immer auch Begleiter der Kinder – Patenonkel und Patentanten sind beileibe keine neue Erfindung. Ja, selbst das »Dorf« macht in vielen Fällen mit. So berichtet ein früher Beobachter der Aka: »Die Kinder gehen selbst dorthin, wo gerade gegessen wird, und werden dort mitversorgt.«[499]

Und was ist mit den Männern? Sie spielten und spielen mit Sicherheit eine Rolle, und sei es »lediglich« als Versorger der Mutter und der Kinder. Wenn von Männern die Rede ist, muss es sich übrigens nicht immer um den Vater handeln – auch männliche Freunde spielen in vielen traditionellen Gesellschaften eine (mit)tragende Rolle. Dies mag erklären, warum die Frauen in vielen von der Jagd lebenden Stämmen Südamerikas einiges unternehmen, um die genauen Vaterschaftsverhältnisse im Dunkeln zu halten.

Auch die Mythen dieser Stämme gehen davon aus, dass zur Entstehung eines Kindes der Samen aller Männer beitrage, mit denen die Mutter in der Schwangerschaft geschlafen habe.[500] Diese Männer fühlen sich dann auch tatsächlich für die Kinder mit verantwortlich. Auch in Zentralafrika werden die sozialen Netze um das Kind herum teilweise per Beischlaf geknüpft. Und für die Bari in Venezuela beschreibt die Verhaltensforscherin Hrdy in ihrem Buch *Mother Nature,* wie Frauen, wenn sie merken, dass ihre Periode ausbleibt, zunächst einmal einen der besseren Fischer des Stammes verführen ...

Aber bevor wir uns die Männer noch einmal vornehmen, wollen wir die Aufmerksamkeit auf andere wichtige Helfer richten, nämlich die Großmütter.

Die Großmütter

Aus evolutionsbiologischer Sicht sind die Wechseljahre der Frau ein Rätsel. Die allermeisten Säugetiere nämlich sind bis zu ihrem Lebensende fruchtbar. Auch die Weibchen der Menschenaffen sterben nicht lange, nachdem ihr letztes Kind entwöhnt ist. Beim Menschen dagegen leben Frauen selbst in traditionellen Gesellschaften nach Ausbleiben ihrer Regel noch etwa zwanzig Jahre.[102]

Eine Erklärung liefert die sogenannte Großmütter-Hypothese. Nach ihr verdanken Frauen ihr »zweites Leben« nach der Fortpflanzung der Tatsache, dass sie ihre Enkel mit versorgen – auf diesem Wege bringen sie nämlich auch ihre eigenen Gene in die nächste Generation. Indem sie die Dynastie zum Blühen bringen, sorgen die Großmütter schließlich indirekt für ihre eigene Fitness (das zugrunde liegende Konzept der inklusiven Fitness wurden in Kapitel 9 besprochen). Evolutionär betrachtet scheint es also für eine Menschenmutter die erfolgreichere Strategie zu sein, ab einem bestimmten Alter auf eigene, kraftzehrende Kinder zu verzichten und ihre Energie und ihr Wissen lieber den Enkeln zugutekommen zu lassen![501]

Beobachtungen und Messungen an traditionellen Stämmen unterstützen die Erklärung. Die Ethnologin Kristen Hawkes etwa untersuchte die Hadza in Tanzania – wie gut es dem neuen Baby einer Mutter erging, hing stark damit zusammen, ob eine Großmutter zum Mithelfen da war.[502] Das bestätigen auch Statistiken aus Finnland: Je länger die Großmütter in einer Familie nach der Menopause leben, desto mehr Kinder entspringen ihrer Blutslinie.[103]

Dabei scheint allerdings der Beitrag der Großmutter mütterlicherseits weitaus wichtiger zu sein als der der Großmutter väterlicherseits. Ja, eine Analyse von Kirchenbüchern aus dem 18. und 19. Jahrhundert zeigt sogar, dass es den Enkeln umso *schlechter* ging, je näher sie zur Mutter des Vaters wohnten.[503] Dies wurde evolutionsbiologisch so erklärt: Die Schwiegermütter der Frauen helfen bevorzugt ihren *eigenen* Töchtern – denn nur da können sie sich auch wirklich sicher sein, dass deren Nachwuchs auch die eigenen Gene weiterträgt (was, wenn das Kind der Schwiegertochter nicht vom eigenen Mann stammt?). Zudem sind Schwiegertöchter aus der Perspektive der Schwiegermutter eher ersetzbar – geht es ihr nicht gut, so wird der Sohn schon eine neue Frau finden! Der Evolutionsbiologe Voland sagt dazu ganz pragmatisch: »Mal ehrlich, wenn im Frühjahr das Vieh auf die Weiden getrieben werden muss, wen würden Sie schicken: Ihre schwangere Tochter oder Ihre schwangere Schwiegertochter?«

Der Beitrag der Großväter zum besseren Überleben ihrer Enkel lässt sich in traditionellen Gesellschaften nur selten erkennen, bei den meisten untersuchten Stämmen macht ein Großvater keinen Unterschied.

Und die Väter?

Heute berichten Elternzeitschriften gerne und ausdauernd über den »neuen Vater« (der vielleicht auch deshalb so enthusiastisch gefeiert wird, weil es ihn im realen Leben so selten gibt): den Vater also, der mit der Mutter zusammen für die Kinder sorgt (und nebenbei noch idealerweise gut verdient und ein zärtlicher, treuer Liebhaber ist).

Tatsächlich können Väter außer Stillen eigentlich alles. Und sie sind auch biologisch eindeutig auf die Versorgung des Nachwuchses vorbereitet. So steigt das »Zuwendungshormon« Prolaktin beim Mann während der Schwangerschaft seiner Partnerin um immerhin 20 Prozent an. (Gleichzeitig fällt sein Testosteronspiegel nach der Geburt des Kindes um etwa ein Drittel – vielleicht deshalb, damit ihm die Wiesen bei der Nachbarin nicht allzu grün erscheinen?)

Und wenn sich Väter einsetzen, dann macht das für die Kinder auch einen echten Unterschied. So haben Kinder bei den Ache in Paraguay, wenn sie als Kleinkinder ihren Vater verlieren, ein über dreifach erhöhtes Risiko zu sterben (das Risiko ist bei einer Scheidung der Eltern dort übrigens ähnlich hoch).[504]

Dennoch ist das Engagement des Vaters weit variabler als das der Mutter – sowohl im Vergleich verschiedener Kulturen als auch von Mann zu Mann. Nach den Befunden der Ethnologie unterhalten Väter in etwas mehr als der Hälfte der Kulturen generell enge, emotional warme und regelmäßige Beziehungen zu ihren Säuglingen und Kleinkindern.[505] (Die *hauptsächliche* Versorgung von Säuglingen durch den Vater ist allerdings bisher nur für eine einzige traditionelle Kultur beschrieben, die Aka-Pygmäen, die uns bereits weiter oben begegnet sind.)[104]

Aber auch innerhalb der verschiedenen Kulturen schwankt das Engagement von Vater zu Vater. Praktisch alle Mütter begeistern sich nachhaltig für die Versorgung ihrer Kinder und bringen dafür auch recht verlässlich die nötige Energie auf. Väter dagegen stehen nicht in jedem Fall in der Versorgung und Erziehung der Kinder ihren Mann.[105]

Wovon hängt es ab, ob Väter helfen?

Aber wovon hängt es ab, wie stark sich Väter einsetzen? An der Beziehung zur Partnerin, sagt der Evolutionspsychologe David Geary und beruft sich dabei auf eine systematische Auswertung der wissenschaftlichen Literatur. »Die Art der Partnerbeziehung sagt den väterlichen Einsatz am Besten voraus.«[507] Und auch wie gut die Beziehung des Vaters zu seinen Kindern ist, hängt am stärksten mit dessen Beziehung zu seiner Partnerin zusammen.[508] Kurz: Verstehen sich die Eltern gut, so legt sich der Papa ins Zeug.[106] Ähnliches scheint auch für »materiellen Stress« zu gelten: Von sozialem Abstieg bedrohte Männer scheinen sich weniger für ihre Kinder einzusetzen (und vielleicht auch einsetzen zu können). Nach manchen (aber nicht allen) Studien scheint dies übrigens auch auf Väter zuzutreffen, die sich ihrer Vaterschaft nicht sicher sind.[510]

Eine neuere Theorie sieht den väterlichen Einsatz eher als eine Art »Werbeaufwand«. Danach sind Väter umso eher bereit, sich in der Familie einzusetzen, je stärker sie um ihre Partnerin werben müssen. Sind sie sich ihrer Partnerin sicher (wie das etwa in den Zeiten der praktisch unkündbaren Ehen war), so werden sie weniger Aufwand betreiben, als wenn die Partnerin viele »Optionen« auf der Hand hat. Von Jäger- und Sammlergesellschaften ist bekannt, dass sich die Männer umso weniger um die Kinder kümmern, je mehr ungebundene Frauen im gebärfähigen Alter im Lager leben.[511] Auch in modernen Gesellschaften kümmern sich Männer in den Anfangsjahren einer Beziehung deutlich stärker um den Nachwuchs, und mit der Scheidung ziehen sich viele Männer komplett zurück.[512] Der gefeierte »neue Mann«, der auch als Familienvater seinen Mann steht, könnte nach dieser Theorie also die Folge der heute weitaus üppigeren weiblichen Wahlmöglichkeiten sein, die Väter schlichtweg zu mehr Einsatz zwingen.

Der Evolutionspsychologe David Geary trägt dazu ein recht interessantes Modell bei.[513] Er betrachtet den »Partnermarkt« nämlich ganz einfach mathematisch. In Zeiten, in denen die Bevölkerung rasch wächst (wie etwa in den Wirtschaftswunderjahren nach dem Krieg), überwiegen auf dem Partnermarkt die Frauen (das liegt daran, dass die Männer im Durchschnitt eher jüngere Partnerinnen bevorzugen). Den vergleichsweise raren Männer fällt es in ihrer Hahn-im-Korb-Position leichter, die ihnen genehmen oder leichter fallenden Lebensstrategien durchsetzen (dies würde auch erklären, weshalb sich etwa die Hippie-Bewegung eher unverbindliche sexuelle Moralvorstellungen auf die Fahnen schrieb). Anders zu Zeiten, in denen die Bevölkerung schrumpft (das derzeitige Szenario in den Industrieländern) – jetzt sind es eher die Frauen, die die Latte auflegen und ihre eher »verbindlichen« Vorstellungen von Partnerschaft und Familie durchsetzen können.[107]

Das neue Bild der Mutter

Fassen wir kurz zusammen: Zu keiner Zeit der menschlichen Geschichte war es für eine Mutter auch nur denkbar, ihre Kinder alleine großzuziehen. Für Kinder zu sorgen, hieß immer auch, ein möglichst tragfähiges Netz um die Kleinen herum zu knüpfen und zu unterhalten. Nur aus einer gesicherten, gut vernetzten Position heraus konnten Mütter ihren Kindern eine Zukunft bieten.

Die ausschließlich auf ihre Kinder bezogene, eher emotional als materiell versorgende Frau, die unser traditionelles Mutterbild prägt, hat es nie gegeben. Und die Suche nach der Vereinbarkeit von Muttersein und »Arbeit« ist ganz sicher kein neues Thema. Mütter haben seit grauer Vorzeit gearbeitet – sowohl im häuslichen Umfeld als auch draußen in der Welt.

Dabei dürfte das Kommunizieren mit anderen eine zentrale Rolle gespielt haben. Denn der Erfolg einer Mutter hing auch davon ab, dass sie Helfer motivieren und dauerhaft an sich binden konnte. Dass sie Interessen ausgleichen, Kompromisse finden, Koalitionen schmieden und Freundschaften pflegen konnte.[108] Für viele Forscher erklärt dies, warum Frauen in den Bereichen Einfühlungsvermögen, Teamfähigkeit, sprachlicher Kompetenz und direkter Kommunikation den Männern überlegen sind (im *Durchschnitt*, wohlgemerkt). Dies würde auch erklären, warum das weibliche Gesicht stärker als »Kommunikationsapparat« angelegt ist als das männliche. Haarlos wie es ist, lässt es eine weitaus nuanciertere Mimik zu: Die Augenbrauen setzen sich schärfer ab, und auch die offeneren, da weniger von Stirnwülsten überschatteten Augen erhöhen die Signalklarheit.[515]

Auch das Bild der Mutter, die durch den Mann »versorgt« wird – gerne in der Version: Frau sitzt mit den Kindern in der Höhle, Mann bringt leckere Mammutkeule vorbei – ist ein Mythos. Die volle Versorgung der Frau durch den Mann kommt allenfalls unter Extrembedingungen vor, etwa bei den Inuit.[516] In etwa der Hälfte der untersuchten traditionellen Kulturen dagegen tragen Mann und Frau gemeinsam und relativ gleichwertig zum Unterhalt der Familie bei. In der anderen Hälfte überwiegt einmal eher der Beitrag der Frau, einmal eher der des Mannes.[517] Aus der tieferen Menschheitsgeschichte tritt uns also eine durchaus »moderne« Frau entgegen.

Kapitel 15

Förderung aus Sicht der Evolution

Im Kapitel über die Sauberkeitserziehung wurde sogar das Gras bemüht, um Entwicklung zu charakterisieren. So wie das Gras nicht schneller wächst, wenn man daran zieht, so folge auch das Kind in seiner Entwicklung einem Eigentempo.

Dieses Bild der »von innen heraus« abgespulten Entwicklung wird all jene zum Widerspruch reizen, die tagtäglich das Gegenteil sehen: Kinder ändern sich sehr wohl, wenn man sie ein bisschen fordert, wenn man Anreize setzt, sie anspornt und trainiert! Welcher Fußballcoach käme nicht über Kinder ins Schwärmen, die mit zwei linken Füßen das Training beginnen und schon wenige Wochen später filmreife Tore schießen? Und welcher Lehrer könnte nicht Beispiele nennen, wo der Schweiß auf der Stirn *wirklich* einen Unterschied macht!

Was nun: Kommt Entwicklung von innen oder von außen? *Entfalten* wir uns zu dem, was wir sind, oder muss am Ergebnis gezimmert werden?

Entwicklung passiert

Dass Entwicklung »einfach so« passiert, sehen Eltern jeden Tag. Wir müssen unseren Babys weder das Sehen noch das Hören beibringen, und selbst das Sprechen erlernen sie alleine. Und auch wie man krabbelt, sitzt und läuft, kriegen sie ohne unsere Hilfe raus – man muss es ihnen weder vormachen noch im Bilderbuch zeigen. Dasselbe gilt für die Kontrolle ihrer Ausscheidungen – irgendwann sabbern sie nicht mehr und auch die Windel bleibt auf einmal trocken. Ja, selbst ihr Temperament ist zu einem großen Teil »einfach da« – sie sind nicht deshalb schüchtern, weil sie schlechte Erfahrungen gemacht haben oder die Zurückhaltung bei ihrer Mutter abgucken, sondern in erster Linie, weil sie schüchtern geboren wurden (vgl. Kapitel 13).

Eingriffe von außen haben auf die geschilderten Entwicklungsschritte einen überraschend geringen Einfluss. Egal ob Babys getragen oder geschoben werden, ob sie den ganzen Tag angelabert werden oder nur den Erwachsenen zuhören, ob sie einen Babyschwimmkurs machen oder stattdessen lieber ein Nickerchen – sie unterscheiden sich später einmal nicht nennenswert in ihrem Entwicklungsstand.[518] Dies passt auch zu dem folgenden Befund. Kinder wachsen rund um den Globus sehr unterschiedlich auf: Säuglinge in vielen traditionellen Gesellschaften werden eng am Körper der Mutter getragen, aber geredet wird mit ihnen nur wenig. Säuglinge im modernen Westen dagegen werden wenig getragen und sind auch sonst viel für sich – ob im Kinderwagen oder im eigenen Bettchen – dafür wird viel auf sie eingeredet. Trotzdem verläuft die Entwicklung der Kinder äußerlich ziemlich ähnlich!

Der erste Teil: Reifung

Gucken wir uns die Fertigkeiten an, die sich da entfalten, so handelt es sich um Fertigkeiten, die *alle* Kinder rund um die Erde benutzen, um mit ihrer Umwelt zurechtzukommen. *Alle* Menschen müssen reden können, laufen können, hören können, um in ihrer Umwelt zu bestehen.[519] Keine Überraschung also, dass dieser Teil der Entwicklung keiner ausgefeilten, exotischen Bedingungen bedarf. Er läuft sozusagen automatisch ab: Das Kind entwickelt sich aus sich heraus, wenn es sich wohl fühlt und entwicklungsgerechte Erfahrungen machen kann.[520] Dieser Teil der Entwicklung wird auch als *Reifung* oder als »kanalisierte« Entwicklung bezeichnet.

Nicht, dass es dabei *überhaupt keiner* Anregungen bedürfte! Kinder müssen andere reden hören, um sprechen zu lernen, sie müssen »Krabbelraum« haben, um krabbeln zu lernen. Aber das unter einigermaßen normalen Umständen vorgefundene »Standardmaß« reicht aus. »Wir kennen bis heute noch keinen Weg, den Erwerb dieser Kompetenzen deutlich vorzuverlegen«, so in einem Lehrbuch über die kindliche Entwicklung.[521] Das Gras lässt grüßen.

Allerdings: Ein bisschen Spielraum gibt es auch bei der Reifung. So scheinen Babys in traditionellen afrikanischen und asiatischen Gesellschaften den Babys im Westen in ihrer motorischen Entwicklung ein Stück voraus zu sein: Sie lernen etwa einen Monat früher frei zu sitzen und zu laufen.[522] Dies könnte damit zusammenhängen, dass die Eltern ihre Kinder motorisch besonders fördern – tatsächlich werden gerade afrikanische Babys von den Eltern traditionell früh zum Stehen, Hopsen und Laufen angehalten.[523]

Die Tatsache, dass sich auch viele asiatische Babys motorisch etwas schneller entwickeln, deutet aber in eine andere Richtung: Der »Lebensstil« der Babys in traditionellen Gesellschaften insgesamt scheint »körperfreundlicher« zu sein. Die vielen Berührungen und das viele Tragen bedeuten eine beständige sensomotorische Stimulation, welche die Körperkontrolle und die Wahrnehmung fördern kann. Während die Babys in den USA etwa 30 Prozent ihrer Wachzeit im Liegen verbringen, tun dies die Kipsigi-Babys in Ostafrika nur zu zehn Prozent der wach verbrachten Zeit.[524] Vielleicht, so muss in diesem Zusammenhang gefragt werden, stellt das westliche »Pflegemodell« mit seiner Vorliebe für Kinderwägen, Kissen und bequemen Bettchen für Säuglinge tatsächlich eine Art Behinderung dar?[109]

Was immer genau hinter den kulturellen Unterschieden stecken mag, verglichen mit den *individuellen* Unterschieden (also den Unterschieden von Kind zu Kind) sind sie sehr klein. Tatsächlich scheint jedes Kind in seiner Reifung einem ganz eigenen, zu einem großen Teil genetisch festgelegten Tempo zu folgen: Manche Kinder beginnen mit zehn Monaten zu laufen, andere lassen sich bis zum 19. Lebensmonat Zeit. Manche Kinder reden ihr erstes Wort noch als Säuglinge, manche aber erst Mitte des dritten Lebensjahres. Tatsächlich ist die natürliche Spannbreite der kindlichen Reifung so groß, dass die Eltern mit ihren meist am Mittelwert orientierten Erwartungen nur ausnahmsweise richtig liegen.[526]

So stur und robust die Reifungsprogramme sind, sie haben einen Nachteil: Sie laufen nur in einer zeitlich mehr oder weniger eng begrenzten Entwicklungsphase ab, gerade als folgten sie einer Schaltuhr (man spricht von »sensiblen« Phasen). Kätzchen, denen man die Augen gleich nach der Geburt zunäht und erst nach den ersten 16 Wochen wieder öffnet, lernen nie wieder sehen. Dafür können »gereifte« Fähigkeiten im weiteren Leben nicht mehr verlernt werden! Wer einmal sitzen gelernt hat, sitzt für immer.

Der zweite Teil der Entwicklung

Reifung ist aber nicht alles. Ein zweiter Teil der Entwicklung ist auf die *Lebenssituation des Einzelnen* zugeschnitten. Dieser Teil baut auf unseren unverwechselbaren Erfahrungen auf und beruht damit auch auf *Lernen* (ob es en passant oder in der Schule passiert). Dieser Teil macht uns fit für die unverwechselbare kulturelle Umwelt, in der wir leben.

Diese Seite der Entwicklungsmedaille ist die Domäne von Schulen, von Förderung und von Erziehung – wir müssen in die Schule gehen, um das zu lernen, was die Natur nicht in unser intuitives Reifungsrepertoire einprogrammiert hat!

Dieser Teil der Entwicklung hat mit Schweiß zu tun. Und mit Talent: Dem einen fallen die »Lerneinheiten« leichter, dem anderen schwerer. Und er hat mit Motivation zu tun. Kinder sind von innen heraus motiviert zu klettern, zu toben, zu spielen, Freundschaften zu schließen, die Welt zu erkunden. Aber sie müssen »von außen« motiviert werden, um Mathematik zu lernen. Oder die Jahresdaten der französischen Revolution.

Im Gegensatz zur Reifung ist dieser Teil der Entwicklung weitaus weniger auf sensible Phasen festgelegt. Wer die binomischen Formeln nicht in der Schule lernt, kann sie ein paar Jahrzehnte später in der Volkshochschule lernen.

Das Duale System der Entwicklung

Die kindliche Entwicklung kann also als zweigleisig angesehen werden.

Das eine Gleis ist die *Reifung* – also das Ausschöpfen genetisch angelegter Potenziale. Solange keine Katastrophen dazwischenkommen und die Kinder eine artgerechte Umwelt vorfinden, bringt dieses Gleis alle

Kinder dieser Erde an dasselbe Ziel. Reifung sorgt dafür, dass Kinder das »lernen«, was *alle* Kinder *überall* tun. Und sie lässt sich genauso wenig beschleunigen, wie man eine Rose zum Blühen bringen kann, indem man die Knospe aufbricht.

Das andere Gleis ist die *erfahrungsabhängige Entwicklung* – dieses Gleis sorgt dafür, dass Kinder in ihrer jeweils unterschiedlichen Lebenswelt zurechtkommen. Es macht sie zu Überlebensspezialisten im Lianendickicht des Amazonasdschungels genauso wie in einem Beduinenlager in der Wüste Sahara oder im ewigen Eis der Arktis.

Lernen aus Sicht der Evolution

Was bedeutet die zweigleisige Entwicklung für das Lernen? Schauen wir die Aufgabe einmal im Detail an. Bis aus der elterlichen Ei- und Samenzelle ein fertiger Mensch entstanden ist, müssen in etwa 10^{14} (also 100.000.000.000.000) Zellen zusammengebaut werden. Und zwar so, dass der Organismus genau das kann, was vor Ort wichtig ist, um zu überleben, um Partner zu finden, in der Gruppe zurechtzukommen und selbst wieder Kinder zu haben. Nach welcher Anleitung läuft die Entwicklung ab?

Das ist genau der Trick beim Menschen: Es gibt keine genaue Anleitung! Es gibt allenfalls eine Skizze, und die ist schon uralt. Sie taugt nur fürs Grobe, so wie eine alte Landkarte dafür sorgt, dass man zumindest schon mal in die richtige Richtung losfährt. Aber all die in der letzten Zeit gebauten Straßen, Restaurants, Tankstellen, Autobahnausfahrten, Postämter und Internetcafes, all das, was wir für das Leben im Hier und Jetzt dringend brauchen, sind darauf nicht zu finden. (Dafür sind ein paar Straßen auf der Karte, die längst aufgegeben wurden und heute nirgendwohin mehr führen.)

Jedes Kind führt eine solche Skizze mit sich und zwar in seinen Genen, und sie sieht für jedes Kind praktisch gleich aus – ob sein Körper von weißer oder von schwarzer Haut umhüllt ist. Die Anleitung enthält das Wissen über die Welt, wie sie dem Menschen über Hunderte und Aberhunderte von Generationen begegnet ist. Sie beschreibt die Lösungswege, die bei diesen Begegnungen gut funktioniert haben: Bevorzuge Süßes und Fettes etwa, mache dagegen um Bitteres einen großen

Bogen. Meide Hitze, Kälte, Dunkelheit, Schlangen und sonstiges giftiges Getier. Und: Binde dich als kleines Baby an die Person, die sich am verlässlichsten um dich kümmert. Kitzle aus den dir wohlgesinnten Menschen vollen Einsatz heraus (ob mit süßen Blicken oder mit Zornanfällen). Schaue, wie es die anderen Kinder machen, lerne vor allem ihre Sprache und ihre Spiele. Bemühe dich in der Gruppe klarzukommen, versuche aber auch dich darin auszuzeichnen. Schließe Freundschaften, merke dir aber auch, wer es schlecht mit dir meint.[110]

Der Rest der Entwicklung muss jedoch – mehr oder weniger – improvisiert werden. Das eine Kind muss lernen, wie es am besten ein Gürteltier erlegt. Das andere, wie es den Kopierschutz auf einer DVD knackt. Dieser Teil des Entwicklungsplans ist nicht in unseren Genen festgelegt – auch wenn er durchaus auf genetisch verankerte Lernprogramme zurückgreift. Und dieser Teil der Entwicklung ist es, der Menschen so flexibel macht – er sorgt dafür, dass ein etwa von einem steinzeitlich lebenden Indianerstamm nach Düsseldorf geschmuggeltes Baby durchaus als Sachbearbeiter beim dortigen Finanzamt Karriere machen kann!

Das Lern-Paradox

Warum tun wir uns beim Lernen manchmal so schwer, während uns andere Dinge fast von alleine zufallen? Die vorangegangenen Seiten dieses Buches liefern eine einfache Antwort: Wir eignen uns solche Fertigkeiten am leichtesten an, die uns in unseren ursprünglichen Lebensverhältnissen beim Überleben geholfen haben. Denn diese Anteile reifen einfach – wir »lernen« sie sozusagen per Osmose: Man muss Menschen Sex nicht beibringen. Verhütung aber sehr wohl.[527]

Wenn Kinder Reifungsschritte machen, dann besitzen sie dazu garantiert die passenden Module in ihrem Gehirn. Sie lernen laufen, weil sie ein »Lauflern-Modul« im Kopf haben. Aber wenn sie schreiben lernen? Dazu müssen sie eine Technik meistern, die in der Welt, aus der wir Menschen ursprünglich stammen, noch nicht da war. Das Schreiben wurde schließlich erst vor wenigen tausend Jahren erfunden und ist erst seit wenigen hundert Jahren kulturelles Allgemeingut – und das noch nicht einmal in allen Ländern der Erde. Um sich solche neuen Fertigkeiten anzueignen, müssen Kinder ihr Gehirn sozusagen »zweckentfremden« – und das kann sich anfühlen, »wie wenn man mit der Nagelfeile Schrauben drehen will«, so der Evolutionsbiologe Eckart Voland.[528]

Das bringt uns nun doch noch zu einer ziemlichen Gemeinheit. Unsere »natürlichen« Lernprogramme scheinen auf ein Leben zugeschnitten zu sein, das wir Menschen in weiten Teilen schon längst aufgegeben haben. Es fällt uns leicht, das zu tun, was in grauer Vorzeit einmal richtig und wichtig für uns war, aber die Dinge, die wir brauchen, um *hier und jetzt* zurechtzukommen oder gar die Zukunft zu meistern, müssen wir uns regelrecht erarbeiten.

Und die Rolle der Eltern?

Wie können Eltern die Entwicklung ihrer Kinder am besten unterstützen? Müssen sie immer so viel geben wie möglich? Die Antwort heißt: Es kommt drauf an ... Denn aus evolutionsbiologischer Sicht kommt den Eltern eine grundsätzlich unterschiedliche Rolle zu, je nachdem auf welchem Gleis ihre Kinder fahren!

Reifung: Training ist sinnlos

Betrachten wir zuerst das Gleis der Reifung. Kinder *wollen* reifen. Ja, es erfordert sogar enorme Energie, sie daran zu hindern! Sie suchen sich nämlich hartnäckig und immer wieder die besten Gelegenheiten. Sobald ein Reifungsschritt ansteht, sind sie nicht mehr aufzuhalten. Auf einmal heißt es *»Selber machen!«*. Oder ihr Bewegungsdrang explodiert von einer Woche auf die nächste, und das Haus ist auf einmal voller Schleifspuren. Kinder sorgen für ihre Entwicklung in diesem Bereich ein gutes Stück weit selbst. Eltern müssen bloß den Raum dazu geben.

Eltern müssen die Neugier der Kleinen nicht *wecken* – wie manche Ratgeber empfehlen – sie ist da. Und der Spaß an der Bewegung, den wir »fördern« sollen? Ja, Sie haben richtig vermutet, auch der ist einfach vorhanden.

Und es braucht auch keinen Kalender. Die Kinder zeigen ihren Eltern, wann sie für den nächsten Schritt bereit sind. Sauber werden? – Das Kind gibt deutlich an, wenn es Zeit dafür ist. Beifüttern? – Das Kind reißt Ihnen den Brotkanten aus der Hand.

Was heißt das für die Eltern? Eigentlich nur Positives! Reifung ist von Natur aus so angelegt, dass sie in allen möglichen Umwelten und unter allen möglichen Bedingungen abläuft. Man muss einen Fetus nicht mit Morsezeichen beklopfen oder mit Mozartsonaten beschallen, es reicht völlig aus, für eine *normale* Umwelt zu sorgen. Eltern können sich da zurücknehmen: Für die Reifung gibt es kein »Fast forward«-Programm!

Hindernisse beseitigen

Es gibt aber sehr wohl Hemmnisse, die die Reifung von Kindern behindern können. Deshalb besteht die wichtigste »Förderung«, die Eltern ihren Kindern angedeihen lassen können, in vielen Fällen schlicht darin, die gröbsten Hindernisse aus dem Weg zu räumen.

Welche Hemmnisse stellen sich Kindern entgegen? Soziale Vernachlässigung zum Beispiel. Bekommen Kinder nicht das Minimum an Bindung, Kommunikation und Zuwendung, das sie brauchen, so entgleist ihre Entwicklung.

Natürlich können auch biologische Einflüsse die Entwicklung behindern – Drogen, Alkohol, Unterernährung und vor allem das Rauchen, das die kindliche Entwicklung schon im Mutterleib nachhaltig stören kann und das bis heute in seinen Wirkungen auf den werdenden kindlichen Organismus unterschätzt wird.

Für eine artgerechte Umwelt sorgen

Kinder haben ihre Spielflächen verloren. Zuerst den Wald, dann die Wiesen, die Höfe, dann die Hinterhöfe, nun auch die Straßen. Und damit haben sie auch ein Stück artgerechten Entwicklungsraum eingebüßt, den die besten Förder- und Spielplätze nicht wettmachen können (auf denen die Elterndichte oft größer ist als die Kinderdichte).

Die Frage nach der art- und entwicklungsgerechten Umwelt für Menschenkinder stellt sich schon für Säuglinge. Wie wir weiter oben gesehen haben, hinken Säuglinge hierzulande in ihrer motorischen Entwicklung den Säuglingen in traditionellen Gesellschaften um etwa einen Monat hinterher. Das könnte durchaus daran liegen, dass die heutige Säuglingsumwelt außerhalb des »evolutionären Erwartungshorizonts« liegt. Babys liegen hierzulande oft stundenlang in ihrem Bettchen oder sie werden liegend durch die Landschaft geschoben. Sie werden damit vielleicht zu Experten im In-den-Himmel-Schauen (ihr plattgelegener Hinterkopf ist sozusagen ihr Fachausweis), aber vielleicht liegt ihnen in

Wirklichkeit ein »sinnlicheres« und aktiveres Leben dicht am Körper von Erwachsenen im Blut (wir sind darauf ja ausführlich in Kapitel 12 eingegangen)?

Dem Kind die Führung überlassen

Reifung kann einem Kind nicht beigebracht oder andressiert werden. Sie läuft nur über *eigene Erfahrungen*. Auch wenn wir den Kleinen noch so gerne Abkürzungen zeigen würden, sie müssen den langen Weg gehen. Wenn ein Kind fremdelt, dann fremdelt es – es kann ihm nicht »ausgeredet« werden! Ebenso für die Katz ist es, wenn wir ihm das Sprechen beibringen wollen, indem wir dem kleinen Florian immer wieder sagen, dass es nicht »bringte« heißt, sondern »brachte«. Kinder merken sich nun einmal zuerst die regelmäßigen Versionen (»lernen – lernte – gelernt«), um erst dann an die Ausnahmen zu gehen (eben bringen – brachte – gebracht) – und zwar *wenn sie dazu bereit sind.*

Das Schöne ist: Wenn sie nicht bereit sind, lassen sich kleine Kinder *gar nichts* beibringen. Auch der kleine Florian ignoriert seine Eltern einfach und erzählt munter weiter, welch nette Sachen ihm der Weihnachtsmann gebringt hat.

Den Anweisungen des Kindes folgen?

»Erwarte nie Anweisungen von einem Säugling«, sagt die Ratgeberautorin Anna Wahlgren – und liegt damit – wenn es um die Domäne der Reifung geht – ziemlich daneben. Denn hier sitzt das Kind am Steuer, und hier weiß es durchaus, was »gut« für es ist: »Mama, es ist jetzt Zeit, dass du mir die Brust gibst!« oder »Mama, es ist jetzt Zeit, dass du mich das alleine ausprobieren lässt!« Das sind alles sehr kluge Anweisungen. Die Kompetenz für die Reifung liegt eindeutig bei den Kindern!

Erfahrungsabhängige Entwicklung: Förderung ist möglich

Das Gehirn ist nicht entstanden, um den Satz des Pythagoras zu begreifen, sondern um die Lebensaufgaben der Steinzeit zu lösen. Das aber hat Pythagoras nicht daran gehindert, seinen Satz zu erfinden, und der martert seither die Gehirne der Schüler. Wer die Früchte der Kultur ernten will, muss also vor allem eines: Üben. Schreiben, Lesen, Rechnen, Computer bedienen, Musizieren – bei all den nicht umsonst als Kulturtechniken bezeichneten Fertigkeiten macht derjenige schnellere Fortschritte, der sich intensiver damit befasst.

Und *das* kann durchaus von außen unterstützt werden. Tatsächlich steckt hinter vielen Spitzenleistungen im Bereich der Kultur ein entsprechendes, förderliches familiäres »Mikroklima« – wie beispielsweise in der Familie Mozart.

Eltern können ihrem Kind also sehr wohl helfen, seine Talente zu entfalten. Allerdings: Nicht jede Hilfe kommt an, und »Üben wie blöd« schon gar nicht. Eher schon können die folgenden Fragen helfen:

Was ist wirklich wichtig? Natürlich kann man einem Dreijährigen vermitteln, woher die Farben des Regenbogens kommen. Und man kann ihm auch schon ein paar Brocken Englisch oder auch Kiswahili beibringen. Nur: Was ist denn in diesem Alter wirklich wichtig? Doch eher, dass ein Kind seine Wahrnehmung entwickelt, dass es in seinen Körper und seine Gefühle hineinwächst, dass es körperlich stark und fit wird und mit den anderen Kindern klarkommt. Auf diesem Fundament steht später alles Weitere. Was nutzt es, den Regenbogen zu verstehen, wenn man nicht über ihn staunen kann?

Das Kind mitreden lassen? Förderung kann nur funktionieren, wenn sie zum Talent des Kindes passt. Denn Lernen ist nun einmal mit Schweiß verbunden, und je weniger Spaß es den Kindern macht, desto schweißtreibender wird es. Lernen, das mit positiven Emotionen verbunden ist, bleibt im Gehirn besser haften! Eltern tun also gut daran, nicht bestimmte Fähigkeiten zu fördern, sondern *ihr Kind* zu fördern. Und das heißt nicht unbedingt, dass es das Trauminstrument seines Vaters erlernt, sondern dass es die Dinge erlernt, die zu ihm passen und für die es sich begeistern kann.

Den Anweisungen des Kindes folgen? Die Antwort fällt im Bereich der Entwicklung nicht ganz so eindeutig aus. Denn einerseits ist die Meinung des Kindes wichtig – es wurde gerade gesagt. Andererseits sind klare Ansagen nötig, denn das Kind allein kann seiner Entwicklung keine Richtung geben. Dass man »hier bei uns« etwa Kartoffelbrei zu Mittag isst und die Schokolade dann vielleicht als Nachtisch dran ist, das müssen Kinder vorgelebt und gesagt bekommen.

Fetisch Förderung?

Erziehen wird heute immer öfter als eine gnadenlose Verantwortung angesehen. Es gilt, den Kindern eine herausragende Startposition zu sichern, und frühzeitige Förderung gehört da selbstverständlich dazu.

Was soll daran schlecht sein? Kinder leben heute nun einmal nicht mehr in Bullerbü – wer heute vorankommen will, muss seine Potenziale ausschöpfen, und zwar zu 100 Prozent. Der Ratschlag, dass Kinder das beste Lernumfeld im zwanglosen Spiel an einem Bach finden, mag nett klingen. Aber gerade Eltern, deren Kindern vielleicht nicht alles von alleine zufliegt, werden womöglich die Stirn runzeln.

Sichten wir also das Thema Förderung noch einmal vor dem Hintergrund des oben beschriebenen dualen Entwicklungsmodells. Wo liegen die Chancen – und was ist zu beachten, um mögliche unerwünschte Nebenwirkungen zu vermeiden?

Das Fundament nicht aus den Augen verlieren

Wenn von »Erfolg im Leben« die Rede ist, denken wir zuallererst an den Beruf mitsamt der Fertigkeiten, Kenntnisse und Zeugnisse, derer es dazu bedarf. Aber machen wir uns nichts vor: Auch beruflicher Erfolg hilft einem nicht, wenn man mit sich selbst nicht klarkommt. Erfolg im Leben hat etwas mit unserer menschlichen Entwicklung zu tun.

Und leider verlieren wir dieses Fundament oft aus den Augen. »Erinnern Sie sich daran«, provoziert der Göttinger Hirnforscher Gerald Hüther, »was Ihnen geholfen hat, den ersten großen Liebeskummer, eine Krankheit, eine Niederlage oder den Tod eines geliebten Menschen zu verkraften? War es der Englischunterricht, den Sie schon im Kindergarten bekommen haben? Oder waren es Ihre guten Noten in Mathematik?«[529]

Es braucht den *ganzen* Menschen, um »erfolgreich« zu sein. Oder, frei nach Adorno: Was nutzt einem das beste Englisch, wenn man sonst ein Idiot ist. Skizzieren wir also ein neues Konzept von Förderung, und bleiben wir dabei ruhig ein bisschen polemisch.

Erstens: Die Kindheit ist keine Talentshow! Wenn aus Kindern einmal ganze, kompetente Erwachsene werden sollen, dann müssen sie zuerst ganze, kompetente Kinder sein. In der Kindheit bauen Kinder eben nicht nur ihre Neigungen und Talente aus, sie »lernen« auch zu lieben und zu hassen, zu schwindeln und zu trösten. Sie lernen ihren Körper kennen, sie lernen sich darin wohl zu fühlen. Sie lernen sich selbst kennen, sie erlernen die Sprache der Gefühle, sie lernen sich in andere hineinzuversetzen, sich gegenüber anderen abzugrenzen, ja, sie lernen hunderttausend Sachen, auf die ein Leben aufbaut. Und wie lernen sie es? Sie lernen es, indem sie normale Kinder sind.

Zweitens: Eltern fördern ihre Kinder, indem sie Eltern sind. Eltern sind keine Techniker, die die Hirnzellen ihrer Kinder verkabeln, und sie sind auch nicht die Trainer oder Manager ihrer Kinder – sondern ihre Eltern. Und sie müssen auch nicht ihr eigenes Leben in den Wind schlagen, damit ihr Kleines ja nicht zu kurz kommt. Indem sie ihr Leben leben, so gut sie können, geben sie ihren Kindern das, was es zur Entwicklung braucht.

Wohlgemerkt: Nichts spricht dagegen, die Talente von Kindern zu fördern – das eröffnet ihnen neue Welten, schließt ihnen neue Zimmer auf in dem Haus, in dem sie leben. Aber ohne Fundament erscheinen da bald Risse an den Wänden ... Übertriebene Förderung kann den Kindern auch einen Lebensstil aufdrängen, der die »normalen« Erfahrungen der Kindheit verdrängt. Was gut gemeint ist, wird dann, auf das ganze Leben gesehen, zur Behinderung.

Rituelle Geisterbeschwörung

Auf den Flügeln der Förderwelle hat so mancher Bär den Weg auf den Rücken der Eltern gefunden. Der Gouverneur des US-amerikanischen Bundesstaates Georgia etwa ließ Mozart-CDs an alle werdenden Mütter seines Bundesstaates (der nicht einmal seine kaputten Brücken reparieren kann) verschicken, weil er gehört hatte, dass Kinder dadurch schlauer würden (dazu gab es eine wissenschaftliche Untersuchung, allerdings können sich schon Laien vorstellen, mit wie viel Vorsicht solche Studien zu interpretieren sind).

Ein anderer Bär, der gerade durch die schönen Vorgärten der westlichen Mittelschichten tapst, will den Säuglingen Zeichensprache beibringen. Die Idee dahinter: Wenn Babys manchmal frustriert sind und viel weinen, könnte das daran liegen, dass sie sich mangels Sprache noch nicht richtig ausdrücken können! Interessant an diesem Bären ist eigentlich nur die Eleganz, mit der er ein Defizit der Eltern (nämlich ihre heutigen Schwierigkeiten, die nonverbalen Signale des Säuglings intuitiv zu verstehen) zu einem Defizit des Babys macht – das die Eltern dann gleich beheben können, indem sie ihrem dummen Baby einen neuen Kommunikationskanal eröffnen!

Zugrunde liegt all diesen Vorschlägen die Vorstellung, Kinder seien im Grunde irgendwie defekt (vgl. Kapitel 1 E&A). Für eine zufriedenstellende Entwicklung *fehle* ihnen etwas – die Klänge eines Klavierkonzerts oder eben die Möglichkeiten der Zeichensprache. Oder ein Mobile über dem Babybettchen, das Babys nach einer Theorie aus den 1990er Jahren intelligenter machen soll. Aus evolutionärer Sicht sind diese Vorstellungen allesamt Rohrkrepierer. Wenn Babys nicht über die Mittel verfügten, um ihre Bedürfnisse klar und deutlich zu äußern, oder wenn sie wirklich Mozart-CDs oder bunte Kartonstückchen für die Entwicklung ihres Denkapparates bräuchten, wäre die menschliche Art längst ausgestorben.

Frühe Förderung im Kindergarten?

Es ist heute modern, den Kindergarten als eine Art Miniaturausgabe der Schule oder noch besser, der Universität anzusehen, in der eine neue Generation von kleinen, schlauen Forschern ausgebildet wird. Das stellt die weiter oben beschriebene duale Dynamik der Entwicklung komplett auf den Kopf. Natürlich können unsere Kinder schon im Kindergarten Lesen und Schreiben lernen, aber das ist genau die Zeit, in der Kinder in jeder freien Minute an ihrem Fundament arbeiten, in der sie ihre Sinne ausprobieren, ihren Körper kennenlernen, die Umwelt begreifen, die anderen Kinder auch, und dabei fit fürs Leben werden. Kinder, die sich jetzt zu wenig bewegen, sind die Diabetiker von morgen. Kinder, die jetzt nicht auf spielerischem Wege sprachlich und kulturell in die Kindergruppe hineinwachsen, sind die Außenseiter der nächsten Jahre.

Die Arbeit am Fundament kann nicht verschoben werden. Wer in der frühen Kindheit nicht in seinen Körper hineinwächst, wer jetzt nicht seine Wahrnehmungskanäle öffnet, vertut eine Chance auf Reifung – und zwar unwiderbringlich. Der lernabhängige Teil der Entwicklung – Lesen, Schreiben und Mathematik – können dagegen warten. Ob ein Kind damit mit fünf Jahren oder mit sieben Jahren beginnt, macht langfristig keinen Unterschied.[530]

Auch dass das Lernen von ein paar Brocken Englisch im Kindergarten irgendeinen Nutzen bringt, darf mit Fug und Recht bezweifelt werden. Das oft ins Feld geführte Argument, Kinder seien in den ersten sechs Jahren besonders aufnahmefähig für Fremdsprachen, wird von der Beobachtung abgeleitet, dass Kinder bis zu diesem Alter problemlos und akzentfrei eine Zweitsprache erlernen können. Das stimmt. Ebenso stimmt, dass Kinder, die zweisprachig aufwachsen, möglicherweise kognitive Vorteile haben[531] – auch wenn manche Kinder im direkten Bezug auf die Sprachbeherrschung zunächst kleinere Defizite zeigen.[532] Der Haken dabei ist allerdings, dass das angeborene Sprachlernprogramm (oder sagen wir besser: Sprachreifungsprogramm) kleiner Kinder nur genutzt werden kann, wenn die Kleinen beständige sprachliche und emotionale Resonanz und intuitive Verstärkung bekommen – also ähnliche Bedingungen vorfinden wie beim Erlernen der Muttersprache. Kinder, die in ihrem Alltag keine Verbindung zur Zweitsprache haben, verlernen das Gelernte so schnell, wie sie es erlernt haben. Wenn kleine Kinder nicht ihr intuitives »Sprachlernwerkzeug« benutzen können, haben sie den gleichen Klebstoff im Gehirn wie die älteren Kinder.

Wer also Kinder im Kindergartenalter schulisch »fördern« will, muss wirklich gute Gründe dafür haben und entwicklungsgerechte Förderkonzepte liefern![111] Und das heißt auch: Fokus der frühkindlichen »Förderung« im Kindergarten muss es sein, Kindern Zugang zu spannenden, kindlichen Lebenswelten zu verschaffen und insbesondere den sozial benachteiligten Kindern Alternativen zu entwicklungshemmenden Sackgassen wie Fernsehen, Computerspielen & Co. zu bieten.

Den größeren Rahmen sehen

Und so will ich zum Schluss doch noch einmal auf den größeren Rahmen zu sprechen kommen, in dem Kinder heute aufwachsen. Die spannenden kindlichen Lebenswelten, von denen gerade die Rede war – wo sind sie denn? Tun wir Erwachsene wirklich genug, um unseren Kindern eine entwicklungsgerechte Umwelt zu bieten?

Heute ist die Frage nach der entwicklungsgerechten Umwelt auch eine Frage nach den anderen Kindern. Es besteht kein Zweifel, dass andere Kinder, und vor allem ältere Kinder, die Entwicklung eines Kindes unterstützen und ihm ein »Gerüst« für seine soziale Entwicklung zur Verfügung stellen (wir sind darauf schon in Kapitel 13 E&A eingegangen). Je mehr ältere Geschwister etwa ein Kind hat, desto früher gelingt es ihm, die Welt aus der Perspektive des anderen Kindes zu betrachten und zu verstehen (der Psychologe Josef Perner gab seiner klassischen Forschungsarbeit zu diesem Thema den Titel: »Sich in andere hineinversetzen ist ansteckend – man steckt sich bei den Geschwistern an«).

Ältere Kinder spielen aber auch in der Kindergruppe eine bereichernde Rolle. Viele Spiele sind für Gleichaltrige allenfalls langweilig (wie lange können denn zwei Vierjährige den Ball hin und her werfen?). Tatsächlich beobachten Psychologen, dass ältere Kinder im Spiel den jüngeren Kindern unbewusst »Entwicklungsbrücken« bauen, also das jüngere Kind anregen, sich körperlich, geistig und emotional über sich selbst »hinauszustrecken«. So beschreibt der amerikanische Psychologe Peter Gray, dass ältere Kinder im Spiel mit Jüngeren fantasievoller sind und eher ihre kreativen Seiten zeigen und ausleben. Umgekehrt werden die jüngeren Kinder vor allem im kognitiven Bereich zu Sprüngen motiviert (in einer gemischtaltrigen Schule etwa wurde dokumentiert, wie Kinder Lesen und Schreiben auch von den älteren Kindern lernen).

Kleine Familien und leere Spielstraßen werden auf absehbare Zeit Realität sein. Umso wichtiger ist es, die Lebenswelten von Kindern neu aufzustellen und soziale Entwicklungsräume neu zu gestalten. Entwicklungsgerechte Förderung heißt nun einmal auch das: dass nicht nur das Kind auf die Gesellschaft vorbereitet wird, sondern auch die Gesellschaft auf das Kind – ein in den vielen Diskussionen um »Rabeneltern« oder »kleine Tyrannen« gerne unterschlagener Ansatz.

Einblick und Ausblick

Angeboren oder anerzogen?

Intelligente Eltern haben meist auch intelligente Kinder. Und »schwierige« Eltern haben nicht selten schwierige Kinder. Der Volksmund kombiniert: Der Apfel fällt nicht weit vom Stamm. Aber dann geht der Streit los: Was aus den Kernen einmal wird, die da mit dem Apfel auf den Boden plumpsen – liegt das am Apfel selbst oder an dem Boden, auf den er fällt? Was das eine Kind kann und das andere nicht – hat es das erlernt oder ererbt? Wenn ein Kind mehr zu Marihuana als zu Mathe neigt, sind dann die Gene schuld oder liegt es an der Erziehung?

Der Streit wogt seit dem Altertum, und wer recht hat, ist gar nicht so leicht zu entscheiden. Eltern vermachen ihren Kindern ja nicht nur ihre Anlagen, sondern auch einen erklecklichen Teil der Umwelt, in der sie aufwachsen! Dass der Streit noch immer anhält, liegt aber auch daran: Jede Seite steht für eine bestimmte Ansicht über die menschliche Natur. Denn wenn die Eigenschaften des Menschen angeboren sind, bedeutet das nicht auch, dass sein ganzer Lebensweg sozusagen vorbestimmt ist? Dass Ungleichheit womöglich von Natur aus »gewollt« ist und dass sich sowieso nichts ändern lässt? Umgekehrt: Wenn die Erziehung den Menschen formt, dann lässt sich doch ganz leicht eine bessere Welt schaffen, indem die Menschen besser erzogen und besser gebildet werden![112]

Das gestraffte Tau

Schauen wir uns den Kampf einmal aus der Nähe an. Das Tau ist straff gespannt – beide Lager haben gute Argumente, und beide Lager haben ihre Anhänger. Glaubt man den populären Medien, so läuft alles auf einen Kompromiss hinaus: Die Gene *und* die Erziehung entscheiden, was aus unseren Kindern wird. Noch schöner: Der Kompromiss sieht eine gerechte Teilung vor. Egal ob die Rede von der Intelligenz, der Persönlichkeit oder dem Erfolg im Leben ist, meist werden die zwischen den Menschen bestehenden Unterschiede zur Hälfte als genetisch bedingt und zur Hälfte als umweltbedingt erklärt. Wer sich nicht auf Zahlen festlegen will, bemüht die Geometrie. Wenn es um die Fläche eines Rechtecks ginge, so könne man ja auch nicht sagen, ob sie mehr von der Länge oder von der Breite abhänge!

Die Mogelpackung

So gerecht die Kompromissformel auf den ersten Blick aussieht und so stimmig das Bild des Rechtecks auch erscheint – sie sind beide nicht richtig.

Zum einen deshalb nicht, weil sie andere Einflüsse einfach unterschlagen, die die Unterschiede zwischen den Menschen *auch* erklären können.

Etwa der Zufall. Biologen haben beobachtet, dass identische Klone eines Wurmes, die sich in genau der gleichen Umwelt entwickeln, sehr unterschiedlich sein können. Und das nicht nur im Aussehen: Manche der Würmer leben dreimal länger![533] Und dabei besteht ein Wurm nicht einmal aus 1000 Zellen. Bei einem Lebewesen wie dem Menschen, bei dem allein schon das Gehirn aus über 100 Milliarden Nervenzellen besteht, gibt es unendlich mehr Möglichkeiten, dass es bei der Entwicklung einmal »zick anstatt zack macht«, wie die Evolutionspsychologin Judith Harris anmerkt.[534]

Auch andere Einflüsse fallen bei dem klassischen Streit einfach unter den Tisch. Denn wenn von der Umwelt die Rede ist, so denken die meisten zuallererst an die Erziehung, und dann vielleicht noch an die Einflüsse von Kultur und Gesellschaft. Vergessen wird ziemlich regelmäßig die »unsichtbare« Umwelt – die Umwelt im Mutterleib.[113] Von der Intelligenz etwa wird heute angenommen, dass das vorgeburtliche Milieu mindestens 20 Prozent der Intelligenzunterschiede zwischen

Kindern erklärt. Für das Sozialverhalten gilt Ähnliches – so haben im Mutterleib »mitrauchende« Kinder ein weitaus höheres Risiko, später ein Aufmerksamkeitsdefizit-Syndrom sowie andere Verhaltensprobleme zu entwickeln.

Variabler Beitrag

Aber selbst wenn man einmal die vernachlässigten Einflüsse außer Acht lässt, ist die 50:50-Formel ein fauler Kompromiss. Der jeweilige Beitrag der beiden Kontrahenten »Gene« und »Umwelt« ist nämlich je nach den Bedingungen sehr unterschiedlich.

Um das zu verstehen, sollten Sie sich jetzt einmal eine kurze Pause gönnen. Gehen Sie eine Runde laufen, sagen wir mit ein paar Nachbarn, auch wenn das nicht zu Ihren Lieblingsbeschäftigungen zählt. Wer sieht am Ende noch am frischesten aus? Herr Maier! Wer ist Herr Maier? Ist er der Nachbar mit dem größten Lauftalent in Ihrer Straße? Der Nachbar mit den Läufer-Genen? Das kann sein. Plausibler ist aber eine andere Erklärung: Man sieht Herrn Maier des Öfteren im Trainingsanzug bei einem Dauerlauf. Der Mann ist in Übung! Das regelmäßige Training hat dafür gesorgt, dass er bei unserem virtuellen Pausen-Dauerlauf kaum schnaufen musste – obwohl er vielleicht der Älteste in der Gruppe ist. Seine Leistung, so können wir sagen, ist zum allergrößten Teil nicht genetisch, sondern übungs- und damit umweltbedingt.

Ganz anders, wenn sich Leistungssportler zum Rennen treffen. Jetzt sind *alle* Teilnehmer geübt, sie trainieren allesamt tagtäglich bis zu ihrer Belastungsgrenze. Alle haben auf dem Weg zur Spitze gleich viel geschwitzt und geflucht. Wer bei diesem Lauf die Nase vorn hat, der hat *wirklich* mehr Talent – die richtigen Gene eben! Dazu passt, was wir im Fernsehen sehen: Je weiter oben in der Weltspitze ein Läufer rennt, desto eher stammt er aus bestimmten schwarzafrikanischen Volksstämmen, bei denen sich tatsächlich die guten »Läufer-Gene« zu häufen scheinen.

Ein befremdliches Paradoxon

Damit haben wir ein ziemliches Durcheinander. In der einen – der nachbarschaftlichen – Laufgruppe sind die Unterschiede in der Leistung vor allem *umweltbedingt*. In der anderen Läufergruppe – den Spitzensportlern – dagegen sind die Unterschiede vor allem *anlagebedingt!* Unsere schöne 50:50 Kompromissformel ist futsch, und dabei wollten wir doch lediglich eine Pause machen.

Schlimmer noch: Das Gesagte gilt für sehr viele menschliche Eigenschaften. Nehmen wir die Intelligenz. Welcher Anteil der Intelligenzunterschiede zwischen Kindern genetisch bedingt ist, hängt ebenfalls von der Zusammensetzung der untersuchten Gruppe ab. Handelt es sich um eine einheitlich zusammengesetzte Gruppe von Kindern, die alle in einer reichhaltigen, von regelmäßiger Förderung gekennzeichneten Umwelt leben, so lassen sich die meisten Unterschiede den Genen zuschreiben. Ganz anders in einer bunt zusammengewürfelten Kindergruppe aus teils sozial benachteiligten, teils »besseren« Verhältnissen – hier spiegeln die gefundenen Unterschiede vor allem die unterschiedlichen Umweltbedingungen wider.[114] Das Prinzip ist klar: Je gleicher die Gruppe ist, desto eher sind die beobachteten oder gemessenen Unterschiede auf die *Anlagen* zurückzuführen, je ungleicher, desto eher steht dahinter eine *unterschiedliche Umwelt*.

Dies gilt selbst für den Einfluss des Elternhauses: In Gegenden, in denen die Kinder allesamt zuhause gut versorgt werden, mag sich die Erziehung durch die Eltern kaum bemerkbar machen – schließlich lassen sich nur die *Unterschiede* zwischen Menschen in Untersuchungen erkennen. An den Rändern der Gesellschaft aber zeigt sich ein Einfluss des Elternhauses deutlich: Kinder, denen es zuhause am Nötigsten fehlt, können dadurch lebenslang geschädigt sein, wie etwa die früheren Waisenhäuser zeigen.[115]

Das Echo vom Campus

Wie kam es dann eigentlich zu der faulen Fifty-fifty-Kompromissformel? Das hat einen praktischen Grund: Die allermeisten Untersuchungen zum Leistungsvermögen und zur Intelligenz werden dort durchgeführt, wo sich freiwillige Studienteilnehmer leicht finden lassen – an den Universitäten. Studenten sind billig und willig, aber sie kommen nun einmal aus recht einheitlichen sozialen Verhältnissen – zumal in den USA, aus denen noch immer die meisten wissenschaftlichen Untersuchungen stammen. Die praktische 50:50-Formel gibt also in etwa die smarte Welt des Campus wieder und sicherlich nicht die harte Welt drumrum.

Und die Persönlichkeit?

Im Kapitel zur Persönlichkeitsentwicklung haben wir gesehen, dass die Persönlichkeit eines Menschen nur wenig mit dem erzieherischen Einfluss der Eltern zu tun hat. Nach dem, was wir jetzt gesehen haben, müssen wir hier ein Fragezeichen anbringen. Denn auch die Persönlichkeitsforschung stützt sich auf Studien an sehr einheitlichen Gruppen – fast immer aus der Mittelschicht. Das aber beseitigt schon von vornherein eine ganze Menge an Unterschieden – und hinter denen könnte durchaus der Einfluss der Eltern stehen.

Umwelt und Gene wirken zusammen

Der klassische Streit, ob die Unterschiede zwischen den Menschen eher genetisch bedingt sind oder Umwelteinflüsse widerspiegeln, scheint also ein Streit um des Kaisers Bart zu sein. Zum einen wurden wichtige Einflüsse glatt unterschlagen, und zum zweiten ist der Beitrag der Gene oder der Umwelt je nach untersuchter Gruppe sehr unterschiedlich.

Lassen wir das Gebäude jetzt vollends zusammenstürzen. Denn die jeweilige Wirkung von Umwelt und Genen ist in Wirklichkeit gar nicht zu trennen. Umwelt und Gene wirken *gemeinsam,* und zwar untrennbar gemeinsam!

An mehreren Stellen dieses Buches haben wir gesehen, dass der Apfel ein Stück weit selbst bestimmt, wohin er fällt: Kinder suchen sich je nach Begabung, Neigung und Persönlichkeit ihre Umwelt auch selbst aus. Ein musikalisch begabtes Kind landet im Schulorchester, dann im Auswahlorchester der Musikschule, und vielleicht gründet es in der restlichen Freizeit mit anderen musikalischen Kindern eine Band. Wenn das Kind nachher als Musiker Karriere macht, sollen wir das seinen Genen oder dieser – aufgrund seiner Begabung gezündeten – Treibstufe aus der Umwelt zuschreiben? Die Verzahnung von Genen und Umwelterfahrungen durchzieht das ganze Leben: »Menschen machen gerne das, was sie gut können, und sie können gleichzeitig das besonders gut, was sie gerne machen«, fasst Matt Ridley es in seinem überaus lesenswerten Buch *Nature via Nurture* zusammen.[116 537]

Selbst die Erziehung lässt sich nicht als reiner »Umwelteinfluss« einordnen. Denn Eltern richten sich in ihrem Umgang mit ihrem Kind ja auch nach dessen Temperament und seinen besonderen Anlagen. Ein schüchternes Kind wird anders behandelt als ein Draufgänger. Weil sie von ihren Anlagen her unterschiedlich sind, machen Kinder also schon im Elternhaus unterschiedliche Erfahrungen.

Gene oder Umwelt – die Diskussion hat sich totgelaufen

Die Wirkung der Gene und die der Umwelt sind also in Wirklichkeit nicht zu trennen. Anlagen, Umwelt und Erziehung bilden ein *System* – die Einflüsse wirken im Verbund, nehmen Einfluss aufeinander und bedingen sich gegenseitig. Es ist sinnlos, die verschiedenen Anteile sezieren zu wollen, und noch sinnloser, sie nach ihrer Wichtigkeit einzustufen. Unterschiedliche Eigenschaften mögen unterschiedlich stark durch äußere oder innere Einflüsse geprägt sein, aber immer sind sie Gemeinschaftswerk. Wer musikalisch geboren ist, ist noch lange kein Musiker.

Das neue Bild der Gene

Da überrascht es nicht, dass die Wissenschaft in den letzten zehn Jahren ein ganz neues Bild von den Genen entworfen hat. Lange Zeit war sie davon überzeugt gewesen, Gene seien eine Art Betriebsanleitung, in der Buchstabe für Buchstabe, Wort für Wort, festgehalten sei, wie der Mensch funktioniert. Jedes Gen sei etwa für ein bestimmtes Produkt oder einen bestimmten Botenstoff im Körper zuständig. Noch im Jahr 2000, als die Entschlüsselung aller menschlichen Gene im *Human Genome Project* abgeschlossen wurde, sprachen Wissenschaftler vom »Buch des Lebens«, das nun entziffert sei.

Dabei gab es durchaus schon Hinweise, dass das »Buch des Lebens« aus weitaus mehr besteht als den Buchstaben oder Wörtern der Gene – für sich allein ergeben die Gene gar keinen Sinn. Dass Gene allenfalls Teil eines größeren »Informationssystems« sind, zeigt der bei Forschern wegen seiner Einfachheit beliebte Rundwurm. Bei weniger als 1000 Körperzellen hat er 20.000 Gene – der Mensch bringt es auf lediglich ein Drittel mehr. Wäre es wirklich so, dass die Gene unseren Körper nach festgelegten »Wortbedeutungen« steuern, so ist schwer vorstellbar, wie das für den Menschen mit seinen Hunderten von Milliarden Körperzellen funktionieren sollte.

Heute weiß man: In den Genen steckt weder die komplette genetische Information eines Organismus noch wird die in den Genen enthaltene »Information« eins zu eins umgesetzt. Denn wie ein Gen funktioniert, hängt von einer Vielfalt von Signalen ab, und die erhält es zum Teil von weiteren Genen, zum Teil aus anderen Segmenten der Erbsubstanz (wie etwa »Müll«-DNA, RNA oder aus epigentischen Bestandteilen der Chromosomen) – oder direkt aus der Umwelt.

Tatsächlich können Gene je nach Umweltbedingungen sehr unterschiedlich »angefahren« und abgelesen werden. Bei manchen Arten – etwa bei den Krokodilen – entscheidet beispielsweise die Umgebungstemperatur, in der die Eier ausgebrütet werden, ob ein Exemplar männlich oder weiblich wird. Und wenn bei den Bienen eine Larve sehr viel Gelee royale gefüttert bekommt, so entwickelt sie sich zu einer Königin – und lebt mit den gleichen Genen zehnmal länger als ihre unfruchtbaren Bienen-Schwestern! Also: Wird das Buch der Gene hundertmal gelesen, so können sich hundert Versionen einer Geschichte ergeben. Gene sind keine Matritzen oder Bauanleitungen, ihre Funktion wird vielmehr in einem komplexen System beständig verändert, gesteuert, angepasst und je nach »Wetterlage« gebremst oder verstärkt.

Das Wechselspiel macht uns flexibel

Nehmen wir das kleine Krebstierchen *Daphnia,* besser als »Wasserfloh« bekannt. Lebt die Mutter in einem Teich mit vielen Fressfeinden, so entwickelt sich bei ihrem Nachwuchs eine Art schützender Helm – die Entwicklung der Larven passt sich an die zu erwartenden Gefahren an. Bei der Raupe *Nemoria arizonaria* hängt die Entwicklung von der Art der Ernährung in den ersten Lebenstagen ab: Die Frühlingsraupen sind bestimmten Blüten sehr ähnlich, die Sommerbrut dagegen nimmt die Erscheinung von Zweigen an, beide sind damit optimal getarnt. Junge Orang-Utans wachsen jahrelang nicht mehr, wenn sie im Revier eines dominanten Männchens leben – die Peter-Pan-Strategie ist die sichere und energiesparendere Option, bis der alte Herr die Biege macht.

Auch menschliche Kinder, die in einer bedrohlichen, unsicheren Umwelt aufwachsen, wachsen nicht mehr. Vernachlässigte Babys legen selbst dann nicht ausreichend an Gewicht zu, wenn sie genug Kalorien bekommen. Auch menschliche Kinder rattern in ihrer Entwicklung also keineswegs ein festes »Programm« ab, sondern stellen sich auch auf die zu erwartende Umwelt ein. Kinder, die im Mutterleib weniger Nährstoffe bekommen – sei es weil die Mutter selbst nicht ausreichend ernährt ist oder weil sie raucht –, verändern ihren Stoffwechsel so, dass er die Kalorien möglichst effizient nutzt (diese Kinder neigen dann unter den heutigen Überflussbedingungen im späteren Leben zu Übergewicht). Auch bei der frühkindlichen Bindung werden möglicherweise Signale aus der Umwelt berücksichtigt (wir sind darauf in Kapitel 10 eingegangen): In einer sozial wenig reichhaltigen und wenig vertrauenswürdigen Umwelt setzen Kinder möglicherweise eher auf kurzfristige, weniger auf Vertrauen als vielmehr auf Abhängigkeit und Kontrolle aufbauende Bindungs- und Fortpflanzungsstrategien.

Das heißt: Unsere genetische Ausstattung versorgt uns nicht mit einem festen Entwicklungs- und Verhaltensprogramm, sondern allenfalls mit einem flexiblen, für Einflüsse aus der Umwelt offenen Entwicklungs- und Verhaltens*rahmen*.

Auch Erziehung ist ein System

Und wie sieht es mit den Umwelteinflüssen aus, allen voran die Erziehung? Auch Erziehung muss als ein »System« gesehen werden, in dem Anlagen, Neigungen und Umwelteinflüsse zusammenwirken. Die guten Methoden, die ach so einleuchtenden Tipps und Tricks und auch der gute Wille der Eltern kommen nicht eins zu eins in der Wirklichkeit an. Das Buch der Erziehung ist wie das Buch der Gene: Wird es hundertmal gelesen, ergeben sich hundert Geschichten.

Deren Inhalt hängt sogar davon ab, welche Geschichten gerade die anderen Eltern ihren Kindern vorlesen! Schläge zu bekommen etwa war für Kinder in der ersten Hälfte des letzten Jahrhunderts eine normale Erfahrung – körperliche »Züchtigung« galt als wichtiger Bestandteil der Erziehung, zumindest bei älteren Kindern. Die Schläge taten den Kindern weh, aber sie waren nicht unvereinbar mit positiven Erfahrungen, etwa von den Eltern geliebt zu werden und ihnen etwas zu bedeuten. Heute, wo Kinder zu Recht eine gewaltfreie Behandlung erwarten dürfen, sprechen Schläge eine andere Sprache. Sie tun nicht stärker weh, aber sie sind jetzt eine Demütigung, ein Stigma, das die Beziehung von Eltern und Kind nachhaltig stört.

Dass die gleichen Geschichten für Kinder nicht unbedingt gleich klingen, scheinen Eltern instinktiv zu wissen. Die temperamentvolle Maya wird anders erzogen als die schüchterne Sonja. Und das aus gutem

Grund: Sie *braucht* eine andere Erziehung. Und ein Kind, das sich später einmal auf der Straße erfolgreich durchsetzen muss, profitiert von einer anderen Erziehung als eines im Villenviertel.[117] Vielleicht lassen sich Eltern deshalb so schlecht auf einen bestimmten Erziehungsstil programmieren – und empfinden sich deshalb so oft als »inkonsequent.«

Das liegt auch an den Kindern selbst. Denn Erziehen ist keine Einbahnstraße. »Erziehen«, so die Psychologin Judith Harris, »ist nicht etwas, was ein Elternteil mit dem Kind macht, es ist etwas, das Mutter oder Vater und das Kind gemeinsam tun.«[539]

Der Einfluss der Kultur

Was genau sie gemeinsam tun, hängt aber auch von dem großen Einflüsterer ab, der uns auf Schritt und Tritt begleitet, ohne dass wir es merken – der Kultur. Sie entscheidet mit, was Eltern als »gut« und »richtig« empfinden, und was sie unter einem »normalen« Umgang mit einem Kind verstehen. »Eltern machen das, wovon sie glauben, dass es ihren Kindern nützt«, fasst die Entwicklungspsychologin Heidi Keller den Einfluss der Kultur auf die Erziehung zusammen.

Kein Wunder, dass der Regenbogen der Erziehung ähnliche Extreme überspannt wie die Lebensweisen rund um den Globus (wir werden in Kapitel 17 noch einmal auf diese Extreme zurückkommen und uns fragen, an welchem Fuß des Regenbogens das Gold nun vergraben ist ...). Ein »kompetentes Kind« ist für Eltern in einer Stammesgesellschaft etwas anderes als für Eltern in der anonymen westlichen Massengesellschaft. So gilt das Augenmerk der Erziehung in sozial eng verwobenen Dorf- und Stammesgemeinschaften vor allem der möglichst harmonischen Verankerung in der Gruppe – wo die Kooperation zwischen Angehörigen das Leben sichert, werden in der Erziehung eher soziale Fähigkeiten und Gruppenwerte betont. In den Industriegesellschaften, in denen »Erfolg« mit dem möglichst effizienten Umgang mit Technologien in unpersönlichen, hierarchischen »Leistungseinheiten« verbunden ist, wird dagegen Selbstständigkeit, individuelle Leistungsfähigkeit und generell die kognitive Entfesselung betont.

Und dieser Prozess scheint sich zu beschleunigen. Forschungen der Osnabrücker Psychologin Keller etwa zeigen, dass Eltern in Deutschland heute weniger Körperkontakt zu ihren Säuglingen haben, dafür viel häufiger mit ihnen reden und ihnen ins Gesicht schauen – eine glatte

Umkehr des in traditionellen Kulturen beobachteten Musters. Und dieses »Individualitätstraining« hinterlässt sogar in Tests seine Spuren: Kinder erkennen sich heute früher im Spiegel und reden auch früher von sich selbst in der ersten Person (dass dabei durchaus andere, für die Entwicklung eines kleinen Menschen wichtige Erfahrungen auf der Strecke bleiben können, haben wir in Kapitel 12 und 5 E&A gesehen).

Fetisch »optimale« Erziehung?

Fassen wir zusammen: Erziehung ist nicht das Resultat unserer guten Wünsche, Vorsätze und Techniken, sondern das Resultat eines ganzen Lebens, einer ganzen Familie, eines ganzen »Stammes«, ja, einer ganzen Kultur. Erziehung ist keine »Methode«, sondern ein *Systemprozess.* Und deshalb kann es auch keinen »vorgeschriebenen« Weg geben, um alles richtig oder alles falsch zu machen. Umgekehrt gibt es keine Garantie für Erfolg, selbst wenn Eltern »alles richtig« machen! Wie in einem Orchester sind perfekte Töne willkommen, aber sie machen noch lange keine gute Musik.[540]

Betrachtet man Erziehung als System, so wird auch klar, dass sie immer auch die Möglichkeiten der beteiligten Menschen und ihrer sozialen Netze abbildet. Selbst die Goldmine »Mutter« ist schließlich erschöpflich. Neben der Frage »Was ist gut für mein Kind?« sind deshalb zu Recht noch andere Fragen zu hören: Was ist gut für uns als Eltern? Was können wir uns leisten? Schließlich müssen die Eltern die Energie, die sie für ihre Kinder einsetzen, zuerst einmal haben. Was nutzt die ideale, allsorgende, rundumfördernde Erziehung, wenn dabei die Ehe draufgeht?

Eine Chance gegen die Schuld

Schuldzuweisungen sind eine moderne Form der Lebensbewältigung. Wenn wir uns nur an die Regeln halten, so die Hoffnung, geht alles in Ordnung. Eltern gehören zu den besonders Gläubigen: Alles, was bei Kindern schiefläuft, nehmen sie nur allzu leicht auf ihre Kappe. Vielleicht, so die Vermutung, gebe ich meinem Kind zu wenig Hautkontakt, zu wenig Liebe, zu wenig Grenzen (wahlweise auch zu viel Hautkontakt, zu viel Liebe oder zu viele Grenzen)? Diese »Schuldbereitschaft« kommt nicht von ungefähr – im Grunde war die Schuld der Eltern ja das Geschäftsmodell der Psychologie der letzten 100 Jahre, die jedes Drama und jede Verletzung eines Menschen aus dem Verhalten seiner Mutter zu erklären suchte.[118]

Die Erkenntnis, dass Erziehung sich in einem System vollzieht, kann Eltern zu einem neuen Selbstverständnis verhelfen. Sie sind eben *nicht* die allmächtigen Weichensteller, die einzigen Bediener im Schaltwerk, sie sind *nicht* die Magier, die ihren Kindern die Tricks des Lebens beibringen – sie sind vielmehr Teil eines größeren Ganzen, zu dem auch die Kinder selbst gehören, die Verwandten, die Freunde, die Lebensgefährten, die Lebenswelten Kindergarten, Schule und Vereine, ja, die ganze Gesellschaft.

In einem solchen System schwingen viele Saiten, da sind Hindernisse, aber auch Puffer und unsichtbare Helfer. Wenn wir einmal eine Frage der Kinder falsch beantworten – die Kinder fragen wieder, oder sie finden anderswo eine bessere Antwort. Und selbst wenn es mal eine Durststrecke gibt in der Familie, sind da noch andere Quellen, die vielleicht gerade besser sprudeln. Was wir von unserem Körper kennen, gilt auch in der Erziehung: Nicht jeder Kratzer führt gleich zu Krankheit. Es braucht viele, *andauernd ungünstige* Einflüsse, um ein Kind aus dem Gleis der Entwicklung zu werfen. Das »System«, in dem Erziehung wirkt, bietet eine zweite Chance. Die Natur rechnet nicht mit perfekten Eltern.

Kapitel 16

Wie Fairness und Moral entstehen

Der prominente Psychologe Steven Pinker von der Harvard Universität nennt es die »religiöse Theorie von den Werten«. Sie besagt, dass wir Menschen als Egoisten geboren seien und deshalb Werte und Moral in uns eingetrichtert werden müssten. Wir müssten uns moralisch sozusagen an den eigenen Haaren aus dem Schlamm der Natur herausziehen ...

Vielleicht können wir bei den Kapuzineraffen etwas über die »religiöse Theorie« lernen – die kleinen Affen mit der weißen Haar-»Kapuze« scheinen nämlich den Schlamm bereits hinter sich gelassen zu haben. Vor die Wahl gestellt, ob sie eine Belohnung alleine verzehren oder mit den anderen Mitgliedern ihres Clans teilen, entscheiden sie sich meist fürs Teilen.[541] Und wehe, sie fühlen sich ungerecht behandelt! Bekommt etwa eines der Äffchen von seinem Wärter ein Gurkenstückchen, sein Käfignachbar aber eine Weintraube – das sind die Gummibärchen der Affenwelt –, so verschmäht es die Gurke, die es sonst liebend gerne nimmt. Ja, der kleine Affe regt sich über die Gemeinheit so sehr auf, dass er dem Wärter sein Gurkenstückchen hinterherwirft.[542]

Und Kinder? Bringen sie einen ähnlichen Gerechtigkeitssinn mit auf die Welt oder sind sie tatsächlich als Egomanen geboren, denen Fairness erst *beigebracht* werden muss?

Angeborene Moral?

Schauen wir uns einen kleinen Trickfilm an, und zwar zusammen mit sechs bis zehn Monate alten Babys.[543] Da quält sich ein mit einem Gesicht bemaltes Holzklötzchen einen Berg hinauf. Kurz vor dem Gipfel aber wird es immer wieder von einem anderen Klötzchen den Berg hinuntergeschubst. Glücklicherweise kommt dem Bergsteiger jedoch ein anderes Klötzchen zu Hilfe, das von hinten mitschiebt – und den Bergsteiger schließlich den Gipfel erreichen lässt. Lässt man die Babys nachher wählen, mit welchem Klötzchen sie spielen wollen, so bevorzugen *alle* das »Helfer«-Klötzchen! Kinder scheinen also durchaus schon mit gewissen moralischen Standards geboren zu sein.

Rund um die Erde erkennen Kinder ab etwa 18 Monaten, wenn andere leiden – und sie versuchen ihnen zu helfen: Ein Spielkamerad, der sich wehgetan hat, bekommt jetzt den eigenen Schnuller angeboten oder das Schmusetuch.[119] Und schon ab 14 Monaten beginnen Kleinkinder, von sich aus anderen zu helfen, etwa indem sie Sachen herbeiholen – und das auch ohne dass eine Belohnung in Aussicht steht. Nun könnte dieses Verhalten natürlich durchaus erlernt sein – auffällig ist aber, in welch ähnlichen Zeitfenstern sich die Zuwendung zu anderen Kindern rund um den Globus entwickelt.

Auch der Gerechtigkeitssinn entwickelt sich nach einem recht einheitlichen zeitlichen Fahrplan – etwa zwischen drei und acht Jahren.[544] Einem Zweijährigen ist es ziemlich egal, wenn das neben ihm sitzende Kind mehr Gummibärchen erhält, aber schon die Hälfte der Dreijährigen protestiert, wenn der Nebensitzer zwei Tütchen bekommt und es selbst nur eines (beim »Gerechtigkeitssinn« handelt es sich also eher um einen »Ungerechtigkeits-Vermeidungssinn« …) Bei den Achtjährigen sind es dann immerhin 90 Prozent, die auf Gerechtigkeit pochen.

Das Miteinander-Teilen als »angewandter Gerechtigkeitssinn« scheint etwas später ins Repertoire des Kindes zu gelangen. Drei- bis Vierjährige teilen ihre Süßigkeiten praktisch nie freiwillig mit anderen, bei den Fünf- bis Sechsjährigen macht das immerhin schon jeder fünfte.[545] Ab dem Schulalter wird dann sogar mit Kindern aus anonymen anderen Gruppen geteilt. Vor die Wahl gestellt, freiwillig Sticker oder Münzen an andere Kinder abzugeben, entscheidet sich etwa die Hälfte der Sieben- bis Achtjährigen für eine gleichwertige Teilung. Erwachsene dagegen teilen in ähnlichen Experimenten meist im Verhältnis 30:70 – sie behalten den Löwenanteil für sich.

Auch Eltern und Erzieher in Kindergärten und Schulen überrascht oft, wie groß bei den Kindern das Bedürfnis ist, Handlungen nach »richtig« und »falsch« zu ordnen und Rechte und Pflichten zu vergeben und einzufordern. Manches spricht also dafür, dass Kinder eben nicht als Egomanen auf die Welt kommen, sondern durchaus eine Art intuitiver Moral mitbringen.

Anerzogene Moral!

Aber wie passt ein solches universelles Muster zu der Beobachtung, dass unterschiedliche Menschen doch sehr unterschiedliche Vorstellungen von Gerechtigkeit haben? Schon Männer und Frauen ticken in Sachen Gerechtigkeit offenbar ziemlich verschieden. In Spiel-Experimenten neigen Frauen dazu, Gewinne unter den Mitspielern etwa gleich aufzuteilen. Männer dagegen geben denen mehr, die sich für die Gruppe besonders ins Zeug gelegt haben – und lassen die weniger Engagierten auch gerne mal im Regen stehen.[546]

Und betrachtet man die Geschichte, so scheinen Gerechtigkeit und Moral erst recht »relativ« zu sein. Sklavenhaltung galt bis in die Neuzeit hinein als vollkommen legitim. Auch Frauen werden erst seit etwa 100 Jahren als vollwertige Menschen angesehen. Es scheint fast so, als ziehe jede Gesellschaft immer wieder aufs Neue einen »moralischen Kreis«, in den sie die Kreaturen in ihrem Umfeld ein- oder aussortiert. Heute scheint sich der Kreis auszudehnen, immerhin sind in den letzten 100 Jahren Kinder hineingekommen, Behinderte, ja auch Föten, und neuerdings gelten sogar Menschenaffen als Anwärter. Aber während hierzulande der Tierschutz immer neue Anhänger gewinnt, gibt es in anderen Kulturen immer noch »Unberührbare« – wie kann man bei so vielen Unterschieden von einer »intuitiven« oder gar universellen Moral sprechen?

»Vorbereitete« Moral

Am ehesten wird so ein Schuh daraus: Menschen scheinen mit einer universellen Voreinstellung von Fairness auf die Welt zu kommen. Und auch moralisches Urteilen liegt ihnen im Blut – aber die Moral muss mit Inhalten erst »ausgefüllt« werden – sie muss sozusagen auch »in den Kopf« kommen. Gerecht zu handeln und Gerechtigkeit einzufordern scheint durchaus angelegt zu sein – aber was genau gerecht und »richtig« ist, muss jeder im Lauf seines Lebens erlernen.

Und da scheinen von Anfang an die »anderen« eher schlecht wegzukommen. Wie der Roman *Herr der Fliegen* plastisch zeigt, lassen sich Kindergruppen ganz leicht entlang fast beliebiger Trennlinien teilen – und mit der Linie endet meist auch die Moral. Zahllose Experimente mit Rollenspielen bestätigen, dass dies bei Erwachsenen nicht anders ist: Es bedarf nur des richtigen Mottos, um gute Bürger recht zuverlässig in gewissenlose Schergen zu verwandeln.[547]

Tatsächlich lässt sich schon in den weiter vorne angesprochenen Experimenten, in denen Kinder wählen dürfen, wie sie etwa Gummibärchen verteilen wollen, eine starke Tendenz zur Bevorzugung der eigenen Gruppe erkennen. Der Gerechtigkeitssinn hört sozusagen an der Klassentüre auf – was Michael Tomasello und Felix Warneken vom Max Planck Institut für evolutionäre Anthropologie in der Aussage zusammenfassen: »Kooperation unter Menschen ist von der Wurzel her kleinräumig.«

Interessanterweise fällt das Teilen in solchen Experimenten Kindern mit älteren Geschwistern schwerer (das betrifft die jüngeren Altersgruppen in stärkerem Maße als die älteren) – das könnte damit zusammenhängen, dass sich diese Kinder tagtäglich gegen eine starke Konkurrenz behaupten müssen. Zudem scheinen vor allem Jungen Kinder aus anderen Gruppen auszugrenzen – Mädchen verhalten sich auch den nicht zur eigenen Gruppe gehörenden Kindern gegenüber eher einmal großzügig.

Kinder scheinen also sehr wohl mit einer Art moralischem Kompass ausgestattet zu sein, wenn sie die Welt betreten – mit einem »Lernprogramm Moral« sozusagen. Jedoch scheint der Zeiger des Kompasses hartnäckig die Seite der eigenen Gruppe zu bevorzugen.

Einflüsse auf die Moral

Und das passt auch zu dem, was über den beschriebenen »moralischen Kreis« bekannt ist. Wie weit er über die eigene, vertraute Gruppe hinausgezogen wird, hängt nämlich stark von den – materiellen und ideellen – Ressourcen einer Gesellschaft ab. Wissen spielt dabei eine Rolle: Jemand, der weiß, dass eine Epidemie durch Viren ausgelöst wird, wird dafür keine Hexe verantwortlich machen. Auch »moralisches Kapital« spielt eine

Rolle – tatsächlich scheinen sich moralische Einsichten wie Erspartes anzuhäufen: Die kleine Lisa muss nicht selbst herausbekommen, dass Sklaverei schlecht ist, sie »übernimmt« diese Einstellung von den vorigen Generationen. Ähnlich wie bei unserem Wissen über die Welt scheinen wir also auch moralisch »auf den Schultern« unserer Vorfahren zu stehen. Am wichtigsten jedoch ist offenbar der Kontakt mit »den anderen«. Je stärker sich Gruppen durchmischen und je eher wir mit Fremden gemeinsame Ziele verfolgen, desto mehr Vorurteile werden abgebaut. Aber auch die Befindlichkeit beeinflusst die moralische Verfassung. So zeigen viele Beispiele, dass soziale Isolation, Stress und fehlender Handlungsspielraum das moralische Empfinden schwer beschädigen können.

Motor der Moral?

Damit ist auch eines klar: Die moralische Entwicklung ist *keine* Unterabteilung der kognitiven Entwicklung, wie das lange Zeit vermutet wurde – etwa von dem Entwicklungspsychologen Jean Piaget, der annahm, dass das moralische Lernen von *Einsicht* getrieben sei.[548] Kinder, so Piagets Meinung, handelten deshalb im Lauf ihrer Entwicklung immer »moralischer«, weil sie im Zuge ihrer Reifung ethische Prinzipien immer besser *verstünden*.

Heute gilt nicht die Einsicht als Motor der Rücksicht – sondern das Einfühlungsvermögen, die *Empathie*. Kinder fordern Gerechtigkeit und helfen anderen, weil sie in der Lage sind, sich in andere hineinzuversetzen. Tatsächlich lässt sich in Experimenten zeigen, dass Kinder in unterschiedlich starkem Maß auf das Unglück anderer Menschen reagieren – und ihnen dann auch in unterschiedlichem Ausmaß zu Hilfe kommen.

Und hier scheinen sogar erbliche Einflüsse eine Rolle zu spielen. Wenn ein Versuchsleiter so tut, als ob er sich den Finger eingeklemmt hätte, so reagieren eineiige Zwillinge darauf etwa gleich stark – die Reaktionen zweieiiger Zwillinge dagegen sind oft überraschend unterschiedlich.[549] So wie manche Kinder musikalischer sind als andere, so scheinen manche auch eher für Empathie »begabt« zu sein.[120]

Dass Einfühlungsvermögen aber zum größten Teil »erlernt« wird, zeigt die Beobachtung, dass sicher gebundene Kleinkinder in weitaus stärkerem Maß auf die Gefühle anderer Kinder eingehen als unsicher gebundene.[551] Wie wichtig die frühkindlichen Beziehungen für die Entwicklung von Empathie sind, zeigt auch die Tatsache, dass Kinder mit Geschwistern in Tests mehr Empathie zeigen.[552] Auch im echten Leben helfen Kinder, die in ein reichhaltiges soziales Netz eingebunden sind, anderen Kindern eher,[553] während sozial vernachlässigte Kinder in ihrem Einfühlungsvermögen stark beeinträchtigt sind.[554]

Zurück zu den Kapuzineräffchen

Unterstützung für die These, dass Moral zuallererst mit Einfühlungsvermögen zusammenhängt, kommt auch aus einer ganz unerwarteten Richtung – aus dem Tierreich. Denn entgegen aller Erwartungen ist der »intelligenteste« und mit dem Menschen am nächsten verwandte Affe, der Schimpanse, nur mit einem allenfalls rudimentären Sinn für Gerechtigkeit ausgestattet.[555] So ist es Schimpansen ziemlich egal, wie viel Futter andere Schimpansen erhalten, solange sie nur selbst etwas bekommen.[556]

Da denkt man doch automatisch an das kleine Kapuzineräffchen, wie es seinem Wärter das Gurkenstück ins Gesicht wirft, oder? Was den Gerechtigkeitssinn angeht, so trennen Schimpansen und Kapuzineraffen tatsächlich Welten.

Worin liegt der Unterschied begründet? Die Antwort ergibt sich, wenn man sich anschaut, welche Affenarten denn sonst noch über einen ausgeprägten Gerechtigkeitssinn verfügen – das sind zum Beispiel Rhesusaffen, Makaken und Weißbüschelaffen. Und das deutet auf einen Faktor, der uns schon an mehreren Stellen begegnet ist: auf das »Brutmodell«. Kapuzineräffchen – und die anderen genannten Affenarten – sind nämlich im Gegensatz zum Schimpansen eine gemeinschaftlich aufziehende Art, das heißt, nicht nur die Mutter kümmert sich um den Nachwuchs, sondern auch andere Mitglieder der Gruppe. Dieses Pflegemodell, so scheint es, hat in der Evolution für die Entwicklung von Einfühlungsvermögen gesorgt (diese spannende Diskussion steht im Mittelpunkt von Kapitel 10 E&A). Tatsächlich ist auch Altruismus bei den gemeinschaftlich aufziehenden Primaten weit verbreitet. Weißbüschelaffen etwa spenden in Experimenten sogar dann Futter für andere, wenn sie selbst kein Futter bekommen![557]

Vom Lügen

Da verwundert dann vielleicht auch das nicht mehr: Lügen ist kein Privileg des Menschen – auch von den (wenig überraschend: zu den kooperativ aufziehenden Arten gehörigen …) Feuchtnasenaffen etwa ist bekannt, dass sie ihre Umgebung über ihre wahren Absichten täuschen können.[121 558]

Was braucht es zum Lügen? Wer lügt, muss als Erstes in der Lage sein, den Unterschied zwischen dem, was er selbst glaubt, und dem, was der andere glaubt, zu erkennen. Das kann ein Kind frühestens dann, wenn es sein »Ich-Bewusstsein« entwickelt hat, also sich selbst als Eigner seines Körpers und als Dirigent seiner Handlungen wahrnimmt. Erst mit einem solchen Selbstbewusstsein ausgestattet kann es sich in die Gedankenwelt anderer Menschen hineinversetzen und dem Gegenüber eigene Gedanken zuschreiben. Das beginnt frühestens mit 15, meist aber erst mit 18 Monaten.

Warum weiß Kasper nicht, was Gretel denkt?

Aber selbst dann geht ein Kind in den meisten Alltagssituationen noch eine ganze Weile davon aus, dass ein anderer Mensch das Gleiche im Kopf hat wie es selbst. In einem Experiment sind zwei Kinder und ein Versuchsleiter im Raum, ein Kind wird nun hinausgeschickt und in seiner Abwesenheit eine Tafel Schokolade in einer Kiste versteckt. Kinder mit drei Jahren nehmen automatisch an, das rausgeschickte Kind würde nach seiner Rückkehr nirgendwo anders als in der Kiste suchen! Sie scheinen hartnäckig anzunehmen, dass das andere Kind denselben Informationsstand hat wie sie selbst (das ist der Grund, weshalb es im Kindertheater so hoch hergeht – der Kasper muss doch *wissen,* wo sich Gretel versteckt hat!).

Weil sie die unterschiedlichen Perspektiven so schwer auseinanderhalten können, fehlt zwei- und dreijährigen Kindern eine ganz entscheidende Voraussetzung fürs Lügen. Aber passt das denn zu den Erfahrungen der Eltern? Gerade Dreijährige lügen doch das Blaue vom Himmel, und das mit einer Engelsmiene!

Von Pseudolügen zu echten Lügen

Das stimmt. Und stimmt doch nicht ganz. Beobachten wir ein weiteres klassisches Experiment. Ein gerade drei Jahre alt gewordenes Kind bekommt eine ihm bekannte Bonbonbüchse vor die Nase gesetzt. Natürlich nimmt es an, dass da Bonbons drin sind. Wenn es die Büchse öffnet, findet es aber keine Bonbons – sondern Bleistifte! Das Kind ist ganz offensichtlich enttäuscht. Wird es nun gefragt, was es denn gedacht habe, was in der Büchse sei und was wohl seine Freunde geglaubt hätten, was in der Büchse sei, so gibt das Kind an: *Natürlich* habe es gewusst, dass da Bleistifte drin sind! Und seine Freunde? Ja, auch die hätten Bleistifte erwartet, natürlich!

Eine glatte Lüge also? Eher eine Pseudolüge. Denn auch wenn ein Kind in diesem Alter durchaus schon »weiß«, dass einem Verhalten wahre oder falsche Annahmen zugrunde liegen können (das lässt sich in Experimenten sehr schön zeigen),[559] so nimmt es in konkreten Situationen immer noch automatisch an, dass nicht der andere, sondern es selbst die »richtige« Annahme habe. Innere Überzeugung und äußere Realität werden dann dadurch in Übereinstimmung gebracht, dass das Kind seine Überzeugung im Nachhinein »korrigiert«.

Bei Vierjährigen und erst recht bei Fünfjährigen ist das anders. Sie geben korrekt an, sie und ihre Freunde hätten nichts anderes als Bonbons erwartet. Können sie deshalb jetzt »richtig« lügen? Zumindest das richtige Rüstzeug haben sie. Sie wissen, dass es richtige und falsche Annahmen über die Wirklichkeit gibt und dass die eigenen Annahmen durchaus nicht immer richtig sind (eine Erkenntnis, die etwa autistischen Kindern nicht möglich ist). Jetzt müssen sie diese Erkenntnis nur noch nutzen, um andere Menschen bewusst zu manipulieren. Kurz, sie müssen lernen, dass man einen falschen Glauben sozusagen auch ins Gehirn anderer Menschen schmuggeln kann. Dieser Schritt gelingt Kindern tatsächlich meist erst mit vier Jahren – jetzt können sie endlich »richtig lügen«! (Was aber nicht heißt, dass sie *richtig gut* lügen können – wie Eltern oft amüsiert feststellen, gelingt es ihnen noch eine ganze Weile nicht, das Schmuggeln auch wirklich lautlos und unsichtbar zu veranstalten …)

Jetzt, wo Kinder zum Lügen bereit sind, entwickelt sich aber schon mit Macht das Gegenprogramm. Zwischen drei und sechs Jahren bilden Kinder ihr *Gewissen* aus – die ethischen oder moralischen Standards also, nach denen sie die Handlungen anderer Menschen und schließlich auch die eigenen Handlungen bewerten. Sie entwickeln jetzt sozusagen das Zünglein an der Waage, das ihnen im konkreten Fall sagt, ob sie eher lügen oder eher die Wahrheit sagen sollen. Dieses Zünglein entwickelt sich in sehr unterschiedlichem Tempo, ja, es scheint nie ganz fest angeschraubt zu werden – man bedenke, wie oft auch Erwachsene lügen und wie sehr dies von der Situation abhängt.

Das individuell sehr unterschiedliche Eigentempo des Gewissens erklärt auch, warum kindliche Moral und die spätere Moral als Erwachsener nur wenig zusammenhängen.[560] Auch wer als Kind viel lügt, kann einmal ein anständiger und (überwiegend) ehrlicher Zeitgenosse werden. Und selbst aus Gummibärchendieben können gute Menschen werden.

Fairness fördern?

Wie wir gesehen haben, entwickeln sich Fairness und Moral nicht im luftleeren Raum und auch nicht allein durch gutes Zureden oder durch das immer wieder als Allzweckwaffe gehandelte »gute Vorbild«. Der Sinn für Gut und Böse baut vielmehr auf dem menschlichen Einfühlungsvermögen auf, der Empathie.

Und die hat viele Wurzeln. Sie entsteht etwa durch gelungene Bindung und kommt deutlich besser zum Tragen, wenn das Kind sozialen Rückhalt hat und sich wohl in seiner Haut fühlt. Das heißt aber auch: Empathie kann nur sehr begrenzt anerzogen werden. Sie ergibt sich vielmehr – innerhalb eines teilweise auch genetisch »gesetzten« Rahmens – durch ein gelungenes Leben. Insofern ist es ein Missverständnis, Eltern könnten ihren Kindern durch irgendwelche Techniken oder eine besondere Art der Pädagogik beibringen, später einmal »gute Menschen« zu sein.

Vor diesem Hintergrund muss auch die »Werteerziehung« betrachtet werden, die immer wieder als Gegenpol zur rein intellektuellen Förderung oder auch zum pädagogischen Primat des »Grenzensetzens« aufgebaut wird. Werte zu lernen ist genauso im biologischen Entwicklungsprogramm des Kindes verankert wie das Sprechenlernen – und es folgt auch ähnlichen Prinzipien. Das Gehirn extrahiert sich seine Regeln nämlich selbst: grammatikalische Regeln im Fall der Sprachentwicklung, moralische Regeln im Fall der Werteentwicklung. Die entsprechenden Regeln können ihm nicht »eingeimpft« werden. Kinder brauchen also im Grunde nichts anderes als einen »wertehaltigen« Erfahrungsraum, um ihr Wertesystem zu entwickeln, genauso wie Kinder einen »sprachhaltigen« Erfahrungsraum brauchen, um sprachlich kompetent zu werden. Auch in der Domäne der Moral wertet das Kind sozusagen seine Erfahrungen aus und bildet auf dieser Basis seine Kompetenzen aus.

Da überrascht nicht, dass die geschaffenen Regeln zunächst einmal nur für die Lebenswelt gelten, aus der sie »extrahiert« wurden (dieses Phänomen ist uns bereits in Kapitel 13 begegnet): Kinder, die gelernt haben, zuhause nicht zu lügen oder zu betrügen, sind möglicherweise in der Schule mit ihren ganz anderen Normen notorische Abschreiber. Kein Wunder, dass sich feste, d.h. für *alle* Lebensbereiche geltende Werte überraschend spät ausbilden – oft erst in der Pubertät, manchmal sogar nie.[122]

Dass das Kind im Grunde keine *Inhalte* erlernt, sondern vielmehr selbst Regeln aus den gemachten Erfahrungen extrahiert, ist ein weiterer Grund, nicht allzu viel von durch Erwachsene aufgestellten Regeln zu erwarten – zumindest nicht für die Ausbildung einer eigenständigen Moral. Selbst wenn die Regeln pädagogisch »vernünftigen« Kriterien folgen, so lernen Kinder durch Regeln oder Gebote zunächst einmal nur, was sie tun dürfen und was nicht – aber nicht unbedingt, was richtig ist oder falsch. Natürlich können Regeln helfen, Konflikte zu vermeiden, sie sind damit schon aus rein praktischen Gründen für ein funktionierendes Miteinander hilfreich und wünschenswert. Nur sollten sie nicht als Leitplanken der Moralentwicklung angesehen werden. Regeln helfen Konflikte zu vermeiden, aber sie helfen noch lange nicht bei der echten Kooperation und Konflikt*lösung*.

Und das bringt uns zum letzten Punkt. Auch in Sachen Fairness und Moral tun Eltern gut daran, *entwicklungsgerecht* zu denken. Wenn ein Zweijähriger seinem Sandkastennachbarn die Schaufel wegnimmt, ist das ein völlig normales Verhalten. Und auch wenn er das Förmchen nicht teilen will, wird deshalb nicht später einmal ein Soziopath aus ihm (genauso wenig wie ein Kind einmal deshalb zum guten Menschen wird, weil die Eltern es fürs Teilen überschwänglich loben). Aus diesem Grund sollten Eltern auch kein großes Drama um »unmoralisches« Verhalten ihrer Kleinkinder machen. Natürlich ist es richtig, Streit und Tränen im

Sandkasten zu verhindern und die Kleinen Schritt für Schritt ans Teilen und Versöhnen heranzuführen. Aber Moralisieren oder Strenge sind da fehl am Platz – wenn Erwachsene mit ihren eigenen moralischen Argumenten auf die Einhaltung von noch nicht entwicklungsgerechten Moralstandards pochen, verstehen die Kleinen schlichtweg nur »Bahnhof«.

Dasselbe gilt fürs Lügen. Wie wir gesehen haben, ist »Pseudolügen« eine ganz normale Manifestation der kindlichen Entwicklung, und auch eine echte Lüge ist nicht gleich ein moralischer Notfall. Lügen, Habenwollen und Konkurrenz sind evolutionär genauso »vorgesehene« Motive wie Ehrlichsein, Teilenwollen und Kooperation, und die menschliche Natur ist nun einmal so angelegt, dass alle diese Verhaltensvarianten und Kompetenzen entwickelt werden – offensichtlich haben sich evolutionär sowohl die (im moralischen Sinn) »guten« als auch die »schlechten« Fähigkeiten bewährt. Das Spannende an der menschlichen Entwicklung und Natur ist ja gerade, wie diese sich widersprechenden Seiten im echten Leben austariert werden.

Moral – ein Widerspruch zur Evolution?

Aus der Sicht der Evolution ist der Mensch ein Doppelwesen. Einerseits ist er Teil der evolutionären »Matrix« – man müsste die Augen verschließen, wenn man nicht sehen wollte, wie sehr er den uralten, »tierisch leckeren« Mohrrüben vor seiner Nase hinterherläuft – den guten Gefühlen, die er durch Liebe, Sex, Beifall, Status, Besitz und Macht erreichen will.
Mit dem anderen Fuß scheint er aber außerhalb der Evolutionsgesetze zu stehen: Menschen adoptieren genetisch »fremde« Kinder, sie leben zölibatär oder asketisch, sie widmen ihr Leben einer »Idee«, opfern sich für Fremde, überweisen Geld für Tsunami-Opfer in Ländern, deren Namen sie nicht einmal aussprechen können, und und und … Ist das nicht ein Widerspruch zur Evolution? Läuft diese nicht letzten Endes immer auf den *eigenen* Vorteil hinaus?

Das kooperative Modell

So gerne das Bild von der »egoistischen« Evolution auch verwendet wird: Wie wir bereits in Kapitel 9 gesehen haben, greift es zu kurz. In vielen Fällen lassen sich die knappen Ressourcen der Umwelt besser durch Kooperation nutzen als durch Konkurrenz – das gilt insbesondere für die sozialen, also in Gruppen lebenden Arten. Kooperation ist damit eine evolutionär genauso »angelegte« Strategie wie Konkurrenz und Egoismus.

Tatsächlich lässt sich Kooperation bei vielen Tierarten beobachten. Schimpansinnen tun sich zusammen, um sich gegen ein aggressives Männchen zu schützen. Vögel, Murmeltiere oder Eichhörnchen warnen sich durch Schreie gegenseitig, wenn ein Feind naht. Vampir-Fledermäuse geben anderen Fledermäusen, die bei der Jagd weniger erfolgreich waren, etwas von der letzten Blutmahlzeit ab.

Für den Menschen war Kooperation von Anfang an überlebensnotwendig. In einer Umwelt, in der es keine Lagerhallen und keine Kühlschränke gab, war Teilen eine Art Lebensversicherung – wer teilte, erwarb ja auch ein Anrecht auf Versorgung, wenn er mal mit leeren Händen heimkam. Die wertvollsten Ressourcen der Menschen über 99 Prozent der menschlichen Geschichte waren deshalb nicht Hab oder Gut – sondern Hilfsbereitschaft und der eigene gute Ruf. Da wundert nicht, dass in den allermeisten Jäger- und Sammlergesellschaften, die Ethnologen bekannt sind, Gleichheit und Versöhnlichkeit großgeschrieben werden; Konkurrenz und selbstsüchtiges Verhalten werden dagegen durch starke soziale Sanktionen klein gehalten.

Ethnologen nehmen sogar an, dass viele Ökosysteme vom Menschen überhaupt erst durch beständiges Teilen genutzt werden konnten. So schwankt der Ertrag der Jagd- und Sammelgründe etwa in der Kalahari gerade zu Beginn des Frühlings enorm – gut, wenn man da einen verwandten Clan in einem anderen Gebiet besuchen konnte, wenn die Nahrung zur Neige ging.[562]

Neue Strategie, altes Spiel?

Aber schimmert nicht auch hinter der Kooperation noch Egoismus durch? Helfen sich Lebewesen letzten Endes nicht nur deshalb, weil sie dadurch unter dem Strich besser dastehen? Anderen zu helfen – selbst auf Kosten eigener Nachteile – muss ja nicht unbedingt der eigenen Fitness schaden. Ist Altruismus möglicherweise nur eine nettere Variante der »egoistischen« Evolution?

Tatsächlich helfen die meisten Tiere vorzugsweise *Verwandten* – selbst in dem Fall, dass ein Tier dabei sein Leben lässt, kann es dabei noch die eigene Fitness steigern (das dieser sogenannten Verwandtenselektion zugrunde liegende Prinzip der indirekten Fitness wurde in Kapitel 9 beschrieben).

Zum zweiten bauen nicht wenige Helfer darauf, dass sich die Hilfe durch *Gegenleistungen auszahlt.* Wie du mir, so ich dir – ein gerade bei Primaten weit verbreitetes Prinzip.

Zum dritten: Anderen zu helfen stärkt auch die Position des Helfers in der Gruppe. Wer anderen hilft, zeigt nicht nur, wie viel er geben kann, sondern empfiehlt sich auch als verlässlicher Partner, Verbündeter oder sogar als Führer – nicht gerade schlecht für die eigene Fitness. Das Sprichwort »Tu Gutes und rede davon« scheint dies aufzugreifen – der gute Ruf, der eigene »Name« ist nun einmal unser wertvollstes Kapital.[123]

Helfen wirkt aber auch auf einem anderen Weg zurück. Wenn sich Menschen gegenseitig helfen, so bringt das oft ganz konkrete Vorteile *für die ganze Gruppe.* Und davon hat jeder etwas – auch der »gebende« Altruist!

Helfen bringt also auch dem Helfer Hilfe – er hilft sich unter dem Strich am meisten selbst. Ist echte Selbstlosigkeit also ein Mythos?

Der »starke« Altruismus

Offenbar nicht. Selbst im grauen Alltag begegnet uns der gute Samariter – der selbstlose, echte oder »starke« Altruist, wie die Evolutionspsychologen ihn nennen. Ein Mensch also, der einem Fremden hilft, ohne selbst davon einen Vorteil zu haben. Der eine Münze ins Töpfchen eines Bettlers wirft – auch wenn niemand zuschaut. Der einen Streit unter Fremden schlichtet – auch wenn er dabei ein blaues Auge riskiert. Der unter Einsatz seines Lebens einen ihm fremden Ertrinkenden rettet.

Sind solche Menschen zu Samaritern *erzogen* worden? Wem würde nicht auffallen, wie hartnäckig Eltern ihre Kinder loben und belohnen, wenn sie mit anderen Kindern teilen! Ganz klar: Der Samariter hat erzieherischen Rückenwind.

Bleiben wir hier kurz stehen und nehmen wir einmal an, der gute Samariter sei nichts anderes als ein Produkt der Erziehung und damit der vom Menschen geschaffenen Kultur. Wäre starker Altruismus dann ein Widerspruch zur Evolution?

Sicherlich nicht. Der Mensch hat im Lauf seiner evolutionären Geschichte die Fähigkeit entwickelt, Kultur zu schaffen. Diese Fähigkeit ist Produkt und Teil der menschlichen Evolution. Dass sich Menschen selbstlos verhalten, steht schon aus diesem Grund genauso wenig im Widerspruch zur Evolution, wie dass Menschen Verhütungsmittel benutzen.

Ein Anker in der Natur

Vieles spricht aber dafür, dass Menschen nicht nur kulturbedingt, sondern auch *naturbedingt* Altruisten sind. Altruismus scheint nicht nur erzieherischen, sondern auch *biologischen* Rückenwind zu haben. Ganz unabhängig vom Einfluss ihrer Eltern entwickeln Kinder rund um den Globus in etwa demselben Alter – der mittleren Kindheit – einen starken Gerechtigkeitssinn. Schon frühzeitig bestrafen sie Fieslinge, Ausnutzer und Trittbrettfahrer – und dabei sind sie zu einigen Opfern bereit. Ein »moralisches Gespür«, so scheint es, ist ihnen schon in die Wiege gelegt (vgl. Kapitel 16).

Und Menschen müssen sich ihren Altruismus auch nicht abringen (wie sie sich andere kulturelle Fähigkeiten, wie etwa das Rechnen oder Schreiben abringen müssen), sie müssen ihn sich nicht im Schweiße ihres Angesichts »erarbeiten«. Altruismus fällt ihnen vielmehr leicht – er wird »von innen heraus« belohnt. Anderen zu helfen gibt ein gutes Gefühl. Das Geben »gibt etwas zurück«. Manche Helfer beschreiben das Helfen sogar als einen inneren Zwang: Ich *musste* mich um diesen Menschen kümmern. Ich *konnte nicht anders* als in das eisige Wasser springen und dieses Kind retten.

Altruismus als Gruppenphänomen?

Aber wie erklärt man den »natürlichen« Altruismus? Schließlich ist die natürliche Selektion so angelegt, dass nur derjenige Erfolg hat, der den eigenen Vorteil verfolgt – Fremden auf Kosten der eigenen Fitness Vorteile zu verschaffen ist im Rahmen der natürlichen Selektion tatsächlich nicht »vorgesehen«. Verfolgen wir drei interessante Theorien, um das Rätsel zu lösen.

Die erste Theorie stützt sich auf das Prinzip der Gruppenselektion, das in Kapitel 9 eingeführt wurde. Danach wirken die Kräfte der Evolution nicht nur auf Individuen, sondern auch auf Gruppen. Als Beispiel seien die Warnschreie in manchen Tiergruppen genannt: Der Warnende ist der Erste, der vom Feind entdeckt wird – er riskiert im wahrsten Sinn des Wortes seine Haut für die anderen. Und doch hat sich das Verhalten in der Evolution durchgesetzt, und zwar, weil es Gruppen mit einzelnen »warnenden« Mitgliedern insgesamt besser ging als solchen ohne »Warner« – die ersteren Populationen breiteten sich damit auf Kosten letzterer aus.

Altruismus als »sexuelles Ornat«?

Eine zweite interessante Theorie geht davon aus, dass Altruismus durch die uns aus Kapitel 9 bestens vertraute sexuelle Selektion entstanden sein könnte. Bei der Suche nach einem Partner folgen Lebewesen nämlich nicht dem Zufallsprinzip, sie lassen sich vielmehr von attraktiven Eigenschaften überzeugen oder sogar »verführen«. Und was finden sie besonders attraktiv? Solche Eigenschaften, die ihnen anzeigen, dass da ein wirklich toller Hecht vor ihnen steht, mit dem sich gemeinsamer Nachwuchs trefflich zeugen und aufziehen lässt ... Zur Erinnerung: Der sexuellen Selektion verdankt der Pfau sein schönes Gefieder, auch wenn er daran eine nicht ungefährliche Last zu tragen hat – die Eigenwerbung ist nun einmal mit Kosten verbunden.

Altruismus könnte eine ähnliche »Last« darstellen: Menschen bevorzugen möglicherweise besonders altruistische Partner, weil sie »wissen«, dass ein selbstloser, hilfsbereiter Partner möglicherweise besser für den Nachwuchs sorgen kann als ein auf den eigenen Vorteil bedachter! Tatsächlich gibt es Hinweise, dass Menschen bei der Partnerwahl besonders empathische, hilfsbereite Individuen bevorzugen.[563]

Altruismus als Nebenprodukt

Eine dritte Theorie erklärt den echten Altruismus als »Nebenprodukt« der Evolution. Als Nebenprodukt? Tatsächlich stellen nach Ansicht der Evolutionsbiologie längst nicht alle Merkmale oder Verhaltensweisen

Anpassungen dar – sie sind also nicht unmittelbar nützlich, d.h., sie helfen weder die Ressourcen der Umwelt besser zu nutzen noch Partner zu gewinnen. Sie »gehören einfach dazu« – so wie die Flecken auf der Küchenschürze zum Kochen gehören. Die Glatze des Mannes dürfte ein solches Nebenprodukt sein und vielleicht auch der menschliche Blinddarm.

Auch viele Krankheiten werden als Nebenprodukte der Evolution angesehen, wie etwa die Mukoviszidose, die Sichelzellanämie oder die Eisenspeicherkrankheit. Sie gehören trotz ihrer nicht gerade überlebensfördernden Funktion zum Beispiel deshalb zum Repertoire der Evolution, weil diejenigen Individuen, die nur einen Teil der Veranlagung mit sich tragen (etwa ein rezessives Gen), davon Vorteile haben. Die – glücklicherweise wenigen – Individuen, welche die »volle Dosis« der Veranlagung abbekommen haben, tragen dagegen keinen evolutionären Gewinn, ja vielleicht sogar Nachteile davon. Im Rahmen der Evolution können also durchaus Merkmale entstehen, die dem Ziel der Fitness zuwiderlaufen! Ähnliches wird auch für das Verhalten diskutiert. Auch hier könnten extreme Ausprägungen (die Spitze des Eisbergs sozusagen) mit Fitnesseinbußen einhergehen, während die leichteren Varianten die Fitness steigern.

Tatsächlich sind viele Aspekte des menschlichen Verhaltens auf einer Art Spektrum angesiedelt, deren extreme Enden nicht mehr »nützlich«, ja, sogar schädlich sind. Ein systematisches, emotionsloses Denken etwa ist in weiten Bereichen vorteilhaft, seine Maximalausprägung dagegen, der Autismus, bedeutet schwere Nachteile. Auch die emotionalen Reaktionen des Menschen sind in aller Regel entlang eines Spektrums angeordnet, deren Maximalvarianten durchaus nicht adaptiv sein müssen. Es gibt ängstliche Menschen, aber es gibt auch überaus ängstliche Menschen, die am Leben scheitern. Es gibt schüchterne Menschen, aber es gibt auch überaus schüchterne Menschen, die irgendwo auf der Strecke bleiben. Und neben kühnen Menschen stehen tollkühne Draufgänger, die garantiert irgendwo aus der Kurve fliegen.[564]

Echter Altruismus als Nebenprodukt der Empathie?

Welchem Verhaltensspektrum könnte der echte Altruismus zuzuordnen sein? Manches spricht für die Empathie als »Ausgangsstoff« – der echte Altruismus wäre demnach die Spitze des Eisbergs Empathie!

Gehen wir dem ein Stück weit nach. Im Laufe der Evolution wurde es für den Menschen immer wichtiger, sich in die Gedanken- und Empfindungswelt der anderen Gruppenmitglieder »einzuklinken«. Die Fähigkeit des »mind reading«, also des Erkennens von Absichten und Gefühlen bei anderen, erlaubte es dem Menschen, in äußerst komplexen Situationen zu kooperieren (etwa bei der Großwildjagd oder beim Großziehen von Kindern) – und damit als Gruppe besser zu funktionieren. Wie wir heute wissen, baut das »Lesen« von Gefühlen und Absichten auf einem System von »Spiegelneuronen« auf, also einem Netz von Nervenzellen, das den Gefühlszustand anderer Menschen »erkennt«, indem es unser eigenes Empfinden zum Schwingen bringt.[124]

Sehen wir einen anderen Menschen etwa Schmerzen leiden, so sorgen die Spiegelneuronen dafür, dass wir regelrecht selbst mitleiden – tatsächlich heißt Empathie nichts anderes als »Mitleiden«. Und diese Fähigkeit könnte letzten Endes auch dem menschlichen Altruismus zugrunde liegen – auch dem echten Altruismus. Denn auch wenn sich das »mind reading« möglicherweise entwickelt hat, um das Leben in den steinzeitlichen Clan-Gruppen durch Kooperation zu erleichtern, so springt das zugrunde liegende Spiegelnetzwerk eben auch dort an, wo uns Fremde begegnen und Verständnis oder Hilfe suchen. Wir *müssen* sozusagen anderen helfen, weil wir mit ihnen leiden. Wir müssen ihnen helfen, weil wir »im Spiegel unseres Selbst« – das heißt: in unserem eigenen Inneren – dafür *belohnt* werden. Weil wir im Spiegel unseres Selbst vor uns selbst bestehen müssen.

Welche Theorie hat recht?

Nach neueren Modellrechnungen kann die erstgenannte Theorie der Gruppenselektion die weit verbreitete Kooperation in menschlichen Gruppen stimmig erklären.[566] Aber für die Erklärung des *echten, selbstlosen* Altruismus dürfte sie nicht ausreichen. Denn so unmittelbar der Vorteil von Warnschreien für eine Gruppe einleuchtet, so schwierig ist es zu erklären, in welcher Weise eine Gruppe von echtem Altruismus profitieren könnte – unter dem Strich steht ja in vielen Fällen kein Zugewinn an Fitness.[125]

Die zweite Theorie – echter Altruismus als im Rahmen der sexuellen Selektion erworbener »Schmuck« – passt schon besser. Die durch den echten Altruismus ab und zu anfallenden »Kosten« (die ja immerhin den Verlust des eigenen Lebens bedeuten können) stellen sozusagen »Werbekosten« dar. Und das passt durchaus ins Bild der Natur – auch der eine oder andere Pfau muss nun einmal sein Leben lassen, weil er vor lauter Gefieder dem Fuchs nicht mehr ausweichen kann ...[126] Allerdings kämpft diese Erklärung mit dem Problem, dass bei sexuell ausgelesenen Merkmalen in aller Regel deutliche Unterschiede zwischen den Geschlechtern zu beobachten sind. Die sind aber im Fall des Altruismus beim Menschen zumindest nicht sehr deutlich.[567]

Bleibt uns die dritte Theorie – dass der echte Altruismus ein »Überschussprodukt« des menschlichen Mitfühlungsvermögens ist. Dafür spricht vor allem, dass der echte Altruismus tatsächlich eine Art »Eisbergspitze« zu sein scheint – verglichen mit anderen Formen der Kooperation ist das »selbstlose Helfen« nun einmal relativ selten. Nur ein kleiner Teil der Menschen taugt wirklich zum guten Samariter – die meisten Mitbürger lassen sich eben *nicht* die Nase einschlagen, um einen Streit zu schlichten.

Welche Erklärung letzten Endes »recht« hat, lässt sich beim derzeitigen Wissensstand nicht sagen – vielleicht liegt des Rätsels Lösung ja auch in einer Kombination verschiedener Erklärungen. Sicher ist nur, dass echter Altruismus kein Widerspruch zur evolutionären Theorie sein muss!

Nur dem Menschen möglich?

Man könnte es also auch so sehen: Nicht jeder ist zum echten Altruisten geboren, aber echter Altruismus ist menschenmöglich.

Heißt das, dass er *nur* dem Menschen möglich ist? Das letzte Wort dazu steht noch aus. Jedenfalls wurde, zumindest in der freien Wildbahn, echter Altruismus noch bei keiner Tierart festgestellt. Allerdings häufen sich Beobachtungen, nach denen gerade die Affenarten, die ihren Nachwuchs genauso wie der Mensch kooperativ aufziehen, z.B. Makaken, extrem hilfsbereit auch gegenüber fremden Artmitgliedern sind. Die Entdeckung von echtem Altruismus bei Tieren wäre jedenfalls nicht die erste Überraschung, wenn es um angeblich »ausschließlich menschliche« Eigenschaften geht.

Interessanterweise wurde ja das Spiegelneuronensystem gerade an Makaken entdeckt. Und damit wären wir wieder bei einer Spekulation, die uns bereits in Kapitel 10 E&A beschäftigt hat: Ist die Fähigkeit zur

Empathie (und damit auch die »überschüssige« Empathie des echten Altruismus) vielleicht Teil des Pakets »kooperatives Aufziehen«? Entwickelte sich Empathie zuerst bei den gemeinschaftlich aufziehenden Arten, weil hier nicht nur die Mütter, sondern auch viele andere, auch fremde Versorger auf Abruf bereit sein mussten, sich um kleine, hilflose Artmitglieder zu kümmern? Und dazu vor allem eines mitbringen mussten: die Fähigkeit, sich in die kleinen Köpfchen einzudenken, ihre Bedürfnisse und Gefühle zu erkennen – ja, zu teilen? Und ist gerade der Mensch vielleicht deshalb hyper-empathisch, weil er das hilfloseste, unreifste und für seine Versorger »teuerste« Lebewesen überhaupt ist?

Kapitel 17

Von anderen Kulturen lernen?

Ein Blick um die Erde kann einen ins Grübeln bringen. Alle Kinder haben dieselben Bedürfnisse, ob sie in Marburg leben oder in Manila. Und alle Eltern wollen das Beste für ihre Kinder. Und trotzdem werden Kinder rund um den Globus auf die denkbar unterschiedlichsten Arten erzogen – dieses Buch ist voller Beispiele. Manche davon wirken auf uns ganz putzig, etwa wenn einem schlecht gedeihenden Säugling einfach ein anderer Name gegeben wird, um das Problem zu beheben. Anderes stößt uns ab, etwa wenn einem Neugeborenen pulverisierte Pavianknochen in die Haut geritzt werden, um ihn stark zu machen. Wieder anderes empfinden wir als so stimmig, gut und richtig, dass wir darin sogar unser verlorenes Glück zu sehen glauben (vgl. Kapitel 12).
Liegt irgendwo in dieser Klamottenkiste vielleicht die Universalformel der Erziehung herum? Die Methode, die Kinder am ehesten zu glücklichen und erfolgreichen Erwachsenen macht? Und wenn nicht – können wir uns aus dem Sammelsurium wenigstens eine Art Erziehungsmenü zusammenstellen, die Greatest Hits einer wahrhaft globalisierten Pädagogik sozusagen?

Übertragbar?

Manches haben wir ja durchaus schon »geklaut« – Babys im Tragetuch zu tragen etwa. Oder das Pucken, das hierzulande immer populärer wird. Und wer sein Baby länger als sechs Monate stillt, wird heute auch nicht mehr gefragt, ob er irgendeiner Naturreligion huldigt.

Aber sonst? Was genau aus dem Multikulti-Angebot wäre es wert, übernommen zu werden? Nach welchen Kriterien wählen wir unsere Best-of-Sammlung aus? Und – kann das, was in den Hütten gut ist, denn überhaupt in den Palästen funktionieren?

Überwältigende Vielfalt

Schon wie Kinder schlafen, könnte unterschiedlicher nicht sein. Die Indianerkinder im Amazonasgebiet schlafen Haut an Haut mit ihrer Mutter, die meisten Kinder in den europäischen Großstädten dagegen sind mit ihren Eltern allenfalls über das Babyfon verbunden. Kinder in Zentralamerika liegen eingeschneckelt in einer Hängematte, Kinder der nordamerikanischen Indianer dagegen werden ausgestreckt auf ein Holzbrett gebunden.

Dieselbe Vielfalt begegnet uns in dem, wie Eltern von ihren Kindern denken. Für die Faluk in Mikronesien beginnen die Kleinen erst mit zwei oder drei Jahren überhaupt zu denken. Die Beng in Westafrika dagegen sprechen ihren Babys gleich von Anfang an ein reiches inneres Leben zu – wenn wir Großen sie nicht verstehen, dann nur deshalb, weil Erwachsene dazu einfach zu beschränkt sind!

Auch die Welt, in der Kinder groß werden, ist ein einziges Varietéprogramm. In den gut bürgerlichen Familien Europas sieht so manches Baby den ganzen Tag lang niemand anderen als seine Mutter. Bei den Efe in Zentralafrika dagegen werden Babys von bis zu zehn Müttern betreut und dabei auch von verschiedenen Frauen gestillt. Und während hierzulande selbst erwachsene »Kinder« noch im Hotel Mama leben, werden in vielen westafrikanischen Völkern die Kinder schon kurz nach dem Abstillen bei Verwandten untergebracht – oft in einem anderen Dorf. In manchen Stämmen leben bis zu 60 Prozent der Kinder in solchen »Pflegschaftsverhältnissen«![568]

Selbst unter den steinzeitlich lebenden Völkern gibt es keinen Konsens, wie man sich um Kinder kümmern sollte. Die einen gehen äußerst sanft mit ihren Kindern um (etwa die Kung), sagen mehr ja als nein, andere sind mit ihren Kindern eher streng, sagen mehr nein als ja, und erwarten, dass ihre Kinder schon ganz früh mithelfen. Und die einen stillen mit fünf Jahren ab, die anderen eher mit zwei.

Das perfekte Baby – aber welches?

Und die Erziehungsziele? Auch hier gibt es eigentlich nichts, was es nicht gibt. Das »perfekte« Kind in den urbanen Zentren des Westens ist möglichst selbstständig, hat seine Emotionen schon frühzeitig im Griff, ist durchsetzungsfähig und spricht gut und gerne. Die Mütter vieler traditioneller Kulturen sehen andere Qualitäten als erstrebenswert an: Kinder sollen sich einfügen können, und sie sollen in der Gruppe gut klarkommen. Selbstbewusstsein und sprachlicher Ausdruck wird weniger hoch geschätzt. Die Dani in Indonesien nehmen sogar an, ihre Babys seien beständig in Gefahr, von Dämonen angegriffen zu werden – schon deshalb sollen sie so ruhig und unauffällig wie möglich sein.

Wenig verwunderlich, dass sich die Geister an den gängigen Erziehungspraktiken scheiden. Während im Westen die Eltern bemüht sind, ihren Kleinen möglichst viele pädagogische Steilvorlagen zu liefern, sie individuell zu »fördern« und in möglichst »sinnvolle« Aktivitäten einzubinden, sind Eltern in traditionellen Gesellschaften weitaus zurückhaltender mit Ermutigungen, Anregungen, Anleitungen und Erklärungen.[127]

Das unbewusste Drehbuch

Eltern, so scheint es, haben spätestens wenn sie die Erstausstattung für ihr Baby zusammensuchen, schon eine Art gedanklicher Erstausstattung im Kopf. Dieses Drehbuch aus »Ethnotheorien« (wie Ethnologen die unbewussten Annahmen der Eltern nennen) ist ihnen zu weiten Teilen gar nicht bewusst. Wie wir Kinder sehen und was wir für sie anstreben, fühlt sich so normal an, so selbstverständlich und »natürlich«, dass wir es gar nicht hinterfragen *können*. Eltern in unseren Breiten haben nicht den geringsten Zweifel, dass sie sich »nach dem Kind und seinen Bedürfnissen« richten. *Natürlich* muss ein Baby gefördert werden! *Natürlich* spielt man mit ihm, *natürlich* versucht man ihm die Welt zu erklären! Nur: Für Eltern in anderen Kulturen ist es genauso natürlich, gerade dies alles *nicht* zu tun.

Auch wenn sie überraschend widersprüchlich sind, so sind die Überzeugungen der Eltern immer eines: ansteckend. Jede Generation wird neu mit den »angesagten« Erziehungszielen und -methoden infiziert, und sie merkt es nicht einmal. So selbstverständlich wie unsere Großeltern die Sauberkeitserziehung schon im ersten Lebensjahr begannen, so selbstverständlich lassen wir unsere Babys heute noch mit zwei Jahren in die Windel machen. Die Flasche zu geben war schon nach den ersten Wirtschaftswunderjahren so »normal«, dass das Stillen kurz vor dem Aussterben stand. Noch vor einer Generation erschien ein Vater, der einen Kinderwagen schiebt, wie ein an Testosteron verarmtes Weichei – heute wird er mit staatlichen Prämien dekoriert und in den Zeitschriften als Bild von einem Mann gefeiert. Ein Baby strikt nach der Uhr zu füttern war einmal so »richtig« wie der Lauf der Uhr selbst, Kinder durch Schläge zu »bessern« anerkannte Praxis – heute ist es ein krimineller Tatbestand. Kindern die Schneidezähne abzufeilen, wie es etwa die Herero in Afrika taten, finden wir undenkbar. Aber wie nachvollziehbar ist die routinemäßige Beschneidung von Millionen Neugeborenen in den USA – selbst nach Einschätzung des amerikanischen Kinderärzteverbandes eine »medizinisch nicht angezeigte Praxis«?[569]

So viel Relativität hinterlässt eine bohrende Frage: Ist nicht auch das, was uns heute so sinnvoll und richtig erscheint, bloß eine momentane Mode? Wie können Eltern wissen, ob ihre tief empfundenen Überzeugungen ihrem Kind wirklich guttun?

Patentlösungen

Dabei könnte alles so einfach sein. Die Tierwelt lässt sich ja auch nicht durch Trends und immer wechselnde Ratschläge durcheinanderbringen! Sie verlässt sich voll und ganz auf *Instinkte*. Tiere »wissen« automatisch, wie sie ihre Kinder am besten zu versorgen haben: Vogeleltern fliegen ohne Unterlass, solange die Kleinen nur die Schnäbel aufsperren. Und da stopfen sie genau das hinein, was die Kleinen brauchen, um optimal zu wachsen. Katzen merken instinktiv, wann es Zeit ist abzustillen, und teilen den Kleinen von einem Tag auf den andern eine Tatze aus, wenn sie sich den begehrten Zitzen nur nähern. Löwen haben es im »Gefühl«, wann ein Teenager sein eigenes Revier braucht, und machen ihm einfach lange Beine – keine langen Diskussionen.

Solche Instinkte sind bemerkenswerte Verhaltenshilfen. Sie sind über Hunderte, ja, Tausende von Generationen entstanden, und zwar durch echte Härtetests: Nur wenn ein Tier mit einem bestimmten Verhalten Erfolg hatte, kam es weiter und konnte die entsprechenden Anlagen an seine Kinder weitergeben. Instinkte stellen also eine Auswahl von all dem dar, was sich bei den Vorfahren *bewährt* hat – echte Patentlösungen also.

Das instinktlose Wesen

Nur: Für den Menschen sind Instinkte keine Lösung. Im Gegensatz zu den meisten anderen Tieren muss er nämlich in den denkbar unterschiedlichsten Umwelten zurechtkommen – Homo sapiens besiedelt so gut wie alle Klimazonen des Planeten Erde, vom ewigen Eis bis zur Sandwüste. Und überall ist ein anderes Verhalten gefragt, um durchzukommen. Der Mensch muss also an Ort und Stelle entscheiden, was »richtig« ist – und das oft jeden Tag aufs Neue. Und selbst in ein und derselben Gesellschaft leben Menschen, im übertragenen Sinn, in sehr verschiedenen Klimazonen: Das Leben als Bettler und das als König unterscheiden sich mindestens so sehr wie das Leben in der Arktis von dem im tropischen Regenwald. Um auch das Leben eines Straßenkünstlers und das einer Bankangestellten hat wenig Ähnlichkeit. Kurz: Mit festen Verhaltensanweisungen hätte der Mensch keine Chance.

Und das gilt auch für die Erziehung. Es ist dem Menschen aus durchaus gutem Grund nicht in die Wiege gelegt, wie er am besten für seinen Nachwuchs sorgt. Er muss es bis auf wenige Ausnahmen (die uns gleich noch begegnen werden) erst *lernen*.

Da fängt nun aber das Problem an: Lernen nämlich ist anfällig für Fehler. Nehmen wir das Lernen durch Erfahrung. Es funktioniert gut, solange sich die entsprechenden Erfahrungen leicht machen lassen. Ist das nicht der Fall, gibt es ein Problem. So haben wir in Kapitel 14 gesehen, dass der kompetente Umgang mit Säuglingen heute auch deshalb so schwierig geworden ist, weil die entsprechenden Erfahrungen im Umgang mit Säuglingen oft gar nicht mehr Teil der normalen Sozialisation eines Menschen sind.

Doch auch wer bloß ausprobiert, kann sich irren. So erschien es den Menschen im 18. Jahrhundert, als Zucker zur heißesten Ware in den europäischen Läden wurde, ganz »vernünftig«, ihren Babys statt Milch

Zuckerwasser zu trinken zu geben – mit teilweise tödlichen Folgen für die Kleinen.

Immerhin: Ein universeller Kern ist angelegt

Ganz ohne Hilfe der Natur steht aber auch der Mensch nicht da. Vielmehr verfügt er über ein intuitives Wissen, wie er mit kleinen Kindern am besten umgeht (vgl. Kapitel 14). Tatsächlich finden sich unter dem Dickicht der von Land zu Land sehr unterschiedlichen Erziehungsgepflogenheiten auch ein paar – wenn auch überraschend wenige – Gemeinsamkeiten, die zumindest in traditionellen Gesellschaften gelten: Die körperliche Nähe und »sinnliche« Verschränkung von Mutter und Kind während der Stillzeit etwa oder die auf die Bedürfnisse des Babys abgestimmte Art der Kommunikation.

Diese »natürliche Intuition« ist allerdings nicht ganz mit den Instinkten der Tiere zu vergleichen. Denn Instinkte funktionieren bei praktisch jedem normalen Tier gleich und das auch bei einem Kaltstart – also ohne jede Vorerfahrung. Der intuitive Umgang mit Kindern dagegen beruht zumindest zum Teil auf Erfahrung. Auch klappt er unter manchen Bedingungen besser als unter anderen (vgl. Kapitel 10) – wenig überraschend, dass Menschen trotz ihres intuitiven »Vorwissens« so unterschiedlich mit Kindern umgehen!

Navigationshilfe Tradition

Wenn die Instinkte so unterentwickelt sind und das Lernen so viele Haken hat, wie wäre es da mit einer dritten Taktik: von den anderen abzukupfern? Damit wären wir bei den Traditionen. Nach einer simplen Definition sind Traditionen Verhaltensweisen, die wir von anderen übernehmen, die diese wiederum von anderen übernommen haben. Traditionen können sozusagen als Trampelpfade gesehen werden, auf denen sich die Herde Mensch durch den Dschungel der Zeit bewegt.

Da gibt es Familientraditionen, regionale Traditionen, Traditionen unserer sozialen Schicht, und Traditionen, die den ganzen Kulturraum betreffen. Traditionen sind also vielschichtiger, »kleinräumiger« und weniger stereotyp als Instinkte, sie können deshalb fast wie Fertigteile in jeden beliebigen Lebensentwurf eingebaut werden. Kein Wunder also, dass das menschliche Leben geradezu vor Traditionen strotzt! Und die einmal übernommenen Traditionen sind oft lebenslang Teil unseres Ich – der Grund, weshalb wir uns als Fremde fühlen, wenn wir von zuhause weg sind. Also: Wohin wir auch schauen, das meiste, was Menschen tun, tun sie deshalb, weil andere es auch so machen ... Und das, was sie mit ihren Kindern machen, bildet da keine Ausnahme.

Man könnte Traditionen damit als menschlichen Ersatz für die verlorenen Instinkte verstehen. Auch in den Traditionen finden sich ja die destillierten Erfahrungen von Generationen wieder – nur blicken Traditionen eben über einen ungleich kürzeren Zeitraum zurück als Instinkte.

Sind sie ein guter Ersatz? Entscheiden wir das, wenn wir das Kleingedruckte gelesen haben.

Das Kleingedruckte der Tradition

Blättert man durch die Geschichtsbücher oder schaut sich in fremden Ländern um, trifft man überraschend oft auf Traditionen, die nach heutigem Kenntnisstand eindeutig schädlich sind. In vielen Völkern ist es Tradition, den Babys die für das Immunsystem wichtige Vormilch vorzuenthalten (vgl. Kapitel 2). Und bei uns ist gerade Fast Food auf dem besten Weg, eine »traditionelle« Form der Ernährung zu werden. Traditionen setzen sich nun einmal nicht deshalb durch, weil sie die beste Lösung sind, sondern weil sie vielen Menschen als die beste Lösung *erscheinen*. Und bei dieser Abstimmung mit den Füßen spielt nicht immer der nüchterne Verstand eine Rolle, sondern mindestens genauso oft Vorurteile und Aberglauben. In Tanzania hat es sich innerhalb von wenigen Jahren durchgesetzt, dass Kindern bei Fieber die Eckzähne gezogen werden.[570] Und wer noch immer glaubt, Traditionen müssten doch irgendeinen »Sinn« ergeben, sei an die weibliche Genitalbeschneidung erinnert, die in manchen Völkern jahrhundertealte Tradition ist.[571]

Schnell überholt

Ein weiteres Problem der Traditionen liegt darin, dass sie im Gegensatz zu den Instinkten ein Haltbarkeitsproblem haben. Das liegt am Lebensmodell des Menschen: Er benutzt Traditionen, um besser mit der Welt klarzukommen, die er vorfindet – gleichzeitig lässt er aber keine Gelegenheit aus, um die vorgefundene Welt zu verändern. Da ist die Wahrscheinlichkeit groß, dass Traditionen bald nicht mehr »passen«: Wenn sich eine Tradition einmal etabliert hat, hat sich die Welt nämlich möglicherweise schon weitergedreht.

Nicht verwunderlich, dass sich die schnelllebigen, modernen Gesellschaften durch ein Nebeneinander von Traditionen auszeichnen – da ist die traditionelle Küche, aber auch die mediterrane Küche hat sich selbst im Norden Europas längst etabliert, und am Horizont wartet schon die Fast-Food-»Tradition«. Auch bei der Erziehung existieren viele »Küchen«, und täglich kommen neue dazu. Da steht das althergebrachte Nur-nicht-Verwöhnen neben dem moderneren Mehr-Nähe-Wagen, da ist das Kinder-brauchen-Grenzen neben dem Kinder-fördern-und-wie. Für jeden gibt es etwas im Angebot, und was heute brandheiß ist, ist schon morgen Schnee von gestern.

Alles Rudelgeheul?

Seien wir also einmal so richtig polemisch. Vieles von dem, was wir Eltern aus inbrünstiger Überzeugung für unsere Kinder tun, ist reine Nachplapperei. Eltern glauben zwar, sie zögen ihr einzigartiges Kind nach einem einzigartigen Plan auf, aber der Plan liegt millionenfach an jedem Kiosk aus. Der Hauptgrund, warum wir unsere Kinder so erziehen und nicht anders, ist in Wirklichkeit, dass die anderen es auch so machen. Die Vorstellung etwa, dass Kinder auf Schritt und Tritt »gefördert« werden müssen, war auf einmal in den Köpfen drin, so wie es mit dem Ende der 1980er Jahre auf einmal in den Köpfen drin war, dass Achselhaare bei Frauen rasiert gehören – rational begründbar ist beides nicht. Dass Zwei- und Dreijährige nicht mehr an die Brust gehören, ist eine wie auch immer entstandene Meinung, die so lange weitererzählt wurde, bis sie irgendwann »galt« (und zwar so was von galt, dass uns der Anblick eines an der Brust nuckelnden Kleinkindes so richtig gegen das Fell bürstet). Dass Babys am besten im Kinderwagen aufgehoben sind – wir *glauben* es einfach, auch wenn es gegenüber dem Tragen eine gesundheitlich minderwertige Option ist (dem Tragen bringen wir dafür eine grundlose Angst vor einer möglichen »Rückenverkrümmung« entgegen). Wir reden auf unsere Kleinkinder ein, weil sie dann angeblich sprachlich gewandter werden, wir loben sie bis zur Erschöpfung, weil das angeblich ihr Selbstbewusstsein stärkt – alles durch nichts zu beweisende Annahmen. Dass kleine Kinder ihr Gemüse brauchen, um gesund aufzuwachsen, ist genauso unbewiesen wie die Behauptung unserer Großeltern, ohne Spinat könne kein Kind groß und stark werden. Dass Kinder selbstständiger wären, wenn sie im eigenen Bettchen (oder im eigenen Zimmer) schlafen – eine moderne Form des Aberglaubens. Dass »Lernspielzeug« Kinder zum Lernen bringt – eine Art Gelddrucklizenz für die Spielzeugindustrie, aber trotz allem ein Mythos. Und unser höchstes Credo: dass Eltern die Persönlichkeit ihrer Kinder formen, dass sie vom ersten Tag an alles richten oder alles vermasseln können – alles mutwillige Behauptungen (vgl. Kapitel 13).

Traditionen, so viel darf jedenfalls mit Fug und Recht gesagt sein, sind ein zweischneidiges Schwert. Sie machen den Menschen zwar flexibel (ein riesiger Vorteil gegenüber den Instinkten), aber sie haben auch einen gewaltigen Nachteil: Wir können nicht sicher sein, dass sie uns tatsächlich in die »richtige« Richtung weisen!

Was bringt dann der Vergleich mit anderen Kulturen?

Der Ausgangspunkt scheint klar zu sein. Rund um den Globus wimmelt es von sehr unterschiedlichen Traditionen. Allenfalls ein kleiner Kern von dem, was Eltern machen, lässt sich *überall* beobachten. Wie also kriegen wir heraus, was gut für *uns* ist? Nähern wir uns einer Antwort, indem wir ein Fazit aus dem bisher Beschriebenen ziehen.

Erstens: Nicht alles, was ursprünglich ist, ist gut. Oft wird davon ausgegangen, »Urkulturen« seien weiser als wir. Ihre »unverbildete« Lebensart entspreche dem für den Menschen vorgesehenen Modell – und könne uns deshalb als Vorbild dienen.

Das ist überzuckerter Unsinn. Menschen in ursprünglichen Gesellschaften sind Gut und Böse genauso ausgesetzt wie moderne Menschen und sie tun ihren Kindern nicht nur Gutes, sondern auch Schreckliches an – dieses Buch nennt nicht wenige Beispiele. Und die Vorstellung von den angeblich natürlich lebenden »Naturvölkern« ist fast schon diskriminierend: *Alle* Völker verfügen über eine reichhaltige Kultur, und diese ist oft so unterschiedlich, dass sie schon im nächsten Tal nicht mehr verstanden wird. Kein Wunder bei dieser Vielfalt, dass der Ratschlag unterschiedlicher »Urkulturen« sehr verwirrend sein kann: Manche Kulturen haben ein Tabu gegen Stillen in der Schwangerschaft, manche ein Tabu gegen Sex in der Stillzeit, wieder andere ein Tabu gegen Sex in der Schwangerschaft. Wer meint, die Nähe zur Natur bedeute automatisch Klarheit und Weisheit, der irrt.

Zweitens: Nicht alles, was uns gut erscheint, passt auch zu uns. Eine zweite Frage folgt gleich auf dem Fuß: Ist das, was wir bei anderen Völkern sehen, überhaupt übertragbar? Da ist einerseits Positives zu vermelden: Wir brauchen nicht zu leben wie die Amazonasindianer, um bestimmte Praktiken zu übernehmen, die uns für unsere eigenen Kinder sinnvoll erscheinen. Wir können auch im Großstadtdschungel unsere Babys tragen, anstatt sie im Kinderwagen zu schieben, oder wir können sie bei uns im Bett schlafen lassen.

Andererseits dürfen wir uns auch nicht überfordern. Denn das, was wir da transplantieren, gehört oft in einen größeren Zusammenhang und ist daher mit jeweils sehr unterschiedlichen *Kosten* verbunden. Das beständige Tragen fällt Frauen (und Männern) schwerer, die ihre körperlichen Kräfte heute eben nicht mehr tagaus tagein üben müssen. Und die andauernde Nähe zum Säugling kollidiert leicht mit unserem Wunsch, von unserem Säugling nicht komplett »enteignet« zu werden (dieses Thema hat uns schon in Kapitel 12 beschäftigt). Aber da sind noch größere Hürden. Selbst *wenn* sich herausstellen würde, dass die Großfamilie der bessere Ort wäre, um Kinder »gut« zu erziehen – ob wir es schaffen würden, so mir nichts, dir nichts wieder eine Großfamilie zum Laufen zu bringen?

Bei der Suche nach Vorbildern dürfen wir also nicht vergessen, dass nicht jedes fremde Gewächs einfach in unseren Garten umgetopft werden kann, es braucht vielleicht einen bestimmten Boden. *Wie* wir erziehen, hängt mit dem Leben zusammen, das wir leben, mit unserer Persönlichkeit, mit unserer Geschichte, mit der Welt um uns herum (vgl. Kapitel 15 E&A). Die Regeln, nach denen wir erziehen, sind Teil von dem, wer wir sind – Teil unserer kulturellen Identität, und sie lassen sich nicht beliebig zerlegen, transplantieren und vergleichen.

Drittens: Und trotzdem – nur Mut zum Ausprobieren! Bei der Erziehung, so haben wir im ersten Teil gesehen, ist es wie bei der Kleidung. Wir sitzen da auch nicht mit kühlem Kopf am Tisch und überlegen uns, welcher Kleidungsstil aus welcher Weltgegend wohl der beste, schönste oder der praktischste für uns wäre, sondern wir starten sozusagen in voller Montur: Normal ist, was man bei uns »eben so trägt«. Jeans oder Rock oder Abendkleid – aber ein Kimono? Oder ein Bastrock, mit Penisfutteral darunter?

Andererseits haben wir wirklich keine überzeugenden Argumente, dass unsere Art der Erziehung die »richtige« ist. Im Gegenteil – wie wir gesehen haben, haben wir einigen Grund zur Skepsis. Nichts spricht also dagegen, von anderen Kulturen Methoden oder Ansätze zu übernehmen und einfach auszuprobieren, ob sie zu uns passen und ob wir den Aufwand schultern können. Wir wären heute möglicherweise noch immer bei Fläschchen, beim Stillen nach der Uhr und bei der zwanghaften Sauberkeitserziehung, wenn sich unsere Eltern nicht in der Ethno-Welle der 1960er und 1970er Jahre von neuen Ideen hätten begeistern lassen!

Dabei sollten wir ein Augenmerk insbesondere auf das legen, was rund um die Erde ähnlich gemacht wird. Denn dahinter könnten sehr wohl intuitive Voreinstellungen stehen, die die Entwicklung von Homo-sapiens-Kindern überall unterstützen können – ob in Murnau oder in Mumbai (vgl. Kapitel 14).

Ein Wort zur Wissenschaft

Kann uns vielleicht die Wissenschaft helfen, die Spreu vom Weizen zu trennen? Kann sie mit ihren »vernünftigen« Kriterien entscheiden, was in dieser internationalen Requisitenkammer der Erziehungsmethoden gut für unsere Kinder ist?

Einerseits ja. Schließlich hat sie so manches Werkzeug, um zumindest groben Unfug als solchen zu erkennen. Dass Babys schreien müssten, um ihre Lungen zu stärken, hat sie im Handstreich erledigt, indem sie nachwies, dass auch Kinder, die wenig schreien, gesunde Lungen haben. Entsorgen konnte sie auch so manche Theorie von Psychologen, die etwa behaupteten, dass die Mütter am Autismus ihrer Kinder schuld seien oder dass die Schwangerschaftsübelkeit auf eine Ablehnung des Kindes durch die Mutter hinweise.

Andererseits hat die Wissenschaft bewiesen, dass sie selbst groben Unfug produzieren kann. Für praktisch jede noch so abwegige Erziehungsmethode fanden und finden sich »Experten«, die sich auf wissenschaftliche Erkenntnisse berufen. Ob das Füttern nach der Uhr, das frühe Abstillen, ja, auch das Schreienlassen von Babys, alles wurde auch »wissenschaftlich« begründet.

Dass die Wissenschaft oft so kläglich gescheitert ist, liegt sicher zum guten Teil daran, dass sie es mit ihren eigenen Methoden nicht so ernst nahm – also sich nicht auf überprüfbare Daten und Untersuchungen stützte, sondern auf bloße Meinungen von »Experten«. (Nach der Devise Eminenz statt Evidenz hat sie ja auch in der Medizin so manchen Schlamassel angerichtet.)

Aber es könnte auch sein, dass der Wissenschaft in Sachen Erziehung schlichtweg die geeigneten Methoden fehlen – Medikamente lassen sich nach dem Zufallsprinzip an Versuchsteilnehmern testen und die Wirkung damit objektiv vergleichen. Aber Erziehung? Man kann Eltern keinen Erziehungsstil per Los »zuweisen« und die Ergebnisse dann nach 10 oder 20 Jahren vergleichen. Denn warum die einen so erziehen und die anderen so hat verständliche Gründe (vgl. Kapitel 15 E&A). Jeder muss da sozusagen seinen eigenen Weg nach Rom finden. Selbst wenn die Wissenschaft die schnellste Autobahn beschreiben könnte – wäre es für *diese* Familie bei *diesem* Kind der richtige Weg?[572]

Die Wissenschaft kann Eltern in vielen Bereichen also nicht die Entscheidung abnehmen, was richtig oder falsch für ihr Kind ist. Eine Rolle als Schiedsrichter im Kulturvergleich kann sie aber schon deshalb nicht einnehmen, weil auch die »objektive« Wissenschaft letzten Endes subjektiv interpretiert wird – oder würden Sie die Wissenschaft fragen, ob die Monogamie oder die Polygamie die bessere Lösung für eine Familie ist?

Aber immerhin, die Wissenschaft kann unser Verständnis fördern. Sie kann Eltern helfen, ihre Kinder besser zu verstehen – dieses Buch ist ein Versuch mit diesem Ziel. Sie kann die Entwicklung von Kindern beschreiben, die Bandbreite des »Normalen« skizzieren und Gründe nennen, warum Kinder so sind, wie sie sind. Sie kann Eltern also eine Orientierungshilfe liefern, eine Landkarte sozusagen – den Weg muss jeder dann trotzdem selbst finden.

Konzepte statt Rezepte

Ziehen wir zum Schluss des Kapitels noch ein Fazit. Beim Blick um den Globus finden Eltern kaum die ersehnten Patentrezepte. Was gute Erziehung ausmacht, ist so wenig von anderen zu lernen, wie das, was eine gute Ehe ausmacht (oder überhaupt ein gutes Leben).

Jedoch: Selbst wenn wir nur wenig übernehmen können, der Blick über den Tellerrand kann befreien – und sei es nur, weil er uns gegenüber den Rezepten unserer eigenen Kultur gelassener macht. Selbst dort, wo Eltern mit den Problemen der Kindheit anders umgehen, als wir es hierzulande tun, scheinen Kinder doch zu ganz normalen, gesunden Erwachsenen zu werden.

Vielleicht können wir den Blick in andere Kulturen auch nutzen, um ein bisschen Skepsis gegenüber den »Experten« zusammenzuraffen, wenn sie wieder einmal über die »optimale« Stilldauer, die »optimale« Beikost, die »optimale« Schlafmethode und die »optimale« Förderung reden. Wenn es wirklich nur einen Weg gäbe, um glückliche Kinder zu haben, wäre es verwunderlich, dass es an allen Ecken des Globus so viele glückliche Kinder gibt.

Einblick und Ausblick

Rätsel Kindheit. Wozu müssen wir Kinder sein?

Alle Säugetiere sind am Anfang des Lebens von ihrer Mutter abhängig – sie versorgt sie mit dem Lebenselexier des Säugetiers, der Muttermilch. Wie lange die Kleinen in deren Genuss kommen, ist sehr unterschiedlich – kleine Nagetiere werden nur wenige Tage, Menschenaffen viele Jahre gestillt. Aber dann gilt die Regel: Wenn die Quelle versiegt ist, hat das Kind alles gelernt, was es braucht, um selbst für Nahrung, Schutz und Auskommen zu sorgen.

Der Mensch ist eine Ausnahme. Wenn er abgestillt ist, ist er immer noch *Kind* und mindestens noch ein Jahrzehnt komplett von seinen Eltern oder anderen Erwachsenen abhängig. Wofür soll das gut sein?

Geplante Frühgeburt

Schon die ganze Sippschaft, zu der der Mensch sich rechnet, ist außergewöhnlich. Alle Primaten leben sehr lange, nutzen diese Lebenszeit aber nicht, um eine große Menge an Jungen zu bekommen, sondern setzen voll und ganz auf Qualität. Ihr Nachwuchs wächst gemächlich und wird spät geschlechtsreif.

Wenn das schon eine außergewöhnliche Lebensstrategie ist, dann ist der jüngste Primat, der Mensch, noch einmal einen Dreh ungewöhnlicher. Er bringt seinen Nachwuchs nämlich auch noch unreif auf die Welt.

»Wäre eine Mutter objektiv, sie würde ihr Pfuschwerk tief in der Wiege verstecken, sämtlichen Besuch absagen und der Hebamme einen Prozess anhängen«, schreibt der Biologe Midas Dekkers[573] und weist damit auf die wohl augenfälligste Anomalie der menschlichen Art hin: Ihre Kinder werden zu einem Zeitpunkt geboren, zu dem sie eigentlich noch gar nichts auf der Welt verloren haben. Während sich andere Tiere wenigstens selbst an der Brust bedienen können, kann das Menschenkind noch nicht einmal den Kopf heben und nimmt tagaus, tagein zwei Erwachsenenhände in Beschlag. Die Krone der Schöpfung legt einen ziemlich schlaffen Start hin!

Biologen sprechen auch von der »physiologischen Frühgeburt«. Um ähnlich reif zur Welt zu kommen wie die anderen Primaten, müsste das Menschenbaby eigentlich noch mehrere Monate länger im Mutterleib bleiben (wie viele Monate länger, darüber streiten sich Evolutionsbiologen trefflich – die Schätzungen reichen von drei Monaten bis neun Monaten). Das aber geht nicht. Denn nur unreif passt sein großes Gehirn durch den evolutionär sowieso schon maximal aufgeweiteten Geburtskanal (vgl. Kapitel 9). Und das bedeutet: Ein Teil des Wachstums, das bei anderen Arten im Mutterleib abgewickelt wird, muss beim Menschenbaby *nach der Geburt* nachgeholt werden.

Bleiben wir noch einmal kurz bei dem Begriff der »physiologischen Frühgeburt« – und zwar deshalb, weil ihn Evolutionsbiologen überhaupt nicht mögen. Denn »zu früh« geboren ist der Mensch nur im Vergleich zu anderen Säugetieren – für ihn selbst kommt die Geburt genau zur rechten Zeit. Dass seine Reifung ins nachgeburtliche Leben hinein verlagert ist und er mit einem »unfertigen« Gehirn geboren ist, eröffnet dem Menschen schließlich seinen in der Tierwelt einzigartigen Vorteil – den einer flexiblen, genetisch vergleichsweise wenig programmierten Entwicklung.

Wäre er »fertig« geboren, müsste der Mensch schließlich auf seinen wichtigsten Selektionsvorteil verzichten, nämlich den seiner Verhaltensflexibilität, die ihm unter anderem das Leben in hypersozialen, auf eine enge Kooperation ausgelegten Gruppen ermöglicht. Die offensichtlichen Nachteile der frühen Geburt müssen also durch diesen Entwicklungsvorteil mehr als aufgewogen werden!

Kurze Stillzeit

Das ist aber noch lange nicht der einzige Sonderweg in der menschlichen Entwicklung. Nach einer Erklärung schreit auch die beim Menschen außergewöhnlich kurze Stillphase. »Kurz?«, wird so manche aufmerksame Leserin fragen, die in Kapitel 2 gelesen hat, dass eine Menschenmutter unter Originalbedingungen durchaus drei Jahre oder sogar länger gestillt hat. Das aber ist im Vergleich zu unseren nächsten Verwandten tatsächlich kurz. Schimpansen beispielsweise stillen etwa fünf Jahre lang. Bezieht man dies auf die Lebenserwartung, so entspräche das satten acht Jahren beim Menschen!

Der weitaus hilfloseste Primat, der Mensch, wird also schon früh von der Brust gestoßen. Und das auch noch in einer Lebensphase, in der er sich noch nicht selbstständig ernähren kann!

Wachstum: Stop and Go

Wer einen Hund oder eine Katze hat, kann bestätigen, dass die meisten Säugetiere ziemlich gleichförmig wachsen. Zuerst wachsen sie schnell, dann – je näher sie der Geschlechtsreife kommen – immer langsamer. Nur bei den Primaten ist das anders. Kurz vor der Geschlechtsreife legen sie plötzlich einen Wachstumsschub hin. Und wieder ist es der Mensch, der die Ausnahme auf die Spitze treibt: In den ersten zwei bis drei Jahren wächst er extrem rasch, gönnt sich dann aber praktisch zehn Jahre lang eine Pause, in der er kaum wächst, um dann in der frühen Adoleszenz wieder Gas zu geben, und zwar richtig! Guckt man die Wachstumskurve des Menschen an, so glaubt man einen Kamelrücken vor sich zu haben.[574]

Zumindest der erste Teil des Wachstumsprofils ist leicht zu erklären. Das bei anderen Arten im Mutterleib stattfindende Wachstum wird nachgeholt. Aber danach? Warum läuft es nicht wie bei Hund und Katze? Wozu diese lange Ruhephase und dann dieser enorme Endspurt?[575]

Der natürliche Lehrplan?

Vielleicht klären wir aber zuerst eine noch grundsätzlichere Frage: Wozu ist die lange Kindheit gut? Warum nimmt der Mensch einen derart langen Anlauf?

Richtig: um zu lernen! Dazu passt schließlich auch, dass das Kind ziemlich viel Energie in ein Organ steckt, das im Grunde ein Lern-Turbo ist: das Gehirn.[128]

Aber *was genau* soll das Kind erlernen? Was ist der natürliche Lehrplan des Kindes? Was soll es sich nach dem Plan der Natur in der Schule des Lebens aneignen? Hier geht der Streit los. Und wie!

Die »Physikalische-Umwelt-Hypothese«

Viele Affenarten brauchen nur Blätter von den Büschen zu streifen, um satt zu werden. Der Mensch aber hat sich auf hochwertige Fresspakete spezialisiert, deren Beschaffung immense Fähigkeiten voraussetzt. Menschen müssen aufwändige Werkzeuge fertigen, um erfolgreich Wild zu jagen, sie stellen Fallen, sie fischen, sie graben nach Wurzeln, deren Standort sie sich genau merken müssen, und das Erjagte oder Gefundene muss dann auch noch verarbeitet und zubereitet werden. Genug Lehrstoff für die Kindheit, sollte man meinen. Tatsächlich zeigen Beobachtungen in Jäger- und Sammlergesellschaften, wie mühsam die Lernkurve zu erklimmen ist: Hiwi-Frauen in Venezuela erreichen beim Wurzelgraben erst zwischen 35 und 45 Jahren ihre Spitzenleistung. Beim Knacken der Mongongo-Nüsse sind ebenfalls die älteren Semester am besten. Und die treffsichersten Bogenschützen bei den Ache in Paraguay sind um die 40 Jahre alt![576]

Die »Soziale-Umwelt-Hypothese«

Aber ist der Gebrauch von Werkzeugen und das Zurechtkommen in der »physikalischen Umwelt« wirklich das wichtigste Lernprojekt der Kindheit? Ist es nicht entscheidender, dass Kinder lernen, wie sie am besten in der komplizierten menschlichen Gruppe zurechtkommen? Kinder, so machen die Verfechter der »sozialen Umwelt-Hypothese« geltend, lernen in ihrer Kindheit vor allem, ein riesiges soziales Puzzle zusammenfügen. Sie müssen lernen, sich in andere einzudenken, erfolgreich zu kommunizieren, Interessen auszugleichen, die Welt zu verstehen, mit anderen zusammenzuarbeiten, ja, auch das, sie zu manipulieren. Die wichtigste Auseinandersetzung der Kindheit, sagt der Ethnologe Mark Flinn, »findet mit anderen menschlichen Konkurrenten und Partnern statt, nicht mit Früchten, Werkzeugen, Beute und Schnee.«[577] Die soziale Nuss, so die Anhänger dieser Theorie, sei schwerer zu knacken als eine Mongongo-Nuss.

Dieses Lager kann einige Argumente für sich ins Feld führen. So wächst das »verschwenderische« Gehirn des Kindes von Anfang an, also noch lange, bevor Kinder überhaupt an Jagen oder Sammeln denken können. Und auch das weiter oben beschriebene, seltsame Stop-and-Go-Wachstum des Kindes spricht eher für die »Soziale-Umwelt-Hypothese«. Wenn es in der Kindheit wirklich um das Erlernen von Jagdtechniken und den Gebrauch von Werkzeugen ginge, täte gerade in der mittleren Kindheit etwas mehr Kraft und Größe schon gut. Aber gerade da scheint das Kind ja mit aller Macht auf die Bremse zu treten!

Wer hat recht?

Wer hat recht, das Lager der »sozialen Umwelt« oder das der »physikalischen Umwelt«? Beide haben so viele gute Argumente für sich, dass sie möglicherweise gemeinsam die beste Erklärung abgeben. Und die könnte etwa so aussehen:[578] Im Laufe seiner Entwicklung spezialisierte sich der Mensch immer mehr auf hochwertige, aber schwer zu beschaffende Nahrung. Hierzu war immer komplexeres Können und Wissen gefragt. Der damit verbundene Lebensstil, das Jagen und Sammeln nämlich, schuf aber auch einen immer stärkeren Druck, als Gruppe zusammenzuarbeiten. Und er erzwang letzten Endes auch das »gemeinschaftliche« Aufziehen des Nachwuchses. Denn nur durch Kooperation bei der Versorgung der Kinder ließ sich effektiv sammeln und jagen.

Und dies würde auch die anderen Besonderheiten der menschlichen Entwicklung erklären, insbesondere die gegenüber den anderen Primaten verkürzte Stillzeit. Schließlich lassen sich Kinder leichter von mehreren Helfern versorgen, wenn sie nicht mehr gestillt werden müssen! Und auch eine weitere »Sonderausstattung« der menschlichen Art kann durch das »Kooperationsmodell« erklärt werden: dass Mütter es sich »leisten« können, mehrere Kinder parallel großzuziehen. Sie können es, weil sie Hilfe von anderen Erwachsenen bekommen.

Und was ist mit dem ungewöhnlichen Stop-and-Go-Wachstum des Kindes? Computersimulationen zeigen, dass bei einer Art, die mehrere abhängige Junge gleichzeitig versorgen muss, die »Kamelhöcker«-Lösung die energiesparendste Option ist. Dadurch, dass Kinder in der späteren Kindheit nur langsam wachsen, werden nämlich Spitzenbelastungen für die Versorger vermieden (die sich in dieser Phase ja in aller Regel bereits um die nachfolgenden Geschwisterkinder zu kümmern haben). Alles passt also irgendwie zusammen.[579]

Und die Kindheit?

Wie aber erklärt sich die Kindheit selbst? Also die Tatsache, dass menschliche Kinder nach dem Abstillen noch so lange zur Deckung ihres Nahrungsbedarfs von erwachsenen Versorgern abhängig sind?

Zur Erinnerung: Die allermeisten Säugetiere kennen keine Kindheit in diesem Sinne. Sobald sie entwöhnt sind, können sie für sich selbst sorgen. Die wenigen Ausnahmen sind etwa Wölfe, die noch eine Weile nach dem Abstillen hochgewürgte Beute von anderen Rudelmitgliedern erhalten, und einige wenige kleinere Affenarten – vor allem die Krallenaffen (Tamarine und Marmosetten).

Mögliche Vorteile

Betrachten wir zunächst aber noch einmal die Kindheit aus der Vogelperspektive. Sie ist vor allem eines – eine recht »teure« Veranstaltung. Und das gilt nicht nur unter heutigen Bedingungen, wo das Hotel Mama oft noch während der Lehr- und Studienjahre geöffnet hat. Auch in Jäger-Sammlergesellschaften erjagt oder ersammelt der Nachwuchs erst etwa mit 20 Jahren so viel Nahrung, wie er für den eigenen Unterhalt braucht.[580] Und eine gefährliche Einrichtung ist die Kindheit zudem: Stößt den Versorgern etwas zu, ist es um die Kinder – zumindest unter ursprünglichen Lebensbedingungen – schlecht bestellt.

Wie konnte sich ein solch problembehaftetes Modell überhaupt durchsetzen? Und hier wären wir wieder bei den Krallenaffen. Für die Verhaltensforscherin Hrdy ist nämlich auch die Kindheit eine Begleiterscheinung des – sowohl die Krallenaffen als auch den Menschen auszeichnenden – kooperativen »Brutmodells« (vgl. Kapitel 14 E&A). Dadurch, dass der Nachwuchs bei kooperativ aufziehenden Arten immer auch von anderen Erwachsenen mitversorgt wird, »verbilligt« sich die Aufzucht der Kleinen für deren Mutter – die Kosten werden sozusagen auf mehrere Schultern verteilt. Durch diesen Discount, so die Theorie, können Kinder länger Kinder sein und dadurch all die zusätzlichen Entwicklungsrunden drehen!

Tatsächlich haben die Krallenaffen eine ähnlich lange Kindheit wie der Mensch, wenn man ihr geringeres Geburtsgewicht berücksichtigt. Und auch diese Primatenart zeigt eine im Tierreich ungewöhnliche Eigenschaft: Sie bekommen neuen Nachwuchs, noch bevor die ersten Jungen von den Eltern unabhängig sind.

Dass wir Menschen uns derart hilflose Kinder leisten können, liegt also daran, dass der Mensch auf hilfsbereite Erwachsene setzen kann – Erwachsene also, die auch beim Großziehen der Kleinen gemeinsam anpacken.

Kapitel 18

Natürlich erziehen?

Gehen wir in diesem letzten Kapitel zuerst ganz zurück an den Anfang des Buches. Ich habe Ihnen dort einen neuen Ansatz versprochen:

Statt nach dem zu suchen, was unseren Kindern fehlt, fragt (dieser Ansatz) nach den Vorteilen, die ein bestimmtes Verhalten bietet. Was bringt es dem Kind, so zu sein, wie es ist – und nicht anders? Also: Was hat das Kind davon, kein Gemüse zu essen? Was hat es davon, den Teller nicht leer zu löffeln? Was hat es vom Trotzen, was von dem Geschrei, wenn es alleine einschlafen soll? Kurz, dieses Buch nimmt an, dass Kinder gute Gründe haben, sich so zu verhalten, auch wenn sie ihre Eltern damit vor Rätsel stellen ...

Ich hoffe, dass ich die Seiten dieses Buches gut genutzt habe, um die »guten Gründe«, die Kinder für ihr Verhalten haben, darzustellen. Ich hoffe, dass an den vielen Beispielen klar geworden ist, warum sich Kinder so entwickeln, wie sie es tun.
Aber taugt das neue Bild, das da entsteht, als Richtschnur für die Erziehung? Taugt es für den Erziehungsalltag?
Ich bin davon überzeugt und habe deshalb vielen Kapiteln einen praktischen, auf den Erziehungsalltag zugeschnittenen Teil beigefügt – konkrete Ratschläge, wie Eltern und Erzieher die »guten Gründe« des Kindes im täglichen Miteinander aufgreifen können. Wenn ich diese Ratschläge noch einmal betrachte, so schält sich für mich der folgende Kern des evolutionären Ansatzes heraus.

Erstens: Kinder leben mit einem Fuß in der Steinzeit

Viele der Verhaltensweisen unserer Kinder lassen sich nur verstehen, wenn wir uns vor Augen halten, unter welchen Bedingungen Kinder zu 99 Prozent der menschlichen Geschichte aufgewachsen sind. *Natürlich* sind sie kritisch, wenn sie ungewohntes Grünzeug zu sich nehmen sollen. *Natürlich* protestieren sie, wenn sie in der Nacht allein sein sollen. *Natürlich* machen sie laut von sich reden, wenn ein neues Geschwisterkind geboren wird. *Natürlich* ahmen sie größere Kinder nach. *Natürlich* ... wir haben die lange Liste in diesem Buch kennengelernt.

Und *natürlich* muss das nicht heißen, dass Eltern ihre Kinder genauso behandeln müssen, wie die Steinzeiteltern dies taten – wir heutige Eltern haben gute Gründe, unsere Kleinen anders zu erziehen, als unsere Vorfahren in grauer Vorzeit dies taten (vgl. Kapitel 12).

Nur: Wir müssen uns bewusst sein, dass wir unseren Kindern damit einiges abverlangen. Wir müssen Sorge tragen, dass wir sie nicht überfordern. Denn so flexibel und lernbereit sie sind, sie »bewerten« ihre täglichen Erfahrungen mit uralten Instrumenten. Ihre Gefühle – ihre Angst, Freude, Wut und Trauer – sind dieselben Gefühle, die ihre Brüder und Schwestern in grauer Vorzeit durchs Leben geleitet haben. Das Gefühlskleid des Menschen wird nun einmal nicht mit jeder Generation neu gestrickt.

Sehen wir es positiv. Wir können unseren Kindern auch unter heutigen Bedingungen das bieten, was sie für eine gesunde Entwicklung brauchen. Gute Erziehung ist kein Privileg von Stammesgesellschaften. Aber lassen Sie uns wieder sensibler dafür werden, ob wir von unseren Kindern, vor allem am Lebensanfang, nicht zu viel erwarten. Sollen sie wirklich schon als Babys »selbstständig« werden? Müssen wir wirklich so viel Angst vor der körperlichen Nähe haben, die sie so hartnäckig einfordern? Können sie wirklich dadurch »verwöhnt« werden, dass wir ihnen das geben, was sie zu 99 Prozent der menschlichen Geschichte überhaupt erst am Leben erhielt?

Zweitens: Kinder bringen Stärken mit

Der Blick zurück zeigt uns ein Kind, das schon immer in der Lage war, es mit sehr unterschiedlichen Lebensbedingungen aufzunehmen. Ein Kind, das zum Lernen bereit und davon begeistert ist (vgl. Kapitel 15). Ein Kind, das sich selbst im Spiel auf eine sehr vielgestaltige Zukunft einstellt (vgl. Kapitel 13 E&A). Ein Kind, dessen Bedürfnisse eben *nicht* auf einen ganz bestimmten Lebensentwurf zugeschnitten sind, sondern das sich von seinen Bedürfnissen in die unterschiedlichsten Welten leiten lässt (vgl. Kapitel 7 E&A). Ein Kind, das bereit ist, sich auf verschiedene »Versorger« einzustellen und mit ihnen in einen Dialog zu treten (vgl. Kapitel 10). Ja, ein Kind, das selbst aus seiner Unreife noch Kapital schlägt (vgl. Kapitel 1 E&A). Und das seine Erziehung ein gutes Stück weit selbst in die Hand nimmt und organisiert (vgl. Kapitel 15 E&A)!

Der Blick zurück ist ermutigend. Er zeigt uns ein Kind mit vielfältigen Potenzialen, vielfältigen Ressourcen. Wir müssen sie nur kennenlernen!

Drittens: Kinder sind Teil eines Systems

Der Blick zurück lässt uns auch entdecken, dass sich Kinder als Teil eines *größeren Ganzen* entwickeln. Vom Standpunkt der Evolution sind Menschenkinder die »teuersten« Lebewesen überhaupt (vgl. Kapitel 17 E&A) – ihre 20-jährige Reifung und Entwicklung hängt auf Gedeih und Verderb von Helfern ab, von günstigen Bedingungen, vom Rückenwind aus der Familie, der Gruppe, ja, der Gesellschaft. Kein Wunder, dass es nicht die Superkräfte einer Supermama sind, die Bindung gelingen lassen, sondern vor allem ein reichhaltiges, tragendes soziales Umfeld (vgl. Kapitel 10)! Und, umgekehrt, kein Wunder auch, dass Kinder in einem reichhaltigen sozialen Umfeld auch dann gedeihen können, wenn ihre Eltern selbst einmal eine Krise durchstehen müssen – wir sind dieser »Krisenfestigkeit« (Resilienz) in Kapitel 10 begegnet.

Was heißt das für die Erziehung? Dass wir Eltern gut daran tun, uns nicht als die »Macher« im Leben unserer Kinder zu sehen, in deren Hand das Wohl und Wehe unserer Söhne und Töchter liegt. Wir können – nein, wir dürfen – bescheidener werden! Genauso wie unsere Kinder sind auch wir Eltern Teil eines größeren Ganzen – selbst wenn wir alles richtig machen, ist das noch lange keine Garantie für Erfolg. Wir sind auch gut beraten, unser Augenmerk nicht allzu sehr auf Erziehungs«techniken« zu richten als vielmehr auf das, was uns selbst Kraft und Rückendeckung gibt – wie läuft es in unseren Erwachsenenbeziehungen, wie in der Familie als Ganzes, wo finden wir Rückhalt und Inspiration? Kinder und Eltern entwickeln sich *gemeinsam*.

Erziehung heute

So weit die drei Schlaglichter in die Vergangenheit – drei Schlaglichter, die uns Eltern helfen können, unsere Position neu zu bestimmen.

Und das ist bitter nötig. Denn Kindererziehung war schon immer ein begehrtes Ziel für neue Trends, neue Dogmen und Marotten. Und kein gnädiger Geist hat sich jemals erbarmt und das Lexikon der Pädagogik einmal gründlich ausgemistet. Da stehen jetzt die »Indigo-Kinder« neben dem Über-Ich, die PEKiP-Gruppe neben dem Penisneid, das Ökospielzeug neben dem Ödipuskomplex. Da wird gegen das gemeinsame Elternbett gewettert (»Sexuelle Identität entwickelt sich am besten, wenn Babys nachts nicht durch die körperliche Nähe der Eltern überstimuliert werden ...«),[581] da wird die Hirnforschung bemüht, um die Vorteile des Krabbelns zu erklären (»Lassen Sie Ihr Kind möglichst viel krabbeln, das fördert die Zusammenarbeit von linker und rechter Gehirnhälfte«) und da wird für das häufige Kauen vor dem Schlucken geworben (»jeden Bissen 11-mal kauen, damit der Speichel fließt – das hilft der Verdauung!«). Die Wissensseiten zeichnen das Bild eines Babys, das in den Startlöchern sitzt, um die Meilensteine der Entwicklung so schnell wie möglich umzuhauen – vom »Forschergeist in Windeln« ist da die Rede, ja sogar von »angehenden Mathematikern«, unter deren Schädeldecke »die Lernmaschine brummt«. Kein Wunder, dass sich Eltern heute als Hüther der zig Zillionen Synapsen im wachsenden Gehirn ihrer Kleinen begreifen – und wehe, sie schauen einmal nicht hin.[129]

In diesem Gestöber der Begriffe und Verheißungen stehen verunsicherte Eltern – ja, sie wissen heute viel mehr über Erziehung, aber sie haben trotzdem nicht mehr Gewissheit. Im Gegenteil, sie haben *Angst* – Angst etwa, ihren Kindern nicht genug zu geben, sie nicht genug zu fördern, ja, ihnen vielleicht durch die »falsche« Erziehung zu schaden. Angst, ihren Kindern nicht genug Nähe zu schenken, und gleichzeitig Angst, sie durch zu viel Nähe zu »verwöhnen«.

Die Frage nach dem »Warum«

Der evolutionäre Ansatz stellt diesem Geflirr der Meinungen, Überzeugungen und Ängste etwas ganz einfaches gegenüber: die Frage nach dem »Warum«. Und das ist keine banale Frage. Denn die Frage nach dem Warum fühlt den Ratschlägen und Einträgen in dem muffeligen Lexikon direkt auf den Zahn.

Das »Warum« geht von den Entwicklungsbedingungen der Kinder während der menschlichen Evolution aus. Ihre Entwicklung, so die Annahme, folgt einer Logik – und ich will sie hier bewusst noch einmal in Worte fassen: Kinder entwickeln sich so, wie sie sich entwickeln, weil es einmal gut für ihr Überleben war. Ihr Verhalten war eine *Stärke,* kein Defekt. Ihr Verhalten *tat ihnen gut* – wir wären sonst ja nicht ihre Nachfahren geworden. Und damit, so geht die Überlegung weiter, müssen wir auch einen guten Grund haben, wenn wir Kindern heute ein anderes Verhalten abverlangen. (Dass sich solche Gründe durchaus finden lassen, werden wir gleich noch sehen, aber auch diese lassen sich begründen.)

Also: Wenn es wirklich so wäre, dass ein Baby seine »sexuelle Identität« nicht auch im Bett der Eltern entwickeln könnte – wie haben Babys dann ihre »sexuelle Identität« in den 99 Prozent der menschlichen Geschichte entwickelt, als sie eng bei ihrer Mutter schliefen, und das allein schon deshalb, weil sie sonst nicht überlebt hätten?

Und: Wenn es wirklich so wichtig für etwas so Lebensnotwendiges wie die Verdauung wäre, dass Kinder jeden Bissen elfmal kauen – warum hat die Natur dann vergessen, die Kinder dieser Erde mit der entsprechenden Langmut beim Essen auszustatten? Eine gute Verdauung dürfte schließlich in grauer Vorzeit erst recht wichtig gewesen sein.

Und wenn Babys durch die Nähe zu ihren Eltern »abhängig« werden, d.h. in ihrer Entwicklung zur Selbstständigkeit behindert würden – wie kamen Kinder dann in der rauen Umwelt unserer Vorzeit zurecht, wo Selbstständigkeit sicherlich kein Luxus, sondern die Voraussetzung für ein gelungenes Erwachsenenleben war?

Ein Gegengift gegen das »Damit«

Dieses »Warum« ist gleichzeitig eine Art Gegengift gegen das »Damit« – gegen die Zweckorientierung, die sich klammheimlich in das Denken der Eltern eingeschlichen hat. Vielleicht huldigen wir dem »Damit«, weil es unser Erwachsenenleben dominiert und die moderne Welt am Laufen hält. Jedenfalls ist längst auch die Erziehung zu einer Bastion des »Damit« geworden. Unsere Kinder sollen alleine schlafen, *damit* sie einmal selbstständig werden. Sie sollen endlich ihr Gemüse essen, *damit* sie groß und stark werden. Sie sollen nicht auf dem Arm der Mutter einschlafen, *damit* sie nicht verwöhnt werden. Eltern werden von diesem Damit zugeschüttet, überrollt, ja, tyrannisiert. Kinder, die ein Musikinstrument erlernen, sind angeblich intelligenter. Und schon geht es nicht mehr um die Musik, sondern um den Zweck dahinter.

Wenn wir das »Warum« kennen, müssen wir vielleicht das »Damit« nicht mehr so absolut setzen. Natürlich ist es in Ordnung, dass Eltern die Erziehung ihrer Kinder an Zielen ausrichten – das machen wir automatisch. Nur, wie wäre es, wenn wir zuallererst unser Kind kennenlernen und verstehen, was es an eigenen Erwartungen, Zielen und Ressourcen mitbringt? Denn: Die beste Erziehung ist nicht unbedingt die, die die »besten Ziele« hat, sondern die, die am besten auf die Möglichkeiten des Kindes eingestellt ist.

Die »Kosten« abschätzen

Vielleicht können wir es so sehen. Die Evolution hält kein Lehrbuch der Erziehung parat (wir sind auf diese bedauerliche Tatsache schon in Kapitel 12 gestoßen). Aus der Evolution sind weder Methoden abzuleiten noch bestimmte Erziehungsziele. Wozu ist der evolutionäre Ansatz dann gut? Was taugt er, wenn er keine Rezepte liefert?

Vielleicht kann man es am ehesten so sehen. Der Blick auf die Evolution kann uns etwas zu den *Kosten* sagen. Er wird uns nicht helfen, das Ziel am Horizont zu finden, aber er kann die Landschaft beschreiben, die es auf dem Weg dorthin zu durchschreiten gilt. Geht es da steil bergauf? Gibt es Strecken, die vielleicht kinderleicht sind? Begegnen uns vielleicht sogar unüberwindliche Schluchten? Also: Wir müssen unseren Kindern nicht das gleiche Leben bieten wie die Ureinwohner des Amazonasbeckens, und wir können und sollen uns unsere eigenen Ziele setzen. Nur sollten wir eines wissen: Bei manchen Zielen haben unsere Kinder Rückenwind, bei manchen Gegenwind. Bei manchen Zielen stehen hunderttausend Jahre Geschichte gegen uns.

Mögliche Missverständnisse

Damit hätten wir eigentlich den Kern des Konzepts freigelegt. Lassen Sie uns dennoch auch die Schale betrachten, die wir da weggeschält haben. Denn daran hängen einige Missverständnisse, die das Konzept der *evolutionären Erziehung*, wie ich es nennen will, entweder verwässern, beschönigen oder – vielleicht noch schlimmer – glorifizieren. Das Konzept der evolutionären Erziehung hilft uns, unsere Kinder zu verstehen – es ist keine neue Supernanny-Serie! Gehen wir die fünf häufigsten Missverständnisse einmal durch.

Erstes Missverständnis: Die Natur zeige den »richtigen« Weg. Die Welt, in der sich die natürliche Ausstattung unserer Kinder bewähren musste, ist längst untergegangen. Wir haben sie durch eine Kultur- und Kunstwelt ersetzt – oft aus gutem Grund und oft zu unserem Vorteil. Und damit gibt es in vielen Fällen gute Gründe, uns eben *nicht* nach den »Erwartungen« der Natur zu richten. Gute Gründe, um bei der Erziehung über das Repertoire der Evolution hinauszugehen. Wir schicken unsere Kinder in die Schule – sicherlich keine evolutionäre »Erwartung« unserer Kinder. Und natürlich waren unsere Vorfahren in der Steinzeit gut beraten, ihre Kinder nachts bei sich schlafen zu lassen. Aber das heißt nicht, dass es auch heute noch für jede Familie in jedem Fall die richtige Wahl ist. Das Leben heute ist anders und damit sind auch die Eltern anders, mit denen die Kinder es zu tun haben. Kurz: Es ist nicht »die Natur«, die entscheidet, was richtig ist, sondern *wir selbst* müssen entscheiden, was wir richtig finden (aber womöglich auch den Preis dafür bezahlen).[130]

Zweites Missverständnis: Intuition sei die Lösung. Das evolutionäre Konzept wird oft so verstanden: Wir Eltern sollen unsere Kinder einfach »natürlich« erziehen und unsere Intuition wirken lassen. Dieses Buch durchzieht eine ganz andere Einschätzung: Die Erziehung ist im Falle der menschlichen Art wenig intuitiv abgesichert – wir klettern sozusagen ohne Seil. Hier und dort sind vielleicht ein paar Kletterhaken da (wir haben sie in Kapitel 14 kennengelernt) – aber das war es dann auch schon. Fakt ist: Der Umgang mit Kindern muss erlernt werden. Es gibt kein Lexikon der »natürlichen Pädagogik«.

Drittes Missverständnis: Es komme vor allem auf die Gefühle an. Es wird immer wieder so getan, als brauche es zu einer gelungenen Erziehung nur Milch und möglichst viel Liebe. Der Blick auf die Evolution zeigt etwas ganz anderes. Die guten Gefühle reichen nicht aus, vielmehr müssen sie ergänzt werden durch Kompetenz. Und die hat die Evolution – im Falle des Menschen – nicht mitgeliefert, sie beruht auf Erfahrung, ja, auf alltäglichem Lernen.

Viertes Missverständnis: Das Kind gebe die Richtung vor. Evolutionäre Erziehung wird leicht als Einbahnstraße gesehen: Das Kind sei von Natur aus auf bestimmte Verhaltensweisen und Erwartungen gepolt – die Aufgabe der Eltern sei es nun, diese eins zu eins zu erfüllen. Dies verkennt, dass sich Kinder in einem System entwickeln, das schon immer nur durch Kompromisse funktioniert hat (dies ist Inhalt von Kapitel 2 E&A). Es gibt keinen »perfekten« Weg, um Kinder großzuziehen, er greift immer auch die Interessen der anderen »Spieler« auf.

Fünftes Missverständnis: Die Evolution erkläre alles. Die Lebensbedingungen der Vergangenheit haben unsere Kinder geprägt, aber wie Kinder handeln, denken und fühlen, hat viele Wurzeln. Ob Hänschen die Nacht gut oder schlecht geschlafen hat, mag sein Verhalten nachhaltiger beeinflussen als seine evolutionären Voreinstellungen. Und wie viel Stress es in der Familie auszuhalten gibt, welchen Konflikten ein Kind ausgesetzt ist, kann im Einzelfall einen besseren Schlüssel zu seinem Verhalten liefern als eine evolutionäre Erklärung. Evolutionäres Denken erklärt universelle Verhaltensmuster, Entwicklungspfade, die alle Kinder nehmen, und nicht den unverwechselbaren, einmaligen Fall eines einzelnen Kindes! Die evolutionäre Theorie über die Entwicklung des Kindes ist weder die einzig »richtige« Erklärung der kindlichen Entwicklung noch ist sie eine Gegentheorie zu Ansätzen aus der Psychologie, der Soziologie oder der Hirnforschung. Die evolutionäre Theorie bietet eine neue Perspektive, sie ergänzt andere Ansätze und macht sie fruchtbar. Aber sie ist keine Gebrauchsanleitung.

Unsere Kinder besser kennenlernen

Ziehen wir ein Fazit: Der Körper und die Psyche unserer Kinder tragen noch immer die Handschrift der Lebensbedingungen, wie sie vor über 10.000 Jahren geherrscht haben. Die Babys, die heute ihren sicheren Schlaf dem Leben in einem warmen, raubtiersicheren Kinderzimmer verdanken, sind mit den Babys identisch, die noch vor 10.000 Jahren nur in der körperlichen Nähe eines Erwachsenen wirklich sicher waren.

Und daraus ergeben sich Probleme, an denen niemand »Schuld« hat – weder unsere Kinder noch wir Eltern. An manchen Stellen passen die Voreinstellungen unserer Kinder schlicht und einfach nicht mehr zu den veränderten Lebensbedingungen der modernen Welt. Die kleinen

Bündel, die wir da geliefert bekommen, sind möglicherweise auf Erwachsene eingestellt, bei denen eben nicht morgens um sechs der Wecker klingelt oder die ihren Lebensunterhalt an der Kasse im Supermarkt oder in einem Großraumbüro verdienen müssen. Manche der hartnäckigsten »Erziehungsprobleme«, wie etwa die Schlafprobleme der Kleinkinder, sind auf diese verloren gegangene Passung zurückzuführen.

Und da hilft nur eines: dass wir Eltern immer wieder nach einem Kompromiss suchen, der die »Notwendigkeiten des Kindes« mit den Notwendigkeiten des modernen Lebens in Einklang bringt. Diese immer neu zu findende Passung wird in jeder Familie anders aussehen, und sie wird nicht immer »ideal« sein – auch Erziehung findet nun einmal nicht im Rosengarten statt.

Die Brücke finden

Aber kein Weg führt daran vorbei, die Handschrift der Vorzeit zu entziffern – und zwar im gemeinsamen Interesse von Eltern und Kindern.

In unserem eigenen elterlichen Interesse deshalb, weil wir Eltern sonst Spielball der Erziehungsmoden werden. Ohne das »Warum« der kindlichen Entwicklung zu kennen, sitzen wir den neuesten Heilslehren des Erziehungsmarktes auf. Ohne immer wieder nach dem »Warum« zu fragen, landen wir auf Kampffeldern, auf denen niemand gewinnen kann – die übertriebene Förderung will ich hier nennen oder die viel zu frühe Erziehung zu »Selbstständigkeit«.

Und damit sind wir beim Interesse unserer Kinder. Wenn wir ihre Erwartungen besser verstehen, wenn wir erklären können, *warum* sie weinen, *warum* sie sich unwohl fühlen, ja, *warum* sie möglicherweise unsere Erwartungen nicht erfüllen, dann können wir Eltern das unsere tun, um ihnen eine Brücke in die heutige Welt zu bauen. Eine Brücke, die ihren Erwartungen – so gut es geht – Rechnung trägt.

Unsere Kinder nämlich tun bereits das Ihre – dieses Buch handelt davon. Auch sie bauen uns eine Brücke. Denn von dort, wo sie herkommen, bringen sie nicht nur Erwartungen mit, sondern auch wunderbare Stärken: eine ungeheure Offenheit, Krisenfestigkeit, Lernbereitschaft und eine ganz eigene Art, uns Eltern auch dann zu unterstützen, wenn ein Baustein mal nicht sofort an der richtigen Stelle landet.

Wenn wir Eltern genauso offen und lernbereit sind, werden wir unseren Kindern auf der Brücke begegnen können.

Anhang

Danksagung

Die originellste Danksagung begegnete mir in einem längst vergriffenen Buch über den südafrikanischen Sternenhimmel. Da stand ganz einfach: *Meine Frau bedankt sich beim Leser – sie bekommt das ganze Geld.*

In Ermangelung einer ähnlich originellen Idee danke ich von Herzen meinen vier Kindern, die wahrscheinlich gar nicht wissen, wie wichtig sie für dieses Buch waren – ohne die vielen Jahre im »Erziehungsalltag« hätte mich das Thema womöglich gar nicht so in Bann geschlagen, gequält und fasziniert.

Meine Frau Dorothea bekommt nicht das ganze Geld – wir teilen es, so wie wir all die Aufregung, das Vergnügen, das Missvergnügen und die endlosen Manuskripte geteilt haben. Dafür mein herzlicher Dank.

Meinem Zwillingsbruder Ulrich Renz muss ich eines lassen – er schreibt so gut, dass ich die meisten seiner Anregungen direkt in die Texte übernommen habe. (Wenn es also Kritik gibt, bitte ich, sich direkt bei ihm zu beschweren.)

Mein Dank geht auch nach München an den Kösel-Verlag, der dieses Buch von Anfang an liebevoll gefördert hat und mir mit Frau Dagmar Olzog und Frau Heike Mayer zwei ausgefuchste Buch- und Lektoratsprofis an die Seite gestellt hat. Für das übersichtliche Layout des Buches danke ich Herrn Armin Köhler. Mein Freund Tom Böttcher hat so manchen Schnitzer im Manuskript ausgebügelt und mir mit seinem Kollegen Martin Kortenhaus bei der elektronischen Verwaltung der vielen hundert Anmerkungen unter die Arme gegriffen. Arne Schäffler hat mir mit seiner wohlwollenden Begleitung viel geholfen.

Und noch viele andere Menschen hinter diesem Buch haben sich auch *in* dem Buch ihren Platz geschaffen. Durch Anregungen, Ideen, Kritik, die dampfende Tasse Kaffee zur rechten Zeit – oder auch den Hinweis darauf, dass draußen der Mond scheint und alles verzaubert.

Anmerkungen

Der Text dieses Buches enthält eine Vielzahl an weiterführenden Anmerkungen. Auf den folgenden Seiten finden Sie die im Text mit einem **grünen Zahlenvermerk** versehenen Anmerkungen (die mit einem **grauen Zahlenvermerk** versehenen Anmerkungen und Literaturhinweise sind auf der das Buch begleitenden Webseite www.kinder-verstehen.de leicht zu finden).

1 Interessant dabei: Während das Kind süß, bitter und sauer schon von Geburt an erkennen kann, entwickelt sich sein »Sinn« für Salziges und Proteinreiches (umami) erst mit ein paar Monaten. Und das macht durchaus Sinn: Solange das Kind noch voll und ganz von der Mutter mit protein- und elektrolytreicher Nahrung (Muttermilch) versorgt wird, kann auf die letztgenannten Geschmackssignale noch verzichtet werden.

2 Und was da gelernt wird, wird ein Leben lang behalten. Wie schwer es ist, die Nahrungspräferenzen über das hinaus auszuweiten, was bis zum Schulalter gelernt wurde, haben die europäischen Kolonisten in Amerika am eigenen Leib erfahren – sie wären fast gestorben, weil sie sich einfach nicht auf den dort angebauten Mais einlassen wollten.

3 Entgegen früherer Annahmen bzw. Hoffnungen lassen sich Allergien beim Kind nicht dadurch vermeiden, dass die stillende Mutter bestimmte Nahrungsmittel wie Kuhmilch oder Hühnereiweiß vermeidet. Dem tragen die neuen Richtlinien der Kinderärzte Rechnung.[18] Zum Thema Ernährung und Koliken wird Kapitel 6 ausführlich Stellung beziehen.

4 Fruktose (Fruchtzucker) klingt recht gesund und ist es auch, wenn sie als Teil von Obst verzehrt wird, wo sie natürlicherweise vorkommt. Wird Fruktose aber in hohen Konzentrationen genossen (etwa in Apfelsaft oder gar als Teil des in vielen Süßigkeiten und Getränken verwendeten *high fructose corn syrup* (HFCS), so kann der Zuckerstoffwechsel langfristig so verändert werden, dass er gegen das vom Körper ausgeschüttete Hormon Insulin weniger empfindlich wird. Es braucht dann größere Mengen Insulin, um den Stoffwechsel im Lot zu halten – und das wiederum kann der Entwicklung von Übergewicht und der Entstehung der Zuckerkrankheit (Diabetes mellitus) Vorschub leisten.[23]

5 Gesunde Menschen versorgen sich in Verzehrexperimenten mit genau der Menge an Wasser, die sie für die Ausscheidung ihrer Stoffwechselendprodukte brauchen.[24] Dass vorsorgliches Trinken sogar das Gegenteil von dem erreichen kann, was es beabsichtigt, zeigt eine berühmt gewordene Studie beim Boston-Marathon.[25] Bei denjenigen Läufern, die vorsorglich viel und häufig tranken, trat nach dem Lauf weitaus öfter eine Störung des Wasser- und Elektrolythaushaltes auf! Aus kinderärztlicher Sicht ist hinzuzufügen, dass der Klage vieler Eltern, ihre Kinder tränken »zu wenig«, Gott sei Dank keine entsprechenden krankhaften Befunde gegenüberstehen: Weder ist bei deutschen Kindern eine

Epidemie von Nierensteinen zu beobachten noch lässt sich nachweisen, dass die bei Kindern nicht seltene Verstopfung durch zu wenig Flüssigkeit ausgelöst würde – bei letzterer stehen in aller Regel die Art der (festen) Nahrung und ungünstige Stuhlgangsgewohnheiten im Vordergrund.

6 Diese Einschätzung hat eine lange Tradition – selbst »Naturvölker« verfielen angesichts der krummen Beinchen der Neugeborenen darauf, die Kleinen auf Bretter zu binden, damit ihre Glieder gerade werden – übrigens war dies auch die gängige Tradition bei den Griechen und Römern der Antike.

7 Der vergleichsweise ökonomische Nährstoffbedarf des menschlichen Kindes liegt daran, dass sich das Wachstum des menschlichen Nachwuchses auf viele, viele Jahre verteilt. Ratten etwa verdoppeln ihr Geburtsgewicht in nur sechs Tagen, ein menschliches Kind braucht dazu 150 Tage (mehr zur menschlichen Wachstumsstrategie in Kapitel 17 E&A).

8 Woher diese ungünstige Abstimmung auf ihre Ernährungsfunktion kommt, weiß niemand genau. Es könnte damit zu tun haben, dass die weibliche Brust beim Menschen – im Gegensatz zu den anderen Säugetieren – nicht nur der Ernährung dient, sondern auch der sexuellen Werbung. Tatsache jedenfalls ist, dass nur die menschliche Brust nennenswerte Mengen an Fett speichert und dadurch als Organ auch außerhalb der Stillzeit vorhanden ist. Evolutionsbiologen nehmen an, dass die Ausformung der menschlichen Brust teilweise Resultat der sexuellen Selektion ist (vgl. Kapitel 9), sich also nicht nur nach den Kriterien einer möglichst effektiven Ernährungsfunktion, sondern auch als Attraktivitätsmerkmal entwickelt hat.

9 Gestillte Kinder verdauen die Muttermilch rascher,[46] nehmen aber verglichen mit Flaschenkindern zumindest ab der sechsten Lebenswoche kleinere Mahlzeiten zu sich,[47] d.h. sie sind schneller satt. Den Ausgleich schaffen sie dann vor allem nachts.

10 Dies gilt zumindest jenseits der Neugeborenenzeit.[60] Im ersten Lebensmonat sollte nach wie vor kein Schnuller verwendet werden, da dadurch möglicherweise das »Einüben« der Stillroutine leidet.

11 Stillende Frauen müssen ihre tägliche Energieaufnahme je nach Alter des Säuglings um 25 bis 60 Prozent erhöhen. Während dies unter den heutigen gesicherten Ernährungsbedingungen problemlos möglich ist (im Gegenteil, die Gewichtsabnahme wird von mancher Frau herbeigesehnt!), so können unter marginalen Ernährungsbedingungen durchaus Engpässe entstehen. Letztere sind bei vielen unserer nächsten Verwandten sogar die Regel. Frei lebende Pavianmütter etwa können ihr Gewicht in der Stillzeit nicht halten und haben eine deutlich erhöhte Sterblichkeit.

12 Noch etwas Weiteres unterscheidet Mensch und Tier. So überaus ungünstig es für eine Tiermutter nämlich ist, zu früh abzustillen, so nachteilig ist es, mit dem Abstillen *zu lange* zu warten. Denn die durch das Stillen ausgelösten hormonellen Veränderungen unterdrücken den Eisprung (sogenannte Laktationsamenorrhoe). Längeres Stillen bedeutet für die Tiermutter also möglicherweise den Verzicht auf mögliche weitere Nachkommen – evolutionär betrachtet eine »teure« Enscheidung. Beim Menschen ist es anders: Das Stillen hat beim Menschen nämlich einen geringeren Einfluss auf die Fruchtbarkeit als bei Tieren (auch wenn Menschenmütter weiter stillen, sind sie im Schnitt 20 Monate

nach der Geburt wieder fruchtbar – die Laktationsamenorrhoe ist also zeitlich begrenzt). Während eine Tiermutter also im Interesse zukünftiger Kinder möglichst kurz stillen sollte, kann es sich die Menschenmutter unter bestimmten Bedingungen leisten, in das jetzige Kind mehr zu investieren, ohne gleich ihren Fortpflanzungserfolg aufs Spiel zu setzen.

13 Dass die Stillfrequenz nicht nur eine »Stilfrage« war, sondern der Notwendigkeit entsprach, zeigt die Beobachtung bei den Kung, dass die Sterblichkeit rasch ansteigt, wenn nur kürzere Stillzeiten möglich sind.

14 Auch das Schlaf-Arrangement beeinflusst »durch die Hintertür« die Stilldauer. So ist bekannt, dass Kinder, die nachts bei ihren Müttern schlafen, länger gestillt werden[72] – das dürfte vor allem praktische Gründe haben.

15 Auch Mann und Frau verbindet zunächst einmal ja kein genetisches Programm, sie sind zu null Prozent verwandt – und trotzdem kommen sie oft genug ganz gut miteinander aus. Allerdings: Gerade dieses Beispiel lässt sich auch anders lesen – denn verglichen mit verwandtschaftlichen Beziehungen sind Ehen zumindest unter heutigen Bedingungen nicht sonderlich stabil. Blut scheint tatsächlich dicker zu sein als Wasser.

16 Nach landläufiger Ansicht zeichnen sich traditionelle Kulturen dadurch aus, dass die Babys monatelang nichts als Muttermilch bekämen. Dies ist ein unbegründeter Mythos – wie auch die Beispiele in diesem Kapitel zeigen.

17 Das mag überraschend klingen, denn Experimente und auch der Fall von gestillten Zwillingen zeigen, dass Mütter grundsätzlich zu einer weitaus höheren »Milchleistung« in der Lage sind.[117] Allerdings erreichen sie diese nur, wenn die Brust stärker geleert wird, als das beim normalen Stillen der Fall ist. Dagegen passt die Deckelung der Milchleistung zur evolutionären Sichtweise, nach der die Mutter die dem einzelnen Kind »zugeteilten« Ressourcen durchaus begrenzen sollte – schließlich hängt ihre »Fitness« davon ab, dass sie ihre Kräfte gut einteilt und auch in andere Nachkommen »investieren« kann (vgl. Kapitel 2 E&A). Interessant in diesem Zusammenhang ist, dass die Muttermilch dem Morphium ähnliche Substanzen enthält, die möglicherweise abgegeben werden, um den Appetit des Babys zu dämpfen – und damit eben diesen Ressourcenkompromiss durchzusetzen.[118]

18 Eine »sanfte« Methode, nach der Kinder das »selbstständige« Einschlafen lernen können, ist etwa die: Das Kind wird wach ins Bett gelegt und ab dann auch nicht mehr hochgenommen (selbst dann, wenn es protestiert). Vater oder Mutter bleiben aber konsequent in der Nähe, etwa auf einem Stuhl sitzend und ein Buch lesend oder Hausarbeit verrichtend.

19 So gehen Schlafprobleme von Säuglingen nicht selten mit Depressionen der Mütter einher. Werden die Schlafprobleme des Kindes behandelt, so bessern sich häufig auch die Depressionen der Mutter.[142]

20 Es gibt Hinweise, dass nächtliches Dauerlicht, etwa bei Schichtarbeit, möglicherweise bestimmte Krebsarten fördern könnte. In diesem Zusammenhang wurde auch einer möglichen Verbindung zwischen dem Gebrauch von Nachtlichtern und Leukämie bei Kindern nachgegangen. Der Verdacht lässt sich bis heute weder bestätigen noch widerlegen.

21 Das gemeinsame Schlafen von Mutter und Kind wird oft mit traditionellen Gesellschaften in Verbindung gebracht, aber das stimmt so nicht – der ge-

meinsame Schlaf von Mutter und Kind ist z.B. auch im modernen Japan die Norm.

22 Dieser Konflikt trägt oft kaum verhüllte moralische Züge. Der durchaus bekannte Psychologe Calvin A. Colarusso etwa schreibt: »Das gemeinsame Schlafen stört die Entwicklung hin zu Autonomie und fördert eine ungesunde, übertriebene Abhängigkeit von Mutter und Vater.«[169] Und er erhebt auch noch den Freudschen Zeigefinger: Sexuelle Identität, so schreibt er, »entwickelt sich am leichtesten, wenn das Kind nicht durch nächtlichen Kontakt mit den Körpern der Eltern überstimuliert wird.«

23 Die Richtung, in welche die »Erziehung« des Kindes gehen sollte, wurde zu jeder Zeit etwas anders eingeschätzt: Im 19. Jahrhundert war das Erziehungsziel Nummer eins das »zivilisierte Kind« – es ging darum, das triebhafte Naturwesen zu bändigen und daraus einen kontrollierten Erwachsenen zu machen. Anfang des 20. Jahrhunderts kam dann das Bild des »gehorsamen Kindes« dazu. Aus dem egoistischen Wesen sollte ein autoritätsgläubiges, Nation und Vaterland verpflichteter Erwachsener werden. Die heutige Variante des »gut erzogenen« Kindes ist das möglichst selbstständige, kognitiv früh reife, und damit bestens auf die Anforderungen der Leistungsgesellschaft vorbereitete Kind.

24 Diese Denkrichtung dominierte in der Nachkriegszeit die Psychologie und wird am Anfang von Kapitel 10 ausführlicher behandelt.

25 Diese Tatsache widerlegt auch die Theorie, dass es eine »Unreife« des Gehirns sei, die hinter übermäßigem Schreien stünde.

26 Dieser Aussage scheint eine Studie des holländischen Psychologen Van IJzendoorn zu widersprechen.[199] Bei seinen Beobachtungen zeigte sich, dass die Babys von Müttern, die in den ersten neun Wochen eher verhalten auf das Schreien ihrer Babys reagierten, später insgesamt weniger schrien! Allerdings scheint es sich hier nicht unbedingt um einen kausalen Zusammenhang zu handeln. Denn gerade die Mütter in der Studie, die am raschesten auf die Schreie der Babys reagierten, zeichneten sich durch einen besonders unsicheren Umgang mit ihren Kindern aus.

27 Eine komplette Eigenständigkeit in der emotionalen Steuerung wird auch im Erwachsenenalter nicht erreicht. Wie die Trennungsangst, so verliert sich auch die Trotzreaktion im Erwachsenenalter zwar oft weitgehend, aber eben nicht vollständig – bei manchen Menschen bleibt ein größerer Kern bestehen, bei anderen ein kleinerer. Überhaupt scheint es fraglich, dass Menschen jemals komplett emotional selbstständig werden – in einer sozialen Art wie der unseren ist nun einmal die eigene Befindlichkeit mit der der anderen Gruppenmitglieder eng verknüpft.

28 Dass Zornanfälle dazu da seien, einfach Frust abzulassen, wie das manche psychologische Theorien suggerieren, macht evolutionsbiologisch aus einem zweiten Grund keinen Sinn. Schließlich erfordert das Zornen einen ziemlichen Einsatz an Energie, aber auch Risiko- und Leidensbereitschaft. Wenn es nur darum ginge, Frust abzulassen, hätten Kinder im Lauf der Evolution sicher weniger aufwändige Mittel entwickelt.

29 In diesen Zusammenhang könnte auch die Beobachtung passen, dass Jungs mehr Zornanfälle haben als Mädchen. Jungen sind biologisch gesehen vulne-

rabler als Mädchen und brauchen von Geburt an generell ein höheres Maß an elterlicher Investition, um »durchzukommen«, sie könnten deshalb möglicherweise stärker darauf gepolt sein, von ihren Eltern mehr zu fordern.

30 Dieser Zusammenhang könnte auch den immer wieder beschriebenen Einfluss des Erziehungsstils auf Zornanfälle erklären.[232] Denn ein ungünstiger Erziehungsstil fällt ja – in aller Regel – nicht vom Himmel, sondern spiegelt eine übermäßige Stressbelastung, mangelnde soziale Ressourcen oder psychische Probleme der Eltern wider.

31 Es wurde versucht, eine »Hierarchie der Bedürfnisse« zu konstruieren oder Grundbedürfnisse von weniger lebenswichtigen Bedürfnissen abzutrennen. Das muss scheitern. Denn welche Bedürfnisse für einen Menschen am wichtigsten sind, ist relativ und hängt mit seiner Persönlichkeit, aber auch mit seinen aktuellen Lebensumständen zusammen. Manche Menschen gehen für ein Stückchen Liebe durch die Hölle, andere für ein bisschen Prestige. Zudem nimmt sich der Mensch ab und zu die Freiheit, ganz auf die Erfüllung mancher Bedürfnisse zu verzichten – wir verdanken diesem Zug etwa das Zölibat. Zudem setzen Mann und Frau bei ihrem Weg durch den Bedürfnisdschungel deutlich unterschiedliche Akzente.

32 Das Tragische dabei ist: Die Natur hat es so angelegt, dass wir uns erst wohl fühlen, wenn unsere Bedürfnisse erfüllt sind – auch die über das Ziel hinausschießenden Bedürfnisse. Unser »Gefühlsthermostat« fordert sozusagen die 100-prozentige Erfüllung ein, die im wirklichen Leben aber gar nicht vorgesehen ist. Ganz klar: Die Natur scheint Schmerz, Leiden, Sehnen und unbefriedigtes Verlangen ganz selbstverständlich »eingeplant« zu haben ...

33 Das liegt daran, dass das Baby über die Mutterbrust gegenüber Schwankungen im Nahrungsangebot voll und ganz abgesichert ist: Auch in schlechten Zeiten lässt die Milchproduktion nicht nach (vgl. Kapitel 2). Für schlechte Zeiten vorauszusparen wäre wenig sinnvoll.

34 Eine solche Freiheit würde auch den Eltern – sich selbst gegenüber – manchmal gut tun. Denn man sieht es immer wieder: Manche Eltern erziehen ihre Kinder ganz vernünftig, aber sich selbst behandeln sie – mit Verlaub und Bitte um Nachsicht – wie Idioten.

35 Viele Eltern kennen zudem bald den Rhythmus ihres Kindes und wissen, wann am Tag es in der Regel »muss« – oft ist das nach dem Aufwachen und nach den Mahlzeiten.

36 Die Zeichen, die Kinder dabei geben, entstehen durch das Drücken – sie sind damit anderer Natur als die weiter oben in dem Kapitel angesprochenen frühen Ausscheidungssignale, welchen wahrscheinlich die Wahrnehmung der beginnenden Entleerung selbst zugrunde liegt.

37 Neuere Erhebungen bestätigen dies. Kinder werden zwar generell schneller sauber, je früher mit der Sauberkeitserziehung begonnen wird – allerdings: Dieser Zusammenhang gilt nur, wenn die Sauberkeitserziehung *nicht vor dem 27. Monat* begonnen wird. Wer davor beginnt, muss mit einer entsprechend längeren Trainingsphase rechnen![244]

38 Auch das Geschlecht spielt eine Rolle. So entwickeln sich Mädchen allgemein rascher als Jungs – auch ihre Ausscheidungen können sie schneller kontrollieren.

39 Zumindest von Erwachsenen ist bekannt, dass eine längerfristig gesteigerte Temperatur in den nicht ohne Grund nach außerhalb des Körpers verlagerten Hoden die Qualität der Spermien beeinträchtigen kann. Eine solche Temperatursteigerung entsteht beispielsweise durch häufiges Sitzen oder enge Kleidung.[247]

40 Im Grunde handelt es sich bei der »intuitiven Sauberkeit« nicht um eine Reifung des Nervensystems, sondern um eine Art der Konditionierung. Entwicklungspädiater nehmen an, dass Babys ihre Ausscheidungen vor dem ersten Geburtstag nicht nennenswert zurückhalten können, erst zwischen 12 und 18 Monaten kann die Zeitspanne etwas verlängert werden.[250]

41 Was das Beispiel der Höhenangst auch zeigt: Wie der Schmerz, so kann auch Angst gut für unser Überleben sein. Und das gilt auch für andere »negative« Emotionen wie Neid, Eifersucht, Zorn oder Trauer. »Unsere emotionalen Fähigkeiten wurden durch Situationen geformt, die immer wieder im Verlauf der Evolution auftraten und die wichtig für unsere Fitness waren«, sagt der Evolutionsbiologe Randolph Nesse. Und er macht auf eine ziemliche Gemeinheit aufmerksam: »Es scheint, dass unsere Vorfahren viel mehr Arten von Bedrohung ausgesetzt waren als günstigen Gelegenheiten – das spiegelt sich in der Tatsache wider, dass doppelt so viele Wörter negative Gefühle als positive Gefühle beschreiben.«[256] Das bestätigt, was in diesem Buch immer wieder anklingt: Die Evolution hat nicht unbedingt das Glück des Menschen im Auge – sie »belohnt« fitnessteigerndes Verhalten, nicht Wohlbefinden!

42 Betrachtet man den Zustand der Erde, so scheint es an der Zeit, klarer zu verstehen, welche Entscheidungen und Handlungen diesem beschränkten Gehirn leichtfallen und für welche es weniger gut gerüstet ist. Diesen »natürlichen Defiziten« – zu denen vielleicht auch die Fähigkeit gehört, über Generationen in größerem Maßstab vorausschauend zu planen – gälte es dann durch politische Rahmensetzungen besonders nachzuhelfen.

43 Neuerdings wird immer deutlicher, dass die Unterschiedlichkeit der Lebewesen nicht nur an der genetischen »Hardware« liegt, sondern dass hier auch sogenannte *epigenetische Einflüsse* eine Rolle spielen. So bestimmen etwa bestimmte Eiweißstoffe, welche das Genmaterial umhüllen, mit, wie ein bestimmtes Gen »gelesen« wird. Die Zusammensetzung dieser Eiweißstoffe hängt von – inneren und äußeren – Umwelteinflüssen ab, also etwa von der Art der Ernährung, aber auch von den im Körper wirkenden Signal- und Botenstoffen. So ist bekannt, dass bestimmte »Stresshormone« die Ablesung der Gene im Gehirn deutlich beeinflussen. Da die epigenetischen Veränderungen teilweise mitvererbt werden, enthält das Genom nach heutigem Verständnis also auch Informationen über die Umwelt und Lebensbedingungen eines Organismus!

44 Auch wenn sicherlich viele biologischen Merkmale und auch Verhaltensmuster des Menschen durch Selektion entstandene Anpassungen sind, muss man sich davor hüten, grundsätzlich *alle* Eigenschaften des Menschen als fitnesssteigernde Anpassungen zu betrachten – ein Reflex, der leider noch in manchen Kreisen der Evolutionsbiologie und -psychologen zu beobachten ist, wo selbst dem Bauchnabel des Menschen noch überlebenswertige Vorteile zugesprochen werden (etwa der, dass darin eine Heidelbeere versteckt werden kann, wie Spötter bemerken).

45 Neuere Theorien zur Selektion betonen zudem, dass in vielen Fällen gar keine bestimmten *Merkmale* ausgelesen werden, sondern vielmehr die Fähigkeit eines Organismus, *bestimmte Merkmale als Antwort auf Umweltänderungen zu verändern*. Ausgelesen wird also keine feststehende »Qualität«, sondern vielmehr die Fähigkeit zur Anpassung (vgl. auch Kapitel 15 E&A).

46 So weisen Biologen darauf hin, dass der menschliche Körper zahlenmäßig nur zu fünf Prozent aus menschlichen Zellen besteht – 95 Prozent der Zellen des Menschen sind Bakterien, die zu Billionen vor allem in unserem Darm (Darmflora), aber auch auf unserer Haut leben. Es wird immer deutlicher, dass es sich dabei um eine Symbiose handelt, d.h., dass die »Mitbewohner« für die gesunde Funktion des Körpers unabdingbar sind. So prägt die Darmflora unter anderem auch die Reifung des Immunsystems bei Säuglingen.

47 Selektionsdruck entsteht überall dort, wo Individuen um Ressourcen konkurrieren. Und damit spielt sich die Selektion auf allen für die Fitness eines Individuums relevanten Ebenen ab: bei der Nutzung der natürlichen Umwelt (natürliche Selektion), bei der Konkurrenz um Fortpflanzungspartner (sexuelle Selektion), aber auch bei der Konkurrenz um soziale Ressourcen und – vor allem – um Entwicklungsressourcen. Auf letzterer Ebene spielen die Eltern eine zentrale Rolle (diese Selektionsform wurde von Judith Harris als »parental selection« – elterliche Selektion bezeichnet). Tatsächlich lassen Mütter aller Tierarten ihren frisch Geborenen nicht dasselbe Maß an Aufmerksamkeit und »Investitionen« zukommen (Kapitel 9 handelt davon). Hierdurch können bestimmte Eigenschaften systematisch bevorzugt bzw. »ausgelesen« werden. Die Verhaltensforscherin Hrdy spekuliert etwa, dass die menschliche Art ihre Feinfühligkeit und Fähigkeit zur Empathie zum Teil dieser Selektionskraft verdankt (wir gehen auf diese interessante Überlegung in Kapitel 10 E&A ein). Bei der Konkurrenz um Entwicklungsressourcen spielen aber nicht nur die Eltern eine Rolle – zumindest bei den kooperativ aufziehenden Arten geht der Selektionsdruck auch von den den Nachwuchs mitversorgenden »Helfern« aus.

48 Wie stark sich *Persönlichkeitsmerkmale*, die ja auch genetisch mitbedingt sind, in den letzten 10.000 Jahren geändert haben, ist umstritten – von vielen Evolutionsbiologen wird eine solche Änderung nicht angenommen. Es häufen sich aber Hinweise, dass auch im Bereich unseres grundsätzlichen Verhaltensrahmens (etwa wie neugierig, extrovertiert, emotional stabil oder gewissenhaft Menschen auf die Welt zugehen) ein gewisser Selektionsdruck geherrscht hat. Zumindest zeigen sich in diesem Bereich zwischen den menschlichen Populationen auch heute teilweise deutliche Unterschiede.[273]

49 Zeugnis davon sind die im höheren Alter nicht seltenen Schenkelhalsbrüche bei Frauen – deren Oberschenkelknochen stehen wegen des breiten Beckens nämlich so schräg, dass sie leichter brechen. Die Natur hat aber auch andere, ausgeklügelte Mechanismen entwickelt, um den engen Geburtsraum optimal zu nutzen: So wird die Bandverbindung zwischen den Schambeinknochen in den Wochen vor der Geburt lockerer, das Becken kann sich dadurch unter der Geburt besser aufdehnen. Und beim Neugeborenen sind die Schädelknochen wie große Schuppen angelegt, die sich im Geburtskanal übereinanderschieben können.

50 Dies wurde von den Männern der damaligen Zeit gerne als ein natürliches Opfer porträtiert, wie etwa von Martin Luther, der folgenden Trost parat hatte: »Ob sie sich aber auch müde und zuletzt tottragen, das schadet nicht. Lass sie sich nur tottragen, sie sind drum da.«[281]

51 Und das gilt – zumindest streckenweise – auch für unsere Lebenspartner. Solange wir verliebt sind, erscheinen sie uns – entgegen aller Logik und oft entgegen der späteren Einschätzung – als schlichtweg einzigartig.

52 Immerhin gibt es eine Ausnahme – und das sind bei allen Säugetieren, inklusive Mensch, die Kinder. Ihr Bewegungsdrang ist über den *Spieltrieb* motiviert, und der ist schier unerschöpflich. Aber leider nicht sehr haltbar, denn mit dem Beginn der Geschlechtsreife ist kaum mehr etwas davon übrig.

53 Remo Largo führt diesen Gedanken in seinem Buch *Babyjahre* anschaulich aus: »Unsere Kinder lieben uns nicht nur, weil wir so großartige Eltern sind.«[293]

54 Je nach Reaktion im Fremde-Situation-Test werden die folgenden Typen unterschieden: Ein *sicher gebundenes* Kind äußert Trennungsschmerz, wenn die Mutter geht, nimmt nach deren Rückkehr aber gleich wieder aktiv Kontakt auf, lässt sich beruhigen und wendet sich dann wieder erkundend der Umgebung zu. Ein *unsicher vermeidend* gebundenes Kind dagegen zeigt kaum Trennungsschmerz. Wenn die Mutter zurückkommt, bleibt es ungerührt. Diese »Vermeidung« wurde evolutionsbiologisch so erklärt: Für ein Baby, das mit sehr gestressten Eltern lebt, könnte es durchaus überlebensfördernd gewesen sein, seine Eltern mit möglichst wenig Forderungen zu konfrontieren, um nicht verstoßen zu werden.[298] Das *unsicher ambivalent* gebundene Kind ist sichtbar gestresst, wenn die Mutter den Raum verlässt und weint untröstlich. Auf die Rückkehr der Mutter wendet es sich zunächst ab, sucht dann aber wieder ihre Nähe, etwa indem es nach ihr schreit. Nimmt die Mutter es zu sich, will es nach kurzer Zeit wieder weg von ihr. *Unsicher desorientiert* gebundene Kinder wirken emotional gehemmt oder bedrückt und verhalten sich widersprüchlich. Sie schreien beispielsweise nach der fortgegangenen Mutter, wenn diese aber wiederkommt, wenden sie sich ab.

55 Wiederholt man den Test beispielsweise nach ein paar Monaten mit demselben Kind, so kann dabei durchaus eine andere Bindungskategorie herauskommen. Auch kulturvergleichende Studien legen eine eher vorsichtige Interpretation des Fremde-Situation-Tests nahe.[299]

56 Dass geteilte Nähe Bindungsprozesse unterstützen kann, zeigte sich auch in einer Interventionsstudie in »gestressten« Familien.[305]

57 Berührung und Stillen scheinen zudem in einen »Engelskreis« eingekoppelt zu sein. Häufige Berührung unterstützt nämlich auch die Milchproduktion!

58 Die Abhängigkeit der Bindung von den verfügbaren Eigenkräften und Ressourcen erklärt zudem, warum sich die Kategorie der Bindung zu ein und demselben Kind im Laufe der Zeit durchaus verändern kann.[309]

59 Der Einwand, dass die Bindungsqualität vor allem genetische Faktoren wie etwa das Temperament des Kindes widerspiegele,[311] ist wissenschaftlich jedoch nicht haltbar. So ist die Bindungsqualität zu unterschiedlichen Bezugspersonen bei ein und demselben Kind gar nicht so selten unterschiedlich.

60 Das Gleiche gilt für den Vater: Eine funktionierende Beziehung unterstützt seine Bindung zum Kind. Kein Wunder, dass Familientherapeuten berichten,

dass vormals engagierte Väter sich oft auf die Rolle des Ernährers zurückziehen, wenn die Beziehung kriselt.

61 Kein Wunder, dass Interventionen und Kurse zur »Bindungsförderung«, die sich vor allem auf das Verhalten der Mütter konzentrieren, wenig wirksam sind – man kann Feinfühligkeit nur zu einem gewissen Grad per Video lernen. Tatsächlich beruhen erfolgreiche Interventionen zur Erhöhung der Bindungssicherheit immer auch auf einer Stärkung der Mütter und der Familien.[318]

62 Was für die Bindung gilt, gilt auch für das Bindungsversagen – natürlich steht da immer eine »versagende« Mutter im Raum, aber dass deren Kinder später einmal mehr Probleme haben, liegt auch daran, dass sie Tag für Tag, Monat für Monat, Jahr für Jahr in ungünstigen Verhältnissen aufwachsen.

63 Das Problem: Der Standardtest für Bindung, der Fremde-Situation-Test, misst vor allem die »Sichere-Hafen-Seite« der Bindung. Dies könnte erklären, weshalb er nur mäßig mit der Bindungsfähigkeit im Erwachsenenalter korreliert.[319]

64 Auch in den in Deutschland von dem bekannten Bindungsforscher Grossmann durchgeführten Studien ließ sich ein direkter Zusammenhang zwischen der Bindungsqualität zur Mutter und der »Bindungssicherheit« im Erwachsenenalter sowie dem »Bindungsverhalten« Partnern oder Freunden gegenüber nicht nachweisen.[342]

65 Dass diese Strategie für die Mitmenschen nicht immer angenehm sein muss, steht auf einem anderen Blatt. Unsichere Bindungsstrategien sind schließlich häufiger mit Beziehungsproblemen und geringerer persönlicher Zufriedenheit verbunden. Auch dies ist ein Hinweis darauf, dass sich das menschliche Glück *nicht* im Blickwinkel der Evolution befindet.

66 Vielleicht ist diese recht unsichere Position des Babys auch der Grund, weshalb Babys in vielen Gesellschaften erst nach einer gewissen Frist als Personen angesehen wurden – oder überhaupt erst einen Namen bekamen. So galten bei den alten Griechen Kinder erst dann als offiziell geboren, wenn sie in einer Amphidromia genannten Zeremonie am fünften oder siebten Lebenstag offiziell »angekündigt« wurden.[356]

67 Verglichen mit Menscheneltern haben es die Menschenaffen da um einiges leichter: Weder ist die Mutter in der Stillzeit sexuell in irgendeiner Weise an Männchen interessiert (ihre Brunstzeiten beginnen erst wieder, wenn das Baby abgestillt ist) noch sind die Männchen an einer stillenden Mutter interessiert. Das menschliche Arrangement dagegen setzt auf ein beständiges »Verführungspotenzial« – nach Ansicht der Evolutionsbiologie ist das sexuelle Interesse nun einmal ein wichtiger Anreiz für männliche Kooperation bei der Kinderaufzucht. Tatsächlich sind bei den Menschenaffen die Männchen nicht nur nicht am Sex mit einer stillenden Mutter interessiert, sondern genauso wenig an deren Kinder.

68 Schaut man sich die »motivierende« Funktion des Kindchenschemas an, dann ist es nicht verwunderlich, dass der Kinder-Look beim menschlichen Nachwuchs viel länger erhalten bleibt als bei anderen Arten – der Mensch muss seinen Nachwuchs schließlich auch am längsten durchfüttern.

69 Die intuitive Begeisterung der Eltern für die Fettröllchen ihrer kleinen Kinder ist vielleicht der Grund, warum es Eltern oft überraschend schwerfällt, kind-

liches Übergewicht zu erkennen – wo der Kinderarzt längst von einem »adipösen« Kind spricht, ist dieses für die Eltern noch ein Wonneproppen.

70 Experimente an einem mit Plexiglas abgedeckten Graben zeigen, dass sich die Höhenangst etwa im Krabbelalter entwickelt und zwar in der Regel etwa drei Wochen nach Beginn des Krabbelnlernens. Interessant: »Schlechte Erfahrungen« (wie etwa versehentliches Hinunterfallen) spielen dabei keine Rolle. Die Angst entsteht vielmehr »einfach so«. Entwicklungsbiologen sprechen auch von einer »kanalisierten« oder »vorbereiteten« Reaktion.

71 Auch zeigt die Statistik, dass Stiefväter unter ungünstigen sozialen Bedingungen eine reale Gefahr für das Wohl nicht leiblicher Kinder sein können – auch heute noch geht ein großer Teil der Fälle von Kindesmisshandlungen von neu in die Familie gekommenen Stiefvätern aus.[381]

72 Das liegt auch daran, dass Mütter neugeborener Kinder ein bis fünf Tage nach der Geburt eine deutlich höhere Temperatur an der Körperoberfläche im Bereich der Brust haben als vergleichbare Frauen.[393] Während das Baby an der Brust trinkt, steigt die Temperatur weiter an.[394]

73 Die Theorie von der Reifungsstütze wird auch durch Statistiken gestützt: Der Plötzliche Kindstod ist in den Gesellschaften, in denen Kinder routinemäßig bei ihrer Mutter schlafen, 50- bis 70-mal seltener als in den USA.[395] Der Plötzliche Kindstod wird ausführlich in Kapitel 5 behandelt.

74 Oft genug findet heute diese Zuwendung auf pädagogischen Inseln außer Haus statt und muss aufwendig organisiert werden – von PEKiP über Babyschwimmen und Babymassage bis hin zu den ärztlich verordneten »Frühförderungsmaßnahmen«, die heute etwa jedem vierten Kind zugutekommen.[401]

75 Bedenkt man, dass eine Mutter in vielen Jäger- und Sammlergesellschaften ihr Kind pro Jahr bis zu 2300 km weit trägt, so wird auch klar, dass jedes Gedränge am mütterlichen Körper mit dem Leben nur schwer vereinbar gewesen wäre.

76 Einer der ersten Forscher, die darauf hinwiesen, dass sich Reiz und Reaktion nicht beliebig »zusammenschalten« ließen, war John Garcia, der Entdecker des Garcia-Effektes, der uns aus Kapitel 1 bekannt ist. Die Behavioristen konnten dies schlichtweg nicht glauben. Der Herausgeber der wissenschaftlichen Zeitschrift, bei dem Herr Garcia seine Ergebnisse einreichte, schrieb prompt zurück: Eine Veröffentlichung käme nicht in Frage, die Ergebnisse seien so unwahrscheinlich »wie Vogelkacke in einer Kuckucksuhr«.[420]

77 Dabei mag es aber durchaus auch auf die Verhältnisse ankommen: Ein echter Prinz, der sein Leben lang in Seidentücher eingeschlagen sein wird, hat vielleicht tatsächlich weniger Probleme dadurch, dass er als Kind jeden Wunsch erfüllt bekommt. Andererseits benötigt auch ein echter Prinz Kompetenzen, die er nur erlernt, wenn das »System« seiner Bedürfnisse einigermaßen in Balance ist.

78 Genauer gesagt: Es dreht sich um die *Unterschiede* in der Persönlichkeit – wir gehen auf diese Feinheit in Kapitel 15 E&A ein.

79 Dabei scheint gerade der Umgang mit negativen Emotionen stärker genetisch verankert zu sein als der mit positiven Emotionen – Schüchternheit und Ängstlichkeit, aber auch die Neigung zu Zorn und Starrsinn (das »schwierige Temperament«) sind zu einem stärkeren Maß biologisch verankert als das sonnige, aufgeschlossene Gemüt.[428]

80 Diese fünf Facetten scheinen in allen Kulturen »erkannt« zu werden und geben damit möglicherweise ein »universelles« Muster der menschlichen Natur wieder[429] – allerdings hält die Diskussion an, ob sich die menschliche Persönlichkeit nicht vielleicht mit anderen »Dimensionen« besser beschreiben lässt.[430]

81 Leider stützt sich die Persönlichkeitsforschung vor allem auf Studien an sehr einheitlichen Gruppen – fast immer aus der gebildeten Mittelschicht. Es ist durchaus vorstellbar, dass ein Vergleich von Kindern aus sehr unterschiedlichen sozialen Schichten einen Einfluss der Eltern besser nachweisen könnte. Wir gehen darauf in Kapitel 15 E&A noch einmal ein.

82 Es gibt dabei Hinweise, dass manche Dimensionen der Persönlichkeit stärker genetisch bedingt sind als andere. Während die meisten Dimensionen in der Kindheit noch einigermaßen wandelbar sind, bleibt Extrovertiertheit bzw. Introvertiertheit das ganze Leben lang recht stabil. Das gilt auch für Aggressivität (welche grob mit der Dimension »Verlässlichkeit« korreliert): Sehr aggressive Kinder haben als Erwachsene eine zwölfmal höhere »Chance«, später einmal eine Strafanzeige zu bekommen (und zwar vor allem wegen Drogendelikten).

83 Das mögen Eltern heute weniger gerne hören, gehört es doch zu den gängigen Idealen, alle Kinder in der Familie gleich zu behandeln. Frühere Eltern waren da weniger zimperlich. Lieblingskinder wurden offen auch als solche bezeichnet, und auch im Erbrecht war die Bevorzugung einzelner Kinder völlig normal. Gerade in Jäger- und Sammler-Gesellschaften wurden nach allem, was aus Beschreibungen bekannt ist, in aller Regel die erstgeborenen Kinder bevorzugt. Das mag mit der hohen Kindersterblichkeit zusammenhängen, die Kinder, die das Gröbste schon hinter sich hatten, für die Eltern sozusagen »wertvoller« machte.

84 Sein Buch *Born to rebel* (deutsch: *Der Rebell der Familie*) beruft sich auf eigene »wissenschaftliche« Untersuchungen. Die allermeisten davon wurden jedoch nie als Originalarbeiten in einer wissenschaftlichen Zeitschrift veröffentlicht.[434]

85 Zumindest ein Teil ist leicht erklärbar, nämlich warum sich die Eltern bei der Einschätzung ihrer Kinder so leicht täuschen. Zum einen: Eltern vergleichen ihre Kinder ja nicht mit irgendwelchen repräsentativen »Normalkindern«, sondern mit den anderen Kindern in der Familie. Wenn ihnen ihr Erstgeborenes als »pflegeleicht« erscheint, empfinden sie das stärker fordernde Nachgeborene als »schwierig« – obwohl vielleicht beide, mit einer großen Anzahl anderer Kinder verglichen, noch immer auf der »pflegeleichten« Seite stehen.[439] Zum Zweiten: Ein Teil des unterschiedlichen Verhaltens von Erst- und Zweitgeborenen ist durch die Rolle bedingt, die *alle* Erst- bzw. Zweitgeborenen nun einmal innehaben. Erstgeborene werden auch deshalb als verantwortungsbewusster wahrgenommen, weil sie sich um das jüngere Geschwisterchen kümmern oder weil sie ihrer Mutter mehr helfen – das aber liegt vor allem daran, dass sie als Erstgeborene nun einmal älter und weiter entwickelt sind.

86 Wohlgemerkt: Das gilt für *soziale,* also auf den Umgang mit anderen Kindern bezogene Verhaltensweisen. Andere Verhaltensweisen laufen zunächst recht unbeeindruckt von den Gruppennormen weiter – etwa die Nahrungsvorlieben. Ein Kind mag schon nach wenigen Wochen im Kindergarten dieselben

Kraftausdrücke verwenden wie die anderen Kinder, aber es wird nicht deren Nahrungsgewohnheiten übernehmen. Denn wie wir in Kapitel 1 gesehen haben, findet das Kind den »Einstieg« in die Geschmackswelt zunächst im unmittelbaren Umfeld der Mutter und der Familie. Erst nach und nach wirken dann auch soziale Vorbilder – und damit auch andere Kinder.

87 Studien zeigen beispielsweise, dass die Gleichaltrigen einen überraschend geringen Einfluss auf die (nicht mit der Persönlichkeit zu verwechselnden!) Vorlieben des Einzelnen haben (der Einfluss ist ähnlich gering wie der der Eltern): Weder die Essensvorlieben noch die Wahl der Musik oder des Fernsehprogramms korreliert mit der Zeit, die Schüler oder Jugendliche in Internaten mit ihren Zimmergenossen verbringen.[444]

88 Die Bewertung von Klugheit scheint den Kindern etwas schwerer zu fallen, jedenfalls wissen Kinder meist erst in der zweiten oder dritten Grundschulklasse, wer in ihrer Gruppe zu den Klugen zählt und wer nicht.[445]

89 Dieses doppelte Referenzsystem erklärt, warum Kinder, die andere Kinder mobben, entgegen der früheren Annahmen von Psychologen eben *keinen* Minderwertigkeitskomplex haben. Ihr Status ist zwar gering, aber über ihre Dominanz machen sie trotzdem Selbstwerterfahrungen.[447]

90 Ein ähnlicher Mechanismus ist aus dem Tierreich bekannt. Bei der Entscheidung von Herdentieren, in welche Richtung die Herde sich wenden soll, werden die Augenrichtungen der Herdenmitglieder ausgewertet. Wohin die Mehrzahl der erwachsenen Herdenmitglieder schaut, geht die Reise.[453]

91 Auch die unterschiedlichen Bedingungen im Mutterleib könnten die »angeborenen« Unterschiede mit erklären – im Mutterleib sind Kinder nun einmal sehr verschiedenartigen Bedingungen ausgesetzt, die sehr wohl dafür sorgen können, dass beim einen Kind eher die grünen Käbelchen im Gehirn dominieren, beim anderen eher die roten.

92 Und zwar vor allem von denen, auf deren Urteil es nach dem in diesem Kapitel Gesagten ankommt: den Gleichaltrigen. Tatsächlich scheinen gleichaltrige Kinder ein weitaus feineres Gespür für die Unterschiede von Zwillingen zu haben als Erwachsene – Zwillinge werden oft selbst von Onkeln und Tanten verwechselt, von Gleichaltrigen jedoch kaum.

93 Auch bei in Sozialverbänden lebenden Tieren überträgt sich der Status der Eltern teilweise auf die Kinder: Die Jungtiere genießen denselben Rang wie ihre Mutter (etwa bei Pavianen und bei Rhesusaffen) – dieser »abgeleitete Rang« schlägt sich beispielsweise in einem besseren Ernährungszustand nieder, er verschafft den Tieren deutlich bessere Startchancen.

94 Der neue Bezug auf die Gruppe und ihre Normen bringt auch etwas Weiteres mit sich: Ältere Kinder werden jetzt zu *Vorbildern*. Die Kleineren hören auf sie und machen ihnen alles nach – Sinn und Unsinn gleichermaßen.

95 Das gilt jedoch nicht für Jugendliche – die sind in Jäger- und Sammlergruppen in aller Regel weitaus stärker auf Erwachsene bezogen als heute. Der Evolutionspsychologe Robert Epstein geht in seinem Buch *The case against adolescence* sogar so weit, dass er die in modernen Gesellschaften grassierenden Pubertätsprobleme als »Ergebnis einer künstlichen Verlängerung der Kindheit über das Einsetzen der Pubertät hinaus« ansieht.[458] Tatsächlich sind in den meisten Jäger- und Sammlergesellschaften Pubertätsprobleme kaum bekannt.

96 Die Lebens- und Jagdverbände von Jäger- und Sammlergruppen in fruchtbareren Gegenden dürften sicherlich größer gewesen sein als die Verbände der Kung. Aber auch bei der für die meisten Lebensräume als typisch geltenden Verbandstärke von 50 bis 150 Personen dürften zu wenig Kinder zusammengekommen sein, um sich nach Altersgruppen aufzutrennen.
97 Rhesusäffchen, die vorher nie ein Baby gesehen haben, ziehen sogar ihr eigenes Baby von ihrem Fell und werfen es weg![473]
98 Schon durch das reine Beobachten können Affenmädchen einiges dazulernen. So zeigen Experimente mit Rhesusaffen, dass Mädchen auch dann später einigermaßen »kompetent« mit ihrem Baby umgehen können, wenn sie nur hinter einer Glasscheibe beobachten, wie andere Mütter ihre Säuglinge bemuttern. Bei Schimpansen, bei denen die Pflege der Kleinen weitaus kniffliger ist und mehr körperliche Fertigkeiten voraussetzt, scheint jedoch die Beobachtung allein bei Weitem nicht auszureichen.[474]
99 Dies steht in einem bemerkenswerten Kontrast etwa zu den Rhesusaffen und vielen anderen »kleineren« Affen – die frisch geborenen Äffchen können sich stundenlang am Fell ihrer Mutter festklammern und sich nach Bedarf an der Brust bedienen. Die Mutter muss im Grunde gar nichts tun.
100 Wohl schon immer bestand ein Teil der Kinderbetreuung auch darin, dass sich manche Eltern leisten konnten, andere Frauen – von der Magd bis zum Au-pair-Mädchen – im Austausch gegen Schutz, Wohnraum, Nahrung oder Bezahlung für die Betreuung der eigenen Kinder zu gewinnen.
101 Inwieweit andere Helfer genutzt werden, liegt vor allem an den »Arbeitsbedingungen« der Mutter. Können Kinder etwa in einem Camp zurückgelassen werden (wie bei den Efe), so werden Kinder viel häufiger ausgetauscht und »fremdbetreut«, als wenn eine Mutter ihr Baby zum Sammeln mit sich nehmen muss.
102 Natürlich stimmt es, dass die Lebenserwartung der Menschen in Jäger- und Sammlergruppen mit etwa 35 bis 40 Jahren weitaus geringer war als in modernen Gesellschaften. Das heißt allerdings nicht, dass es unter ursprünglichen Bedingungen kein Leben nach dem Ausbleiben der Regel gab. Denn die Sterblichkeit konzentrierte sich auf die ersten 15 Lebensjahre. Frauen, die 20 Jahre alt wurden, konnten auch in Jäger- und Sammlergesellschaften mit einer postmenopausalen Lebensspanne von ca. 20 bis 30 Jahren rechnen – zumal die Regel bei den Frauen einige Jahre früher aussetzte.
103 Auch für andere kooperativ aufziehende Arten konnte ein solches »kinderloses Altern« beobachtet werden. So leben beispielsweise Schwertwalweibchen, die etwa 80 bis 90 Jahre alt werden, nach der Geburt ihres letzten Kindes noch immerhin 40 Jahre.
104 Bei den Aka herrschen ganz besondere Verhältnisse. Weil die Kinder im Vergleich zum geringen Körpergewicht der Mütter sehr viel wiegen, sind Kinder für die Aka »megateuer«. Dazu kommt, dass die Aka-Eltern gemeinsam jagen, d.h. dass sie die Kinder über weite Strecken tragen müssen. Wie stark Väter in einer bestimmten Kultur an der direkten Pflege des Kindes teilnehmen, hängt nach Ansicht der Ethnologen generell von mehreren Faktoren ab, insbesondere von der Art des »Broterwerbs« (in Jäger- und Sammlerkulturen sind Väter stärker engagiert als in viehhaltenden oder Ackerbaukulturen) und von der Rollenverteilung zwischen den Geschlechtern (in Kulturen, in denen sowohl

die Mutter als auch der Vater zum Lebensunterhalt beitragen, sind Väter in der Familie engagierter).[506]

105 Die evolutionsbiologische Erklärung dafür geht in etwa so: Männern und Frauen stehen jeweils unterschiedliche Strategien zur Mehrung ihres Fortpflanzungserfolgs offen. Frauen können nun einmal nur eine begrenzte Anzahl an Kindern gebären – ihr wichtigstes »Ziel« muss also sein, sich einen »möglichst guten« Mann zu sichern und mit ihm Kinder zu haben. Männern dagegen steht noch eine zweite Strategie offen: Sie können auch noch weitere Partnerinnen mit einem Kind »beglücken«. Während also eine Frau ihren Fortpflanzungserfolg vor allem durch »Pflegeaufwand« steigern kann, können Männer auch durch mehr »Paarungsaufwand« an Fitness gewinnen.

106 Da stellt sich allerdings, wie so oft, die Frage, was Henne ist und was Ei. Denn natürlich mag die Erklärung stimmen, dass eine gute Partnerschaft motiviert, Energie freisetzt und das letzten Endes dem Kind zugutekommt. Es könnte aber auch so sein, dass auf verlässliche Beziehungen ausgerichtete, emotional kompetente Väter besser mit ihren Partnern zurechtkommen – und eben auch mit ihren Kindern. Wahrscheinlich spielt beides eine Rolle.[509]

107 Die Evolutionsbiologie betrachtet die menschlichen Fortpflanzungsstrategien noch viel grundlegender. So fällt ihr natürlich ins Auge, dass die Menschenfrau – im Gegensatz zu ihren Schwestern bei den Menschenaffen, die ihren empfangsbereiten Zustand durch rote Schwellungen und ein eindeutiges Verhalten anzeigen – ihren Eisprung verbirgt. Gleichzeitig stellt sie ihre erogenen Merkmale, etwa ihre Brüste, zyklusunabhängig zur Schau. Die beständige sexuelle Anziehung, gepaart mit einer für den Mann (und oft auch für die Frau) kaum erkennbaren Fruchtbarkeit, ist ein wichtiger Anreiz für den Mann, längerfristig bei seiner Partnerin zu bleiben und lieber für die Familie zu sorgen, als sein Glück je nach Fruchtbarkeit bei anderen Frauen zu suchen. Die beständige Attraktivität ist somit Teil des Paketes »kooperatives Aufziehen«.

108 Tatsächlich zeigen Beobachtungen an steinzeitlich lebenden Gesellschaften, dass die Zahl der Kinder, die eine Frau in ihrer Lebensspanne erfolgreich großzieht, direkt mit der Größe ihres sozialen Netzwerkes korreliert.[514]

109 Auch Babys, die wenig Gelegenheit zur Bauchlage haben, lernen möglicherweise später sitzen – kein Wunder, dass sich der Zeitpunkt, zu dem Kinder frei sitzen können, in den letzten zehn bis 15 Jahren nach hinten verschoben hat.[525]

110 Wir lesen die Skizze sozusagen durch unsere Gefühle. Sie zeigen uns an, wo auf dem Weg Risiken lauern (diese Stellen machen uns Angst oder lösen Furcht, Unwohlsein oder Schmerzen aus) oder wo die Chancen sind (an diesen Stellen spüren wir Lust und Verlangen). Haben wir uns verfahren, so fühlen wir uns nicht wohl oder wir sind unzufrieden. Kommen wir da an, wo wir hinsollen, so werden wir dagegen mit guten Gefühlen und Befriedigung belohnt.

111 Am wichtigsten erscheint da die soziale Integration. Grundschullehrer beklagen regelmäßig, wie weit die Schere zwischen den sozial gut gestellten Kindern und den benachteiligten Kindern zu Schulbeginn ist. Ein möglichst effektiver Ausgleich dieser Nachteile, auch schon im Vorfeld des Kindergartens, muss Schwerpunkt jeden Förderprogramms sein!

112 Kein Wunder, dass in der Nachkriegszeit der Glaube an die Erziehung Oberhand hatte – schließlich war damit die Hoffnung verbunden, die in den Kriegen

erfahrene menschliche Erniedrigung könne durch eine andere, vielleicht friedfertigere, liebevollere oder weniger autoritäre Erziehung für alle Zukunft vermieden werden.

113 Dass im Mutterleib wirkende Einflüsse (intrauterine Effekte) bisher eher wenig Beachtung fanden, liegt auch daran, dass sie in verhaltensgenetischen Studien nicht erkannt werden können (sie werden dort den genetischen Einflüssen zugerechnet).

114 Das erklärt ein weiteres, ziemlich gemeines Paradoxon: Je mehr Gleichheit in einer Gesellschaft herrscht, desto eher kommt es bei den noch verbleibenden Unterschieden zwischen den Menschen auf die Gene an. Wer im Ghetto ein bisschen Bildung bekommt, zieht rasch an den anderen Ghettokindern vorbei. In einer Welt aber, in der alle die gleiche Bildung bekommen, gehen die besten Jobs an die von Geburt aus Talentiertesten.[535]

115 Dass der Beitrag von Umwelt und Genen so schwammig ist, trifft übrigens auch für so banale Eigenschaften zu wie das Körpergewicht. Wer etwa hätte sich nicht schon gefragt, ob er seine überzähligen Pfunde seinen Genen oder »der Umwelt« verdankt? Vieles spricht für die Gene: Das Körpergewicht adoptierter Kinder stimmt nur zu vier Prozent mit dem ihrer Adoptiveltern überein. Eineiige Zwillinge dagegen, die getrennt in verschiedenen Familien aufwachsen, stimmen zu 72 Prozent in ihrem Gewicht überein.[536] Aber heißt das, dass die Umwelt keinen Einfluss hat? Natürlich heißt es das nicht, er kann sogar viele Kleidergrößen stark sein. Die Deutschen waren vor 50 Jahren genetisch nicht anders als heute – sie waren trotzdem erheblich schlanker. Und auch heute noch sind die Gewichtsunterschiede am ehesten durch die Umwelt bedingt – man muss in den Vergleich nur genug Menschen aus anderen Kulturen einbeziehen. Also: In Gruppen, in denen alle gleich viel zu essen haben, ist die Erblichkeit des Gewichts hoch – in Gruppen, in denen die einen prassen und die anderen darben, spielen Umwelteinflüsse dagegen die entscheidende Rolle.

116 Wenn man das zu Ende denkt, so stößt man wieder auf eine ziemliche Gemeinheit. Denn wenn sich Umwelteffekte und genetische Effekte verstärken, so heißt das doch: The winner takes it all! Weniger intelligente Eltern haben schon anlagebedingt weniger intelligente Kinder (natürlich gilt das nicht in jedem Fall, aber im Durchschnitt), und bieten diesen *dazuhin* oft noch ein bildungsfernes Milieu, in dem geistige Interessen und Talente schlechter gedeihen. Umgekehrt: Ein von seinem angeborenen Temperament her süßes, pflegeleichtes Kind bekommt wie als Bonus zu seinem angenehmen Wesen auch noch die vorteilhafte Resonanz der Umwelt: mehr Zuwendung, mehr Unterstützung und mehr Lob!

117 Tatsächlich unterscheidet sich der Erziehungsstil von sozialer Schicht zu sozialer Schicht stark[538], und dies könnte durchaus rationale Gründe haben. Eltern in der Mittelklasse etwa gehen davon aus, dass ihre Kinder einmal Führungspositionen oder verantwortliche Stellen besetzen und betonen in der Erziehung entsprechend Autonomie, Unabhängigkeit, Selbstwirksamkeit, Kreativität und Neugier. Eltern in der Unterschicht dagegen können davon ausgehen, dass ihre Kinder später einmal eher wenig Autonomie am Arbeitsplatz und in ihren Lebensentscheidungen haben werden und betonen (bewusst oder unbewusst) entsprechend Gehorsam und Konformität.

118 Selbst Bruno Bettelheim, der viele Jahre eine Einrichtung für autistische Kinder leitete, konnte sich dem Sog nicht entziehen. Mütter, so Bettelheims Überzeugung, seien am Autismus ihrer Kinder schuld, sie bedingten ihn durch ihre Kälte – der gnadenlose Begriff der Kühlschrankmutter war geboren. Ein ungeheurer Vorwurf: Die Mutter stürze durch ihr eigenes Verhalten ihr Kind ins Nichts. Auch wenn die Behauptung tausendfaches Echo fand, war sie doch falsch, wie wir heute wissen. Die »Kälte« der Mütter war nicht die Ursache, sondern die Reaktion auf ein beziehungsgestörtes Leben mit ihrem Kind.

119 Bereits im ersten Lebensjahr, noch bevor sie zu Empathie in der Lage sind, sind Kinder zu *Sympathie* fähig. Wenn ein anderes Baby weint, so weinen sie mit – sie lassen sich sozusagen gefühlsmäßig »anstecken«.

120 Dies passt auch zu den Untersuchungen des britisch-amerikanischen Psychologen Baron-Cohen.[550] Nach dessen unter anderem aus Beobachtungen an Neugeborenen abgeleiteter Theorie unterscheiden sich Menschen stark in ihrer Fähigkeit, »systematisch« bzw. »empathisch« zu denken – auch seiner Theorie zufolge sind diese unterschiedlichen Denkdimensionen teilweise angeboren.

121 Bewusste Täuschung ist auch kooperativ brütenden Vögeln möglich. Wenn etwa Raben Futter verstecken und sich dabei von Artgenossen beobachtet fühlen, täuschen sie das Verstecken nur vor und verstecken den Bissen erst später an einer anderen Stelle.

122 Der Hirnforscher Manfred Spitzer unterstreicht aus neurobiologischer Sicht, dass das Gehirn darauf angelegt sei, Werte erst spät zu lernen. Der an der moralischen Bewertung beteiligte frontale Kortex werde nämlich als letzte Hirnstruktur myelinisiert (d.h. mit isolierendem Material umkleidet) – dieser Teil geht sozusagen erst zur Zeit der Pubertät oder noch später »online«.[561]

123 Viele Indianerstämme Nordamerikas veranstalten sogar regelrechte »Schenkwettbewerbe«. Auf einem Potlach genannten Fest etwa will jede Familie zeigen, wie viel sie hergeben kann: Nahrung, Perlen, ja sogar das eigene Kanu!

124 Spiegelneuronen werden immer dann aktiviert, wenn wir eine bestimmte Handlung ausführen – sie beginnen aber auch dann zu arbeiten, wenn wir andere bei einer Handlung beobachten. Sie schaffen sozusagen ein inneres Bild des Beobachteten. Und dieses Abbild steht genauso mit unseren Gefühlen in Verbindung wie unsere eigenen Handlungen und Erfahrungen: Wenn sich jemand anderes in den Finger schneidet, so spüren wir buchstäblich dessen Schmerz. Wenn jemandem etwas Peinliches widerfährt, so spüren wir die Scham mit. Wie Magnetresonanzuntersuchungen am Gehirn zeigen, werden dabei im Gehirn dieselben Schmerzregionen aktiviert, als würden wir selbst Schmerzen empfinden. Die Empfindungen unserer Mitmenschen sind über das Spiegelneuronensystem sozusagen mit den unseren verwoben und umgekehrt. Neurobiologen spekulieren, dass das menschliche Selbst-Bewusstsein ebenfalls dem Spiegelneuronensystem zu verdanken ist: Die Fähigkeit, sich in andere einzudenken, könnte sozusagen benutzt worden sein, um den eigenen Geist wie von außen zu »beobachten«.[565]

125 Zudem werfen Evolutionsbiologen ein, dass gerade die als Beispiel angeführten Warnschreie in erster Linie Verwandten helfen – damit handelt es sich möglicherweise gar nicht um »echten« Altruismus.

126 Die Rechnung geht im Sinne der Evolution auf, solange die bei der Partnerwahl erzielten Vorteile unter dem Strich die durch die Werbung anfallenden Nachteile mehr als wettmachen.

127 Diese unterschiedlichen Zielvorstellungen spiegeln sich auch im Familienalltag wider. Hier das gefeierte Kind im Mittelpunkt, dem die Eltern emotional zuarbeiten (mitunter so stark, dass sich die Eltern dabei emotional voneinander entfremden), dort das im engen Nahbereich der Mutter lebende, in deren Arbeitsroutine eingebundene Kind.

128 Neugeborene verbrauchen immerhin 87 Prozent ihres Stoffwechselumsatzes in Ruhe für das Wachstum und die Funktion des Gehirns, mit fünf Jahren sind es noch immer 44 Prozent (zum Vergleich: beim Erwachsenen sind es 25 Prozent).

129 So ein Witz muss auch mal sein. Gerald Hüther (ja, mit th ...) ist ein bekannter Hirnforscher, der eben diesen Umstand – dass Eltern sich zunehmend als »Hirnmaximierer« verstehen – immer wieder thematisiert und kritisiert. Versteh das als Gruß an dich, Gerald!

130 Ein weiteres weit verbreitetes Missverständnis sei am Rande erwähnt: Man könne Beobachtungen von anderen Arten auf den Menschen übertragen. Jeder kennt Leute, die meinen, aus dem »natürlichen« Verhalten anderer Arten (meist ihres Haustiers) ließen sich Erkenntnisse für den Menschen gewinnen. Das ist grober Unfug – auch wenn es populär geworden ist, sogar Managementstrategien aus dem Verhalten von Ameisen oder von Löwen abzuleiten. Löwen sind gut darin, Löwen zu sein, und ihre Lebensstrategien passen zu den Herausforderungen des Löwenlebens – aber nicht unbedingt zu denen des Menschenlebens. Wenn wir in diesem Buch andere Tierarten betrachtet haben, so nicht, um daraus Ratschläge für den Menschen abzuleiten, sondern um die verschiedenen Entwicklungswege und Strategien in der Natur kennenzulernen (in diesem Sinn kann es zum Beispiel durchaus sinnvoll sein, kooperativ aufziehende Arten miteinander zu vergleichen).

Bücher zum Thema

Sarah Blaffer Hrdy: *Mutter Natur.* Berliner Taschenbuchverlag 2002. Frauen sind als treu sorgende Liebhaberinnen und fürsorgliche Mütter bekannt (und beliebt). Aber ist das ihr ganzes Repertoire? Wie sind Mütter von Natur aus »gedacht«? Das Lebenswerk einer großen alten Dame der evolutionären Verhaltensforschung, spannend zu lesen wie ein Krimi. Man darf auf ihr neues Buch ***(Mothers and Others,*** Harvard University Press 2009) gespannt sein!

Béatrice Fontanel: *Babys in den Kulturen der Welt.* Gerstenberg 2008. Eine lebendige Beschreibung der Kindheit in indigenen Völkern. Mit 250 großformatigen Fotos.

Jean Liedloff: *Auf der Suche nach dem verlorenen Glück.* C.H.Beck 1998. Ein engagierter, wenn auch etwas verklärter Bericht über das sanfte Aufwachsen von Kindern in einem Indianerstamm im Amazonasbecken. Aus ihren Beobachtungen schmiedet Liedloff eine scharfe Lanze gegen die Erziehungspraktiken des modernen Westens.

Meridith Small: *Our babies, ourselves.* Anchor Books 1998. Die amerikanische Verhaltensforscherin beschreibt und erklärt die Entwicklung von Kindern in unterschiedlichen Kulturen und schlägt dabei immer wieder einen Bogen zur Evolutionsgeschichte.

Melvin Konner: *The Tangled Wing.* Owl Books 2003. Nicht wenige Bücher versprechen dem Leser einen neuen Einblick in die menschliche Natur – der Verhaltensforscher Melvin Konner hält sein Versprechen, und das mit anrührender Sprachgewalt.

Barry Hewlett: *Hunter-gatherer Childhoods.* Aldine Transaction 2005. Betrachtungen zur Evolution haben ein Problem: Wir waren nicht dabei, und die gefundenen Knochen reden auch nicht so viel... Umso wichtiger die wissenschaftliche Beschreibung der Lebensweisen noch heute steinzeitlich lebender Völker.

Remo Largo: *Babyjahre. Entwicklung und Erziehung in den ersten vier Jahren.* Piper 2007. Beseelte und kenntnisreiche Einführung in die Entwicklung von kleinen Kindern (und ihren Eltern). Bis heute unübertroffen.

Judith Harris: *Jeder ist anders. Das Rätsel der Individualität.* DVA 2007. Die Psychologin Harris widmet ihr Lebenswerk der Frage, wodurch Kinder zu dem werden, was sie einmal sind. En passant werden noch ein paar Mythen der Entwicklungspsychologie geköpft – eine bereits in ihrem Vorgängerbuch ***(Ist Erziehung sinnlos? Warum Kinder so werden, wie sie sind.*** Rowohlt 2002) geübte Praxis, dem ja immer wieder nachgesagt wird, es erkläre Erziehung für sinnlos (eine Aussage, die Harris nie gemacht hat). Definitiv eine inspirierende Lektüre.

Heidi Keller: *Handbuch der Kleinkindforschung.* Huber, Bern 2002. Wenn es ein Lehrbuch gibt, das auch dem Laien etwas bietet, dann dieses Standardwerk der Entwicklungspsychologie, das sich nicht scheut, über den Tellerrand der Psychologie hinauszublicken.

Lise Eliot: *Was geht da drinnen vor?* Berlin Verlag 2002. Lise Eliot betrachtet die kindliche Entwicklung aus der Perspektive der Hirnforschung. Das Feuerwerk der Fakten und wissenschaftlichen Erkenntnisse ist in manchen Kapiteln so dicht, dass einem fast schon das Kind aus dem Auge gerät.
Anna Wahlgren: *Das Kinderbuch.* Beltz 2004. Insgesamt ein originelles Erziehungsbuch einer achtfachen schwedischen Mutter. Die vielen inspirierenden Ansätze werden leider durch eine erstaunliche Sammlung an Unsinn aufgewogen (etwa dass Rauchen in der Schwangerschaft nicht schade).
Evelin Kirkilionis: *Bindung stärkt.* Kösel 2008. Die Verhaltensforscherin Kirkilionis fragt, wie Bindung unter heutigen Bedingungen gelingen kann. Wie in ihrem ersten Buch ***Ein Baby will getragen sein*** verfolgt sie dabei einen evolutionsbiologischen Ansatz.

Bildnachweis

Bilder, so heißt es, sagen mehr als tausend Worte. Aber welcher Autor hört das schon gern? Einigen wir uns also darauf: Sie sagen es *anders* als tausend Worte ... Hier die Fotografen oder Maler der Kapitelanfangsbilder:

Kapitel 1: Ken Zirkel Studio, Istockphoto.com
Kapitel 1 E&A: (C)B&C Alexander, Arcticphoto.com und PhotographersDirect
Kapitel 2: Pavel Konovalov, Istockphoto.com
Kapitel 2 E&A: »Jeune Fille se Defendant Contre L'amour« von William-Adolphe Bouguereau. Lizenz: Public domain, Quelle: Wikimedia Commons
Kapitel 3: »Das Kind wird gefüttert« von Rudolf Epp, Öl auf Leinwand. Quelle der Feindaten: Rudolf-Epp-Forum Heidelberg (www.rudolf-epp.de)
Kapitel 3 E&A, **5:** Anja Doehring, Lübeck (foto@anjadoehring.de)
Kapitel 4: »Song of the Angels« von William-Adolphe Bouguereau (1825–1905). Lizenz: Public domain, Quelle: Wikimedia Commons
Kapitel 4 E&A, **6, 10, 15:** Herbert Renz-Polster, privat
Kapitel 5 E&A: Beatrice Killam, BigStockPhoto.com
Kapitel 6 E&A: Jutta Rotter, PHOTOCASE
Kapitel 7: »The naughty grandson« von Georgios Iakovidis (1853–1932). Lizenz: Public domain, Quelle: Wikimedia Commons
Kapitel 7 E&A: Anthony Davoren Photography, PhotographersDirect
Kapitel 8: Petra Hilke (www.petrahilke.de), PHOTOCASE
Kapitel 8 E&A: Henning Hoffmann, Lübeck

Kapitel 9: World of Stock, www.worldofstock.com und PhotographersDirect
Kapitel 10 E&A: Anna Janzen, PHOTOCASE
Kapitel 11: Nahum Budin, PhotoStock-Israel und PhotographersDirect
Kapitel 11 E&A: »Charity« von William-Adolphe Bouguereau (1825–1905). Lizenz: Public domain, Quelle: Wikimedia Commons
Kapitel 12: Peter Müller, mediacolor's Bildagentur und PhotographersDirect
Kapitel 12 E&A, **17, 17** E&A: Victor Englebert, www.victorenglebert.com und PhotographersDirect
Kapitel 13: Kirsten Bödeker, Lübeck
Kapitel 13 E&A: Marc Pelissier, www.wild-images.com und PhotographersDirect
Kapitel 14: Mauritius Images/Starfoto
Kapitel 14 E&A: Dave Knowles, DalynDigital Photography (www.dalyndigitalphotography.com) und PhotographersDirect
Kapitel 15 E&A: Lindele Mbontsi, Iliso Labantu (www.ilisolabantu.org)
Kapitel 16: »Fraternal love« von William-Adolphe Bouguereau (1825–1905). Lizenz: Public domain, Quelle: Wikimedia Commons
Kapitel 16 E&A: Patricia Petsch, PHOTOCASE
Kapitel 18: Maler der Grabkammer des Menna, Wandbild um 1422–1411 v. Chr., Lizenz: Public domain, Quelle: Wikimedia Commons und The Yorck Project: 10.000 Meisterwerke der Malerei. DVD-ROM, 2002. Distributed by DIRECTMEDIA Publishing GmbH. Farblich leicht modifiziert durch den Autor.
Entchen: Voon Nam Fook, BigStockPhoto.com
Grafische Hinterlegung von Titelei und Kapitel 9: Felsenmalerei aus dem Bronzezeitalter aus Tanum, Bohuslän/Schweden, fotografiert von Sven Rosborn. Hier das Original in seiner ganzen Schönheit und Symbolkraft:

Stichwortverzeichnis

Fett = Haupteintrag
Kursiv = in den Anmerkungen

A

B

P

Q

R

S

T

U